图说中国史

（青少版）

吕思勉 著 国家玮 汇编

中南出版传媒集团
民主与建设出版社
·北京·

官仕之路

中国的官僚制度由来已久。大约自原始社会进入奴隶社会开始，就出现了阶级，形成了国家，建立了政权，逐渐构成了一套职官制度。从秦汉到隋唐时期，随着专制集权中央整体趋于完备，形成了以科举考试为主体的选拔制度，建立起以皇帝为中心的三省六部制。

殿试

解说 殿试为科举考试中的最高一段，图为宋朝学子进行殿试的情形。殿试没有黜落者，只是确定考生的等第。

工部都水清吏司印

解说

图为清朝的“工部都水清吏司印”，印章上刻有汉文和满文两种文字。

彩绘釉陶文吏俑

该文吏俑头戴平巾帻，衣冠全部彩绘贴金，再现了唐时期官吏的风貌。

北京宫城图

图为明朝早期绘制的北京紫禁城图，皇帝在前殿接见大臣们，进行朝会或举行重大典礼。

仙鹤补服

解说 不同品阶和职位的官员，其服装冠带也有很大的差别。从唐朝开始，官服就开始分颜色，以紫、红色为贵。除官服外，还有配饰，如袍带、笏、补服、顶戴花翎等，依据不同的朝代，其形制也经常变动。图为清朝一品文官的仙鹤补服。

竹园寿集图

这幅明代的《竹园寿集图》中的官员所穿官服颜色各异，补服各不相同，腰上还束有不同品阶的袍带。在官场上，看对方的服饰就大概知晓其品阶高下了。

立身与入世

从汉武帝“独尊儒术”以后，中国社会逐渐形成了一套以儒家思想为指导的选官制度。儒学所倡导的学说是现世性的，主张的是积极入世的精神。后科举制度的兴起，又给儒家思想的立足创立了世俗性的基础。读书做官基本上成为中国文人的唯一选择。图上所绘为孔子周游列国游说诸王的典故。

孔子圣迹图

1 治世之臣

解说 王安石，北宋著名的政治家。曾官至宰相，进行过一系列富国强兵的变法改革。这种“治国、平天下”的精神，正是儒家入世精神的体现。

2 乱世之臣

解说 宦官是中国官制中一种比较特殊的官员。本来宦官是伺候皇帝的阉人，但后来却慢慢发展到了有官职大小之分。中国历史上还出现过几次比较有名的宦官乱政的事件。图为清代最有权势的宦官李莲英。

3 官员生活（十八学士图）

解说 唐李世民为秦王时，罗致四方文士，讨论文献，商略古今，号为十八学士。此图所画为十八学士中的四人品评画卷。由此可见古代官员和文人们的日常生活内容。

④ 苏轼

文豪们的官场沉浮

苏轼是北宋诗词的集大成者，在文学史上占有重要的地位。他曾因和王安石为首的新派的矛盾被朝廷贬谪，但后来又受重用，任职于翰林院。图为皇后派人送苏轼回翰林院的场景。

① 屈原

② 司马迁

③ 李白

屈原 战国末期楚国人。屈原虽忠事楚怀王，却屡遭排挤，怀王死后又因顷襄王听信谗言而被流放。屈原创立了“楚辞”这种文体，也开创了我国诗歌的浪漫主义传统。代表作品有《离骚》《九歌》等。

司马迁 西汉著名史学家。在《史记》草创未就之时，因替投降匈奴的李陵辩解，被捕入狱，受腐刑。出狱后任中书令（掌管皇家机要文件），发愤著书，终完成《史记》。

李白 盛唐时期的浪漫主义诗人。李白在玄宗时供奉翰林，文章风采，名动一时。后弃官而去，游历名山大川。安史之乱的第二年，他感愤时艰，曾参加了永王李璘的幕府。李璘争夺帝位兵败后，李白受牵累，被流放夜郎。

解说 《史记》是由司马迁撰写的中国第一部纪传体通史。共130篇，记载了上自中国上古传说中黄帝时代，下至汉武帝年间，共3000多年的历史。

史记

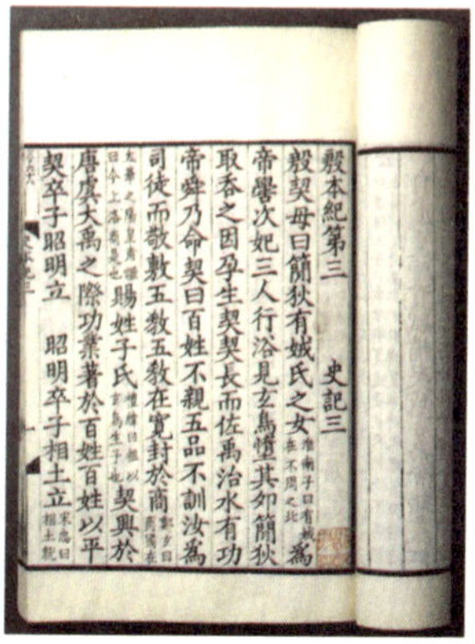

殷本紀第三 史記三

殷契母曰簡狄有娀氏之女爲帝嚳次妃三人行浴見玄鳥墮其卵簡狄取吞之因孕生契契長而佐禹治水有功帝舜乃命契曰百姓不親五品不訓汝爲司徒而敬敷五教五教在寬封於商賜姓子氏契興於唐虞大禹之際功業著於百姓百姓以平

契卒子昭明立 昭明卒子相土立

“误入尘世中”的陶渊明

解说 中国的文人，大都积极入世，虽常有归隐田园之说，但都并未实行。真正出世的，只有陶渊明一人。陶渊明曾做过几年小官，后辞官回家，从此隐居，田园诗和散文《桃花源记》是其最为后人所称道之作。

历代服饰汇

服饰的发展是文明和民族文化的最好诠释，随着文明的进步，中国人的审美观念也日趋成熟。中国服饰的源头，最早可追溯至旧石器时代的晚期。从样式上看，上衣下裳和衣裳连属为两种基本形制，交互使用、兼容并蓄。服饰作为一种文化，贯穿了古代中国各个时期的历史。从服饰的演变中，我们可以看到历史的变迁、经济的发展和文化审美意识的嬗变。

1 兽皮衣

史前传说中身披兽皮的人类始祖伏羲氏。

2 衣裳连属

解说 图为出土的西汉陶俑，右上为身着深衣的男官员，左下为衣着深衣的妇女。深衣是直筒式的长衫，其特点是使身体深藏不露，雍容典雅。

图为身穿褙子长裙的妇女。褙子是由半臂或者中单演变而来的上衣。

3 上衣下裳

图中的王羲之上衣下裳，是中国的传统服饰。但其衣领敞开，又有魏晋南北朝时期的特点，以示不受世俗礼教的约束。

图中为清朝时期的服饰和当时颇为流行的布鞋。

4 各式的鞋

5 最高规格的吉服——龙袍

图为清代乾隆明黄缎绣五彩云蝠金龙十二章吉服袍。此袍严格按照繁缛复杂的清代服饰制度制作。

6 首饰

图为出土的唐代镀金银发夹。

图为清代的簪子，其造型华贵，制作精美。

图为出土的元代镶宝石的金耳钉。

7 妆容

图为宋仁宗皇后像（局部），图中皇后头戴九龙纹钗冠，面贴珠钿，体现了当时的审美标准。

8 专业服饰

解说 隋唐壁画《红衣舞女图》，该舞女身披红巾，身上所穿衣服也略微夸张，应是专门的演出服。

9 精湛的绣工

图中的凤袍绣满凤凰、瑞兽和花的图案。其绣工精美，花样繁复，是刺绣中的精品。

解说 图中所示为唐代红色礼鞋（左图）和清代的男靴（右图）。履为中国古代主要的鞋子样式，但自隋唐以来，随着南北文化的交流，其他的样式慢慢取代了履。

沃土上的发明家

造纸、印刷术、火药、铸铁、磁石指南针、风筝……这些渗透到中国人日常生活中的诸多发明创造，无一不凝结着中国古代人民智慧的光辉。宋朝在是中国古代发明史中具有举足轻重的地位。对知识与科学的好奇推动着发明家们前进的脚步。

罗盘针

解说 罗盘针最早用于房屋建造的风水指向上，后来运用于航海事业。

水排风箱(采自《农书》)

解说 图中展示的是宋朝时以煤作燃料的冶铁炉采用的水排风箱。这种水力鼓风器是采用卧轮式水车，通过曲柄、杠杆机械的推动来鼓风。

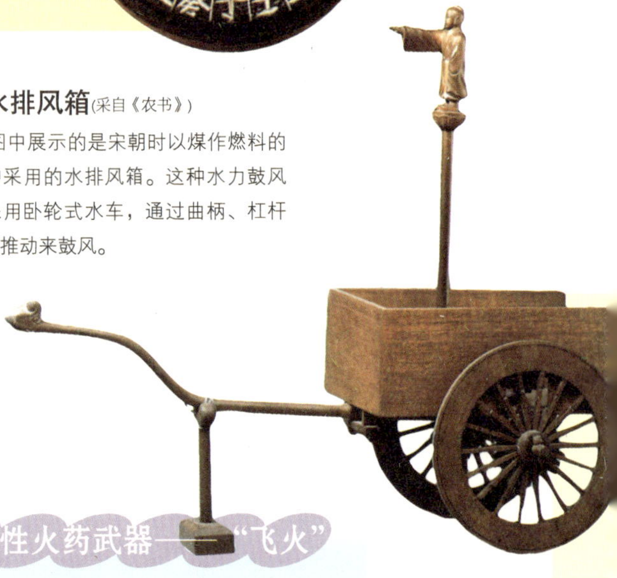

水运仪象台

解说 图中所示的水运仪象台是由宋朝天文学家苏颂等人创建的大型天文仪器，实际上是一座小型的天文台。其制造水平堪称一绝。

燃烧性火药武器——“飞火”

火药箭

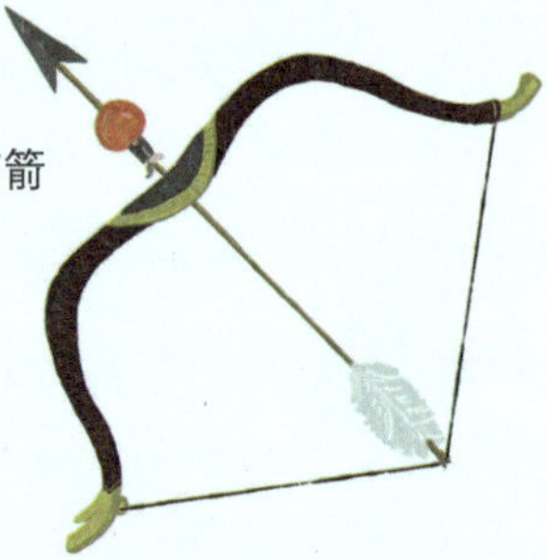

突火枪

解说 最迟在唐天佑初年间，中国就已经使用燃烧性火药武器，叫作“飞火”。这种武器到了宋朝时大量运用于军事。图为宋朝时的火药箭（上图）和突火枪（下图）示意图。

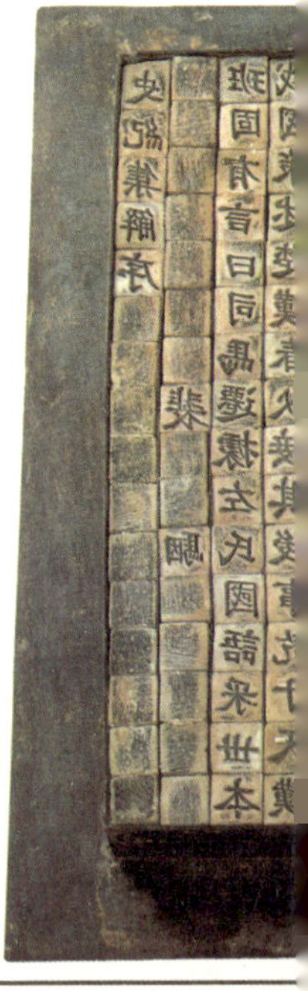

扶风纸

西汉 山西省扶风县出土 扶风纸原料为麻质纤维，是纸的较为原始的形态，不宜书写，但较坚韧、耐折。

印刷绝技 图中所示的《十竹斋笺谱》是雕版印刷中的精品，采用了雕版印刷技艺中的“饾版”（多色叠印的美术印刷方法）和“拱花”（用凸凹两版嵌合，使版面拱起花纹）两种绝技。

指南车模型

指南车是三国曹魏著名机械制造家马钧于公元233年—237年创制的。图为指南车模型。

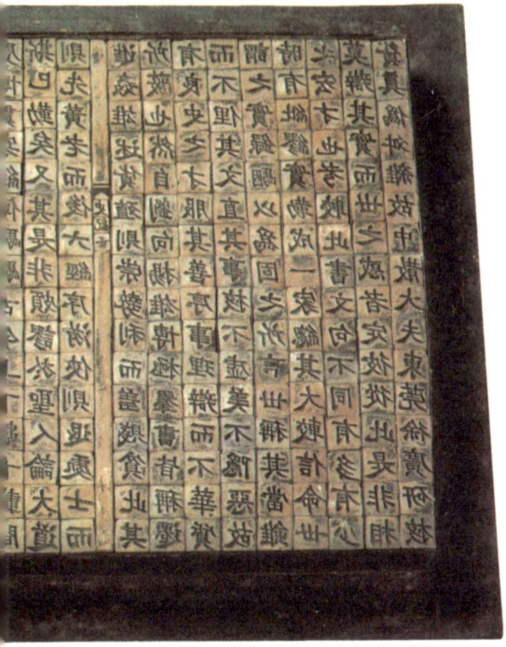

活字印刷术

宋庆历年间，毕昇发明的活字印刷术是世界上第一套活字印刷系统。在印刷过程中，将单个汉字刻在泥块上，然后用火烧，将其排列成印刷所需的书籍就可以了。虽然由于汉字数量太大、排版过于麻烦等原因，活字印刷术未能广泛应用，但其开创了印刷术的新纪元。

公元前400年～200年	磁性罗盘 风筝 弩
公元前200年～1年	纸 微型热气球 手推车
公元1年～200年	瓷器 纺车 地动仪
公元200年～400年	麻沸散 瓷器 雨伞 马蹬
公元400年～600年	蹼轮船 油印技术 直升飞机水平旋翼和螺旋桨
公元600年～800年	雕版印刷术 筒车
公元800年～1000年	火药 纸币 火焰投掷器
1000年—1200年	火药箭 活版印刷术 水运仪象台
1200年—1400年	突火枪 水雷 地雷 轮转排字盘

中国的青铜器历史悠久、工艺精湛、技术娴熟、内容丰富，是世界文化宝库中的精华。夏、商、周时期是青铜文化的鼎盛时期。这个时期所创造的灿烂的青铜文化，在世界文化遗产中占有独特的地位。

辉煌灿烂的青铜文化

商代饮酒之风的盛行

铜觚和铜爵

温酒或饮酒器

上图所示用来饮酒的铜觚（上）和铜爵（本页右上）大量出现在商代的墓穴中，可见商代饮酒之风的盛行。

商代饮酒之风的盛行

铜方彝

制作精美的温酒器

商人酷爱饮酒，并将酒盛入长腿的容器内，用木炭在下方加热来温酒。周人认为商人耽于饮酒，以致法制不严。图为制作精美的温酒用的酒器。

雅乐的赞颂

编钟

打击乐器

编钟是用青铜铸成的一种打击乐器，它由大小不同的扁圆钟按照音调高低的次序排列起来，悬挂在一个巨大的钟架上，用木槌和长棒按照音谱敲打铜钟，可以演奏出美妙的乐曲。这套在河南出土的战国编钟音律准确，声音悠扬。

戕伐与艺术的融合

铜钺

兵器

这件铜钺礼器形体巨大，两面均透雕着张口怒目的人面形，眉、目、耳、鼻、口均凸起。钺是我国较古老的兵器之一。

权力和地位的象征

人面纹铜方鼎

饪食器

大鼎四面的神秘方脸、饕餮纹饰及动物图案，给人以庄严神秘的感觉。这个人面纹铜方鼎为饪食器，也是权力和地位的象征。

青铜器“十大国宝”之一

曾仲游父壶

盛酒器或盛水器

曾仲游父壶为古代盛酒器或盛水器。其造型美观，文饰华丽，是技艺极高的艺术珍品，被誉为青铜器“十大国宝”之一。

开放的唐王朝

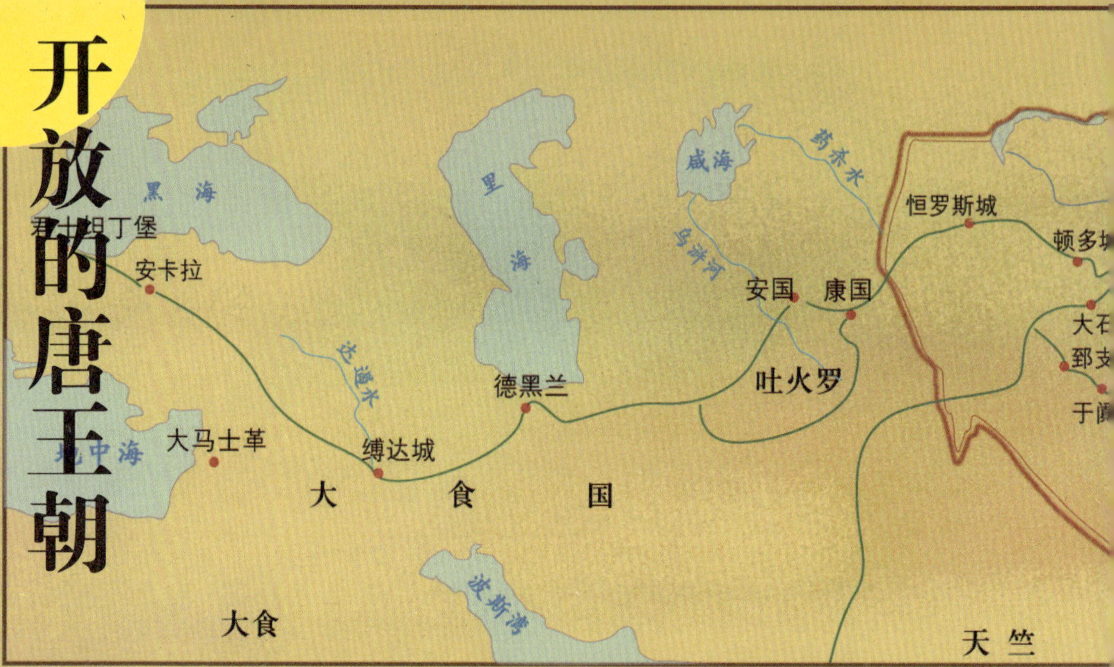

鸳鸯莲瓣纹金碗

解说 这件陕西省西安市南郊出土的鸳鸯莲瓣纹金碗，代表了盛唐时期我国北方金银器制作的最高成就。金碗圈足内的装饰主题是鸳鸯，其内侧有墨书“九两半”三字，这是唐代管理金银器留下的痕迹。

联珠鹿纹锦

解说 唐代的丝织品产量大、品种繁多，丝织业内部分工细致，织造、印染技术精湛。随着丝绸之路的畅通无阻，大批精美的唐代丝织品远销到西域、中亚和欧洲等地，深受各国人民的喜爱。图中联珠鹿纹锦就是大量出土的丝织品中的一种，反映了当时丝绸之路的空前繁荣。

持壶大食人黄釉陶俑

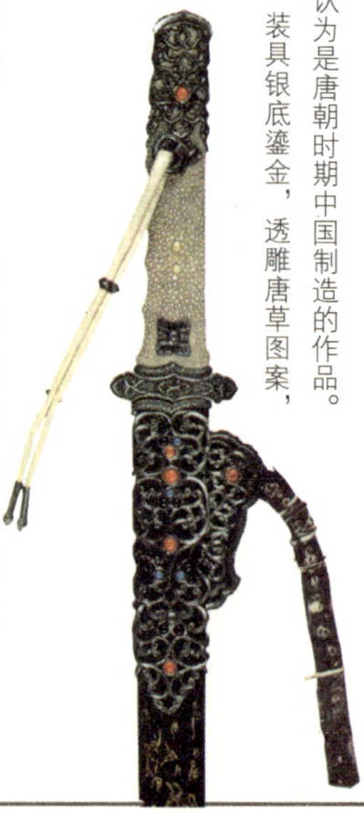

金银钿庄唐大刀

解说 日本正仓院收藏，被认为是唐朝时期中国制造的作品。此刀锻造精良，淬刃完美，装具银底鎏金，透雕唐草图案，镶嵌蓝、绿琉璃河水晶玉。

骆驼陶像

解说 图为当时丝绸之路最主要的运输工具骆驼的陶像。

丝绸之路

解说 统一富强的唐王朝，沿着东起首都长安（今陕西西安）、西至东罗马首都君士坦丁堡（今土耳其伊斯坦布尔）、横跨亚洲腹地的丝绸之路，将丝绸等商品输入西方。同时，西方的珠宝、药材、香料也源源不断地输入中国。

丝绸之路空前畅通 中外经济文化交流

唐朝时期的社会生产空前发展，国际贸易大为增加，中外交往十分频繁。在这种交流中，唐朝将自身的文化传播到别的区域，并以开放的姿态，广泛吸收他国文化，大大丰富了自己的文化。

卷发陶俑

解说 唐代把今东南亚地区泛称为昆仑国，把该地区的居民称为昆仑人。在唐人的眼里，昆仑人的特征是卷发、肤色较深。这个陶俑就是当时前来中国的昆仑人的写照。

牙雕骑象菩萨像

解说 此像用整块象牙雕成，可开可合。合后外形作持塔骑象菩萨，分开后每面分别连续雕刻释迦牟尼本生故事。造像构思巧妙，具有高度的艺术水平。唐代有许多僧人西行印度求法，该造像可能是他们带回中国供养而传入。

清朝的兴衰

清朝是中国历史上最后一个封建帝制国家。清朝改革了地方和中央的统治机构，先后进行了几次战争，进一步加强了对边疆的管理和专制主义的中央集权。清朝中前期，农业生产得到了全面恢复和发展，经济繁荣、社会稳定、国力强盛，文化得到发展。然乾隆以后，国运开始衰落，内外矛盾激化，反清斗争频繁。1840年，鸦片战争使得中国逐步沦为半殖民地半封建社会，清政府处于风雨飘摇之中。1911年的辛亥革命结束了统治中国达268年的清朝。

清朝的强盛

纪功图卷（局部）

此图卷的内容为康熙年间董卫国平定江西三藩叛乱的历史。康雍乾时期，清政府平定边疆，奠定了广大的疆域范围。

黄河筑堤图（局部）

兴修水利是清代农业生产得到恢复和发展的一项基本措施，图为清人所绘《黄河筑堤图》。

北京前门街市图

当时的北京商业繁华，商贾群集，各地商货荟萃。国家的统一、社会的发展，促进了商业繁荣。

繁华的大都市

清朝北京城鸟瞰图

全国的政治、文化和经济中心

北京有着3000余年的建城史和850余年的建都史。自元朝起，北京开始成为全国的首都。元大都城址位于今北京市市区，明朝自成祖后开始对北京进行大规模扩建，清朝在延续明北京城的基础上又进行了一些修缮和扩建。至清末，北京成为当时世界上最大的城市。图中所示的北京城为清朝时的布局，中央是紫禁城。

《红楼梦》的大观园图

图为取材于四大名著之一《红楼梦》的大观园图，无论是文学还是艺术，在清代都取得了较高的成就。

铜胎画珐琅蝠莲纹花盆

清代的手工艺品异彩纷呈，精品众多，图中所示为精美的铜胎画珐琅蝠莲纹花盆。

清朝的衰败

1 太平天国北伐路线图

太平天国是中国清朝后期，由洪秀全（称号“天王”）所建立的政权，其前身为1843年创立之“拜上帝会”。太平天国于1851年成立，1853年建都天京（今南京），曾占领长江中下游地区。至1864年天京陷落止，共存在14年。

2 江南制造总局

解说 连续的战争失败后，中国人开始寻求实业救国的道路。图为1865年李鸿章在上海建立的江南制造总局，是中国当时最大的军工厂，主要生产枪炮子弹，也制造轮船。

3 清政府首次派往美国留学的30名儿童

解说 图为1872年清政府首次派往美国留学的30名儿童，内有詹天佑。但留学计划却未能持续进行下去。

船坚炮利的大英帝国在鸦片战争中敲开了中国的大门

鸦片战争图

英国 凹版腐蚀制版法印制

太平天国运动极大地动摇了清政府的统治，而中国长期闭关锁国的政策，使得中国难以与工业时期的西方列强相比，中国在一次次战争中丧失主权，在半殖民地的深渊里越陷越深，清政府处于风雨飘摇之中。图为第一次鸦片战争中一艘中国战舰被英国战舰开火击中后烧毁的场面。

作者自序

我在上海光华大学，讲过十几年的本国史。其初系讲通史。后来文学院长钱子泉先生说：讲通史易与中学以下的本国史重复，不如讲文化史。于是改讲文化史。民国二十七年，教育部颁行大学课程；其初以中国文化史为各院系一年级必修科，后改为通史，而注明须注重于文化。大约因政治方面，亦不可缺，怕定名为文化史，则此方面太被忽略之故。用意诚甚周详。然通史讲授，共止一百二十小时，若编制仍与中学以下之书相同，恐终不免于犯复。所以我现在讲授，把它分为两部分：上册以文化现象为题目，下册乃依时代加以联结，以便两面兼顾。此意在本书绪论中，业经述及了。

此册系居孤岛上所编，参考书籍，十不备一；而时间甚为匆促。其不能完善，自无待言。但就文化的各方面加以探讨，以说明其变迁之故，而推求现状之所由来；此等书籍，现在似尚不多，或亦足供参考。故上册写成，即付排印，以代抄写。不完不备之处，当于将来大加订补。此书之意，欲求中国人于现状之所由来，多所了解。故叙述力求扼要，行文亦力求浅显。又多引各种社会科学成说，以资说明。亦颇可作一般读物；单取上册，又可供文化史教科或参考之用。其浅陋误缪之处，务望当代通人，加以教正。

民国二十八年九月二十八日，吕思勉识。

编者序

慨然应允参编并为这套《图说中国史》作序，并非为“图说”——一来这早成出版界“滥套”，二来则对图文能否互证而非单纯配图这点有执念。真正打动我的，乃是“大历史”之大。当代资源的急速数字化以及由此带来的碎片化阅读将时间切割得七零八落，人们的注意力早就退化成一个“番茄”的时间了，如此一来，大部头岂不不合时宜？别说知识普及，就连我录制一个正经八百的大学专业课“中国现代文学史”，主事者竟也要求将课程内容做成15分钟一个的“知识切片”，无论如何抗辩，终于拗不过“规定”。恰在此时，有人要正襟危坐，选名家底本、加个性化解说、配精挑细选出的图片，一页页、一本本读过，自然于此心有戚戚。

先说说何以要尽早读史。培根说“学史使人明智”，这自然不错，不过我以为，在日渐专业化的当代社会，读史对青少年来说最重要的还是使其变为专家前先成为杂家，以免成为一个专精有余而生活无趣的人。大概不少人都有过类似的误解，学历越高，人的学识就越广博，尤其是“博士”头衔本来就容易让人误解成“博学之士”。可事实上，情况恰好相反，“博士”首先就不是“读”的，你的主要工作是确立好自己的研究方向——当然是一个足够专业、足够细分的领域，然后就你所研究的问题穷尽既有研究、站在前人的肩膀上谨小慎微地向前推进。

再说说怎么读史。这里，我的主张：系统性、问题性——以前者抵抗碎片化的快读和故事化的趣读，以后者抵抗知识点化的“硬读”和拾人牙慧的被“领读”。

说起对系统性阅读的提倡，不由得想起前些年铺天盖地的“一口气读完”系列：一口气读完中国历史、一口气读完世界文学，市面上还常常见到合成为一大册的“四书五经”、“二十四史”，实在让人气闷。历史、文学如果真能一口气读完，那就不称其为历史与文学了。快读和趣读并非就是错的，用来读新闻就很适合。问题是，文学、历史本身恰恰不是扁平化的东西，文学常识、历史知识倒是可以速读速记，但那只是一串空洞的时间、事件、作者、作品。越是经典，就越难以快读，因为快读必然大量芟荑、整合、抽象、概括，而经典之美正在其不可被忽略的丰富性、复杂性、开放性甚至歧义性。

最近，我妻子迷恋上“听书”——不是听民间艺术的评书，而是“知识付费”出现后，互联网上有人用半小时、一个小时就能给你讲完一本大部头经典的“精华”。她是公司“高管”，我无权干涉，听就听吧，但要约法三章：以后我们的小女儿长大了可不许这样“听书”，原因很简单——真正有价值的阅读，最不能被替代的就是阅读过程。在这个系统性的过程中，你会在某一时刻畅快地读过几十页而不知疲倦；会在某一处用最醒目的标记将一个句子、一个段落据为己有；会在某处难懂的地方翻来覆去、冥思苦想，而最不重要的反倒是其结论。打个比方，看电影、看电视剧，如果有人在旁边“剧透”，你会觉得这个人非常讨厌无聊。反之，就算有人无意中向你透露了大结局，或者你足够聪明，自己猜出了结局，你还是会反复看那些你喜欢的片子。

在学院研究中，也是如此，有些研究，但看结论，胡说八道，但这并不证明它没有价值，你要看它如何得出这一结论，在得出这一结论的过程中他调用了什么不同的思想资源或研究视角，只要过程富有启发，这仍不失为有价值的研究。说到底，既然“过程”不能被任何东西取代，所以你尽可以“一口气读完”中国历史，但却不可以“一口气读完”用一本书东拼西凑出来的中国历史。

为何又要带着“问题”读？这是个有关“读史”的本体论问题。当下学校教育，不管是中学还是大学，都存在“硬读”、“硬学”的弊端。中学语文、历史常识等，条条款款。大学文学系则是各色文学概论、美学概论、语言学概论、比较文学概论、中国古代文学史、中国现代文学史、中国当代文学史、外国文学史。必背的史识我并不反对，问题是还带有大量包含了权威主义话语的论述也作为知识点被规定下来。读史必有眼光，如果这个眼光阅读者建构于自身主体性之上的，那就只能让渡给别人。年轻人并非没有自家决断，当自家决断与教科书中给出的终极判断不一致又每每受到考试分数的惩罚与警告，就容易形成一种分裂式的性格：提供给考试的与留给自我的。每每想到此处，就越发觉得类似。

《图说中国史》这类课外读本对仍在求学的读者之重要。在这里，你尽可质疑，我们提供给你的都是“未定”的思考，你也可以加入这一思想冒险的过程，带着你自己的问题进入中国历史、世界历史甚至那些未解之谜中。选名家底本，也正为其对问题讨论而不是定论的态度，看重的正是其开放性。

最后，说说这“图说”吧。“左图右史”，图书图书，文化史上“图”向来被认为与“书”同样重要。进入历史之难，有时候恰恰是因为无法感知、“触摸”历史，这乃是大历史而又要“图说”的初衷。不过，“选图”并非“堆砌”，贪多并不一定有好的效果。最佳状态，当是图文互证，何处配图、配那帧图、用什么文字说明，这些都颇需下一番功夫，此种冷暖，如鱼饮水，冷暖自知。对于这套书的读者诸君，好的底本与图文互证的设计是一方面，你们借此开阔视野、培养独立思考是另一方面。对于我，则又可收藏一套精美的彩印套书。

国家玮

2018 年 10 月 22 日凌晨

于山东大学兴隆山寓所

目录

上编 中国文化史

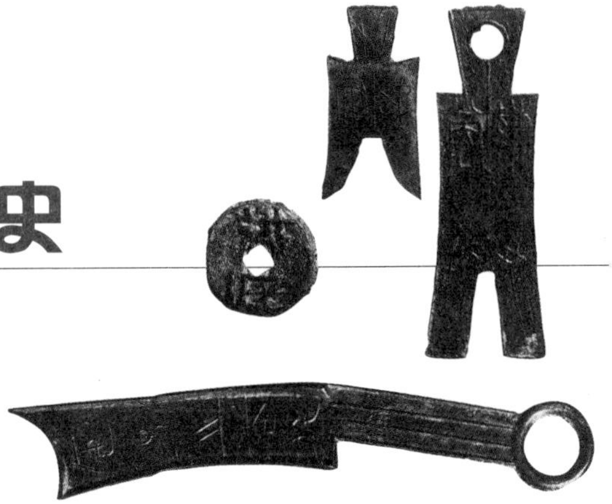

下编　中国政治史

目 录

上编

中国文化史

马端临的《文献通考·序》，把历史上的事实分为两大类：一为理乱兴亡，一为典章经制。理乱兴亡一类的事实，是随时发生的，今天不能逆料明天。典章经制，则为人预设之以待将来的，其性质较为持久。史实确乎不外这两类，但限其范围于政治以内，则未免太狭了。须知文化的范围，广大无边。历史是文明时代之物，而在文明时代，国家业已出现，并成为活动的中心，常人只从表面上看，就认为政治可以概括一切，至少是社会现象中最重要的一项了。其实政治只是表面上的事情。政治的活动，全靠社会做根底。社会，是在政治的背后，做了无数更广大更根本的事情。不明白社会，是断不能明白政治的。所以现在讲历史的人，都不但着重于政治，而要着重于文化。

本篇叙述了中国社会经济政治制度与文化学术的发展状况、互相关系及特点，范围广博，有许多独到之见，足资读者借鉴。

绪论

历史是文明时代之物，而在文明时代，国家业已出现，并成为活动的中心，常人只从表面上看，就认为政治可以概括一切，至少是社会现象中最重要的一项了。其实政治只是表面上的事情。政治的活动，全靠社会做根底。社会，是在政治的背后，做了无数更广大更根本的事情。不明白社会，是断不能明白政治的。所以现在讲历史的人，都不但着重于政治，而要着重于文化。

历史，究竟是怎样一种学问？研究了它，究竟有什么用处呢？

这个问题，在略知学问的人，都会毫不迟疑地作答道：历史是前车之鉴。什么叫作前车之鉴呢？他们又会毫不迟疑地回答道：昔人所为而得，我可以奉为模范；如其失策，便当设法避免；这就是所谓“法戒”。这话骤听似是，细想就知道不然。世界上哪有真正相同的事情？所谓相同，都是察之不精，误以不同之事为同罢了。远者且勿论，欧人东来以后，我们应付他的方法，何尝不本于历史上的经验？其结果却是如何呢？然则历史是无用了么？而不知往事、一意孤行的人，又未尝不败。然则究竟如何是好呢？

历史虽是记事之书，我们之所探求，则为理而非事。理是概括众事的，事则只是一事。天下事既没有两件真正相同的，执应付此事的方法，以应付彼事，自然要失败。根据于包含众事之理，以应付事实，就不至于此了。然而理是因事而见的，舍事而求理，无有是处。所以我们求学，不能不顾事实，又不该死记事实。

要应付一件事情，必须明白它的性质。明白之后，应付之术，就不求而自得了。而要明白一件事情的性质，又非先知其既往不可。一个人，为什么会成为这样子的一个人？譬如久于官场的人，就有些官僚气；世代经商的人，就有些市侩气；向来读书的人，就有些迂腐气。难道他是生来如此的么？无疑，是数十年地做官、经商、读书养成的。然则一个国家、一个社会，亦是如此了。中国的社会，为什么不同于欧洲？欧洲的社会，为什么不同于日本？习焉不察，则不以为意，细加推考，自然知其原因极为深远复杂了。然则往事如何好不研究呢？然而已往的事情多着呢，安能尽记？社会上每天所发生的事情，报纸所记载的，奚啻亿兆京垓分之一。一天的报纸，业已不可遍览，何况积而至于十年、百年、千年、万年呢？然则如何是好？

须知我们要知道一个人，并不要把他以往的事情，通统都知道了，记牢了。我，为什么成为这样一个我？反躬自省，总是容易明白的，又何尝能把自己以往的事，通统记牢呢？然则要明白社会的所以然，也正不必把以往的事，全数记得，只要知道“使现社会成为现社会的事”就够了。然而这又难了。

任何一事一物，要询问它的起源，我们现在，不知所对的很多。其所能对答的，又十有八九靠不住。然则我们安能本于既往，以说明现在呢？

这正是我们所以愚昧的原因，而史学之所求，亦即在此。史学之所求，不外乎（一）搜求既往的事实；（二）加以解释；（三）用以说明现社会；（四）因以推测未来，而指示我们以进行的途径。

往昔的历史，是否能肩负这种任务呢？观于借鉴于历史以应付事实导致失败者之多，无疑是不能的。其失败的原因安在呢？列举起来，也可以有多端，其中最重要的，自然是偏重于政治。翻开二十五史来一看，从前都说二十四史，这是清朝时候，功令上所定为正史的。民国时代，柯劭忞所著的《新元史》，业经奉徐世昌总统令，加入正史之中，所以现在该称二十五史了。所记的，全是些战争攻伐，在庙堂上的人所发的政令，以及这些人的传记世系。昔人称《左传》为相斫书；近代的人称二十四史为帝王的家谱；说虽过当，也不能谓其全无理由了。单看了这些事，能明白社会的所以然么？从前的历史，为什么会有这种毛病呢？这是由于历史是文明时代之物，而在文明时代，国家业已出现，并成为活动的中心，常人只从表面上看，就认为政治可以概括一切，至少是社会现象中最重要的一项了。其实政治只是表面上的事情。政治的活动，全靠社会做根底。社会，是在政治的背后，做了无数更广大更根本的事情。不明白社会，是断不能明白政治的。所以现在讲历史的人，都不但着重于政治，而要着重于文化。

何谓文化？向来狭义的解释，只指学术技艺而言，其为不当，自无待论。说得广的，又把一切人为的事，都包括于文化之中，然则动物何以没有文化呢？须知文化，正是人之所以异于动物的。其异点安在呢？凡动物，多能对外界的刺激而起反应，亦多能与外界相调适。然其与外界相调适，大抵出于本能，其力量极有限，而且永远不过如此。人则不然。所以人所处的世界，与动物所处的世界，大不相同。人之所以能如此，（一）由其有特异的脑筋，能想出种种法子；（二）其手和足的作用分开，能制造种种工具，以遂行其计划；（三）又有语言以互相交通，而其扩大的即为文字。此人之所知，所能，可以传之于彼；前人之所知，所能，并可以传之于后。因而人的工作，不是个个从头做起的，乃是互相接续着做的。不像赛跑的人，从同一地点出发，却像驿站上的驿夫，一个个连接着，向目的地进行。其所走的路线自然长，而后人所达到的，自非前人所能知了。然则文化，是因人有特异的禀赋、良好的交通工具，所成就的控制环境的共业。动物也有进化，但它的进化，除非改变其机体，以求与外界相适应，这是要靠遗传上变异淘汰等作用，才能达到目的的，自然非常迟慢。人则只需改变其所用的工具，和其对付事物的方法。我们身体的构造，绝无以异于野蛮人，而其控制环境的成绩，却大不相同，即由其一为生物进化，一为文化进化之故。人类学上，证明自冰期以后，人的体质，无大变化。埃及的尸体解剖，亦证明其身体构造，与现今的人相同。可见人类的进化，全是文化进化。恒人每以文化状况，与民族能力，并为一谈，实在是一个重大的错误。遗传学家，论社会的进化，过于重视个体的先天能力，也不免为此等俗见所累。至于有意夸张种族能力的，那更不啻自承其所谓进化，将返于生物进化了。从理论上说，人的行为，也有许多来自机体，和动物无以异的，然亦无不披上文化的色彩。如饮食男女之事，即其最显明之例。所以在理论上，虽不能将人类一切行为，都称为文化行为，在事实上，则人类一切行为，几无不与文化有关系。可见文化范围的广大。能了解文化，自然就能了解社会了。人类的行为，源于机体的，只是能力。其如何发挥此能力，则全因文化而定其形式。

全世界的文化，到底是一元的、还是多元的？这个问题，还非今日所能解决。研究历史的人，即暂把这问题置诸不论不议之列亦得。因为目前分明放着多种不同的文化，有待于我们的各别研究。话虽如此说，研究一种文化的人，专埋头于这一种文化，而于其余的文化，概无所见，也是不对的。因为（一）各别的文化，其中仍有共同的原理存；（二）而世界上各种文化，交流互织，彼此互有关系，也确是事实。文化本是人类控制环境的工具，环境不同，文化自因之而异。及其兴起以后，因其能改造环境之故，愈使环境不同。人类遂在更不相同的环境中进化。其文化，自然也更不相同了。文化有传播的性质，这是毫无疑义的。此其原理，实因人类生而有求善之性，智。与相爱之情。仁。所以文化优的，常思推行其文化于文化相异之群，以冀改良其生活，共谋人类的幸福。其中固有自以为善而实不然的，强力推行，反致引起纠纷，甚或酿成大祸，宗教之传布，即其一例。但此自误于愚昧，不害其本意之善。而其劣的，亦恒欣然接受。其深闭固拒的，皆别有原因，当视为例外。这是世界上的文化所以交流互织的原因。而人类的本性，原是相同的。所以在相类的环境中，能有相类的文化。即使环境不同，亦只能改变其形式，而不能改变其原理。正因原理之同，形式不能不异，即因形式之异，可见原理之同，昔人夏葛冬裘之喻最妙。此又不同的文化，所以有共同原理的原因。以理言之如此。以事实言，则自塞趋通，殆为进化无疑的轨辙。试观我国，自古代林立的部族，进而为较大的国家；再进而为更大的国家；再进而臻于统一；更进而与域外交通，开疆拓土，同化异民族；无非受这原理的支配。转观外国的历史，亦系如此。今者世界大通，前此各别的文化，当合流而生一新文化，更是毫无疑义的了。然则一提起文化，就该是世界的文化，而世界各国的历史，亦将可融合为一。为什么又有所谓国别史，以研究各别的文化呢？这是因为研究的方法，要合之而见其大，必先分之而致其精。况且研究的人，各有其立场。居中国而言中国，欲策将来的进步，自必先了解既往的情形。即以迎受外来的文化而论，亦必有其预备条件。不先明白自己的情形，是无从定其迎距的方针的。所以我们在今日，欲了解中国史，固非兼通外国史不行，而中国史亦自有其特殊研究的必要。

人类以往的社会，似乎是一动一静的。我们试看，任何一个社会，在以往，大都有个突飞猛进的时期。隔着一个时期，就停滞不进了。再阅若干时，又可以突飞猛进起来。已而复归于停滞。如此更互不已。这是什么理由？解释的人，说节奏是人生的定律。个人如此，社会亦然。只能在遇见困难时，奋起而图功，到认为满足时，就要停滞下来了。社会在这时期就会本身无所发明；对于外来的，亦非消极的不肯接受，即积极地加以抗拒。世界是无一息不变的。不论自然的和人为的，都系如此。人，因其感觉迟钝，或虽有感觉，而行为濡滞之故，非到外界变动，积微成著，使其感觉困难时，不肯加以理会，设法应付。正和我们住的屋子，非到除夕，不肯加以扫除，以致尘埃堆积，扫除时不得不大费其力一样。这是世界所以一治一乱的真原因。倘使当其渐变之时，随时加以审察，加以修正，自然不至于此了。人之所以不能如此，昔时的人，都以为这是限于一动一静的定律，无可如何的。我则以为不然。这种说法，是由于把机体所生的现象和超机现象并为一谈，致有此误。须知就一个人而论，劳动之后，需要休息若干时；少年好动，老年好静；都是无可如何之事。社会则不然。个体有老少之殊，而社会无之。个体活动之后，必继之以休息，社会则可以这一部分动，那一部分静。然则人因限于机体之故，对于外界，不能自强不息地为不断的应付，正可借社会的协力，以弥补其缺憾。然则从前感觉的迟钝、行为的濡滞，只是社会的病态。如因教育制度不良，致社会中人，不知远虑，不能预烛祸患；又如因阶级对立尖锐，致寄生阶级不顾大局的利害，不愿改革等；都只可说是社会的病态。我们能矫正其病态，一治一乱的现象，自然可以不复存，而世界遂臻于郅治了。这是我们研究历史的人最大的希望。

马端临的《文献通考·序》，把历史上的事实分为两大类：一为理乱兴亡，一为典章经制。这种说法，颇可代表从前史学家的见解。一部二十五史，拆开来，所谓纪传，大部分是记载理乱兴亡一类的事实的，志则以记载典章经制为主。表二者都有。理乱兴亡一类的事实，是随时发生的，今天不能逆料明天。典章经制，则为人预设之以待将来的，其性质较为持久。所以前者可称为动的史实，后者可称为静的史实。史实确乎不外这两类，但限其范围于政治以内，则未免太狭了。须知文化的范围，广大无边。两间的现象，除（一）属于自然的；（二）或虽出于生物，而纯导原于机体的；一切都当包括在内。它综合有形无形的事物，不但限制人的行为，而且陶铸人的思想。在一种文化中的人，其所作所为，断不能出于这个文化模式以外，所以要讲文化史，非把昔时的史料，大加扩充不可。教育部所定大学课程草案，各学院共同必修科，本有文化史而无通史。后又改为通史，而注明当注重于文化。大约因为政治的现象，亦不可略，怕改为文化史之后，讲授的人全忽略了政治事项之故，用意固甚周详。然大学的中国通史，讲授的时间，实在不多。若其编制仍与中学以下同，所讲授者，势必不免于重复。所以我现在，换一个体例。先就文化现象，分篇叙述，然后按时代加以综合。我这一部书，取材颇经拣择，说明亦力求显豁。颇希望读了的人，对于中国历史上重要的文化现象，略有所知，因而略知现状的所以然；对于前途，可以预加推测；因而对于我们的行为，可以有所启示。以我之浅学，而所希望者如此，自不免操豚蹄而祝篝车之诮，但总是我的一个希望罢了。

CHAPTER 1

◎ 第一章 婚姻

据近代社会学家所研究：人类男女之间，本来是没有什么禁例的。其后社会渐有组织，依年龄的长幼，分别辈行。当此之时，同辈行之男女，可以为婚，异辈行则否。更进，乃于亲族之间，加以限制。

《易经》的《序卦传》说："有天地，然后有万物；有万物，然后有男女；有男女，然后有夫妇；有夫妇，然后有父子；有父子，然后有君臣。"这是古代哲学家所推想的社会起源。他们以为隆古的社会，亦像后世一般，以一夫一妇为基本，成立一个家庭，由此互相联结，成为更大的组织。此等推想，确乎和我们根据后世的制度，以推想古代的情形的脾胃相合。所以几千年来，会奉为不刊之典。然而事实是否如此，却大是一个疑问了。

自有历史以来，不过几千年，社会的情形，却已大有改变了。设使我们把历史抹杀了，根据现在的情形，去臆测周、秦、汉、魏、唐、宋时的状况，那给研究过历史的人听了，一定是一场大笑话，何况邃古之事，去今业已几万年几十万年呢？不知古代的真相，而妄以己意推测，其结果，必将以为自古至今，不过如此，实系因缘起灭的现象，都将认为天经地义，不可变更。这就将发生许多无谓的争执、不必要的保守，而进化的前途被其阻碍了。所以近几十年来，史前史的发现，实在是学术上的一个大进步。而其在社会组织方面，影响尤大。

据近代社会学家所研究：人类男女之间，本来是没有什么禁例的。其后社会渐有组织，依年龄的长幼，分别辈行。当此之时，同辈行之男女，可以为婚，异辈行则否。更进，乃于亲族之间，加以限制。最初是施诸同母的兄弟姊妹的。后来渐次扩充至凡同母系的兄弟姐妹，都不准为婚，就成所谓氏族（Sib）了。此时异氏族之间，男女仍是成群的，此一群之男，人人可为彼一群之女之夫；彼一群之女，人人可为此一群之男之妻；绝无所谓个别的夫妇。其后禁例愈繁，不许相婚之人愈多。于是一个男子，有一个正妻；一个女子，有一个正夫。然除此之外，尚非不许与其他的男女发生关系。而夫妻亦不必同居；其关系尚极疏松。更进，则夫妻必须同居，一夫一妻，或一夫多妻。关系更为永久，遂渐成后世的家庭了。所以人类的婚姻，是以全无禁例始，逐渐发生加繁其禁例，即缩小其通婚的范围，而成为今日的形态的。以一夫一妻的家庭，为原始的男女关系，实属错误。

主张一夫一妻的家庭，为男女原始关系的形态的，不过说：人类是从猿猴进化而来的，猿猴已有家庭，何况人类？然谓猿猴均有家庭，其观察本不正确。详见李安宅译《两性社会学》附录《近代人类学与阶级心理》第四节。商务印书馆本。即舍此勿论，猿猴也是人类祖先的旁支，而非其正系。据生物学家之说，动物的聚居，有两种形式：一如猫虎等，雌雄同居，以传种之时为限；幼儿成长，即与父母分离；是为家庭动物。一如犬马等，其聚居除传种外，兼以互相保卫为目的；历时可以甚久，为数可以甚多；是为社群动物。人类无爪牙齿角以自卫，倘使其聚居亦以家庭为限，在隆古之世，断乎无以自存；而且语言也必不会发达。所以原始人类的状况，我们虽不得而知，其为社群而非家庭，则殆无疑义。猿类的进化不如人类，以生物界的趋势论，实渐走上衰亡之路，怕正以其群居本能，不如人类之故。而反说人类的邃初，必与猿猴一样，实未免武断偏见了。何况人类的性质，如妒忌及性的羞耻等，均非先天所固有；此观小孩便可知。动物两性聚居，只有一夫一妻、一夫多妻两种形式，人类独有一妻多夫，尤妒忌非先天性质之明证。母爱亦非专施诸子女等，足以证明其非家庭动物的，还很多呢。

现代的家庭，与其说是源于人的本性，倒不如说是源于生活情形。道德不道德的观念，根于习惯；习惯源于生活。据社会学家所考究：在先史时期，游猎的阶级极为普遍。游猎之民，都是喜欢掠夺的，而其时可供掠夺之物极少，女子遂成为掠夺的目的。其后屡遭报复；往往掠夺之后，遗留物件，以为交换。此时的掠夺，实已渐成为贸易。女子亦为交换品之一。是为掠夺的变相，亦开卖买的远源。掠夺来的女子，是和部族中固有的女子地位不同的。她是掠夺她的人的奴隶，须负担一切劳役。此既足以鼓励男子，使之从事于掠夺，又婚姻之禁例渐多，本部族中的女子，可以匹合者渐少，亦益迫令男子从事于向外掠夺。所以家庭的起源，是由于女子的奴役；而其需要，则是立在两性分工的经济原因上的。与满足性欲，实无多大关系。原始人除专属于他的女子以外，满足性欲的机会，正多着呢。游猎之民，渐进而为畜牧，其人之好战斗，喜掠夺，亦与游猎之民同，凡畜牧之民，大抵兼事田猎。而其力且加强。因其食物充足，能合大群；营养佳良，体格强壮之故。牧群须人照管，其重劳力愈甚，而掠夺之风亦愈烈。只有农业是源于搜集的，最初本是女子之事。低级的农业，亦率由女子任其责。其后逐渐发达，成为生活所必资。此时经济的主权，操于女子之手。土田室屋及农具等，率为女子所有。部族中人，固不愿女子出嫁；女子势亦无从出嫁；男子与女子结婚者，不得不入居女子族中，其地位遂成为附属品。此时女子有组织，男子则无，或虽有之而不关重要。所以社会上有许多公务，其权皆操于女子之手。如参与部族会议，选举酋长等。此时之女子，亦未尝不从事于后世家务一类的事务，然其性质，亦为公务，与后世之家务，迥乎不同。实为女子的黄金时代。所谓服务婚的制度，即出现于此时。因为结婚不能徒手，而此时的男子，甚为贫乏，除劳力之外，实无可以为聘礼之物之故。其后农业更形重要，男子从事于此者益多。导致以男子为之主，而女子为之辅。于是经济的主权，再入男子之手。生活程度既高，财产渐有盈余，职业日形分化。如工商等业，亦皆为男子之事。个人私产渐兴，有财富者即有权力，不乐再向女子的氏族中作苦，乃以财物偿其部族的损失，而娶女以归。于是服务婚渐变为买卖婚，女子的地位，又形低落了。

以上所述，都是社会学家的成说。返观我国的古事，也无乎不同。《白虎通义·三皇篇》说，古代的人，“知其母而不知其父”，这正是古代的婚姻，无所谓夫妇的证据。人类对于男女性交毫无限制的时代，去今已远，在书本上不易找到证据。至于辈行婚的制度，则是很明白无疑的。《礼记·大传》说宗子合族之礼道：“同姓从宗合族属，异姓主名治际会。名著而男女有别。其夫属乎父道者，妻皆母道也；其夫属乎子道者，妻皆妇道也。谓弟之妻为妇者，是嫂亦可谓之母乎？名者，人治之大者也，可无慎

▲ **夫妇宴饮图** 这幅壁画描绘的是汉代夫妇同席而食的场景。女子成婚后，在家多操持家务，地位较之以前的服务婚时代，已大大降低了。

乎？”这正是古代婚姻但论辈行一个绝好的遗迹。这所谓同姓，是指父系时代本氏族里的人。用现在的话来说，就是老太爷、老爷、少爷们。异姓，郑《注》说：“谓来嫁者”，就是老太太、太太、少太太们。从宗，是要依着血系的支分派别的，如先分为老大房、老二房、老三房，再各统率其所属的房分之类，参看下章自明。主名，郑《注》说：“主于妇与母之名耳。”谓但分别其辈行，而不复分别其支派。质而言之，就是但分为老太太、太太、少太太，而不再问其孰为某之妻，孰为某之母。“谓弟之妻为妇者，是嫂亦可谓之母乎”，翻作现在的话，就是：“把弟媳妇称为少太太，算作儿媳妇一辈，那嫂嫂难道可称为老太太，算作母亲一辈吗？”如此分别，就可以称为男女有别，可见古代婚姻，确有一个专论辈行的时代，在周代的宗法中，其遗迹还未尽泯。夏威夷人对于父、伯叔父、舅父，都用同一的称呼。中国人对于舅，虽有分别，父与伯叔父，母与伯叔母，从母，也是没有分别的。伯父只是大爷，叔父、季父，只是三爷、四爷罢了。再推而广之，则上一辈的人，总称为父兄，亦称父老。老与考为转注，《说文》。最初只是一语，而考为已死之父之称。下一辈则总称子弟。《公羊》何《注》说：“宋鲁之间，名结婚姻为兄弟。”僖公二十五年。可见父母兄弟等，其初皆非专称。资本主义的社会学家说：这不是野蛮人不知道父与伯叔父、舅父之别，乃是知道了而对于他们仍用同一的称呼。殊不知野蛮人的言语，总括的名词虽比我们少，各别的名词却比我们多。略知训诂的人皆知之。如古鸟称雌雄，兽称牝牡，今则总称雌雄，即其一例。既知父与伯叔父、舅父之别，而仍用同一的称呼，这在我们，实在想不出这个理由来。难者将说：父可以不知道，母总是可以知道的，为什么母字亦是通称呢？殊不知大同之世，“人不独亲其亲，不独子其子。”生物学上的母虽只一个，社会学上的母，在上一辈中，是很普遍的。父母之恩，不在生而在养，生物学上的母，实在是无甚关系的，又何必特立专名呢？然则邃初所谓夫妇之制和家庭者安在？《尔雅·释亲》：兄弟之妻，“长妇谓稚妇为娣妇，娣妇谓长妇为姒妇”，这就是现在的妯娌。而女子同嫁一夫的，亦称先生者为姒，后生者为娣。这也是辈行婚的一个遗迹。

社会之所以有组织，乃是用以应付环境的。其初，年龄间的区别，实在大于两性间的区别。后来受文化的影响，此等区别，才渐渐转变。《商君书·兵守篇》说，军队的组织，以壮男为一军，壮女为一军，男女之老弱者为一军，其视年龄的区别，仍重于两性的区别。所以组织之始，是按年龄分辈分的。而婚姻的禁例，亦起于此。到后来，便渐渐依血统区别了。其禁例，大抵起于血缘亲近之人之间。违犯此等禁例者，俗语谓之“乱伦”，古语则谓之

"鸟兽行"，亦谓之"禽兽行"。惩罚大抵是很严重的。至于扩而充之，对母方或父方有血缘关系之人，概不许结婚，即成同姓不婚之制。中国古代的姓，相当于现在社会学上所谓氏族，参看下章。同姓不婚的理由，昔人说是"男女同姓，其生不蕃"。《左传》僖公二十三年郑叔詹说。"美先尽矣，则相生疾。"同上昭公七年郑子产说。又说是同姓同德，异姓异德。《国语·晋语》司空季子说。好像很知道遗传及健康上的关系的。然（一）血族结婚，有害遗传，科学上的证据古人未必知。（二）而氏族时代所谓同姓，亦和血缘远近不符。（三）至谓其有害于健康，当时更无此说。然则此等都是后来附会之说，并不是什么真正的理由。以实际言，此项禁例，所以能维持久远的，大概还是由于《礼记·郊特牲》所说的"所以附远厚别"。因为文化渐进，人和人之间，妒忌之心，渐次发达，争风吃醋的事渐多，同族之中，必有因争色而致斗乱的，于是逐渐加繁其禁例，最后，遂至一切禁断。而在古代，和亲的交际，限于血缘上有关系的人。异姓间的婚姻，虽然始于掠夺，其后则渐变为卖买，再变为聘娶，彼此之间，无复敌意，而且可以互相联络了。试看春秋战国之世，以结婚姻为外交手段者之多，便可知《郊特牲》附远二字之确。这是同姓不婚之制，所以逐渐普遍，益臻固定的理由。及其既经普遍固定之后，则制度的本身，就具有很大的威权，更不必要什么理由了。

妒忌的感情，是何从而来的呢？前文不是说，妒忌不是人的本性么？然两性间的妒忌，虽非人之本性，而古人大率贫穷，物质上的缺乏，逼着他不能不生出产业上的嫉妒来。掠夺得来的女子，既是掠夺者的财产，自然不能不努力监视着他。其监视，固然是为着经济上的原因，然他男子设或与我的奴隶发生性的关系，就很容易把她带走，于是占有之欲，自物而扩及于人，而和此等女子发生性的关系，亦非得其主人许可，或给予某种利益，以为交换不可了。如租赁、借贷、交换等。《左传》襄公二十八年，庆封与卢蒲嫳易内；昭公二十八年，祁胜与邬臧通室；现在有的地方，还有租妻之俗；就是这种制度的遗迹。再进，产业上的妒忌，渐变成两性间的妒忌，而争风吃醋之事遂多。内婚的禁忌，就不得不加严，不得不加密了。所以外婚的兴起，和内婚的禁止，也是互为因果的。

掠夺婚起于游猎时代，在中国古书上，也是确有证据的。《礼记·月令》《疏》引《世本》说：太昊始制嫁娶以俪皮为礼。托诸太昊，虽未必可信，而俪皮是两鹿皮，见《公羊》庄公二十二年何《注》，这确是猎人之物。古婚礼必用雁，其理由，怕亦不过如此。又婚礼必行之昏时，亦当和掠夺有关系。

中国农业起于女子，捕鱼在古代，亦为女子之事，说见第十一章。农渔之民，都是食物饶足，且居有定地的，畋猎对于社会的贡献比较少，男子在经济上的权力不大，所以服务婚之制，亦发生于此时。赘婿即其遗迹。《战国·秦策》说太公望是齐之逐夫，当即赘婿。古代此等婚姻，在东方，怕很为普遍的。《汉书·地理志》说：齐襄公淫乱，姑姊妹不嫁。“于是下令国中：民家长女不得嫁，名曰巫儿，为家主祠，嫁者不利其家。民至今以为俗。”把此等风俗的原因，归诸人君的一道命令，其不足信，显而易见。其实齐襄公的姑姊妹不嫁，怕反系受这种风俗的影响吧？《公羊》桓公二年，有楚王妻媦之语。何《注》：媦，妹也。可见在东南的民族，内婚制维持较久。《礼记·大传》说：“四世而缌，服之穷也。五世袒免，杀同姓也。六世亲属竭矣，其庶姓别于上，庶姓见下章。而戚单于下，单同殚。婚姻可以通乎？系之以姓而弗别，缀之以族而弗殊，虽百世而婚姻不通者，周道然也。”然则男系同族，永不通婚，只是周道。自殷以上，六世之后，婚姻就可以通的。殷也是东方之国。《汉书·地理志》又说燕国的风俗道：“初太子丹宾养勇士，不爱后宫美女，民化以为俗，至今犹然。宾客相过，以妇侍宿。嫁娶之夕，男女无别，反以为荣。后稍颇止，然终未改。”不知燕丹的举动，系受风俗的影响，反以为风俗源于燕丹，亦与其论齐襄公同病。而燕国对于性的共有制维持较久，则于此可见。燕亦是滨海之地。然则自东南亘于东北，土性肥沃，水利丰饶，农渔二业兴盛之地，内婚制及母系氏族，都是维持较久的。父系氏族，当起于猎牧之民。此可见一切社会制度，皆以经济状况为其根本原因。

人类对于父母亲族，总只能注意其一方，这是无可如何的。所以在母系氏族内，父方的亲族，并不禁止结婚；在父系氏族内，母方的亲族亦然；且有两个氏族，世为婚姻的。中国古代，似亦如此。所以夫之父与母之兄弟同称。舅。夫之母与父之姊妹同称。姑。可见母之兄弟，所娶者即父之姊妹。并非亲姊妹，不过同氏族的姊妹行而已。而我之所嫁，亦即父之氏族中之男子，正和我之母与我之父结婚同。古代氏族，又有在氏族之中，再分支派的。如甲乙两部族，各分为一二两组。甲一之女，必与乙二之男结婚，生子则属于甲二。甲二之女，必与乙一之男结婚，生子则属于甲一。乙组的女子亦然。此系最简单之例，实际还可以更繁复。如此，则祖孙为同族人，父子则否。中国古代，似亦如此。所以祭祀之礼：“孙可以为王父尸，子不可以为父尸。”《礼记·曲礼》。殇与无后者，必从祖祔食，而不从父祔食。《礼记·曾子问》。

近亲结婚，在法律上本有禁令的，并不限于父系。如《清律》：“娶己之姑舅两姨姊妹者，杖八十，并离异。”即是。然因此等风俗，根深蒂固，法律就成为具文了。

古代所谓同姓，是自认为出于同一始祖的。在父系氏族，则为男子。在母系氏族，则为女子。虽未必确实，他们固自以为如此。同姓与否，和血缘的远近，可谓实无关系。然他们认为同姓则同德，不可结婚，异姓则异德，可以结婚，理由虽不确实，办法尚觉一致。至后世所谓同姓，则并非同出于一源；而同出于一源的，却又不必同姓。如王莽，以姚、妫、陈、田皆黄、虞后，与己同姓，令元城王氏，勿得与四姓相嫁娶。《汉书·莽传》。而王䜣、孙咸，以得姓不同，其女转嫁为莽妻。《汉书·䜣传》。此等关系，后世都置诸不论了。所谓同姓异姓，只是以父系的姓，字面上的同异为据，在理论上，可谓并无理由，实属进退失据。此因同姓不婚之制，已无灵魂，仅剩躯壳之故。总而言之，现在的所谓姓氏，从各方面而论，都已毫无用处，不过是社会组织中的老废物罢了。参看下章自明。

婚礼中的聘礼，即系卖买婚的遗迹，古礼称为“纳征”。《礼记·内则》说：“聘则为妻，奔则为妾”；《曲礼》说：“买妾不知其姓则卜之”；则买妾是真给身价的，聘妻虽具礼物，不过仅存形式，其意已不在于利益了。

古代婚礼，传于后世的，为《仪礼》中的《士昏礼》。其节目有六：即（一）纳彩，男氏遣使到女氏去求婚。（二）问名，女氏许婚之后，再请问许婚的是哪一位姑娘繻因为纳采时只申明向女氏的氏族求婚，并未指明哪一个人之故。

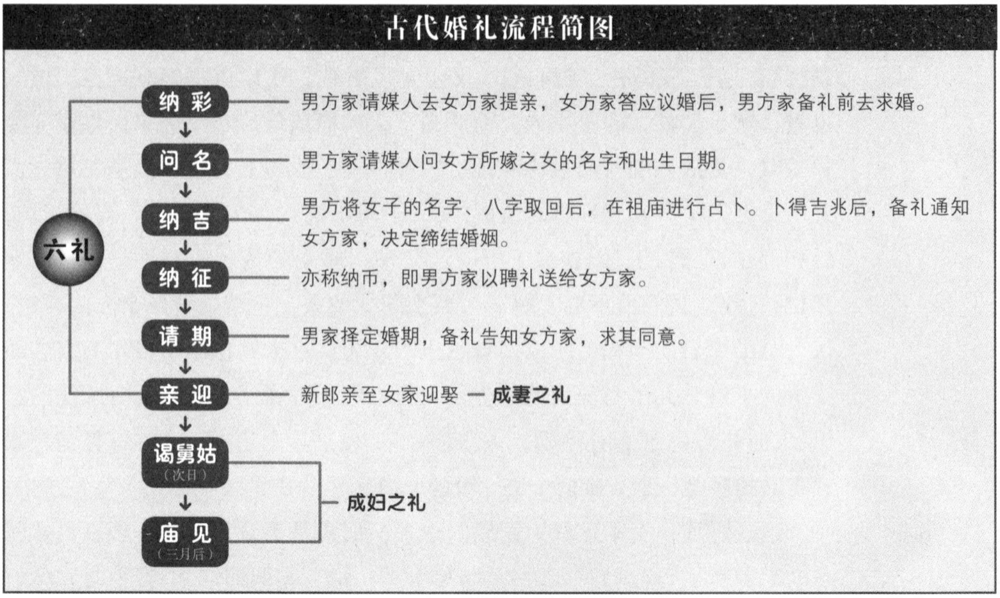

（三）纳吉，女氏说明许婚的系哪一位姑娘之后，男氏归卜之于庙。卜而得吉，再使告女氏。（四）纳征，亦谓之纳币。所纳者系玄纁束帛及俪皮。（五）请期，定吉日。吉日系男氏所定，三请于女氏，女氏不肯定，然后告之。（六）亲迎，新郎亲到女氏。执雁而入，揖让升堂，再拜奠雁。女父带着新娘出来，交结他。新郎带着新娘出门。新娘升车，新郎亲为之御。车轮三转之后，新郎下车，由御者代御。新郎先归，在门首等待。新娘车至，新郎揖之而入。如不亲迎的，则新郎三月后往见舅姑。亲迎之礼，儒家赞成，墨家是反对的，见《礼记·哀公问》《墨子·非儒篇》。是为六礼。亲迎之夕，共牢而食，合卺而酳。古人的宴会，猪牛羊等，都是每人一份的。夫妻则两个人合一份，是谓同牢。把一个瓢破而为两，各用其半，以为酒器，是为合卺。这表示“合体，同尊卑”的意思。其明天，“赞妇见于舅姑。”又明天，“舅姑共飨妇。”礼成之后，“舅姑先降自西阶，宾阶。妇降自阼阶。”东阶，主人所行。古人说地道尊右，故让客人走西阶。表明把家事传给他，自己变作客人的意思。此礼是限于适妇的，谓之“着代”，亦谓之“授室”。若舅姑不在，则三月而后庙见。《礼记·曾子问》说：“女未庙见而死，归葬于女氏之党，示未成妇。”诸侯嫁女，亦有致女之礼，于三月之后，遣大夫操礼而往，见《公羊》成公九年。何《注》说：“必三月者，取一时，足以别贞信。”然则古代的婚礼，是要在结婚三个月之后，才算真正成立的。若在三月之内分离，照礼意，还只算婚姻未完全成立，算不得离婚。这也可见得婚姻制度初期的疏松。

礼经所说的婚礼，是家族制度全盛时的风俗，所以其立意，全是为家族打算的。《礼记·内则》说：“子甚宜其妻，父母不说，出。子不宜其妻，父母曰：是善事我，子行夫妇之礼焉，没身不衰。”可见家长权力之大。《昏义》说：“成妇礼，明妇顺，又申之以著代，所以重责妇顺焉也。妇顺也者，顺于舅姑，和于室人，而后当于夫；以成丝麻布帛之事；以审守委积盖藏。是故妇顺备而后内和理，内和理而后家可长久也，故圣王重之。”尤可见娶妇全为家族打算的情形。《曾子问》说：“嫁女之家，三夜不息烛，思相离也。”这是我们容易了解的。又说：“取妇之家，三日不举乐，思嗣亲也。”此意我们就不易了解了。原来现代的人，把结婚看作个人的事情，认为是结婚者的幸福，所以多有欢乐的意思。古人则把结婚看作为家族而举行的事情。儿子到长大能娶妻，父母就近于凋谢了，所以反有感伤的意思。《曲礼》说：“昏礼不贺，人之序也”，也是这个道理。此亦可见当时家族主义的昌盛，个人价值全被埋没的一斑。

当这时代，女子遂成为家族的奴隶，奴隶是需要忠实的，所以贞操就渐渐地被看重。“贞妇”二字，昉见于《礼记·丧服四制》。春秋时，鲁君的女儿，有一个嫁给宋国的，称为宋伯姬。一天晚上，宋国失火，伯姬说："妇人夜出，必待傅姆。"傅姆是老年的男女侍从。必待傅姆，是不独身夜行，以避嫌疑的意思。傅姆不至，不肯下堂，遂被火烧而死。《春秋》特书之，以示奖励。《公羊》襄公三十年。此外儒家奖励贞节之说，还有许多，看刘向的《列女传》可知。刘向是治鲁诗的，《列女传》中，有许多是儒家相传的诗说。秦始皇会稽刻石说："饰省宣义，有子而嫁，倍死不贞。防隔内外，禁止淫佚，男女洁诚。夫为寄豭，杀之无罪，男秉义程。妻为逃嫁，子不得母，咸化廉清。"按《管子·八观篇》说："闾闬无阖，外内交通，则男女无别矣。"又说："食谷水，巷凿井；场圃接，树木茂；宫墙毁坏，门户不闭，外内交通；则男女之别，无自正矣。"《汉书·地理志》说：郑国土陋而险，山居谷汲，男女亟聚会，故其俗淫。这即是秦始皇所谓"防隔内外"。乃是把士大夫之家，"深宫固门，阍寺守之，男不入，女不出"的制度，见《礼记·内则》。推广到民间去。再嫁未必能有什么禁令，不过宣布其是倍死不贞，以示耻辱，正和奖励贞节，用意相同。寄豭是因奸通而寄居于女子之家的，杀之无罪；妻为逃嫁，则子不得母；其制裁却可谓严厉极了。压迫阶级所组织的国家，其政令，自然总是助压迫阶级张目的。

虽然如此，罗马非一日之罗马，古代疏松的婚姻制度，到底非短期间所能使其十分严谨的。所以表显于古书上的婚姻，要比后世自由得多。《左传》昭公元年，载郑国徐吾犯之妹美，子南业经聘定了她，子皙又要强行纳聘。子皙是个强宗，国法奈何不得他。徐吾犯乃请使女自择，以资决定。这虽别有用意，然亦可见古代的婚嫁，男女本可自择。不过"男不亲求，女不亲许"，见《公羊》僖公十四年。必须要有个媒妁居间；又必须要"为酒食以召乡党僚友"，《礼记·曲礼》。以资证明罢了。婚约的解除，也颇容易。前述三月成妇之制，在结婚三个月之后，两造的意见觉得不合，仍可随意解除，这在今日，无论哪一国，实都无此自由。至于尚未同居，则自然更为容易。《礼记·曾子问》说："昏礼：既纳币，有吉日，女之父母死，则如之何？孔子曰：婿使人吊。如婿之父母死，则女之家亦使人吊。婿已葬，婿之伯父，致命女氏曰：某之子有父母之丧，不得嗣为兄弟，使某致命。女氏许诺，而弗敢嫁，礼也。婿免丧，女之父母使人请，婿弗取而后嫁之，礼也。女之父母死，婿亦如之。"一方等待三年，一方反可随意解约，实属不近情理。迂儒因生种种曲说。其实这只是《礼记》文字的疏忽。孔子此等说法，自为一方遭丧而一方无意解约者言之。若其意欲解约，自然毫无限制。此乃当然之理，在当日恐亦为常行之事，其事无待论列，故孔子不之及。记者贸然下了"而弗敢嫁，礼也"六字，一似非等待不可的，就引起后人的误会了。离婚的条件，有所谓七出，亦谓之七弃。（一）无子。（二）淫佚。（三）不事舅姑。（四）口舌。（五）盗窃。（六）嫉妒。（七）恶疾。又有所谓三不去，（一）尝更三年丧不去。（二）贱取贵不去。（三）有所受无所归不去。与五不娶并列，（一）丧妇长女。（二）世有恶疾。（三）世有刑人。（四）乱家女。（五）逆家女。见于《大戴礼记·本命篇》，和《公羊》庄公二十七年何《注》，皆从男子方面立说。此乃儒家斟酌习俗，认为义所当然，未必与当时的法律习惯密合。女子求去，自然也有种种条件，为法律习惯所认许的，不过无传于后

▼ 列女图 此图画的是汉代《列女传》的人物故事。《列女传》记载了上古至汉代某些妇女的嘉言懿行，封建统治阶级以之作为衡量女性行为的准则。

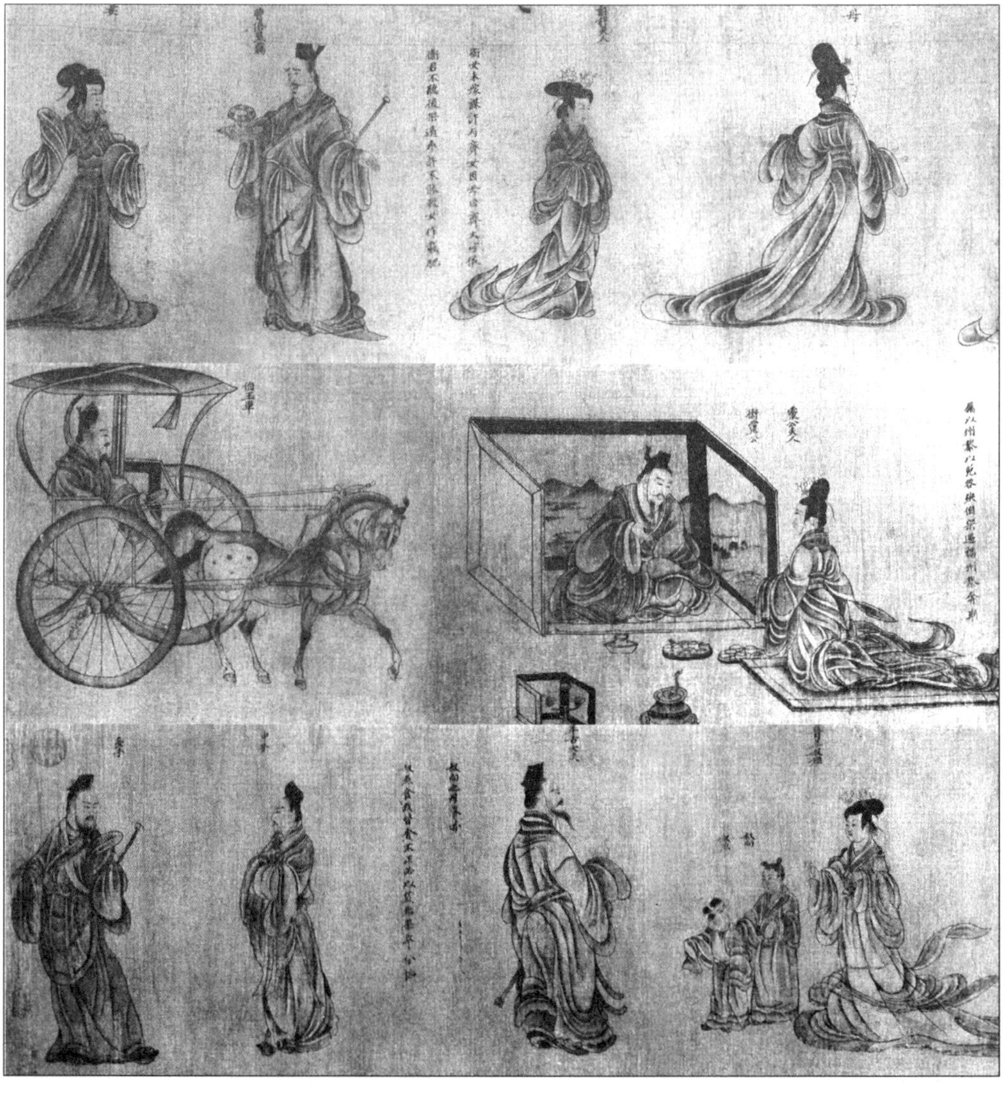

罢了。观汉世妇人求去者尚甚多，如朱买臣之妻等。则知古人之于离婚初不重视。夫死再嫁，则尤为恒事。这是到宋以后，理学盛行，士大夫之家，更看重名节，上流社会的女子，才少有再嫁的，前代并不如此。《礼记·郊特牲》说："一与之齐，终身不改，故夫死不嫁。"这是现在讲究旧礼教的迂儒所乐道的。然一与之齐，终身不改，乃是说不得以妻为妾，并非说夫死不嫁。《白虎通义·嫁娶篇》引《郊特牲》，并无"故夫死不嫁"五字；郑《注》亦不及此义；可见此五字为后人所增。郑《注》又说："齐或为醮"，这字也是后人所改的。不过郑氏所据之本，尚作齐字，即其所见改为醮字之本，亦尚未窜入"故夫死不嫁"五字罢了。此可见古书逐渐窜改之迹。

后世男子的权利，愈行伸张，则其压迫女子愈甚。此可于其重视为女时的贞操，及其贱视再醮妇见之。女子的守贞，实为对于其夫之一种义务。以契约论，固然只在婚姻成立后、持续时为有效，以事实论，亦只需如此。所以野蛮社会的风俗，无不是如此的，而所谓文明社会，却有超过这限度的要求。此无他，不过男权社会的要求，更进一步而已。女子的离婚，在后世本较古代为难，因为古代的财产带家族共有的意思多，一家中人，当然都有享受之分。所以除所谓有所受无所归者外，离婚的女子，都不怕穷无所归。后世的财产，渐益视为个人所有，对于已嫁大归之女，大都不愿加以扶养；而世俗又贱视再醮之妇，肯娶者少；弃妇的境遇，就更觉凄惨可怜了。法律上对于女子亦未尝加以保护。如《清律》："凡妻无应出及义绝之状而出之者，杖八十。虽犯七出，有三不去而出之者，减二等，追还完聚。"似乎是为无所归的女子特设的保护条文。然追还完聚之后，当如何设法保障，使其不为夫及夫之家族中人所虐待，则绝无办法。又说："若夫妻不相和谐而两愿离者不坐。"不相和谐，即可离异，似极自由。然夫之虐待其妻者，大都榨取其妻之劳力以自利，安能得其愿离？离婚而必以两愿为条件，直使被虐待者永无脱离苦海之日。而背夫私逃之罪，则系"杖一百，从夫嫁卖"。被虐待的女子，又何以自全呢？彻底言之：现在所谓夫妇制度，本无维持之价值。然进化非一蹴可及，即制度非旦夕所能改。以现在的立法论，在原则上当定：（一）离婚之诉，自妻提出者无不许。（二）其生有子女者，抚养归其母，费用则由其父负担。（三）夫之财产中，其一部分应视为其妻所应得，离婚后当给予其妻。（四）夫妻异财者勿论。其同财者，嫁资应视为妻之私财，离婚时给还其妻；其业经销用者应赔偿。这固不是根本解决的办法，然在今日，立法上亦只得如此了。而在今日，立法上亦正该如此。

古书中所载的礼，大抵是父系家庭时代的习惯风俗。后世社会组织，迄未改变，所以奉其说为天经地义。而因此等说法被视为天经地义之故，亦有助于此制度之维持。天下事原总是互为因果的。但古书中的事实，足以表示家族主义形成前的制度的亦不少，此亦不可不注意。《礼记·礼运》："合男女，颁爵位，必当年德。"《管子·幼官篇》，亦有"合男女"之文。合男女，即《周官》媒氏及《管子·入国篇》的合独之政。《周官》媒氏："凡男女自成名以上，皆书年月日名焉。令男三十而娶，女二十而嫁。中春之月，令会男女。于是时也，奔者不禁。谓不备聘娶之礼，说见下。司男女之无夫家者而会之。"合独为九惠之政之一。其文云："取鳏寡而和合之，与田宅而家室之，三年然后事之。"此实男女妃合，不由家族主持，而由部族主持之遗迹。其初盖普遍如此。到家族发达之后，部族于通常之结婚，才置诸不管，而只干涉其违法者，而救济其不能婚嫁者了。当男女婚配由部族主持之世，结婚的年龄，和每年中结婚的季节，都是有一定的。婚年：儒家的主张，是男三十而娶，女二十而嫁。《礼记·曲礼》《内则》等篇，都是如此。《大戴礼记·本命篇》说，这是中古之礼。太古五十而室，三十而嫁。《墨子》《节用》。《韩非子》《外储说右下》。则说男二十而娶，女十五而嫁。结婚的年龄，当然不能斠若画一。王肃说：男十六而精通，女十四而能化，自此以往，便可结婚；所谓三十、二十等，乃系为之极限，使不可过。又所谓男三十，女二十，不过大致如此，并非必以三十之男，配二十之女。其说自通。见《诗·摽有梅疏》。《大戴礼》说：三十而室，二十而嫁，天子庶人同礼。《左传》说：天子十五而生子；三十而室，乃庶人之礼。《五经异义》。贵族生计，较庶人为宽裕，结婚年龄，可以提早，说亦可通。至《墨子》《韩非子》之说，则系求蕃育人民之意，古代此等政令甚多，亦不足怪。所可怪者，人类生理今古相同，婚配的要求，少壮之时，最为急切，太古时何以能迟至五十、三十？按罗维（Robert H.Lowie）所著的《初民社会》，吕叔湘译，商务印书馆本。说巴西的波洛洛人（Bororo），男女性交和结婚，并非一事。当其少年时，男女之间，早已发生性的关系，然常是过着浪漫的生活，并不专于一人。倒是年事较长，性欲较淡，彼此皆欲安居时，才择定配偶，相与同居。按人类的性质，本是多婚的。男女同居，乃为两性间的分工互助，实与性欲无甚关系。巴洛洛人的制度，实在是较为合理的。社会制度，往往早期的较后期的为合理。这是因已往的文化，多有病态，时期愈晚，病态愈深之故。中国太古之世，婚年较晚的理由，也可以借鉴而明了。人类性欲的开始，实在二七、二八之年。自此以往，更阅数年，遂臻极盛。此系中国古说，见《素问·上古天真论》。《大戴礼记》《韩诗外传》《孔子家语》等说皆同。根于生理的欲念，宜宣泄不宜抑压。抑压

▲ **妇女浣丝图** 该图描绘的是一群妇女在溪边浣丝的情景。男耕女织是中国社会的常态。

之，往往为精神病的根源。然后世将经济上的自立，责之于既结婚的夫妇，则非十余龄的男女所及；又教养子女之责，专由父母任之，亦非十余龄的男女所能；遂不得不将结婚的年龄展缓。在近代，并有因生计艰难，而抱独身主义的。性欲受抑压而横溢，个人及社会两方面，均易招致不幸的结果。这亦是社会制度与人性不能调和的一端。倘使将经济及儿童教养的问题，和两性问题分开，就不致有此患了。所以目前的办法在以节育及儿童公育，以救济迟婚及独身问题。结婚的季节，《春秋繁露》说："霜降逆女，冰泮杀止。"《循天之道篇》。《荀子》同。《大略篇》。王肃说：自九月至正月。见《诗·绸缪疏》。其说良是。古人冬则居邑，春则居野，参看第六、第十四章。结婚的月份，实在是和其聚居的时期相应的。仲春则婚时已过，至此而犹不克婚，则其贫不能备礼可知，所以奔者不禁了。

多妻之源，起于男子的淫侈。生物界的事实，两性的数目，常大略相等。婚姻而无禁例，或虽有禁例而不严密则已，若既限定对于法定的配偶以外，不许发生性的关系，而又有若干人欲多占异性为己有，则有多占的人，即有无偶的人。所以古今中外，有夫妇之制的社会，必皆以一夫一妻为原则。但亦总有若干例外。古代贵族，妻以外发生性的关系的人有两种：一种是妻家带来的，谓之媵。一种是自己家里所固有的，谓之妾。后世媵之实消灭，故其名称亦消灭，但以妾为配偶以外发生性的关系之人之总称。媵之义为送，即妻家送女的人，并不限于女子，如伊尹为有莘氏媵臣是。与婿家跟着新郎去迎接新娘的御相同。媵御的原始，实犹今日结婚时之男女傧相，本无可发生性的关系的理由。后来有特权的男子，不止娶于一家，正妻以外的旁妻，无以名之，亦名之曰媵，媵遂有正妻以外之配偶之义。古代的婚姻，最致谨于辈行，而此规则，亦为有特权者所破坏。娶一妻者，不但兼及其娣，而且兼及其侄，于是有诸侯一娶九女之制。取一国则二国往媵，各以侄娣从。一娶九女之制，据《白虎通义·嫁娶篇》说，天子与诸侯同。亦有以为天子娶十二女的，如《春秋繁露·爵国篇》是。此恐系以天子与诸侯同礼为不安而改之。其实在古代，天子诸侯，在实际上，未必有多大的区别。《礼记·昏义》末节说：天子有一后，三夫人，九嫔，二十七世妇，八十一御妻。按《昏义》为《仪礼·士昏礼》之传，传文皆以释经，独《昏义》此节，与经无涉；文亦不类传体；其说在他处又无所见；而适与王莽立后，备和、嫔、美、御，和人三、嫔人九、美人二十七、御人八十一之制相合；见《汉书·莽传》。其为后人窜入，自无可疑。《冠义》说："无大夫冠礼而有其昏礼？古者五十而后爵，何大夫冠礼之有？"五十而后娶，其为再娶可知。诸侯以一娶九女之故，不得再娶，《公羊》庄公十九年。大夫若亦有媵，安得再娶？管氏有三归，孔子讥其不俭，《论语·八佾》：包咸云：三归，娶三姓女。即系讥其僭人君之礼。所以除人君以外，是决无媵的。至于妾，则为家中的女子，得与家主相接之义。家族主义发达的时代，门以内的事情，国法本不甚干涉。家主在家庭中的地位，亦无人可以制裁他。家中苟有女奴，家主要破坏她的贞操，自无从加以制裁。所以有妾与否，是个事实问题，在法律上，或者并无制限。然古代依身份而立别的习惯，是非常之多的，或有制限，亦未可知。后世等级渐平，依身份而立区别的习惯大半消除，娶妾遂成为男子普遍的权利了。虽然如此，法律上仍有依身份之贵贱，而定妾之有无多寡的。如《唐书·百官志》：亲王有孺人二、媵十，二品媵八，国公及三品媵六，四品媵四，五品媵三；《明律》：民年四十以上无子者，方听娶妾，违者笞四十。但此等法律，多成具文，而在事实上，则多妻之权利，为富者所享受。适庶之别，古代颇严。因为古代等级，本来严峻，妻和妾一出于贵族，一出于贱族，其在社会上的身份，本相悬殊之故。后世等级既平，妻妾之身份，本来的相差，不如前代之甚，所以事实上贵贱之相差亦较微。仅在法律上、风俗上，因要维持家庭间的秩序，不得不略存区别而已。

《颜氏家训》说："江左不讳庶孽，丧室之后，多以妾媵终家事。河北鄙于侧室，不预人流，是以必须重娶，至于三四。"这是江左犹沿古代有媵不再娶的旧风，河北就荡然了。但以妾媵终家事，必本有妾媵而后能然。如其无之，自不能不再娶。再娶自不能视之为妾。《唐书·儒学传》说："郑余庆庙有二妣，疑于祔祭，请于有司。博士韦公肃议曰：古诸侯一娶九女，故庙无二适。自秦以来有再娶，前娶后继皆适也，两祔无嫌。"自秦以来有再娶，即因封建破坏，无复一娶九女及三归等制度之故。韦公肃之议，为前娶后继，皆为适室礼文上的明据。但从礼意上说，同时不能有二嫡的，所以世俗所谓兼祧双娶，为法律所不许。大理院解释，以后娶者为妾。

人类的性质，本来是多婚的。男女皆然。虽由社会的势力加以压迫，终不能改变其本性。所以压迫之力一弛，本性随即呈露。在现社会制度之下，最普遍而易见的，是为通奸与卖淫。通奸，因其为秘密之事，无从统计其多少。然就现社会和历史记载上观察，实可信其极为普遍。卖淫亦然。社会学家说："凡是法律和习惯限制男女性交之处，即有卖淫之事，随之出现。"史家推原卖淫之始，多以为起于宗教卖淫。王书奴著《中国倡伎史》，生活书店本。亦力主此说。然原始宗教界中淫乱的现象，实未可称为卖淫。因为男女的交际，其初本极自由。后来强横的男子，虽把一部分女子占为己有，然只限于平时。至于众人集会之时，则仍须回复其故态。所以各个民族，往往大集会之时，即为男女混杂之际。如郑国之俗，三月上巳之日，于溱洧两水之上，招魂续魄，拂除不祥，士女往观而相谑。《韩诗》说，据陈乔枞《三家诗遗说考》。《史记·滑稽列传》载淳于髡说："州闾之会，男女杂坐。行酒稽留，六博投壶，相引为曹。握手无罚，目眙不禁。前有堕珥，后有遗簪。""日暮酒阑，合尊促坐。男女同席，履舄交错。杯盘狼藉。堂上烛灭，主人留髡而送客。罗襦襟解，微闻芗泽。"又如前文所引的燕国"嫁娶之夕，男女无别"都是。宗教上的寺院等，也是大众集会之地；而且是圣地；其地的习惯，是不易破坏的。《汉书·礼乐志》说：汉武帝立乐府，"采诗夜诵"。颜师古《注》说："其言辞或秘，不可宣露，故于夜中歌诵。"按《后汉书·高句骊传》说：其俗淫。暮夜辄男女群聚为倡乐。高句骊是好祠鬼神的，而乐府之立，亦和祭礼有关。然则采诗夜诵，怕不仅因其言辞或秘吧？男女混杂之事，后世所谓邪教中，亦恒有之，正和邪有何标准？不过古代之俗，渐与后世不合，则被目为邪而已。然则宗教中初期的淫乱，实不可谓之卖淫。不过限制男女交际的自由，往往与私有财产制度伴随而起。既有私有财产，自有所谓卖买；既有所谓卖买，淫亦自可为卖买的标的。在此情形之下，本非卖买之事，变为卖买的多了，亦不仅淫之一端。

卖淫的根源，旧说以为起于齐之女闾。其事见于《战国策》的《东周策》。《东周策》载一个辩士的话道："国必有诽誉。忠臣令诽在已，誉在上。齐桓公宫中七市，女闾七百，国人非之，管仲故为三归之家，以掩桓公非，自伤于民也。"则市与女闾，确为淫乐之地。《商君书·垦令篇》说："令军市无有女子"；又说："轻惰之民，不游军市，则农民不淫"；亦市为淫乐之地之一证。女闾则他处无文。按《太平御览》引《吴越春秋》说："勾践输有过寡妇于山上，使士之忧思者游之，以娱其意"，今本无。亦即女闾之类。女闾，盖后世所谓女户者所聚居。女户以女为户主，可见其家中是没有壮男的。《周官》内宰："凡建国，佐后立市"；《左传》昭公二十年，晏婴说："内宠之妾，肆夺于市"；则古代的市，本由女子管理。所以到后来，聚居市中的女子还很多。市和女闾，都不过因其为女子聚居之所，遂成为纵淫之地罢了。其初，也未必是卖淫的。

卖淫的又一来源，是为女乐。女乐是贵族家里的婢妾，擅长歌舞等事的，令其"执技以事上"。婢妾的贞操，本来是没有保障的，自不因其为音乐队员而有异。封建制度破坏，贵族的特权，为平民所僭者甚多，自将流布于民间。《史记·货殖列传》说：赵国的女子，"鼓鸣瑟，跕屣，现在的拖鞋，在古时为舞屣。游媚贵富，入后宫，遍诸侯。""郑，卫俗与赵相类。"又说："今夫赵女郑姬，设形容，揳鸣琴，揄长袂，蹑利屣，目挑心招，出不远千里，不择老少者，奔富厚也。"即其事。倡伎本来是对有技艺的人的称谓，并非专指女子。所以女子有此等技艺的，还特称为女伎。然其实是性的诱惑的成分多，欣赏其技艺的成分少。于是倡伎转变为女子卖淫者的称谓，其字也改从女旁了。即娼妓。男子之有技艺者，不复称倡伎。为倡伎之女子，本系婢妾之流，故自古即可买卖。《战国·韩策》说："韩卖美人，秦买之三千金"其证。后世当娼妓的，也都是经济上落魄的人，自然始终是可以买卖的了。资本的势力愈盛，遂并有买得女子，使操淫业以谋利的。古代的女伎，系婢妾所为，后世政治上还沿袭其遗制，是为乐户。系以罪人家属没入者为之。唐时，其籍属于太常。其额设的乐员，属于教坊司。此系国家的女乐队员，但因其本为贱族，贞操亦无保障，官员等皆可使之执技荐寝以自娱，是为官妓。军营中有时亦有随营的女子，则谓之营妓。民间女子卖淫的，谓之私娼。在本地的称土娼，在异乡的称流娼。清世祖顺治十六年，停止教坊女乐，改用内监。世宗雍正七年，改教坊司为和声署。是时各地方的乐户，亦皆除籍为民。于是在法律上除去一种贱族，亦无所谓官妓。但私娼在当时则是无从禁止的。律例虽有"举、贡、生员，宿娼者斥革"的条文，亦不过为管束举贡生员起见而已，并非禁娼。

▼ 吹排箫乐伎壁画 古代贵族富户多蓄养歌舞伎，这类唐代乐伎壁画正反映出这种社会现实。

古代掠夺婚姻的习惯，仍有存于后世的。赵翼《陔余丛考》说："村俗有以婚姻议财不谐，而纠众劫女成婚者，谓之抢亲。《北史·高昂传》：昂兄乾，求博陵崔圣念女为婚，崔不许。昂与兄往劫之。置女村外，谓兄曰：何不行礼？于是野合而归。是劫婚之事，古亦有之。然今俗劫婚，皆已经许字者，昂所劫则未字，固不同也。"按《清律》："凡豪势之人，强夺良家妻女，奸占为妻妾者绞。配与子孙、弟侄、家人者，罪亦如之。"此指无婚姻契约而强抢的。又说："应为婚者，虽已纳聘财，期未至，而男家强娶者，笞五十。”指主婚人。“女家悔盟，男家不告官司强抢者，照强娶律减二等。”此即赵氏所谓已经许字之女，照法律亦有罪，但为习俗所囿，法律多不能实行。又有男女两家，因不能负担结婚时的费用，私相协议，令男家以强抢的形式出之的。则其表面为武力的，内容实为经济的了。抢孀等事，亦自古即有。《潜夫论·断讼篇》云：“贞洁寡妇，遭直不仁世叔、无义兄弟，或利其聘币，或贪其财贿，或私其儿子，则迫胁遣送，有自缢房中，饮药车上，绝命丧躯，孤捐童孩者。”又有“后夫多设人客，威力胁载者”。这其中，亦含有武力的经济的两种成分。

卖买婚姻，则无其名而有其实。《断讼篇》又说：“诸女一许数家，虽生十子，更百赦，勿令得蒙一，还私家，则此奸绝矣。不则髡其夫妻，徙千里外剧县，乃可以毒其心而绝其后。”《抱朴子·弭讼篇》，述其姑子刘士由之论说：“末世举不修义，许而弗与。讼阋秽缛，烦塞官曹。今可使诸争婚者，未及同牢，皆听义绝，而倍还酒礼，归其币帛。其尝已再离，一倍裨聘。裨即现在赔偿的赔字。其三绝者，再倍裨聘。如此，离者不生讼心，贪者无利重受。”葛洪又申说自己的意见道：“责裨聘倍，贫者所惮，丰于财者，则适其愿矣。后所许者，或能富殖，助其裨聘，必所甘心。然则先家拱默，不得有言，原情论之，能无怨叹乎？”葛洪之意，要令“女氏受聘，礼无丰约，谓不论聘财多少。皆以即日报版。又使时人署姓名于别版，必十人以上，以备远行及死亡。又令女之父兄若伯叔，答婿家书，必手书一纸。若有变悔而证据明者，女氏父母兄弟，皆加刑罚罪”。可见汉晋之世卖买婚姻之盛。后世契约效力较强，此等事无人敢做，但嫁女计较聘礼，娶妻觊觎妆奁，其内容还是一样的，此非经济制度改变，无法可以改良了。

后世的婚姻，多全由父母做主，本人概不与闻，甚至有指腹为婚等恶习，见《南史·韦放传》。按《清律》，指腹为婚有禁。这诚然是很坏的。然论者遂以夫妇之道苦，概归咎于婚姻的不自由，则亦未必其然。人之性，本是多婚的，男女皆然，所以爱情很难持之永久。即使结婚之时，纯出两情爱慕，绝无别种作用掺杂其间，尚难保其永久，何况现在的婚姻，有别种作用掺杂的，且居多数呢？欲救夫妇道苦之弊，与其审慎于结婚之时，不如宽大于离婚之际，因为爱情本有变动，结婚时无论如何审慎，也控制不住后来的变化的。习俗所以重视离婚，法律也尽力禁阻，不过是要维持家庭。然家庭制度，实不是怎么值得维持的东西，参看下章可明。

统观两性关系，自氏族时代以后，即已渐失其正常。其理由：因女子在产育上，所负的责任较男子为多。因而其斗争的力量，较男子为弱。不论在人类凭恃武力相斗争，或凭恃财力相斗争的时代，女子均渐沦于被保护的地位，失其独立而附属于男子。社会的组织，宜于宽平坦荡，个个人与总体直接，若多设等级，使这一部分人，隶属于那一部分人，那不公平的制度就要逐渐发生，积久而其弊愈深了。近代女权的渐渐伸张，实因工业革命以来，女子渐加入社会的机构，非如昔日蛰居家庭之中，专做辅助男子的事情之故。女子在产育上多尽了责任，男子就该在别的方面多尽些义务，这是公道。乘此机会压迫女子，多占权利，是很不正当的。而欲实行公道，则必自铲除等级始。所以有人说：社群制度是女子之友，家庭制度是女子之敌。然则“女子回到家庭去”的口号，当然只有开倒车的人，才会去高呼了。人家都说现在的女学生坏了，不如从前旧式的女子，因其对于家政生疏了，且不耐烦。殊不知这正是现代女子进步之征兆。因为对于家政生疏，对于参与社会的工作，却熟练了。这正是小的、自私的、自利的组织，将逐渐被破坏；大的、公平的、博爱的制度，将逐渐形成的征兆。贤母良妻，只是贤奴良隶。此等教育，亦只好落伍的国家去提倡。我们该教一切男女以天下为公的志愿，广大无边的组织。

▲ **清人嫁娶图** 此画卷中新娘骑着毛驴，新郎随旁，伴有不少迎亲者。当时的婚姻，多由父母做主，以至于很多人要等到结婚时才能知晓对方是谁。

CHAPTER 2

◎ 第二章 族制

族之组织，是根据于血缘的。血缘之制既兴，人类自将据亲等的远近，以别亲疏。一姓的人口渐繁，又行外婚之制，则同姓的人，血缘不必亲，异姓的人，血缘或转相接近。族制是随时改变的，然总是血缘上相近的人。

人是非团结不能生存的。当用何法团结呢？过去的事情，已非我们所能尽知；将来的事情，又非我们所能预料。我们现在只能就我们所知道的，略加说述而已。

在有史时期，血缘是人类团结的一个重要因素。人恒狃于其所见闻，遂以此为人类团结唯一的因素，在过去都是如此，在将来也非如此不可了。其实人类的团结，并非是专恃血缘的。极远之事且勿论，即上章所说的以年龄分阶层之世，亦大率是分为老、壮、幼三辈，间有分为四辈的，但以分作三辈为最普通。《礼记·礼运》说："使老有所终，壮有所用，幼有所长。"《论语·雍也篇》说："老者安之，朋友信之，少者怀之。"亦都是分为三辈。而不再问其人与人间的关系的。当此之时，哪有所谓夫妇、父子、兄弟之伦呢？《礼记·礼运》说：大同之世，"人不独亲其亲，不独子其子"。《左传》载富辰的话，也说"大上以德抚民，其次亲亲，以相及也"。僖公二十四年。可见亲族关系，是后起的情形了。

人类愈进步，则其分化愈甚，而其组织的方法亦愈多。于是有所谓血族团体。血族团体，其初必以女子为中心。因为夫妇之伦未立，父不可知；即使可知，而父子的关系，亦不如母子之密之故。如上章所述，人类实在是社群动物，而非家庭动物。所以其聚居，并不限于两代。母及同母之人以外，又有母的母、母的同母等。自己而下推，亦是如此。逐渐成为母系氏族。每一个母系氏族，都有一个名称，是即所谓姓。一姓总有一个始祖母的，如殷之简狄、周之姜嫄即是。简狄之子契、姜嫄之子稷，都是无父而生的。因为在传说中，此等始祖母，本来无夫之故。记载上又说她俩都是帝喾之妃，一定是后来附会的。契、稷皆无父而生，见《诗玄鸟》《生民》。

《史记·殷周本纪》所载，即是《诗》说。据陈乔枞《三家诗遗说考》所考证，太史公是用鲁诗说的。姜嫄、简狄，皆帝喾之妃，见《大戴礼记·帝系篇》。《史记·五帝本纪》，亦用其说。

女系氏族的权力，亦有时在男子手中。参看下章。此即所谓舅权制。此等权力，大抵兄弟相传，而不父子相继。因为兄弟是同氏族人，父子则异氏族之故。我国商朝和春秋时的鲁国、吴国，都有兄弟相及的遗迹。鲁自庄公以前，都一代传子，一代传弟，见《史记·鲁世家》。这是由于东南一带，母系氏族消灭较晚之故，已见上章。

由于生业的转变，财产和权力都转入男子手中，婚姻非复男子入居女子的氏族，而为女子入居男子的氏族，见上章。于是组织亦以男为主，而母系氏族遂变为父系氏族。商周自契稷以后，即奉契、稷为始祖，便是这种转变的一件史实。

族之组织，是根据于血缘的。血缘之制既兴，人类自将据亲等的远近，以别亲疏。一姓的人口渐繁，又行外婚之制，则同姓的人，血缘不必亲，异姓的人，血缘或转相接近。所谓族与姓，遂不得不分化为两种组织。族制，我们所知道的，是周代的九族：（一）父姓五服以内。（二）姑母和他的儿子。（三）姊妹和他的儿子。（四）女儿和他的儿子。是为父族四。（五）母的父姓，即现在所谓外家。（六）母的母姓，即母亲的外家。（七）母的姊妹和她们的儿子。是为母族三。（八）妻之父姓。（九）妻之母姓。

▼ **姜寨母系氏族村落复原图** 母系氏族繁荣的时期，已出现较大的村落。图中所有房屋的门均朝向广场，体现了母系氏族的生活方式。

是为妻族二。这是汉代今文家之说，见于《五经异义》。《诗·葛藟疏》引。《白虎通·宗族篇》同。古文家说，以上自高祖，下至玄孙为九族，此乃秦汉时制，其事较晚，不如今文家所说之古了。然《白虎通义》又载或说，谓尧时父母妻之族各三，周贬妻族以附父族，则今文家所说，亦已非极古之制。《白虎通义》此段，文有脱误，尧时之九族，无从知其详。然观下文引《诗》“邢侯之姨”，则其中该有妻之姊妹。总而言之：族制是随时改变的，然总是血缘上相近的人，和后世称父之同姓为族人，混同姓与同族为一不同，则是周以前所同的。九族中人，都是有服的。其无服的，则谓之党。《礼记·奔丧》郑《注》。是为父党、母党、妻党。

同姓的人，因人口众多，血缘渐见疏远，其团结是否因此就松懈了呢？不。所谓九族者，除父姓外，血缘上虽然亲近，却不是同居的。同姓则虽疏远而仍同居，所以生活共同，利害亦共同。在同居之时，固有其紧密的组织；即到人口多了，不能不分居，而彼此之间，仍有一定的联结，此即所谓宗法。宗法和古代的社会组织，有极大的关系。今略述其制如下：

（一）凡同宗的人，都同奉一个始祖。均系此始祖之后。

（二）始祖的嫡长子，为大宗宗子。自此以后，嫡长子代代承袭，为大宗宗子。凡始祖的后人，都要尊奉他，受他的治理。穷困的却亦可以受他的救济。大宗宗子和族人的关系，是不论亲疏远近，永远如此的，是谓大宗“百世不迁”。

（三）始祖之众子，嫡长子以外之子。皆别为小宗宗子。其嫡长子为继祢小宗。继祢小宗的嫡长子为继祖小宗。继祖小宗的嫡长子为继曾祖小宗。继曾祖小宗的嫡长子为继高祖小宗。继祢小宗，亲兄弟宗事他。受他治理，亦受他救济。继祖小宗，从兄弟宗事他。继曾祖小宗，再从兄弟宗事他。继高祖小宗，三从兄弟宗事他。至四从兄弟，则与继六世祖之小宗宗子，亲尽无服，不再宗事他。是为小宗“五世则迁”。以一人之身论，当宗事与我同高、曾、祖、考四代的小宗宗子及大宗宗子。故曰：“小宗四，与大宗凡五。”

（四）如此，则或有无宗可归的人。但大宗宗子，还是要管理他、救济他的。而同出于一始祖之人，设或殇与无后，大宗的宗子，亦都得祭祀他。所以有一大宗宗子，则活人的治理、救济，死人的祭祀问题，都解决了。所以小宗可绝，大宗不可绝。大宗宗子无后，族人都当绝后以后大宗。

以上是周代宗法的大略，见于《礼记·大传》的。《大传》所说大宗的始祖，是国君的众子。因为古者诸侯不敢祖天子，大夫不敢祖诸侯，《礼记·郊特牲》谓不敢立其庙而祭之。其实大宗的始祖，非大宗宗子，亦不敢祭。所以诸侯和天子、大夫和诸侯、大宗宗子和小宗宗子、小宗宗子和非宗子，其关系是一样的。所以国君的众子，要别立一宗。郑《注》又推而广之，及于始适异国的大夫。据此，宗法之立，实缘同出一祖的人太多了，一个承袭始祖的地位的人，管理有所不及，乃不得不随其支派，立此节级的组织，以便管理。迁居异地的人，旧时的族长，事实上无从管理他。此等组织，自然更为必要了。观此，即知宗法与封建，大有关系。因为封建是要将本族的人，分一部分出去的。有宗法的组织，则封之者和所封者之间，就可保持着一种联结了。然则宗法确能把同姓中亲尽情疏的人联结在一起。他在九族之中，虽只联结得父姓一族，然在父姓之中，所联结者，却远较九族之制为广。怕合九族的总数，还不足以敌他。而且都是同居的人，又有严密的组织。母系氏族中，不知是否有与此相类的制度。即使有之，其功用怕亦不如父系氏族的显著。因为氏族从母系转变到父系，本是和斗争有关系的。父系氏族而有此广大严密的组织，自然更能发挥其斗争的力量。我们所知，宗法之制以周代为最完备，周这个氏族，在斗争上是得到胜利的。宗法的组织，或者也是其中的一个原因。

有族制以团结血缘相近的人，又有宗法以团结同出一祖的人，人类因血族而来的团结，可谓臻于极盛了。然而当其极盛之时，即其将衰之候。这是什么原因呢？社会组织的变化，经济实为其中最重要的原因。当进化尚浅之时，人类的互助，几于有合作而无分工。其后虽有分工，亦不甚繁复。大家所做的事，既然大致相同，又何必把过多的人联结在一起？所以人类联结的广大，是随着分工的精密而进展的。分工既密之后，自能将毫不相干的人，联结在一起。此等互相倚赖的人，虽然彼此未必相知，然总必直接间接，互相接触。接触既繁，前此因不相了解而互相猜忌的感情，就因之消除了。所以商业的兴起，实能消除异部族间敌对的感情。分工使个性显著。有特殊才能的人，容易发挥其所长，获得致富的机会。氏族中有私财的人逐渐多，买卖婚即于此时成立。说见上章。于是父权家庭成立了。孟子说：当时农夫之家，是五口和八口。说者以为一夫上父母下妻子；农民有弟，则为余夫，要另行授田；《梁惠王》及《滕文公上篇》。可见其家庭已和现在普通的家庭一样了。士大夫之家，《仪礼·丧服传》说大功同财，似乎比农民的家庭要大些。然又说当时兄弟之间的情形道："有东宫，有西宫，有南宫，有北宫，异居而同财。有余则归之宗，不足则资之宗。"则业已各住一所屋子，各有各的财产，不过几房之中，还保有一笔公款而已。其联结实在是很薄弱的，和农夫的家庭，也相去无几了。在当时，只有有广大封土的人，其家庭要大些。这因为（一）他的原始，是以一氏族征服异氏族，而食其租税以自养的，所以宜于聚族而居，常做战斗的戒备。只

▲春节娱乐图 图为春节时，一众贵族家庭的妇女们一边品茶一边欣赏女伶的表演。这类家庭通常奴仆众多，家庭成员也较为复杂。

要看《礼记》的《文王世子》，就知道古代所谓公族者，是怎样一个组织了。后来时异势殊，这种组织，实已无存在的必要。然既已习为故常，就难于猝然改革。这是一切制度都有这惰性的。（二）其收入既多，生活日趋淫侈，家庭中管事服役的奴仆，以及技术人员，非常众多，其家庭遂特别大。这只要看《周官》的《天官》，就可以知道其情形。然此等家庭，随着封建的消灭，而亦渐趋消灭了。虽不乏新兴阶级的富豪，其自奉养，亦与素封之家无异，但毕竟是少数。于是氏族崩溃，家庭代之而兴。家庭的组织，是经济上的一个单位，所以是尽相生相养之道的。相生相养之道，是老者需人奉养，幼者需人抚育。这些事，自氏族崩溃后，既已无人负责，而专为中间一辈所谓一夫一妇者的责任，自然家庭的组织，不能不以一夫上父母下妻子为范围了。几千年以来，社会的生活情形，未曾大变，所以此种组织，迄今亦未曾改变。

从以上所述，可见族制的变迁，实以生活为其背景；而生活的变迁，则以经济为其最重要的原因。因为经济是最广泛的，和社会上个个人都有关系；而且其关系，是永远持续，无时间段的。自然对于人的影响，异常深刻，各种上层组织，都不得不随其变迁而变迁；而精神现象，亦受其左右而不自知了。在氏族时代，分工未密，一个氏族，在经济上，就是一个自给自足的团体。生活既互相倚赖，感情自然容易密切。不但对于同时的人如此，即对于以往的人亦然。因为我所赖以生存的团体，是由前人留遗下来的。一切知识技术等，亦自前辈递传给后辈。这时候的人，其生活，实与时间上已经过去的人关系深，而与空间上并时存在的人关系浅。尊祖、崇古等观念，自会油然而生。此等观念，实在是生活情形所造成的。后人不知此理，以为这是伦理道德上的当然，而要据之以制定人的生活，那就和社会进化的趋势背道而驰了。大家族、小家庭等字样，现在的人用来，意义颇为混淆。西洋人学术上的用语，称一夫一妇，包括未婚子女的为小家庭；超过于此的为大家庭。中国社会，（一）小家庭和（二）一夫上父母下妻子的家庭，同样普遍。（三）兄弟同居的，亦自不乏。（四）至于五世同居、九世同居、宗族百口等，则为罕有的现象了。赵翼《陔余丛考》，尝统计此等极大的家庭，第四种。见于正史孝义、孝友传的：《南史》三人，《北史》十二人，《唐书》三十八人，《五代史》二人，《宋史》五十人，《元史》五人，《明史》二十六人。自然有（一）不在孝义、孝友传，而散见于他篇的；（二）又有正史不载，而见于他书的；（三）或竟未见记载的。然以中国之大、历史上时间之长，此等极大的家庭，总之是极少数，则理有可信。此等虽或由于伦理道德的提倡，顾炎武《华阴王氏宗祠记》："程朱诸子，卓然有见于遗经。金元之代，有志者多求其说于南方，以授学者。及乎有明之初，风俗淳厚，而爱亲敬长之道，达诸天下。其能以宗法训其家人，或累世同居，称为义门者，往往而有。”可见同居之盛，由于理学家的提倡者不少。**恐仍以别有原因者居多。**《日知录》：“杜氏《通典》言：北齐之代，瀛、冀诸刘，清河张、宋，并州王氏，濮阳侯族，诸如此辈，将近万室。《北史·薛允传》：为河北太守，有韩马两姓，各二千余家。今日中原北方，虽号甲族，无有至千丁者。户口之寡，族姓之衰，与江南相去夐绝。”陈宏谋《与杨朴园书》：“今直省惟闽中、江西、湖南，皆聚族而居，族各有祠。”则聚居之风，古代北盛于南，近世南盛于北，似由北齐之世，丧乱频仍，民皆合族以自卫；而南方山岭崎岖之地进化较迟，土著者既与合族而居之时相去未远；流移者亦须合族而居，互相保卫之故。**似可认为古代氏族的遗迹，或后世家族的变态。然氏族所以崩溃，正由家族潜滋暗长于其中。此等所谓义门，纵或有古代之遗，亦必衰颓已甚。况又有因环境的特别，而把分立的家庭硬行联结起来的。形式是而精神非，其不能持久，自然无待于言了。《后汉书·樊宏传》，说他先代三世共财，有田三百余顷。自己的田地里，就有陂渠，可以互相灌注。又有池鱼、牧畜，有求必给。“营理产业，物无所弃。**这是因其生产的种类较多之故。**课役童隶，各得其宜。”**分工之法。**要造器物，则先种梓漆。简直是一个大规模的生产自给自足的团体。历代类乎氏族的大家族，多有此意。此岂不问环境所可强为？然社会的广大，到底非此等大家族所能与之相敌，所以愈到后世，愈到开化的地方，其数愈少。这是类乎氏族的大家族，所以崩溃的真原因，毕竟还在经济上。但在政治上，亦自有其原因。因为所谓氏族，不但尽相生相养之道，亦有治理其族众之权。在国家兴起以后，此项权力，实与国权相冲突。所以国家在伦理上，对于此等大家族，虽或加以褒扬，而在政治上，又不得不加以摧折。所谓强宗巨家，遂多因国家的干涉，而益趋于崩溃了。略大于小家庭的家庭，**第二、第三种。**表面上似为伦理道德的见解所维持，**历代屡有禁民父母在别籍异财等诏令，可参看《日知录》卷十三《分居》条。**实则亦为经济状况所限制。因为在经济上，合则力强，分则力弱，以昔时的生活程度论，一夫一妇，在生产和消费方面，实多不能自立的。儒者以此等家庭之多，夸奖某地方风俗之厚，或且自诩其教化之功，就大谬不然了。然经济上虽有此需要，而私产制度，业已深入人心，父子兄弟之间，亦不能无分彼此。于是一方面牵于旧见解，迫于经济情形，不能不合；另一方面，则受私有财产风气的影响，而要求分；暗斗明争，家庭遂成为苦海。试看旧时伦理道德上的教训，戒人好货财、私妻子。而薄父母兄弟之说之多，便知此项家庭制度之岌岌可危。制度果然自己站得住，何须如此扶持呢？所以到近代，除极迂腐的人外，亦都不主张维持大家庭。如李绂有《别籍异财议》，即其一证。至西洋文化输入，论者更其提倡小家庭而排斥大家庭了。然小家庭又是值得提倡的吗？

不论何等组织，总得和实际的生活相应，才能持久。小家庭制度是否和现代人的生活相应呢？历来有句俗话，叫作“养儿防老，积谷防饥”。可见所谓家庭，实以扶养老者、抚育儿童为其天职。然在今日，此等责任，不但苦于知识之不足，如看护病人、抚养教育儿童，均需专门知识。实亦为其力量所不及。兼日力财力言之。如一主妇不易看顾多数儿童，兼操家政。又如医药、教育的费用，不易负担。在古代，劳力重于资本，丁多即可致富，而在今日，则是成为穷困的原因。因为生产的机械化，自家庭而移于社会了，多丁不能增加生产，反要增加消费。如纺织事业。儿童的教育，年限加长了，不但不能如从前，稍长大即为家庭挣钱，反须支出教育费。而一切家务，合之则省力，分之则多费的，如烹调、浣濯。又因家庭范围太小，而浪费物质及劳力。男子终岁劳动，所入尚不足以赡其家。女子忙得和奴隶一般，家事还不能措置得妥帖。于是独身、晚婚等现象，相继发生。这些都

▲ **民国初年五口之家** 照片中为一夫一妇以及三个孩子的小家庭。由于近代生产关系的转变，多子反而成为很多小家庭穷困潦倒的原因。

是舶来品，和中国旧俗，大相径庭，然不久，其思想即已普遍于中流社会了。凡事切于生活，总是容易风行的，从今以后，穷乡僻壤的儿女，也未必死心塌地甘做家庭的奴隶了。固然，个人是很难打破旧制度，自定办法的。而性欲出于天然，自能把许多可怜的儿女，牵入此陈旧组织之中。然亦不过使老者不得其养，幼者不遂其长，而仍以生子不举等人为淘汰之法为救济罢了。这种现象，固已持续数千年，然在今日，业经觉悟之后，又何能坐视其如此呢？况且家庭的成立，本是以妇女的奴役为其原因的。在今日个人主义抬头，人格要受尊重的时代，妇女又何能长此被压制呢？资本主义的学者，每说动物有雌雄两性，共同鞠育其幼儿，而其同居期限，亦因以延长的，以为家庭的组织，实根于人类的天性，而无可改变。姑无论其所说动物界的情形，并不确实。即使退一步，承认其确实，而人是人，动物是动物；人虽然亦是动物之一，到底是动物中的人；人类的现象，安能以动物界的现象为限？他姑弗论，动物雌雄协力求食，即足以哺育其幼儿，人，为什么有夫妇协力，尚不能养活其子女的呢？或种动物，爱情限于家庭，而人类的爱情，超出于此以外，这正是人之所以为人，人之所以异于动物。论者不知人之爱家，乃因社会先有家庭的组织，使人之爱，以此形式而出现，正犹水之因方而为圭，遇圆而成璧；而反以为人类先有爱家之心，然后造成家庭制度；若将家庭破坏，便要“疾病不养；老幼孤独，不得其所”，《礼记·乐记》：“强者胁弱，众者暴寡；知者诈愚，勇者苦怯；疾病不养，老幼孤独，不得其所，此大乱之道也。”这真是倒果为因。殊不知家庭之制，把人分为五口八口的小团体，明明是互相倚赖的，偏使之此疆彼界，处于半敌对的地位，这正是疾病之所以不养，老幼孤独之所以不得其所。无后是中国人所引为大戚的，论者每说，这是拘于“不孝有三，无后为大”之义；《孟子·离娄上篇》。而其以无后为不孝，则是迷信“鬼犹求食”，见《左传》宣公四年。深虑祭祀之绝。殊不知此乃古人的迷信，今人谁还迷信鬼犹求食来？其所以深虑无后，不过不愿其家之绝；所以不愿其家之绝，则由于人总有尽力经营的一件事，不忍坐视其灭亡，而家是中国人所尽力经营的，所以如此。家族之制，固然使人各分畛域，造成互相敌对的情形，然此自制度之咎，以爱家者之心论：则不但（一）夫妇、父子、兄弟之间，互尽扶养之责。（二）且推及于凡与家族有关系的人。如宗族姻亲等。（三）并且悬念已死的祖宗。（四）以及未来不知谁何的子孙。前人传给我的基业，我必不肯毁坏，必要保持之，光大之，以传给后人，这正是极端利他心的表现。利他心是无一定形式的，在何种制度之下，即表现为何种形式。然而我们为什么要拘制着它，一定只许它在这种制度中表现呢？

以上论族制的变迁，大略已具。现再略论继承之法。一个团体，总有一个领袖。在血缘团体之内，所谓父或母，自然很容易处于领袖地位的。父母死后，亦当然有一个继承其地位的人。女系氏族，在中国历史上，可考的有两种继承之法:（一）是以女子承袭财产，掌管祭祀。前章所述齐国的巫儿，即其遗迹。这大约是平时的族长。（二）至于战时及带有政治性质的领袖，则大约由男子尸其责，而由弟兄相及。殷代继承之法，是其遗迹。男系氏族，则由父子相继。其法又有多端:（一）如《左传》文公元年所说:“楚国之举，恒在少者。”这大约因幼子恒与父母同居，所以承袭其遗产。蒙古人之遗产，即归幼子承袭。其幼子称斡赤斤，译言守灶。（二）至于承袭其父之威权地位，则自以长子为宜，而事实上亦以长子为易。（三）又古代妻妾，在社会上之地位亦大异。妻多出于贵族。妾则出于贱族，或竟是无母家的。古重婚姻，强大的外家及妻家，对于个人，是强有力的外援；如郑庄公的大子忽，不婚于齐，后来以无外援失位。对于部族，亦是一个强有力的与国，所以立子又以嫡为宜。周人即系如此。以嫡为第一条件，长为第二条件。后来周代的文化，普行于全国，此项继承之法，遂为法律和习惯所共认了。然这只是承袭家长的地位，至于财产，则总是众子均分的。《清律》：分析家财、田产，不问妻、妾、婢生，但以子数均分。奸生之子，依子量与半分。无子立继者，与私生子均分。所以中国的财产，不因遗产承袭而生不均的问题。这是众子袭产，优于一子袭产之点。

无后是人所不能免的，于是发生立后的问题。宗法盛行之世，有一大宗宗子，即生者的扶养、死者的祭祀，都可以不成问题，所以立后问题，容易解决。宗法既废，势非人人有后不可，就难了。在此情形之下，解决之法有三:（一）以女为后。（二）任立一人为后，不问其为同异姓。（三）在同姓中择立一人为后。（一）于情理最近，但宗祧继承，非徒承袭财产，亦兼掌管祭祀。以女为后，是和习惯相反的。春秋时，郑国以外孙为后，其外孙是莒国的儿子，《春秋》遂书“莒人灭郑”，见《公羊》襄公五六年。按此实在是论国君承袭的，乃公法上的关系，然后世把经义普遍推行之于各方面，亦不管其为公法私法了。既和习惯相反，则觊觎财产的人，势必群起而攻，官厅格于习俗，势必不能切实保护。本欲保其家的，或反因此而发生纠纷，所以势不能行。（二）即所谓养子，与家族主义的重视血统，而欲保其纯洁的趋势不合。于是只剩得第（三）的一途。法律欲维持传统观念，禁立异姓为后，在同姓中并禁乱昭穆之序，谓必辈行相当，如不得以弟为子等。其实此为古人所不禁，所谓“为人后者为之子”，见《公羊》成公十五年。于是欲人人有后益难，清高宗时，乃立兼祧之法，以济其穷。一人可承数房之祀。生子多者，仍依次

▲明代丧葬祭祀 继承宗族地位的宗子，要负责掌管家中的丧葬祭祀。如图中墓室的浮雕中所刻画的死去的亲人安逸自足的情景和陪葬的瓷罐这类丧葬用品，虽根据家庭财产多寡和地位高低而有所增减，却是必不可少的。

序，分承各房之后。依律例：大宗子兼祧小宗，小宗子兼祧大宗，皆以大宗为重，为大宗父母服三年，为小宗父母服期。小宗子兼祧小宗，以本生为重，为本生父母服三年，为兼祧父母服期。此所谓大宗，指长房，所谓小宗，指次房以下，与古所谓大宗小宗者异义。世俗有为本生父母及所兼祧之父母均服三年的，与律例不合。宗祧继承之法，进化至此，可谓无遗憾了。然其间却有一难题。私有财产之世，法律理应保护个人的产权。他要给谁就给谁，要不给谁就不给谁。为后之子，既兼有承袭财产之权利，而法律上替他规定了种种条件，就不啻干涉其财产的传授了。于是传统的伦理观念和私有财产制度发生了冲突。到底传统的伦理观念是个陈旧不切实际的东西，表面上虽然像煞有介事，很有威权，实际上已和现代人的观念不合了。私有财产制度，乃现社会的秩序的根底，谁能加以摇动？于是冲突之下，伦理观念乃不得不败北而让步，法律上乃不得不承认所谓立爱，而且多方保护其产权。《清律例》：继子不得于所后之亲，听其告官别立。其或择立贤能，及所亲爱者，不许宗族以次序告争，并官司受理。至于养子，法律虽禁其为嗣，实际上仍有之。亦不得不听其存在，且不得不听其酌给财产。亦见《清律例》。因为国家到底是全国人民的国家，在可能范围内，必须兼顾全国人民各方面的要求，不能专代表家族的排外自私之念。在现制度之下，既不能无流离失所之人；家族主义者流，既勇于争袭遗产，而怯于收养同宗；有异姓的人肯收养他，国家其势说不出要禁止。不但说不出要禁止，在代表人道主义和维持治安的立场上说，毋宁还是国家所希望的。既承认养子的存在，在事实上，自不得不听其酌给遗产了。这也是偏私的家族观念，对于公平的人道主义的让步。也可说是伦理观念的进步。

假使宗祧继承的意思，而真是专于宗祧继承，则拥护同姓之男，排斥亲生之女，倒也还使人心服。因为立嗣之意，无非欲保其家，而家族的存在，是带着几分斗争性质的。在现制度之下，使男子从事于斗争，确较女子为适宜，这并非从个人的身心能力上言，乃是从社会关系上言。这也是事实。无如世俗争继的，口在宗祧，心存财产，都是前人所谓“其言蔼如，其心不可问”的。如此而霸占无子者的财产，排斥其亲生女，就未免使人不服了。所以国民政府以来，有废止宗祧继承，男女均分遗产的立法。这件事于理固当，而在短时间内，能否推行尽利，却是问题。旧律，遗产本是无男归女、无女入官的。近人笔记云：“宋初新定《刑统》，户绝资产下引《丧葬令》：诸身丧户绝者，所有部曲、客女、奴婢、店宅、资财，并令近亲转易货卖，将营葬事，及量营功德之外，余财并与女。无女均入以次近亲。无亲戚者，官为检校。若亡人在日，自有遗嘱处分，证验分明者，不用此令。此《丧葬令》乃《唐令》，知唐时所谓户绝，不必无近亲。虽有近亲，为营丧葬，不必立近亲为嗣子，而远亲不能争嗣，更无论矣。虽有近亲，为之处分，所余财产，仍传之亲女，而远亲不能争产，更无论矣。此盖先世相传之法，不始于唐。”按部曲、客女，见第四章。入官非人情所愿，强力推行，必多流弊，或至窒碍难行。如隐匿遗产，或近亲不易查明，以致事悬不决，其间更生他弊等。归之亲女，最协人情。然从前的立嗣，除祭祀外，尚有一年老奉养的问题。而家族主义是自私的。男系家族，尤其以男子为本位，而蔑视女子的人格。女子出嫁之后，更欲奉养其父母，势实有所为难。所以旧时论立嗣问题的人，都说最好是听其择立一人为嗣，主其奉养、丧葬、祭祀，而承袭其遗产。这不啻以本人的遗产，换得一个垂老的扶养，和死后的丧葬祭祀。今欲破除迷信，祭祀固无问题，对于奉养及丧葬，似亦不可无善法解决。不有遗产以为交易，在私有制度之下，谁肯顾及他人的生养死葬呢？所以有子者遗产男女均分，倒无问题，无子者财产全归于女，倒是有问题的。所以变法贵全变，革命要彻底。枝枝节节而为之，总只是头痛医头、脚痛医脚的对症疗法。

姓氏的变迁，今亦须更一陈论。姓的起源，是氏族的称号，由女系易而为男系，说已见前。后来姓之外又有所谓氏。什么叫作氏呢？氏是所以表一姓之中的支派的。如后稷之后都姓姬，周公封于周，则以周为氏；其子伯禽封于鲁，则以鲁为氏；国君即以国为氏。鲁桓公的三子，又分为孟孙、叔孙、季孙三氏是。始祖之姓，谓之正姓，氏亦谓之庶姓。正姓是永远不改的，庶姓则随时可改。因为同出于一祖的人太多了，其支分派别，亦不可无专名以表之，而专名沿袭太久，则共此一名的人太多，所以又不得不改。改氏的原因甚多，此只举其要改的根本原理。此外如因避难故而改氏以示别族等，亦是改氏的一种原因。《后汉书·羌传》说：羌人种姓中，出了一个

▼ 明谢环《杏园雅集图》（之二、之三） 此图描绘的是明代大臣在家中杏园里的集会，是当时仕宦生活的真实写照。

豪健的人，便要改用他的名字做种姓。如爱剑之后，五世至研，豪健，其子孙改称研种，十三世至烧当，复豪健，其子孙又改称烧当种是。这正和我国古代的改氏原理相同。假如我们在鲁国，遇见一个人，问他尊姓，他说姓姬。这固然足以表示他和鲁君是一家。然而鲁君一家的人太多了，鲁君未必能个个照顾到，这个人，就未必一定有势力，我们听了，也未必肃然起敬。假若问他贵氏，他说是季孙，我们就知道他是赫赫有名的正卿的一家。正卿的同族，较之国君的同姓，人数要少些，其和正卿的关系，比较密切，我们闻言之下，就觉得炙手可热，不敢轻慢于他了。这是举其一端，其余可以类推。如以技为官，以官为氏，问其氏，即既可知其官，又可知其技。所以古人的氏，确是有用的。至于正姓，虽不若庶姓的亲切，然婚姻之可通与否，全论正姓的异同。所以也是有用的。顾炎武《原姓篇》说春秋以前，男子称氏，女子称姓，在室冠之以序，如叔隗、季隗之类。出嫁，更冠以其夫之氏族，如宋伯姬、赵姬、卢蒲姜之类。在其所适之族，不必举出自己的氏族来，则亦以其父之氏族冠之，如骊姬、梁嬴之类。又有冠之以谥的，如成风、敬姜之类。这不是男子不论姓，不过举氏则姓可知罢了。女子和社会上无甚关系，所以但称姓而不称其氏，这又可以见得氏的作用。

贵族的世系，在古代是有史官为之记载的。此即《周官》小史之职。记载天子世系的，谓之帝系；记载诸侯卿大夫世系的，谓之世本。这不过是后来的异名，其初原是一物。又瞽蒙之职，“讽诵诗，世奠系”。疑当作奠世系。《注》引杜子春说：谓瞽蒙“主诵诗，并诵世系”。世系而可诵，似乎除统绪之外，还有其性行事迹等。颇疑《大戴礼记》的《帝系姓》，原出于小史所记;《五帝德》则是原出于瞽蒙所诵的。自然不是完全的。这是说贵族。至于平民，既无人代他记载，而他自己又不能记载，遂有昧于其所自出的。《礼记·曲礼》谓买妾不知其姓，即由于此。然而后世的士大夫，亦多不知其姓氏之所由来的。这因为谱牒掌于史官，封建政体的崩溃，国破家亡，谱牒散失，自然不能知其姓氏之所由来了。婚姻的可通与否，既不复论古代的姓，新造姓氏之事亦甚少。即有之，亦历久不改。阅一时焉，即不复能表示其切近的关系，而为大多数人之所共，与古之正姓同。姓遂成为无用的长物，不过以其为人人之所有，囿于习惯，不能废除罢了。然各地方的强宗巨家，姓氏之所由来，虽不可知，而其在实际上的势力自在。各地方的人，也还尊奉他。在秦汉之世，习为固然，不受众人的注意。汉末大乱，各地方的强宗巨家，开始播迁，到了一个新地方，还要表明其本系某地方的某姓；而此时的选举制度，又重视门阀；于是又看重家世，而有魏晋以来的谱学了。（见第四章）

CHAPTER 3

◎ 第三章 政体

中国以统一之早闻于世界。然秦始皇的灭六国，事在民国纪元前二千一百三十二年，自此上溯至有史之初，似尚不止此数，若更加以先史时期，则自秦至今的年代，凡乎微末不足道了。所以历史上像中国这样的大国，实在是到很晚的时期才出现的。

社会发达到一定的程度，国家就出现了。在国家出现之前，人类团结的方法，只靠血缘，其时重要的组织，就是氏族，对内的治理，对外的防御，都靠着它。世运渐进，血缘相异的人，接触渐多，人类的组织，遂不复以血统相同为限，聚居一地方的，亦不限于血统相同的人。于是氏族进而为部落。统治者的资格，非复族长而为酋长。其统治亦兼论地域，开国家领土的先河了。

从氏族变为部落，大概经过这样的情形。在氏族的内部，因职业的分化，家族渐渐兴起。氏族的本身，遂至崩溃。各家族非如其在氏族时代绝对平等，而有贫富之分。财富即是权力，氏族平和的情形，遂渐渐破坏，贫者和富者之间，发生了矛盾，不得不用权力统治。其在异氏族之间，则战斗甚烈。胜者以败者为俘虏，使服劳役，是为奴隶。其但征收其贡赋的，则为农奴。农奴、奴隶和主人之间，自然有更大的矛盾，需要强力镇压。因此，益促成征服氏族的本身发生变化。征服氏族的全体，是为平民。其中掌握事权的若干人，形成贵族。贵族中如有一个最高的首领，即为君主的前身。其初是贵族与平民相去近，平民和农奴、奴隶相去远。其后血统相同的作用渐微，掌握政权与否之关系渐大，则平民与农奴、奴隶相去转近，而其与贵族相去转远。参看下章。但平民总仍略有参政之权，农奴和奴隶则否。政权的决定，在名义上最后属于一人的，是为君主政体。属于较少数人的，是为贵族政体。属于较多数人的，是为民主政体。这种分类之法，是出于亚里士多德（Aristotle）的。虽与今日情形不同，然以论古代的政体，则仍觉其适合。

氏族与部落，在实际上，是不易严密区分的。因为进化到部落时代，其内部，总还保有若干氏族时代的意味。从理论上言，则其团结，由于血统相同，虽实际未必相同，然苟被收容于其团体之内，即亦和血统相同的人，一律看待。而其统治，亦全本于亲族关系的，则为氏族。其不然的，则为部落。因其两者杂糅，不易区别，我们亦可借用《辽史》上的名词，称之为部族。见《营卫志》。至于古代所谓国家，其意义全和现在不同。古所谓国，是指诸侯的私产言之。包括（一）其住居之所，（二）及其有收益的土地。大夫之所谓家者亦然。古书上所谓国，多指诸侯的都城言。都城的起源，即为诸侯的住所。诸侯的封域以内，以财产意义言，并非全属诸侯所私有。其一部分，还是要用以分封的。对于此等地方，诸侯仅能收其贡而不能收其税赋。其能直接收其税赋，以为财产上的收入的，亦限于诸侯的采地。《尚书大传》说"古者诸侯始受封，必有采地。其后子孙虽有罪黜，其采地不黜，使子孙贤者守之世世，以祠其始受封之人，此之谓兴灭国，继绝世"，即指此。采地从财产上论，是应该包括于国字之内的。《礼记·礼运》说："天子有田以处其子孙，诸侯有国以处其子孙。"乃所谓互言以相备。说天子有田，即见得诸侯亦有田；说诸侯有国，即见得天子亦有国；在此等用法之下，田字的意义，亦包括国，国字的意义，亦包括田。乃古人语法如此。今之所谓国家，古无此语。必欲求其相近的，则为"社稷"两字或"邦"字。社是土神，稷是谷神，是住居于同一地方的人所共同崇奉的。故说社稷沦亡，即有整个团体覆灭之意。邦和封是一语。封之义为累土。两个部族交界之处，把土堆高些，以为标志，则谓之封。引申起来，任用何种方法，以表示疆界，都可以谓之封。如掘土为沟，以示疆界，亦可谓之封。故今辽宁省内，有地名沟帮子。帮字即邦字，亦即封字。上海洋泾浜之浜字，亦当作封。疆界所至之地，即谓之邦。古邦字和国字，意义本各不同。汉高祖名邦，汉人讳邦字，都改作国。于是国字和邦字的意义混淆了。现在古书中有若干国字，本来是当作邦字的。如《诗经》里的"日辟国百里""日蹙国百里"便是。封域可以时有赢缩，城郭是不能时时改造的。国与域同从或声，其初当亦系一语，则国亦有界域之意。然久已分化为两语了。古书中用国字域字，十之九，意义是不同的。

贵族政体和民主政体，在古书上，亦未尝无相类的制度。然以大体言之，则君权之在中国，极为发达。君主的第（一）个资格，是从氏族时代的族长沿袭而来的，所以古书上总说君是民之父母。其（二）则为政治或军事上之首领。其（三）则兼为宗教上之首领。所以天子祭天地、诸侯祭社稷等，《礼记·王制》。均有代表其群下而为祭司之权，而《书经》上说："天降下民，作之君，作之师。"《孟子·梁惠王下篇》引。君主又操有最高的教育之权。

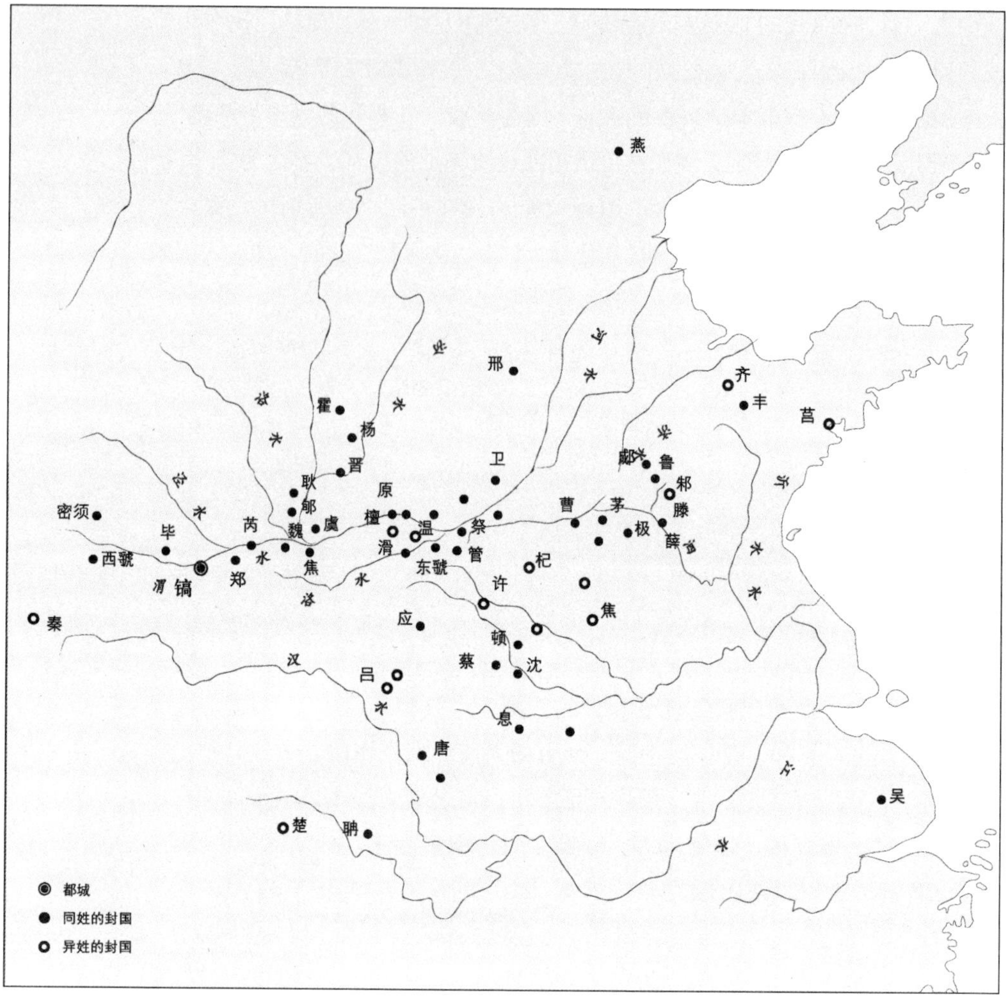

▲ **西周分封诸侯图** 西周初期，周天子为统治新征服的地区，就对自己的子弟、亲族、功臣等分别授予一定范围的土地和人民，建立大小不一的封国。

君主前身，既然是氏族的族长，所以他的继承法，亦即是氏族族长的继承法。在母系社会，则为兄终弟及，在父系社会，则为父死子继。当其为氏族族长时，无甚权利可争，而其关系亦小，所以立法并不十分精密。《左传》昭公二十六年，王子朝告诸侯，说周朝的继承法，适庶相同则论年，“年钧以德，德钧则卜”。两个人同年，是很容易的事情，同月、同日、同时则甚难，何至辨不出长幼来，而要用德、卜等漫无标准的条件？可见旧法并不甚密。《公羊》隐公元年何《注》说：“礼：适夫人无子，立右媵。右媵无子，立左媵。左媵无子，立适侄娣。适侄娣无子，立右媵侄娣。右媵侄娣无子，立左媵侄娣。质家亲亲先立娣。文家尊尊先立侄。《春秋》以殷为质家，周为文家。适子有孙而死，质家亲亲先立弟，文家尊尊先立孙。其双生，质家据见立先生，文家据本意立后生。”定得非常严密。这是后人因国君的继承，关系重大而为之补充的，乃系学说而非事实。

周厉王被逐，宣王未立，周召二公，共和行政，凡十四年。主权不属于一人，和欧洲的贵族政体，最为相像。按《左传》襄公十四年，卫献公出奔，卫人立公孙剽，孙林父、宁殖相之，以听命于诸侯，此虽有君，实权皆在二相，和周召的共和，实际也有些相像。但形式上还是有君的。至于鲁昭公出奔，则鲁国亦并未立君，季氏对于国政，绝不能一人专断，和共和之治，相像更甚了。可见贵族政体，古代亦有其端倪，不过未曾发达而成为一种制度。

至于民主政治，则其遗迹更多了。我们简直可以说：古代是确有这种制度，而后来才破坏掉的。《周官》有大询于众庶之法，乡大夫“各帅其乡之众寡而致于朝”，小司寇“摈以序进而问焉”。其事项：为询国危，询国迁，询立君。按《左传》定公八年，卫侯欲叛晋，朝国人，使王孙贾问焉。哀公元年，吴召陈怀公，怀公亦朝国人而问，此即所谓询国危；盘庚要迁都于殷，人民不肯，盘庚“命众悉造于庭”，反复晓谕。其言，即今《书经》里的《盘庚篇》。周太王要迁居于岐，“属其父老而告之”。《孟子·梁惠王下篇》。此即所谓询国迁；《左传》昭公二十四年，周朝的王子朝和敬王争立，晋侯使士景伯往问。士伯立乾祭，城门名。而问于介众。介众，大众。哀公二十六年，越人纳卫侯，卫人亦致众而问。此即所谓询立君。可见《周官》之言，系根据古代政治上的习惯，并非理想之谈。《书经·洪范》：“汝则有大疑，谋及乃心，谋及卿士，谋及庶人，谋及卜筮。汝则从，龟从，筮从，卿士从，庶民从，是之谓大同。身其康强，子孙其逢，吉。汝则从，龟从，筮从，卿士逆，庶民逆，吉。卿士从，龟从，筮从，汝则逆，庶民逆，吉。庶民从，龟从，筮从，汝则逆，卿士逆，吉。汝则从，龟从，筮逆，卿士逆，庶民逆，作内吉，作外凶。龟筮共违于人，用静吉，用作凶。”此以（一）君主，（二）卿士，（三）庶人，（四）龟，（五）筮，各占一权，而以其多少数定吉凶，亦必系一种会议之法。并非随意询问。至于随意询问之事，如《孟子》所谓“国人皆曰贤，然后察之，见贤焉，然后用之”“国人皆曰不可，然后察之，见不可焉，然后去之”“国人皆曰可杀，然后察之，见可杀焉，然后杀之”。《梁惠王下篇》。以及《管子》所谓啧室之议等，见《桓公问篇》。似乎不过是周谘博采，并无必从的义务。然其初怕亦不然。野蛮部落，内部和同，无甚矛盾，舆论自极忠实。有大事及疑难之事，会议时竟有须全体通过，然后能行，并无所谓多数决定。然则舆论到后来，虽然效力渐薄，竟有如郑人游于乡校，以议执政，而然明欲毁乡校之事。见《左传》襄公三十年。然在古初，必能影响行政，使当局者不能不从，又理有可信了。原始的制度，总是民主的。到后来，各方面的利害冲突既深；政治的性质亦益复杂；才变而由少数人专断。这是普遍的现象，无足怀疑的。有人说：中国自古就是专制，国人的政治能力，实在不及西人，固然抹杀史实。有人举此等民权遗迹以自豪，也是可以不必的。

以上所述，是各部族内部的情形。至于合全国而观之，则是时正在部族林立之世。从前的史家，率称统一以前为封建时代，此语颇须斟酌。学术上的用语，不该太拘于文字的初诂。封建二字，原不妨扩而充之，兼包列国并立的事实，不必泥定字面，要有一个封他的人。然列国本来并立，和有一个封他的人，两者之间，究应立一区别。我以为昔人所谓封建时代，应再分为（一）部族时代，或称先封建时代；（二）封建时代较妥。所谓封建，应指（甲）慑服异部族，使其表示服从；（乙）打破异部族，改立自己的人为酋长；（丙）使本部族移殖于外言之。

中国以统一之早闻于世界。然秦始皇的灭六国，事在民国纪元前二千一百三十二年，自此上溯至有史之初，似尚不止此数，若更加以先史时期，则自秦至今的年代，几乎微末不足道了。所以历史上像中国这样的大国，实在是到很晚的时期才出现的。

从部族时代，进而至于封建时代，是从无关系进到有关系，这是统一的第一步。更进而开拓荒地，互相兼并，这是统一的第二步。这其间的进展，全是文化上的关系。因为必先（一）国力充实，然后可以征服他国。（二）亦必先开拓疆土，人口渐多，经济渐有进步，国力方能充实。（三）又必开拓渐广，各国间壤地相接，然后有剧烈的斗争。（四）而交通便利，风俗渐次相同，便于统治等，尤为统一必要的条件。所以从分立而至于统一，全是一个文化上的进展。向来读史的人，都只注意于政治方面，实在是挂一漏万的。

要知道封建各国的渐趋于统一，只要看其封土的扩大，便可知道。今文家说列国的封土，是天子之地方千里，公、侯皆方百里，伯七十里，子、男五十里，不满五十里的为附庸。《孟子·万章下篇》，《礼记·王制》。古文家则说：公方五百里，侯四百里，伯三百里，子两百里，男百里。《周官》大司徒。这固然是虚拟之辞，不是事实，不论今古文和诸子书，所说的制度，都是著书的人，以为该怎样办所拟的一个草案，并不全是古代的事实。然亦必以当时的情势为根据。《穀梁》说："古者天子封诸侯，其地足以容其民，其民足以满城而自守也。"襄公二十九年。这是古代封土，必须有一个制限，而不容任意扩大的原因。今古文异说，今文所代表的，常为早一时期的制度，古文所代表的则较晚。秦汉时的县，大率方百里，见《汉书·百官公卿表》。可见方百里实为古代的一个政治区域，此今文家大国之封所由来。其超过于此的，如《礼记·明堂位》说："成王封周公于曲阜，地方七百里。"《史记·汉兴以来诸侯年表》说："周封伯禽、康叔于鲁、卫，地各四百里；太公于齐，兼五侯地。"这都是后来开拓的结果，而说者误以为初封时的事实的。列国既开拓至此，谈封建制度的人，自然不能斫而小之，亦不必斫而小之，就有如古文家所说的制度了。以事实言之：今文家所说的大国，在东周时代，已是小国。古文家所说的大国，则为其时的次等国。至其时的所谓大国，则子产称其"地方数圻"；圻同畿，即方数千里，见《左传》襄公三十五年。《孟子》说："海内之国，方千里者九，齐集有其一。"《梁惠王上篇》。唯晋、楚、齐、秦等足以当之。此等大国，从无受封于人的；即古文家心目中，以为当封建之国，亦不能如此其大；所以谈封建制度的不之及。

此等大国，其实际，实即当时谈封建制度者之所谓王。《礼记》说："天无二日，民无二王。"《曾子问》。这只是古人的一个希望，事实上并不能如此。事实上，当时的中国，是分为若干区域，每区域之中，各自有王的。所以春秋时吴、楚皆称王，战国时七国亦皆称王。公、侯、伯、子、男等，均系美称。论其实，则在一国之内，有最高主权的，皆称为君。《礼记·曲礼》："九州之伯，入天子之国曰牧，于外曰侯，于其国曰君。"其为一方所归往的，即为此一区域中的王。《管子·霸言》说："强国众，则合强攻弱以图霸；强国少，则合小攻大以图王。"此为春秋时吴楚等国均称王，而齐晋等国仅称霸的原因。因为南方草昧初开，声明文物之国少，肯承认吴楚等国为王；北方鲁、卫、宋、郑等国，就未必肯承认齐晋为王了。倒是周朝，虽然弱小，然其称王，是自古相沿下来的，未必有人定要反对他；而当时较大之国，其初大抵是它所封建，有同姓或亲戚的关系，提起它来，还多少有点好感；而在国际的秩序上，亦一时不好否认它；于是齐桓、晋文等，就有挟天子以令诸侯之举了。霸为伯的假借字。伯的本义为长。《礼记·王制》说："千里之外设方伯。五国以为属，属有长。十国以为连，连有帅。三十国以为卒，卒有正。二百一十国以为州，州有伯。八州，八伯，五十六正，百六十八帅，三百三十六长。八伯各以其属，属于天子之老二

▲ **子禾子铜釜** 此釜是战国时期具有代表性的齐国量器之一，反映了齐国已具备严格的量制管理制度。

人。分天下以为左右，曰二伯。”这又是虚拟的制度。然亦有事实做根据的。凡古书所说朝贡、巡守等制度，大抵是邦畿千里之内的规模。或者还更小于此。如《孟子·梁惠王下篇》说天子巡守的制度，是“春省耕而补不足，秋省敛而助不给”，这只是后世知县的劝农。后人扩而充之，以为行之于如《禹贡》等书所说的九州岛之地，于理就不可通了。春天跑到泰山，夏天跑到衡山，秋天跑到华山，冬天跑到恒山，无论其为回了京城再出去，或者从东跑到南，从南跑到西，从西跑到北，总之来不及。然其说自有所本。《公羊》隐公五年说：“自陕以东，周公主之；自陕以西，召公主之。”此即二伯之说所由来。分《王制》的九州为左右，各方一伯，古无此事；就周初的封域，分而为二，使周公、召公各主其一，则不能谓无此事的。然则所谓八州、八伯，恐亦不过就王畿之内，再分为九，天子自治其一，而再命八个诸侯，各主一区而已。此项制度，扩而大之，则如《左传》僖公四年，管仲对楚使所说：“昔召康公命我先君大公曰：五侯九伯，女实征之，以夹辅周室。赐我先君履，东至于海，西至于河，南至于穆陵，北至于无棣。”等于《王制》中所说的一州之伯了。此自非周初的事实，然管仲之说，亦非凭空造作，亦仍以小规模的伯为根据。然则齐桓、晋文等，会盟征伐，所牵连而及的，要达于《王制》所说的数州之广，其规模虽又较大，而其霸主之称，还是根据于此等一州之伯的，又可推而知了。春秋时晋、楚、齐、秦等国，其封土，实大于殷周之初。其会盟征伐的规模，亦必较殷周之初，有过之无不及。特以强国较多，地丑德齐，莫能相尚，不能称王。吴、楚等虽称王，只是在一定区域之内，得其小国的承认。至于战国时，就老实不客气，各自在其区域之中，建立王号了。然此时的局势，却又演进到诸王之上，要有一个共主，而更高于王的称号，从来是没有的。乃借用天神之名，而称之为帝。齐湣王和秦昭王，曾一度并称东西帝；其后秦围邯郸，魏王又使辛垣衍劝赵尊秦为帝；即其事。此时研究历史的人，就把三代以前的酋长，拣了五个人，称之为五帝。所以大昊、炎帝、黄帝、少昊、颛顼之称，是人神相同的。后来又再推上去，在五帝以前，拣了三个酋长，以说明社会开化的次序。更欲立一专名以名之，这却真穷于辞了。乃据“始王天下”之义，加“自”字于“王”字之上，造成一个“皇”字，而有所谓三皇。见《说文》。皇王二字，形异音同，可知其实为一语。至秦王政并天下，遂合此二字，以为自己的称号，自汉以后，相沿不改。

列国渐相吞并，在大国之中，就建立起郡县制度来。《王制》说：“天子之县内诸侯，禄也；外诸侯，嗣也。”又说：“诸侯之大夫，不世爵禄。”可见内诸侯和大夫，法律上本来不该世袭的。事实上虽不能尽然，亦不必尽不然；尤其是在君主权力扩张的时候。倘使天子在其畿内，大国的诸侯，在其国内，能切实将此制推行，而于其所吞灭之国，亦能推行此制；封建就渐变为郡县了。（一）春秋战国时，灭国而以为县的很多，如楚之于陈、蔡即是。有些灭亡不见记载，然秦汉时的县名，和古国名相同的甚多，亦可推见其本为一国，没入大国之中，而为其一县。（二）还有卿大夫之地，发达而成为县的。如《左传》昭公二年，晋分祁氏之田以为七县，羊舌氏之田以为三县是。（三）又有因便于战守起见，有意设立起来的，如商君治秦，并小都、乡、邑，聚以为县是。见《史记·商君列传》。至于郡，则其区域本较县为小，且为县所统属。《周书·作雒篇》："千里百县，县有四郡。"其与县分立的，则较县为荒陋。《左传》哀公二年，赵简子誓师之辞，说"克敌者上大夫受县，下大夫受郡"。然此等与县分立之郡，因其在边地之故，其兵力反较县为充足，所以后来在军事上须要控扼之地，转多设立。甘茂谓秦王曰："宜阳大县也，上党、南阳，积之久矣，名曰县，其实郡也。"春申君言于楚王曰："淮北地边齐，其事急，请以为郡便。"皆见《史记》本传。事实上以郡统制县，保护县，亦觉便利，而县遂转属于郡。战国时，列国的设郡，还是在沿边新开辟之地的。如楚之巫、黔中，赵之云中、雁门、代郡，燕之上谷、渔阳、右北平、辽西、辽东郡等。到秦始皇灭六国后，觉得到处都有驻兵镇守的必要，就要分天下为三十六郡了。

封建政体，沿袭了几千年，断无没有反动之力之理。所以秦灭六国未几，而反动即起。秦汉之间以及汉初的封建，是和后世不同的。在后世，

秦朝政府机构表

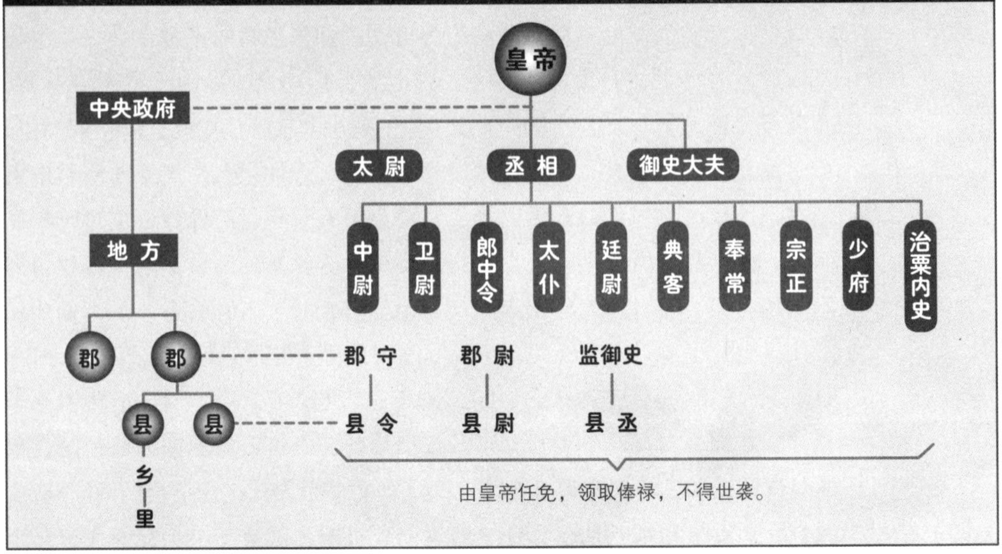

像晋朝、明朝的封建，不过出于帝王自私之心。天下的人，大都不以为然。即封建之人，对于此制，亦未必敢有何等奢望，不过舍此别无他法，还想借此牵制异姓，使其不敢轻于篡夺而已。受封者亦知其与时势不宜，惴惴然不敢自安。所以唐太宗要封功臣，功臣竟不敢受。见《唐书·长孙无忌传》。至于秦汉间人，则其见解大异。当时的人，盖实以封建为当然，视统一转为变局。所以皆视秦之灭六国为无道之举，称之为暴秦，为强虎狼之秦。然则前此为六国所灭之国如何呢？秦灭六国，当恢复原状，为六国所灭之国，岂不当一一兴灭继绝吗？倘使以此为难，论者自将无辞可对。然大多数人的见解，是不能以逻辑论，而其欲望之所在，亦是不可以口舌争的。所以秦亡之后，在麾下的诸侯，立即决定分封的方法。当时所封建的：是（一）六国之后，（二）亡秦有功之人。此时的封建，因汉高祖借口于项王背约，夺其关中之地而起兵，汉代史家所记述，遂像煞是由项王一个人做主，其实至少是以会议的形式决定的。所以在《太史公自序》里，还无意间透露出一句真消息来，谓之"诸侯之相王"。当时的封爵，分为二等：大者王，小者侯，这是沿袭战国时代的故事的。战国时，列国封其臣者，或称侯，或称君，如穰侯、文信侯、孟尝君、望诸君等是。侯之爵较君为高，其地当亦较君为大。此时所封的国，大小无和战国之君相当的，故亦无君之称。诸侯之大者皆称王，项羽以霸王为之长，而义帝以空名加于其上，也是取法于东周以后，实权皆在霸主，而天王仅存虚名的。以大体言，实不可谓之不惬当。然人的见解，常较时势为落后。人心虽以为允洽，而事势已不容许，总是不能维持的。所以不过五年，而天下复归于统一了。然而当时的人心仍未觉悟，韩信始终不肯背汉，至后来死于吕后之手，读史者多以为至愚。其实韩信再老实些，也不会以汉高祖为可信。韩信当时的见解，必以为举天下而统属于一人，乃事理所必无。韩信非自信功高，以为汉终不夺其主，乃汉夺其王之事，为信当时所不能想象。此恐非独韩信如此，汉初的功臣，莫不如此。若是当时，韩信等预料奉汉王以皇帝的空名，汉王即能利用之把自己诛灭，又岂肯如此做？确实，汉高祖翦灭所封的异姓，也是一半靠阴谋、一半靠实力的，并非靠皇帝的虚名。若就法理而论，就自古相传列国间的习惯，当时的人心认为正义者论，皇帝对于当时的王，可否如此任意诛灭呢？也还是一个疑问。所以汉高祖的尽灭异姓之国，楚王韩信，梁王彭越，韩王信，淮南王英布，燕王臧荼、卢绾。惟长沙王吴芮仅存。虽然不动干戈，实在和其尽灭麾下所封诸国，是同样的一个奇迹。不但如此，汉高祖所封同姓诸国，后来酝酿成吴楚七国这样的一个大乱，竟会在短期间戡定；戡定之后，景帝摧抑诸侯，使不得自治民补吏；武帝又用主父偃之策，令诸侯各以国邑，分封子弟；而汉初的封建，居然就名存而实亡，怕也是汉初的人所不能预料的。

封建的元素，本有两个：一为爵禄，受封者与凡官吏同。一为君国子民，子孙世袭，则其为部落酋长时固有的权利，为受封者所独。后者有害于统一，前者则不然。汉世关内侯，有虚名而无土地。后来列侯亦有如此的。《文献通考·封建考》云："秦、汉以来，所谓列侯者，非但食其邑入而已，可以臣吏民，可以布政令，若关内侯，则惟以虚名受廪禄而已。西都景、武而后，始令诸侯王不得治民，汉置内史治之。自是以后，虽诸侯王，亦无君国子民之实，不过食其所封之邑入，况列侯乎？然所谓侯者，尚裂土以封之也。至东都，始有未予国邑，先赐美名之例，如灵寿王、征羌侯之类是也。至明帝时，有四姓小侯，乃樊氏、郭氏、阴氏、马氏诸外戚子弟，以少年获封者。又肃宗赐东平王苍列侯印十九枚，令王子五岁以上能趋拜者，皆令带之。此二者，皆是未有土地，先佩印，受俸廪。盖至此，则列侯有同于关内侯者矣。"然尚须给以廪禄。唐宋以后，必食实封的，才给以禄，则并物质之耗费而亦除去之，封建至此，遂全然无碍于政治了。

后世在中国境内，仍有封建之实的，为西南的土官。土官有两种：一是文的，如土知府、土知州、土知县之类。一是武的，凡以司名的，如宣抚司、招讨司、长官司之类皆是。听其名目，全与流官相同。其实所用的都是部族酋长，依其固有之法承袭。外夷归化中国，中国给以名号，或官或爵。本是各方面之所同，不但西南如此。但其距中国远的，实力不及，一至政教衰微之世，即行离叛而去，这正和三代以前的远国一样。唯西南诸土司，本在封域之内，历代对此的权力，渐形充足，其管理之法，亦即随之而加严。在平时，也有出贡赋、听征调的。这亦和古代诸侯对王朝、小国对大国的朝贡及从征役一样。至其（一）对中国犯顺；（二）或其部族之中，自相争阋；（三）诸部族之间，互相攻击；（四）又或暴虐其民等；中国往往加以讨伐。有机会，即废其酋长，改由中国政府派官治理，是谓"改土归流"，亦即古代之变封建为郡县。自秦至今，近二千二百年，此等土官，仍未尽绝，可见封建政体的铲除，是要随着社会文化的进步，不是政治单方面的事情了。

封建之世，所谓朝代的兴亡，都是以诸侯革天子之命。此即以一强国，夺一强国的地位，或竟灭之而已。至统一之世，则朝代的革易，其形式有四：（一）为旧政权的递嬗。又分为（甲）中央权臣的篡窃，（乙）地方政权的入据。前者如王莽之于汉，后者如朱温之于唐。（二）为新政权的崛起，如汉之于秦。（三）为异族的入据，如前赵之于晋，金之于北宋，元之于南宋，清之于明。（四）为本族的恢复，如明之于元。而从全局观之，则

▲ **孟轲像** 孟轲主张法先王，行“仁政”，提出“民为贵”“君为轻”的口号，号召在一定限度内改善君民关系，是我国早期的民主思想。

（一）有仍为统一的，（二）有暂行分裂的。后者如三国、南北朝、五代都是。然这只是政权的分裂，社会文化久经统一，所以政权的分立，总是不能持久的。从前读史的人，每分政情为（一）内重，（二）外重，（三）内外俱轻三种。内重之世，每有权臣篡窃之变。外重之世，易招强藩割据之忧。内外俱轻之世，则草泽英雄，乘机崛起；或外夷乘机入犯。唯秦以过刚而折，为一个例外。

政权当归诸一人，而大多数人，可以不必过问；甚或以为不当过问；此乃事势积重所致，断非论理之当然。所以不论哪一国，其原始的政治，必为民主。后来虽因事势的变迁，专制政治逐渐兴起，然民主政治，仍必久之而后消灭。观前文所述，可以见之。大抵民主政治的废坠：（一）由于地大人众，并代表会议而不能召集。（二）大众所议，总限于特殊的事务，其通常的事务，总是由少数主持常务的人执行的。久之，此少数人日形专擅，对于该问大众的特殊事务，亦复独断独行。（三）而大众因情势涣散，无从起而加以纠正。专制政治就渐渐形成了。这是形式上的变迁。若探求其所以然，则国家大了，政情随之复杂，大的、复杂的事情，普通人对之不感兴趣，亦不能措置。此实为制度转变的原因。

然民主的制度可以废坠，民主的原理则终无灭绝之理。所以先秦诸子，持此议论的即很多。因后世儒术专行，儒家之书，传者独多，故其说见于儒家书中的亦独多，尤以《孟子》一书，为深入人心。其实孟子所诵述的，乃系孔门的书说，观其论尧、舜禅让之语，与伏生之《尚书大传》，互相出入可知。司马迁《五帝本纪》亦采儒家书说。两汉之世，此义仍极昌明。汉文帝元年，有司请立太子。文帝诏云：“朕既不德，上帝神明未歆享；天下人民，未有慊志；今纵不能博求天下贤圣有德之人而禅天下焉，而曰豫建太子，是重吾不德也，谓天下何？”此虽系空言，然天下非一人一家所私有之义，则诏旨中也明白承认了。后来眭孟上书，请汉帝谁差天下，谁差，访求、简择之义。求索贤人，禅以帝位，而退自封百里，尤为历代所无。效忠一姓，汉代的儒家，实不视为天经地义。刘歆系极博通的人，且系汉朝的宗室，而反助王莽以篡汉；扬雄亦不反对王莽；即由于此。但此等高义，懂得的只有少数人，所以不久即湮晦，而君臣之义，反日益昌盛了。

王与君，在古代是有分别的，说已见前。臣与民亦然。臣乃受君豢养的人，效忠于其一身，及其子嗣，尽力保卫其家族、财产，以及荣誉、地位的。盖起于（一）好战的酋长所豢养的武士，（二）及其特加宠任的仆役。

其初，专以效忠于一人一家为主。后来（一）人道主义渐形发达。（二）又从利害经验上，知道要保一人一家的安全，或求其昌盛，亦非不顾万民所能。于是其所行者，渐须顾及一国的公益。有时虽违反君主一人一家的利益，而亦有所不能顾。是即大臣与小臣、社稷之臣与私昵嬖倖的区别。然其道，毕竟是从效忠于一人一家进化而来的，终不能全免此项色彩。至民则绝无效忠于君的义务。两者区别，在古代本极明白，然至后世，却渐渐湮晦了。无官职的平民，亦竟有效忠一姓的，如不仕新朝之类。这在古人看起来，真要莫名其妙了。异民族当别论。民族兴亡之际，是全民族都有效忠的义务的。顾炎武《日知录·正始》条，分别亡国亡天下，所谓亡天下，即指民族兴亡言，古人早见及此了。至于国君失政，应该诛杀改立之义，自更无人提及。

剥极则复，到晚明之世，湮晦的古义，才再露一线的曙光。君主之制，其弊全在于世袭。以遗传论，一姓合法继承的人，本无代代皆贤之理。以教育论，继嗣之君，生来就居于优越的地位，志得意满；又和外间隔绝了，尤其易于不贤。此本显明之理，昔人断非不知，然既无可如何，则亦只好置诸不论不议之列了。君主的昏愚、淫乱、暴虐，无过于明朝之多。而时势危急，内之则流寇纵横，民生憔悴；外之则眼看异族侵入，好容易从胡元手里恢复过来的江山，又要沦于建夷之手。仁人君子，蒿目时艰，深求致祸之源，图穷而匕首见，自然要归结到政体上了。于是有黄宗羲的《明夷待访录》出现，其《原君》《原臣》两篇，于“天下者天下之天下”之义，发挥得极为深切，正是晴空一个霹雳。但亦只是晴空一个霹雳而已。别种条件，未曾完具，当然不会见之于行动的。于是旁薄郁积的民主思想，遂仍潜伏着，以待时势的变化。

近百年来的时势，四夷交侵，国家民族，都有绝续存亡的关系，可谓危急极了。这当然不是一个单纯的政治问题。但社会文化和政治的分野、政治力量的界限，昔人是不甚明白的。眼看着时势的危急、国事的败坏，当然要把其大部分的原因，都归到政治上去；当然要发动了政治上的力量来救济它；当然要拟议及于政体。于是从戊戌变法急转直下，而成为辛亥革命。中国的民主政治，虽然自己久有根基，而亲切的观感，则得之于现代的东西列强。代议政体，自然要继君主专制而起。但代议政体，在西洋自有其历史的条件，中国却无有。于是再急转直下，而成为现在的党治。

中国古代，还有一个极高的理想。那便是孔子所谓大同，老子所谓郅治，许行所谓贤者与民并耕而食，饔飧而治。这是超出于政治范围的，因为国家总必有阶级，然后能成立，而孔、老、许行所向往的境界，则是没有阶级的。参看下两章自明。

CHAPTER 4

第四章 阶 级

征服之族和被征服之族的区别，可说全是政治上的原因。至于职业上的区别，则已带着经济上的原因了。古代职业的区别，是为士、农、工、商。士是战士的意思，又是政治上任事而未有爵者之称，可见古代的用人，专在战士中拔擢。至于工商，则专从事于生业。

古代部族之间，互相争斗；胜者把败者作为俘虏，使之从事于劳役，是为奴隶；其但收取其赋税的，则为农奴；已见上章。古代奴婢之数，似乎并不甚多，见下。最严重的问题，倒在征服者和农奴之间。国人和野人，这两个名词，我们在古书上遇见时，似不觉其间有何严重的区别。其实两者之间，是有征服和被征服的关系的。不过其时代较早，古书上的遗迹，不甚显著，所以我们看起来，不觉得其严重罢了。所谓国人，其初当系征服之族，择中央山险之地，筑城而居。野人则系被征服之族，在四面平夷之地，从事于耕耘。所以（一）古代的都城，都在山险之处。国内行畦田，国外行井田。（二）国人充任正式军队，野人则否。参看第八、第九、第十四三章自明。上章所讲大询于众庶之法，限于乡大夫之属。乡是王城以外之地，乡人即所谓国人。厉王的被逐，《国语》说："国人莫敢言，道路以目。"然则参与国政，和起而为反抗举动的，都是国人。若野人，则有行仁政之君，即歌功颂德，襁负而归之；有行暴政之君，则"逝将去汝，适彼乐土"，在可能范围之内逃亡而已。所以一个国家，其初立国的基本，实在是靠国人的（即征服部族的本族）。国人和野人之间，其初当有一个很严的界限；彼此之间，还当有很深的仇恨。后来此等界限，如何消灭？此等仇恨，如何淡忘呢？依我推想，大约因：（一）距离战争的年代远了，旧事渐被遗忘。（二）国人移居于野，野人亦有移居于国的，居地既近，婚姻互通。（三）征服部族是要朘削被征服的部族以自肥的，在经济上国人富裕而野人贫穷；又都邑多为工商及往来之人所聚会，在交通上，国人频繁而野人闭塞；所以国人的性质较文，野人的性质较质。然到后来，各地方逐渐发达，其性质，亦变而相近了。再到后来，（四）选举的权利。（五）兵役的义务，亦渐扩充推广，而及于野人，则国人和野人，在法律上亦无甚区别，其畛域就全化除了。参看第七、第九两章自明。

征服之族和被征服之族的区别，可说全是政治上的原因。至于职业上的区别，则已带着经济上的原因了。古代职业的区别，是为士、农、工、商。士是战士的意思，又是政治上任事而未有爵者之称，可见古代的用人，专在战士中拔擢。至于工商，则专从事于生业。充当战士的人，虽不能全不务农，但有种专务耕种的农民，却是不服兵役的。所以《管子》上有士之乡和工商之乡。见《小匡篇》。《左传》宣公十二年说，楚国之法，“荆尸而举，荆尸，该是一种组织军队的法令。商、农、工、贾，不败其业。”有些人误以为古代是全国皆兵，实在是错误的，参看第九章自明。士和卿大夫，本来该没有多大的区别，因为同是征服之族，服兵役，古代政权和军权，本是混合不分的。但在古代，不论什么职业，多是守之以世。所以《管子》又说：“士之子恒为士，农之子恒为农，工之子恒为工，商之子恒为商。”《小匡》。政治上的地位，当然不是例外，世官之制既行，士和大夫之间，自然生出严重的区别来，农、工、商更不必说了。此等阶级，如何破坏呢？其在经济上，要维持此等阶级，必须能维持严密的职业组织。如欲使农之子恒为农，则井田制度，必须维持。欲使工之子恒为工，商之子恒为商，则工官和公家对于商业的管理规则，亦必须维持。然到后来，这种制度，都破坏了。农人要种田，你没有田给他种，岂能不许他从事别种职业？工官制度破坏了，所造之器，不足以给民用，民间有从事制造的人，你岂能禁止他？尤其是经济进步，交换之事日多，因而有居间买卖的人，又岂能加以禁止？私产制度既兴，获利的机会无限，人之趋利，如水就下，

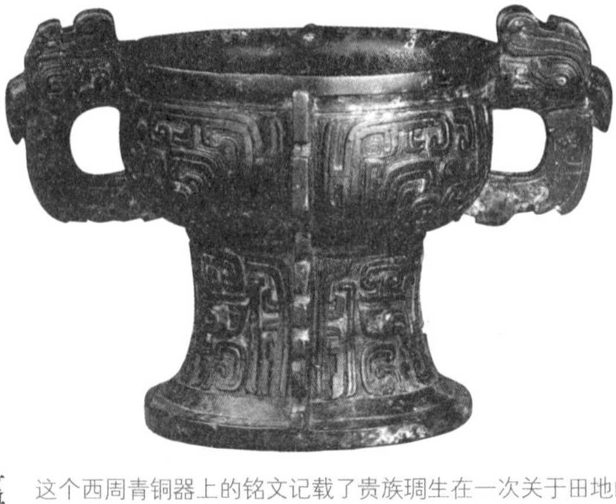

▲ **琱生簋** 这个西周青铜器上的铭文记载了贵族琱生在一次关于田地的狱讼中，通过本族宗主的庇护，达到多占土地的目的。

旧制度都成为新发展的障碍了，古代由社会制定的职业组织，如何能不破坏呢？在政治上：则因（一）贵族的骄淫矜夸，自趋灭亡，而不得不任用游士。参看第七章。（二）又因有土者之间，互相争夺，败国亡家之事，史不绝书。一国败，则与此诸侯有关之人，都夷为平民。一家亡，则与此大夫有关的人，都失其地位。（三）又古代阶级，并未像喀斯德（caste）这样严峻，彼此不许通婚。譬如《左传》定公九年，载齐侯攻晋夷仪，有一个战士，唤作敝无存，他的父亲，要替他娶亲，他就辞谢，说："此役也，不死，反必娶于高、国。"齐国的两个世卿之家。可见贵族与平民通婚是容易的。婚姻互通，社会地位的变动，自然也容易了。这都是古代阶级所以渐次破坏的原因。

奴隶的起源，由于以异族为俘虏。《周官》五隶：曰罪隶，曰蛮隶，曰闽隶，曰夷隶，曰貉隶。似乎后四者为异族，前一者为罪人。然罪人是后起的。当初本只以异族为奴隶，后来本族有罪的人，亦将他贬入异族群内，当他异族看待，才有以罪人为奴隶的事。参看第十章自明。经学中，今文家言，是"公家不畜刑人，大夫弗养；屏诸四夷，不及以政"。谓不使之当徭役。见《礼记·王制》。古文家言，则"墨者使守门，劓者使守关，宫者使守内，刖者使守囿"。《周官》秋官掌戮。固然，因刑人多了，不能尽弃而不用，亦因今文所说的制度较早，初期的奴隶，多数是异族，仇恨未忘，所以不敢使用他了。《穀梁》襄公二十九年：礼，君不使无耻，不近刑人，不狎敌，不迩怨。不但如此，社会学家言：氏族时代的人，不惯和同族争斗，镇压本部族之职，有时不肯做，宁愿让异族人做的。《周官》蛮、闽、夷、貉四隶，各服其邦之服，执其邦之兵，以守王宫及野之厉禁正是这个道理。这亦足以证明奴隶的源出于异族。女子为奴隶的谓之婢。《文选·司马子长报任安书》李《注》引韦昭云："善人以婢为妻生子曰获，奴以善人为妻生子曰臧。齐之北鄙，燕之北郊，凡人男而归婢谓之臧，女而归奴谓之获。"可见奴婢有自相嫁娶，亦有和平民婚配的。所以良贱的界限，实亦不甚严峻。但一方面有脱离奴籍的奴隶，一方面又有沦为奴隶的平民，所以奴婢终不能尽绝。这是关系整个社会制度的了。奴隶的免除，有两种方法：一种是用法令。《左传》襄公三十二年，晋国的大夫栾盈造反。栾氏有力臣曰督戎，国人惧之。有一个奴隶，唤作斐豹的，和执政范宣子说道："苟焚丹书，我杀督戎。"宣子喜欢道：你杀掉他，"所不请于君焚丹书者，有如日。"斐豹大约是因犯罪而为奴隶，丹书就是写他的罪状的。一种是以财赎。《吕氏春秋·察微篇》说：鲁国之法，"鲁人有为臣妾于诸侯者，赎之者取金于府。"这大约是俘虏一类。后世奴隶的免除，也不外乎这两种方法。

以上是封建时代的事。封建社会的根柢，是“以力相君”。所以在政治上占优势的人，在社会上的地位，亦占优胜。到资本主义时代，就大不然了。《汉书·货殖列传》说：“昔先王之制：自天子、公、侯、卿、大夫、士，至于皂隶，抱关击柝者，其爵禄、奉养、宫室、车服、棺椁、祭祀、死生之制，各有差品，小不得僭大，贱不得逾贵。”又说：后来自诸侯大夫至于士庶人，“莫不离制而弃本。稼穑之民少，商旅之民多；谷不足而货有余。”谷货，犹言食货。谷、食，本意指食物，引申起来，则包括一切直接供给消费之物。货和化是一语。把这样东西，变成那样，就是交换的行为。所以货是指一切商品。于是“富者木土被文锦，犬马余肉粟，而贫者短褐不完，啥粟饮水。其为编户齐民同列，而以财力相君，虽为仆隶，犹无愠色。”这几句话，最可代表从封建时代到资本主义时代的变迁。封建社会的根源，是以武力互相掠夺。人人都靠武力互相掠夺，则人人的生命财产，俱不可保。这未免太危险。所以社会逐渐进步，武力掠夺之事，总不能不悬为厉

▼ **男女侍图** 这幅辽代壁画描述了四位侍者恭候主人的场景，侍者神色平和。

禁。到这时代，有钱的人，拿出钱来，就要看他愿否。于是有钱就是有权力。豪爽的武士，不能不俯首于狡猾悭吝的守财奴之前了。这是封建社会和资本主义社会转变的根源。平心而论：资本主义的惨酷，乃是积重以后的事。当其初兴之时，较之武力主义，公平多了，温和多了，自然是人所欢迎的。资本主义所以能取武力主义而代之，其根源即在于此。然前此社会的规则，都是根据武力优胜主义制定的，不是根据富力优胜主义制定的。武力优胜主义，固然也是阶级的偏私，且较富力优胜主义为更恶。然而人们（一）谁肯放弃其阶级的偏私？（二）即有少数大公无我的人，亦不免为偏见所蔽，视其阶级之利益，即为社会全体的利益；以其阶级的主张，即为社会全体的公道；这是无可如何的事。所以资本主义的新秩序，用封建社会的旧眼光看起来，是很不入眼的；总想尽力打倒它，把旧秩序回复。商鞅相秦，“明尊卑爵秩等级。各以差次名田宅臣妾。衣服以家次。有功者显荣，无功者虽富无所纷华。”《史记》本传。就是代表这种见解，想把富与贵不一致的情形，逆挽之，使其回复到富与贵相一致的时代的。然而这如何办得到呢？封建时代，统治者阶级的精神，最紧要的有两种：一是武勇，一是不好利。唯不好利，故富贵不能淫，贫贱不能移。唯能武勇，故威武不能屈。这是其所以能高居民上，维持其治者阶级的地位的原因。在当时原非幸致。然而这种精神，也不是从天降，从地出；或者如观念论者所说，在上者教化好，就可以致之的。人总是随着环境变迁的。假使人而不能随着环境变迁，则亦不能制驭环境，而为万物之灵了。在封建主义全盛时，统治阶级因其靠武力得来的地位的优胜，不但衣食无忧，且其生活，总较被治的人为优裕，自然可以不言利。讲到武勇，则因前此及其当时，他们的生命，是靠体力维持的，取之于自然界者如田猎。取之于人者，则为战争和掠夺。自能养成其不怕死不怕苦痛的精神。到武力掠夺，悬为厉禁，被治者的生活，反较治者为优裕；人类维持生活最好的方法，不是靠体力取之于自然界，或夺之于团体之外，而反是靠智力以剥削团体以内的人；则环境大变了。统治阶级的精神，如何能不随之转变呢？于是滔滔不可挽了。在当时，中坚阶层的人，因其性之所近，分为两派：近乎文者则为儒，近乎武者则为侠。古书多以儒侠并称，亦以儒墨并称，可见墨即是侠。儒和侠，不是孔墨所创造的两种团体，倒是孔墨就社会上固有的两种阶级加以教化、加以改良的。在孔墨当日，何尝不想把这两个阶级振兴起来，使之成为国家社会的中坚？然而滔滔者终于不可挽了。儒者只成为“贪饮食，惰作务”之徒。见《墨子·非儒篇》。侠者则成为“盗跖之居民间者”。《史记·游侠列传》。质而言之，儒者都是现在志在衣食，大些则志在富贵的读书人。侠者则成为现在上海所谓白相人了。我们不否认，有少数不是这样的人，然而少数总只是少数。这其原理，因为在生物学上，人，大多数总是中庸的，而特别好和特别坏，同为反常的现象。所以我们赞成改良制度，使大多数的中人，都可以做好人；不赞成认现社会的制度为天经地义，责成人在现制度之下做好人，陈义虽高，终成梦想。直到汉代，想维持此等阶级精神，以为国家社会的中坚的，还不乏其人。试看贾谊《陈政事疏》所说圣人有金城之义，董仲舒对策说食禄之家不该与民争利一段，均见《汉书》本传。便可见其大概。确实，汉朝亦还有此种人。如盖宽饶，“刚直高节，志在奉公。”儿子步行戍边，专务举发在位者的弊窦，又好犯颜直谏，这确是文臣的好模范。又如李广，终身除射箭外无他嗜好，绝不言利，而于封侯之赏，却看得很重。广为卫青所陷害而死，他的儿子敢，因此射伤卫青，又给霍去病杀掉，汉武帝都因其为外戚之故而为之讳，然李广的孙儿子陵，仍愿为武帝效忠。他敢以步卒五千，深入匈奴。而且“事亲孝，与士信，临财廉，取与义，分别有让，恭俭下人”。见《汉书·司马迁传》迁报任安书。这真是一个武士的好模范。还有那奋不顾身、立功绝域的傅介子、常惠、陈汤、班超等，亦都是这一种人。然而滔滔者终于不可挽了。在汉代，此等人已如凤毛麟角，魏晋以后，遂绝迹不可复见。岂无好人？然更不以封建时代忠臣和武士的性质出现了。过去者已去，如死灰之不可复燃。后人谈起这种封建时代的精神来，总觉得不胜惋惜。然而无足惜也。这实在不是什么好东西。当时文臣的见解，已不免于褊狭。武人则更其要不得。譬如李广，因闲居之时，灞陵尉得罪了他，如灞陵尉之意，真在于奉公守法，而不是有意与他为难，还不能算得罪他，而且是个好尉。到再起时，就请尉与俱，至军而斩之，这算什么行为？他做陇西太守时，诈杀降羌八百余人，岂非武士的耻辱？至于一班出使外国之徒，利于所带的物品，可以干没；还好带私货推销；因此争求奉使。到出使之后，又有许多粗鲁的行为，讹诈的举动，以致为国生事，引起兵端，见《史记·大宛列传》。这真是所谓浪人，真是要不得的东西。中国幸而这种人少，要是多，所引起的外患，怕还不止五胡之乱。

封建时代的精神过去了。社会阶级，遂全依贫富而分。当时所谓富者，是（一）大地主，（二）大工商家，详见下章。晁错《贵粟疏》说：“今法律贱商人，商人已富贵矣；尊农夫，农夫已贫贱矣。俗之所贵，主之所贱；吏之所卑，法之所尊；上下相反，好恶乖迕，而欲国富法立，不可得也。”可见法律全然退处于无权了。

因资本的跋扈，奴婢之数，遂大为增加。中国古代，虽有奴婢，似乎并不靠他做生产的主力。因为这时候，土地尚未私有，旧有的土地，都属于农民。君大夫有封地的，至多只能苛取其租税，强征其劳力，即役。至于夺农民的土地为己有，而使奴隶从事于耕种，那是不会有这件事的。因为如此，于经济只有不利。所以虽有淫暴之君，亦只会弃田以为苑囿。到暴力一过去，苑囿就又变做田了。大规模的垦荒，或使奴隶从事于别种生产事业，那时候也不会有。其时的奴隶，只是在家庭中，以给使令，或从事于消费品的制造。如使女奴舂米、酿酒等。为经济的力量所限，其势自不能甚多。到资本主义兴起后就不然了。（一）土地既已私有，向来的农奴，都随着土地，变成地主的奴隶。王莽行王田之制，称奴隶为“私属”，和田地都不得卖买。若非向来可以卖买，何必有此法令呢？这该是秦汉之世，奴婢增多的一大原因。所以奴婢是由俘虏、罪人两政治上的原因造成的少，由经济上的原因造成的多。（二）农奴既变为奴隶，从事于大规模的垦荒的，自然可以购买奴隶，使其从事耕作。（三）还可以使之从事于别种事业。如《史记·货殖列传》说：“刁閒收取桀黠奴，使之逐渔盐商贾之利。”所以又说童手指千，比千乘之家。如此，奴婢越多越富，其数就无制限了。此时的奴婢，大抵是因贫穷而鬻卖的。因贫穷而卖身，自古久有其事。所以《孟子·万章上篇》，就有人说：百里奚自鬻于秦养牲者之家。然在古代，此等要不能甚多。至汉代，则贾谊说当时之民，岁恶不入，就要“请爵卖子”，成为经

▼ **流民图（局部）** 此图描绘的是北宋时因灾荒而流离失所的难民。他们大多衣不蔽体，生活十分悲苦。为了生活，大部分人不得不卖身为奴。

常的现象了。此等奴婢，徒以贫穷之故而卖身，和古代出于俘虏或犯罪的，大不相同，国家理应制止及救济。然当时的国家，非但不能如此，反亦因之以为利。如汉武帝，令民人奴婢，得以终身复；为郎的增秩。其时行算缗之法，遣使就郡国治隐匿不报的人的罪，没收其奴婢甚多，都把他们分配到各苑和各机关，使之从事于生产事业。见《史记·平准书》。像汉武帝这种举动，固然是少有的，然使奴婢从事于生产事业者，必不限于汉武帝之世，则可推想而知，奴隶遂成为此时官私生产的要角了。汉末大乱，奴婢之数，更行增多。后汉光武一朝，用法令强迫释放奴婢很多。都见《后汉书》本纪。然亦不过救一时之弊，终不能绝其根株。历代救济奴隶之法：（一）对于官奴婢，大抵以法令赦免。（二）对于私奴婢：则（甲）以法令强迫释放。（乙）官出资财，替他赎身。（丙）勒令以买直为佣资，计算做工的时期，足满工资之数，便把他放免。虽有此法，亦不过去其太甚而已。用外国人做奴婢，后世还是有的。但非如古代的出于俘虏，而亦出于鬻卖。《汉书·西南夷列传》和《货殖列传》，都有所谓"僰僮"，就是当时的商人，把他当作商品贩卖的。《北史·四裔传》亦说：当时的人，多买獠人作奴仆。因此，又引起政治上的侵略。梁武帝时，梁、益二州，岁岁伐獠以自利。周武帝平梁、益，亦命随近州镇，年年出兵伐獠，取其生口，以充贱隶。这在后世，却是少有的事，只有南北分立之世，财力困窘，政治又毫无规模，才会有之。至于贩卖，却是通常现象。如唐武后大足元年，敕北方缘边诸郡，不得畜突厥奴婢；穆宗长庆元年，诏禁登、莱州及缘海诸道，纵容海贼，掠卖新罗人为奴婢；就可见海陆两道，都有贩卖外国人口的了。南方的黑色人种，中国谓之昆仑。唐代小说中，多有昆仑奴的记载，更和欧洲人的贩卖黑奴相像。然中国人亦有自卖或被卖做外国人的奴隶的。宋太宗淳化二年，诏陕西缘边诸郡：先因岁饥，贫民以男女卖与戎人，官遣使者，与本道转运使，分以官财物赎，还其父母；真宗天禧三年，诏自今掠卖人口入契丹界者，首领并处死。诱至者同罪，未过界者，决杖黥配。均见《文献通考》。就是其事。

后汉末年，天下大乱，又发生所谓部曲的一个阶级。部曲二字，本是军队中一个组织的名称。《续汉书·百官志》大将军营五部，部下有曲，曲下有屯。丧乱之际，人民无家可归，属于将帅的兵士，没有战事的时候，还是跟着他生活。或者受他豢养或者替他工作。事实上遂发生隶属的状态。用其力以生产，在经济上是有利的，所以在不招兵的时候，将帅也要招人以为部曲了。《三国志·李典传》说，典有宗族部曲三千余家，就是战时的部曲，平时仍属于将帅之证。《卫觊传》说：觊镇关中时，四方流移之民，多有回关中的，诸将多引为部曲，就是虽不招兵之时，将帅亦招人为部曲之证。平民因没有资本，或者需要保护，一时应他的招。久之，此等依赖关系，已成过去，而其身份，被人歧视，一时不能回复，遂成为另一阶级。部曲的女子，谓之客女。历代法律上，奴婢伤害良人，罪较平民互相伤害为重。良人伤害奴婢，则罪较平民互相伤害为轻。其部曲、客女，伤害平民的罪，较平民加重，较奴婢减轻；平民伤害部曲、客女的，亦较伤害奴婢加重，较其互相伤害减轻。所以部曲的地位，是介于良贱之间的。历魏、晋、南北朝至唐、宋，都有这一阶级。

使平民在某种程度以内，隶属于他人，亦由来甚久。《商君书·竞内篇》说："有爵者乞无爵者以为庶子。级乞一人。其无役事也，有爵者不当差徭，在自己家里的时候。庶子役其大夫，月六日。其役事也，随而养之。"有爵者替公家当差徭时，庶子亦跟着他出去。这即是《荀子·议兵篇》所说秦人五甲首而隶五家之制。秦爵二十级，见《汉书·百官公卿表》。级级都可乞人为役，则人民之互相隶属者甚多，所以鲁仲连要说秦人"虏使其民"了。晋武帝平吴以后，王公以下，都得荫人为衣食客及佃客。其租调及力役等，均入私家。此即汉世封君食邑户的遗法，其身份仍为良民。辽时有所谓二税户，把良民赐给僧寺，其税一半输官，一半输寺。金世宗时免之。亦是为此。此等使人对人直接征收，法律上虽限于某程度以下的物质或劳力，然久之，总易发生广泛的隶属关系，不如由国家征收，再行给予之为得。

封建时代的阶级，亦是相沿很久的，岂有一废除即铲灭净尽之理？所以魏晋以后，又有所谓门阀的阶级。魏晋以后的门阀，旧时的议论，都把九品中正制度，见第七章。看作它很重要的原因，这是错误的。世界上哪有这种短时间的政治制度，能造成如此根深蒂固的社会风尚之理？又有说：这是由于五胡乱华，衣冠之族，以血统与异族混淆为耻，所以有这风尚的。这也不对。当时的区别，明明注重于本族士庶之间。况且五胡乱华，至少在西晋的末年，声势才浩大的，而刘毅在晋初，已经说当时中正的品评，上品无寒门，下品无世族了。可见门阀之制，并非起源于魏晋之世。然则其缘起安在呢？论门阀制度的话，要算唐朝的柳芳，说得最为明白。见《唐书·柳冲传》。据他的说法：则七国以前，封建时代的贵族，在秦汉之世，仍为强家。因为汉高祖起于徒步，用人不论家世，所以终两汉之世，他们在政治上，不占特别的势力。然其在社会上，势力仍在。到魏晋以后，政治上的势力和社会上的势力合流，门阀制度，就渐渐固定了。这话是对的。当时政治上扶植门阀制度的，就是所谓九品中正，见第七章。至于在社会上，则因汉末大乱，中原衣冠之族，开始播迁。一个世家大族，在本地方，是人人知其为世家大族的，用不着自行表暴。迁徙到别的地方，就不然了。琅琊王氏是世族，别地方的王氏则不然。博陵崔氏是世族，别地方的崔氏则不然。一处地方，新迁来一家姓王的，姓崔的，谁知道他是哪里的王？哪里的崔呢？如此，就不得不郑重声明，我是琅琊王而非别的王氏；是博陵崔而非别的崔氏了。这是讲门阀的所以要重视郡望的原因。到现在，我们旧式婚姻的柬帖上，还残留着这个老废物。这时候，所谓门第的高下，大概是根据于：（一）本来门第的高下。这是相沿的事实，为本地方人所共认，未必有谱牒等物为据。因为古代谱牒，都是史官所记。随着封建的崩坏，久已散佚无存了。（二）秦汉以来，世家大族，似乎渐渐地都有谱牒。《隋书》著录，有家谱、家传两门。《世说新语》《注》，亦多引人家的家谱。而其事较近，各家族中，有何等人物、事迹，亦多为众人所能知、所能记，在这时期以内，一个家族中，要多有名位显著的人，而切忌有叛逆等大恶的事。如此，历时稍久，即能受人承认，为其地之世家。历时不久的，虽有名位显著的人，人家还只认为暴发户，不大看得起他。至于历时究要多久，那自然没有明确的界限。（三）谱牒切忌佚亡，事迹切忌湮没。倘使谱牒已亡；可以做世家的条件的事迹，又无人能记忆；或虽能记忆，而不能证明其出于我之家族中；换言之，即不能证明我为某世家大族或有名位之人之后；我的世族的资格，就要发生动摇了。要之，不要证据的事，要没人怀疑；要有证据

《世说新语》所涉士族家世列表

一级士族	代表人物
太原王氏	王昶－王湛－王承－王述－王坦之，王恭
温县司马氏	司马懿－司马孚－司马师－司马昭－司马攸，司马炎－司马睿－司马昱－司马德文

二级士族	代表人物
琅琊王氏	王衍－王导－王敦－王羲之－王献之－王徽之－王洵
龙亢桓氏	桓彝－桓温－桓冲－桓豁－桓玄－桓振
陈郡殷氏	殷羡－殷浩－殷仲文
陈郡谢氏	谢鲲－谢尚，谢安，谢玄（非一系）
新野庾氏	庾亮－庾皇后－庾冰－庾翼

三级士族	代表人物
陈留阮氏	阮籍－阮咸－阮瞻
陈郡袁氏	——
高平郗氏	郗鉴－郗愔－郗超
泰山羊氏	羊祜－羊孚

注：一级士族：表明该家族自始至终百年来一直是繁荣的世族；二级士族：由中小世族发展而来。

的事，则人证物证，至少要有一件存在；这是当时判定世族资格的条件。谱牒等物，全由私家掌管，自然不免有散佚、伪造等事。政治总是跟着社会走的。为维持此等门阀制度，官家就亦设立谱局，与私家的谱牒互相钩考；“有司选举，必稽谱籍而考其真伪”了。亦柳芳语。

当这时代，寒门世族，在仕途上优劣悬殊；甚至婚姻不通，在社交上的礼节，亦不容相并。可参看《陔余丛考·六朝重氏族》条。此等界限，直至唐代犹存。《唐书·高士廉传》及《李义府传》说，太宗命士廉等修《氏族志》，分为九等，崔氏犹为第一，太宗列居第三。又说：魏大和中，定望族七姓，子孙迭为婚姻。唐初作《氏族志》，一切降之。后房玄龄、魏征、李勣等，仍与为婚，故其望不减。义府为子求婚不得，乃奏禁焉。其后转益自贵，称禁婚家，男女潜相聘娶，天子不能禁。《杜羔传》说：文宗欲以公主降士族，曰：“民间婚姻，不计官品，而尚阀阅。我家二百年天子，反不若崔、卢邪？”可见唐朝中叶以后，此风尚未铲除。然此时的门阀，已只剩得一个空壳，经不起雨打风吹，所以一到五代时，就成“取士不问家世，婚姻不问阀阅”之局了。《通志·氏族略》。这时候的门阀，为什么只剩一个空壳呢？（一）因自六朝以来，所谓世族，做事太无实力。这只要看《廿二史札记·江左诸帝皆出庶族》《江左世族无功臣》《南朝多以寒人掌机要》各条可见。（二）则世族多贪庶族之富，与之通婚；又有和他通谱，及把自己的家谱出卖的。看《廿二史札记·财昏》《日知录通谱》两条可见。（三）加以隋废九品中正，唐以后科举制度盛行，世族在选举上，亦复不占便宜。此时的门阀，就只靠相沿已久，有一种惰力性维持，一受到（四）唐末大乱、谱牒沦亡的打击，自然无以自存了。门阀制度，虽盛于魏晋以后，然其根源，实尚远在周秦以前，到门阀制度废除，自古相传的等级，就荡然以尽了。指由封建势力所造成的等级。

然本族的等级虽平，而本族和异族之间，等级复起。这就不能不叹息于我族自晋以后武力的衰微了。中国自汉武帝以后，民兵渐废。此时的兵役多以罪人和奴隶充之，亦颇用异族人为兵。东汉以后，杂用异族之风更盛。至五胡乱华之世，遂习为故常。别见第九章。此时的汉人和异族之间，自然不能不发生阶级。史称北齐神武帝，善于调和汉人和鲜卑。他对汉人则说：“鲜卑人是汝作客，犹今言雇工。得汝一斛粟、一匹绢，为汝击贼，令汝安宁，汝何为凌之？”对鲜卑人则说：“汉人是汝奴。夫为汝耕，妇为汝织，输汝粟帛，令汝温饱，汝何为疾之？”就俨然一为农奴，一为战士了。但此时期的异族，和自女真以后的异族，有一个大异点。自辽以前，契丹为鲜卑宇文氏别部，实仍系五胡的分支。外夷率以汉族为高贵而攀缘之，并极仰慕其文化，不恤牺牲其民族性，而自愿同化于汉族。至金以后则不然。这只要看五胡除羯以外，无不冒托神明之胄，如拓跋氏自称黄帝之后，宇文氏自称炎帝之后是。金以后则无此事；北魏孝文帝，自愿消灭鲜卑语，奖励鲜卑人与汉人通婚，自然是一个极端的例子，然除此以外，亦未有拒绝汉族文化的。金世宗却极力保存女真旧风及其语言文字。这大约由于自辽以前的异族，附塞较久，濡染汉人文化较深，金、元、清则正相反之故。渤海与金、清同族，而极仰慕汉人的文化，似由其先本与契丹杂居营州，有以致之，即其一证。对于汉族的压制剥削，亦是从金朝以后，才深刻起来的。五胡虽占据中原，只是一部分政权入于其手。其人民久与汉族杂居，并未闻至此时，在社会上，享有何等特别的权利。至少在法律上大致如此。契丹是和汉人不杂居的。其国家的组织，分为部族和州县两部分，彼此各不相干。设官分南北面，北面以治部族，南面以治州县。财赋之官，虽然多在南面，这是因汉族的经济，较其部族为发达之故，还不能算有意剥削汉人。到金朝，则把猛安谋克户迁入中原。用集团之制，与汉族杂居，以便镇压。因此故，其所耕之地，不得不连成片段。于是或借口官地，强夺汉人的土地；如据梁王庄、太子务等名目，硬说其地是官地之类。或口称与汉人互换，而实系强夺。使多数人民流离失所。初迁入时，业已如此。元兵占据河北后，尽将军户即猛安谋克户。迁于河南，又是这么一次。遂至和汉人结成骨仇血怨，酿成灭亡以后大屠戮的惨祸了。见《廿二史札记·金末种人被害之惨》条。元朝则更为野蛮。太宗时，其将别迭，要把汉人杀尽，空其地为牧场，赖耶律楚材力争始止。见《元史·耶律楚材传》。元朝分人为蒙古、色目、犹言

元朝统治下的四个阶级

支配阶级

蒙古人　漠北草原各部，包括最初的蒙古部以及较早被成吉思汗征服的草原游牧部族。在中央和地方政府出任要职 。

色目人　西北、西域各族，包括西夏人、畏兀儿人、吐蕃人、回回人、钦察人、康里人等。

被支配阶级

汉 人　北方原金朝统治区以及四川、云南的居民，包括汉族与契丹、女真等族。

南 人　元朝最后征服的南宋版图内（包括淮河以南，四川、云南以东）居民。

元朝自混一以来，大抵皆内北国而外中国，内北人而外南人，以至深闭固拒，曲为防护，自以为得亲疏之道。是以王泽之施，少及于南；渗漉之恩，悉归于北！

——叶子奇《草木子》

诸色人等，包括蒙古及汉族以外的人。其种姓详见《辍耕录》。**汉人**灭金所得的中国人。**南人**灭宋所得的中国人。**四种，一切权利，都不平等。**如各官署的长官，必用蒙古人。又如学校及科举，汉人、南人的考试较难，而出身反劣。**汉人入奴籍的甚多。**见《廿二史札记·元初诸将多掠人为私户》条。**明代奴仆之数骤增，**见《日知录·奴仆》条。**怕和此很有关系。清朝初入关时，亦圈地以给旗民。其官缺，则满、汉平分。又有蒙古、汉军、包衣**满洲人的奴仆。**的专缺。刑法，则宗室、觉罗**显祖之后称宗室，自此以外称觉罗。宗室俗称黄带子，觉罗俗称红带子，因其常系红黄色的带子为饰。凡汉人杀伤红黄带子者，罪加一等。惟在茶坊酒肆中则否，以其自亵身份也。**及旗人，审讯的机关都不同。**宗室、觉罗，由宗人府审讯。与人民讼者，会同户、刑部。包衣由内务府慎刑司审讯。与人民讼者，会同地方官。旗人由将军、都统、副都统审讯。**且都有换刑。**宗室以罚养赡银代笞、杖，以板责、圈禁代徒、流、充军。雍正十二年，并推及觉罗。其死罪则多赐自尽。旗人以鞭责代笞、杖，枷号代徒、流、充军。死刑以斩立决为斩监候，斩监候为绞。**都是显然的阶级制度。民族愈开化，则其自觉心愈显著，其斗争即愈尖锐。处于现在生存竞争的世界，一失足成千古恨，再回头是百年身，诚不可以不凛然了。**近来有一派议论，以为满、蒙等族，现在既已与汉族合为一个国族了，从前互相争斗的事，就不该再提及，怕的是挑起恶感。甚至有人以为用汉族二字，是不甚妥当的。说这是外国人分化我们的手段，我们不该盲从。殊不知历史是历史，现局是现局。不论何国、何族，在已往，谁没有经过斗争来？现在谁还在这里算陈账？若虑挑起恶感，而于已往之事，多所顾忌而不敢谈，则全部历史，都只好拉杂摧烧之了。汉族二字不宜用，试问在清朝时代的满汉两字，民国初年的汉、满、蒙、回、藏五族共和等语，当改作何字？历史是一种学术，凡学术都贵真实。只要忠实从事，它自然会告诉你所以然的道理，指示你当遵循的途径。现在当和亲的道理，正可从从前的曾经斗争里看出来，正不必私智穿凿，多所顾虑。**总而言之：凡阶级的所以形成，其根源只有两种：一种是武力的，一种是经济的。至于种族之间，则其矛盾，倒是较浅的。近代的人，还有一种缪见，以为种族是一个很大的界限，同种间的斗争，只是一时的现象，事过之后，关系总要比较亲切些。殊不知为人类和亲的障碍的，乃是民族而非种族。种族的同异在体质上，民族的同异在文化上。体质上的同异，有形状可见，文化上的同异，无迹象可求。在寻常人想起来，总以为种族的同异，更难泯灭，这就是流俗之见，需要学术矫正之处。从古以来，和我们体质相异的人，如西域深目高鼻之民，南方卷发黑身之族，为什么彼我之间，没有造成严重的阶级呢？总而言之：社会的组织，未能尽善，则集团与集团之间，利害不能无冲突。“利惟近者为可争，害惟近者为尤切。”这**

是事实。至于体质异而利害无冲突，倒不会有什么剧烈的斗争的。这是古今中外的历史，都有很明白的证据的。所以把种族看作严重的问题，只是一个俗见。

近代有一种贱民。其起源，或因民族的异同，或因政治上的措置，或则社会上积习相沿，骤难改易。遂至造成一种特别等级。这在清朝时，法律上都曾予以解放。如雍正元年，于山、陕的乐户，绍兴的惰民；五年于徽州的伴档，宁国的世仆；八年于常熟、昭文的丐户；都令其解放同于平民。乾隆三十六年，又命广东的疍户，浙江的九姓渔户，及各省有似此者，均查照雍正元年成案办理。这自然是一件好事情。但社会上的歧视，往往非政治之力所能转移。所以此等阶层，现在仍未能完全消灭。这是有待于视压迫为耻辱的人，继续努力的了。

阶级制度，在古昔是多少为法律所维持的。及文化进步乃觉得人为的不平等、不合于理，此等法律，遂逐渐取消。然社会上的区别，则不能骤泯。社会阶级的区别，显而易见的是生活的不同。有形的如宫室衣服等，无形的如语言举动等。其间的界限，为社会所公认。彼此交际之间，上层阶级，会自视为优越，而对方亦承认其优越；下层阶级，会被认为低微，而其人亦自视为低微。此等阶级的区别，全由习惯相沿。而人之养成其某阶级的气质，则由于教育；广义的。维持其某阶级的地位，则由于职业。旧时社会所视为最高阶级的，乃读书做官的人，即所谓士。此种人，其物质的享受，亦无以逾于农工商。但所得的荣誉要多些。所以农工商还多希望改而为士，而士亦不肯轻弃其地位。旧时所谓书香之家，虽甚贫穷，不肯轻易改业，即由于此。这还是封建残余的势力。此外则唯视其财力的厚薄，以判其地位的高低。所谓贫富，应以维持其所处的阶级的生活为标准。有余的谓之富，仅足的谓之中人，不足的谓之贫。此自非指一时的状况言，而当看其地位是否稳固。所谓稳固，包含三条件：即（一）财产收入，较劳力收入为稳固。（二）有保障的职业，较无保障的为稳固。（三）独立经营的职业，较待人雇用的为稳固。阶级的升降，全然视其财力。财力足以上升，即可升入上层阶级。财力不能维持，即将落入下层阶级。宫室衣服等，固然如此，即教育职业亦然。如农工商要改做士，则必须有力量能从师读书；又必须有力量能与士大夫交际，久之，其士大夫的气质，乃得养成。此系举其一端，其他可以类推。总之，除特别幸运的降临，凡社会上平流而进的，均必以经济上的地位为其基础。下层社会中人，总想升入上层的；上层社会中人，则想保持其地位。旧时的教育，如所谓奋勉以求上进，如所谓努力勿坠其家声等，无论其用意如何，其内容总不外乎此。至于（一）

▲ **冬景货郎图轴** 图为货郎兜售货物的场景。旧时社会视为最高阶级的，是读书做官的人。像图中这样的货郎即使能通过经商获得财富，但商人低下的地位却难以改变。

铲除阶级；（二）组织同阶级中人，以与异阶级相斗争；则昔时无此思想。此因（一）阶级间之相去，并不甚远；（二）而升降也还容易之故。新式产业兴起以后，情形就与从前不同。从前所谓富、中人、贫，相去实不甚远的，今则相去甚远。所谓中产阶级，当分新旧两种：旧的，如旧式的小企业等，势将逐渐为大企业所吞并。新的，如技术、管理人员等，则皆依附大资本家以自存。其生活形式，虽与上层阶级为侪，其经济地位的危险，实与劳工无异。既无上升之望，则终不免于坠落。所以所谓中间者，实不能成为阶级。从下级升至上级，亦非徒恃才能，所能有济。昔时的小富，个人的能力及际遇，足以致之，今之大富豪则不然。现在文明之国，所谓实业领袖，多系富豪阶级中人，由别阶级升入的很少。于是虽无世袭之名，而有世袭之实。上级的地位，既不易变动，下级的恶劣境遇，自然不易脱离。环境逼迫着人改变思想，阶级斗争之说，就要风靡一时了。铲除阶级，自是美事。但盲动则不免危险；且亦非专用激烈手段，所能有济；所以举措不可不极审慎。

CHAPTER 5

◎ 第五章 财产

中国历代，社会上的思想，都是主张均贫富的，这是其在近代所以易于接受社会主义的一个原因。然其宗旨虽善，而其所主张的方法，则有未善。这因历代学者，受传统思想的影响太深，而对于现实的观察太浅之故。

要讲中国的经济制度，我们得把中国的历史，分为三大时期：有史以前为第一期。有史以后，讫于新室之末，为第二期。自新室亡后至现在，为第三期。自今以后，则将为第四期的开始。

孔子作《春秋》，把二百四十二年，分为三世：第一期为乱世，第二期为升平世，第三期为太平世。这无疑是想把世运逆挽而上，自乱世进入升平，再进入太平的。然则所谓升平、太平，是否全是孔子的理想呢？我们试看，凡先秦诸子，无不认为邃古之世，有一个黄金时代，其后乃愈降而愈劣，即可知孔子之言，非尽理想，而必有其历史的背景。《礼记·礼运》所说的大同、小康，大约就是这个思想的背景吧？大同是孔子认为最古的时代，最好的，小康则渐降而劣，再降就入于乱世了。所谓升平，是想把乱世逆挽到小康，再进而达于大同，就是所谓太平了，这是无可疑的。然则所谓大同、小康，究竟是何时代呢？

人是非劳动不能生存的，而非联合，则其劳动将归于无效，且亦无从劳动起，所以《荀子》说人不群则不能胜物。见《王制篇》。胜字读平声，作堪字解，即担当得起的意思。物字和事字通训。能胜物，即能担当得起事情的意思，并非谓与物争斗而胜之。当这时代，人是“只有合力以对物，断无因物而相争”的，许多社会学家，都证明原始时代的人，没有个人观念。我且无有，尚何有于我之物？所以这时代，一切物都是公有的。有种东西，我们看起来似乎是私有，如衣服及个人所用的器具之类。其实并不是私有，不过不属于这个人，则无用，所以常常附属于他罢了。以财产之承袭论，亦是如此。氏族时代，男子的遗物，多传于男子，女子的遗物，多传于女子，即由于此。当这时代，人与人之间，既毫无间隔，如何不和亲康乐呢？人类经过原始共产时代、氏族共产时代、以入于家族集产时代，在氏族、家族时代，似已不免有此疆彼界之分，然其所含的公共性质还很多。孔子所向往的大同，无疑的，是在这一个时代以前。今试根据古书，想象其时的情形如下。

这时代，无疑是个农业时代。耕作的方法，其初该是不分疆界的，其后则依家族之数，而将土地分配，所以孔子说“男有分，女有归”。此即所谓井田制度。井田的制度，是把一方里之地，分为九区。每区一百亩。中间的一区为公田，其外八区为私田。一方里住八家，各受私田百亩。中间的公田，除去二十亩，以为八家的庐舍，一家得二亩半。还有八十亩，由八家公共耕作。其收入，是全归公家的。私田的所入，亦即全归私家。此即所谓助法。如其田不分公私，每亩田上的收获，都酌提若干成归公，则谓之彻法。土田虽有分配，并不是私人所有的，所以有“还受”和“换主易居”之法。受，谓达到种田的年龄，则受田于公家。还，谓老了，达到无毋种田的年龄，则把田还给公家。因田非私人所有，故公家时时可重行分配，此即所谓“再分配”。三年一换主易居，即再分配法之一种。在所种之田以外，大家另有一个聚居之所，是之谓邑。合九方里的居民，共营一邑，故一里七十二家。见《礼记·杂记》《注》引《王度记》。《公羊》何《注》举成数，故云八十家。邑中宅地，亦家得二亩半，合田间庐舍言之，则曰“五亩之宅”。八家共一巷。中间有一所公共的建筑，是为“校室”。春、夏、秋三季，百姓都在外种田，冬天则住在邑内。一邑之中，有两个老年的人做领袖。这两个领袖，后世的人，用当时的名称称呼他们，谓之父老、里正。古代的建筑，在街的两头都有门，谓之闾。闾的旁边，有两间屋子，谓之塾。当大家要出去种田的时候，天亮透了，父老和里正，开了闾门，一个坐在左塾里，一个坐在右塾里，监督着出去的人。出去得太晚了；或者晚上回来时，不带着薪樵以预备做晚饭；都是要被诘责的。出入的时候，该大家互相照应。所带的东西轻了，该帮人家分拿些。带的东西重了，可以分给人家代携，不必客气。有年纪、头发花白的人，该让他安逸些，空手走回来。到冬天，则父老在校室里，教训邑中的小孩子，里正则催促人家“缉绩”。住在一条巷里的娘们，聚在一间屋子里织布，要织到半夜方休。以上所说的，是根据《公羊》宣公十五年何《注》《汉书·食货志》，撮叙其大略。这虽是后来人传述的话，不全是古代的情形，然还可根据着它，想象一个古代农村社会的轮廓。

农田以外的土地，古人总称为山泽。农田虽按户口分配，山泽是全然公有的。只要依据一定的规则，大家都可使用。如《孟子》所说的“数罟不入洿池”“斧斤以时入山林”等。田猎的规则，见《礼记·王制》。《周官》有山虞、林衡、川衡、泽虞、迹人、卝人等官，还是管理此等地方，监督使用的人，必须遵守规则，而且指导他使用的方法的，并不封禁。

这时候，是无所谓工业的。简单的器具，人人会造，较繁复的，则有专司其事的人。但这等人，绝不是借此以营利的。这等人的生活资料，是由大家无条件供给他的，而他所制造的器具，也无条件供给大家用。这是后来工官之本。

在本部族之内，因系公产，绝无所谓交易。交易只行于异部族之间。不过以剩余之品，互相交换，绝无新奇可喜之物。所以许行所主张的贸易，会简单到论量不论质。见《孟子·滕文公上篇》。而《礼记·郊特牲》说："四方年不顺成，八蜡不通。"言举行蜡祭之时，不许因之举行定期贸易。蜡祭是在农功毕后举行的，年不顺成，就没有剩余之品可供交易了。此等交易，可想见其对于社会经济，影响甚浅。

倘在特别情形之下，一部族中，缺少了什么必要的东西，那就老实不客气，可以向人家讨，不必要有什么东西交换。后来国际间的乞籴，即源于此。如其遇见天灾人祸，一个部族的损失实在太大了，自己无力回复，则诸部族会聚集起来，自动替它填补的。《春秋》襄公三十年，宋国遇到火灾，诸侯会于澶渊，以更宋所丧之财，更为继续之意，即现在的赓字。亦必是自古相沿的成法。帮助人家工作，也不算得什么事的。《孟子》说："汤居亳，与葛为邻。葛伯放而不祀。汤使人问之曰：何为不祀？曰：无以供牺牲也。汤使遗之牛羊。葛伯食之，又不以祀。汤又使人问之曰：何为不祀？曰：无以供粢盛也。汤使亳众往为之耕。"《滕文公下》。这件事，用后世人的眼光看起来，未免不近情理。然如齐桓公合诸侯而城杞，《春秋》僖公十四年。岂不亦是替人家白效劳么？然则古代必有代耕的习惯，才会有这传说。古代国际间有道义的举动还很多，据此推想，可以说：都是更古的部族之间留传下来的。此即孔子所谓"讲信修睦"。

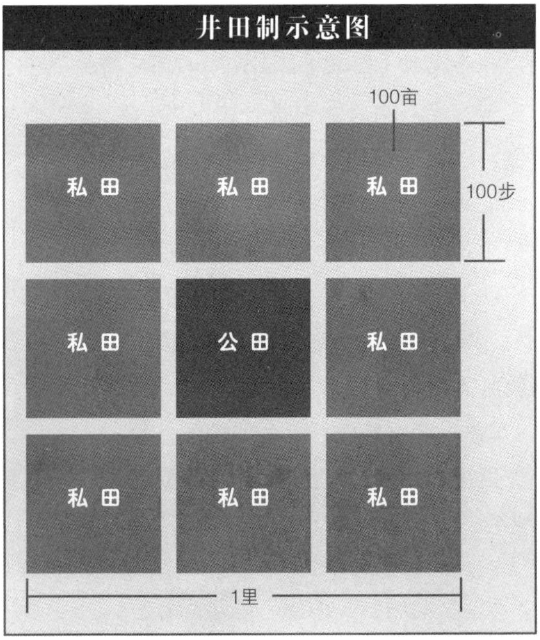

虽然部族和部族之间，有此好意，然在古代，部族乞助于人的事，总是很少的。因为他们的生活，是很有规范的，除非真有不可抗拒的灾祸，决不会沦于穷困。他们生活的规范，是怎样呢？《礼记·王制》说：冢宰"以三十

▲ **铜铲、铜斧** 西周时期，农业是主要的生产活动。常用的农具是斤、斧、铲等，多以木、石等材料制成，与图中所示青铜农具形制相当。

年之通制国用，量入以为出”。“三年耕，必有一年之食。九年耕，必有三年之食。以三十年之通，虽有凶旱水溢，民无菜色。”这在后来，虽然成为冢宰的职责，然其根源，则必是农村固有的规范。不幸而遇到凶年饥馑，是要合全部族的人，共谋节省的。此即所谓凶荒札丧的变礼。在古代，礼是人人需要遵守的。其所谓礼，都是切于生活的实际规则，并不是什么虚文。所以《礼记·礼器》说：“年虽大杀，众不恇惧，则上之制礼也节矣。”

一团体之中，如有老弱残废的人，众人即无条件养活他。《礼记·王制》说：孤、独、鳏、寡，“皆有常饩”。又说：“喑、聋、跛、躃、断者、骨节断的人。侏儒，体格不及标准。该包括一切发育不完全的人。百工各以其器食之。”旧说：看他会做什么工，就叫他做什么工。这解释怕是错的。这一句和上句，乃是互言以相备。说对孤、独、鳏、寡供给食料，可见对此等残废的人，亦供给食料；说对此等残废的人，供给器用，可见对孤、独、鳏、寡亦供给器用。乃古人语法如此。《荀子·王制篇》作“五疾上收而养之”可证。

此等规则都实行了，确可使匹夫、匹妇，无不得其所的；而在古代，社会内部无甚矛盾之世，我们亦可以相信其曾经实行过的。如此，又何怪后人视其时为黄金时代呢？视古代为黄金时代，不但中国，希腊人也有这样思想的。物质文明和社会组织，根本是两件事。讲物质文明，后世确是进步了。以社会组织论，断不能不承认是退步的。

有许多遗迹，的确可使我们相信，在古代，财产是公有的。《书经·酒诰篇》说：“群饮，汝勿佚，尽执拘以归于周，予其杀。”这是周朝在殷朝的旧土，施行酒禁时严厉的诰诫。施行酒禁不足怪，所可怪的，是当此酒禁严厉之时，何不在家独酌？何得还有群饮触犯禁令的人，致烦在上者之诰诫？然则其所好者，在于饮呢，还是在于群呢？不论什么事，根深蒂固，就难于骤变了。汉时的赐酺，不也是许民群饮么？倘使人之所好，只在于饮而不在于群，赐酺还算得什么恩典？可见古人好群饮之习甚深。因其好群饮之习甚深，即可想见其在邃古时，曾有一个共食的习惯。家家做饭自己吃，已经是我们的耻辱了。《孟子》又引晏子说："师行而粮食。"粮同量，谓留其自吃的部分，其余尽数充公。这在晏子时，变成虐政了，然推想其起源，则亦因储藏在人家的米，本非其所私有，不过借他的房屋储藏，更古则房屋亦非私有。所以公家仍可随意取去。

以上所说，都是我们根据古籍所推想的大同时代的情形。虽然在古籍中，已经不是正式记载，而只是遗迹，然有迹则必有迹所自出之履，这是理无可疑的。然则到后来，此等制度，是如何破坏掉的呢？

旷观大势，人类全部历史，不外自塞而趋于通。人是非不断和自然争斗，不能生存的。所联合的人愈多，则其对自然争斗的力愈强。所以文明的进步，无非是人类联合范围的扩大。然人类控制自然的力量进步了，控制自己的力量，却不能与之并进。于是天灾虽澹，而人祸复兴。

人类的联合，有两种方法：一种是无分彼此，通力合作，一种则分出彼此的界限来。既分出彼此的界限，而又要享受他人劳动的结果，那就非于（甲）交易、（乙）掠夺两者之中择行其一不可了。而在古代，掠夺的方法，且较交易为通行。在古代各种社会中，论文化，自以农业社会为最高；论富力，亦以农业社会为较厚；然却很容易被人征服。因为（一）农业社会，性质和平，不喜战斗。（二）资产笨重，难于迁移。（三）而猎牧社会，居无定所，去来飘忽，农业社会，即幸而战争获胜，亦很难犁庭扫穴，永绝后患。（四）他们既习于战斗，（五）又是以侵略为衣食饭碗的，得隙即来。农业社会，遂不得不于可以忍受的条件之下，承认纳贡而言和；久之，遂夷为农奴；再进一步，征服者与被征服者，关系愈益密切，遂合为一个社会，一为治人者，食于人者，一为治于人者，食人者了。封建时代阶级制度的成立，即源于此。参看上章。

依情理推想，在此种阶级之下，治者对于被治者，似乎很容易为极端之剥削的。然（一）剥削者对于被剥削者，亦必须留有余地，乃能长保其剥削的资源。（二）剥削的宗旨，是在于享乐的，因而是懒惰的，能够达到剥削的目的就够了，何必干涉人家内部的事情？（三）而剥削者的权力，事实上抑或有所制限，被剥削者内部的事情，未必容其任意干涉。（四）况且两个社会相遇，武力或以进化较浅的社会为优强，组织必以进化较深的社会为坚凝。所以在军事上，或者进化较深的社会，反为进化较浅的社会所征服，在文化上，则总是进化较浅的社会，为进化较深的社会所同化的。职是故，被征服的社会，内部良好的组织，得以保存。一再传后，征服者或且为其所同化，而加入于其组织之中。古语说君者善群，这群字是动词，即组织之义。而其所以能群，则由于其能明分。见《荀子·王制》《富国》两篇。据此义，则征服之群之酋长，业已全接受被征服之群之文化，依据其规则，负起组织的责任来了。当这时代，只有所谓君大夫，原来是征服之族者，拥有广大的封土，收入甚多，与平民相悬绝。此外，社会各方面的情形，还无甚变更。士，不过禄以代耕，其生活程度，与农夫相仿佛。农则井田之制仍存。工商亦仍无大利可牟。征服之族，要与被征服之族在经济上争利益者，亦有种种禁例，如“仕则不稼，田则不渔”之类。见《礼记·坊记》。《大学》：孟献子曰：“畜马乘，不察于鸡豚；伐冰之家，不畜牛羊。”董仲舒对策，说公仪子相鲁，之其家，见织帛，怒而出其妻；食于舍而茹葵，愠而拔其葵；曰：“吾已食禄，又夺园夫红女利乎？”此等，在后来为道德上的教条，在当初，疑有一种禁令。然则社会的内部，还是和亲康乐的，不过在其上层，多养着一个寄生者罢了。虽然和寄生虫并存，还不至危及生命健康，总还算一个准健康体，夫是之谓小康。

小康时代，又成过去，乱世就要来了。此其根源：（一）由初期的征服者，虽然凭恃武力，然其出身多在瘠苦之地，其生活本来是简陋的。凡人之习惯，大抵不易骤变，俭者之不易遽奢，犹奢者之不能复俭。所以开国之主，总是比较勤俭的。数传之后，嗣世之君，就都变成生于深宫之中、长于阿保之手的纨绔子弟了。其淫侈日甚，则其对于人民之剥削日重，社会上的良好规制，遂不免受其影响。如因政治不善，而人民对于公田耕作不热心，因此发生履亩而税的制度，使井田制度受其影响之类。（二）则商业发达了，向来自行生产之物，可以不生产而求之于人；不甚生产之物，或反可多生产以与人交易。于是旧组织不复合理，而成为获利的障碍，就不免堕坏于无形了。旧的组织破坏了，新的组织，再不能受理性的支配，而一任事势的推迁。人就控制不住环境，而要受环境的支配了。

当这时代，经济上的变迁，可以述其荦荦大端如下：

（一）因人口增加，土地渐感不足，而地代因之发生。在这情形之下，土地荒废了，觉得可惜，于是把向来田间的空地，留作道路和备蓄泄之用的，都加以垦辟，此即所谓“开阡陌”。开阡陌之开，即开垦之开。田间的陆地，总称阡陌。低地留作蓄水泄水之用的，总称沟洫。开阡陌时，自然把沟洫也填

▶ 各式各样的钱币 由于商业的迅速发展，旧有的交易形式已不再适用，战国时期各诸侯国开始在国内发行货币。图为战国时期不同国家所使用的货币。

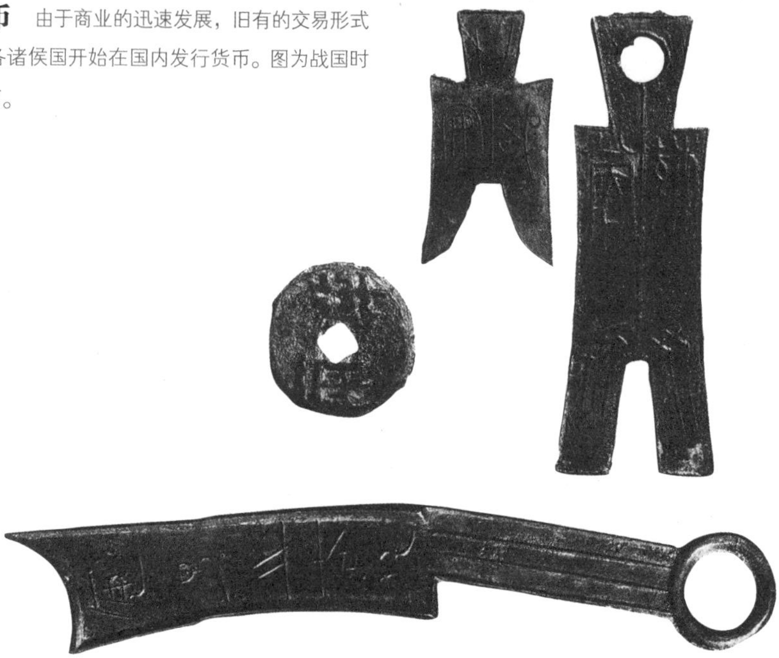

没了。参看朱子《开阡陌辨》。这样一来，分地的标记没有了，自然可随意侵占，有土之君，利于租税之增加，自然也不加以禁止，或且加以倡导，此即孟子所谓“暴君污吏，必慢其经界”。《滕文公上篇》。一方面靠暴力侵占，一方面靠财力收买，兼并的现象，就陆续发生了。

（二）山泽之地，向来作为公有的，先被有权力的封君封禁起来，后又逐渐入于私人之手。《史记·平准书》说：汉初山川、园池，自天子至于封君，皆各为私奉养。此即前代山泽之地。把向来公有的山泽，一旦作为私有，在汉初，绝不会，也绝不敢有这无理的措置，可见自秦以前，早已普遍加以封禁了。管子官山府海之论，虽然意在扩张国家的收入，非以供私人之用，然其将公有之地，加以封禁则同。《史记·货殖列传》所载诸大企业家，有从事于畜牧的，有从事于种树的，有从事于开矿的，都非占有山泽之地不行。这大约是从人君手里，以赏赐、租、买等方法取得的。

（三）工业进化了，器用较昔时为进步，而工官的制造，未必随之进步。或且以人口增加而工官本身，未尝扩张，量的方面，亦发生问题。旧系家家自制之物，至此求之于市者，亦必逐渐增加。于是渐有从事于工业的人，其获利亦颇厚。

（四）商人，更为是时活跃的阶级。交换的事情多了，居间的商人随之而增多，这是势所必致的。商业的性质，是最自利的。依据它的原理，必须以最低的价格只要你肯卖。买进，最高的价格只要你肯买。卖出。于是生产者，消费者同受剥削，而居间的商人独肥。

（五）盈天地之间者皆物，本说不出什么是我的、什么是你的。所以分为我的、你的，乃因知道劳力的可贵，我花了劳力在上面的东西，就不肯白送给你。于是东西和东西，东西和劳力，劳力和劳力，都可以交换。于是发生了工资，发生了利息。在封建制度的初期，封君虽然霸占了许多财产，还颇能尽救济的责任，到后来，便要借此以博取利息了。孟子述晏子的话，说古代的巡狩，“春省耕而补不足，秋省敛而助不给”《梁惠王下篇》。而《战国策》载冯煖为孟尝君收债，尽焚其券以市义，就显示着这一个转变。较早的时代，只有封君是有钱的，所以也只有封君放债。后来私人有钱的渐多，困穷的亦渐众，自然放债取利的行为，渐渐地普遍了。

（六）在这时代，又有促进交易和放债的工具发生，是为货币的进步。别见《货币篇》。货币愈进步，则其为用愈普遍，于是交易活泼，储蓄便利，就更增进人的贪欲。物过多则无用，所以在实物经济时代，往往有肯以之施济的。货币既兴，此物可以转变为他物，储蓄的亦只要储蓄其价值，就不容易觉得其过剩了。

在这种情形之下，就发生下列三种人：

（一）大地主。其中又分为（甲）田连阡陌及（乙）擅山泽之利的两种人。

（二）大工商家。古代的工业家，大抵自行贩卖，所以古人统称为商人。然从理论上剖析之，实包括工业家在内，如汉时所称之“盐铁”，谓制盐和鼓铸铁器的人。其营业，即是侧重在制造方面的。

（三）子钱家。这是专以放债取息为营业的。

要知道这时代的经济情形，最好是看《史记》的《货殖列传》。然《货殖列传》所载的，只是当时的大富豪。至于富力较逊，而性质相同的，小地主、小工商及小的高利贷者。那就书不胜书了。

精神现象，总是随着生活环境而变迁的。人，是独力很难自立的，所以能够生存，无非是靠着互助。家族制度盛行，业已把人分成五口、八口的一个个小单位。交易制度，普遍地代替了分配、互助之道，必以互相剥削之方法行之，遂更使人们的对立尖锐。人在这种情形之下，要获得一个立足之地甚难，而要堕落下去则甚易。即使获得了一个立足之地，亦是非用强力不易保持的。人们遂都岌岌惶惶，不可终日。董仲舒说：“天下攘攘，皆为利往；天下熙熙，皆为利来。”《史记·货殖列传》有一段，剖析当时所谓贤士、隐士、廉吏、廉贾、壮士、游侠、妓女、政客、打猎、赌博、方技，犯法的吏士、农、工、商贾，各种人的用心，断言他的内容，无一而非为利。而又总结之曰：“此有智尽能索耳，终不余力而让财矣。”

▲ **买鱼图** 图为寒冬时节买鱼的一幕场景，渔人所披的蓑衣和斗笠上落满了雪花。

《韩非子》说：无丰年旁入之利，而独以完给者，非力则俭。无饥寒疾病祸罪之殃，而独以贫穷者，非侈则惰。征敛于富人，以布施于贫家，是夺力俭而与侈惰。《显学篇》。话似近情，然不知无丰年旁入之利，无饥寒疾病祸罪之殃的条件，成立甚难；而且侈惰亦是社会环境养成的。谁之罪？而独严切地责备不幸的人，这和“不独亲其亲，不独子其子”“货恶其弃于地也，不必藏于己；力恶其不出于身也，不必为己”的精神，竟不像是同一种动物发出来的了。人心大变。此即所谓乱世。

孔子所谓小康之世，大约从有史时代就开始的。因为我们有确实的历史，始于炎黄之际，已经是一个干戈扰攘的世界了。至于乱世，其机缄，亦是早就潜伏的，而其大盛，则当在东周之后。因为封建制度，是自此以后，才大崩溃的。封建制度的崩溃不是什么单纯的政治作用，实在是社会文化进步，而后政治作用随之的，已见第三章。新文化的进步，就是旧组织的崩溃。然在东周以后，社会的旧组织，虽已崩溃，而人们心上，还都觉得这新成立的秩序为不安；认为它是变态，当有以矫正之。于是有两汉时代不断的社会改革运动。酝酿久之，到底有新室的大改革。这大改革失败了，人们才承认社会组织的不良，为与生俱来，无可如何之事，把病态认为常态了。所以我说小康的一期，当终于新室之末。

汉代人的议论，我们要是肯细看，便可觉得它和后世的议论，绝不相同。后世的议论，都是把社会组织的缺陷，认为无可如何的事，至多只能去其太甚。汉代人的议论，则总是想彻底改革的。这个，只要看最著名的贾谊、董仲舒的议论，便可见得。若能细读《汉书》的《王贡两龚鲍》和《眭两夏侯京翼李传》，就更可明白了。但他们有一个通蔽，就是不知道治者和被治者，根本上是两个对立的阶级。不知领导被压迫阶级，以图革命，而专想借压迫阶级之力，以进行社会改革。他们误以为治者阶级，便是代表全社会的正义的。而不知道这只是治者阶级中的最少数。实际，政治上的治者阶级，便是经济上的压迫阶级，总是想榨取被治阶级（即经济上的被压迫阶级）以牟利的。治者阶级中最上层的少数人，只是立于两者之间，使此两阶级得以保持一个均衡，而实际上还是偏于治者一方面些。要想以他为发力机，鼓动了多数治者，为被治者谋幸福，真是缘木求鱼，在理论上决不容有这回事。理所可有，而不能实现之事多矣，理所必无，而能侥幸成功之事，未之前闻。这种错误，固然是时代为之，怪不得古人。然而不能有成之事，总是不能有成，则社会科学上的定律，和自然科学上的定律，一样固定，绝不会有例外。

在东周之世，社会上即已发生两种思潮：一是儒家，主张平均地权，其具体办法，是恢复井田制度。一是法家，主张节制资本，其具体办法，是（甲）大事业官营；（乙）大商业和民间的借贷，亦由公家加以干涉。见《管子·轻重》各篇。汉代还是如此。汉代儒家的宗旨，也是要恢复井田的。因为事不易行，所以让步到“限民名田”。其议发于董仲舒。哀帝时，师丹辅政，业已定有办法，因为权戚所阻挠，未能实行。法家的主张，桑弘羊曾行之。其最重要的政策，是盐铁官卖及均输。均输是官营商业。令各地方，把商人所贩的出口货做贡赋，官贩卖之于别地方。弘羊的理论，略见《盐铁论》中。著《盐铁论》的桓宽，是反对桑弘羊的，《盐铁论》乃昭帝时弘羊和贤良文学辩论的话，桓宽把它整理记录下来的。贤良文学都是治儒家之学的。弘羊则是法家，桓宽亦信儒家之学。其记录，未必会有利于弘羊，然而我们看其所记弘羊的话，仍觉得光焰万丈，可知历来以弘羊为言利之臣，专趋承武帝之意，替他搜括，实在是错误的。但弘羊虽有此种抱负，其筹款的目的是达到了，矫正社会经济的目的，则并未达到。汉朝所实行的政策，如减轻田租、重农抑商等，更其无实效可见了。直到汉末，王莽出来，才综合儒法两家的主张行一断然的大改革。

在中国经学史中，有一重公案，便是所谓今古文之争。今古文之争，固然自有其学术上的理由，然和政治的关系亦绝大。提倡古文学的刘歆、王莽，都是和政治很有关系的人。我们向来不大明白他们的理由，现在却全明白了。王莽是主张改革经济制度的人。他的改革，且要兼及于平均地权和节制资本两方面。今文经是只有平均地权的学说，而无节制资本的学说的。这时候，社会崇古的风气正盛。欲有所作为，不得不求其根据于古书。王莽要兼行节制资本的政策自不得不有取于古文经了。这是旁文。我们现在且看王莽所行的政策：

（一）他把天下的田，都名为王田；犹今言国有。奴婢名为私属；都不得卖买，男口不盈八，而由过一井的，分余田与九族乡党。

（二）设立六筦之制：（甲）盐，（乙）酒，（丙）铁，（丁）山泽，（戊）五均赊贷，（己）铁布铜冶。其中五均赊贷一项，是控制商业及借贷的。余五项，系将广义的农业和工业，收归官营。

（三）五均，《汉书·食货志》《注》引邓展，谓其出于河间献王所传的《乐语》《乐元语》。臣瓒引其文云：“天子取诸侯之土，以立五均，则市无二贾，四民常均；强者不得困弱，富者不得要贫；则公家有余，恩及小民矣。”这是古代的官营商业。其为事实或法家的学说未可知，而要为王莽的政策所本。王莽的制度：是改长安东西市令，又于洛阳、邯郸、临淄、宛、成都五处，都设司市师。师是长官之意。各以四时仲月，二、五、八、十一月。定该区中货物的平价。货物实系有用而滞销的，照它的本钱买进。物价腾贵，超过平价一钱时，汉时钱价贵，故超过一钱，即为腾贵。则照平价出卖。又在司市师之下，设泉府丞。丞是副官的意思。经营各种事业的人，都要收税，名之为贡。其额按纯利十分之一。泉府收了这一笔贡，用以借给困乏的人。因丧祭等事而借的，只还本，不取息，借以营利的，取年息十分之一。

王莽的变法，成功的希望是不会有的，其理由已述于前。固然，王莽的行政手段很拙劣，但这只是枝节。即使手段很高强，亦不会有成功的希望。因为根本上注定要失败的事，绝不是靠手段补救得来的。但是王莽的失败，不是王莽一个人的失败，乃是先秦以来言社会改革者公共的失败。

因为王莽所行，并不是王莽一个人的意见，乃是先秦以来言社会改革者公共的意见。王莽只是集此等意见的大成。经过这一次改革失败之后，人遂群认根本改革为不可能，想把乱世逆挽之而至于小康的思想，从此告终了。中国的社会改革运动，至此遂告长期的停顿。

虽然在停顿时期，枝节的改革，总还不能没有的。今亦略述其事如下：

当这时代，最可纪念的，是平和的、不彻底的平均地权运动。激烈的井田政策既经绝望，平和的限民名田政策还不能行，于是又有一种议论，说平均地权之策，当行之于大乱之后，地广人稀，土田无主之日。于是有晋朝的户调式、北魏的均田令、唐朝的租庸调法。这三法的要点是：（一）因年龄、属性之别，以定受田的多少。（二）在北魏的均田令中，有露田和桑田的区别。唐朝则名为口分田和世业田。桑田和世业田，是可以传世的，露田和口分田，则受之于官，仍要还之于官。（三）唐制又有宽狭乡之别。田亩之数，足以照法令授予的为宽乡，不足的为狭乡。狭乡授田，减宽乡之半。（四）有余田的乡，是要以给比连之乡的。州县亦是如此。（五）徙乡和贫无以葬的人，得卖世业田。自狭乡徙宽乡的，得并卖口分田。口分田非其所有，无可卖之理。这该是奖励人民从狭乡迁到宽乡去的意思。法律上的解释，等于官收其田而卖却之，而将卖田所得之款，发给为奖励费。许其自卖，只是手续简便些罢了。（六）虽然如此，世业田仍有其一定制限，买进的不得超过此限度，在最小限度以内，亦不得再卖却。统观三法，立法之意，是不夺其私有之田，无田者则由官给，希冀减少反抗，以渐平均地权，其立法之意诚甚善。然其实行至何程度，则殊可疑。晋法定后，天下旋乱，曾否实行，论者甚至有怀疑的。北魏及唐，曾实行至何程度，历史上亦无明确的记载。即使实行了，而人总是有缓急的；缓急的时候，不能不希望通融，在私产制度之下，谁肯白借给你来？救济的事业，无论如何，是不能普遍的。救济事业之量，决不能等于社会上需要救济之量，这是有其理论上的根据的。因为救济人者，必先自觉有余，然后能斥其所余以救济人。然救济人者的生活程度，必高于所救济的人，因而他所拿出来的，均摊在众人头上，必不能使被救济者之生活程度，与救济之者相等。而人之觉得足不足，并不是物质上真有什么界限，而往往是和他人的生活状

唐代均田制表

受田者	口分田（死后还给国家）	永业田（不再收回）
男18~60岁	80亩	20亩
男60岁以上或残废者	40亩	为户主者有20亩
寡妇	30亩	
男18岁以下		

况相比较的。如此，故被救济者在心理上永无满足之时。又在现在的社会组织之下，一个人的财富，往往是从剥削他人得来的，而他的自觉有余必在先，斥其余以救济他人必在后。自剥削至于救济，其中必经过相当的时间。在此时间之中，被剥削者，必已负有很大的创伤，即使把所剥削去的全数都还了他，亦已不够回复，何况还不能全数还他呢？于是不得不有抵卖之品。而贫民是除田地之外，无物可以抵卖的。如此，地权即使一度平均，亦很难维持永久。何况并一度之平均而不可得呢？再者：要调剂土满和人满，总不能没有移民，而在现在的文化状况之下，移民又是很难实行的。所以此等平均地权的方法，不论事实，在理论上已是很难成立的了。据记载，唐朝当开元时，其法业已大坏。至德宗建中元年，民国纪元前一千一百三十二年。杨炎为相，改租庸调法为两税，人民的有田无田，田多田少，就无人过问了。自晋武帝太康元年，民国纪元前一千六百三十二年。平吴行户调法至此，前后适五百年。自此以后，国家遂无复平均地权的政策。间或丈量，不过为平均赋税起见，而亦多不能彻底澄清。兼并现象，依然如故，其中最厉害的，为南宋时浙西一带的兼并。因为这时候，建都在临安、浙西一带，阔人多了，竟以兼并为事。收租奇重。宋末，贾似道要筹款，就用低价硬买做官田。田主固然破产了。佃户自此要向官家交租，又非向私家交租时“额重纳轻”之比，人民已受了一次大害。到明初平张士诚，太祖恶其民为士诚守，对于苏松、嘉湖之田，又定以私租为官税。后来虽屡经减免，直到现在，这一带田赋之重，还甲于全国。兼并的影响，亦可谓深了。

物价的高低，东汉以后，更无人能加以干涉。只有食粮，关系人民的利害太切了，国家还不能全然放任。安定谷价的理论，始于李悝。李悝说籴谷价。甚贱伤农，甚贵伤民。此民字指谷之消费者，与农为谷之生产者立于对待的地位。主张当新谷登场时，国家收买其一部分，至青黄不接时卖出，以保持谷的平价。汉宣帝时，谷价大贱，大司农耿寿昌，于若干地方行其法，名其仓为常平仓。此法虽不为牟利起见，然卖出之价，必比买进之价略高，国家并无所费，而人民实受其益，实可称法良意美。然在古代，谷物卖买未盛则有效。至后世，谷物的市场日广，而官家的资本甚微，则即使实力奉行，亦难收控制市场之效；何况奉行者又多有名无实；甚或并其名而无之呢？所以常平仓在历代法令上，虽然是有的时候多，实际上并无效力。隋文帝时，工部尚书长孙平创义仓之法，令人民于收成之日，随意劝课，即于当社立仓存贮。荒歉之时，用以救济。后周时有惠民仓。将杂配钱一种杂税的名目。的几分之几，折收谷物，以供凶年平籴之用。宋时又有广惠仓。募人耕没入和户绝田，收其租以给郭内穷苦的人民。这都是救济性质。

直到王安石出来，行青苗法，才推广之，以供借贷之用。青苗法是起于李参的。李参在陕西做官时，命百姓自度耕种的盈余，告贷于官。官贷之以钱。及秋，随赋税交还。王安石推行其法于诸路。以常平、广惠仓所储的钱谷为贷本。仓本所以贮谷，后世因谷的储藏不便，亦且不能必得，遂有兼储钱的。需用时再以钱买谷，或竟发钱。当时反对者甚多，然其本意是好的，不过官不是推行此法的机关不免有弊罢了。反对青苗的人，有的说他取息二分太重，这是胡说，当时民间利率，实远重于此。青苗之弊：在于（一）人民不敢与官交涉。（二）官亦不能与民直接，势必假手于吏胥，吏胥多数是要作弊的，人民更不敢与之交涉。（三）于是听其自然，即不能推行。（四）强要推行，即不免抑配。（五）借出之款，或不能偿还，势必引起追呼。（六）又有勒令邻保均赔的。（七）甚有无赖子弟，谩昧尊长，钱不入家。或他人冒名诈请，莫知为谁的。总而言之，是由于办理的机关的不适宜。南宋孝宗乾道四年，建州大饥。朱子请于府，得常平仓粟六百石，以为贷本。人民夏天来借的，到冬加二归还。以后逐年如此。小荒则免其半息，大荒则全免其息。如此十四年，除将原本六百石还官外，并将余利，造成仓廒，得粟三千一百石，以为社仓。自此借贷就不再收息了。朱子此法，其以社为范围，与长孙平的义仓同。不但充平粜及救济，而兼供借贷，与王安石的青苗法同。以社为范围，则易于管理，易于监察，人民可以自司其事。如此，则有将死藏的仓谷出贷，化为有用的资本之利，而无青苗法与官交涉之弊。所以历来论者，都以为此法最善；有与其提倡常平、义仓，不如提倡社仓的倾向。义仓不如社仓，诚然无可争辩，这是后起者自然的进步。常平和社仓，则根本不是一件事。常平是官办的，是和粮食商人斗争的。义仓和社仓，都是农民互助的事。固然，农民真正充足了，商人将无所施其剥削，然使将现在社会上一切剥削农民之事，都铲除了，农民又何至于不足呢？固然，当时的常平仓，并没有控制市场之力；至多当饥荒之际，开办平粜，惠及城市之人。然此乃常平办理之不得其法，力量的不够，并不是其本质不好。依正义及经济政策论，国家扶助农民和消费者，铲除居间者的剥削，还是有这义务；而在政策上也是必要的。所以常平和社仓，至少该并行不废。再者，青苗法以官主其事，固然不好，社仓以人民主其事，也未必一定会好的。因为土豪劣绅和贪官污吏，是同样要吮人膏血的，并无彼此之分。主张社仓的，说社仓范围小，十目所视，十手所指，管理的人，难于作弊。然而从来土豪劣绅都是明中把持，攘夺，并不是暗中攫取的。义仓创办未几，即或因人民不能管理，而移之于县。社仓，据《文献通考》说：亦是“事久而弊，或主之者倚公以行私，或官司移用而无可给，或拘纳息米而未尝除，甚者拘催无异正赋”。以为非有

▲ 北宋 · 张择端《清明上河图》局部 两宋商品经济发达，借贷立法日趋完备，各种借贷活动极为频繁，为后世立法提供了范式。本图描绘了当时汴州城楼阁俨然，船舸林立，街市繁荣的景象。也证明了宋代商品经济达到了高峰，借贷遍及所有阶级的生产生活的每个环节。

“仁人君子，以公心推而行之”不为功。可见防止贪污土劣的侵渔，仍不能无借于人民的自卫了。平抑粮食以外他种物价之事，东汉以后无之。只有宋神宗熙宁五年，曾立市易司，想平抑京师的物价，然其后事未能行。

借贷，亦始终是剥削的一种方法。最初只有封君之类是有钱的人，所以也只有他们能营高利贷的事业。后来事实虽然变换了，还有借他们出面的。如《汉书 · 谷永传》说：当时的掖庭狱，“为人起债，代人放债。分利受谢”是。亦有官自放债的。如隋初尝给内官以公廨钱，令其回易生利，这种公廨钱，就是可以放债的。其类乎封建财产的，则南北朝以后，僧寺颇多殷富，亦常为放债的机关。私人放债取利，较大的，多为商贾所兼营，如《后汉书 · 桓谭传》：谭上疏陈时政，说：“今富商大贾，多放钱货，中家子弟，为之保役。”则并有代他奔走的人了。《元史 · 耶律楚材传》说：当时的回鹘，多放羊羔利。利上起利。回鹘也是从西域到中国来经商的。这是因商人手中，多有流动资本，所以兼营此业最便。至于土豪劣绅之类，即在本地方营高利贷业的，其规模自然较此为小，然其数则甚多，而其手段亦极酷辣。《宋史·食货志》载司马光疏，说当时的农民，“幸而收成，公私之债，交争互夺；谷未离场，帛未下机，已非己有”;《陈舜俞传》说：当时放债的人，虽“约偿缗钱，而谷粟、布缕、鱼盐、薪蔌、耰锄、斧锜之属，皆杂取之”；便可见其一斑了。大抵借贷有对人信用和对物信用两种。对物信用，须能鉴别其物，知其时价；对人信用，则须调查其人之财产及行为；亦有一番事情，且须有相当知识。这在放债者方面，亦须有一种组织。所以逐渐发达，而成为近代的钱庄及当铺。

中国历代，社会上的思想，都是主张均贫富的，这是其在近代所以易于接受社会主义的一个原因。然其宗旨虽善，而其所主张的方法，则有未善。这因历代学者，受传统思想的影响太深，而对于现实的观察太浅之故。在中国，思想界的权威，无疑是儒家。儒家对于社会经济的发展，认识本不如法家的深刻，所以只主张平均地权，而忽略了资本的作用。这在当时，还无怪其然，古代学问的发达，不能不为地域所限。儒学盛于鲁。法家之学，托诸管子，疑其初盛于齐。《史记·货殖列传》说：太公封于齐，地泻卤，人民寡，太公劝女工，极技巧，通鱼盐，人物归之，襁至而辐辏，齐冠带衣履天下。这或者出于附会。然齐渔盐工商之业皆盛，则是不诬的。齐国在当时，资本必较发达，所以节制资本的思想，就起于其地了。然至后世，学者的眼光，仍限于这一个圈子里，就可怪了。如前述汉代儒家的议论，即其一证。宋学兴起，在中国思想界，是最有特色的。宋儒亦很留心于政治和社会问题。而纯粹的宋学家，亦只重视复井田为致太平之策，那又是其一证。然此犹其小者。至其大者，则未审国家的性质。不知国家是阶级时代的产物，治者阶级，总是要剥削被治者以牟利的。其中虽有少数大公无我的人，然而总只是少数。其力量，较诸大多数的通常人，远觉绵薄。即使这少数人而得位乘时，使其监督大多数人，不敢放手虐民，即所谓去其泰甚，已觉得异常吃力。至于根本上改变其性质，则其事必不可能。如此，所以历代所谓治世的政治，往往是趋于放任的；而一行干涉的政策，则往往召乱。然则但靠国家之力，如何能均平贫富呢？新莽以此失败了，而后世的人，还是这种思想。我们试看王安石的《度支副使厅壁题名记》，他说：“合天下之众者财，理天下之财者法，守天下之法者吏也。吏不良，则有法而莫守；法不善，则有财而莫理；有财而莫理，则阡陌闾巷之贱人，皆能私取予之势，擅万物之利，以与人主争黔首，而放其无穷之欲；非必贵强桀大而后能如是；而天子犹为不失其民者，盖特号而已耳。虽欲食蔬衣敝，憔悴其身，愁思其心，以幸天下之给足而安吾政，吾知其犹不得也。然则善吾法而择吏以守之，以理天下之财，虽上古尧舜，犹不能毋以此为急务，而况于后世之纷纷乎？”

他看得天下之物，是天下人所公有；当由一个代表正义的人，为之公平分配，而不当由自私自利的人，擅其利而私其取予，以役使众人；其意昭然若揭。然欲以此重任，责之于后世的所谓天子，云胡可得呢？中国读书人所以有这思想，是因为其受传统思想的影响太深，在传统思想上，说这本是君之责任故。然在极古的时代，君权大而其所治之国小；而且大同时代的规则，尚未尽废；或者可以做到几分。在后世，则虽甚神圣，亦苦无下手之处了。而中国讲改革的人，都希望着它，如何能不失败呢？龚自珍是近代最有思想的人。他的文集里，有一篇文章，标题为《平均篇》，畅发一切乱源，根本都在经济上分配的不平。最高的治法，是能使之平均。就其现象，与之相安，则不足道。其观察亦可谓极深刻。然问其方法，则仍是希望握政权者，审察各方面的情形，而有以措置之，则仍是一条不通的路而已。龚氏是距离现在不过百年的人，而其思想如此，可见旧日的学者，其思想，全然局限于这一个范围之中。这是时代为之，自然怪不得古人。然在今日，却亦不可不知道昔人所走的路是一条不通的路，而再奉其思想

▼制藤工厂 图为洋商在中国开办的制藤工厂。

为金科玉律。

现代的经济情形，和从前又大不相同了。自从西力东侵以来，我们的经济，已非复闭关独立之世，而与世界息息相通。在工业革命以前，最活跃的是商人阶级。所以历代的议论，都主张重农抑商。自工业革命以后，则商人反成为工业家的附属，不过略沾其余润，所以中国推销洋货的人，即世所称为买办阶级者，在中国社会里，虽俨然是个富豪，而以世界眼光观之，则仍不免在小贫之列。在现代的经济状况之下，断不容我们故步自封。世界的经济情形，自从工业发达了，积集的资本遂多，而金融资本，又极跋扈。工业品是要寻求销路的，而且还要霸占资源，就是固定和流动的资本，也要输出国外，皆不得不以武力保其安全。于是资本主义发展而成为帝国主义。历代的劳资对立，资本家是在国内的，现在则资本家在国外。于是民生问题和民族问题，并为一谈，再不能分离解决了。我们现在，该如何审慎、勇敢、强毅，以应付这一个目前的大问题呢?

CHAPTER 6

◎ 第六章 官制

官有内外之分。内官即中央政府之官，是分事而治的。全国的政务，都汇集于此，依其性质而分类，一官管理一类的事。又有综合全般状况，以决定施政的方针的，是即所谓宰相。外官则分地而治。在其地界以内，原则上各事都要管的。出于地界以外，则各事一概不管。地方区划，又依等级而分大小。

官制是政治制度中最繁复的一门。（一）历代设官既多。（二）而又时有变迁。（三）它的变迁，又不是审察事实和制度不合而系统地改正的，而是听其迁流之所至。于是有有其名而无其实的，亦有有其实而无其名的。名实既不相符，循其名遂不能知其实。而各官的分职，亦多无理论可循。求明白其真相，就很不容易了。然官制毕竟是政治的纲领。因为国家要达其目的，必须有人以行之。这行之之人，就是所谓官。所以明于一时代所设之官，即能知其时所行之政。对于历代的官制，若能知其变迁，即亦能知其政治的变迁了。

人的见解，总是较时代落后一些的。时代只有新的，而人之所知，却限于旧。对付未来的方法，总是根据既往的情形，斟酌而出之的。所以无论如何，不能全合。制度才定出来，即已不适于用。制度是拗不过事实的，（一）非格不能行，（二）即名存实亡，这是一切制度都如此的，而官制亦不能例外。我国的官制，大略可分为六期：（一）自周以前，为列国时代的制度。（二）而秦及汉初统一时代的制度，即孕育于其末期。（三）因其大体自列国时代蜕化而来，和统一时代不甚适合，不久即生变迁。各方面变迁的结果，极其错杂不整。直至唐朝，才整理之，成为一种有系统的制度。（四）然整理甫经就绪，又和事实不符。唐中叶以后，又生变迁，而宋朝沿袭之。（五）元以异族，入主中原，其设施自有特别之处。明朝却沿袭着它。清朝的制度，又大略沿袭明朝。然因实际情形的不同，三朝的制度，又自有其大相违异之处。（六）清朝末叶，因为政体改变，官制亦随之改变。然行之未久，成效不著。直至今日，仍在动荡不定之中。以上略举其变迁的大概，以下再略加说明。因为时间所限，亦只能揭举其大纲而已。

官有内外之分。内官即中央政府之官，是分事而治的。全国的政务，都汇集于此，依其性质而分类，一官管理一类的事。又有综合全般状况，以决定施政的方针的，是即所谓宰相。外官则分地而治。在其地界以内，原则上各事都要管的。出于地界以外，则各事一概不管。地方区划，又依等级而分大小。上级大的区划，包含若干下级小的区划。在行政上，下级须听上级的指挥。这是历代官制的通则。

列国并立之世，到春秋战国时代，已和统一时代的制度相近了。因为此时期，大国之中，业已包含若干郡县。但其本身，仍只等于后世一个最大的政治区域。列国官制：今文家常说三公、九卿、二十七大夫、八十一元士。但这只是爵，没有说出它的职守来。三公依今文家说，是司马、司徒、司空。九卿无明文。古文家说，以太师、太傅、太保为三公。少师、少傅、少保为三孤。冢宰、天官。司徒、地官。宗伯、春官。司马、夏官。司寇、秋官。司空、冬官。为六卿。许慎《五经异义》。按今文说的三公，以配天、地、人。司马主天，司徒主人，司空主地。古文说的六卿，以配天、地、四时。此外还有以五官配五行等说法。见《左传》昭公十七年、二十九年。《春秋繁露·五行相胜篇》。这不过取古代的官，随意拣几个，编排起来，以合于学说的条理而已。和古代的事实，未必尽合。古代重要的官，不尽于此；并非这几个官特别重要；不过这几个官，亦是重要的罢了。司马是管军事的，司徒是统辖人民的，司空是管建设事务的。古代穴居，是就地面上凿一个窟窿，所以谓之司空。空即现在所用的孔字。《周官》冬官亡佚，后人以《考工记》补之。其实这句话也靠不住。性质既不相同，安可相补？不过《考工记》也是讲官制的。和《周官》性质相类，昔人视为同类之书，合编在一起，后人遂误以为补罢了。《周官》说实未尝谓司空掌工事，后世模仿《周官》而设六部，却以工部拟司空，这是后人之误，不可以说古事的。冢宰总统百官，兼管宫内的事务，其初该是群仆的领袖。所以大夫之家亦有宰。至于天子诸侯，则实际本来差不多的。天子和诸侯、大国和小国制度上的差异，不过被著书的人说得如此整齐，和实际亦未必尽合。宗伯掌典礼，和政治关系最少，然在古代迷信较深之世，祭祀等典礼，是被看得颇为隆重的。司寇掌刑法，起初当是军事裁判。说详第十章。三公坐而论道，三孤为之副，均无职事。按《礼记·曾子问》说："古者男子，内有傅，外有慈母。"《内则》说：国君世子生，"择于诸母与可者，必求其宽裕慈惠，温良恭俭，慎而寡言者，使为子师，其次为慈母，其次为保母"。太师、太傅、太保，正和师、慈、保三母相当。古夫亦训傅，两字盖本系一语，不可以称妇人，故变文言慈。然则古文的三公，其初乃系天子私人的侍从，本与政事无关系，所以无职事可言。《周官》说坐而论道之文，乃采诸《考工记》，然《考工记》此语，“坐而论道，谓之王公。”是指人君言，不是指大臣言的，说《周官》者实误采。总而言之：今文古说，都系春秋战国时的学说，未必和古代的事实密合。然后世厘定制度的人，多以经说为蓝本。所以虽非古代的事实，却是后世制度的渊源。

列国时代的地方区划，其大的，不过是后世的乡镇。亦有两种说法，《尚书大传》说：“古八家而为邻，三邻而为朋，三朋而为里，七十二家，参看上章。五里而为邑，十邑而为都，十都而为师，州十有二师焉。”这是今文说。《周官》则乡以五家为比，比有长。五比为闾，闾有胥。四闾为族，族有师。五族为党，党有正。五党为州，州有长。五州为乡，乡有大夫。遂以五家为邻，邻有长。五邻为里，里有宰。四里为酂，酂有长。五酂为鄙，鄙有师。五鄙为县，县有正。五县为遂，遂有大夫。这是古文说。这两种说法，前者和井田之制相合，后者和军队编制相合，在古代该都是有的。后来井田之制被破坏，所以什伍之制犹存，今文家所说的组织，就不可见了。

汉初的官制，是沿袭秦朝的。秦制则沿自列国时代。中央最高的官为丞相。秦有左、右，汉通常只设一丞相。丞相之副为御史大夫。中央之官，都是分事而治的。只有御史是皇帝的秘书，于事亦无所不预，所以在事实上成为丞相的副手。汉时丞相出缺，往往以御史大夫升补。武官通称为尉。中央最高的武官，谓之太尉。这是秦及汉初的制度。今文经说行后，改太尉为司马，丞

西汉中央官制表

地位	官名	职掌
三公	丞相	掌丞天子助理万机，管理朝廷一切事物
	太尉	掌军事，皇帝的最高军事顾问
	御史大夫	掌副丞相，并负责监察工作
九卿	太常	掌宗庙礼仪，负责宗教祭祀
	光禄勋	掌宫殿掖门户，负责皇宫侍卫
	卫尉	掌宫门卫屯兵，负责皇宫安全
	太仆	掌舆马，负责皇帝出行
	廷尉	掌刑辟，负责全国司法
	大鸿胪	掌诸归义蛮夷，负责国家外交事宜
	宗正	掌亲属，负责管理王室亲族
	大司农	掌谷货，负责全国财政收入
	少府	掌山海池泽之税，负责皇帝私人财政
列卿	执金吾	掌徼循京师，负责京城的安全
	将作大匠	掌治宫室，负责皇家的土木营建
	水衡都尉	掌上林苑，兼保管皇室财务及铸钱

相为司徒，御史大夫为司空，谓之三公，并称相职。又以太常，本名奉常，掌宗庙礼仪。光禄勋，本名郎中令，掌宫、殿，掖门户。卫尉，掌宫门卫屯兵。太仆，掌舆马。廷尉，掌刑辟，尝改为大理。大鸿胪，本名典客，掌归义蛮夷。宗正，掌亲属。大司农，本名治粟内史，掌谷货。少府，掌山海池泽之税。为九卿。这不过取应经说而已，并无他种意义。三公分部九卿，太常、光禄勋、卫尉属司马。太仆、廷尉、大鸿胪属司徒。宗正、大司农、少府属司空。亦无理论根据。有大事仍合议。后汉司马仍称太尉。司徒、司空，均去大字，余皆如故。

外官：秦时以郡统县。又于各郡都设监御史。汉不遣监御史，丞相遣使分察州。按州字并非当时的区域名称，后人无以名之，乃名之为州。所以截至成帝改置州牧以前，州字只是口中的称呼，并非法律上的名词。武帝时，置部刺史十三人，奉诏书六条，分察诸郡。（一）条察强宗巨家。（二）条察太守侵渔聚敛。（三）条案失刑。（四）条案选举不平。（五）条案子弟不法，都是专属太守的。（六）条察太守阿附豪强。成帝时，以何武之言，改为州牧。哀帝时复为刺史。后又改为州牧。后汉仍为刺史，而止十二州，一州属司隶校尉。武帝置，以治巫蛊的，后遂命其分察一部分郡国。按《礼记 · 王制》说："天子使其大夫为三监，监于方伯之国，国三人"，这或者附会周初的三监，说未必确，然天子遣使监视诸侯，实即大国之君，遣使监视其所封或所属的小国。则事所可有。大夫之爵，固较方伯为低。秦代御史之长，爵不过大夫。汉刺史秩仅六百石，太守则两千石。以卑临尊，必非特创之制，必然有所受之。以事实论，监察官宜用年少新进的人，任事的官，则宜用有阅历有资望之士，其措置亦很适宜的。何武说："古之为治者，以尊临卑，不以卑临尊"，不但不合事宜，亦且不明经义。旧制恢复，由于朱博，其议论具载《汉书》，较之何武，通达多了。太守，秦朝本单称守，汉景帝改名。秦又于各郡置尉，景帝亦改为都尉。京师之地，秦时为内史所治。汉武帝改称京兆尹，又分其地置左冯翊、右扶风，谓之三辅。诸王之国，设官本和汉朝略同。亦有内史以治民。七国乱后，景帝乃令诸侯王不得自治民，改其丞相之名为相，使之治民，和郡守一样。县的长官，其秩是以户数多少分高下的。民满万户以上称令，不满万户称长。这由于古代的政治，是属人主义，而非属地主义之故。侯国的等级，与县相同。皇太后、公主所食的县称为邑。县中兼有蛮夷的谓之道。这亦是封建制度和属人主义的色彩。

秦汉时的县，就是古代的国，读第三章可见。县令就是古代的国君，只能总握政治的枢机，发踪指示，监督其下。要他直接办事，是做不到的。所以真正的民政，非靠地方自治不可。后世地方自治之制，日以废坠，所

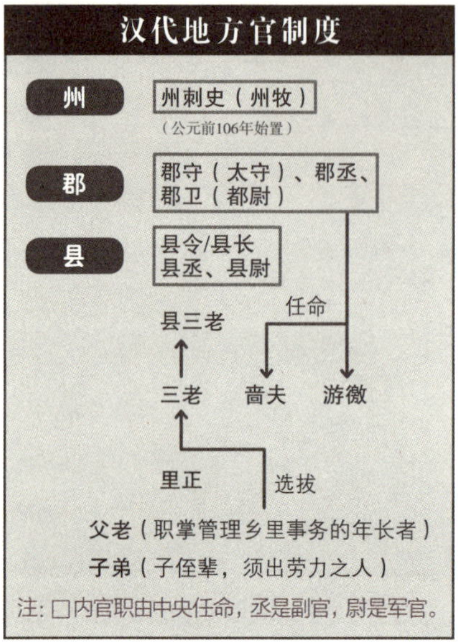

以百事俱废。秦汉时则还不然。据《汉书·百官公卿表》和《续汉书·百官志》：其时的制度系以十家为什，五家为伍，一里百家，有里魁检察善恶，以告监官。十里一亭，亭有长。十亭一乡，乡有三老，有秩啬夫、游徼。三老管教化，体制最尊。啬夫职听讼，收赋税，其权尤重。人民竟有知啬夫而不知有郡县的。见《后汉书·爰延传》。和后世绝不相同。

以上所述，是秦及汉初的制度。行之未几，就起变迁了。汉代的丞相，体制颇尊，权限亦广。所谓尚书，乃系替天子管文书的，犹之管衣服的谓之尚衣，管食物的谓之尚食，不过是现在的管卷之流。其初本用士人，汉武帝游宴后庭，才改用宦官，谓之中书谒者令。武帝死后，此官本可废去，然自武帝以来，大将军成为武官中的高职。昭宣之世，霍光以大将军掌握政权。其时的丞相，都是无用或年老的人，政事悉从中出。沿袭未改。成帝时，才罢中书宦官，然尚书仍为政本，分曹渐广。后汉光武，要行督责之术。因为宰相都是位高望重的人，不便督责他，于是崇以虚名，而政事悉责成尚书。尚书之权遂更大。魏武帝握权，废三公，恢复丞相和御史大夫之职。此时相府复有大权，然只昙花一现。魏文帝篡汉后，丞相之官，遂废而不设。自魏晋至南北朝，大抵人臣将篡位时则一设之，已篡则又取消。此时的尚书，为政务所萃，然其亲近又不敌中书。中书是魏武帝为魏王时所设的秘书监，文帝篡位后改名的，常和天子面议机密。所以晋初荀勖从中书监迁尚书令，人家贺他，他就发怒道“夺我凤皇池，诸君何贺焉”了。侍中是加官，在宫禁之中，伺候皇帝的。汉初多以名儒为之。从来贵戚子弟，多滥居其职。宋文帝自荆州入立，信任王府旧僚，都使之为侍中，与之谋诛徐羡之等，于是侍中亦参机要。至唐代，遂以中书、门下、尚书三省为相职。中书主取旨。门下主封驳。尚书承而行之。尚书诸曹，魏晋后增置愈广，皆有郎以办事。尚书亦有兼曹的。隋时，始以吏、户、礼、兵、刑、工六曹分统诸司。六曹皆置侍郎，诸司则但置郎。是为后世以六部分理全国政务之始。三公一类的官，魏晋后亦时有设置，都不与政事，然仍开府分曹，设置僚属。隋唐始仿《周官》，以太师、太傅、太保为三公，少师、少傅、少保为三孤，都不设官属。则真成一个虚名，于财政亦无所耗费了。九卿一类的官，以性质论，实在和六部重复的。然历代都相沿，未曾并废。御史大夫改为司空后，御史的机关仍在。其官且有增置。唐时分为三院：曰台院，侍御史属之。曰殿院，殿中侍御史属之。曰监院，监察御史属之。御史为天子耳目，历代专制君主，都要防臣下的壅蔽，所以其权日重。

前汉的改刺史为州牧，为时甚暂。至后汉末年，情形就大不同了。后汉的改刺史为州牧，事在灵帝中平五年，因四方叛乱频仍，刘焉说由刺史望轻而起。普通的议论，都说自此以后，外权就重了。其实亦不尽然。在当时，并未将刺史尽行改作州牧。大抵资深者为牧，资浅者仍为刺史，亦有由刺史而升为牧的。然无论其为刺史、为州牧，实际上都变成了郡的上级官，而非复监察之职。而且都有兵权，如此，自然要尾大不掉了。三国分离，刺史握兵之制，迄未尝改。其为乱源，在当时是人人知道的。所以晋武帝平吴后，立即罢州牧，省刺史的兵，去其行政之权，复还监察之职。这真是久安长治之规。惜乎"虽有其言，不卒其事"。《续汉书·百官志》《注》语。而后世论者，转以晋武帝的罢州郡兵备，为召乱的根源，真是徇名而不察其实了。东晋以后，五胡扰乱，人民到处流离播迁，这时候的政治，还是带有属人主义的。于是随处侨置州郡，州的疆域，遂愈缩愈小，寖至与郡无异了。汉朝只有十三州，梁朝的疆域，远小于汉，倒有一百零七州。此时外权之重，则有所谓都督军事，有以一人而督数州的，亦有以一人而督十数州的。甚至有称都督中外诸军的。晋南北朝，都是如此。后周则称为总管。隋时，并州郡为一级。文帝开皇三年，罢郡，以州统县，职同郡守。炀帝改州为郡。并罢都督府。唐初，又有大总管、总管，后改称大都督、都督，后又罢之。分天下为若干道，设观察使等官，还于监察之旧。

唐代的官制，乃系就东汉、魏、晋、南北朝的制度，整理而成的。其实未必尽合当时的时势。所以定制未几，变迁又起。三省长官，都不除人。但就他官加一同中书门下平章事等名目，就视为相职了。而此两省的长官，实亦仍合议于政事堂，并非事后审查封驳。都督虽经废去，然中叶以后，又有所谓节度使。参看第九章。所驻扎的地方，刺史多由其兼领。支郡的刺史，亦都被其压迫而失职。其专横，反较前代的刺史更甚。这两端，是变迁最大的。而中叶以后，立检校、试、摄、判、知等名目，用人多不依资格，又为宋朝以差遣治事的根源。

宋朝设中书省于禁中。宰相称同平章事，次相称参知政事。自唐中叶以后，户部不能尽总天下的财赋，分属于度支、盐铁二使。宋朝即合户部、度支、盐铁为三司，各设使、副，分案办事。又设三司使副以总之，号为计相。枢密使，唐时以宦官为之，本主传达诏命。后因宦官握兵，遂变为参与兵谋之官。宋朝亦以枢密院主兵谋。指挥使，本藩镇手下的军官。梁太祖篡位后，未加改革，遂成天子亲军。宋朝的禁军，都隶属殿前司、侍卫马军亲军司、侍卫步军亲军司。各设指挥使，谓之三衙。宋初的官，仅以寓禄秩，即借以表明其官有多大，所食的俸禄有多少。而别以差遣治事。名为某官的人，该官的职守，都是与他无涉的。从表面上看来，可谓错乱已极。但差遣的存废、离合，都较官缺为自由，可以密合事情。所以康有为所著《官制议》，有《宋官制最善》一篇，极称道其制。宋朝的改革官制，事在神宗元丰中，以《唐六典》为模范。然卒不能尽行。以三省长官为相职之制，屡经变迁，卒仍复于一个同平章事，一个参知政事之旧；枢密主兵之制，本来未能革除；三衙之制，亦未能改；便可见其一斑。

宋初惩藩镇的跋扈，悉召诸节镇入朝，赐第留之京师，而命朝臣出守列郡，谓之权知军州事。特设通判，以分其权。县令亦命京朝官出知，以削藩镇之权，而重亲民之选。特设的使官最多。其重要的，如转运使，总一路的财赋；发运使，漕淮、浙、江、湖六路之粟。他如常平茶盐、茶马、坑冶、市舶，亦都设立提举司，以集事权于中央。太宗命诸路转运使，各命常参官一人，纠察州军刑狱。真宗时，遂独立为一司，称为提点刑狱，简称提刑。是为司法事务，设司监察之始。南渡后，四川有总领财赋。三宣抚司罢后，见第九章。亦设总领以筹其饷。仍带专一报发御前军马文字衔，则参预并及于军政了。

元朝以中书省为相职，枢密使主兵谋，御史台司纠察。尚书省之设，专以位置言利之臣。言利之臣败，省亦旋废。而六部仍存，为明清两朝制度所本。设宣政院于中央，以辖吐蕃之境，亦为清代理藩院之制所本。元代制度，关系最大的是行省。前代的尚书行台等，都是暂设的，以应付临时之事，事定即撤。元朝却于中原之地，设行中书省十，行御史台二，以统辖路府州县。明朝虽废之而设布政、按察两司，区域则仍元之旧。清朝又仍明之旧。虽然略有分析，还是庞大无伦，遂开施政粗疏，尾大不掉之渐了。唐初，唯京兆、河南称府设尹，后来梁州以为德宗所巡幸，亦升为兴元府。宋朝则大州皆升为府，几有无州不府之势。其监司所辖的区域则称为路。元于各路设宣慰司，以领府州县而上属于省。然府亦有不隶路而直隶于省的。州有隶于府的，亦有不隶于府，而直隶于路的。其制度殊为错杂。

明清两朝的制度，大体相沿。其中关系最大的，在内为宰相的废罢，在外为省制的形成。明初本亦设中书省，以为相职。后因胡惟庸谋反，太祖遂废其官，并谕后世子孙，不得议设宰相。臣下有请设宰相的，处以极刑。于是由天子亲领六部。此非嗣世之主所能，其权遂渐入殿阁学士之手。清世宗时，又设立军机处。机要之事，均由军机处径行，事后才下内阁，内阁就渐渐地疏阔了。六部：历代皆以尚书为主，侍郎为副。清代尚侍皆满汉并置。吏、户、兵三部，又有管部大臣，以至权责不一。明废宰相后，政务本由六部直接处理。后虽见压于内阁，究竟权力还在。吏、兵二部，尤真有用人及指挥军事之权，清朝则内官五品，外官道府以上，全由内阁主持。筹边之权，全在军机。又明朝六部用人，多取少年新进，清朝则一循资格，内官迁转极难，非六七十不得至尚侍。管部又系兼差，不能负责。于是事事照例敷衍，行政全无生气了。

御史一官，至明代而其权益重，改名为都察院。都御史、副都御史、佥都御史均分置左右。又有分道的监察御史。在外则巡按清军、提督学校、巡漕、巡盐等事，一以委之，而巡按御史代天子巡狩，其权尤重。这即是汉朝刺史之职。既有巡按，本可不必再行遣使。即或有特别事务，非遣使不可，亦以少为佳。然后来所谓巡抚者，愈遣而愈频繁。因其与巡按御史

▲ **东宁陈氏番俗图册之聚饮、鼻箫** 这是描绘清前期高山族社会生活图册中的一幅画。清统一台湾后，设置巡台御史，每年由都察院派遣。

不相统属，权限不免冲突，乃派都御史为之。其兼军务的加提督衔，辖多事重的，则称总督。清代总督均兼兵部尚书，右都御史、巡抚均兼兵部侍郎，右副都御史，又均有提督军务，兼理粮饷之衔，成为常设的官了。给事中一官，前代都隶门下省。明废门下省，而仍存给事中，独立为一官，分吏、户、礼、兵、刑、工六科，以司审查封驳。其所驳正，谓之科参，在明代是很有权威的，清世宗将给事中隶属于都察院，就将审查和纠察，混为一谈了。翰林在唐朝，为艺能之士，如书、画、弈棋等。待诏之所，称为杂流，与学士资望悬绝。玄宗时，命文学之士居翰林中，称为供奉，与集贤殿学士分掌制诰。后改称为学士，别立学士院，即以翰林名之。中叶后颇参机密，王叔文要除宦官，即居翰林中，可见其地位的重要。宋代专以居文学之士，其望愈清。至明中叶后，则非进士不入翰林，非翰林不入内阁，六部长官，亦多自此而出。其重要，更非前代所及了。

外官：明废行省，于府州之上，设布政、按察两司，分理民政及刑事，实仍为监司之官。监司之官，侵夺地方官权限，本来在所不免。清代督抚既成为常设之官，又明代布政司的参政参议，分守各道，按察司的副使佥事，分巡各道的，至清朝，亦失其本来的性质，而在司府之间，俨若别成为一级。以府州领县，为唐宋相沿之制。元时，令知州兼理附郭县事，明时遂省县入州，于是州无附郭县。又有不领县而隶属于府的，遂有直隶州与散州之别。清时，同知、通判有驻地的谓之厅，抑或属于府，或直达布政司，称为散厅及直隶厅。地方制度，既极错杂。而（一）督抚，（二）司，（三）道，（四）府、直隶州、厅，（五）县、散州、厅，实际成为五级。上级的威权愈大，下级的展布愈难。积弊之深，和末造中央威权的不振，虽有别种原因，官制的不善，是不能不尸其咎的。

藩属之地，历代都不设官治理其民，而只设官监督其酋长，清朝还是如此的。奉天、吉林、黑龙江三省，清朝称为发祥之地。其实真属于满洲部落的，不过兴京一隅。此外奉天全省，即前代的辽东、西，本系中国之地。吉、黑两省，亦是分属许多部落的，并非满洲所有。此等人民，尚在部落时代，自不能治以郡县制度。清朝又立意封锁东三省，不许汉人移殖。所以其治理之法，不但不能进步，而反有趋于退步之势。奉天一省，只有奉天和锦州两府，其余均治以将军、副都统等军职。蒙古、新疆、西藏亦都治以驻防之官。这个固然历代都是如此，然清朝适当西力东侵之时，就要情见势绌了。末年回乱平后，改新疆为行省。日俄战后，改东三省为行省。蒙古、西藏，亦图改省，而未能成功。藩属之地，骤图改省，是不易办到的。不但该地方的人民，感觉不安。即使侥幸成功，中国亦无治理其地的人才。蒙、藏的情形，和新疆、东三省是不同的。东三省汉人已占多数，新疆汉人亦较多，蒙、藏则异于是。自清末至民国初年，最好是将联邦之法，推行之于蒙、藏，中央操外交、军事、交通、币制之权，余则听其自治。清季既不审外藩情势和内地的不同，操之过急，以致激而生变。民国初年，又不能改弦易辙，许其自治，以生其迴面内向之心，杜绝强邻的觊觎。因循既久，收拾愈难，这真是贾生所说，可为痛哭、流涕、长叹息的了。

以上是中国的旧官制，中西交通以来，自然不能没有变动。其首先设立的，是总理各国事务衙门。实因咸丰八年，中英《天津条约》规定要就大学士、尚书中简定一员，和英国使臣接洽而起，不过迫于无可如何，并非有意改革。内乱平后，意欲振兴海军，乃设立海军衙门。后来却将其经费，移以修理颐和园，于是中日战后，海军衙门反而裁撤了。庚子以后，又因条约，改总理衙门为外务部，班列六部之前。其时举办新政，随事设立了许多部处。立宪议起，改革旧官制，增设新机关，共成外务、吏、民政、新设的巡警部改。度支、户部改。新设的财政处、税务处并入。礼、太常、光禄、鸿胪三寺并入。学、新设的学务处改，国子监并入。陆军、兵部改、太仆寺和新设的练兵处并入。农工商、工部改，新设的商部并入。邮传、理藩、理藩院改。法刑部改。十一部，除外务部有管理事务大臣、会办大臣各一人外，余均设尚书一人、侍郎二人，不分满汉。都察院亦改设都御史一人、副都御史二人。前此左都御史，满汉各一。左副都御史各二。右都御史、副都御史但为督抚兼衔。大理寺改为院，以司最高审判。宣统二年，立责任内阁。设总协理大臣。裁军机处及新设的政务处及吏、礼二部，其事务并入内阁。而增设海军部及军谘府。今之参谋部。改尚书为大臣，与总协理负连带责任。外官则仍以督抚为长官。于其下设布政、提法、按察司改。提学、盐运、交涉五司，劝业、巡警二道，而裁分巡，分守道。此等制度，行之为日甚浅，初无功过可言。若从理论上评论：内官增设新官，将旧官删除归并，在行政系统上，自然较为分明，于事实亦较适切。若论外官，则清末之所以尾大不掉，行政粗疏，其症结实在于省制。当时论者，亦多加以攻击。然竟未能改革，相沿以迄于今，这一点不改革，就全部官制，都没有更新的精神了。

民国成立，《临时政府组织大纲》定行政分五部，为外交、内务、财政、军务、交通。这是根据理论规定的，后修改此条。设陆军、海军、外交、司法、财政、内务、教育、实业、交通九部。其时采美国制，不设总理。孙文逊位后，袁世凯就职北京，《临时政府组织大纲》改为《临时约法》，设总理，分实业为农林、工商两部。三年，袁世凯召开约法会议修改《临时约法》为《中华民国约法》。即所谓《新约法》。复废总理，设国务卿。并农林、工商二部为农商部。袁世凯死后，黎元洪为总统，复设总理。外官：民军起义时，掌握一省军权的称都督。管理民政的称民政长。废司、道、府、直隶州、厅及散州、厅的名称，但存县。袁世凯改都督为将军，民政长为巡按使。于其下设道尹。护国军起，掌军权的人，复称都督。黎元洪为总统，改将军、都督都称督军，巡按使称省长。其兼握几省兵权，或所管之地，跨及数省的，则称巡阅使。裁兵议起，又改称督理或督办军务善后事宜，然其尾大不掉如故。国民党秉政，在训政时期内，以党代人民行使政权，而以国民政府行使治权。其根本精神，和历代的官制，大不相同，其事又当别论。

无官之名，而许多行政事务，实在倚以办理的为吏。凡行政，必须依照一定的手续。因此职司行政的人，必须有一定的技术。这种技术，高级官员往往不甚娴习，甚或不能彻底通晓，非有受过教育，经过实习的专门人员以辅助之不可。此等责任，从前即落在胥吏肩上。所以行政之权，亦有一部分操于其手。失去了他，事情即将无从进行的。吏之弊，在于只知照例。照例就是依旧，于是凡事都无革新的精神。照例的意思，在于但求无过，于是凡事都只重形式，而不问实际。甚至利用其专门智识以舞弊。所以历来论政的人，无不深恶痛绝于吏，尤以前清时代为甚，然其论亦有所蔽。因为非常之事，固然紧要，寻常政务，实更为紧要而不可一日停滞。专重形式，诚然不好，然设形式上的统一不能保持，政治必将大乱。此前清末年，所以诏裁胥吏，而卒不能行。其实从前所谓吏，即现在所谓公务员，其职实极重要。而其人亦实不能缺。从前制度的不善，在于（一）视其人太低，于是其人不思进取，亦不求名誉，而唯利是图。（二）又其人太无学识，所以只能办极呆板的事。公务员固以技术为要，然学识亦不可全无，必有相当的学识，然后对于所行之政，能够通知其原理，不致因过于呆板而反失原意。又行政的人，能通知政治的原理，则成法的缺点，必能被其发现。于立法的裨益，实非浅鲜。昔时之胥吏，是断不足以语此的。（三）其尤大的，则在于无任用之法，听其私相传授，交结把持。自民国以来，因为政治之革新，法律的亟变，已非复旧时的胥吏所能通晓，所以其人渐归自然淘汰，然现在公务员的任用、考核，亦尚未尽合法，这是行政的基础部分，断不可不力求改良的。

古代官职的大小，是以朝位和命数来决定的。所谓命数，就是车服之类的殊异。古人所以看得此等区别，甚为严重。然因封建制度的破坏，此等区别，终于不能维持了。朝位和俸禄的多少，虽可分别高低，终嫌其不甚明显。于是有官品之别。官品起于南北朝以来。南朝陈分九品。北朝魏则九品之中，复分正从；四品以下，且有上中下阶；较为复杂。宋以后乃

▲ **品古图轴** 图为五位文人雅士于一园中聚会，赏玩古董字画的场景。

专以九品分正从。官品之外，封爵仍在。又有勋官、散官等，以处闲散无事的官员。此等乃国家酬庸之典，和官品的作用，各不相同的。

官俸，历代虽厚薄不同，而要以近代之薄为最甚。古代大夫以上，各有封地。家之贫富，视其封地之大小、善恶，与官职的高下无关。无封地的，给之禄以代耕，是即所谓官俸。古代官俸，多用谷物，货币盛行以后，则钱谷并给。又有实物之给，又有给以公田的。明初尚有此制，不知何时废坠，专以银为官俸。而银价折合甚高。清朝又沿袭其制。于是官吏多苦贫穷。内官如部曹等，靠印结等费以自活，外官则靠火耗及陋规。上级官不亲民的，则诛求于下属。京官又靠外官的馈赠，总而言之，都是非法。然以近代官俸之薄，非此断无以自给的。而有等机关，收取此等非法的款项，实亦以其一部分支给行政费用，并非全入私囊。所以官俸的问题，极为复杂。清世宗时，曾因官俸之薄，加给养廉银，然仍不足支持。现代的官俸，较之清代，已稍觉其厚。然究尚失之于薄。而下级的公务员尤甚。又司法界的俸禄，较之行政界，不免相形见绌。这亦是亟须加以注意的。

CHAPTER 7

◎ 第七章 选举

选举是和世袭对立的。按世袭之法，一个位置出缺，便有一个合法继承的人，不容加以选择。选举之法则不然，它是毫无限制，可以任有选举权者，选举最适宜的人去担任的。这是就纯粹的选举和世袭说；亦有从两方面说，都不很纯粹的，如虽可选择，仍限于某一些人之内之类是。但即使是不纯粹的选举，也总比纯粹的世袭好些。

国家，因为要达其目的，设立许多机关，这许多机关，都是要有人主持的。主持这些机关的人，用何法取得呢？这便是选举问题。

选举是和世袭对立的。按世袭之法，一个位置出缺，便有一个合法继承的人，不容加以选择。选举之法则不然，它是毫无限制，可以任有选举权者，选举最适宜的人去担任的。这是就纯粹的选举和世袭说；亦有从两方面说，都不很纯粹的，如虽可选择，仍限于某一些人之内之类是。但即使是不纯粹的选举，也总比纯粹的世袭好些。西洋某史家曾把中国两汉时代的历史，和罗马相比较，他说：凡罗马衰亡的原因，中国都有的。却有一件事，为中国所有，罗马所无，那便是选举。观此，便知选举制度关系之重大了。

选举制度，在三代以前，是与世袭并行的。俞正燮《癸巳类稿》，有一篇《乡兴贤能论》，说得最好，他说：古代的选举，是限于士以下的，大夫以上是世官。这是什么理由呢？第四章已经说过：原始的政治，总是民主的，到后来，专制政治才渐渐兴起，如其一个国家是以征服之族和被征服之族组成的，高级的位置自然不容被征服之族染指。即使原是一族，而专制政治既兴，掌握政权的人，也就渐渐地和群众离开了。所以选举仅限于士以下。

士以下的选举，乃系古代部族，专制政治尚未兴起时的制度，留遗下来的。其遗迹略见于《周官》。据《周官》所载：凡是乡大夫的属官，都有考察其民德行道艺之责。三年大比，则举出其贤者能者，“献贤能之书于王”。《周官》说：“此之谓使民兴贤，人使治之；使民兴能，出使长之。”俞正燮说：人使治之，是用为乡吏。即比闾族党之长，见上章。出使长之，是用为伍长；这是不错的。比闾族党等，当系民主部族固有的组织，其首领，都是由大众公举的。专制政体兴起后，只是把一个强有力的组织，加于其上，而于此等团体固有的组织，并未加以破坏，所以其首领还是出于公举的，不过专制的政府，也要加以相当的参预干涉罢了。如虽由地方公举，然仍须献贤能之书于王。

在封建政体的初期，上级的君大夫等，其品性，或者比较优良，但到后来，就渐渐地腐化了。由于上级的腐化和下级的进步，参看第四章。主持国政者，为求政治整饬起见，不得不逐渐引用下级分子，乡间的贤能，渐有升用于朝廷的机会，那便是《礼记 · 王制》所说的制度。据《王制》说：是乡论秀士，升诸司徒，曰选士。司徒论选士之秀者，而升诸学，曰俊士。既升于学，则称造士。大乐正论造士之秀者，以告于王，而升诸司马，曰进士。司马辩论官才，官指各种机关，谓分别其才能，适宜于在何种机关中办事。论进士之贤者，以告于王。然后因其才而用之。按《周官》司士，掌群臣之版，名籍。以治其政令，岁登下其损益之数，也是司马的属官。《礼记 · 射义》说：古者“诸侯贡士于天子，天子试之于射宫。其容体比于礼，其节比于乐，而中多者，得与于祭。其容体不比于礼，其节不比于乐，而中少者，不得与于祭”。以中之多少，定得与于祭与否，可见射宫即在太庙之中。古代规制简陋，全国之中，只有一所讲究的屋子，谓之明堂。也就是宗庙，就是朝廷，就是君主所居的宫殿，而亦即是其讲学的学校，到后来，这许多机关才逐渐分离，而成为各别的建筑。详见第十五章。合观《周官》《王制》《射义》之文，可知在古代，各地方的贡士，是专讲武艺的。到后来，文治渐渐兴起，于是所取的人才，才不限于一途。所以司马要辩论官才，此时的司马，乃以武职兼司选举，并非以武事做选举的标准了。此为选举之逐渐扩大，亦即世袭之渐被侵蚀。

到战国之世，世变益亟，腐败的贵族，再也支持不了此刻的政治。而且古代的贵族，其地位，是与君主相逼的，起于孤寒之士则不然，君主要整顿政治，扩充自己的权力，都不得不用游士。而士人也有怀抱利器，欲奋志于功名的。又有蒿目时艰，欲有所借手，以救生民于涂炭的。于是君主和游士相合，以打击贵族，贵族中较有为的，亦不得不引用游士。选举之局益盛，世袭之制愈微。然这时候，游士还是要靠上级的人引用的。到秦末，豪杰起而亡秦，则政权全入下级社会之手，更无所谓贵族和游士的对立了。此为汉初布衣将相之局。《廿二史札记》有此一条，可参看。在此情势之下，用人自然不拘门第，世袭之局，乃于此告终。

汉以后，选举之途，重要的，大概如下所述：

（一）征召：这是天子仰慕某人的才德，特地指名，请他到京的。往往有聘礼等很恭敬的手续。

（二）辟举：汉世相府等机关，僚属多由自用，谓之辟。所辟的人，并无一定的资格，做过高官的人，以至布衣均可。

（三）荐举：其途甚广。做官的人，对于自己手下的属员，或虽未试用，而深知其可用的人，都可以荐举。就是不做官的布衣，深知什么人好，也未始不可以上书荐举的，并可上书求自试。此等在法律上都毫无制限，不过事实上甚少罢了。

（四）吏员：此系先在各机关中服务，或因法律的规定，或由长官保荐，由吏而变做官的。各机关中的吏，照法律上讲，都可以有出路。但其出路的好坏，是各时代不同的。大体古代优而后世劣。

（五）任子：做到某级官吏，或由在上者的特恩，可以保荐他的儿子，得一个出身，在汉世谓之任子。亦可推及孙、弟、兄弟之子孙等。任的本义为保，但其实，不过是一种恩典罢了，被保者设或犯罪，保之者，未必负何等责任的。任在后世谓之荫。明以后，又有荫子入监之例。即使其入国子监读书。国家既可施恩，又不令不学无术的人滥竽充选，立法之意，是很好的。惜乎入监读书，徒有其名罢了。

（六）专门技术人员：此等人员，其迁转，是限于一途的。其技术，或由自习而国家擢用，或即在本机关中养成。如天文、历法、医学等官是。此制起源甚古。《王制》："凡执技以事上者，不贰事，不移官"，即是。

汉代察举科目简表

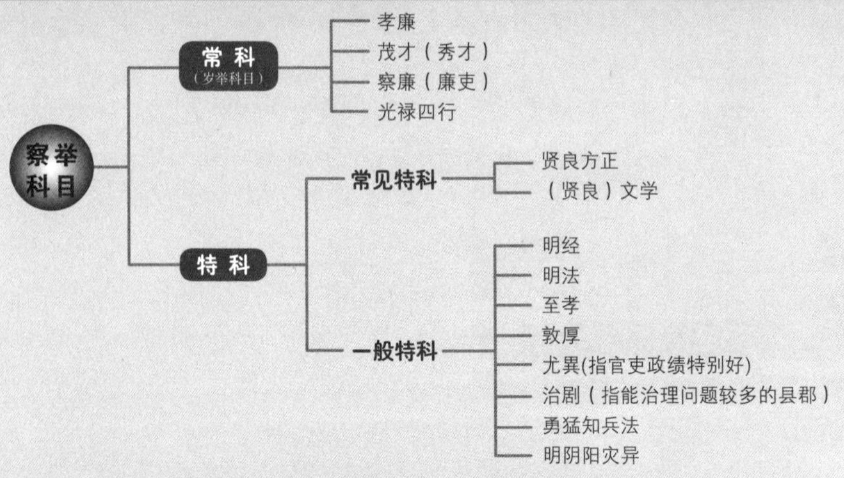

注：在上述科目中，以岁科为先，其中又以"孝廉"一科为最重要。特科中则以"贤良方正"为最重要。

（七）捐纳：这即是出钱买官做。古书中或称此为资选，其实是不对的。资选见《汉书 · 景帝本纪》后二年，乃因怕吏的贪赃，假定有钱的人，总要少贪些，于是限定有家资若干，乃得为吏。这只是为吏的一个条件，与出钱买官做，全然无涉。又爵只是一个空名，所以卖爵也不能算作卖官的。暗中的卖官鬻爵，只是腐败的政治，并非法律所许，亦不能算作选举的一途。历代卖官之事见后。

以上都是入官之途。但就历代立法者的意思看起来，这些都只能得通常之才，其希望得非常之才的，则还在

（八）学校

（九）科举

两途。学校别于第十五章中详之。科举又可分为（甲）乡贡、（乙）制科。乡贡是导源于汉代的郡国选举的。以人口为比例，由守相岁举若干人。制科，则汉代往往下诏，标出一个科名，如贤良方正、直言极谏等类，令内外官吏荐举。何等官吏，有选举之权，亦无一定，由诏书临时指定。其科目并无限制。举行与否，并无一定。到唐代，才特立制科之名。

汉代的用人，是比较没有什么阶级之见的。唐柳芳论氏族，所谓"先王公卿之胄，才则用，不才弃之"。见《唐书 · 柳冲传》。但是（一）贵族的

九品中正制示意图

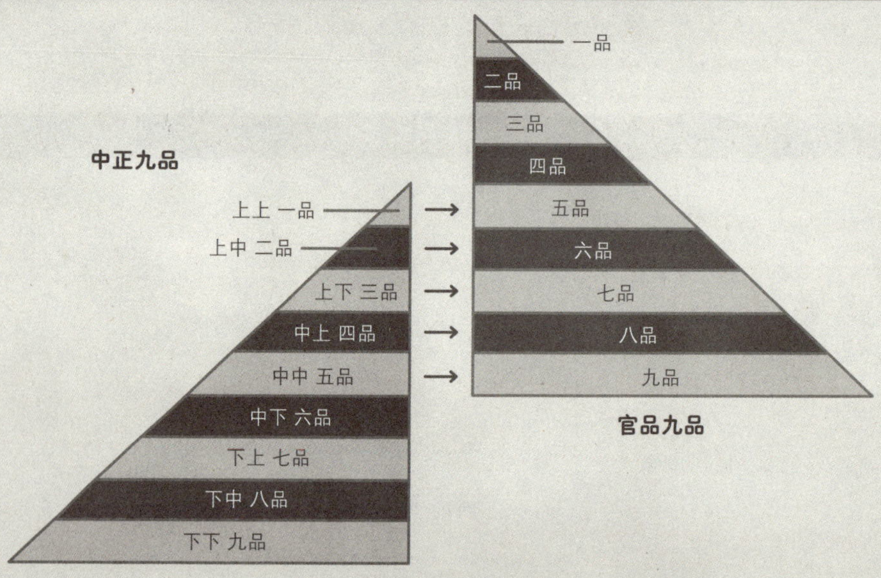

注：九品中正制依据士人的德才、门第（史记上多依据门第），把士人分为九品。这种中正品和官品是互相对应的，按照日本学者的观点，中正品和官品差四级。如被中正品评为一品的人，做官可从五品起家；被评为二品的人，做官可从六品起家，以此类推。由此形成了"上品无寒门，下品无势族"的局面。

势力，本来潜伏着；（二）而是时的选举，弊窦又甚多；遂至激成九品中正之制，使贵族在选举上，气焰复张。这时候选举上的弊窦如何呢？自其表面言之，则（甲）如贵人的请托。如《后汉书·种暠传》说：河南尹田歆，外甥王谌名知人。歆谓之曰："今当举六孝廉，多得贵戚书令，不宜相违。欲自用一名士，以报国家，尔助我求之。"便可见当时风纪之坏。然（乙）贵人的请托，实缘于士人的奔走。看《潜夫论》《务本》《论荣》《贤难》《考绩》《本政》《潜叹》《实贡》《交际》等篇。《申鉴》《时事》。《中论》《考伪》《谴交》。《抱朴子》《审举》《交际》《名实》《汉过》。诸书可知。汉代士人的出路，是或被征辟，或被郡县署用，或由公卿郡国举荐，但此等安坐不易得之。于是或矫激以立名；或则结为徒党，互相标榜，奔走运动。因其徒党众多，亦自成为一种势力，做官的人，也有些惧怕他们；在积极方面，又结交之以谋进取。于是有荒废了政事，去酬应他们的。又有丰其饮食居处，厚其送迎，以敷衍他们的，官方因之大坏。究之人多缺少，奔走运动的人，还是有得有不得。有些人，因为白首无成，反把家资耗费了，无颜回家，遂至客死于外。这实在不成事体，实有制止他们在外浮游的必要。又因当时的选举，是注重品行的，而品行必须在本乡才看得出，于是举士必由乡里，而九品中正之制以生。

九品中正之制，起于曹魏的吏部尚书陈群。于各州置大中正，各郡置中正。依据品行，将所管人物，分为上上、上中、上下、中上、中中、中下、下上、下中、下下九等。这是因历来论人，重视乡评，所以政治上有此措置。但（一）乡评的所谓好人，乃社会上的好人，只需有德，政治上所用的人，则兼须有才。所以做中正的人，即使个个都能秉公，他所以为好的人，也未必宜于政治。（二）何况做中正的人，未必都能公正，（甲）徇爱憎，（乙）快恩仇，（丙）慑势，（丁）畏祸等弊，不免继之而起呢？其结果，就酿成晋初刘毅所说的，"惟能知其阀阅，非复辨其贤愚"，以致"上品无寒门，下品无世族"了。因为世族是地方上有势力之家，不好得罪他，至于寒门，则是自安于卑贱的，得罪了他，亦不要紧。这是以本地人公开批评本地的人物，势必如此而后已的。九品中正，大家都知道是一种坏的制度。然直至隋文帝开皇年间才罢。前后历三百四五十年。这制度，是门阀阶级造成的，而其维持门阀阶级之力亦极大，因为有此制度后，无论在中央政府和地方政府，世族和寒门的进用，都绝对不同了。如后魏之制，士人品第有九，九品以外，小人之官，复有七等。又如蔡兴宗守会稽郡，举孔仲智子为望计，贾原平子为望孝。仲智高门，原平一邦至行，遂与相敌，当时亦以为异数。

九品中正之制既废，科举就渐渐地兴起了。科举之制，在取士上，是比较公平的、切实的，这是人人所承认的，为什么兴起如此之晚呢？用人的条件，第一是德，第二是才，第三才数到学识。这是理论上当然的结果，事实上也无人怀疑。考试之所觇，只是学识。这不是说才德可以不论，不过明知才德无从考校，与其因才德之无从考校，并其学识的试验而豁免之，尚不如就其学识而试验之，到底还有几分把握罢了。这种见解，是要积相当经验，才会有的。所以考试之制，必至唐宋之世，才会兴盛。考试之制，其起源是颇远的。西汉以前本无所谓考试。晁错、董仲舒等的对策，乃系以其人为有学问而请教之，并非疑其意存冒滥，加以考试。所以策否并无一定；一策意有未尽，可以至于再策三策，说见《文献通考》。直至东汉顺帝之世，郡国所举的人，实在太不成话了。左雄为尚书令，乃建议“诸生试家法，文吏试笺奏”。家法，指所习的经学言。史称自是牧守莫敢轻举，察选清平，就可见得考试的效验了。但是自此以后，其法未曾认真推行。历魏晋南北朝至隋，仍以不试为原则。科举之制兴于唐。其科目甚多，秀才系最高科目，高宗永徽二年后停止。此外尚有俊士、明法、明字、明算、一史、三史、开元礼、道举、童子等科，均见《唐书·选举志》。常行的为明经和进士。进士科是始于隋的，其起源，历史记载，不甚清楚。据杨绾说：其初尚系试策，不知什么时候，改试了诗赋。到唐朝，此科的声光大好。这是社会上崇尚文辞的风气所造成的。唐时，进士科虽亦兼试经义及策，然所重的是诗赋。明经所重的是帖经、墨义。诗赋固然与政治无涉，经学在政治上，有用与否，自今日观之，亦成疑问。这话对从前的人，自然是无从说起，但像帖经、墨义所考的只是记诵。帖经、墨义之式，略见《文献通考》。其意，帖经是责人默写经文，墨义则责人默写传注，和今学校中专责背诵教科书的考试法一般。其无用，即在当日，亦是显而易见的。为什么会有这种奇异的考试法呢？这是因为把科举看作抡才大典，换言之，即在官吏登庸法上，看作唯一拔取人才之途，怕还是宋以后的事，在唐以前，至多只是取才的一途罢了。所以当时的进士，虽受俗人看重，然在政治上，则所取的人并不多，而其用之亦不重。唐时所取进士，不过二三十人，仍须应吏部释褐试，或被人荐举，方得入官；授官亦不过丞尉；见《日知录》《中式额数》《出身授官》两条。可见科举初兴，不过沿前代之法而渐变，并非有什么隆重的意思、深厚的期望，存乎其间了。所以所试的不过是诗赋和帖经、墨义。帖经、墨义所试，大约是当时治经的成法，诗赋疑沿自隋朝。隋炀帝本好辞华，所设的进士科，或者不过是后汉灵帝的鸿都门学之类。聚集一班会做辞赋和写字的人，其中并有流品极杂的，见《后汉书》本纪及《蔡邕传》。进士科的进而为抡才之路，正和翰林的始居杂流，后来变成清要一样。这是制度本身的变化，不能执后事以论其初制的。科举所试之物，虽不足取，然其取士之法，则确是进步而可纪念的。唐制，愿应举者皆“怀牒自列于州县”。州县先试之，而后送省。尚书省。初由户部“集阅”，考功员外郎试之。玄宗开元时，因考功员外郎望轻，士子不服，乃移其事于礼部。宋太祖时，知贡举的人，有以不公被诉的，太祖乃在殿廷上自行复试。自此省试之外，又有殿试。前此的郡国选举，其权全操于选举之人。明明有被选举之才，而选举不之及，其人固无如之何。到投牒自列之制兴，则凡来投牒者，即使都为州县所不喜，亦不得不加以考试，而于其中取出若干人；而州县所私爱的人，苟无应试的能力，即虽欲举之而不得。操选举之权者，大受限制，被选举之权，即因此而扩大。此后白屋之士，可以平步青云；有权的人，不能把持地位；都是受此制度之赐。所以说其制度是大可纪念的。考试的规则逐渐加严，亦是助成选举制度的公平的。唐时，考官和士子交通，还在所不禁。考官采取

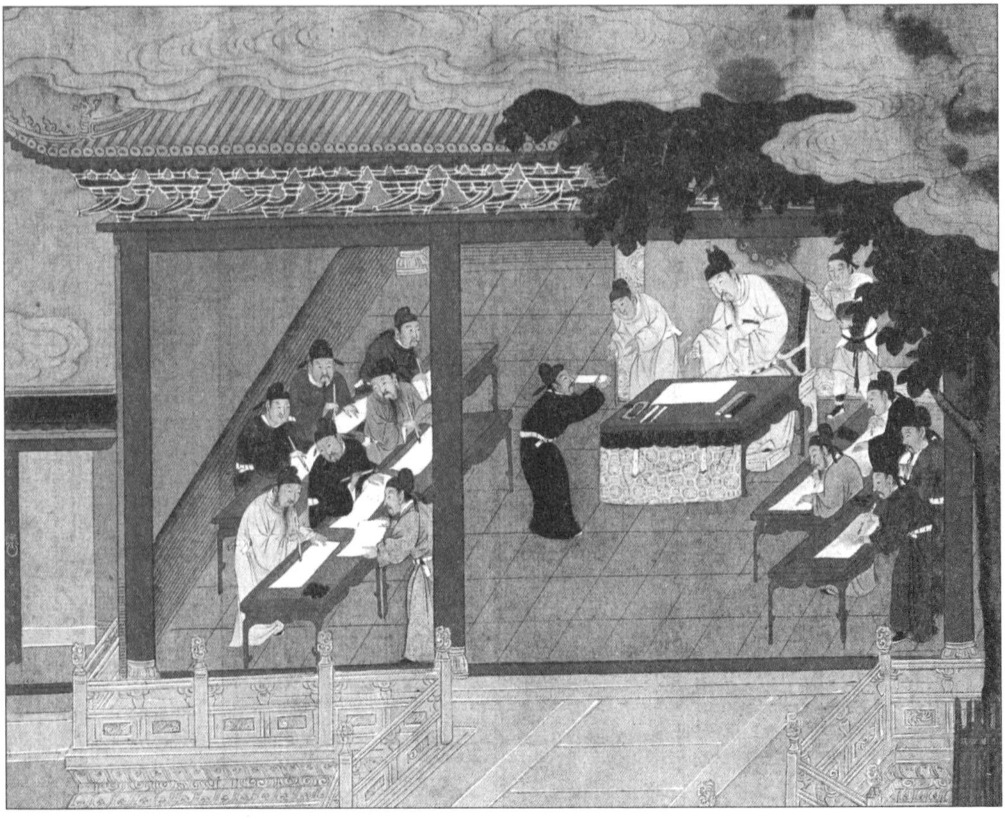

▲科举史话（宋人殿试图） 学子们正在完成科举最后阶段的考试——殿试。殿试始于唐朝武则天，但没有成为常制。直到宋朝时，才成为常制。

声誉，士子托人游扬，或竟自怀所作文字投谒，都不算犯法的事。晚唐以后，规则逐渐加严，禁怀挟和糊名易书等制度，逐渐兴起。明清继之，考试关防，日益严密。此似于人格有损，但利禄之途，应试者和试之者，都要作弊，事实上亦是不得不然的。

以上所说的，均系乡贡之制。至于制科，则由天子亲策，其科目系随时标出。举行与否，亦无一定。唐代故事，详见《文献通考·选举考》中。

对于科举的重视，宋甚于唐，所以改革之声，亦至宋而后起。科举之弊有二:（一）学非所用，（二）所试者系一日之短长。从经验上证明：无学者亦可弋获，真有学问者，或反见遗。对于第一弊，只需改变其所试之物即可。对于第二弊，则非兼重学校不行。不然，一个来应试的人，究曾从事于学问与否，是无从调查的。仁宗时范仲淹的改革，便针对着这两种弊窦:（一）罢帖经、墨义，而将诗赋策论通考为去取。唐朝的进士，亦兼试帖经及策，明经亦兼试策，但人之才力有限。总只能专精一门，所以阅卷者亦只注重一种，其余的都不过敷衍了事。明清时代，应科举的人，只会做四书文，亦由于此。（二）限定应试的人，必须在学三百日，曾经应试的人一百日。他的办法，很受时人反对，罢相未几其法即废。到神宗熙宁时，王安石为相，才大加以改革。安石之法:（一）罢诸科，独存进士。这是因社会上的风气，重进士而轻诸科起的。（二）进士罢试诗赋，改试论、策。其帖经、墨义，则改试大义。帖经专责记诵，大义是要说明义理，可以发抒意见的。（三）别立新科明法，以待不能改业的士子。（四）安石是主张学校养士的，所以整顿太学，立三舍之法，以次递升。升至上舍生，则可免发解及礼部试，特赐之第。熙宁贡举法，亦为旧党所反对。他们的理由是:（一）诗赋声病易晓，策论汗漫难知，因此看卷子难了。这本不成理由。诗赋既是无用之学，即使去取公平，又有何益呢？（二）但他们又有如苏轼之说，谓以学问论，经义、策、论，似乎较诗赋为有用。以实际论，则诗赋与策、论、经义，同为无用。得人与否，全看君相有无知人之明。取士之法，如科举等，根本无甚关系，不过不能不有此一法罢了。这话也是不对的。科举诚不能皆得人，然立法之意，本不过说这是取士的一法，并没有说有此一法之后，任用时之衡鉴，任用后之考课，都可置诸不论。况且国家取士之途，别种都是注重经验的；或虽注重学识，而非常行之法；只有学校、科举，是培养、拔擢有学识的人的常法。有学识的人，固然未必就能办事，然办事须用学识的地方，究竟很多。大概应付人事，单靠学识无用，决定政策等，则全靠学识。人必先知其所事者为何事，然后有欲善其事之心，所以学识和道德，亦有相当的关系。衡鉴之明，固然端赖君相，然君相决不能向全国人中，漫无标准，像淘沙般去觅取。终必先有一法，就全体之中，取出一部分人来，再于其中施以简择。此就全体之中取出其一部分人之法，唯有科举是注重学识的，如何能视之过轻？经义、策、论，固亦不过纸上空谈，然其与做官所需要的学识关系的疏密，岂能视之与诗赋同等？所以旧党的议论，其实是不通的。然在当时，既成为一种势力，即不能禁其不抬头。于是至元祐之世，而熙宁之法复废。熙宁贡举之法虽废，旧法却亦不能回复了。因为考试是从前读书人的出身之路，所试非其所习，习科举之业的人，是要反对的。熙宁变法时，反对者之多，其理由实亦在此。到元祐要回复旧法时，又有一班只习于新法的人，要加以反对了。于是折衷其间，分进士为诗赋、经义两科。南宋以后，遂成定制。连辽、金的制度，也受其影响。金诗赋、经义之外，又有律科。诗赋、经义称进士，律科称举人。又有女真进士科，则但试策论，系金世宗所立。辽、金科目，均须经过乡、府、省三试。省试由礼部主持，即明清的会试。元、明、清三代，都只有会试和本省的乡试。

近代科举之法，起于元而成于明。元代的科举，分蒙古、色目人和汉

▼ **明代状元殿试卷** 这是明朝万历年间状元赵秉忠的殿试卷。卷首顶天朱书“第一甲第一名”六个字，为当时皇帝御书。明朝时，八股文已成为固定的考试文体，但殿试时的“时务策”，却是不用八股文的。尽管如此，八股文的形成与固定，禁锢了士人的思想，危害尤甚。

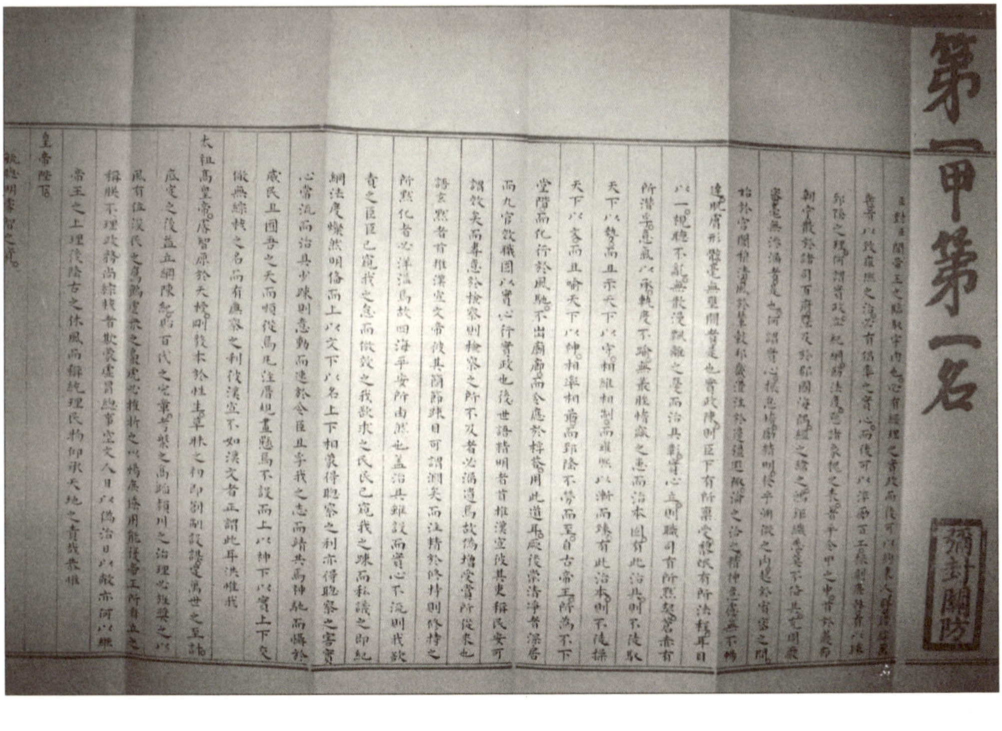

人、南人为两榜。蒙古、色目人考两场：首场经义。次场策论。汉人、南人考三场：首场经义，次场古赋和诏、诰、表。三场策论。这是（一）把经义、诗赋，并作一科了。（二）而诸经皆以宋人之说为主，以及（三）乡会试所试相同，亦皆为明清所沿袭。明制：首场试四书五经义，次场试论判，又于诏、诰、表内科一道，三场试策。清制：首场试四书义及诗一首，次场试五经义，三场亦试策。明清所试经义，其体裁是有一定的。（一）要代圣贤立言。（二）其文体系逐段相对，谓之八股。八股文体的性质，尽于此二语：（一）即文中的话不算自己所说，而算代圣贤说一篇较详尽的话。（二）则历来所谓对偶文字，系逐句相对，而此则系逐段相对，所以其体裁系特别的。又八股文长短亦有定限。在清代，是长不能过七百字，短不能不满三百字。此等规则，虽亦小有出入，但原则上是始终遵守的。因有（一）之条件，所以文中不能用后世事，这是清代学者，疏于史事的一个原因。其式为明太祖及刘基所定，故亦谓之制义。其用意，大概是防士子之竞骛新奇的。科举名额有定，而应试者多。如清末，江南乡试，连副贡取不满二百人，而应试者数逾二万。限于一定的题目，在几篇文字内，有学问者亦无所见其长。于是有将文字做得奇奇怪怪，以期动试官之目的，此弊在宋代已颇有。明清时代科举之弊，在于士子只会做几篇四书义，其余全是敷衍了事，等于不试。士子遂至一物不知。此其弊，由于立法的未善。因为人之能力，总是有限的，一个人不过懂得一门两门。所以历代考试之法，无不分科，就其所习而试之。经义、诗赋的分科，就等于唐朝的明经进士。这二者，本来不易兼通。而自元以来，并二者为一。三场所试的策，绝无范围。所以元、明、清三朝的科举，若要实事求是，可说是无人能应。天下事，责人以其所不能为者，人将并其所能为者而亦不为，这是无可如何的事。明清科举致弊之源，即在于此。宋代改革科举之意，是废诗赋而存经义、策论，这个办法，被元、明、清三代的制度推翻了。其学校及科举并用之意，到明朝，却在形式上办到。明制，是非国子监生和府州县学生，不能应科举的。府州县学生应科举，是先须经过督学使者的试验的，谓之科考。科考录取的人，才得应乡试。但后来，除文字违式者外，大抵是无不录取的。非学生，明代间取一二，谓之“充场儒士”，其数极少。所以《明史》谓其“学校储材，以待科举”。案科举所试，仅系一日之短长，故在事实上，并无学问，而年少气盛，善于作应试文字者，往往反易弋获，真有学问者反难。学校所授，无论如何浅近，苟使认真教学，学生终必在校肄习几年，必不能如科举之一时弋取。但课试等事，极易徒有其名，学问之事，亦即有名无实。毕业实毕年限之弊，实自古有之，并不自今日始。使二者相辅而行，确系一良好的制度。但制度是拗不过事实的。入学校应科举的人，其意既在于利禄，则学问仅系工具，所以从前应举的人，称应举所作文字为敲门砖。利禄才是目的。目的的达到，是愈速愈好的。（一）假使科举与学校并行，年少气盛的人，亦必愿应科举而不愿入学校。（二）况且应试所费，并来往程途计之，远者亦不过数月，平时仍可自谋生活。学校则不能然。所以士之贫者，亦能应科举而不能入学校。（三）何况学校出身，尚往往不及科举之美，职是故，明朝行学校储才以待科举之制后，就酿成这样的状况：（一）国子监是自有出身的，但其出身不如科举之美，则士之衰老无大志者都归之。（二）府州县学，既并无出身；住在学校里，又学不到什么；人家又何苦而来“坐学”？做教官的人，亦是以得禄为目的的。志既在于得禄，照经济学的原理讲，是要以最少的劳费，得最大的效果的。不教亦无碍于利禄，何苦而定要教人？于是府州县学，就全然有名无实了。明初对于国子监，看得极为隆重。所以后来虽然腐败，总还维持着一个不能全不到校的局面，到清朝，便几乎和府州县学一样了。

制科在唐朝，名义上是极为隆重的。但因其非常行之典，所以对于社会的影响，不如乡贡的深刻。自宋以后，大抵用以拔取乡贡以外的人才，但所取者，亦不过长于辞章，或学问较博之士。设科本意，虽非如此，然事实上不过如此，看《宋史·选举志》可知。清圣祖康熙十八年，高宗乾隆元年，曾两次举行博学鸿词科，其意还不过如此。德宗光绪二十五年，诏开经济特科，时值变法维新之际，颇有登用人才之意。政变以后，朝廷无复此意，直到二十九年，才就所举的人，加以考试，不过敷衍了事而已。

科举在从前，实在是一种文官考试。所试的科目，理应切于做官之用。然而历代所试，都不是如此的。这真是一件极奇怪的事。要明白此弊之由来，则非略知历史上此制度的发展不可。古代的用人，本来只求有做官的智识技能，此智识两字，指循例办公的智识言，等于后世的幕友胥吏，不包括广泛的智识。别无所谓学问的。后来社会进化了，知道政治上的措置，必须通知原理，并非循例办事而已足。于是学问开始影响政治，讲学问的人，亦即掺入政治界中。秦朝的禁“以古非今”；只许学习“当代法令”；“欲学法令，以吏为师”；是和此趋势相反的。汉朝的任用儒生，则顺此趋势而行。这自然是一种进步。但既知此，则宜令做官的人，兼通学问，不应将做官的人与学问之士，分为两途，同时并用。然汉朝却始终如此。只要看当时的议论，总是以儒生、文吏并举，便可知道。《续汉书·百官志》《注》引应劭《汉官仪》，载后汉光武帝的诏书，说丞相故事，四科取士：（一）曰德行高妙，志节清白。（二）曰学通行修，经中博士。（三）曰明达法令，足以决疑，能案章覆问，文中御史。（四）曰刚毅多略，遭事不惑，明足以

古代科举考试过程表

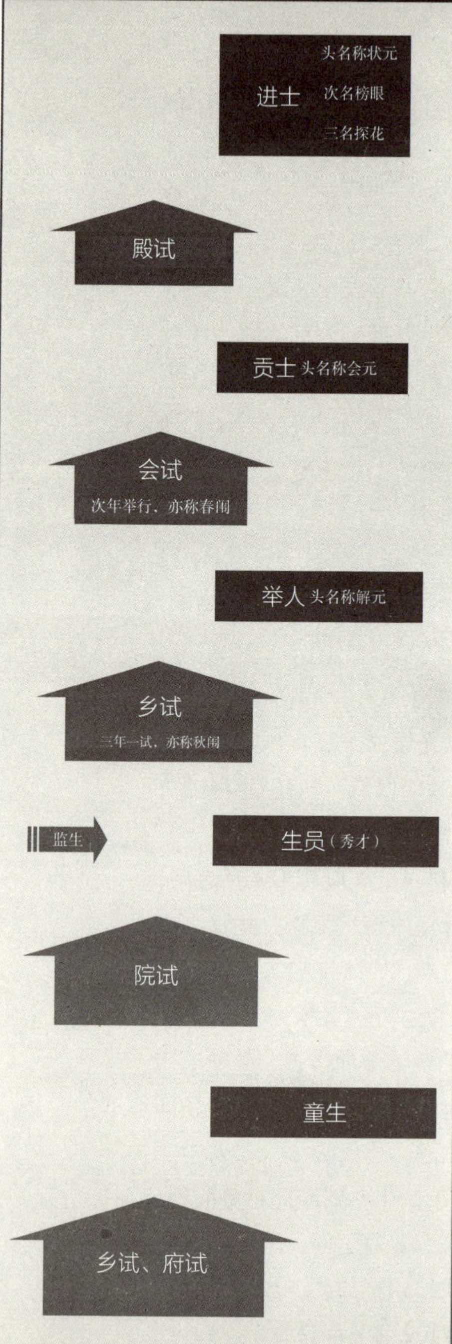

一个普通的读书人要想考中进士必须经过层层选拔，若能在乡试、会试、殿试上皆夺得第一名，则称为“连中三元”，历史上只有不到二十人达到如此成就。

决，才任三辅令。第一种是德行，第四种是才能，都是无从以文字考试的。第二种即系儒生，第三种即系文吏。左雄考试之法，所试的亦系这两科。以后学者的议论，如《抱朴子》的《审举篇》，极力主张考试制度，亦说律令可用试经之法试之。国家的制度，则唐时明法仍与明经并行，所沿袭的还系汉制。历千年而不知改变，已足惊奇。其后因流俗轻视诸科，把诸科概行废去，明法一科，亦随之而废，当官所需用的智识技能，在文官考试中，遂至全然不占地位。（一）政治上的制度，既难于改变；（二）而迂儒又有一种见解，以为只要经学通了，便一切事情，都可对付，法令等实用不着肄习；遂益使此制度固定了。历史上有许多制度，凭空揣度，是无从明白其所以然的。非考其事实、观其变迁不可。科举制度，只是其一端罢了。

近世的科举制度，实成于明太祖之手。然太祖并非重视科举的人。太祖所最重的是荐举，次之则是学校。当时曾令内外大小臣工，皆得荐举，被荐而至的，又令其转荐，由布衣至大僚的，不可胜数。国子监中，优礼名师，规则极严，待诸生亦极厚，曾于一日之中，擢六十四人为布、按两司官。科举初设于洪武三年，旋复停办，至十五年乃复设。当时所谓三途并用，系指（一）荐举，（二）进士贡监，（三）吏员。见《日知录·通经为吏》条。一再传后，荐举遂废，学校寖轻，而科举独重。此由荐举用人，近于破格，非中主所能行。学校办理不能认真，近于今所谓毕业即毕年限。科举（一）者为习惯所重，（二）则究尚有一日之短长可凭，所以为社会所重视。此亦不能谓绝无理由。然凡事偏重即有弊，何况科举之本身，本无足取呢？明制：进士分为三甲。一甲三人，赐进士及第。二甲若干人，赐进士出身。三甲若干人，赐同进士出身。一甲第一人，授翰林院修撰。第二、第三人授编修。二、三甲均得选庶吉士。庶吉士本系进士观政在翰林院、承敕监等衙门者之称。明初，国子监学生，派至各衙门实习的，谓之历事。进士派至各衙门实习的，谓之观政。使其于学理之外，再经验实事，意本甚善。然后亦成为具文。庶吉士初本不专属翰林。成祖时，命于进士二甲以下，择取文理优者，为翰林院庶吉士，自此才为翰林所专。后复命就学文渊阁。选翰翰林院。詹詹事府。官教习。三年学成，考试授官，谓之教馆。出身特为优异。清制：二、三甲进士，亦得考选庶吉士。其肄业之地，谓之庶常馆。选满汉学士各一人教习，视为储才之地。然其所习者，不过诗赋、小楷而已。乡举在宋朝还不过是会试之阶，并不能直接入官。明世始亦为入仕之途。举贡既特异于杂流，进士又特异于举贡。所谓三途并用者，遂成（一）进士，（二）举贡，（三）吏员。见《明史·选举志》。在仕途中，举贡亦备遭轻视排挤，杂流更不必论了。清制以科目、贡监、荫生为正途，荐举、捐纳、吏员为异途，异途之受歧视亦殊甚。然及末造，捐纳大行，仕途拥挤，亦虽欲歧视而不可得了。

卖官之制，起于汉武帝。《史记·平准书》所谓“入羊为郎”“入财者得补郎”“吏得入谷补官”、买武功爵者试补吏皆是。后世虽有秕政，然不为法令。明有纳粟入监之例，亦仍须入监读书。清则仅存虚名。实官捐，顺康时已屡开，嘉道后尤数，内官自郎中，外官自道府而下，皆可报捐。直至光绪二十七年才停，从学校、科举、吏员等出身之士，虽不必有学识，究不容一物不知，捐纳则更无制限，而其数又特多。既系出资买来，自然视同营业。清季仕途人员的拥塞、流品的冗杂、贪污的特盛，实在和捐纳之制，是大有关系的。

元代各机关长官，多用蒙古人。清朝则官缺分为满、汉、包衣、汉军、蒙古，这实在是一种等级制度。已见第四章。满缺有一部分是专属于宗室的，其选举权在宗人府；包衣属内务府；均不属吏部。

以上所说，大略都是取士之制，即从许多人中，拔擢出一部分人来，给他们以做官的资格。其就已有做官资格的人，再加选试，而授之以官，则普通称为“铨选”。其事于古当属司马，说已见前。汉朝，凡有做官的资格，而还未授官的，皆拜为郎，属于光禄勋，分属五官中郎将、左中郎将、右中郎将，谓之三署郎。光禄勋岁于其中举茂材四行。其选授之权，初属三公府，东西曹主其事。后来尚书的吏曹，渐起而攘夺其权。灵帝时，吕强上言:“旧典选举，委任三府。”“今但任尚书，或复敕用。”可见到后汉末，三公已不大能参预选举了。曹魏以后，既不设宰相，三公等官，亦不复参与政事，选权遂专归尚书。唐制：文选属于吏部，武选属于兵部。吏部选官，自六品以下，都先试其书、判，观其身、言。五品以上则不试，上其名于中书门下。宋初，选权分属中书、枢密及审官院，吏部唯注拟州县官。熙宁改制，才将选权还之吏部。神宗说古者文武不分途，不以文选属吏、武选属兵为然。于是文武选皆属吏部，由尚书、侍郎，分主其事。明清仍文选属吏，武选属兵。明代吏部颇有大权，高官及边任等，虽或由廷推，或由保举，然实多由吏部主其事。清代则内分于军机、内阁，外分于督、抚，吏部所司，真不过一吏之任而已。外官所用僚属，自南北朝以前，均由郡县长官，自行选用，其权属于功曹。所用多系本地人。隋文帝始废之，佐官皆由吏部选授。此与选法之重资格而轻衡鉴，同为一大变迁，而其原理是相同的，即不求有功，但求防弊。士大夫蔽于阶级意识，多以此等防弊之法为不然。然事实上，所谓官僚阶级，总是以自利为先、国事为后的。无以防之，势必至于泛滥不可收拾。所以防弊之法，论者虽不以为然，然事实上卒不能废，且只有日益严密。

用人由用之者察度其才不才，谓之衡鉴。鉴是取譬于镜子，所以照见其好坏；衡则取喻于度量衡，所以定其程度的。用人若在某范围之中，用之者得以自由决定其取舍，不受何等法律的限制，则谓之有衡鉴之权。若事事须依成法办理，丝毫不能自由，即谓之依据资格。二者是正相反对的。资格用人，起于后魏崔亮的停年格，专以停解先后为断，是因胡灵后秉政，许武人入选，仕途拥挤，用此为手段，以资对付的。崔亮自己亦不以为然。北齐文襄帝做尚书时，就把它废掉了。唐开元时，裴光庭又创循资格。然自中叶以后，检校、试、摄、判、知之法大行，皆以资格不相当之人任事，遂开宋朝以差遣治事之端。明孙丕扬创掣签法。资格相同者，纳签于筒，在吏部堂上，由候选者亲掣。不到者由吏部堂官代掣。当时亦系用以对付中人请托的。见于慎行《笔麈》。然其后卒不能废。大抵官吏可分为政务官和事务官。政务官以才识为重，自不能专论资格。事务官不过承上官之命，依据法律，执行政务。其事较少变化。用法能得法外意，虽是极好的事，然其事太无凭据，若都借口学识，破弃资格，一定得才的希望少，徇私的弊窦多。所以破格用人，只可视为偶然之事，在常时必不能行，历来诋諆资格之论，都是凭臆为说，不察实际情形的。

回避之法，亦是防弊的一端。此事古代亦无之。因为回避之法，不外两端:（一）系防止人与人之间的关系。（二）则防止人与其所治的地方的关系。在世官制度之下，世家大族，左右总是姻亲；而地不过百里，东西南北，亦总系父母之邦；何从讲起回避？地方既小，政治之监察既易，舆论之指摘亦严，要防止弊窦，亦正无借乎回避。所以回避之法，在封建制度下，是无从发生的。郡县制度的初期，还毫无形迹，如严助、朱买臣均以吴人而为会稽守，即其明证。东汉以后，此制渐渐发生。《后汉书·蔡邕传》说：时制婚姻之家，及两州人士，不得对相监临，因此有三互之法。《注》：三互，谓婚姻之家，及两州人不得交互为官也。是为回避之法之始。然其法尚不甚严。至近世乃大为严密。在清代，唯教职止避本府，余皆须兼避原籍、寄籍及邻省五百里以内。京官父子、祖孙，不得同在一署。外官则五服之内，母、妻之父及兄弟、女婿、外甥、儿女姻亲、师生，均不得互相统属。皆以卑避尊。此等既以防弊，亦使其人免得为难，在事实上亦不得不然。唯近代省区太大，服官的离本籍太远，以致不悉民情风俗，甚至言语不通，无从为治。以私计论，来往川资，所费大巨，到任时已不易筹措，罢官后竟有不能归家的，未免迫人使入于贪污，亦是立法未善之处。

选举之法，无论如何严密，总不过慎之于任用之初。（一）人之究有德行才识与否，有时非试之以事不能知。（二）亦且不能保其终不变节。（三）又监督严密，小人亦可为善，监督松弛，中人不免为非；所以考课之法，

▲ **考试图横轴** 该图描绘了明代贡院内科举考试的场景，展现了科举考试的规模及其监考制度。但明清以来，科场舞弊丛生，积重难返。

实较选举更为重要。然其事亦倍难。因为（一）考试之法，可将考者与被考者隔离;（二）且因其时间短，可用种种方法防弊;（三）不幸有弊，所试以文字为凭，亦易于复试磨勘；在考课则办不到。考课之法，最早见于书传的，是《书经》的三载考绩、三考黜陟。《尧典》，今本《舜典》。《周官》太宰，以八柄诏王驭群臣，一曰爵，二曰禄，三曰予，四曰置，五曰生，六曰夺，七曰废，八曰诛。亦系此法。汉朝京房欲作考功课吏法，因此为石显所排。王符著《潜夫论》极称之，谓为致太平之基。见《考绩篇》。魏世刘劭，亦曾受命作都官考课及说略。今其所著《人物志》具存，论观人之法极精，盖远承《文王官人》之绪。《大戴礼记》篇名。《周书》亦有此篇，但称《官人》。按京房尝受学焦延寿，延寿称“得我道以亡身者，京生也”。京房《易》学，虽涉荒怪，然汉世如此者甚多，何致有亡身之惧？疑《汉书》文不完具。京房课吏之法，实受诸延寿，得我道以亡身之说，实指课吏之法言之。如此，则考课之法，在古代亦系专门之业，而至后来乃渐失其传者了。后世无能讲究此学的。其权，则初属于相府，后移于尚书，而专属于吏部。虽有种种成法，皆不过奉行故事而已。吏部系总考课的大成的。各机关的属官，由其长官考察；下级机关，由上级机关考察；为历代所同。考课有一定年限。如明代，京官六年一考察，谓之京察。外官三年一考察，谓之外察，亦谓之大计，武职谓之军政。清朝均三年一行。考察有一定的项目，如清朝文官，以守、才、政、年为四格。武官又别有字样，按格分为三等。又文武官均以不谨、罢软、浮躁、才力不及、年老、有疾为六法。犯此者照例各有处分。然多不核其实，而人事的关系却颇多。高级的官，不由吏兵部决定的，明有自陈，清有由部开列事实请旨之法，余皆由吏兵部处理。

CHAPTER 8

◎ 第八章 赋税

中国的赋税，合几千年的历史观之，可以分为两大类：其（一）以最大多数的农民所负担的田税、军赋、力役为基本，随时代变化，而成为种种形式。自亡清以前，始终被看作最重要的赋税。其（二）自此以外的税，最初无有，后来逐渐发生，逐渐扩张，直至最近，才成为重要部分。

中国的赋税，合几千年的历史观之，可以分为两大类：其（一）以最大多数的农民所负担的田税、军赋、力役为基本，随时代变化，而成为种种形式。自亡清以前，始终被看作最重要的赋税。其（二）自此以外的税，最初无有，后来逐渐发生，逐渐扩张，直至最近，才成为重要部分。

租、税、赋等字样，在后世看起来，意义无甚区别，古代则不然。汉代的田税，古人称之为税，亦即后世所谓田赋。其收取，据孟子说，有贡、助、彻三法。夏后氏五十而贡，殷人七十而助，周人百亩而彻。五十、七十当系夏殷顷亩，较周为小，不然，孟子所说井田之制，就不可通了。又引龙子的话，说“贡者，校数岁之中以为常”，即是取几年的平均额，以定一年的税额。乐岁不能多，凶年不能减。所以龙子诋为恶税。助法，据孟子说，是将一方里之地，分为九百亩。中百亩为公田，外八百亩为私田。一方里之地，住居八家。各受私田百亩。共耕公田。公田所入，全归公家；私田所入，亦全归私家，不再收税。彻则田不分公私，而按亩取其几分之几。按贡法当是施之被征服之族的。此时征服之族与被征服之族，尚未合并为一，截然是两个团体。征服之族，只责令被征服之族，每年交纳农作品若干。其余一切，概非所问。此时纳税的实系被征服之族之团体，而非其个人。所以有此奇异的制度。至于助、彻，该是平和部族中自有的制度，在田亩自氏族分配于家族时代发生的。参看第二、第五两章自明。三者的税额，孟子说：“其实皆十一也。”这亦不过以大略言之。助法，照孟子所说、明明是九一，后儒说：公田之中，以二十亩为庐舍，八家各耕公田十亩，则又是十一分之一。古人言语粗略，计数更不精确，这是不足以为怀疑孟子的话而加以责难的根据。古代的田制有两种：一种是平正之地，可用正方形式分划，是为井田。一种是崎岖之地，面积大小，要用算法扯算的，是为畦田。即圭田。古代征服之族，居于山险之地，其地是不能行井田的，所以孟子替滕文公规划，还说“请野九一而助，国中什一使自赋”。既说周朝行彻法，又说虽周亦助，也是这个道理。参看第四章自明。

赋所出的，是人徒、车、辇、牛、马等，以供军用。今文家说：十井出兵车一乘。《公羊》宣公十年，昭公元年何《注》。古文家据《司马法》，而《司马法》又有两说：一说以井十为通，通为匹马，三十家，出士一人，徒二人。通十为成，成十为终，终十为同，递加十倍。《周官》小司徒郑《注》引。又一说以四井为邑，四邑为丘，有戎马一匹，牛三头。四丘为甸，出戎马四匹，兵车一乘，牛十二头，甲士三人，步卒七十二人。郑注《论语·学而篇》“道千乘之国”引之，见《小司徒疏》。今文家所说的制度，常较古文家早一时期，说已见前。古文家所说的军赋，较今文家为轻，理亦由此。《司马法》实战国时书。战国时国大了，所以分担的军赋也轻。

▼ **农家故事图册（农家收获）** 图中描绘的是一户农家收获时，在场院劳动的场面。收获以后的粮食，要先按税额纳税，余下的才能卖出或留下来。赋税的轻重，直接影响了农民的生活境况。

役法，《礼记·王制》说："用民之力，岁不过三日。"《周官》均人说：丰年三日，中年二日，无年一日。小司徒说："上地家七人，可任也者家三人。中地家六人，可任也者二家五人。下地家五人，可任也者家二人。凡起徒役，毋过家一人，以其余为羡。惟田与追胥竭作。"案田与追胥，是地方上固有的事，起徒役则是国家所要求于人民的。地方上固有的事，总是与人民利害相关的，国家所要求于人民的，则利害未必能一致，或且相反。所以法律上不得不分出轻重。然到后来，用兵多而差徭繁，能否尽守此规则，就不可知了。古代当兵亦是役的一种。《王制》说："五十不从力政，政同征，即兵役外的力役。六十不与服戎。"《周官》乡大夫说："国中自七尺以及六十，野自六尺以及六十有五皆征之。"《疏》说七尺是二十岁，六尺是十五岁。六只是未成年之称，其说大约是对的。然则后期的徭役，也比前期加重了。

以上是古代普遍的赋税。至于山林川泽之地，则古代是公有的。手工业，简易的人人会做，艰难的由公家设官经营。商业亦是代表部族做的。说已见第五章。既无私有的性质，自然无所谓税。然到后来，也渐渐地有税了。《礼记·曲礼》："问国君之富，数地以对，山泽之所出。"古田地字通用，田之外兼数山泽，可见汉世自天子至封君，将山川、园池、市井租税之人，皆作为私奉养，由来已久。参看第五章。市井租税，即系商税。古代工商业的分别，不甚清楚，其中亦必包含工税。按《孟子》《王制》，都说"市廛而不税，关讥而不征"。廛是民居区域之称。古代土地公有，什么地方可以造屋，什么地方可以开店，都要得公家允许的，不能乱做。所以《孟子·滕文公上篇》，记"许行自楚之滕，踵门而告文公曰：闻君行仁政，愿受一廛而为氓，文公与之处"。然则市廛而不税，即系给予开店的地方，而不收其税，这是指后世所谓"住税"而言，在都邑之内。关讥而不征，自然是指后世所谓"过税"而言。然则今文住税、过税俱无。而《周官》司市，必"凶荒札丧"，才"市无征而作布"；造货币。司关必凶荒才"无关、门之征"；门谓城门。则住税过税都有了。又《孟子·公孙丑下篇》说："古之为市者""有司者治之耳。有贱丈夫焉，必求龙断而登之，以左右望而罔市利。人皆以为贱，故从而征之"，龙即"陇"字。龙断，谓陇之断者。一个人占据了，第二个人再不能走上去与之并处。罔即今"网"字。因为所居者高，所见者远，遥见主顾来了，可以设法招徕；而人家也容易望见他；自可把市利一网打尽了。这是在乡赶集的，而亦有税，可见商税的无孔不入了。此等山川、园池、市肆租税，都是由封建时代各地方的有土之君，各自征收的，所以很缺乏统一性。

赋税的渐增，固由有土者的淫侈、战争的不息，然社会进化，政务因之扩张，支出随之巨大，亦是不可讳的。所以白圭说："吾欲二十而取一。"孟子即说："子之道貉道也。"貉"无城郭，宫室，宗庙祭祀之礼。无诸侯币帛饔飧，无百官有司，故二十取一而足"。然则赋税的渐增，确亦出于事不获已。倘使当时的诸侯大夫，能审察情势，开辟利源，或增设新税，或就旧税之无害于人民者而增加其税额，原亦不足为病。无如当时的诸侯大夫，多数是不察情势，不顾人民的能否负担，而一味横征暴敛。于是田租则超过十一之额，而且有如鲁国的履亩而税，见《春秋》宣公十五年。此因人民不尽力于公田，所以税其私田。井田制度破坏尽了。力役亦加多日数，且不依时令，致妨害人民的生业。此等证据，更其举不胜举。无怪乎当时的仁人君子，都要痛心疾首了。然这还不算最恶的税。最恶的税，是一种无名的赋。古书中赋字有两义：一是上文所述的军赋，这是正当的。还有一种则是不论什么东西，都随时责之于民。所以《管子》说："岁有凶穰，故谷有贵贱。令有缓急，故物有轻重。"《国蓄篇》。轻就是价贱，重就是价贵。在上者需用某物，不管人民的有无，下令责其交纳，人民只得求之于市，其物的价格就腾贵，商人就要因此剥削平民了。《管子》又说：以室庑籍，以六畜籍，以田亩籍，以正人籍，以正庑户籍。籍即是取之之意。以室庑籍，当谓按户摊派。以田亩籍，则按田摊派。正人、正户，当系别于穷困疲羸的人户而言。六畜，谓畜有六畜之家，当较不养者为富。《山权数》云："若岁凶旱水泆，民失本，则修宫室台榭，以前无狗后无彘者为庸。"此以家无孳畜为贫穷的证据。所以以之为摊派的标准。其苛细可谓已甚了。古代的封君，就是后世乡曲的地主。后世乡曲的地主，需要什么东西，都取之于佃户的，何况古代的封君，兼有政治上的权力呢？无定时、无定物、无定数，这是最恶的税。

秦汉之世，去古未远，所以古代租税的系统，还觉分明。汉代的田租，就是古代的税，其取之甚轻。高祖时，十五税一。文帝从晁错之说，令民入粟拜爵，十三年，遂全除田租。至景帝十年，乃令民半出租，为三十而税一。后汉初年，尝行十一之税。天下已定，仍三十而税一。除灵帝曾按亩敛修宫钱外，始终无他横敛。修宫钱只是横敛，实不能算增加田租。可谓轻极了。但古代的田，是没有私租的，汉世则正税之外，还有私租，所以国家之所取虽薄，农民的负担，仍未见减轻，还只有加重。王莽行王田之制时，诏书说汉时的私租，"厥名三十，实十税五"，则合三十税一的官租，是三十分之十六了。汉代的口钱，亦称算赋。民年十五至五十六，出钱百二十，以食天子。武帝又加三钱，以补车骑马。见《汉书 · 高帝纪》四年、《昭帝纪》元凤四年《注》引如淳说引《汉仪注》。按《周官》太宰九赋，郑《注》说赋是“口率出泉”。又说：“今之算泉，民或谓之赋，此其旧名与？”泉钱一字。观此，知汉代的算赋，所谓人出百二十钱以食天子者，乃古代横敛的赋所变。盖因其取之无定时、无定物、无定数，实在太暴虐了，乃变为总取钱若干，而其余一切豁免。这正和五代时的杂征敛，宋世变为沿纳；明时的加派，变为一条鞭一样。见下。至于正当的赋，则本是供军用的，所以武帝又加三钱以补车骑马。汉代的钱价，远较后世为贵，人民对于口钱的负担，很觉其重。武帝令民生子三岁出口钱，民至于生子不举。元帝时，贡禹力言之。帝乃令民七岁乃出口钱。见《汉书·贡禹传》。役法:《高帝纪》二年《注》引如淳说，《律》：年二十三，傅之畴官，各从其父畴学之。畴之义为类。古行世业之法，子弟的职业，恒与父兄相同；所谓士之子恒为士，农之子恒为农，工之子恒为工，商之子恒为商。参看《阶级》章。而每一类的人，都有其官长，《国语·周语》：说宣王要料民于太原，仲山父谏，说“古者不料民而知其多少。司民协孤终，司商协民姓，司徒协旅，司寇协奸，牧协职，工协革，场协入，廪协出，是则少多死生，出入往来，皆可知也”。这即是各官各知其所管的民数的证据。此即所谓畴官。傅之畴官，就是官有名籍，要负这一类中人所应负的义务了。这该是古制，汉代的人民，分类未必如古代之繁，因为世业之制破坏了。但法律条文，是陈旧的东西，事实虽变，条文未必随之而变。如淳所引的律文，只看作民年二十三，就役籍有名，该当一切差徭就够了。景帝二年，令民年二十始傅。又将其提早了三年。役法是征收人民的劳力的，有役法，则公家举办事业，不必要出钱雇工，所以在财政上，也是一笔很大的收入。

财政的规模，既经扩张，自当创设新税。创设新税，自当用间接之法，避免直接取之于农民。此义在先秦时，只有法家最明白。《管子·海王篇》说，要直接向人民加赋，是人人要反对的。然盐是无人不吃的；铁器亦不论男女，人人要用，如针、釜、耒、耜之类；在盐铁上加些微之价，国家所得，已不少了。这是盐铁官卖或收税最古的理论。此等税或官卖，古代亦必有行之者。汉代郡国，有的有盐官、铁官、工官，收工物税。都水官，收渔税。有的又没有，即由于此。当此之时，自应由中央统筹全局，定立税法；或由中央直接征收，或则归之于地方。但当时的人，不知出此。桑弘羊是治法家之学的；王莽实亦兼采法家之说；见第五章。所以弘羊柄用时，便筦盐铁、榷酒酤，并行均输、算缗之法；千钱为缗，估计资本所值之数，按之抽税。王莽亦行六筦之制。见第五章。然行之既未尽善；当时的人，又大多数不懂得此种理论。汲黯说：天子只该“食租衣税”。晋初定律，把关于酒税等的法令，都另编为令，出之于律之外，为的是律文不可时改，而此等税法，在当时，是认为不正当，天下太平之后，就要废去的。见《晋书·刑法志》。看这两端，便知当时的人，对于间接税法，如何地不了解。因有此等陈旧的见解，遂令中国的税法，久之不能改良。

田租、口赋两种项目，是从晋定《户调式》以后，才合并为一的。户调之法，实起源于后汉之末。魏武帝平河北，曾下令：田租之外，只许每户取绵绢若干，不准多收。见《三国魏志·武帝纪》建安九年《注》。大约这时候，（一）人民流离，田亩荒废，有能从事开垦的，方招徕之不暇，不便从田租上诛求。（二）又人民的得钱，是比较艰难的，这个历代情形都如此。所以租税征收谷帛，在前代，是有益于农民的。必欲收钱，在征收租税时，钱价就昂贵，谷帛的价，就相对下落了。汉世钱价贵，丧乱之际，卖买停滞，又不能诛求其口钱。所以不如按户责令交纳布帛之类。这原是权宜之法。但到晋武帝平吴，制为定式之后，就成为定法了。户调之法，是与官授田并行的。当时男子一人，占田七十亩；女子三十亩。其外，丁男课田五十亩，丁女二十亩；次丁男半之，女则不课。丁男之户，岁输绢三匹，绵三斤。女及次丁男为户者半输。北魏孝文帝均田令，亦有授田之法。已见第五章。唐时，丁男给田一顷，以二十亩为永业，余为口分。每年输粟三石，谓之租。看地方的出产，输绵及丝麻织品，谓之调。力役每年二十日，遇闰加两日，不役的纳绢三尺，谓之庸。立法之意，本是很好的。但到后来，田不能授，而赋税却是按户征收了。你实际没有田，人家说官话不承认。兼并的人，都是有势力的，也无人来整顿他们。于是无田的人，反代有田的人出税。人皆托于宦、学、释、老，或诈称客户以自免。其弊遂至不可收拾，当这时代，要想整顿，（一）除非普加清厘，责令兼并的人，将多余的田退还，由官分给无田者。（二）次则置兼并者于不问，而以在官的闲田，补给无田的人。其事都不能行。（三）于是德宗时，杨炎为相，牺牲了社会政策的立法，专就财政上整顿，就有财产之人而收其税，令于夏秋两季交纳，夏输

唐代税法制度——租庸调表

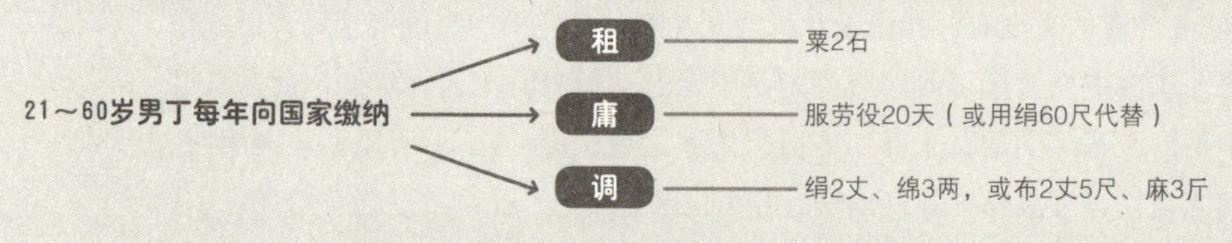

租庸调是唐代前期主要的赋役制度。租庸调是在实施均田制的前提下按丁征收的，由于唐初徭役较轻，租庸调的实施对唐初社会经济的恢复和发展起了积极作用。

毋过六月，秋输毋过十一月。是为两税。两税法的精意，全在“户无主客，以见居为簿；人无丁中，以贫富为差”十八个字。社会立法之意，虽然牺牲了，以财政政策而论，是不能不称为良法的。

“两税以资产为宗”，倘使就此加以研究改良，使有产者依其财产的多少，分别等第，负担赋税，而于无产者则加以豁免，则虽不能平均负赋，而在财政上，还不失公平之道，倒也是值得称许的。然后此等苛税，仍是向大多数农民剥削。据《宋史·食货志》所载，宋时的赋税：有田亩之赋和城郭之赋，这是把田和宅地分别征收的，颇可称为合理。又有丁口之赋，则仍是身税。又有杂变之赋，亦称为沿纳，是两税以外，苛取于民，而后遂变为常税的，在理论上就不可容恕了。但各地方的税率，本来轻重不一。苛捐杂税，到整理之时，还能定为常赋，可见在理论上虽说不过去，在事实上为害还是不很大的。其自晚唐以来，厉民最甚，直至明立一条鞭之法，为害才稍除的，则是役法。

力役是征收人民的劳力的。人民所最缺乏的是钱，次之是物品。至于劳力，则农家本有余闲，但使用之不失其时，亦不过于苛重，即于私人无害，而于公家有益。所以役法行之得当，亦不失为一种良好的赋税。所以现行征工之法，限定可以征工的事项，在立法上是对的。但是晚唐以后的役法，其厉民却是最甚的。其原因：由于此时之所以役民者，并非古代的力役之征，而是庶人在官之事。古代的力役之征，如筑城郭、宫室，修沟渠、道路等，都是人人所能为的；而且其事可以分割，一人只要应役几日；自然不虑其苛重了。至于在官的庶人，则可分为府、史、胥、徒四种，府是看守财物的。史是记事的。胥是才智之称，所做的，当系较高的杂务。“徒，众也”，是不需才智，而只要用众力之时所使用的，大概用以供奔走。古代事务简单，无甚技术关系，即府、史亦是多数人所能做，胥、徒更不必论了。但此等事务，是不能朝更暮改的。从事其间的，必须视为长久的职业，不能再从事于私人的事业，所以必须给之禄以代耕。后世社会进步了，凡事都有技术的关系，筑城郭、宫室，修沟渠、道路等事，亦有时非人人所能为，何况府、史、胥、徒呢？如徒，似乎是最易为的。然在后世，有追捕盗贼等事，亦非人人所能。然晚唐以后，却渐根据“丁”“资”，以定户等而役之。（一）所谓丁资，计算已难平允；（二）而其所以役之之事，又本非其所能为；（三）而官又不免加以虐使；于是有等职务，至于破产而不能给。人民遂有因此而不敢同居，不敢从事生产，甚至有自杀以免子孙之役的。真可谓之残酷无伦了。欲救此弊，莫如分别役的性质。可以役使人民的，依旧签差。不能役使人民的，则由公家出钱雇人充任。这本不过恢复

唐至清代的赋税变迁

两税法

唐·德宗 <宰相·杨炎>（公元780）

唐代后期以户税和地税来代替租庸调的新税制。两税法把中唐极端紊乱的税制统一起来，在一定程度上减轻了人民的负担，但是实行中也有不少弊病。

↓

一条鞭法

明·万历帝 <宰相·张居正>（1570）

一县之赋役，悉并为一条。即先将赋和役分别合并，再通将一省丁银均一省徭役；每粮一石编银若干；每丁审银若干；最后将役银与赋银合并征收。

↓

地丁银制

清·康熙帝 （1717）

把丁税平均摊入田赋中，征收统一的地丁银。一定程度上废除了汉唐以来的人头税，农民对封建国家的人身依附关系进一步松弛，农民人身地位提高。

古代力役之征，庶人在官，各不相涉的办法，无甚稀奇，然宋朝主张改革役法的王安石，亦未计及此。王安石所行的法，谓之免役。案宋代役法，原有签差雇募之分。雇役之法:（一）者成为有给职，其人不至因荒废私计而无以为生。（二）者有等事情，是有人会做，有人不会做的，不会做的人要赔累，会做的人则未必然。官出资雇募，应募的自然都是会做这事情的人，决不至于受累，所以雇役之法，远较差役为良。但当时行之，甚不普遍。安石行免役之法：使向来应役的人，出免役钱；不役的人，出助役钱；官以其钱募人充役。此法从我们看来，所失者，即在于未曾分别役的性质，将可以签差之事，仍留为力役之征，而一概出钱雇募。使（一）农民本可以劳力代实物或货币的，亦概须以实物或货币纳税。（二）而公家本可征收人民劳力的事，亦因力役的习惯亡失，须出钱雇募。于是有许多事情，尤其是建设事务，因此废而不举。这亦是公家的一笔损失。但就雇役和差役两法而论，则雇役之法，胜于差役多了。而当时的旧党，固执成见。元祐时，司马光为相，竟废雇役而仍行差役。此后虽亦差雇并行，总是以差为主，民受其害者又数百年。

田租、口赋、力役以外的赋税，昔人总称为杂税。看这名目，便有轻视它、不列为财政上重要收入的意思。这是前人见解的陈旧，说已见前。然历代当衰乱之际，此等赋税，还总是有的。如《隋书·食货志》说，晋过江后，货卖奴婢、马牛、田宅、价值万钱者，输钱四百，买者一百，卖者三百，谓之“散估”，此即今日的契税。又说：都东方山津，都西石头津，都有津主，以收获、炭、鱼、薪之税，十取其一；淮北大市百余，小市十余，都置官司收税；此即商税中之过税及住税。北朝则北齐后主之世，有关、市、邸、店之税。北周宣帝时，有入市税。又酒坊、盐池、盐井，北周亦皆有禁。到隋文帝时，却把这些全数豁免，《文献通考·国用考》盛称之。然以现代财政学的眼光评论，则还是陈旧的见解。到唐中叶以后，藩镇擅土，有许多地方，赋税不入于中央；而此时税法又大坏；中央收入减少，乃不得不从杂税上设法。宋有天下以后，因养兵特多，此等赋税，不能裁撤，南渡以后，国用更窘，更要加以整顿。于是此等杂税，遂渐渐地附庸蔚为大国了。不论在政治上、社会上，制度的改变，总是由事实逼迫出来的多，在理论指导之下发明的少。这亦是政治家的一种耻辱。

杂税之中，最重要的是盐税。其法，始于唐之第五琦，而备于刘晏。籍民制盐，免其役。谓之灶户，亦谓之亭户。制成之盐，卖之商人，听其所之，不复过问。后人称之为就场征税。宋朝则有（一）官鬻，（二）通商两法。而通商之中，又分为二:（甲）径售之于商人，（乙）则称为入边、入中。入边是“入边刍粟”的略称，入中则是“入中钱帛”的略称。其事还和茶法及官卖香药、宝货有关系。茶税，起于唐德宗时。其初是和漆与竹木并税的。后曾裁撤，旋又恢复，且屡增其额。其法亦系籍民制造，谓之园户。园户制成的茶，由官收买。再行卖给商人。官买茶的钱，是预给园户的，谓之“本钱”。在江陵、真州、海州、汉阳军、无为军、蕲州的蕲口，设立六个榷货务。除淮南十三场所出的茶以外，都送到这六个榷货务出卖。唯川峡、广南，听其自卖，而禁出境。京城亦有榷货务，则是只收钱帛而不给货的。宋初，以河东的盐，供给河北的边备。其卖盐之法：是令商人入刍粟于国家指定之处，由该地方的官吏点收，给予收据，估计其价若干，由商人持此据至国家卖盐之处，照价给之以盐，是为入边刍粟；其六榷货务出卖的茶，茶是在各榷货务取，钱帛是在京师榷货务付出的，是为入中钱帛，这是所以省运输之费，把漕运和官卖，合为一事办理的，实在是个良法。至于香药、宝货，则是当时对外贸易的进口货，有半官卖性质的。有时亦以补充入边入中的不足，谓之三说。此即今兑换之兑字。兑换之兑无义，乃脱换之省写，脱说古通用。有时并益以缗钱，谓之四说。以盐供入边入中之用，其弊在于虚估。点收的官吏和商人串通了，将其所入之物，高抬价格，官物便变成贱价出卖，公家大受损失了。有一个时期，曾废除估价，官以实物卖出，再将所得的钱，辇至出刍粟之处买入。这不啻入边之法已废，仅以官卖某物之价，指定供给某处的边费而已。但虚估之事，是商人和官吏，都有利益的，利之所在，自然政策易于摇动，不久其法复废。到蔡京出来，其办法却聪明了。他对于商人要贩卖官盐的，给之以引。引分为长、短。有若干引，则准做若干盐的卖买，而这引是要卖钱的。这不是卖盐，只是出卖贩盐的许可证了。茶，先已计算官给本钱所得的息，均摊之于园户，作为租税，而许其与商人直接卖买。至此亦行引法，谓之茶引。蔡京是个贪污奸佞的人，然其所立盐茶之法，是颇为简易的，所以其后遂遵行不变。但行之既久，弊窦又生。因为国家既把盐卖给大商人，不能不保证其销路。于是借国家的权力，指定某处地方，为某处所产之盐营销之地，是为“引地”。其事起于元朝，至清代而其禁极严。盐的引额，是看消费量而定的，其引地则看水陆运道而定，两者都不能无变更，而盐法未必随之而变，商人恃有法律保护，高抬盐价，于是私盐盛行。因私盐盛行之故，不得不举办缉私，其费用亦极大，盐遂成为征收费极巨的赋税。宋朝入边入中之法，明朝还仿其意而行之。明初，取一部分的盐，专与商人输粮于边的相交易，谓之中盐。运粮至边方，国家固然困难，商人也是困难的。计算收买粮食，运至边方，还不如在边方开垦之有利，商人遂有自出资本，雇人到边上开垦的，谓之商屯。当时的开平卫，就是现在的多伦县一带，土地垦辟了许多。后来因户部改令商人交纳银两，作为库储，商屯才渐次撤废。按移民实边，是一件最难的事。有移殖能力的人，未必有移殖的财力。国家出资移民，又往往不能得有移殖能力的人，空耗财力，毫无成绩。商人重利，其经营一定比官吏切实些。国家专卖之物，如能划出一部分，专和商人出资移民的相交易，一定能奖励私人出资移民的。国家只需设官管理，规定若干条法律，使资本家不至剥削农民就够了。这是前朝的成法，可以师其意而行之的。又明初用茶易西番之马，含有振兴中国马政，及制驭西番两种用意。因为内地无广大的牧场，亦且天时地利等，养马都不如西番的适宜，而

▼运货牛车 这幅轴画中，满载货物的牛车正沿着蜿蜒的道路爬上山来。

西番马少，则不能为患。其用意，亦是很深远的。当时成绩极佳。后因官吏不良，多与西番私行交易，好马自私，驽马入官，而其法才坏。现在各民族都是一家，虽不必再存什么制驭之意，然借此以振兴边方的畜牧，亦未尝不是善策。这又是前朝的成法，可以师其意而变通之的。

酒：历代有禁时多，征榷时少。因为昔人认酒为糜谷，而其物人人能制，要收税或官卖，是极难的。历代收酒税认真的，莫如宋朝。其事亦起于唐中叶以后。宋时，诸州多置“务”自酿。县和镇乡，则有许民酿而收其税的。其收税，多用投标之法，认税最多的人，许其酿造，谓之“扑买”。承酿有一定年限。不及年限，而亏本停止，谓之“败阙”。官吏为维持税收起见，往往不许其停业。于是有勒令婚丧之家，买酒若干的；甚有均摊之于民户的，这变成强迫买酒了，如何可行？但酒税在北宋，只用为地方经费，如“酬奖役人”之类。当重难差徭的，以此调剂他。到南宋，就列为中央经费了。官吏要维持收入，也是不得不然的。收酒税之法，最精明的，是赵开的“隔酿”，亦称为“隔槽”。行之于四川，由官辟酿酒的场所，备酿酒的器具，使凡要酿酒的，都自备原料，到这里来酿。出此范围之外，便一概是私酒。这是为便于缉私起见，其立法是较简易的，不过取民未免太苛罢了。

阬冶：在唐朝，或属州郡，或隶盐铁使。宋朝，或官置盐、冶、场、务，或由民承买，而以分数中卖于官，皆属转运使。元朝矿税称为税课，年有定额。此外还有许多无定额的，总称为额外课。额外课中，通行全国的，为契税及历本两项。

商税是起于唐朝的藩镇的，宋朝相沿未废。分为住税和过税。住税千分之三十，过税千分之二十。州县多置“监”“务”收取，关镇亦有设置的。其所税之物，随地不同。照法律都应揭示明白，但实际能否如此，就不可知了。唐宋时的商税，实际上是无甚关系的。关系重要的，倒要推对外的市舶司。

市舶司起于唐朝。《文献通考》说：唐有市舶使，以右威卫中郎将周庆立为之。代宗广德元年，有广州市舶使吕太一。按庆立事见《新唐书·柳泽传》，吕太一事见《旧唐书·代宗本纪》。又《新书·卢怀慎传》说怀慎之子奂，“天宝初为南海太守，污吏敛手，中人之市舶者，亦不敢干其法。”合此数事观之，似乎唐时的市舶使，多用中人。关系还不甚重要。到宋朝就不然了。宋朝在杭州、明州、秀州、温州、泉州及密州的板桥镇，就是现在的青岛。均曾设立市舶司。海舶至，先十榷其一。其香药、宝货，又须先尽官买，官买足了，才得和人民交易。香药、宝货，为三说之一，已见前。南宋时又用以称提关会，关子、会子系南宋时纸币之名。提高其价格，谓之称提。可见其和财政大有关系了。元明亦有市舶司。明朝的市舶司，意不在于收税，而在于管理外商。因为明初沿海已有倭寇之故。中叶以后，废司不设。中外互市，无人管理。奸商及各地方的势家，因而欺侮夷人，欠其货款不还，为激成倭寇肆扰原因之一。

赋役之法，至近代又有变迁。《元史·食货志》说：元代的租税，取于内郡的，丁税、地税分为两，是法唐之租庸调的。取于江南的合为一，是法唐朝的两税的。这不过是名目上的异同，实际都是分两次征收，和两税之法无异。总而言之，从杨炎创两税以后，征收的时期，就都没有改变了。元朝又有所谓丝料、包银。丝料之中，又分二户丝和五户丝。二户丝入官。五户丝输于本位。后妃、公主、宗王、功臣的分地。包银每户四两，二两收银，二两折收丝绢颜色。这该是所以代户役的，然他役仍不能免。按户役变成赋税，而仍责令人民应役；杂税变成正税，而后来需用杂物，又随时敛取于民；这是历代的通病，正不独元朝为然。明初的赋役，就立法言之，颇为整饬。其制度的根本，是黄册和鱼鳞册两种册籍。黄册以户为主，记各户所有的丁、粮，粮指所有的田。根据之以定赋役。鱼鳞册以田为主，记其地形、地味及所在，而注明其属于何人。黄册由里长管理，照例应有两本。一本存县官处，一本存里长处，半年一换。各户丁粮增减，里长应随时记入册内，半年交官，将存在官处的一本，收回改正。其立法是很精明的。但此等责任，是否里长所能尽？先是一个问题。况且赋役是弊窦很多的。一切恶势力，是否里长所能抗拒？里长是否即系此等黑幕中的一个人？亦是很难说的。所以后来，两册都失实了。明代的役法，分为力差和银差。力差还是征收其劳力的，银差则取其实物及货币。田税是有定额的，役法则向系量出为入。后来凡有需要，即取之于民，谓之加派。无定时，无定额，人民大困。役法向来是按人户的等第，以定其轻重、免否的。人户的等第，则根据丁口资产的多寡推定，是谓“人户物力”。其推定，是很难公平的。因为有些财产，不能隐匿，而所值转微，如牛及农具、桑树等。有些财产，易于隐匿，而所值转钜，如金帛等。况且人户的规避、吏胥的任意出入，以及索诈、受贿等，都在所不免。历代讫无善策，以除其弊。于是发生专论丁粮和兼论一切资产的问题。论道理，自以兼论一切资产为公平。论手续，却以专论丁粮为简便。到底因为调查的手续太繁了，弊窦太多了，斟酌于二者之间，还是以牺牲理论的公平，而求手续的简便为有利，于是渐趋于专论丁粮之途。加派之弊，不但在其所取之多，尤在于其无定额、无定时，使百姓无从预计。于是有一条鞭之法。总算一州县每一年所需用之数，按阖境的丁粮均摊。自此以外，不得再有征收。而其所谓丁者，并非实际的丁口，乃系通计一州县所有的丁额，摊派之于有田之家，谓之“丁随粮行”。明朝五年一均役，清朝三年一编审，后亦改为五年，所做的都系此项工作。质而言之，乃因每隔几年，贫富的情形变换了，于是将丁额改派一次，和调查丁口，全不相干。役法变迁至此，可谓已行免役之法，亦可谓实已加重田赋而免其役了。加赋偏于田亩，是不合理的。因为没有专令农民负担的理由。然加农民之田赋而免其役，较之唐宋后之役法，犹为此善于彼。因为役事无法分割，负担难得公平。改为征其钱而免其役，就不然了。况且有丁负担赋税的能力小，有产负担赋税的能力大，将向来有丁的负担，转移于有粮之家，也是比较合理的。这是税法上自然的进化。一条鞭之法，起源于江西，后渐遍行于全国，其事在明神宗之世。从晚唐役法大坏至此，历八百年左右。亦可谓之长久了。这是人类不能以理智支配事实，而听其自然迁流之弊。职是故，从前每州县的丁额，略有定数，不会增加。因为增丁就是增赋，当时推行，已觉困难；后来征收，更觉麻烦；做州县官的人，何苦无事讨事做？清圣祖明知其然，所以落得慷慨，下诏说，康熙五十年以后新生的人丁，永不加赋。到雍正时，就将丁银摊入地粮了。这是事势的自然，不论什么人，生在这时候，都会做的，并算不得什么仁政。从前的人，却一味歌功颂德。不但在清朝时候如此，民国时代，有些以遗老自居的人，也还是这样，这不是没有历史知识，就是别有用心了。清朝因有圣祖之诏，所以始终避免加赋之名。但后来田赋的附加很多，实在亦与加赋无异。又古代的赋税，所税者何物，所取者即系何物。及货币通行以后，渐有（一）径收货币，（二）或本收货物之税，亦改收货币的。（三）又因历代（甲）币制紊乱，（乙）或数量不足，（丙）又或官吏利于上下其手，有本收此物，而改收他物的。总之收税并非全收货币。明初，收本物的谓之“本色”，收货币的谓之“折色”。宣宗以后，纸币废而不行，铜钱又缺乏，赋税渐改征银。田赋在收本色时，本来有所谓耗。系

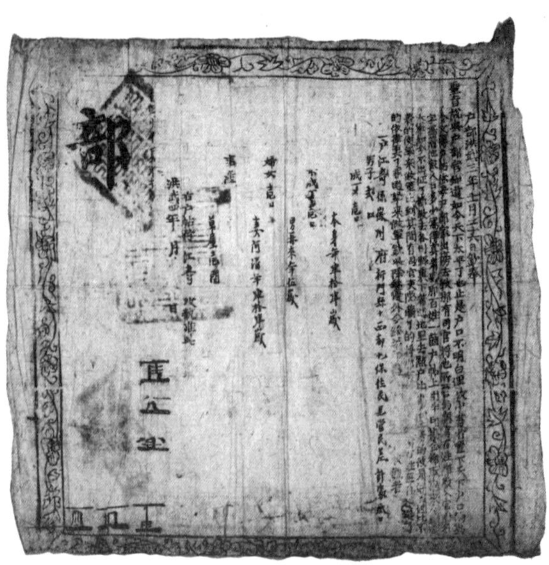

◀ **明代户帖** 图为明政府发给一个叫江寿的人的户帖。户帖是明代户籍制度的一部分。政府根据各户信息编造成册，又称黄册，发给住户的称户帖。

因（子）改装，搬运时，不免有所损失；（丑）又收藏之后，或有腐败及虫蛀、鼠窃等；乃于收税之时，酌加若干。积少成多，于官吏颇有裨益。改收银两以后，因将碎银熔成整铤，经火亦有耗损，乃亦于收银时增加若干，谓之“火耗”。后来制钱充足，收赋时改而收钱，则因银钱的比价，并无一定，官吏亦可将银价抬高，其名目则仍谓之火耗，此亦为农民法外的负担。但从前州县官的行政经费，是不够的，非借此等弥补不可，所以在币制改革以后，亦仍许征税的人，于税收中提取若干成，作为征收之费。

近代田赋而外，税收发达的，当推关、盐两税。盐税自南宋以后，收入即逐渐增加。元明清三朝，均为次于田赋的重要赋税。关税起于明宣宗时。当时因纸币跌价，增设若干新税，并增加旧税税额，以收回钞票。后来此等新增的税目和税额，有仍复其旧的，有相沿未废的。关税亦为相沿未废者之一，故称为钞关。清朝称为常关。常关为数有限，然各关都有分关，合计之数亦不少。太平军兴之后，又有所谓厘金，属于布政司而不属于中央。于水陆要路设卡，以多为贵，全不顾交通上自然的形势。以致一种货物的运输，有重复收税，至于数次的。所税的货物及其税额，亦无一定。实为最恶的税法。新海关设于五口通商以后，当时未知关税的重要，贸然许外人以协议税率。庚子战后，因赔款的负担重了，《辛丑和约》我国要求增税。外人乃以裁厘为交换条件。厘不能裁，增税至百分之十二点五之议，亦不能行。民国时代，我国参加欧战，事后在美国所开太平洋会议中，提出关税自主案。外人仍只许我开关税会议，实行《辛丑条约》。十四年开会时，我国又提出关税自主案。许于十八年与裁厘同时并行，同时拟定七级税则，实际上得各国的承认。国民政府宣布关税自主，与各友邦或订关税条约，或于通商条约中订有关涉关税的条款。十八年，先将七级税实施。至二十年，将厘金裁撤后，乃将七级税废去，另订税则颁布。主权一经受损，其恢复之难如此，亦可为前车之鉴了。关、盐两税之外，清代较为重要的，是契税、当税、牙税。此等税意在于加以管理，不尽在增加收入。其到晚近才发达的，则有烟酒税、印花税、矿税、所得税。其重要的货物，如卷烟、麦粉、棉纱、火柴、水泥、熏烟、啤酒、洋酒等，则征收统税。国民政府将此等税和关税、盐税、牙税、当税，均列为中央收入。田赋划归地方，和契税、营业税同为地方收入大宗。军兴以来，各地方有许多苛捐杂税，则下令努力加以废除。在理论上，赋税已渐上轨道，但在事实上，则还待逐渐加以整顿罢了。

CHAPTER 9

◎ 第九章 兵制

战争是社会的变态而非其常态。变态是有其原因的，原因消失了，变态亦即随之而消失。所以从历史上看来，从没有一支真正强盛到几十年的军队。“兵可百年不用，不可一日无备”，这种思想，亦是以常识论则是，而经不起科学评判的。因为到有事时，预备着的军队，往往无用，而仍要临时更造。

中国的兵制，约可分为八期。

第（一）期，在古代，有征服之族和被征服之族的区别。征服之族，全体当兵，被征服之族则否，是为部分民兵制。

第（二）期，后来战争剧烈了，动员的军队多，向来不服兵役的人民，亦都加入兵役，是为全体皆兵制。

第（三）期，天下统一了，不但用不着全体皆兵，即一部分人当兵，亦觉其过剩。偶尔用兵，为顾恤民力起见，多用罪人及降服的异族。因此，人民疏于军事，遂招致降服的异族的叛乱，是即所谓五胡乱华。而中国在这时代，因乱事时起，地方政府擅权，中央政府不能驾驭，遂发生所谓州郡之兵。

第（四）期，五胡乱华的末期，异族渐次和中国同化了，人数减少，而战斗顾甚剧烈，不得已，乃用汉人为兵。又因财政艰窘，不得不令其耕以自养。于是又发生一种部分民兵制，是为周、隋、唐的府兵。

第（五）期，承平之世，兵力是不能不腐败的。府兵之制，因此废坏。而其时适值边方多事，遂发生所谓藩镇之兵。因此，引起内乱。内乱之后，藩镇遍于内地，唐室卒因之分裂。

第（六）期，宋承唐、五代之后，竭力集权于中央。中央要有强大的常备军。又觑破兵民分业，在经济上的利益。于是有极端的募兵制。

第（七）期，元以异族，入主中原，在军事上，自然另有一番措置。明朝却东施效颦。其结果，到底因淤滞而败。

第（八）期，清亦以异族入主，然不久兵力即腐败。中叶曾因内乱，一度建立较强大的陆军。然值时局大变，此项军队，应付旧局面则有余，追随新时代则不足。对外屡次败北。而国内的军纪，却又久坏。遂酿成晚清以来的内乱。直至最近，始因外力的压迫，走上一条旷古未有的新途径。

以上用鸟瞰之法，揭示一个大纲。以下再逐段加以说明。

第（一）期的阶级制度，看第四、第八两章，已可明白。从前的人，都说古代是寓兵于农的，寓兵于农，便是兵农合一，井田既废，兵农始分，这是一个重大的误解。寓兵于农，乃谓以农器为兵器，说见《六韬·农器篇》。古代兵器是铜做的，农器是铁做的。兵器都藏在公家，临战才发给。所谓授甲、授兵。也只能供给正式军队用，乡下保卫团一类的兵，是不能给

中国历代兵制简表（汉至清）

朝代	军制概要
西汉	**中央兵**： 南军：掌宫城门，长官为卫尉。武帝时又建期门、羽林、城门之兵。 北军：掌京师城门，长官为中尉。武帝时置八校尉，皆属北军。 **地方兵**：大都是特种兵，各随其地所宜而置之。另外还有屯田兵。
东汉	**中央兵**： 南军：五官中郎将、左中郎将、右中郎将、虎贲中郎将、羽林中郎将、羽林左监、羽林右监（主殿门内），卫尉（主殿外）。 北军：中候五营京城兵，均掌宿卫军。 （汉灵帝时，于京师设“西园八校尉”，由宦者负统率之责。） **地方兵**：东汉初罢郡国兵，以京兵任征伐。末年，群雄皆拥兵。
三国	曹魏、蜀汉之制，大体如东汉。曹丕时州郡复典兵，州置都督，后又加“四征”和“四镇”将军之号。又置大将军、都督。孙吴则多水军。
西晋	中央兵有“七军”，由“中领军”总统之；设“五校”，各领千人为营，皆在城中。 晋武帝为防地方权大，废去州郡兵。
东晋 南朝	东晋、南朝兵制弛废。东晋每遇征战，或发“奴兵”，或募兵。仅谢玄募练的“北府兵”，大破前秦苻坚。 宋齐梁陈多系临时发丁，或将帅各募部曲。
北朝	北魏孝文帝时，行均田制，用征兵制，建羽林、虎贲军； 北齐军制分为内外，外有步兵曹，内有骑兵曹； 西魏、北周行“府兵制”，稽民为兵，农隙训练。
隋	实行府兵制：设十二卫，由将军分统，共百府。府兵受田，免租调。又设骠骑、车骑二府，长官分别为骠骑将军（后改鹰扬将军）、车骑将军（后改副郎将）。别置冲折府、果毅府。
唐	府兵制，前后凡三变： 1. 玄宗之前实行府兵制，平时受田务农，农隙训练，有战事则出征。 2. 玄宗时，均田制崩溃，府兵制亦败坏，改募“彍骑”，以卫京师，仍由十二卫统之。 3. 唐代后期，中央仍恃“禁军”（南北衙兵中北衙兵），大都由宦官统领。 地方则藩镇（节度使）各拥重兵，且有军号。
宋	兵种有四类，以禁军为主：禁军是中央之卫军，为宋代兵力骨干，分驻京师及各地，轮番更戍。余下还有厢兵、乡兵和藩兵。 南宋高宗时，立御前五军，称为神武军，隶枢密院，后改属殿前司。
元	兵种有三类：蒙古军、探马赤军、汉军（金人），其他还有“匠军”“新附军”（俘虏的宋兵）。某方有战事，则临时置行枢密院。
明	中央设五军都督府，另有皇帝亲自统帅的十二卫。地方设卫、所；省设都司。
清	八旗兵：满洲、蒙古、汉军各有八旗，分驻京师和各省城。其中正黄、正白、镶黄三旗为皇帝亲军。八旗兵长官为将军、都统、副都统。 绿营：清廷将统一过程中收编的明军和其他汉人按明军旧制，以营为单位组建军队，除在京师五城戍卫以外，绝大部分分驻全国各省。

予的。然敌兵打来，不能真个制梃以自卫。所以有如《六韬》之说，教其以某种农器，当某种兵器。古无称当兵的人为兵的，寓兵于农，如何能释为兵农合一呢？江永《群经补义》中有一段，驳正此说。他举《管子》的参国伍鄙，参国，即所谓制国以为二十一乡，工商之乡六，士乡十五，公和高子、国子，各帅五乡。伍鄙，即三十家为邑，十邑为卒，十卒为乡，三乡为县，十县为属，乃所以处农人。按所引《管子》，见《小匡篇》。又引阳虎欲作乱，壬辰戒都车，令癸巳至。按见《左传》定公八年。以证兵常近国都。其说可谓甚精。按《周官》夏官序官：王六军，大国三军，次国二军，小国一军。大司徒，五家为比，五比为闾，四闾为族，五族为党，五党为州，五州为乡；小司徒，五人为伍，五伍为两，四两为卒，五卒为旅，五旅为师，五师为军；则六军适出六乡。六乡之外有六遂，郑《注》说：遂以军法如六乡。其实乡列出兵法，无田制，遂陈田制，无出兵法，郑《注》是错误的。说本朱大韶《实事求是斋司马——经义·司马》《司马法非周制说》。六乡出兵，六遂则否，亦兵在国中之证。这除用征服之族居国，被征服之族居野，无可解释。或谓难道古代各国，都有征服和被征服的阶级吗？即谓都有此阶级，亦安能都用此治法，千篇一律呢？殊不知（一）古代之国，数逾千百，我们略知其情形的，不过十数，安知其千篇一律？（二）何况制度是可以互相模仿的。世既有黩武之国，即素尚平和之国，亦不得不肆力于军事组织以相应，既肆力于军事组织，其制度，自然可以相像的。所以虽非被征服之族，其中的军事领袖及武士，亦可以逐渐和民众相离，而与征服之族，同其位置。（三）又况战士必须讲守御，要讲守御，自不得不居险；而农业，势不能不向平原发展；有相同的环境，自可有相同的制度。（四）又况我们所知道的十余国，如求其根源，都是同一或极相接近的部族，又何怪其文化的相同呢？所以以古代为部分民兵制，实无疑义。

古代之国，其兵数是不甚多的。说古代军队组织的，无人不引据《周官》。不过以《周官》之文，在群经中独为完具罢了。其实《周官》之制，是和他书不合的。按《诗经·鲁颂》："公徒三万"，则万人为一军。《管子·小匡篇》说军队组织之法正如此。五人为伍，五十人为小戎，二百人为卒，二千人为旅，万人一军。《白虎通义·三军篇》说："虽有万人，犹谦让，自以为不足，故复加二千人"，亦以一军为本万人。《说文》以四千人为一军，则据既加二千人后立说。《穀梁》襄公十一年，"古者天子六师，诸侯一军"，这个军字，和师字同义。变换其字面，以免重复，古书有此文法。一师当得二千人。《公羊》隐公五年何《注》："二千五百人称师，天子六师，方伯二师，诸侯一师"，"五百"二字必后人据《周官》说妄增。然则古文家所说的军队组织，较今文家扩充了，人数增多了。此亦今文家所说制度，代表较早的时期，古文家说，代表较晚的时期的一证。当兵的一部分人，居于山险之地，山险之地，是行畦田之制的，而《司马法》所述赋法，都以井田之制为基本，如此，当兵的义务，就扩及全国人了。《司马法》之说，已见第八章，兹不再引。按《司马法》以终十为同，同方百里，同十为封，封十为畿，畿方千里。如前一说：一封当得车千乘，士万人，徒二万人；一畿当得车万乘，士十万人，徒二十万人。后一说：一同百里，提封万井，除山川、沈斥、城池、邑居、园囿、术路外，定出赋的六千四百井，所以有戎马四百匹，兵车百乘。一封有戎马四千匹，兵车千乘。一畿有戎马四万匹，兵车万乘。见于《汉书·刑法志》。若计其人数，则一同七千五百，一封七万五千，一畿七十五万。《史记·周本纪》说：牧野之战，纣发卒七十万人，以拒武王；《孙子·用间篇》说："内外骚动，殆于道路，不得操事者，七十万家"；都系本此以立说。《司马法》之说，固系学者所虚拟，亦必和实际的制度相近。春秋时，各国用兵，最多不过数万。至战国时，却阬降斩级，动以万计。此等记载，必不能全属子虚，新增的兵，从何处来呢？我们看《左传》成公二年，记齐顷公鞍战败北逃回去的时候，"见保者曰：勉之，齐师败矣"，可见其时正式的军队虽败于外，各地方守御之兵仍在。而《战国策》载苏秦说齐宣王之言，说"韩魏战而胜秦，则兵半折，四竟不守；战而不胜，国以危亡随其后"；可见各地方守御之兵，都已调出去，充作正式军队了。这是战国时兵数骤增之由。在中国历史上，真正全国皆兵的，怕莫此时若了。

秦汉统一以后，全国皆兵之制，便开始破坏。《汉书·刑法志》说："天下既定，踵秦而置材官于郡国。"《后汉书·光武纪》《注》引《汉官仪》建武七年。说："高祖令天下郡国，选能引关、蹶张、材力武猛者，以为轻车骑士、材官、楼船。常以立秋后讲肄课试。"则汉兵制实沿自秦。《汉书·高帝纪》《注》引《汉仪注》二年。说："民年二十三为正，一岁为卫士，一岁为材官骑士，习射御骑驰战陈，年五十六衰老，乃得免为庶民，就田里。"《昭帝纪》《注》引如淳说：元凤四年。"更有三品，有卒更，有践更，有过更。古者正卒无常，人皆当迭为之，是为卒更。贫者欲得雇更钱者，次直者出钱雇之，月二千，是为践更。天下人皆直戍边三日，亦名为更，律所谓繇戍也。不可人人自行三日戍，又行者不可往便还，因便住，一岁一更，诸不行者，出钱三百入官，官以给戍者，是为过更。"此为秦汉时人民服兵役及戍边之制。法虽如此，事实上已不能行。晁错说秦人谪发之制，先发吏有谪及赘婿、贾人，后以尝有市籍者，又后以大父母、父母尝有市籍者，后人闾取其左，见《汉书》本传。此即汉世所谓七科谪。见《汉书·武帝纪》天汉四年《注》引张晏说。二世时，山东兵起，章邯亦将骊山徒免刑以击之。则用罪人为兵，实不自汉代始。汉自武帝初年以前，用郡国兵之时多，武帝中年以后，亦多用谪发。此其原因，乃为免得扰动平民起见。《贾子书·属远篇》说："古者天子地方千里，中之而为都，输将繇使，远者不五百里而至。公侯地百里，中之而为都，输将繇使，远者不五十里而至。秦输将起海上，一钱之赋，十钱之费弗能致。"此为古制不能行的最大原因。封建时代，人民习于战争，征戍并非所惧。然路途太远，旷日持久，则生业尽废。又《史记·货殖传》说，七国兵起，长安中列侯封君行从军旅，赍贷子钱。则当时从军的人，所费川资亦甚巨。列侯不免借贷，何况平民？生业尽废，再重以路途往来之费，人民在经济上，就不堪负担了。这是物质上的原因。至于在精神上，小国寡民之时，国与民的利害，较相一致，至国家扩大时，即不能尽然，何况统一之后？王恢说战国时一代国之力，即可以制匈奴，见《汉书·韩安国传》。而秦汉时骚动全国，究竟宣、元时匈奴之来朝，还是因其内乱之故，即由于此。在物质方面，人民的生计，不能不加以顾恤；在精神方面，当时的用兵，不免要招致怨恨；就不得不渐废郡国调发之制，而改用谪发、谪戍了。这在当时，亦有令农民得以专心耕种之益。然合前后而观之，则人民因此而忘却当兵的义务，而各地方的武备，也日益空虚了。所以在政治上，一时的利害，有时与永久的利害，是相反的。调剂于二者之间，就要看政治家的眼光和手腕了。

民兵制度的破坏，形式上是在后汉光武之时的。建武六年，罢郡国都尉官。七年，罢轻车骑士、材官、楼船。自此各郡国遂无所谓兵备了。后来有些紧要的去处，亦复置都尉。又有因乱事临时设立的。然不是经常、普遍的制度。而外强中弱之机，亦于此时开始。汉武帝置七校尉，中有越骑、胡骑，及长水。见《汉书·百官公卿表》。长水，颜师古云：胡名。其时用兵，亦兼用属国骑等，然不恃为主要的兵力。后汉光武的定天下，所靠的实在是上谷、渔阳的兵，边兵强而内地弱的机缄，肇见于此。安帝以后，羌乱频仍，凉州一隅，迄未宁静，该地方的羌、胡，尤强悍好斗。中国人好斗的性质，诚不能如此等浅演的降夷，然战争本不是单靠野蛮好杀的事。以当时中国之力，谓不足以制五胡的跳梁，决无此理。五胡乱华的原因，全由于中国的分裂。分裂之世，势必军人专权，专权的军人，初起时或者略有权谋，或则有些犷悍的性质。然到后来，年代积久了，则必入于骄奢淫逸。一骄奢淫逸，则政治紊乱，军纪腐败，有较强的外力加以压迫，即如山崩川溃，不可复止。西晋初年，君臣的苟安、奢侈，正是军阀擅权的结果，五胡扰

▲ **彩绘兵马俑** 图为西汉时期模拟当时军阵真实情况的兵马俑。其中步兵俑的数量是骑兵俑的三倍，反映出当时车队正由车骑并用向以步兵为主力的转化。

乱的原因。五胡乱华之世，是不甚用中国人当兵的。说已见第四章。其时用汉兵的，除非所需兵数太多，异族人数不足，乃调发以充数。如石虎伐燕、苻秦寇晋诸役是。这种军队，自然不会有什么战斗力的。军队所靠的是训练。当时的五胡，既不用汉人做主力的军队，自然无所谓训练。《北齐书·高昂传》说：高祖讨尒朱兆于韩陵，昂自领乡人部曲三千人。高祖曰："高都督纯将汉儿，恐不济事，今当割鲜卑兵千余人，共相参杂，于意如何？"昂对曰："敖曹所将部曲，练习已久，前后战斗，不减鲜卑。今若杂之，情不相合。愿自领汉军，不烦更配。"高祖然之。及战，高祖不利，反借昂等以致克捷。可见军队只重训练，并非民族本有的强弱。所以从刘石倡乱以来，至于南北朝之末，北方的兵权，始终在异族手里。这是汉族难于恢复的大原因。不然，五胡可乘的机会，正多着呢？然则南方又何以不能乘机北伐？此则仍由军人专横，中央权力不能统一之故。试看晋朝东渡以后，荆、扬两州的相持，宋、齐、梁、陈之世，中央和地方政府互相争斗的情形，便可知道。

北强南弱之势，是从东晋后养成的。三国以前，军事上的形势，是北以持重胜，南以剽悍胜。论军队素质的佳良，虽南优于北，论社会文明的程度，则北优于南，军事上胜败的原因，实在于此。后世论者，以为由于人民风气的强弱，实在是错误的。秦虽并六国，然刘邦起沛，项羽起吴，卒以亡秦，实在是秦亡于楚。所以当时的人，还乐道南公"亡秦必楚"之言，以为应验。刘项成败，原因在战略上，不关民气强弱，是显而易见的。吴、楚七国之乱，声势亦极煊赫，所以终于无成，则因当时天下安定，不容有变，而吴王又不知兵之故。孙策、孙权、周瑜、鲁肃、诸葛恪、陆逊、陆抗等，以十不逮一的土地人民，矫然与北方相抗，且有吞并中原之志，而魏亦竟无如之何，均可见南方风气的强悍。东晋以后，文明的重心，转移于南，训卒厉兵，本可于短期间奏恢复之烈。所以终无成功，而南北分裂，竟达于二百六十九年之久，其结果且卒并于北，则全因是时，承袭汉末的余毒，（一）士大夫衰颓不振，（二）军人拥兵相猜，而南方的政权，顾全在此等北来的人手中之故。试设想：以孙吴的君臣，移而置之于东晋，究竟北方能否恢复？便可见得。"洒落君臣契，飞腾战伐名"，无怪杜甫要对吕蒙营而感慨了。经过这长时期的腐化，而南弱的形势遂成。而北方当是时，则因长期的战斗，而造成一武力重心。赵翼《廿二史札记》有一条，说周、隋、唐三代之祖，皆出武川，可见自南北朝末至唐初，武力的重心，实未曾变。按五胡之中，氐、羌、羯民族皆小，强悍而人数较多的，只有匈奴、鲜卑。匈奴久据中原之地，其形势实较鲜卑为佳。但其人太觉凶暴，羯亦然。被冉闵大加杀戮后，其势遂衰。此时北方之地，本来即可平靖。然自东晋以前，虎斗龙争，多在今河北、河南、山东、山西、陕西数省境内。辽宁、热、察、绥之地，是比较安静的。鲜卑人休养生息于此，转觉气完力厚。当时的鲜卑人，实在是乐于平和生活，不愿向中原侵略的。所以北魏平文帝、昭成帝两代，都因要南侵为其下所杀。见《魏书·序纪》。然到道武帝，卒肆其凶暴，强迫其下，侵入中原。道武帝伐燕，大疫，群下咸思还北。帝曰："四海之人，皆可与为国，在吾所以抚之耳，何恤乎无民？"群臣乃不敢复言，见《魏书·本纪》皇始二年。按《序纪》说：穆帝"明刑峻法，诸部民多以违命得罪。凡后期者，皆举部戮之。或有室家相携，而赴死所。人问何之？答曰：当往就诛"。其残酷如此。道武帝这话，已经给史家文饰得很温婉的了。若照他的原语，记录下来，那便是"你们要回去，我就要把你们全数杀掉"。所以群臣不敢复言了。此时割据中原的异族，既已奄奄待毙，宋武帝又因内部矛盾深刻，不暇经略北方，北方遂为所据。然自孝文帝南迁以前，元魏立国的重心，仍在平城。属于南方的侵略，仅是发展问题，对于北方的防御，却是生死问题，所以要于平城附近设六镇，以武力为拱卫。南迁以后，因待遇的不平等，而酿成六镇之乱。因六镇之乱而造成一个尒朱氏。连高氏、贺拔氏、宇文氏等，一齐带入中原。龙争虎斗者，又历五六十年，然后统一于隋。隋唐先世，到底是汉族还是异族，近人多有辩论。然民族是论文化的，不是论血统的。近人所辩论的，都是血统问题，在民族斗争史上，实在无甚意义。至于隋唐的先世，曾经渐染胡风，也是武川一系中的人物，则无可讳言。所以自尒朱氏之起至唐初，实在是武川的武力，在政治舞台上活跃的时代。要到唐贞观以后，此项文化的色彩，才渐渐淡灭。唐初的隐太子、巢剌王、常山愍王等，还都系带有胡化色彩的人。五胡乱华的已事，虽然已成过去，然在军事上，重用异族的风气，还有存留。试看唐朝用蕃将蕃兵之多，便可明白。论史者多以汉唐并称。论唐朝的武功，其成就，自较汉朝为尤大。然此乃世运为之。主要的是中外交通的进步。若论军事上的实力，则唐朝何能和汉朝比？汉朝对外的征讨，十之八九是发本国兵出去打的，唐朝则

▲ **唐三彩武士俑** 此西安出土的唐代三彩武士俑造型略显夸张，而服饰基本属实。

多是以夷制夷。这以一时论，亦可使中国的人民，减轻负担，然通全局而观之，则亦足以养成异族强悍、汉族衰颓之势。安禄山之所以蓄意反叛，沙陀突厥之所以横行中原，都由于此。就是宋朝的始终不振，也和这有间接的关系。因为久已柔靡的风气，不易于短时期中训练之使其变为强悍。而唐朝府兵的废坏，亦和其搁置不用，很有关系的。

府兵之制起于周。籍民为兵，蠲其租调，而令刺史以农隙教练。分为百府，每府以一郎将主之，而分属于二十四军。当时以一柱国主二大将，一将军统二开府，开府各领一军。其众合计不满五万。隋、唐皆沿其制，而分属于诸卫将军。唐制，诸府皆称折冲府。各置折冲都尉，而以左右果毅校尉副之。上府兵一千二百人，中府千人，下府八百人。民年二十服兵役，六十而免。全国六百三十四府，在关中的有二百六十一府，以为强干弱枝之计。府兵之制：平时耕以自养。战时调集，命将统之。师还则将上所佩印、兵各还其府。（一）无养兵之费，而有多兵之用。（二）兵皆有业之民，无无家可归之弊。（三）将帅又不能拥兵自重。这是与藩镇之兵及宋募兵之制相较的优点。从前的论者多称之。但兵不惟其名，当有其实。唐朝府兵制度存在之时，得其用者甚少。此固由于唐时征讨，多用蕃兵，然府兵恐亦未足大用。其故，乃当时的风气使之，而亦可谓时势及国家之政策使之。兵之精强，在于训练。主兵者之能勤于训练，则在预期其军队之有用。若时值承平，上下都不以军事为意，则精神不能不懈弛；精神一懈弛，训练自然随之而废了。所以唐代府兵制度的废坏，和唐初时局的承平，及唐代外攘，不甚调发大兵，都有关系。高宗、武后时，业已名存实亡。到玄宗时，就竟不能给宿卫了。唐时宿卫之兵，都由诸府调来，按期更换，谓之“番上”。番即现在的班字。时相张说，知其无法整顿，乃请宿卫改用募兵，谓之彍骑，自此诸府更徒存虚籍了。

唐初边兵屯戍的，大的称军，小的称城镇守捉，皆有使以主之。统属军、城镇守捉的曰道。道有大总管，后改称大都督。大都督带使持节的，人称之为节度使。睿宗后遂以为官名。唐初边兵甚少。武后时，国威陵替。北则突厥，东北则奚、契丹，西南则吐蕃皆跋扈。玄宗时，乃于边陲置节度使，以事经略。而自东北至西北边之兵尤强。天下遂成偏重之势。安禄山、史思明皆以胡人而怀野心，卒酿成天宝之乱。乱后藩镇遂遍于内地。其中安史余孽，唐朝不能彻底铲除，亦皆授以节度使。诸镇遂互相结约，以土地传子孙，不奉朝廷的命令。肃、代二世，皆姑息养痈。德宗思整顿之，而兵力不足，反召朱泚之叛。后虽削平朱泚，然河北、淮西，遂不能问。宪宗以九牛二虎之力，讨平淮西，河北亦闻风自服。然及穆宗时，河北即复叛。自此终唐之世，不能戡定了。唐朝藩镇，始终据土自专的，固然只有河北。然其余地方，亦不免时有变乱。且即在平时，朝廷指挥统驭之力，亦总不甚完全。所以肃、代以还，已隐伏分裂之势。至黄巢乱后，遂溃决不可收拾了。然藩镇固能梗命，而把持中央政府，使之不能振作的，则禁军之患，尤甚于藩镇。

禁军是唐初从征的兵，无家可归的。政府给以渭北闲田，留为宿卫。号称元从禁军。此本国家施恩之意，并非仗以战斗。玄宗时破吐蕃，于临洮之西置神策军。安史之乱，军使成如璆遣将卫伯玉率千人入援，屯于陕州。后如璆死，神策军之地，陷于吐蕃，乃即以伯玉为神策军节度使，仍屯于陕，而中官鱼朝恩以观军容使监其军。伯玉死，军遂统于朝恩。代宗时，吐蕃陷长安，代宗奔陕，朝恩以神策军扈从还京。其后遂列为禁军，京西多为其防地。德宗自奉天归，怀疑朝臣，以中官统其军。其时边兵赏赐甚薄，而神策军颇为优厚，诸将遂多请遥隶神策军，军额扩充至十五万。中官之势，遂不可制。“自穆宗以来八世，而为宦官所立者七君。”《唐书·僖宗纪》赞语。参看《廿二史札记·唐代宦官之祸》条。顺宗、文宗、昭宗皆以欲诛宦官，但或遭废杀，或见幽囚。当时的宦官，已成非用兵力不能铲除之势。然在宦官监制之下，朝廷又无从得有兵力。文宗时，郑注欲夺宦官之兵而败。昭宗欲自练兵以除宦官而败。召外兵，则明知宦官除而政权将入除宦官者之手，所以其事始终无人敢为。然相持至于唐末，卒不得不出于此一途。于是宦官尽而唐亦为朱梁所篡了。宦官之祸，是历代多有的，拥兵为患的，却只有唐朝。后汉末，蹇硕欲图握兵，旋为何进所杀。总之，政权根本之地，不可有拥兵自重的人，宦官亦不过其中之一罢了。

禁兵把持于内，藩镇偃蹇于外，唐朝的政局，终已不可收拾，遂分裂而为五代十国。唐时的节度使，虽不听政府的命令，而亦不能节制其军队。军队不满意于节度使，往往哗变而杀之，而别立一人。政府无如之何，只得加以任命。狡黠的人，遂运动军士，杀军帅而拥戴自己。即其父子兄弟相继的，亦非厚加赏赐，以饵其军士不可。凡此者，殆已成为通常之局。所谓“地擅于将，将擅于兵”。五代十国，唯南平始终称王，余皆称帝，然论其实，则仍不过一节度使而已。宋太祖黄袍加身，即系唐时拥立节度使的故事，其余证据，不必列举。事势至此，固非大加整顿不可。所以宋太祖务要削弱藩镇，而加强中央之兵。

宋朝的兵制：兵之种类有四：曰禁军，是为中央军，均属三衙。曰厢军，是为地方兵，属于诸州。曰乡兵，系民兵，仅保卫本地方，不出戍。曰蕃兵，则系异族团结为兵，而用乡兵之法的。太祖用周世宗之策，将厢

▲**《大驾卤簿图书》（局部）** 图为宋代皇帝前往城南祭天时的随行武官，官兵手持兵器，神情肃穆。宋朝为加强中央集权，军事制度上发生了较大变化。

军之强者，悉升为禁军，其留为厢军者，不甚教阅，仅堪给役而已。乡兵、蕃兵，本非国家正式的军队，可以弗论。所以武力的重心，实在禁军。全国须戍守的地方，乃遣禁军更番前往，谓之“番戍”。昔人议论宋朝兵制的，大都加以诋毁。甚至以为唐朝的所以强，宋朝的所以弱，即由于藩镇的存废。这真是瞽目之谈。唐朝强盛时，何尝有什么藩镇？到玄宗设立藩镇时，业已因国威陵替，改取守势了。从前对外之策，重在防患未然。必须如汉之设度辽将军、西域都护，唐之设诸都护府，对于降伏的部落，（一）监视其行动，（二）通达其情意，（三）并处理各部族间相互的关系。总而言之，不使其（一）互相并吞，（二）坐致强大，是为防患未然。其设置，是全然在夷狄境内，而不在中国境内的，此之谓“守在四夷”。是为上策。经营自己的边境，已落第二义了。然果其士马精强，障塞完固，中央的军令森严，边将亦奉令维谨，尚不失为中策。若如唐朝的藩镇擅土，则必自下策而入于无策的。因为军队最怕的是骄，骄则必不听命令，不能对外，而要内讧；内讧，势必引外力以为助；这是千古一辙的。以唐朝幽州兵之强，而不能制一契丹，使其坐大；藩镇遍于内地，而黄巢横行南北，如入无人之境，卒召沙陀之兵，然后把他打平；五代时，又因中央和藩镇的内讧，而引起契丹的侵入；都是铁一般强、山一般大的证据。藩镇的为祸为福，可无待于言了。宋朝的兵，是全出于招募的，和府兵之制相反，论者亦恒右唐而左宋，这亦是耳食之谈。募兵之制，虽有其劣点，然在经济上及政治上，亦自有其相当的价值。天下奸悍无赖之徒，必须有以消纳之，最好是能惩治之、感化之，使改变其性质，此辈在经济上，即是所谓“无赖”，又其性质，不能勤事生产，欲惩治之、感化之极难。只有营伍之中，规律最为森严，或可约束之，使之改变。此辈性行虽然不良，然苟能束之以纪律，其战斗力，不会较有身家的良民为差，或且较胜。利用养兵之费，消纳其一部分，既可救济此辈生活上的无赖，而饷项亦不为虚糜。假若一个募兵，在伍的年限，是十年到二十年，则其人已经过长期的训练；裁遣之日，年力就衰，大多数的性质，必已改变，可以从事于生产，变做一个良民了。以经济原理论，本来宜于分业，平民出饷以养兵，而于战阵之事，全不过问，从经济的立场论，是有益无损的。若谓行募兵之制，则民不知兵，则举国皆兵，实至今日乃有此需要。在昔日，兵苟真能御敌，平民原不须全体当兵。所以说募兵之制，在经济上和政治上，自有其相当的价值。宋代立法之时，亦自有深意。不过所行不能副其所期，遂至利未形而害已见罢了。宋朝兵制之弊在于：（一）兵力的逐渐腐败。（二）番戍之制：（甲）兵不知将，将不知兵，既不便于指挥统驭。（乙）而兵士居其地不久，既不熟习地形；又和当地的人民，没有联络。（丙）三年番代一次，道途之费，却等于三年一次出征。（三）而其尤大的，则在带兵的人，利于兵多，（子）既可缺额刻饷以自肥，（丑）又可役使之以图利。乞免者既不易得许；每逢水旱偏灾，又多以招兵为救荒之策；于是兵数递增。宋开国之时，不满二十万。太祖末年，已增至三十七万。太宗末年，增至六十六万。真宗末年，增至九十一万。仁宗时，西夏兵起，增至一百二十五万。后虽稍减，仍有一百一十六万。欧阳修说："天下之财，近自淮甸，远至吴、楚，莫不尽取以归京师。晏然无事，而赋敛之重，至于不可复加。"养兵之多如此，即使能战，亦伏危机，何况并不能战，对辽、对夏，都是隐忍受侮；而西夏入寇时，仍驱乡兵以御敌呢？当时兵多之害，人人知之，然皆顾虑召变而不敢裁。直至王安石出，才大加淘汰。把不任禁军的降为厢军，不任厢军的免为民。兵额减至过半。又革去番戍之制，择要地使之屯驻，而置将以统之。以第一、第二为名，全国共九十一将。安石在军事上，虽然无甚成就，然其裁兵的勇气，是值得称道的。惟其所行民兵之制，则无甚成绩，而且有弊端。

王安石民兵之法，是和保伍之制连带的。他立保甲之法，以十家为一保，设保长。五十家为一大保，设大保长。五百家为一都保，设都保正、副。家有两丁的，以其一为保丁。其初日轮若干人儆盗。后乃教以武艺，籍为民兵。民兵成绩，新党亦颇自诩。如《宋史》载章惇之言，谓"仕宦及有力之家，子弟欣然趋赴，马上艺事，往往胜诸军"之类。然据《宋史》所载司马光、王岩叟的奏疏，则其（一）有名无实，以及（二）保正长巡检使等的诛求，真是暗无天日。我们不敢说新党的话全属子虚，然这怕是少数，其大多数，一定如旧党所说的。因为此等行政上的弊窦，随处可以发现。民兵之制，必要的条件有二:（一）为强敌压迫于外。如此，举国上下，才有忧勤惕厉的精神，民虽劳而不怨。（二）则行政上的监督，必须严密。官吏及保伍之长，才不敢倚势虐民。当时这两个条件，都是欠缺的，所以不免弊余于利。至于伍保之法，起源甚古。《周官》大司徒说："令五家为比，使之相保。五比为闾，使之相受。四闾为族，使之相葬。五族为党，使之相救。五党为州，使之相赒。五州为乡，使之相宾。"这原和《孟子》"死徙无出乡，乡田同井，出入相友，守望相助，疾病相扶持"之意相同，乃使之互相救恤。商君令什伍相司同伺。连坐，才使之互相稽查。前者为社会上固有的组织，后者则政治上之所要求。此唯乱时可以行之。在平时，则犯大恶者，如谋反叛逆之类。非极其秘密，即徒党众多，声势浩大；如江湖豪侠之类。或其人特别凶悍，为良民所畏；如土豪劣绅之类。必非人民所能检举。若使之检举小恶，则徒破坏社会伦理，而为官吏开敲诈之门，其事必不能行。所以自王安石创此法后，历代都只于乱时用以清除奸宄，在平时总是有名无实，或并其名而无之的。伍保之法，历代法律上本来都有，并不待王安石的保甲，然亦都不能行。

裁募兵，行民兵，是宋朝兵制的一变。自此募兵之数减少。元祐时，旧党执政，民兵之制又废。然募兵之额，亦迄未恢复。徽宗时，更利其缺额，封桩其饷，以充上供，于是募兵亦衰。至金人入犯，以陕西为著名多兵之地，种师道将以入援，仅得一万五千人而已。以兵多著名的北宋，而其结果至于如此，岂非奇谈？

南渡之初，军旅寡弱。当时诸将之兵，多是靠招降群盗或招募，以资补充的。其中较为强大的，当推所谓御前五军。杨沂中为中军，总宿卫。张俊为前军，韩世忠为后军，岳飞为左军，刘光世为右军，皆屯驻于外。是为四大将。光世死，其军叛降伪齐。一部分不叛的，归于张俊。以四川吴玠之军补其缺。其时岳飞驻湖北，韩世忠驻淮东，张俊驻江东，皆立宣抚司。宗弼再入犯，秦桧决意言和，召三人入京，皆除枢密副使，罢三宣抚司，以副校统其兵，称为统制御前军马。驻扎之地仍旧，谓之某州驻扎御前诸军。四川之兵，亦以御前诸军为号。直达朝廷，帅臣不得节制。其饷，则特设总领以司之，不得自筹。其事略见《文献通考·兵考》。

▲ 忠翊侍卫亲军弩军百户印 图为印有“忠翊侍卫亲军弩军百户印”的元代铜质军印。侍卫亲军是元代的禁军（宿卫诸军）之一，弩军是侍卫亲军的特殊兵种。

北族在历史上，是个侵略民族。这是地理条件所决定的。在地理上，（一）瘠土的民族，常向沃土的民族侵略。（二）但又必具有地形平坦，利于集合的条件。所以像天山南路，沙漠绵延，人所居住的，都是星罗棋布的泉地，像海中的岛屿一般；又或仰雪水灌溉，依天山之麓而建国；以至青海、西藏，山岭崎岖，交通太觉不便；则土虽瘠，亦不能成为侵略民族。历史上侵掠的事实，以蒙古高原为最多，而辽、吉二省间的女真，在近代，亦曾两度成为侵略民族。这是因为蒙古高原，地瘠而平，于侵掠的条件，最为完具。而辽吉二省，地形亦是比较平坦的；且与繁荣的地方相接近，亦有以引起其侵略之欲望。北族如匈奴、突厥等，虽然强悍，初未尝侵入中国。五胡虽占据中国的一部分，然久居塞内，等于中国的乱民，而其制度亦无足观。只有辽、金、元、清四朝，是以一个异民族的资格，侵入中国的；而其制度，亦和中国较有关系。今略述其事如下。

四朝之中，辽和中国的关系最浅。辽的建国，系合部族及州县而成。部族是它的本族和所征服的北方的游牧民族。州县则取自中国之地。其兵力，亦是以部族为基本的。部族的离合，及其所居之地，都系由政府指定，不能自由。其人民全体皆隶兵籍。当兵的素质，极为佳良。《辽史》称其“各安旧风，狃习劳事，不见纷华异物而迁。故能家给人足，戎备整完。卒之虎视四方，强朝弱附，部族实为之爪牙”，可谓不诬了。但辽立国虽以部族为基本，而其组织军队，亦非全不用汉人。世徒见辽时的五京乡丁，只保卫本地方，不出戍，以为辽朝全不用汉人做正式军队，其实不然。辽制有所谓宫卫军者，每帝即位，辄置之。出则扈从，入则居守，葬则因以守陵。计其丁数，凡有四十万八千，出骑兵十万一千。所谓不待调发州县部族，而十万之兵已具。这是辽朝很有力的常备军。然其置之也，则必“分州县，析部族”。又太祖征讨四方，皇后述律氏居守，亦摘蕃汉精锐三十万为属珊军。可见辽的军队中，亦非无汉人了。此外辽又有所谓大首领部族军，乃亲王大臣的私甲，亦可率之以从征。国家有事，亦可向其量借。又北方部族，服属于辽的，谓之属国，亦得向其量借兵粮。契丹的疆域颇大，兵亦颇多而强，但其组织不坚凝。所以天祚失道，金兵一临，就土崩瓦解。这不是辽的兵力不足以御金，乃是并没有从事于抵御。其立国本无根柢，所以土崩瓦解之后，亦就更无人从事于复国运动。耶律大石虽然有意于恢复，在旧地，亦竟不能自立了。

金朝的情形，与辽又异。辽虽风气敦朴，然畜牧极盛，其人民并不贫穷的。金则起于瘠土，人民非常困穷。然亦因此而养成其耐劳而好侵掠的性质。《金史》说其“地狭产薄，无事苦耕，可致衣食；有事苦战，可致俘获”，可见其侵掠的动机了。金本系一小部族，其兵，全系集合女真诸部族而成。战时的统帅，即系平时的部长。在平时称为孛堇，战时则称为猛安谋克。猛安译言千夫长，谋克译言百夫长，这未必真是千夫和百夫，不过依其众寡，略分等级罢了。金朝的兵，其初战斗力是极强的，但迁入中原之后，腐败亦很速。看《廿二史札记 · 金用兵先后强弱不同》一条，便可知道。金朝因其部落的寡少，自伐宋以后，即参用汉兵。其初契丹、渤海、汉人等，投降金朝的，亦都授予猛安谋克。女真的猛安谋克户，杂居汉地的，亦听其与契丹、汉人相婚姻，以相固结。熙宗以后，渐想把兵柄收归本族。于是罢汉人和勃海人猛安谋克的承袭。移剌窝斡乱后，又将契丹户分散，隶属于诸猛安谋克。自世宗时，将猛安谋克户移入中原，其人既已腐败到既不能耕，又不能战，而宣宗南迁，仍倚为心腹，外不能抗敌，而内敛怨于民。金朝的速亡，实在是其自私本族，有以自召之的。总而言之：文明程度落后的民族，与文明程度较高的民族遇，是无法免于被同化的。像金朝、清朝这种用尽心机，而仍不免于灭亡，还不如像北魏孝文帝一般，自动同化于中国的好。

元朝的兵制，也是以压制为政策的。其兵出于本部族的，谓之蒙古军。出于诸部族的，谓之探马赤军。既入中原后，取汉人为军，谓之汉军。其取兵之法，有以户论的，亦有以丁论的。兵事已定之后，曾经当过兵的人，即定入兵籍，子孙世代为兵。其贫穷的，将几户合并应役。甚贫或无后的人，则落其兵籍，别以民补。此外无他变动。其灭宋所得的兵，谓之新附军。带兵的人，“视兵数之多寡，为爵秩之崇卑”，名为万户、千户、百户。皆分上、中、下。初制，万户千户死阵者，子孙袭职，死于病者降一等。后来不论大小及身故的原因，一概袭职。所以元朝的军官，可视为一个特殊阶级。世祖和二三大臣定计：使宗王分镇边徼及襟喉之地。河、洛、山东，是他们所视为腹心之地，用蒙古军、探马赤军戍守。江南则用汉军及新附军，但其列城，亦有用万户、千户、百户戍守的。元朝的兵籍，汉人是不许阅看的。所以占据中国近百年，无人知其兵数。观其屯戍之制，是很有深心的。但到后来，其人亦都入洪炉而俱化。末叶兵起时，宗王和世袭的军官，并不能护卫它。

元朝以异族入据中国，此等猜防之法，固然无怪其然。明朝以本族人做本族的皇帝，却亦暗袭其法，那就很为无谓了。明制：以五千六百人为卫。一千一百二十人为千户所，一百一十二人为百户所。什伍之长，历代都即在其什伍之人数内，明朝则在其外。每一百户所，有总旗二人，小旗十人，所以共为一百一十二人。卫设都指挥使，隶属于五军都督府。兵的来路有三种：第（一）种从征，是开国时固有的兵。第（二）种归附，是敌国兵投降的。第（三）种谪发，则是刑法上罚令当兵的，俗话谓之“充军”。从征和归附，固然是世代为兵，谪发亦然。身死之后，要调其继承人，继承人绝掉，还要调其亲族去补充的，谓之“句丁”。这明是以元朝的兵籍法为本，而加以补充的。五军都督府，多用明初勋臣的子孙，也是模仿元朝军官世袭之制。治天下不可以有私心。有私心，要把一群人团结为一党，互相护卫，以把持天下的权力，其结果，总是要自受其害的。军官世袭之制，后来腐败到无可挽救，即其一端。金朝和元朝，都是异族，他们社会进化的程度本浅，离封建之世未远，猛安谋克和万户千户百户，要行世袭之制，还无怪其然。明朝则明是本族人，却亦重视开国功臣的子孙，把他们看作特别阶级，其私心就不可恕了。抱封建思想的人，总以为某一阶级的人，其特权和权利，既全靠我做皇帝才能维持，他们一定会拥护我。所以把这一阶级的人，看得特别亲密。殊不知这种特权阶级，到后来荒淫无度，知识志气都没有了，何谓权力？怕他都不大明白。明白了；明白什么是自己的权力了；明白自己的权力，如何才得维持了；因其懦弱无用，眼看着他人抢夺他的权力，他亦无如之何。所谓贵戚世臣，理应与国同休戚的，却从来没有这回事，即由于此。武力是不能持久的。持久了，非腐败不可。究其原因，由于战争是社会的变态而非其常态。变态是有其原因的，原因消失了，变态亦即随之而消失。所以从历史上看来，从没有一支真正强盛到几

▼ 抗倭图卷（局部） 明朝嘉靖年间海贼倭寇猖獗，图为浙江沿海军民抗击倭寇侵扰的画卷。

十年的军队。因不遇强敌，甚或不遇战事，未至溃败决裂，是有的。然这只算是侥幸。极强大的军队，转瞬化为无用，这种事实，是举不胜举的。以宋武帝的兵力，而到文帝时即一蹶不振，即其一例。又如明末李成梁的兵力，亦是不堪一击的，侥幸他未与满洲兵相遇罢了。然而军事的败坏，其机实隐伏于成梁之时，这又是其一例。军队的腐败，其表现于外的，在精神方面，为士气的衰颓；在物质方面，则为积弊的深痼；虽有良将，亦无从整顿，非解散之而另造不可。世人不知其原理，往往想就军队本身设法整顿，其实这是无法可设的。因为军队是社会的一部分，不能不受广大社会的影响。在社会学上，较低的原理，是要受较高的原理统驭的。“兵可百年不用，不可一日无备”，这种思想，亦是以常识论则是，而经不起科学评判的。因为到有事时，预备着的军队，往往无用，而仍要临时更造。府兵和卫所，是很相类的制度。府兵到后来，全不能维持其兵额。明朝对于卫所的兵额，是努力维持的，所以其缺额不至如唐朝之甚。然以多数的兵力，对北边，始终只能维持守势；现在北边的长城，十分之九，都是明朝所造。末年满洲兵进来，进而一败涂地；则其兵力亦有等于无。此皆特殊的武力不能持久之证。

清朝太祖崛起，以八旗编制其民。太宗之世，蒙古和汉人归降的，亦都用同一的组织。这亦和金朝人以猛安谋克授渤海汉人一样。中国平定之后，以八旗兵驻防各处，亦和金朝移猛安谋克户于中原，及元朝镇戍之制，用意相同。唯金代的猛安谋克户，系散居于民间；元朝万户分驻各处，和汉人往来，亦无禁限。清朝驻防的旗兵，则系和汉人分城而居的，所以其冲突不如金元之烈。但其人因此与汉人隔绝，和中国的社会，全无关系，到末造，要筹划旗民生计，就全无办法了。清代的汉兵，谓之绿旗，亦称绿营。中叶以前的用兵，是外征以八旗为主，内乱以绿营为主的。八旗兵在关外时，战斗之力颇强。中国军队强悍的，亦多只能取守势，野战总是失利时居多。洪承畴松山之战，是其一例。然入关后腐败亦颇速。三藩乱时，八旗兵已不足用了。自此至太平天国兴起时，内地粗觉平安，对外亦无甚激烈的战斗。武功虽盛，实多侥天之幸。所以太平军一起，就势如破竹了。

中国近代，历史上有两种潮流潜伏着。推波助澜，今犹未已，非通观前后，是不能觉悟出这种趋势来的。这两种潮流：其（一）是南方势力的兴起。南部数省，向来和大局无甚关系。自明桂王据云贵与清朝相抗；吴三桂举兵，虽然终于失败，亦能震荡中原；而西南一隅，始隐然为重于天下。其后太平军兴，征伐几遍全国。虽又以失败终，然自清末革命，至国民政府北伐之成功，始终以西南为根据。现在的抗战，还是以此为民族复兴的策源地的。其（二）是全国皆兵制的恢复。自秦朝统一以后，兵民渐渐分离，至后汉之初，而民兵之制遂废，至今已近两千年了。康有为说，中国当承平时代，是没有兵的。虽亦有称为兵的一种人，其实性质全与普通人民无异。见《欧洲十一国游记》。此之谓有兵之名，无兵之实。旷观历代，都是当需要用兵时，则产生出一支真正的军队来；事过境迁，用兵的需要不存，此种军队，亦即凋谢，而只剩些有名无实的军队，充作仪仗之用了。此其原理，即由于上文所说的战争是社会的变态，原不足怪。但在今日，帝国主义跋扈之秋，非恢复全国皆兵之制，是断不足以自卫的。更无论扶助其他弱小民族了。这一个转变，自然是极艰难。但环境既已如此，决不容许我们不变。当中国和欧美人初接触时，全未知道需要改变。所想出来的法子，如引诱他们上岸，而不和他们在海面作战；如以灵活的小船，制他们笨重的大船等；全是些闭着眼睛的妄论。到咸同间，外患更深了。所谓中兴将帅，（一）因经验较多，（二）与欧美人颇有相当的接触。才知道现在的局面，非复历史上所有。欲图适应，非有相当的改革不可。于是有造成一支军队以适应时势的思想。设船政局、制造局，以改良器械；陆军则改练洋操；亦曾成立过海军；都是这种思想的表现。即至清末，要想推行征兵制。其实所取的办法，离民兵之制尚远，还不过是这种思想。民

▼鸦片战争 图为第一次鸦片战争中一艘中国战舰被英国战舰开火击中后烧毁的场面。中国旧时的技术和制度已远远落后于时代了。这艘被炸毁的战舰犹如敲在每一个中国人心上的警钟，鸦片战争后，近代中国人开始了艰难的救国探索之路。

国二十余年，兵制全未革新，且复演了历史上武人割据之局。然时代的潮流，奔腾澎湃，终不容我不卷入旋涡。抗战以来，我们就一步步地，走入举国皆兵之路了。这两种文化，现在还在演变的中途，我们很不容易看出其伟大。然在将来，做历史的人，一定要认此为划时代的大转变，是毫无可疑的。这两种文化，实在还只是一种。不过因为这种转变，强迫着我们，发生一种新组织，以与时代相适应，而时代之所以有此要求，则缘世界交通而起。在中国，受世界交通影响最早的是南部。和旧文化关系最浅的，亦是南部，受旧文化的影响较浅，正是迎受新文化的一个预备条件。所以近代改革的原动力，全出于南方；南方始终代表着一个开明的势力。太平天国虽然不成气候，湘淮军诸首领，虽然颇有学问，然以新旧论，则太平天国，仍是代表新的，湘淮军人物，仍是代表旧的。不过新的还未成熟，旧的也还余力未尽罢了。千回百折，似弱而卒底于有成。

几千年以来，内部比较平安，外部亦无真正大敌。因此，养成中国（一）长期间无兵，只有需要时，才产生真正的军队；（二）而这军队，在全国人中，只占一极小部分。在今日，又渐渐地改变，而走上全国皆兵的路了。而亘古未曾开发的资源，今日亦正在开发。以此广大的资源，供此众多民族之用，今后世界的战争，不更将增加其惨酷的程度么？不，战争只是社会的变态。现在世界上战争的惨酷，都是帝国主义造成的，这亦是社会的一个变态，不过较诸既往，情形特别严重罢了。变态是决不能持久的。资本的帝国主义，已在开始崩溃了。我们虽有横绝一世的武力，大势所趋，决然要用之于打倒帝国主义之途，断不会加入帝国主义之内，而成为破坏世界和平的一分子。

CHAPTER 10

◎ 第十章 刑法

刑字有广狭二义：广义包括一切极轻微的制裁、惩戒、指摘、非笑而言。“出于礼者入于刑”，义即如此。曲礼三千，是非常琐碎的，何能一有违犯，即施以惩治呢？至于狭义之刑，则必以金属兵器，加伤害于人身，使其蒙不可恢复的创伤，方足当之。汉人说：“死者不可复生，刑者不可复属。”义即如此。

谈中国法律的，每喜考究成文法起于何时。其实这个问题，是无关紧要的。法律的来源有二：一为社会的风俗。一为国家对于人民的要求。前者即今所谓习惯，是不会著之于文字的。然其对于人民的关系，则远较后者为切。

中国刑法之名，有可考者始于夏。《左传》昭公六年，载叔向写给郑子产的信，说：“夏有乱政而作《禹刑》，商有乱政而作《汤刑》，周有乱政而作《九刑》。”这三种刑法的内容，我们无从知其如何，然叔向这一封信，是因子产作刑书而起的。其性质，当和郑国的刑书相类。子产所作的刑书，我们亦无从知其如何，然昭公二十九年，《左传》又载晋国赵鞅铸刑鼎的事。杜《注》说：子产的刑书，也是铸在鼎上的。虽无确据，然士文伯讥其“火未出而作火以铸刑器”，其必著之金属物，殆无可疑。所能著者几何？而《书经·吕刑》说：“墨罚之属千；劓罚之属千；剕罚之属五百；宫罚之属三百；大辟之罚，其属二百；五刑之属三千。”请问如何写得下？然则《吕刑》所说，其必为习惯而非国家所定的法律，很明白可见了。个人在社会之中，必有其所当守的规则。此等规则，自人人如此言之，则曰俗。自一个人必须如此言之，则曰礼。故曰礼者，履也。违礼，就是违反习惯，社会自将加以制裁，故曰：“出于礼者入于刑。”或疑三千条规则，过于麻烦，人如何能遵守？殊不知古人所说的礼，是极其琐碎的。一言一动之微，莫不有其当守的规则。这在我们今日，亦何尝不如此？我们试默数言语动作之间，所当遵守的规则，何减三千条？不过童而习之，不觉得其麻烦罢了。《礼记·礼器》说“曲礼三千”，《中庸》说“威仪三千”，而《吕刑》说“五刑之属三千”，其所谓刑，系施诸违礼者可知。古以三为多数。言

商代文字所见刑罚表

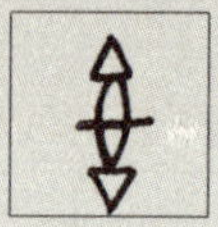
（幸）古代的手铐、脚铐。

（执）把手用“幸”铐起来。

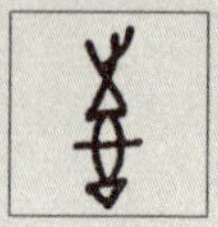
把脚用“幸”铐起来。

（圉）关人的监狱。

把人活埋在地穴内。

（劓）用刀把鼻子割掉。

（伐）用戈把头砍掉。

千乃举成数之辞。以十言之而觉其少则曰百，以百言之而犹觉其少则曰千，墨劓之属各千，犹言其各居总数三分之一。剕罚之属五百，则言其居总数六分之一。还有六分之一，宫罚又当占其五分之三，大辟占其五分之二，则云宫罚之属三百，大辟之罚其属二百，这都是约略估计之辞。若真指法律条文，安得如此整齐呢？然则古代人民的生活，其全部，殆为习惯所支配是无疑义了。

社会的习惯，是人人所知，所以无待于教。若有国有家的人所要求于人民的，人民初无从知，则自非明白晓谕不可。《周官》布宪，“掌宪邦之刑禁。‘宪谓表而县之’，见《周官》小宰《注》。正月之吉，执邦之旌节，以宣布于四方。”而州长、党正、族师、闾胥，咸有属民读法之举。天、地、夏、秋四官，又有县法象魏之文。小宰、小司徒、小司寇、士师等，又有徇以木铎之说。这都是古代的成文法，用言语、文字或图画公布的。在当时，较文明之国，必无不如此。何从凿求其始于何时呢？无从自知之事，未尝有以教之，自不能以其违犯为罪。所以说“不教而诛谓之虐”。《论语·尧曰》。而三宥、三赦之法，或曰不识，或曰遗忘，或曰老旄，或曰蠢愚，《周官》司刺。亦都是体谅其不知的。后世的法律，和人民的生活，相去愈远；其为人民所不能了解，十百倍于古昔；初未尝有教之之举，而亦不以其不知为恕。其残酷，实远过于古代。即后世社会的习惯，责人以遵守的，亦远不如古代的合理。后人不自哀其所遭遇之不幸，而反以古代的法律为残酷，而自诩其文明，真所谓“溺人必笑”了。

刑字有广狭二义：广义包括一切极轻微的制裁、惩戒、指摘、非笑而言。“出于礼者入于刑”，义即如此。曲礼三千，是非常琐碎的，何能一有违犯，即施以惩治呢？至于狭义之刑，则必以金属兵器，加伤害于人身，使其蒙不可恢复的创伤，方足当之。汉人说：“死者不可复生，刑者不可复属。”义即如此。此为刑字的初义，乃起于战阵，施诸敌人及间谍内奸的，并不施诸本族。所以司用刑之官曰士师，士是战士，士师谓战士之长。曰司寇。《周官》司徒的属官，都可以听狱讼，然所施之惩戒，至于圜土，嘉石而止，见下。其附于刑者必归于士，这正和今日的司法机关和军法审判一般。因为施刑的器具，兵器。别的机关里，是没有的。刑之施及本族，当系俘异族之人，以为奴隶，其后本族犯罪的人，亦以为奴隶，而侪诸异族，乃即将异族的装饰，施诸其人之身。所以越族断发文身，而髡和黥，在我族都成为刑罪。后来有暴虐的人，把它推而广之，而伤残身体的刑罚，就日出不穷了。五刑之名，见于《书经 · 吕刑》。《吕刑》说："苗民弗用灵，制以刑，惟作五虐之刑曰法。爰始淫为劓、刵、椓、黥。"劓、刵、椓、黥，欧阳、大小夏侯作膑、宫、劓、割头、庶勍。《虞书》标题下《疏》引。膑即剕。割头即大辟。庶勍的庶字不可解，勍字即黥字，是无疑义的。然则今本的劓、刵、椓、黥是误字。《吕刑》的五刑，实苗民所创。苗民的民字乃贬辞，实指有苗之君，见《礼记 · 缁衣疏》引《吕刑》郑《注》。《国语 · 鲁语》臧文仲说："大刑用甲兵，其次用斧钺。中刑用刀锯，其次用钻笮。薄刑用鞭朴。大者陈之原野，小者肆之市、朝。"是为"五服三次"。《尧典》说："五刑有服，五服三就"，亦即此。大刑用甲兵，是指战阵。其次用斧钺，是指大辟。中刑用刀锯指劓、腓、宫。其次用钻笮指墨。薄刑用鞭朴，虽非金属兵器，然古人亦以林木为兵；《吕览 · 荡兵》："未有蚩尤之时，民固剥林木以战矣。"《左传》僖公二十七年，楚子玉治兵，鞭七人，可见鞭亦军刑。《尧典》："象以典刑。流宥五刑。鞭作官刑。朴作教刑。金作赎刑。"象以典刑，即《周官》的县法象魏。流宥五刑，当即《吕刑》所言之五刑。金作赎刑，亦即《吕刑》所言之法。所以必用金，是因古者以铜为兵器。可见所谓"亏体"之刑，全是源于兵争的。至于施诸本族的，则古语说"教笞不可废于家"，大约并鞭、朴亦不能用。最严重的，不过逐出本族，是即所谓流刑。《王制》的移郊、移逐、屏诸远方，即系其事。《周官》司寇有圜土、嘉石，皆役诸司空。圜土、嘉石，都是监禁；役诸司空，是罚做苦工；怕已是施诸奴隶的，未必施诸本族了。于此见残酷的刑罚，全是因战争而起的。五刑之中，妇人的宫刑，是闭于宫中，见《周官》司刑郑《注》。其实并不亏体。其余是无不亏体的。《周官》司刑载五刑之名，惟膑作刖，余皆与《吕刑》同。《尔雅 · 释言》及《说文》，均以跸、刖为一事。唯郑玄《驳五经异义》说："皋陶改膑为剕，周改剕为刖。"段玉裁《说文》髌字《注》说：膑是髌的俗字，乃去膝头骨，刖则汉人之斩止，其说殊不足据。髌乃生理名词，非刑名。当从陈乔枞说，以跸为斩左趾，跀为并斩右趾为是。见《今文尚书 · 经说考》。然则五刑自苗民创制以来，至作《周官》之时，迄未尝改。然古代亏体之刑，实并不止此。见于书传的，如斩、古称斩谓腰斩。后来战阵中之斩级，事与刑场上的割头异，无以名之，借用腰斩的斩字。再后来，斩字转指割头而言，腰斩必须要加一个腰字了。磔、裂其肢体而杀之。《史记·李斯列传》作矺，即《周官》司戮之辜。膊、谓去衣磔之，亦见《周官》司戮。车裂、亦曰。缢、轘《左传》哀公二年，“绞缢以戮”。绞乃用以缢杀人之绳，后遂以绞为缢杀。焚、亦见司戮。烹、见《公羊》庄公四年。脯醢等都是。脯醢当系食人之族之俗，后变为刑法的。刵即馘，割耳。亦源于战阵。《孟子》说文王之治岐也，罪人不孥。《梁惠王下篇》。《左传》昭公二十二年引《康诰》，亦说父子兄弟，罪不相及。而《书经·甘誓》《汤誓》，都有孥戮之文。可见没入家属为奴婢，其初亦是军法。这还不过没为奴隶而已，若所谓族诛之刑，则亲属都遭杀戮。这亦系以战阵之法，推之刑罚的。因为古代两族相争，本有杀戮俘虏之事。强宗巨家，一人被杀，其族人往往仍想报复，为预防后患起见，就不得不加以杀戮了。《史记·秦本纪》：文公二十年，“法初有三族之罪”。父母、兄弟、妻子。此法后相沿甚久。魏晋南北朝之世，政敌被杀的，往往牵及家属。甚至嫁出之女，亦不能免。可见战争的残酷了。

古代的用法，其观念，有与后世大异的。那便是古代的“明刑”，乃所以“弼教”，“明于五刑，以弼五教”，见《书经·尧典》。而后世则但求维持形式上的互助。人和人的相处，所以能（一）平安无事，（二）而且还可以有进步，所靠的全是善意。苟使人对人，人对社会，所怀挟的全是善意，一定能彼此相安，还可以互相辅助，日进无疆，所做的事情，有无错误，倒是无关紧要的。若其彼此之间，都怀挟敌意，仅以慑于对方的实力、社会的制裁，有所惮而不敢为；而且进而做利人之事，以图互相交换；则无论其所行的事，如何有利于人，有利于社会，根本上总只是商业道德。商业道德，是决无以善其后的。人，本来是不分人我、不分群己的。然到后来，社会的组织复杂了，矛盾渐渐深刻，人我群己的利害，渐渐发生冲突，人，就有破坏他人或社会的利益以自利的。欲救此弊，非把社会阶级彻底铲除不可。古人不知此义，总想以教化来挽回世风。教化之力不足，则辅之以刑罚。所以其用法，完全注重于人的动机。所以说《春秋》断狱重志。《春秋繁露·精华篇》。所以说：“听讼吾犹人也，必也使无讼乎？无情者不得尽其辞，大畏民志，此谓知本。”《大学》。此等希望，自然要终成泡影的。法律乃让步到不问人的动机，但要求其不破坏我所要维持的秩序为止。其用心如何，都置诸不问。法律至此，就失其弼教的初意，而只成为维持某种秩序的工具了。于是发生“说官话”的现象。明知其居心不可问，如其行为无可指摘，即亦无如之何。法律至此，乃自成为反社会之物。

有一事，是后世较古代为进步的。古代氏族的界限，还未化除。国家的权力，不能侵入氏族团体之内，有时并不能制止其行动。（一）氏族员遂全处于其族长权力之下。此等风气在家族时代，还有存留。（二）而氏族与氏族间的争斗，亦往往靠实力解决。《左传》成公三年，知蓄被楚国释放的时候，说“首蓄父。其请于寡君，而以戮于宗，亦死且不朽”。昭公二十一年，宋国的华费遂说：“吾有谗子而弗能杀。”可见在古代，父可专杀其子。《白虎通义 · 诛伐篇》却说“父杀其子当诛”了。《礼记》的《曲礼》《檀弓》，均明著君父、兄弟、师长，交游报仇之礼。《周官》的调人，是专因报仇问题而设立的。亦不过令有仇者避之他处；审查报仇的合于义与否；禁止报仇不得超过相当限度而已；并不能根绝其事。报仇的风气，在后世虽相沿甚久，习俗上还视为义举，然在法律上，总是逐步遭遇到禁止的。这都是后世法律，较之古代进步之处。但家长或族长，到现在，还略有处置其家人或族众的权力，国家不能加以干涉，使人人都受到保护；而国家禁止私人复仇，而自己又不能真正替人民申雪冤屈；也还是未尽善之处。

法律是不能一天不用的。苟非文化大变，引用别一法系的法律，亦决不会有什么根本的改革。所以总是相承而渐变。中国最早的法典，是李悝的《法经》。据《晋书 · 刑法志》所载陈群《魏律序》是悝为魏文侯相，撰

▼ **秦代刑徒墓志及刑具图** 左图为刑徒的墓志，大意为罪犯因被罚款或欠政府债务，用劳役来抵债。右图为秦代修皇陵的刑徒所戴的刑具，可见当时刑法的严酷。

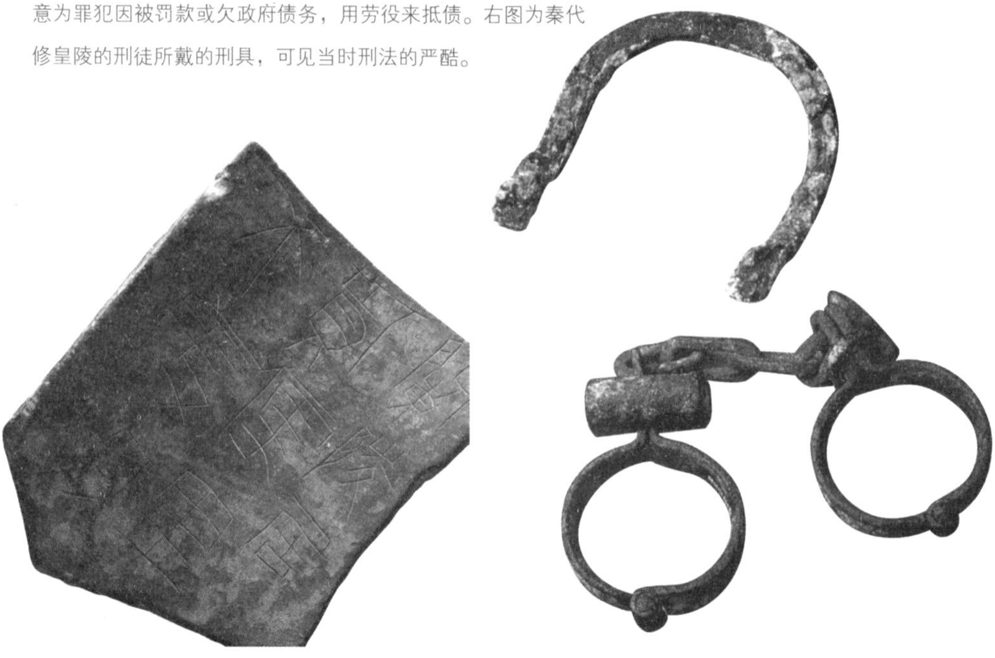

次诸国法所为。魏文侯在位，据《史记·六国表》，是自周威烈王二年至安王十五年，即民国纪元前二千三百三十六年至二千二百九十八年。可谓很古老的了。撰次，便是选择排比。这一部书，在当时，大约所参考者颇博，且曾经过一番斟酌去取，依条理系统编排的，算作一部佳作。所以商君“取之以相秦”，没有重纂。这时候的趋势，是习惯之力，即社会制裁。渐渐地不足以维持社会，而要乞灵于法律。而法律还是谨守着古老的规模，所规定之事极少，渐觉其不够用，法经共分六篇:《魏律序》举其篇目，是（一）盗，（二）贼，（三）网，（四）捕，（五）杂，（六）又以一篇著其加减。盗是侵犯人的财产。贼是伤害人的身体。盗贼须网捕，所以有网捕两篇。其余的则并为杂律。古人著书，常将重要的事项，独立为篇，其余则并为一篇，总称为杂。一部自古相传的医书，号为出于张仲景的，分为伤寒、杂病两大部分，杂病或作卒病，乃误字。即其一证。网捕盗贼，分为四篇，其余事项，共为一篇，可见《法经》视盗贼独重，视其余诸事项都轻，断不足以应付进步的社会。汉高祖入关，却更做了一件违反进化趋势的事。他说：“吾与父老约法三章耳：杀人者死，伤人及盗抵罪。余悉除去秦法。”因为约法三章四字，给人家用惯了，很有些人误会：这是汉高祖与人民立约三条。其实据陈群《魏律序》，李悝《法经》的体例，是“集类为篇，结事为章”的。每一篇之中，包含着许多章。“吾与父老约：法，三章耳”，当以约字断句，法字再一读。就是说六篇之法，只取三章，其余五篇多，都把它废掉了。秦时的民不聊生，实由于政治太不安静。专就法律立论，则由于当时的狱吏，自成一种风气，用法务取严酷。和法律条文的多少，实在没有关系。但此理是无从和群众说起的。约法三章，余悉除去，在群众听起来，自然是欢欣鼓舞的了。这事不过是一时收买人心之术，无足深论。其事自亦不能持久。所以《汉书·刑法志》说：天下既定，“三章之法，不足以御奸”。萧何就把六篇之法恢复，且增益三篇；叔孙通又益以律所不及的旁章十八篇，共有二十七篇了。当时的趋势，是（一）法律内容要扩充，（二）既扩充了，自应依条理系统，加以编纂，使其不至杂乱。第一步，汉初已这么做了。武帝时，政治上事务繁多，自然需要更多的法律。于是张汤、赵禹又加增益，律共增至六十篇。又当时的命令，用甲、乙、丙、丁编次，通称谓之“令甲”，共有三百余篇。再加以断事的成案，即当时所谓比，共有九百零六卷。分量已经太多了，而编纂又极错乱。“盗律有贼伤之例，贼律有盗章之文。”引用既难，学者乃为之章句。章句二字，初指一种符号，后遂用以称注释，详见予所撰《章句论》。商务印书馆本。共有十余家。于是断罪所当由用者，合二万六千二百七十二条，七百七十三万二千二百余言。任何人不能遍览，奸吏因得上下其手，“所欲活者傅生议，所欲陷者予死比”。所以条理系统地编纂一部法典，实在是当时最紧要的事。汉宣帝时，郑昌即创其议。然终汉世，未能有成。魏篡汉后，才命陈群等从事于此。制成新律十八篇。未及颁行而亡。晋代魏后，又命贾充等复加订定。共为二十篇。于泰始四年，大赦天下颁行之。是为《晋律》。泰始四年，为民国纪元前一千六百四十四年。

《晋律》大概是将汉朝的律、令、比等，删除复重，加以去取，依条理系统编纂而成的。这不过是一个整理之业，但还有一件事可注意的，则儒家的宗旨，在此时必有许多掺入法律之中，而成为条文。汉人每有援经义以折狱的。现代的人，都以为奇谈。其实这不过是广泛的应用习惯。广义的习惯法，原可包括学说的。当时儒学盛行，儒家的学说，自然要被应用到法律上去了。《汉书》《注》引应劭说：董仲舒老病致仕。朝廷每有政议，数遣廷尉张汤至陋巷，问其得失。于是作《春秋折狱》二百三十二事。汉文帝除肉刑诏，所引用的就是《书》说。见下。汉武帝亦使吕步舒董仲舒弟子。治淮南狱。可见汉时的律、令、比中，掺入儒家学说处决不少。此等儒家学说，一定较法家为宽仁的。因为法家偏重伸张国家的权力，儒家则注重保存社会良好的习惯。章炳麟《太炎文录》里，有《五朝法律索隐》一篇，说《晋律》是极为文明的。但北魏以后，参用鲜卑法，反而改得野蛮了。如《晋律》，父母杀子同凡论，而北魏以后，都得减轻。又如走马城市杀人者，不得以过失论；依此，则现在马车、摩托，在市上杀人的，都当以故杀论。因为城市中行人众多，是行车者所预知的，而不特别小心，岂得谓之过失？难者将说：“如此，在城市中将不能行车了。文明愈进步，事机愈紧急，时间愈宝贵，处处顾及步行的人，将何以趋事赴功呢？”殊不知事机紧急，只是一个借口。果有间不容发的事，如军事上的运输、外交上的使命，以及弭乱、救火、急救疾病等事，自可别立为法。然在今日，撞伤路人之事，由于此等原因者，共有几分之几呢？曾记在民国十至十二年之间，上海某外人，曾因嫌人力车夫走得慢，下车后不给车资，直向前行。车夫向其追讨，又被打伤。经领事判以监禁之罪。后其人延律师辩护，乃改为罚锾了事。问其起衅之由，则不过急欲赴某处宴会而已。从来鲜车怒马疾驰的人，真有紧急事情的，不知有百分之一否？真正紧要的事情，怕还是徒行或负重的人做的。部民杀长吏者同凡论；常人有罪不得赎等；都远胜于别一朝的法律。父杀其子当诛，明见于《白虎通义》，我们可以推想，父母杀子同凡论，渊源或出于儒家。又如法家，是最主张摧抑豪强的。城市走马杀人同凡论，或者是法家所制定。然则法律的改良，所得于各家的学说者当不少。学者虽然亦不免有阶级意识，究竟是为民请命之意居多。从前学

唐律一览			
	律名	内容	条数
1	《名例律》	总则	57
2	《衙禁律》	警卫守固	33
3	《职制律》	服务规定	59
4	《户婚律》	户籍婚姻	46
5	《厩库律》	牛马仓库	28
6	《擅兴律》	军队处罚	24
7	《贼盗律》	偷盗杀人	54
8	《斗讼律》	斗殴诉讼	60
9	《诈伪律》	欺骗诈伪	27
10	《捕亡律》	逮捕罪犯	18
11	《断狱律》	裁定断案	34
12	《杂律》	补充条款	62
总计			502

唐令一览	
唐令（33篇）	
1	官品令
2	三师三公台省职员令
3	寺监职员令
4	衙府职员令
5	东宫王府职员令
6	州县镇戍岳渎关津职员令
7	内外命妇职员令
8	祠令　道僧格
9	户令
10	学令
11	选举令
12	封爵令
13	禄令
14	考课令
15	宫卫令
16	军防令
17	衣服令
18	仪制令
19	卤薄令
20	乐令
21	公式令
22	田令
23	赋役令
24	仓库令
25	厩牧令
26	关市令
27	捕亡令
28	医疾令
29	假宁令
30	狱官令
31	营缮令
32	丧葬令
33	杂令

▲ **唐律、唐令一览表**　《唐律》体例已较完善，结构严谨。它吸收了汉晋律学的成就，表现出高度的成熟性，并深深影响了宋元明清的立法。

者，所做的事情，所发的言论，我们看了，或不满意，此乃时代为之。近代的人，有时严责从前的学者，而反忽忘了当时的流俗，这就未免太不知社会的情形了。

《晋律》订定以后，历代都大体相沿。宋、齐是未曾定律的。梁、陈虽各定律，大体仍沿《晋律》。即魏、周、齐亦然，不过略参以鲜卑法而已。《唐律》是现尚存在的，体例亦沿袭旧观。辽太祖时，定治契丹及诸夷之法，汉人则断以律令。太宗时，治渤海人亦依汉法。道宗时，以国法不可异施，将不合于律令者别存之。此所谓律令，还是唐朝之旧。金当熙宗时，始合女真旧制及隋、唐、辽、宋之法，定《皇统制》。然仍并用古律。章宗泰和时定律，《金史》谓其实在就是《唐律》。元初即用金律。世祖平宋以后，才有所谓《至元新格》《大元通制》等，亦不过将新生的法令事例加以编辑而已。明太祖定《大明律》，又是一准《唐律》的。《清律》又以《明律》为本。所以从《晋律》颁行以后，直至清末采用西法以前，中国的法律实际无大改变。

法律的性质，既如此陈旧，何以仍能适用呢？（一）由向来的法律，只规定较经久之事。如晋初定律，就说关于军事、田农、酤酒等，有权设其法，未合人心的，太平均当删除，所以不入于律，别以为令。又如北齐定律，亦有《新令》四十卷和《权令》二卷，与之并行。此等区别，历代都有。总之非极永久的部分，不以入律，律自然可少变动了。（二）则律只揭举大纲。（甲）较具体及（乙）变通的办法，都在令及比之中。《唐书·刑法志》说："唐之刑书有四：曰律、令、格、式。令者，尊卑贵贱之等数，国家之制度也。格者，百官有司所常行之事也。式者，其所常守之法也。宋神宗说：'设于此以待彼之谓格，使彼效之之谓式。'见《宋史·刑法志》。凡邦国之政，必从事于此三者。其所违，及人之为恶而入于罪戾者，一断以律。"令、格、式三者，实不可谓之刑书。

不过现代新生的事情，以及办事所当依据的手续，都在其中，所以不得不与律并举。律所载的事情，大约是很陈旧而不适宜于具体应用的，但为最高原理所自出，又不便加以废弃。所以宋神宗改律、令、格、式之名为敕、令、格、式，而“律恒存乎敕之外”。这即是实际的应用，全然以敕代律了。到近代，则又以例辅律。明孝宗弘治十三年，刑官上言：“中外巧法吏或借例便私，律寖格不用。”于是下尚书，会九卿议，增历年间刑条例，经久可行者二百九十七条。自是以后，律例并行。清朝亦屡删定刑例。至乾隆以后，遂载入律内，名为《大清律例》。按例乃据成案编纂而成，成案即前世所谓比。律文仅举大纲，实际应用时，非有业经办理的事情，以资比附不可，此比之所以不能不用。然成案太多，随意援引，善意者亦嫌出入太大，恶意者则更不堪设想，所以又非加以限制不可。由官加以审定，把（一）重复者删除；（二）可用者留；（三）无用者废；（四）旧例之不适于用者，亦于同时加以废止。此为官修则例之所由来，不徒（一）杜绝弊端，（二）使办事者得所依据，（三）而（甲）社会上新生的事态，日出不穷；（乙）旧有之事，定律时不能无所遗漏；（丙）又或法律观念改易，社会情势变迁，旧办法不适于今；皆不可不加补正。有新修刑例以济之，此等问题，就都不足为患了。清制：刑例五年一小修，十年一大修。事属刑部，临时设馆。使新成分时时注入于法律之中；陈旧而不适用者，随时删除，不致壅积。借实际的经验，以改良法律，实在是很可取法的。

刑法自汉至隋，起了一个大变化。刑字既引申为广义，其初义，即专指伤害人之身体，使其蒙不可恢复的创伤的，乃改称为“肉刑”。晚周以来，有一种象刑之论，说古代对于该受五刑的人，不须真加之以刑，只要异其冠服以为戮。此乃根据于《尧典》之“象以典刑”的，为儒家的书说。按象以典刑，恐非如此讲法。见前。但儒家所说的象刑，在古代是确有其事的。《周官》有明刑、见司救。明梏。见掌囚。乃是将其人的姓名罪状，明著之以示人。《论衡·四讳篇》说：当时“完城旦以下，冠带与俗人殊”，可见历代相沿，自有此事，不过在古代，风气诚朴，或以此示戒而已足，在后世则不能专恃此罢了。儒家乃根据此种习俗，附会《书经》象以典刑之文，反对肉刑的残酷。汉孝文帝十三年，齐太仓令淳于公有罪，当刑。防狱逮系长安。淳于公无男，有五女。会逮，骂其女曰：“生子不生男，缓急非有益也。”其少女缇萦，自伤悲泣。乃随其父至长安，上书愿没入为官婢，以赎父刑罪。书奏，天子怜悲其意。遂下令曰：“盖闻有虞氏之时，画衣冠异章服以为戮而民弗犯，何治之至也？今法有肉刑三，而奸不止，其咎安在？夫刑至断肢体，刻肌肤，终身不息，何其刑之痛而不德也？岂称为民父母之意哉？其除肉刑，有以易之。”于是有司议：当黥者髡钳为城旦舂。当劓者笞三百。当斩左趾者笞五百。当斩右趾者弃市。按诏书言今法有肉刑三，《注》引孟康曰：“黥、劓二，斩左右趾合一，凡三也。”而景帝元年诏，说孝文皇帝除宫刑。诏书下文刻肌肤指黥，断肢体指劓及斩趾，终身不息当指宫，则是时实并宫刑废之。唯系径废而未尝有以为代，故有司之议不之及。而史亦未尝明言。此自古人文字疏略，不足为怪。至景帝中元年，《纪》载“死罪欲腐者许之”，则系以之代死罪，其意仍主于宽恤。然宫刑自此复行。直至隋初方除。象刑之论，《荀子》极驳之。《汉书·刑法志》备载其说，自有相当的理由。然刑狱之繁，实有别种原因，并非专用酷刑可止。《庄子·则阳篇》说：“柏矩至齐，见辜人焉。推而强之。解朝服而幕之。号天而哭之。曰：子乎子乎？天下有大菑，子独先离之。曰：莫为盗，莫为杀人。荣辱立，然后睹所病，货财聚，然后睹所争，今立人之所病，聚人之所争，穷困人之身，使无休时，欲无至此，得乎。匿为物而愚不识，大为难而罪不敢，重为任而罚不胜，远其涂而诛不至。民知力竭，则以伪继之。日出多伪，士民安取不伪？夫力不足则伪，知不足则欺，财不足则盗。盗窃之行，于谁责而可乎？”这一段文字，见得所谓犯罪者，全系个人受社会的压迫，而无以自全；受社会的教育，以至不知善恶；日出多伪，士民安取不伪。其所能负的责任极微。更以严刑峻法压迫之，实属不合于理。即不论此，而“民不畏死，奈何以死惧之”，《老子》。于事亦属无益。所以“孟氏使阳肤为士师，问于曾子。曾子曰：上失其道，民散久矣。如得其情，则哀矜而勿喜”。《论语·子张》。这固然不是彻底的办法。然就事论事，操司法之权的，存心究当如此。司法上的判决，总不能无错误的。别种损失，总还可设法回复，唯有肉刑，是绝对无法的，所以古人视之甚重。这究不失为仁人君子的用心。后来反对废除肉刑的人，虽亦有其理由，然肉刑究竟是残酷的事，无人敢坚持主持，始终没有能够恢复。这其中，不知保全了多少人。孝文帝和缇萦，真是历史上可纪念的人物了。反对废除肉刑的理由安在呢？《文献通考》说：“汉文除肉刑，善

▼ **古代刑罚** 古代刑罚的种类繁多，其残酷程度往往令人咋舌。

矣，而以髡笞代之。髡法过轻，而略无惩创；笞法过重，而至于死亡。其后乃去笞而独用髡。减死罪一等，即止于髡钳；进髡钳一等，即入于死罪。而深文酷吏，务从重比，故死刑不胜其众。魏晋以来病之。然不知减笞数而使之不死，徒欲复肉刑以全其生，肉刑卒不可复，遂独以髡钳为生刑。所欲活者傅生议，于是伤人者或折肢体，而才翦其毛发。所欲陷者与死比，于是犯罪者既已刑杀，而复诛其宗亲。轻重失宜，莫此为甚。隋唐以来，始制五刑，曰笞、杖、徒、流、死。此五者，即有虞所谓鞭、朴、流、宅，虽圣人复起，不可偏废也。”按自肉刑废除之后，至于隋代制定五刑之前，刑法上的问题，在于刑罚的等级太少，用之不得其平。所以司法界中有经验的人士，间有主张恢复肉刑的。而读书偏重理论的人，则常加反对。恢复肉刑，到底是件残酷的事，无人敢坚决主张，所以肉刑终未能复。到隋朝制定五刑以后，刑罚的等级多了，自无恢复肉刑的必要，从此以后，也就无人提及了。自汉文帝废除肉刑至此，共历七百五十余年。一种制度的进化，可谓不易了。

隋唐的五刑，是各有等级的。其中死刑分斩、绞两种。而除前代的枭首、轘裂等。元以异族入主中原，立法粗疏，且偏于暴虐。死刑有斩无绞。又有凌迟处死，以处恶逆。明清两代均沿之。明代将刑法军政，并为一谈。五刑之外，又有所谓充军。分附近、沿海、边远、烟瘴、极边五等。清分附近、近边、边远、极边、烟瘴五等。有终身、永远两种。永远者身死之后，又勾摄其子孙；子孙绝者及其亲属。已见上章。明制：“二死三流，同为一减。”太祖为求人民通晓法律起见，采辑官民过犯条文，颁行天下，谓之《大诰》。因有《大诰》的，罪得减等。后来不问有无，一概作为有而减等。于是死刑减至流刑的，无不以《大诰》再减，流刑遂等于不用。而充军的却很多。清朝并不借谪发维持军籍，然仍沿其制，为近代立法史上的一个污点。

刑法的改良，起于清末的改订旧律。其时改笞杖为罚金，以工作代徒流。后来定《新刑律》，才分主刑为死刑、用绞，于狱中行之。无期徒刑、有期徒刑、拘役、罚金五种。从刑为没收、褫夺公权两种。

审判机关，自古即与行政不分。此即《周官》地官所谓“地治者”。但属于秋官的官，如乡士、掌国中。遂士、掌四郊。县士、掌野。方士掌都家。等，亦皆以掌狱讼为职。地官、秋官，本当有行政官与军法审判之别，读前文可明，但到后来，这两者的区别，就渐渐地泯灭了。欧洲以司法独立为恤刑之法，中国则以（一）缩小下级官吏定罪的权限，如（二）增加审级，为恤刑之法。汉代太守便得专杀，然至近代，则府、厅、州、县，只能决徒以下的罪，流刑必须由按察司亲审，死刑要待御笔勾决了。行政、司法机关既不分，则行政官吏等级的增加，即为司法上审级的增加。而历代于固有的地方官吏以外，又多临时派官清理刑狱。越诉虽有制限，上诉是习惯上得直达皇帝为止的。即所谓叩阍。宋代初命转运使派官提点刑狱，后独立为一司，明朝继之，设按察司，与布政使并立，而监司之官，始有专司刑狱的。然及清代，其上级的督抚，亦都可受理上诉。自此以上，方为京控。刑部、都察院、提督，均可受理。临时派官复审，明代尤多。其后朝审、秋审，遂沿为定制。清代秋审是由督抚会同两司举行的。决定后由刑部汇奏。再命三法司见下。复审，然后御笔勾决，死刑乃得执行。在内的则由六部、大理寺、通政司、都察院会审，谓之朝审。此等办法，固得慎重刑狱之意。然审级太多，则事不易决。又路途遥远，加以旷日持久，人证物证，不易调齐，或且至于湮没，审判仍未必公平，而人民反因狱事拖延受累。所以此等恤刑之法，亦是有利有弊的。

司法虽不独立，然除特设的司法官吏而外，干涉审判之官，亦应以治民之官为限。如此，（一）系统方不紊乱。（二）亦且各种官吏，对于审判，未必内行，令其干涉，不免无益有损。然历代既非司法之官，又非治民之官，而参与审判之事者，亦在所不免。如御史，本系监察之官，不当干涉审判。所以弹劾之事，虽有涉及刑狱的，仍略去告诉人的姓名，谓之风闻。唐代此制始变，且命其参与推讯，至明，遂竟称为三法司之一了。而如通政司、翰林院、詹事府、五军都督等，无不可临时受命，与于会审之列，更属莫名其妙。又司法事务，最忌令军政机关参与。而历代每将维持治安及侦缉罪犯之责，付之军政机关。使其获得人犯之后，仍须交给治民之官，尚不易非理肆虐，而又往往令其自行治理，如汉代的司隶校尉，明代的锦衣卫、东厂等，尤为流毒无穷。

审判之制，贵于速断速决，又必熟悉本地方的民情。所以以州县官专司审判，于事实嫌其不给。而后世的地方官，多非本地人，亦嫌其不悉民情。廉远堂高，官民隔膜，吏役等遂得乘机舞弊。司法事务的黑暗，至于书不胜书。人民遂以入公门为戒。官吏无如吏役何，亦只得劝民息讼。国家对于人民的义务，第一事，便在保障其安全及权利，设官本意，唯此为急。而官吏竟至劝人民不必诉讼，岂非奇谈？古代所谓“地治者”，本皆后世乡吏之类，汉代啬夫，还是有听讼之职的。《汉书·百官公卿表》。爰延为外黄乡啬夫，民至不知有郡县，《后汉书》本传。其权力之大可知。然治者和被治者，既形成两个阶级，治者专以朘削被治者为生，则诉讼正是朘削的好机会，畀乡吏以听讼之权，流弊必至不可究诘。所以至隋世，遂禁止乡官听讼。《日知录·乡亭之职》一条说:“今代县门之前,多有榜曰:诬告加三等,越诉笞五十。此先朝之旧制。今人谓不经县官而上诉司府,谓之越诉,是不然。《太祖实录》:洪武二十七年,命有司择民间高年老人,公正可任事者,理其乡之辞讼。若户婚、田宅、斗殴者,则会里胥决之。事涉重者,始白于官。若不由里老处分,而径诉县官,此之谓越诉也。”则明太祖尝有意恢复乡官听讼之制。然《注》又引宣德七年陕西按察佥事林时之言,谓“洪武中,天下邑里,皆置申明,旌善二亭,民有善恶则书之,以示劝惩。凡户婚、田土、斗殴常事,里老于此剖决。今亭宇多废,善恶不书。小事不由里老,辄赴上司。狱讼之繁,皆由于此”。则其事不久即废。今乡官听讼之制,固不可行。然法院亦难遍设。民国十五年,各国所派的司法调查委员,见下。以通计四百万人乃有一第一审法院,为我国司法状况缺点之一。中国人每笑西洋人的健讼,说我国人无需警察、司法,亦能相安,足见道德优于西人。其实中国人的不愿诉讼,怕也是司法状况的黑暗逼迫而成的,并非美事。但全靠法院平定曲直,确亦非良好现象。不须多设法院,而社会上亦能发扬正义,抑强扶弱,不至如今日之豪暴横行;乡里平亭,权又操于土豪劣绅之手;是为最善。那就不得不有望于风俗的改良了。

古代的法律,本来是属人主义的。中国疆域广大,所包含的民族极多。强要推行同一的法律,势必引起纠纷。所以自古即以“不求变俗”为治。《礼记·曲礼》。统一以后,和外国交通,亦系如此。《唐律》:化外人犯罪,就依其国法治之。必两化外人相犯,不能偏据一国的法律,才依据中国法律治理。这种办法,固然是事实相沿,然决定何者为罪的,根本上实在是习惯。两族的习惯相异,其所认为犯罪之事,即各不相同。“照异族的习惯看起来,虽确有犯罪的行为,然在其本人,则实无犯罪的意思。”在此情形之下,亦自以按其本族法律治理为公平。但此项办法。只能适用于往来稀少之时。到近代世界大通,交涉之事,日益繁密,其势就

▲《窦娥冤》 图为我国元代杂剧的经典之作《窦娥冤》中窦娥被冤判死刑之前的场景。《窦娥冤》全剧描写寡妇窦娥受张驴儿迫害,被诬告杀人而判死刑。官员徇私舞弊的现象在古代屡见不鲜,人民都以入公门为戒。

不能行了。中国初和外国订约时，是不甚了然于另一新局面的来临的。一切交涉，都根据于旧见解以为应付。遂贸然允许了领事裁判权。而司法界情形的黑暗，主要的是司法不独立，监狱的黑暗，滥施刑讯及拘押等。有以生西人的戒心，而为其所借口，亦是无可讳言的。从事有领事裁判权的国家，如土耳其，有虐待异教徒的事实，我国则无之。若说因习惯的不同，则应彼此皆有。中外条约中，首先获得领事裁判权的是英国。后来各国相继获得。其条文彼此互异。然因各国条约均有最惠国条款，可以互相援引，所以实际上并无甚异同。有领判权之国，英、美、意、挪威、日本，均在我国设立法院。上海的会审公廨，且进而涉及原被告均为华人的事件。其损害我国的主权，自然无待于言了。然各国亦同蒙其不利。最重要的，如领事不晓法律，各国相互之间，亦须各归其国的领事审判。一件事情，关涉几国人的，即须分别向各国起诉。又上诉相距太远，即在中国设有法院之国亦然，其他更不必论了。且领事裁判权存在，中国允不绝许外国人在内地杂居。外国人因此自限制其权利于通商口岸，亦殊不值得。取消领事裁判权之议，亦起于《辛丑条约》。英、美、日三国商约，均有俟我法律及司法制度改良后，撤销领事裁判权的条文。太平洋会议，我国提出撤销领事裁判权案，与会各国，允共同派员，到中国来调查：（一）各国在我国的领事裁判权的现状，（二）我国的法律，（三）司法制度，（四）司法行政情形，再行决定。十五年，各国派员来华调查，草有报告书，仍主从缓。国民政府和意、丹、葡、西四国，订立十九年一月一日放弃领事裁判权的条约。比约则订明另定详细办法。倘详细办法尚未订定，而现有领事裁判权之国，过半数放弃，则比国亦放弃。中国在诸约中，订定（一）十九年一月一日以前，颁布民商法；（二）撤销领事裁判权之后，许外人内地杂居；（三）彼此侨民课税，不得高于他国人，或异于他国人；以为交换条件。然此约订定之后，迄今未能实行。唯墨西哥于十八年十一月，自动宣言放弃。德、奥、俄等国，欧战后即失其领事裁判权。

撤销领事裁判权，其实是不成问题的，只要我国司法真能改良，自不怕不能实行。我国的司法改良，在于（一）彻底改良司法界的状况，（二）且推行之及于全国，此即所谓“司法革命”“司法普及”。既需经费，又需人才，又需行政上的努力，自非易事。自前清末年订定四级三审制。初级、地方、高等三厅及大理院。初审起于初级厅的，上诉终于高等厅，起于地方厅的，终于大理院。至民国二十二年，改为三级三审。地方法院、高等法院、最高法院。前此司法多由县知事兼理，虽订有种种章程，究竟行政司法，分划不清。二十四年起，司法部已令全国各地，遍设法院。这都是比较合理的。真能推行尽利，我国的司法自可焕然改观了。

CHAPTER 11

◎ 第十一章 实业

农工商三者，并称实业，而三者之中，农为尤要。必有农，然后工商之技，乃可得而施。中国从前称农为本业，工商为末业，若除去其轻视工商、几乎视为分利之意，而单就本末两字的本义立论，其见解是不错的。

农工商三者，并称实业，而三者之中，农为尤要。必有农，然后工商之技，乃可得而施。中国从前称农为本业，工商为末业，若除去其轻视工商，几乎视为分利之意，而单就本末两字的本义立论，其见解是不错的。所以农业的发达，实在是人类划时代的进步。有农业，然后人类的食物，乃能为无限制地扩充，人口的增加，才无限制。人类才必须定居，一切物质文明，乃有基础。精神文化，亦就渐次发达了。人类至此，剩余的财产才多，成为掠夺的目的。劳力亦更形宝贵，相互间的战争，自此频繁，社会内部的组织，亦更形复杂了。世界上的文明，起源于几个特别肥沃的地点。比较正确的历史，亦是自此开始的。这和农业有极深切的关系，而中国亦是其中之一。

在农业开始以前，游猎的阶段，很为普遍。在第一章中，业经提及。渔猎之民，视其所居之地，或进为畜牧，或进为农耕。中国古代，似乎是自渔猎径进于农耕的。传说中的三皇：燧人氏钻木取火，教民熟食，以避腥臊伤害肠胃，显然是渔猎时代的酋长。伏羲，亦作庖牺。皇甫谧《帝王世纪》，说为“取牺牲以供庖厨”，《礼记·月令疏》引。实为望文生义。《白虎通义·号篇》云：“下伏而化之，故谓之伏羲”，则“羲”字与“化”字同义，所称颂的乃其德业。至于其时的生业，则《易·系辞传》明言其“为网罟以田以渔”，其为渔猎时代的酋长，亦无疑义。伏羲之后为神农。“斫木为耜，揉木为耒”，就正式进入农业时代，我国文明的历史，从此开始了。三皇之后为五帝。颛顼、帝喾，可考的事迹很少。黄帝教熊、罴、貔、貅、貙、虎以与神农战，似乎是游牧部落的酋长。然这不过是一种荒怪的传说，《五帝本纪》同时亦言其“艺五种”，而除此之外，亦绝无黄帝为游牧民族的证据。《尧典》则有命羲和“历象日、月、星辰，敬授民时”之文。《尧典》固然是后人所作，并非当时史官的记录。然后人所作，亦不能谓其全无根据。殷周之祖，是略与尧舜同时的。《诗经》中的《生民》《公刘》，乃周人自述其祖宗之事，当不致全属子虚。《书经》中的《无逸》，乃周公诰诫成王之语，述殷周的历史，亦必比较可信。《无逸》中述殷之祖甲云：“其在祖甲，不义惟王，旧为小人。作其即位，爰知小人之依。”祖甲实即太甲。“不义惟王，旧为小人”，正指其为伊尹所放之事。述高宗云：“旧劳于外，爰暨小人。”皆显见其为农业时代的贤君。周之先世，如太王、王季、文王等，更不必论了。古书的记载，诚多未可偏信。然合全体而观之，自五帝以来，社会的组织和政治上的斗争，必与较高度的文明相伴，而非游牧或渔猎部族所能有。然则自神农氏以后，我国久已成为农业发达的民族了。古史年代，虽难确考，然孟子说：“由尧舜至于汤，五百有余岁。由汤至于文王，五百有余岁。由文王至于孔子，五百有余岁。”《尽心下篇》。和韩非子所谓殷周七百余岁，虞夏两千余岁；《显学篇》。乐毅《报燕惠王书》所谓“收八百岁之蓄积”；谓齐自周初建国，至为昭王所破时。大致都相合的，绝不会是臆造。然则自尧舜至周末，当略近两千年。自秦始皇统一天下至民国纪元，相距两千一百三十二年。自尧舜追溯农业发达之时，亦必在千年左右。我国农业发达，总在距今五千年之前了。

中国的农业，是如何进化的呢？一言以蔽之，曰：自粗耕进于精耕。古代有爰田之法。爰田即系换田。据《公羊》宣公十五年何《注》，是因为地有美恶，“肥饶不得独乐，硗确不得独苦”，所以“三年一换主易居”。据《周官》大司徒：则田有不易，一易，再易之分。不易之地，是年年可种的。一易之地，种一年要休耕一年。再易之地，种一年要休耕两年。授田时：不易之地，一家给一百亩。一易之地，给二百亩。再易之地，给三百亩。古代的田亩，固然较今日为小。然一夫百亩，实远较今日农夫所耕为大。而其成绩，则据《孟子》《万章下篇》。和《礼记·王制》所说：是上农夫食九人，其次食八人，其次食七人，其次食六人，下农夫食五人。较诸现在，并不见得佳良，可见其耕作之法，不及今人了。汉朝有个大农业家赵过，能为代田之法。把一亩分作三个甽，播种于其中。甽以外的高处谓之陇。苗生叶以后，要勤除陇上之草，因而把陇上的土，倾颓下来，使其附着苗根。如此逐渐为之，到盛暑，则“陇尽而根深”，能够“耐风与旱”。甽和陇，是年年更换的，所以谓之代田。见《汉书·食货志》。后来又有区田之法。把田分为一块一块的，谓之区。隔一区，种一区。其锄草和颓土，亦与代田相同。《齐民要术》见下。极称之。后世言农业的人，亦多称道其

▲ **耕织图册页** 这是一组描绘我国古代农业生产的图画，所示图片为“簸扬”。古代农业经历了粗耕到精耕的历程，一直停留在小农制的范围内。作者认为，中国农业的出路是推行大农制。

法。但据近代研究农业的人说：则“代田区田之法，不外乎所耕者少，而耕作则精。近世江南的农耕，较诸古人所谓代田区田，其精勤实无多让。其田并不番休，而地力亦不见其竭。则其施肥及更换所种谷物之法，亦必有精意存乎其间”。这许多，都是农业自然的进步。总而言之：农业有大农制和小农制。大农制的长处，在于资本的节约，能够使用机械，及人工的分配得宜。小农制的长处，则在以人尽其劳，使地尽其力。所以就一个人的劳力，论其所得的多少，是大农制为长。就土地同一的面积，论其所得的多少，则小农制为胜。中国农夫的技能，在小农制中，总可算首屈一指了。这都是长时间自然的进化。

中国农业进化的阻力，约有三端：（一）为讲究农学的人太少。即使有之，亦和农民隔绝，学问不能见诸实用。古代有许多教稼的官。如《周官》

大司徒，“辨十有二壤之物而知其种”。司稼，“巡邦野之稼，而辨穜稑之种。周知其名与其所宜地，以为法而悬于邑闾”。这些事，都是后世所没有的。李兆洛《凤台县志》说，凤台县人所种的地，平均是一人十六亩。穷苦异常。往往不够本。一到荒年，就要无衣无食。县人有一个唤作郑念祖的，雇用了一个兖州人。问他：你能种多少园地？他说两亩。还要雇一个人帮忙。问他要用多少肥料？他说一亩田的肥料，要值到两千个铜钱。间壁的农人听了大笑，说，我种十亩地，只花一千个铜钱的肥料，收获的结果，还往往不够本呢。郑念祖对于这个兖州人，也是将信将疑。且依着他的话试试看呢，因其用力之勤、施肥之厚，人家的作物，都没有成熟，他的就先成熟了；而且长得很好。争先入市，获利甚多。到人家蔬果等上市时，他和人家一块卖的，所得的都是赢利了。李兆洛据此一例，很想募江南的农民为农师，以开水田。这不过是一个例。其余类乎此的情形，不知凡几。使农民互相师，已可使农业获有很大的进步，何况益之以士大夫？何况使士大夫与农民互相为师，以学理经验，交相补足呢？（二）古代土地公有，所以沟洫阡陌等，都井井有条。后世则不然。土地变为私有，寸寸割裂。凡水旱蓄泄等事，总是要费掉一部分土地的，谁肯牺牲？凡一切公共事业的规划，其根源，实即公共财产的规划。所以土地公有之世，不必讲地方自治，而自治自无不举。土地既已私有，公共的事务，先已无存。间有少数非联合不能举办的，则公益和私益，多少有些冲突。于是公益的举措，固有的荡然无存，当兴的阙而莫举；而违反公益之事，且日出不穷。如滥伐林木、破坏堤防、壅塞沟渠等都是。而农田遂大受其害。其最为显著的，就是水利。（三）土地既然私有了，人民谁不爱护其私产？但必使其俯仰有余；且勤劳所得，可以为其所有；农民才肯尽力。如其一饱且不可得；又偶有盈余，即为强有力者剥削以去；人民安得不苟偷呢？然封建势力和高利贷的巧取豪夺，则正是和这原则相反的。这也是农田的一个致命伤。职是故，农业有其进化的方面，而亦有其退化的方面。进退相消，遂成为现在的状况。

中国现在农业上的出路，是要推行大农制。而要推行大农制，则必须先有大农制所使用的器具。一九二八年春，俄国国营农场经理马克维次（Markevich），有多余不用的机犁百架，召集附近村落的农民，许租给他们使用，而以他们所有的土地，共同耕种为条件。当时加入的农民，其耕地共计九千余亩。到秋天，增至两万四千余亩。事为共产党所闻。于是增制机犁，并建造使用机犁的动力场。至明年，遂推行其法于全国。是为苏俄集合农场的起源。据张君劢《史泰林治下之苏俄》。再生杂志社本。天下事口说不如实做。瘏口哓音，说了半天的话，人家还是不信。实在的行动当前，利害较然可见，就无待烦言了。普通的议论，都说农民是最顽固的、守旧的。其实这是农民的生活，使其如此。现在为机器时代。使用旧式的器具，决不足以与之相敌。而全国最多数的农民，因其生活，而滞留于私有制度下自私自利的思想，亦实为文化进步的障碍。感化之法，单靠空言启牖，是无用的。生活变则思想变；生产的方法变，则生活变。“牖民孔易”，制造出耕作用的机械来，便是化除农民私见的方法。并不是要待农民私见化除了，机械才可使用。

中国的农学，最古的，自然是《汉书·艺文志》诸子略中的农家。其所著录先秦的农书，今已不存。先秦农家之说，存于今的，只有《管子》中的《地员》，《吕氏春秋》中的《任地》《辨土》《审时》数篇。汉代农家所著之书，亦俱亡佚。诸家征引，以氾胜之书为最多。据《周官》草人疏说，这是汉代农书中最佳的，未知信否。古人著述，流传到现在的，以后魏贾思勰的《齐民要术》为最早。后世官修的巨著，有如元代的《农桑辑要》、清代的《授时通考》；私家的巨著，有如元王桢的《农书》、明徐光启的《农政全书》等；均在子部农家中。此项农书，所包颇广。种植而外，蚕桑、菜果、树木、药草、孳畜等，都包括其中。田制、劝课、救荒之法，亦均论及，尚有茶经、酒史、食谱、花谱、相牛经、相马经等，前代亦隶农家，清四库书目改入谱录类。兽医之书，则属子部医家。这些，都是和农业有关系的。旧时种植之法，未必都能适用于今。然要研究农业历史的人，则不可以不读。

蚕桑之业，起于黄帝元妃嫘祖，语出《淮南蚕经》，《农政全书》引。自不足信。《易·系辞传》说：“黄帝、尧、舜，垂衣裳而天下治。”《疏》云：“以前衣皮，其制短小，今衣丝麻布帛，所作衣裳，其制长大，故云垂衣裳也。”亦近附会。但我国的蚕业，发达是极早的。孟子说：“五亩之宅，树之以桑，七十者可以衣帛矣。”《梁惠王上篇》。久已成为农家妇女普遍的职业了。古代蚕利，盛于北方。《诗经》中说及蚕桑的地方就很多。《禹贡》兖州说桑土既蚕，青州说厥篚檿丝。檿是山桑，这就是现在的野蚕丝了。齐纨、鲁缟，汉世最为著名。南北朝、隋、唐货币都通用布帛。唐朝的调法，亦兼收丝麻织品。元朝还有五户丝及二户丝。可见北方蚕桑之业，在元代，尚非不振，然自明以后，其利就渐限于东南了。唐甄《潜书》说：“蚕桑之利，北不逾淞，南不逾浙，西不通湖，东不至海，不过方千里，外此则所居为邻，相隔一畔而无桑矣。此以盛衰言之，并非谓绝对无有，不可拘泥。甚矣民之惰也。”大概中国文化，各地不齐，农民愚陋，只会蹈常

▲ **宫蚕图卷（局部）** 图中是明代妇女养蚕劳动的场景。男耕女织是中国传统的生产方式，每年祭祀时，皇帝都要亲耕先农坛，皇后亲祭先蚕坛，以示对农桑的重视。

习故。便是士和工商亦然。所以全国各地，风气有大相悬殊的。《日知录》说："华阴王宏撰著议，以为延安一府，布帛之价，贵于西安数倍。"又引《盐铁论》说："边民无桑麻之利，仰中国丝絮而后衣。夏不释褐，冬不离窟。”崔寔《政论》说：“仆前为五原太守，土俗不知缉绩。冬积草伏卧其中。若见吏，以草缠身，令人酸鼻。”顾氏说：“今大同人多是如此。妇人出草，则穿纸袴。”可见有许多地方，荒陋的情形，竟是古今一辙。此等情形，昔人多欲以补救之法，责之官吏，间亦有能行之的。如清乾隆时，陈宏谋做陕西巡抚。曾在西安、三原、凤翔设蚕馆、织局，招南方机匠为师。又教民种桑。桑叶、茧丝，官家都许收买，使民节节得利，可以踊跃从事，即其一例。但究不能普遍。今后交通便利，资本的流通，遍及穷乡僻壤，此等情形，必将渐渐改变了。

林政：愈到后世而愈坏。古代的山林，本是公有的，使用有一定的规则，如《礼记·王制》说“草木黄落，然后入山林”是。抑或设官管理，如《周官》的林衡是。又古代列国并立，务于设险，平地也有人造的森林，如《周官》司险，设国之五沟、五涂，而树之林，以为阻固是。后世此等事都没有了。造林之事极少，只是靠天然的使用。所以愈开辟则林木愈少。如《汉书·地理志》说，天水、陇西，山多林木，人民都住在板屋里。又如近代，内地的木材，出于四川、江西、贵州，而吉、黑两省，为全国最大的森林区域，都是比较上少开辟的地方。林木的缺乏，积极方面，由于国家不知保护森林，更不知造林之法。如清朝梅曾亮，有《书棚民事》一篇。他说当他替安徽巡抚董文恪做行状时，遍览其奏议，见其请准棚民开山的奏折，说棚民能攻苦食淡于崇山峻岭、人迹不通之处，开种旱谷，有裨民食，和他告讦的人，都是溺于风水之说，至有以数百亩之田，保一棺之土的，其说必不可听。梅氏说：“予览其说而是之。”又说：“及予来宣城，问诸乡人，则说：未开之山，土坚石固，草树茂密，腐叶积数年，可二三寸。每天雨，从树至叶，从叶至土石，历石罅滴沥成泉，其下水也缓。又水缓而土不随其下。水缓，故低田受之不为灾；而半月不雨，高田犹受其灌溉。今以斤斧童其山，而以锄犁疏其土，一雨未毕，沙石随下，其情形就大不然了。”梅氏说：“予亦闻其说而是之。”又说：“利害之不能两全也久矣。由前之说，可以息事。由后之说，可以保利。若无失其利，而又不至于董公之所忧，则吾盖未得其术也。”此事之是非，在今日一言可决。而当时或不之知，或作依违之论。可见昔人对于森林的利益，知之不甚透彻。自然不知保护，更说不到造林；历代虽有课民种桑枣等法令，亦多成为具文了。消极方面，则最大的为兵燹的摧残，而如前述开垦时的滥伐，甚至有放火焚毁的，亦是其一部分的原因。

渔猎畜牧，从农业兴起以后，就不被视为主要的事业。其中唯田猎，因和武事有关，还按时举行，借为阅习之用。渔业则被视为鄙事，为人君所弗亲。观《左传》隐公五年所载臧僖伯谏观渔之辞可见。牧业，如《周官》之牧人、牛人、充人等，所豢养的，亦仅以供祭祀之用。只有马是和军事、交通都有关系的，历代视之最重，常设“苑”“监”等机关，择适宜之地，设官管理。其中如唐朝的张万岁等，亦颇有成绩。然能如此的殊不多。以上是就官营立论。至于民间，规模较大的，亦恒在缘边之地。如《史记·货殖列传》说，天水、陇西、北地、上郡，畜牧为天下饶。又如《后汉书·马援传》说，援亡命北地，因留畜牧，役属数百家。转游陇汉间，因处田牧，至有牛马羊数千头，谷数万斛是。内地民家，势不能有大

▼ **《饮饲图》（局部）** 中国历代都很重视马的豢养，因其和军事、交通有着密切的关系，政府常置专门机构，设官管理。图为元代画家任仁发所绘《饮饲图》中官员饮马的场景。

规模的畜牧。然苟能家家畜养，其数亦必不少。如《史记·平准书》说，武帝初年，“众庶街巷有马，阡陌之间成群”。元朔六年，卫青、霍去病出塞，私负从马至十四万匹。《汉书·匈奴列传》。颜师古《注》：“私负衣装者，及私将马从者，皆非公家发与之限。”实在是后世所少见的。民业虽由人民自营，然和国家的政令，亦有相当的关系。唐玄宗开元九年，诏“天下之有马者，州县皆先以邮递军旅之役，定户复缘以升之，百姓畏苦，乃多不畜马，故骑射之士减曩时”。元世祖至元二十三年，六月，括诸路马。凡色目人有马者，三取其二。汉民悉入官。敢匿与互市者罪之。《明实录》言：永乐元年，七月，上谕兵部臣曰：“比闻民间马价腾贵，盖禁民不得私畜故也。其榜谕天下，听军民畜马勿禁。”据《日知录·马政》条。然则像汉朝，不但无畜马之禁，且有马复令者，有车骑马一匹者，复卒三人，见《食货志》。民间的畜牧，自然要兴盛了。但这只能藏富于民，大规模的畜牧，还是要在边地加以提倡的。《辽史·食货志》述太祖时畜牧之盛，“括富人马不加多，赐大小鹘军万余匹不加少”。又说：“自太宗及兴宗，垂二百年，群牧之盛如一日。天祚初年，马犹有数万群，群不下千匹。”此等盛况，各个北族盛时，怕都是这样的，不过不能都有翔实的记载罢了。此其缘由：（一）由于天时地利的适宜。（二）亦由其地尚未开辟，可充牧场之地较多。分业应根据地理。蒙、新、青、藏之地，在前代或系域外，今则都在邦域之中，如何设法振兴，不可不极端努力了。

渔税，历代视之不甚重要，所以正史中关于渔业的记载亦较少。然古代庶人，实以鱼鳖为常食。见第十三章。《史记·货殖列传》说：太公封于齐，地潟卤，人民寡，太公实以通鱼盐为致富的一策。这或是后来人的托词，然春秋战国时，齐国渔业的兴盛，则可想见了。《左传》昭公三年，晏子说陈氏厚施于国，“鱼盐蜃蛤，弗加于海”。谓不封禁或收其税。汉耿寿昌为大司农，增加海租三倍。见《汉书·食货志》。可见缘海河川，渔业皆自古即盛。此等盛况，盖历代皆然。不过“业渔者类为穷海、荒岛、河上、泽畔居民，任其自然为生。内地池畜鱼类，一池一沼，只供文人学士之徜徉，为诗酒闲谈之助。所以自秦汉至明，无兴革可言，亦无记述可见”罢了。采李士豪屈若搴《中国渔业史》说，商务印书馆本。然合沿海及河湖计之，赖此为生的，何止千万。组织渔业公司，以新法捕鱼，并团结渔民，加以指导保护等，均起于清季。国民政府对此尤为注意。并曾豁免渔税，然成效尚未大著。领海之内，时时受人侵渔。二十六年，中日战事起后，沿海多遭封锁，渔场受侵夺，渔业遭破坏的尤多。

狭义的农业，但指种植而言。广义的，则凡一切取得物质的方法，都包括在内，矿业，无疑也是广义农业的一部分了。《管子·地数篇》说："葛卢之山，发而出水，金从之，蚩尤受而制之，以为剑、铠、矛、戟。""雍狐之山，发而出水，金从之，蚩尤受而制之，以为雍狐之戟，芮戈。"我们据此，还可想见矿业初兴，所采取的，只是流露地表的自然金属。然《管子》又说："上有丹砂者，下有黄金；上有慈石者，下有铜金；上有陵石者，下有铅、锡、赤铜；上有赭者下有铁；此山之见荣者也。"荣即今所谓矿苗，则作《管子》书时，已知道察勘矿苗之法了。近代机器发明以来，煤和铁同为生产的重要因素。在前世，则铁较重于煤。至古代，因为技术所限，铜尤要于铁。然在古代，铜的使用，除造兵器以外，多以造宝鼎等作为玩好奢侈之品，所以《淮南子·本经篇》说："衰世镌山石，锲金玉，擿蚌蜃，销铜铁，而万物不滋。"将铜铁和金玉、蚌蜃谓采珠。同视。然社会进化，铁器遂日形重要。《左传》僖公十八年，"郑伯始朝于楚。楚子赐之金。既而悔之。与之盟，曰：无以铸兵。"可见是时的兵器，还以南方为利。兵器在后汉以前，多数是用铜造的。参看《日知录·铜》条。然盐铁，《管子》书已并视为国家重要的财源，见第八章。而《汉书·地理志》说，江南之俗，还是"火耕水耨"。可见南方的农业，远不如北方的发达。古代矿业的发明，一定是南先于北。所以蚩尤尸作兵之名。然到后来，南方的文明程度，转落北方之后，则实以农业进步迟速之故。南方善造铜兵，北方重视铁铸的农器，正可为其代表。管子虽有盐铁国营之议，然铁矿和冶铸，仍入私人之手。只看汉世所谓"盐铁"者，此所谓盐铁，指经营盐铁事业的人而言。声势极盛，而自先秦时代残留下来的盐官、铁官，则奄奄无生气可知。后世也还是如此。国家自己开的矿是很少的。民间所开，大抵以金属之矿为多。采珠南海有之。玉多来自西域。

工业：在古代，简单的是人人能做的。其较繁难的，则有专司其事的人。此等人，大抵由于性之所近，有特别的技巧。后来承袭的人，则或由社会地位关系，或由其性之所近。《考工记》所谓"知者创物，巧者述之，守之世，谓之工"。此等专门技术，各部族的门类，各有不同。在这一部族，是普通的事，人人会做的，在别一部族，可以成为专门之技。所以《考工记》说："粤无镈，燕无函，秦无庐，胡无弓车。"谓无专制此物之人。又说："粤之无镈也，非无镈也，言非无镈其物。夫人而能为镈也。"燕之函，秦之庐，胡之弓车说亦同。此等规模，该是古代公产部族，相传下来的。后世的国家沿袭之，则为工官。《考工记》的工官有两种：一种称某人，一种称某氏。称某人的，当是技术传习，不以氏族为限的，称某氏的则不然。工用高曾之规矩，古人传为美谈。此由（一）古人生活恬淡，不甚喜矜奇斗巧。（二）又古代社会，范围窄狭，一切知识技能，得之于并时观摩者少，得之于先世遗留者多，所以崇古之情，特别深厚。（三）到公产社会专司一事的人，变成国家的工官，则工业成为政治的一部分。政治不能废督责，督责只能以旧式为标准。司制造的人，遂事事依照程序，以求免过。《礼记·月令》说："物勒工名，以考其成。"《中庸》说："日省月试，既廪称事，所以来百工也。"可见古代对于工业督责之严。（四）封建时代，人的生活是有等级的，也是有规范的。竞造新奇之物，此两者均将被破坏。所以《礼记·月令》说："毋或作为淫巧，以荡上心。"《荀子·王制》说："雕琢文采，不敢造于家。"而《礼记·王制》竟说："作奇技奇器以疑众者杀。"此等制度，后人必将议其阻碍工业的进步，然在保障生活的规范，使有权力和财力的人，不能任意享用，而使其余的人，（甲）看了起不平之念；（乙）或者不顾财力，互相追逐，致以社会之生活程度衡之，不免流于奢侈，是有相当价值的，亦不可以不知道。即谓专就技巧方面立论，此等制度阻碍

▼《天工开物》　此书是明朝科学家宋应星的科学技术著作，记述了当时我国各地农业和副业、手工业的生产过程及生产经验。此书图文并茂，在当时世界科技史上地位很高，图中所示为炼铜。

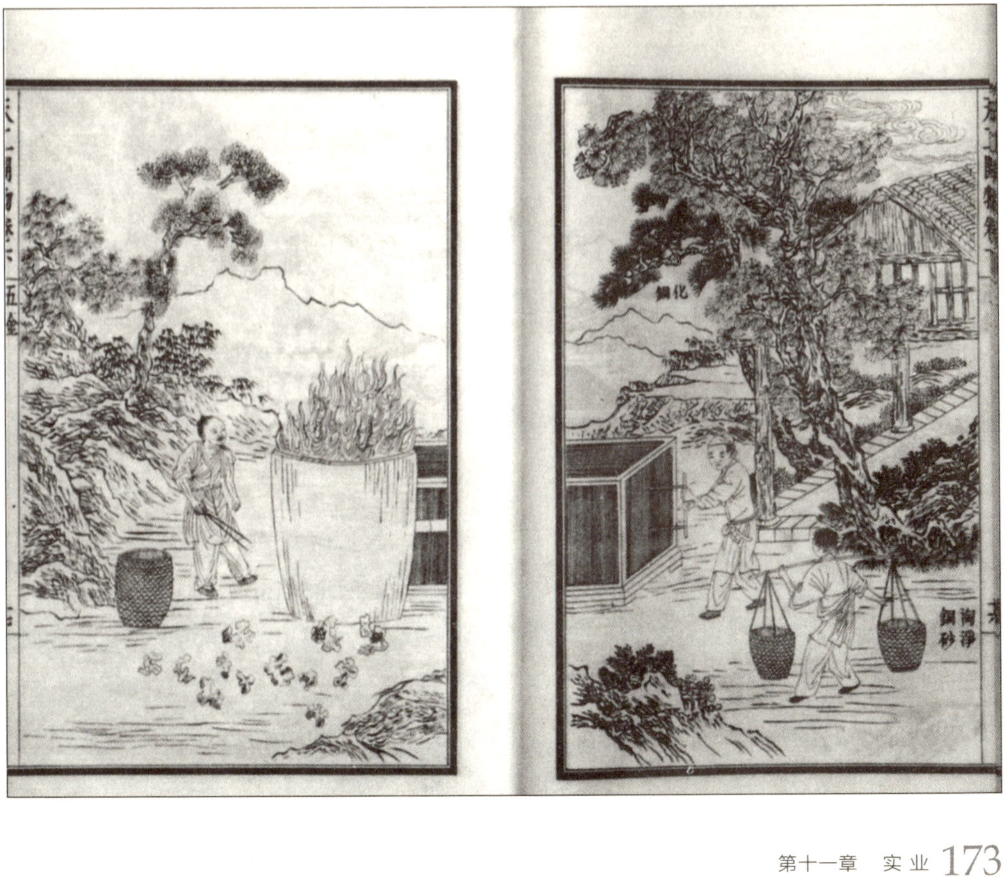

进步也是冤枉的。为什么呢？

社会的组织，暗中日日变迁，而人所设立的机关，不能与之相应，有用的逐渐变为无用，而逐渐破坏。这在各方面皆然，工官自亦非例外。（一）社会的情形变化了，而工官未曾扩充，则所造之物，或不足以给民用。（二）又或民间已发明新器，而工官则仍守旧规，则私家之业渐盛。（三）又封建制度破坏，被灭之国，被亡之家，所设立之机关，或随其国家之灭亡而被废，技术人员也流落了。如此，古代的工官制度，就破坏无余了。《史记·货殖列传》说："用贫求富，农不如工，工不如商"；《汉书·地理志》所载，至汉代尚存的工官，寥寥无几；都代表这一事实。《汉书·宣帝纪赞》，称赞他"信赏必罚，综核名实"，"技巧工匠，自元成间鲜能及之"。陈寿《上诸葛氏集表》，亦称其"工械技巧，物究其极"，《三国蜀志·诸葛亮传》。实在只是一部分官制官用之物罢了，和广大的社会工业的进退，是没有关系的。当这时代，工业的进化安在呢？世人每举历史上几个特别智巧的人、几件特别奇异之器，指为工业的进化，其实是不相干的。公输子能削竹木以为鵲，飞之三日不下。见《墨子·鲁问篇》《淮南子·齐俗训》。这自然是瞎说，《论衡·儒增篇》，业经驳斥它了。然如后汉的张衡、曹魏的马钧、南齐的祖冲之、元朝的郭守敬，马钧事见《三国魏志·杜夔传》《注》，余皆见各史本传。则其事迹绝不是瞎说的。他们所发明的东西安在呢？崇古的人说："失传了。这只是后人的不克负荷，并非中国人的智巧，不及他国人。"喜新的人不服，用滑稽的语调说道："我将来学问够了，要做一部中国学术失传史。"见从前北京大学所出的《新潮杂志》。其实都不是这一回事。一种工艺的发达，是有其社会条件的。指南针，世界公认是中国人发明的。古代曾用以驾车，现在为什么没有？还有那且走且测量路线长短的记里鼓车，又到什么地方去了？诸葛亮改良连弩，马钧说：我还可以再改良，后来却不曾实行，连诸葛亮发明的木牛流马，不久也失传了。假使不在征战之世，诸葛亮的心思，也未必用之于连弩。假使当时魏蜀的争战，再剧烈些，别方面的势力，再均平些，竟要靠连弩以决胜负，魏国也未必有马钧而不用。假使魏晋以后，在商业上，有运巴蜀之粟，以给关中的必要，木牛流马，自然会大量制造，成为社会上的交通用具的。不然，谁会来保存它？同理：一时代著名的器物，如明朝宣德、成化，清朝康熙、雍正、乾隆年间的瓷器，为什么现在没有了？这都是工业发达的社会条件。还有技术方面，也不是能单独发达的。一器之成，必有互相连带的事物。如公输子以竹木为鵲，飞之三日，固然是瞎说。王莽时用兵，募有奇技的人。有人自言能飞。试之，取大鸟翮为两翼，飞数百步而坠。见《汉书·王

▲**工厂童工** 《马关条约》签订后，外国人在中国开设了工厂，利用我国廉价的劳动力牟取暴利，同时还冲击了中国的民族工业。图为上海丝厂的童工在劳动。

莽传》。却绝不是瞎说的，其人亦不可谓之不巧。假使生在现在，断不能谓其不能发明飞机。然在当日，现今飞机上所用种种机械，一些没有，自然不能凭空造成飞行器具。所以社会条件不备具；技术的发展，而不依着一定的顺序；发明是不会凭空出现的。即使出现了，也只等于昙花一现。以为只要消费自由，重赏之下，必有勇夫，工艺自然会不断地进步，只是一个浅见。

工官制度破坏后，中国工业的情形，大概是这样的：根于运输的情形，寻常日用的器具，往往合若干地方，自成一个供求的区域。各区域之间，制造的方法，和其所用的原料等，不必相同。所以各地方的物品，各有其特色。（一）此等工人，其智识，本来是蹈常习故的。（二）加以交换制度之下，商品的生产，实受销场的支配，而专司销售的商人，其见解，往往是陈旧的。因为旧的东西，销路若干，略有一定，新的就没有把握了。因此，商人不欢迎新的东西，工人亦愈无改良的机会。（三）社会上的风气，也是蹈常习故的人居其多数。所以其进步是比较迟滞的。至于特别著名的工业品，营销全国的，亦非没有。则或因（一）天产的特殊，而制造不能不限于其地。（二）或因运输的方便，别的地方的出品，不能与之竞争。

（三）抑或因历史上技术的流传，限于一地。如湖笔、徽墨、湘绣等，即其一例。

近代的新式工业，是以机制品为主的。自非旧式的手工业所能与之竞争。经营新式工业，既需人才，又需资本，中外初通时的工商家，自不足以语此，自非赖官力提倡不可。然官家的提倡，亦殊不得法。同治初年，制造局、造船厂等的设立，全是为军事起见，不足以语于实业。光绪以后所办的开平煤矿、甘肃羊毛厂、湖北铁厂、纱厂等，亦因办理不得其法，成效甚少。外货既滔滔输入，外人又欲在通商口岸设厂制造，利用我低廉的劳力，且省去运输之费。自咸丰戊午、庚申两约定后，各国次第与我订约，多提出此项要求。中国始终坚持未许。到光绪甲午，和日本战败，订立《马关条约》，才不得已而许之。我国工业所受的压迫，遂更深一层，想挣扎更难了。然中国的民智，却于甲午之后渐开，经营的能力，自亦随之而俱进。近数十年来，新兴的工业，亦非少数，惜乎兴起之初，未有通盘计划，而任企业之家，各自为战，大多数都偏于沿江沿海。二十六年，战事起后，被破坏的，竟达百分之七十。这亦是一个很大的创伤。然因此而（一）内地的宝藏，获得开发，交通逐渐便利。（二）全盘的企业，可获得一整个的计划，非复枝枝节节而为之。（三）而政治上对于实业的保障，如关税壁垒等，亦将于战后获得一条出路。因祸而为福，转败而为功，就要看我们怎样尽力奋斗了。

商业当兴起时，和后来的情形，大不相同。《老子》说："郅治之极，邻国相望，鸡犬之声相闻，民各甘其食，美其服，安其俗，乐其业，至老死不相往来。"这是古代各部族最初孤立的情形。到后来，文化逐渐进步，这种孤立状况，也就逐渐打破了。然此时的商人，并非各自将本求利，乃系为其部族做交易。部族是主人，商人只是伙友，盈亏都由部族担负，商人只是替公众服务而已。此时的生意，是很难做的。（一）我们所要的东西，哪一方面有？哪一方面价格低廉？（二）与人交换的东西，哪一方面要？哪一方面价格高昂？都非如后世的易于知道。（三）而重载往来，道途上且须负担危险。商人竭其智力，为公众服务，实在是很可敬佩的。而商人的才智，也特别高。如郑国的弦高，能却秦师，即其一证。《左传》僖公三十三年。此等情形，直到东西周之世，还有留遗。《左传》昭公十六年，郑国的子产，对晋国的韩宣子说："昔我先君桓公，与商人皆出自周。庸次比耦，以艾杀此地，斩之蓬蒿藜藿而共处之。"开国之初，所以要带着一个商人走，乃是因为草创之际，必要的物品，难免阙乏，庚财、见第五章。乞籴，都是不可必得的。在这时候，就非有商人以济其穷不可了。卫为狄灭，文公立国之后，要注意于通商，《左传》闵公二年。亦同此理。此等商人，真正是消费者和生产者的朋友。然因社会组织的变迁，无形之中，却逐渐变作他们的敌人而不自知了。因为交换的日渐繁盛，各部族旧有的经济组织，遂不复合理，而逐渐地遭遇破坏。旧组织既破坏，而无新组织起而代之。人遂不复能更受社会的保障，其作业，亦非为社会而作，于是私产制度兴起了。在私产制度之下，各个人的生活，是要自己设法的。然必不能物物皆自为而后用之。要用他人所生产的东西，只有掠夺和交换两种方法。掠夺之法，是不可以久的。于是交易大盛。然此时的交易，非复如从前行之于团体与团体之间，而是行之于团体之内的。人人直接交易，未免不便，乃渐次产生居间的人。一方面买进，一方面卖出，遂成为现在的所谓商业。非交易不能生活，非籍居间的人不能交易，而商业遂稳操社会经济的机键。在私产制度之下，人人的损益都是要自己打算的。各人尽量寻求自己的利益。而生产者要找消费者、消费者要找生产者极难，商人却处于可进可退的地位，得以最低价只要生产者肯忍痛卖。买进，最高价只要消费者能够忍痛买。卖出，生产者和消费者，都无如之何。所以在近代工业资本兴起以前，商人在社会上，始终是一个优胜的阶级。

商业初兴之时，只有现在所谓定期贸易。《易经·系辞传》说：神农氏“日中为市，致天下之民，聚天下之货，交易而退，各得其所”，就是指这一事实的。此等定期贸易，大约行之于农隙之时，收成之后。所以《书经·酒诰》说：农功既毕，“肇牵车牛远服贾”。《礼记·郊特牲》说：“四方年不顺成，八蜡不通”“顺成之方，其蜡乃通”。蜡祭是行于十二月的。因此，举行定期贸易。然不久，经济愈形进步，交易愈见频繁，就有常年设肆的必要了。此等商肆，大者设于国中，即《考工记》所说“匠人营国，面朝后市”。小者则在野田墟落之间，随意陈列货物求售，此即《公羊》何《注》所谓“因井田而为市”。宣公十五年。《孟子》所谓“有贱丈夫焉，必求龙断而登之”，亦即此类，其说已见第八章了。《管子·乘马篇》说：“聚者有市，无市则民乏。”可见商业和人民的关系，已密接而不可分离了。古代的大商人，国家管理之颇严，《管子·揆度篇》说：“百乘之国，中而立市，东西南北，度五十里。”千乘之国，万乘之国，也是如此。这是规定设市的地点的。《礼记·王制》列举许多不鬻于市的东西。如（一）圭璧金璋，（二）命服命车，（三）宗庙之器，（四）牺牲，（五）锦文珠玉成器，是所以维持等级制度的。（六）奸色乱正色，（七）衣服饮食，是所以矫正人民的生活规范的。（八）布帛精粗不中度，幅广狭不中量，（九）五谷不时，（十）果实未熟，（十一）木不中伐，（十二）禽兽鱼鳖不中杀，是所以维持社会的经济制度，并保障消费人的利益的。总之，商人的交易，受着干涉的地方很多。《周官》司市以下各官，则是所以维持市面上的秩序的。我们可想见，在封建制度之下，商人并不十分自由。封建政体破坏了，此等规则，虽然不能维持，但市总还有一定的区域。像现在通衢僻巷，到处可以自由设肆的事，是没有的。北魏胡灵后时，税入市者人一钱，即其明证。《唐书·百官志》说：“市皆建标筑土为候。凡市日，击鼓三百以会众，日入前七刻，击钲三百而散。”则市之聚集，仍有定期，更无论非市区了。现在设肆并无定地，交易亦无定时，这种情形，大约是唐中叶以后，逐渐兴起的。看宋朝人所著的《东京梦华录》、孟元老著。《武林旧事》周密著。等书可见。到这地步，零售商逐渐增多，商业和人民生活的关系，亦就更形密切了。

商业初兴时，所运销的，还多数是奢侈品，所以专与王公贵人为缘。子贡结驷连骑，束帛之币，以聘享诸侯。《史记·货殖列传》。晁错说汉朝的商人，“交通王侯，力过吏势”，《汉书·食货志》。即由于此。此等商人，看似势力雄厚，其实和社会的关系，是比较浅的。其厕身民众之间，做囤积和贩卖的工作的，则看似低微，而其和社会的关系，反较密切。因为这才真正是社会经济的机键。至于古代的贱视商人，则（一）因封建时代的人，重视掠夺，而贱视平和的生产事业。（二）因当时的商业，多使贱人为之。如刁閒收取桀黠奴，使之逐渔盐商贾之利是。《史记·货殖列传》。此等风气，以两汉时代为最甚。后世社会阶级，渐渐平夷，轻视商人，亦就不如此之甚了。抑商则另是一事。轻商是贱视其人，抑商则敌视其业。因为古人视商业为末

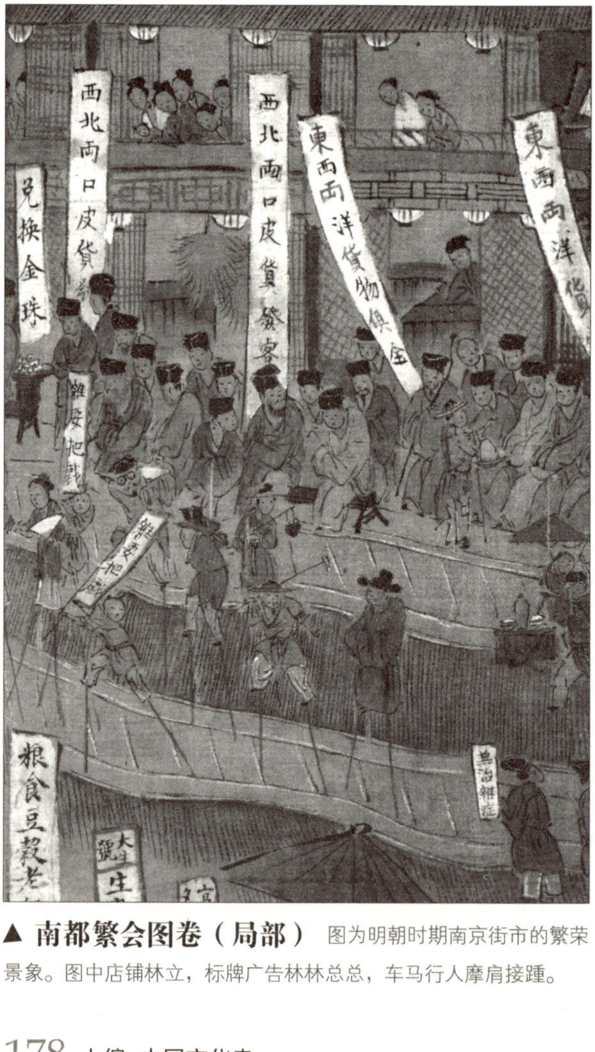

▲ **南都繁会图卷（局部）** 图为明朝时期南京街市的繁荣景象。图中店铺林立，标牌广告林林总总，车马行人摩肩接踵。

业，以为不能生利。又因其在社会上是剥削阶级，然抑商的政令，在事实上，并不能减削商人的势力。

国际间的贸易，自古即极兴盛。因为两国或两民族，地理不同，生产技术不同，其需要交易，实较同国同族人为尤甚。试观《史记·货殖列传》所载，凡和异国异族接境之处，商务无不兴盛，如天水、陇西、北地、上郡、巴、蜀、上谷至辽东等。便可知道。汉朝尚绝未知西域为何地，而邛竹杖、蜀布，即已远至其地，商人的辗转贩运，其能力亦可惊异了。《货殖传》又说：番禺为珠玑、玳瑁、果、布之凑。这许多，都是后来和外洋互市的商品，布当即棉布。可知海路的商业，发达亦极早。中国和西域的交通，当分海、陆两路。以陆路论：《汉书·西域传》载杜钦谏止遣使报送罽宾使者的话，说得西域的路，阻碍危险，不可胜言，而其商人，竟能冒险而来。以海路论，《汉书·地理志》载中国人当时的海外航线，系自广东的徐闻出发。所经历的地方，虽难悉考，其终点黄支国，据近人所考证，即系印度的建志补罗。冯承钧《中国南洋交通史》上编第一章。其后大秦王安敦，自日南徼外，遣使通中国，为中欧正式交通之始。两晋南北朝之世，中国虽然丧乱，然河西、交、广，都使用金银。当时的中国，是并不以金银为货币的，独此两地，金银获有货币的资格，即由于与外国通商之故。可见当中国丧乱时，中外的贸易，依然维持着。承平之世，特别如唐朝、元朝等，疆域扩张，声威远播之时，更不必说了。但此时所贩运的总带有奢侈品性质。如香药、宝货便是，参看第八章。对于普通人民的生活，关系并不深切。到近代产业革命以后，情形就全不相同了。

CHAPTER 12

◎ 第十二章 货币

中国古代，最普遍的货币，大约是贝。所以凡货财之类，字都从贝，这是捕鱼的民族所用。亦有用皮的，所以国家以皮币行聘礼，婚礼的纳征，亦用鹿皮，这当是游猎民族所用。至农耕社会，才普遍使用粟帛。

交换是现今社会重要的经济机构，货币则是交换所借之以行的。所以货币制度的完善与否，和经济的发达、安定，都有很大的关系。中国的货币制度，是不甚完善的。这是因为（一）中国的经济学说，注重于生产消费，而不甚注重于交换，于此部分，缺乏研究。（二）疆域广大，各地方习惯不同，而行政的力量甚薄，不能控制之故。

中国古代，最普遍的货币，大约是贝。所以凡货财之类，字都从贝，这是捕鱼的民族所用。亦有用皮的，所以国家以皮币行聘礼，婚礼的纳征，亦用鹿皮，这当是游猎民族所用。至农耕社会，才普遍使用粟帛。所以《诗经》说“握粟出卜”，又说“抱布贸丝”。珠玉金银铜等，都系贵族所需要。其中珠玉之价最贵，金银次之，铜又次之，所以《管子》说：“以珠玉为上币，黄金为中币，刀布为下币。”《国蓄》。古代的铜价，是比较贵的。《史记·货殖列传》《汉书·食货志》，说当时的粜价，都是每石自二十文至八十文。当时的衡量，都约当现代五分之一。即当时的五石，等于现在的一石。当时量法用斛，衡法称石，石与斛的量，大略相等。其价为一百文至四百文。

汉宣帝时，谷石五钱，则现在的一石谷，只值二十五文。如此，零星贸易，如何能用钱？所以孟子问陈相：许行的衣冠械器，从何而来？陈相说：都是以粟易之。《滕文公上篇》。而汉朝的贤良文学，说当时买肉吃的人，也还是“负粟而往，易肉而归”。《盐铁论·散不足篇》。可见自周至汉，铜钱的使用并不十分普遍。观此，才知道古人所以有许多主张废除货币的。若古代的货币使用，其状况一如今日，则古人即使有这主张，亦必审慎考虑，定有详密的办法，然后提出，不能说得太容易了。自周至汉，尚且如此，何况夏殷以前？所以《说文》说：“古者货贝而宝龟，周而有泉，至秦废贝行钱。”《汉书·食货志》说货币的状况：“自夏殷以前，其详靡记”，实在最为确实。《史记·平准书》说：“虞夏之币，金为三品：或黄，或白，或赤，或钱，或布，或刀，或龟贝。”《平准书》本非《史记》原文，这数语又附著篇末，其为后人所窜入，不待言而可明了。《汉书·食货志》又说：“大公为周立九府圜法。黄金方寸而重一斤。钱圜函方，函即俗话钱眼的眼字。轻重以铢。布帛广二尺二寸为辐，长四丈为匹。大公退，又行之于齐。”按《史记·货殖列传》说：“管子设轻重九府。”《管晏列传》说：“吾读管氏《牧民》《山高》《乘马》《轻重》《九府》。”则所谓九府圜法，确系齐国的制度。但其事起于何时不可知。说是太公所立，已嫌附会，再说是太公为周所立，退而行之于齐，就更为无据了。古代的开化，东方本早于西方。齐国在东方，经济最称发达。较整齐的货币制度，似乎就是起于齐国的。《管子·轻重》诸篇，多讲货币、货物相权之理，可见其时货币的运用，已颇灵活。《管子》虽非管仲所著，却不能不说是齐国的书。《说文》说周而有泉，可见铜钱的铸造，是起于周朝，而逐渐普遍于各地方的。并

中国历代主要铜钱一览表

铜钱	流通朝代	流通情况	铜钱图片
各国货币	战国时期	战国中期以后，为适应商业发展的需要，各国大量铸造金属货币，形制不一。	
半两钱	秦和西汉初期	秦统一后铸秦半两通行全国，秦半两为铜质圆形方孔，币面有小篆体“半两”，其重半两。汉初又铸汉半两，允许民间私铸，重量较秦半两轻。	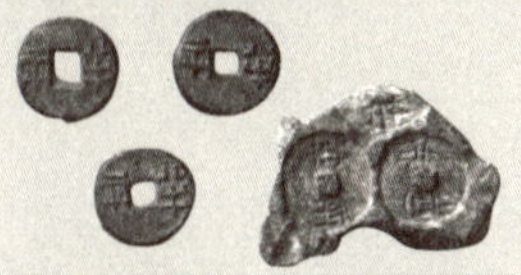
五铢钱	汉至隋	汉武帝时实行货币专铸政策，铸造五铢钱。五铢钱亦是以重量为钱名的铜钱，每枚重五铢。	
通宝钱	唐至清	通宝钱以通宝为钱名，改变了过去以重量为钱名的旧制，而以帝王年号为主要标志，从而取代了五铢钱。	

注：上表所列为中国历代主要铜钱，有的流通时间较短或流通区域较小，故未列入（如王莽改币）。表中的铜钱从上到下依次为战国时“三晋”布币和齐刀币、秦半两、汉代五铢钱、唐代开元通宝。

非一有铜钱，即各处普遍使用。

古代的铜钱，尚且价格很贵，而非普通人所能使用，何况珠玉金银等呢？这许多东西，何以会与铜钱并称为货币？这是因为货币之始，乃是用之于远方，而与贵族交易的。《管子》说："玉起于禺氏，金起于汝、汉，珠起于赤野。东西南北，距周七千八百里，《通典》引作七八千里。水绝壤断，舟车不能通。先王为其途之远，其至之难，故托用于其重。"《国蓄》。又说："汤七年旱，禹五年水，汤以庄山之金，禹以历山之金铸币，而赎人之无馇卖子者。"《山权数》。此等大批的卖买，必须求之于贵族之家。因为当时，只有贵族，才会有大量的谷物存储。如《山权数篇》又言丁氏之家粟，可食三军之师。于此，可悟古代商人，多与贵族交接之理，而珠玉金银等的使用，亦可无疑义了。珠玉金银等，价均太贵，不适宜于普通之用。只有铜，价格稍贱，而用途极广，是普通人所宝爱，而亦是其所能使用的。铜遂发达而成普通的货币，具有铸造的形式。其价值极贵的，则渐以黄金为主，而珠玉等都被淘汰。

钱圜函方，一定是取象于贝的。所以钱的铸造，最初即具有货币的作用。其为国家因民间惯用贝，又宝爱铜，而铸作此物，抑系民间自行制造不可知。观《汉书》"轻""重""以""铢"四字，可见齐国的铜钱，轻重亦非一等。限制其轻重必合于铢的整数，正和限制布帛的长阔一样。则当时的钱，种类似颇复杂。观此，铜钱的铸造，其初似出于民间，若源出国家，则必自始就较整齐了。此亦可见国家自能发动的事情，实在很少，都不过因社会固有的事物，从而整齐之罢了。到货币广行以后，大量的铸造，自然是出于国家。因为非国家，不能有这大量的铜。但这只是事实如此。货币不可私铸之理，在古代，似乎不甚明白的。所以汉文帝还放民私铸。

《汉书·食货志》说："秦并天下，币为二等。黄金以镒为名，上币。铜钱质如周钱，文曰半两，重如其文。而珠玉龟贝银锡之属，为器饰宝藏，不为币。然各随时而轻重无常。"可见当时的社会，对于珠玉、龟贝、银锡等，都杂用为交易的媒介，而国家则于铜钱之外，只认黄金。这不可谓非币制的一进化。《食货志》又说，汉兴，以为秦钱重，难用，更令民铸荚钱。《高后本纪》：二年，行八铢钱。应劭曰："本秦钱。质如周钱，文曰半两，重如其文。即八铢也。汉以其太重，更铸荚钱。今民间名榆荚钱是也。民患其太轻。至此复行八铢钱。"六年，行五分钱。应劭曰："所谓荚钱者。文帝以五分钱太轻小，更作四铢钱。文亦曰半两。今民间半两钱最轻小者是也。"按既经铸造的铜钱，自与生铜不同。但几种货币杂行于市，民必信其重者，而疑其轻者；信其铸造精良者，而疑其铸造粗恶者；这是无可如何之事。古代货币，虽有多种并行，然其价格，随其大小而不齐，则彼此不会互相驱逐。今观《汉书·食货志》说：汉行荚钱之后，米至石万钱，马至匹百金。汉初虽有战争，并未至于白骨蔽野，千里无人烟，物价的昂贵，何得如此？况且物价不应同时并长。同时并长，即非物价之长，而为币价之跌，其理甚明。古一两重二十四铢。八铢之重，只得半两钱三分之二；四铢只得三分之一；而其文皆曰半两，似乎汉初货币，不管其实重若干，而强令其名价相等。据此推测，汉初以为秦钱重难用，似乎是一个借口。其实是借发行轻货，以为筹款之策的。所以物价因之增长。其时又不知货币不可私铸之理。文帝放民私铸，看《汉书》所载贾谊的奏疏，其诒害可谓甚烈。汉武帝即位后，初铸三铢钱。又铸赤仄。又将鹿皮造成皮币。又用银锡造作白金三等。纷扰者久之。后来乃将各种铜钱取消，专铸五铢钱。既禁民私铸，并不许郡国铸造，而专令上林三官铸。谓水衡都尉属官均官、钟官、辨铜三令丞。无形中暗合货币学理。币制至此，始获安定。直至唐初，才另铸开元通宝钱。自此以前，历朝所铸的钱，都以五铢为文。五铢始终是最得人民信用的钱。

汉自武帝以后，币制是大略稳定的。其间唯王莽一度改变币制，为五物、六名、二十八品。金、银、龟、贝、钱、布为六名。钱布均用铜，故为五物。其值凡二十八等。然旋即过去。至后汉光武，仍恢复五铢钱。直至汉末，董卓坏五铢钱，更铸小钱，然后钱法渐坏。自此经魏、晋、南北朝，政治紊乱，币制迄未整饬。其中最坏的，如南朝的鹅眼、綖环钱，至于“入水不沈，随手破碎”。其时的交易，则多用实物做媒介。和外国通商之处，则或兼用金银。如《隋书·食货志》说：梁初，只有京师及三吴、荆、郢、江、襄、梁、益用钱。其余州郡，则杂以谷帛。交、广全用金银。又说：陈亡之后，岭南诸州，多以钱米布交易。河西诸郡，或用西域金银之钱都是。直到唐初，铸开元通宝钱，币制才算复一整理。然不久私铸即起。

用金属做货币，较之珠玉布帛等，固然有种种优点，但亦有两种劣点。其（一）是私销私铸的无法禁绝。私铸，旧说以“不爱铜不惜工”敌之。即是使铸造的成本高昂，私铸无利可图。但无严切的政令以辅之，则恶货币驱逐良货币，既为经济上不易的原则，不爱铜，不惜工，亦徒使国家增加一笔消耗而已。至于私销，则简直无法可禁。其（二）为钱之不足于用。社会经济，日有进步，交易必随之而盛。交易既盛，所需的筹码必多。然铜系天产物，开矿又极劳费，其数不能骤增。此系自然的原因。从人为方面论，历代亦从未注意于民间货币的足不足，而为之设法调剂，所以货币常感不足于用。南北朝时，杂用实物及外国货币，币制的紊乱，固然是其

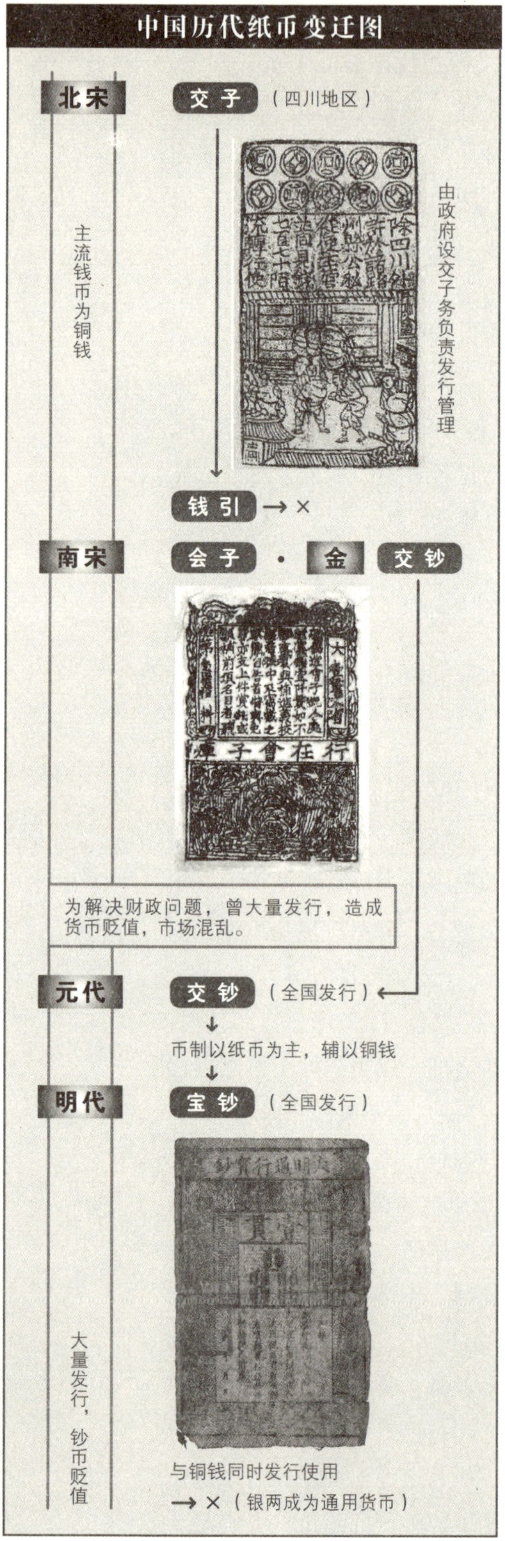

一因，货币数量的缺乏，怕亦未尝非其一因。此等现象，至唐代依然如故。玄宗开元二十二年，诏庄宅口马交易，并先用绢布绫罗丝棉等。其余市买，至一千以上，亦令钱物并用。违者科罪。便是一个证据。当这时代，纸币遂应运而生。

纸币的前身是飞钱。《唐书 · 食货志》说：贞元时，商贾至京师，委钱诸道进奏院及诸军诸使富家，以轻装趋四方，合券乃取之，号飞钱。这固然是汇兑，不是纸币。然纸币就因之而产生了。《文献通考 · 钱币考》说：初蜀人以铁钱重，私为券，谓之交子，以便贸易。富人十六户主之。其后富人稍衰，不能偿所负，争讼数起。寇瑊尝守蜀，乞禁交子。薛田为转运使，议废交子则贸易不便。请官为置务，禁民私造。诏从其请。置交子务于益州。《宋史 · 薛田传》说：未报，寇瑊守益州，卒奏用其议。蜀人便之。《食货志》说：真宗时，张咏镇蜀。患蜀人铁钱重，不便贸易。设质剂之法。一交一缗，以三年为一界而换之。六十五年为二十二界。谓之交子。富民十六户主之。三说互歧，未知孰是。总之一交一缗，以三年为一界，总是事实。一交为一缗，则为数较小，人人可以使用。以三年为一界，则为时较长，在此期间，即具有货币的效用，真可谓之纸币，而非复汇兑券了。然云废交子则贸易不便，则其初，亦是以搬运困难，而图借此以省费的。其用意，实与飞钱相类。所以说纸币是从汇兑蜕化而出的。

交子务既由官置，交子遂变为官发的纸币。神宗熙宁间，因河东苦铁钱，置务于潞州。后又行之于陕西。徽宗崇宁时，蔡京又推行之于各处。后改名为钱引。其时唯闽、浙、湖、广不行。推行的区域，已可谓之颇广了。此种纸币，系属兑换性质。必须可兑现钱，然后能有信用。然当时已有滥发之弊。徽宗时，遂跌至一缗仅值钱数十。幸其推行的范围虽广，数量尚不甚多，所以对于社会经济，不发生甚大的影响。南宋高宗绍兴元年，令榷货务造关子。二十九年，户部始造会子。仍以三年为一界。行至十八界为止。第十九界，贾似道仍改造关子。南宋的交子，有展限和两界并行之弊。因之各界价格不等。宁宗嘉定四年，遂令十七、十八两界，更不立限，永远行使。这很易至于跌价。然据《宋史·食货志》：度宗咸淳四年，以近颁关子，贯作七百七十文足。十八界会子，贯作二百五十七文足。三准关子一，同现钱行使。此时宋朝已近灭亡，关子仅打七七折，然较诸金朝，成绩好得多了。

金朝的行纸币，始于海陵庶人贞元二年。以一贯、二贯、三贯、五贯、十贯为大钞，一百、二百、三百、五百、七百为小钞。当时说是铜少的权制。但（一）开矿既非易事；括民间铜器以铸；禁民间私藏铜器及运铜器出境；都是苛扰的事。铸钱因此不易积极进行。（二）当时亦设有铸钱的监，乃多毁旧钱以铸。新钱虽然铸出，旧钱又没有了。（三）既然钱钞并行，循恶货币驱逐良货币的法则，人民势必将现钱收藏，新铸的钱，转瞬即行匿迹。因此，铜钱永无足时，纸币势必永远行使。然使发行得法，则纸币与铜钱并行，本来无害，而且是有益的。所以《金史·食货志》说：章宗即位之后，有人要罢钞法。有司说：“商旅利其致远，往往以钱买钞。公私俱便之事，岂可罢去！”这话自是事实。有司又说：“止因有厘革之限，不能无疑。乞削七年厘革之限，令民得常用。”岁久字文磨灭，许于所在官库纳旧换新，或听便支钱。作《食货志》的人说：“自此收敛无术，出多入少，民浸轻之。”其实收敛和厘革，系属两事。苟能审察经济情形，不至滥发，虽无厘革之限何害？若要滥发，即有厘革之限，又何难扩充其每界印造之数，或数界并行呢？所以章宗时的有司，实在并没有错。而后来的有司，“以出钞为利，收钞为讳”，却是该负极大责任的。平时已苦钞多，宣宗南迁以后，更其印发无限。贞祐二年，据河东宣抚使胥鼎说，遂致每贯仅值一文。

钞法崩溃至此，业已无法挽救。铜钱则本苦其少，况经纸币驱逐，一时不能复出。银乃乘机而兴。按金银用为交易的媒介，由来已久，读前文所述可见。自经济进步以后，铜钱既苦其少，又苦运输的困难，当这时候，以金银与铜相辅而行，似极便利。然自金末以前，讫未有人想到这个法子，这是什么理由呢？原来货币是量物价的尺。尺是可有一，不可有二的。既以铜钱为货币，即不容铜钱之外，更有他种货币。（一）废铜钱而代以金银，固然无此情理。（二）将金银亦铸为货币，与铜钱严定比价，这是昔人想不到的。如此，金银自无可做货币的资格了。难者要说：从前的人，便没有专用铜钱。谷物布帛等，不都曾看作货币的代用品吗？这话固然不错。然在当时，金银亦何尝不是货币的代用品。不过其为用，不如谷物布帛的普遍罢了。金银之用，为什么不如谷帛的普遍，须知价格的根源，生于价值，金银在现今，所以为大众所欢迎，是因其为交换之媒介，既广且久，大家对它，都有一种信心，拿出去，就什么东西可以换到。尤其是现今世界各国，虽然都已用纸，而仍多用金银为储备。金银换到货币最为容易，且有定价，自然为人所欢迎。这是货币制度替金银造出的价值，并不是金银本身自有价值。假使现在的货币，都不用金银作储备，人家看了金银，也不当它是直接或间接的货币，而只当它货物。真要使用它的人，才觉得它有价值。如此，金银的价值必缩小；要它的人亦必减少；金银的用途，就将太狭了。如此，便可知道自金末以前，为什么中国人想不到用金银做货币。因为价格生于价值，其物必先有人要，然后可做交易的媒介，而金银之为物，在从前是很少有人要的。因为其为物，对于多数人是无价值的。金银本身之用，不过制器具，供玩好，两者都非通常人所急。

到金朝末年，经济的情形，又和前此不同了。前此货币紊乱之时，系以恶的硬币，驱逐良的硬币。此时则系以纸币驱逐硬币。汉时钱价甚昂，零星交易，并不用钱，已如前述。其后经济进步，交易渐繁，货币之数，势必随公铸私造而加多。货币之数既多，其价格必日跌。于是零星贸易，渐用货币。大宗支付，转用布帛。铜钱为纸币驱逐以尽，而纸币起码是一百文，则零星贸易，无物可用了。势不能再回到古代的以粟易之，而布帛又不可尺寸分裂，乃不得已而用银。所以银之起，乃是所以代铜钱，供零星贸易之用的，并非嫌铜钱质重值轻，用之以图储藏和运输之便。所以到清朝，因铸钱的劳费，上谕屡次劝人民兼用银两，人民总不肯听。这个无怪其然。因为他们心目之中，只认铜钱为货币。储藏了银两，银两对铜钱涨价，固然好了，对铜钱跌价，他们是要认为损失的。他们不愿做这投机事业。到清末，要以银为主币，铜为辅币，这个观念，和普通人说明，还是很难的。因为他们从不了解有两种东西可以同时并认为货币。你对他们说：以银为主币，铜为辅币，这个铜币，就不该把它看作铜，也不该把它看作铜币，而该看作银圆的几分之几，他们亦很难了解。这似乎是他们的愚笨，其实他们的意见是对的。因为既不看作铜，又不看作铜币，那么，为什么不找一种本无价值的东西，来做银圆的代表，而要找铜币呢？铜的本身是有价值的，因而是有价格的，维持主辅币的比价，虽属可能，究竟费力。何不用一张纸，写明铜钱若干文，派它去充个代表，来得直接痛快呢？他们的意见是对的。他们而且已经实行了。那便是飞钱、交子等物。这一事情，如能顺利发达，可使中国货币的进化，早一千年。因为少数的交易用铜钱，多数的收受，嫌钱笨重的，则以纸做钱的代表，如此，怎样的巨数，亦可以变为轻赍，而伸缩又极自由，较之用金银，实在合理许多。而惜乎国家攫取其发行之权，以济财政之急，把这自然而合理的进化扭转了。

▲**对镜理妆** 作为货币，黄金在市面上的流通很少，但其价值高且不容易贬值，古代的富贵人家一般将其做成工艺品或首饰来保管。图中的妇女头戴的黄金发簪就是非常值钱的。

于此，又可知道纸币之敝。黄金为什么不起而代之，而必代之以银。从前的人，都说古代的黄金是多的，后世却少了，而归咎于佛事的消耗。顾炎武《日知录》，赵翼《廿二史札记》《陔余丛考》，都如此说。其实不然。王莽败亡时，省中黄金万斤为一匮者，尚有六十匮。其数为六十万斤。古权量当今五之一，则得今十二万斤，即一百九十二万两。中国人数，号称四万万。女子当得半数，通常有金饰的，以女子为多。假使女子百人之中，有一人有金饰，其数尚不及一两。现在民间存金之数，何止如此？《齐书·东昏侯纪》，谓其“后宫服御，极选珍奇。府库旧物，不复周用。贵市民间。金银宝物，价皆数倍，京邑酒租，皆折使输金，以为金涂”。这几句话，很可说明历史记载，古代金多，后世金少的原因。古代人民生活水平低，又封建之世，服食器用，皆有等差。平民不能僭越。珠玉金银等，民间收藏必极少。这个不但金银如此，怕铜亦是如此。秦始皇的销兵，人人笑其愚笨。然汉世盗起，必劫库兵。后汉时羌人反叛，因归服久了，无复兵器，多执铜镜以象兵。可见当时民间兵器实不多。不但兵器不多，即铜亦不甚多。所以贾谊整理币制之策，是“收铜勿令布”。若铜器普遍于民间，亦和后世一样，用什么法子收之勿令布呢？铜尚且如此，何况金银？所以古代所谓金多，并非金真多于后世，乃是以聚而见其多。后世人民生活程度渐高；服食器用，等差渐破；以朝廷所聚之数，散之广大的民间，就自然不觉其多了。读史的人，恒不免为有明文的记载所蔽，而忽略于无字句处。我之此说，一定有人不信。因为古书明明记载汉时黄金的赏赐，动辄数十斤数百斤，甚且有至数千斤的，如何能不说古代的黄金，多于后世呢？但是我有一个证据，可以折服他。王莽时，黄金一斤值钱万，朱提银八两为一流，值钱一千五百八十，他银一流值钱千，则金价五倍于银。《日知录》述明洪武初，金一两等于银五两，则金银的比价，汉末与明初相同。我们既不见古书上有大量用银的记载，亦不闻佛法输入以后，银有大量的消耗，然则古书所载黄金大量使用之事，后世不见，并非黄金真少，只是以散而见其少，其事了然可见了。大概金银的比价，在前代，很少超过十倍的。然则在金朝末年，社会上白银固多，黄金亦不甚少。假使用银之故，是嫌铜币的笨重，而要代之以质小值巨之物，未尝不可舍银而取金，至少可以金银并用。然当时绝不如此。这明明由于银之起，乃所以代铜钱，而非以与铜钱相权，所以于金银两者之中，宁取其价之较低者。于此，可见以金、银、铜三品，或金银二品，或银铜二品为货币，并非事势之自然。自然之势，是铜钱嫌重，即走向纸币一条路的。

金银两物，旧时亦皆铸有定形。《清文献通考》说：“古者金银皆有定式，必铸成币而后用之。颜师古注《汉书》，谓旧金虽以斤为名，而官有常形制。亦犹今时吉字金锭之类。武帝欲表祥瑞，故改铸为麟趾裦蹄之形，以易旧制。然则麟趾裦蹄，即当时金币式也。汉之白选与银货，亦即银币之式。《旧唐书》载内库出方圆银两千一百七十二两，是唐时银亦皆系铸成。”按金属货币之必须铸造，一以保证其成色，一亦所以省秤量之烦。古代金银虽有定形，然用之必仍以斤两计，似乎其分量的重轻，并无一定。而其分量大抵较重，尤不适于零星贸易之用。《金史·食货志》说：“旧例银每锭五十两，其直百贯。民间或有截凿之者，其价亦随低昂。”每锭百贯，其不能代铜钱可知。章宗承安二年，因钞法既敝，乃思乞灵于银。改铸银，名承安宝货。自一两至十两，分为五等。每两折钞二贯。公私同见钱行使。亦用以代钞本。后因私铸者多，杂以铜锡，浸不能行。五年，遂罢之。宣宗时，造贞祐宝券及兴定宝泉，亦皆与银相权。然民间但以银论价。于是限银一两，不得超过宝泉三百贯。按宝泉法价，每二贯等于银一两。物价在三两以下者，不许用银。以上者三分为率，一分用银，二分用宝泉。

此令既下，“商旅不行，市肆昼闭”。乃复取消。至哀宗正大间，民间遂全以银市易。《日知录》说：“此今日上下用银之始。”其时正值无钱可用的时候，其非用以与钱相权，而系以之代钱，显然可见了。

元明两朝，当开国之初，都曾踌躇于用钱、用钞之间。因铜的缺乏，卒仍舍钱而用钞。元初有行用钞，其制无可考。世祖中统元年，始造交钞，以丝为本。是年十月，又造中统宝钞。分十、二十、三十、五十、一百、二百、五百、一贯、二贯。此据《食货志》。《王文统传》云：中统钞自十文至二贯凡十等。疑《食货志》夺三百一等。每一贯同交钞一两，两贯同白银一两。又以文绫织为中统银货。分一两、二两、三两、五两、十两五等。每两同白银一两，未曾发行。至元十二年，添造厘钞。分一文、二文、三文三等。十五年，以不便于民罢。二十四年，造至元钞。自二贯至五文，凡十一等。每一贯当中统钞五贯，二贯等于银一两，二十贯等于金一两。武宗至大二年，以物重钞轻，改造至大银钞。自二两至二厘，共十三等。每一两准至元钞五贯，白银一两，赤金一钱。仁宗即位，以倍数太多，轻重失宜，罢至大银钞，其中统、至元二钞，则终元世常行。按元朝每改钞一次，辄准旧钞五倍，可见当其改钞之时，即系钞价跌至五分之一之时。货币跌价，自不免影响于民生。所以“实钞法”实在是当时的一个大问题。元初以丝为钞本，丝价涨落太大，用作钞本，是不适宜的。求其价格变动较少的，自然还是金属。金属中的金银，都不适于零星贸易之用。厘钞及十文五文之钞，行用亦实不适宜。所以与其以金银为钞本，实不如以铜钱为钞本。元朝到顺帝至正年间，丞相脱脱才有此议。下诏：以中统钞一贯，权铜钱一千，准至元钞二贯。铸至正通宝钱，与历代铜钱并用。这实在是一个贤明的办法。然因海内大乱，军储赏犒，每日印造，不可数计。遂至“交料散满人间”“人视之若敝楮”了。明初，曾设局铸钱。至洪武七年，卒因铜之不给，罢铸钱局而行钞。大明宝钞，以千文准银一两，四贯准黄金一两。后因钞价下落，屡次鬻官物，或税收限定必纳宝钞以收钞。然终于不能维持。至宣宗宣德三年，遂停止造钞。其时增设新税，或加重旧税的税额，专收钞而焚之。钞法既平之后，有些新税取消，税额复旧，有的就相沿下去了。钞关即是其中之一。自此租税渐次普遍收银，银两真成为通用的货币了。

主币可以用纸，辅币则必须用金属。因其收受频繁，纸易敝坏，殊不经济。所以以铜钱与纸币并行，实最合于理想。元明两朝，当行钞之时，并不铸钱。明朝到后来，铸钱颇多，却又并不行钞了，清朝亦然。顺、康、雍、乾四朝，颇能实行昔人不爱铜不惜工之论。按分厘在古代，本系度名

▲ 外国银行在中国发行的钞票 在鸦片战争后不久，西方列强就开始在中国设立银行并发行纸币流通于市，用来赚取大量利润，控制中国金融市场。图为外国各银行在中国发行的纸币。

而非衡名。衡法以十黍为累，十累为铢，二十四铢为两。因其非十进，不便计算，唐朝铸开元通宝钱，乃以一两的十分之一，即二铢四累，为其一个的重量。宋太宗淳化二年，乃改衡法。名一两的十分之一为一钱，一钱的十分之一为一分，一分的十分之一为一厘。钱即系以一个铜钱之重为名。分厘之名，则系借诸度法的。依照历朝的成法，一个铜钱，本来只要重一钱。顺、康、雍、乾四朝所铸，其重量却都超过一钱以上，铸造亦颇精工。可谓有意于整顿币制了。惜乎于货币的原理未明，所以仍无成效可见。怎样说清朝的货币政策，不合货币原理呢？按（一）货币最宜举国一律。这不是像邮票一般，过了若干时间，就不复存在的。所以邮票可以花样翻新，货币则不宜然。此理在唐朝以前，本来明白。所以汉朝的五铢钱，最得人民信用，自隋以前，所铸的铜钱，即多称五铢。唐初改铸开元通宝，大约是因当时钱法大坏，想与民更始的，揣度当时的意思，或者想以开元为全国唯一通行的钱。所以后世所铸的钱，仍系开元通宝。高宗的乾封泉宝，肃宗的乾元重宝、重轮乾元等，虽都冠之以年号，然皆非小平钱，当时不认为正式的货币。不过其统一的目的，未能达到罢了。宋以后才昧于此理，把历朝帝皇的年号，铸在铜钱之上。于是换一个皇帝，就可以有一种钱文。年号时有改变，则还可以不止一种。货币形式的不统一，不是事实使然，竟是立法如此了。甚至像明朝世宗，不但铸嘉靖年号的铜钱，还补铸前此历朝未铸的年号。这不是把铜钱不看作全国的通货，而看作皇帝一个人的纪念品吗？若使每朝所铸的，只附铸一个年号，以表明其铸造的年代，而其余一切，都是一律，这还可以说得过去。而历代又不能然。清朝亦是如此。且历朝所铸的铜钱，重量时有出入。这不是自己先造成不统一吗？（二）虽然如此，但得所铸的钱，不至十分恶劣，则在专制时代，即但以本朝所铸之钱为限，而禁绝其余的恶薄者，亦未始不可以小康。此即明代分别制钱和古钱的办法。明天启、崇祯间，括古钱以充废铜，以统一币制论，实在是对的。但要行此法，有一先决问题，即必须先使货币之数足用。若货币之数，实在不足于用，交易之间，发生困难，就无论何等恶劣的货币，人民也要冒险使用，禁之不可胜禁，添出整理的阻力来了。自明废除纸币以后，直至清朝，要把铜钱铸到人民够用，是极不容易办到的。当此之时，最好将纸币和铜钱相权。而明清皆不知出此，听任银铜并行。又不知规定其主辅的关系。在明朝，租税主于收银，铜钱时有禁令，人民怀疑于铜钱之将废，不敢收受，大为铜钱流通之害。清朝则人民认铜钱为正货，不愿收受银两。而政府想要强迫使用，屡烦文告，而卒不能胜。而两种货币，同时并行，还生出种种弊窦。如租税征收等。不明经济原理之害，真可谓生于其心，害于其政了。

外国银钱的输入，并不始于近代。《隋书·食货志》说南北朝时河西、交、广的情形，已见前。《日知录》引唐韩愈《奏状》，说五岭买卖一以银。元稹奏状，说自岭以南，以金银为货币。张籍诗说：海国战骑象，蛮州市用银。《宋史·仁宗纪》：景祐二年，诏诸路岁输缗钱，福建二广以银。《集释》说：顺治六七年间，海禁未设，市井贸易，多以外国银钱。各省流行，所在多有。禁海之后，绝迹不见。这可见外国货币之侵入，必限于与外国通商之时，及与外国通商之地。前此中外交通，时有绝续；又多限于一隅；所以不能大量侵入。到五口通商以后，情形就大不相同了。外国铸造的货币，使用的便利，自胜于我国秤量的金银。其秤量之法，且不划一。外国银圆，遂滔滔输入，而以西班牙、墨西哥两国为多。中国的自铸，始于光绪十三年。广东总督张之洞所为。重量形式，都模仿外国银圆，以便流通。此时铜钱之数，颇感不足。光绪二十七年，广东开铸铜元，因其名价远超于实价，获利颇多。于是各省竞铸铜元，以谋余利，物价为之暴腾。小平钱且为其驱逐以尽。民生大感困苦。光绪三十年，度支部奏厘定币制，以银圆为本位货币，民国初年仍之。其时孙文创用纸币之议，举国的人多不解其理论，非难蜂起。直到最近，国民政府树立法币制度，才替中国的货币，画一个新纪元。

CHAPTER 13

◎ 第十三章 衣食

古人主要的食料有三种：（一）在较寒冷或多山林的地方，从事于猎，食鸟兽之肉，饮其血，茹其毛，衣其羽皮。（二）在气候炎热、植物茂盛的地方，则食草木之实。衣的原料麻、丝，该也是这种地方发明的。（三）在河湖的近旁则食鱼。

《礼记·礼运》说："昔者先王未有宫室，冬则居营窟，夏则居橧巢。未有火化，食草木之实，鸟兽之肉，饮其血，茹其毛。未有麻丝，衣其羽皮。后圣有作，然后修火之利。范金，合土，以为台榭、宫室，牖户。以炮，以燔，以亨，以炙，以为醴酪。治其麻丝，以为布帛。"这是古人总述衣食住的进化的。（一）古代虽无正确的历史，然其荦荦大端，应为记忆所能及。（二）又古人最重古。有许多典礼，虽在进化之后已有新的、适用的事物，仍必保存其旧的、不适用的，以资纪念。如已有酒之后，还要保存未有酒时的明水，见下。即其一例。此等典礼的流传，亦使人容易记忆前代之事。所以《礼运》这一段文字，用以说明古代衣、食、住进化的情形，是有用的。

据这一段文字，古人的食料共有两种：即（一）草木之实，（二）鸟兽之肉。（三）但还漏列了一种重要的鱼。古人以鱼鳖为常食。《礼记·王制》说："国君无故不杀牛，大夫无故不杀羊，士无故不杀犬豕。"又说："六十非肉不饱。"《孟子》说："鸡、豚、狗、彘之畜、无失其时，七十者可以食肉矣。"《梁惠王上篇》。则兽肉为贵者、老者之食。又说："数罟不入洿池，鱼鳖不可胜食也"，与"不违农时，谷不可胜食也"并举。《诗经·无羊篇》："牧人乃梦，众维鱼矣。大人占之，众惟鱼矣，实维丰年。"郑《笺》说："鱼者，庶人之所以养也。今人众相与捕鱼，则是岁熟相供养之祥。"《公羊》宣公六年，晋灵公使勇士杀赵盾。窥其户，方食鱼飧。勇士曰："嘻！子诚仁人也。为晋国重卿，而食鱼飧，是子之俭也。"均鱼为大众之食之征。此等习惯，亦必自隆古时代遗留下来的。我们可以说：古人主要的食料有三种：（一）在较寒冷或多山林的地方，从事于猎，食鸟兽之肉，饮其血，茹其毛，衣其羽皮。（二）在气候炎热、植物茂盛的地方，则食草木之实。衣的原料麻、丝，该也是这种地方发明的。（三）在河湖的近旁则食鱼。

古代的食物虽有这三种，其中最主要的，怕还是第二种。因为植物的种类多，生长容易。《墨子·辞过篇》说："古之民，素食而分处。"孙诒让《闲诂》说："素食，谓食草木。素，疏之假字。疏，俗作蔬。"按古疏食两字有两义：（一）是谷物粗疏的。（二）指谷以外的植物。《礼记·杂记》："孔子曰：吾食于少施氏而饱，少施氏食我以礼。吾祭，作而辞曰：疏食不足祭也。吾飧，作而辞曰：疏食也，不足以伤吾子。"《疏》曰："疏粗之食，不可强饱，以致伤害。"是前一义。此所谓疏食，是后一义，因其一为谷物，一非谷物，后来乃加一草字头，以资区别。《礼记·月令》：仲冬之月，"山林薮泽，有能取蔬食，田猎禽兽者，野虞教道之。其有相侵夺者，罪之不赦"。《周官》太宰九职，八曰臣妾，聚敛疏材。《管子·七臣七主篇》云："果蓏素食当十石。"《八观篇》云："万家以下，则就山泽。"可见蔬食为古代重要的食料，到春秋战国时，还能养活很多的人口。至于动物，则其数量是比较少的。饮血茹毛，现在只当作形容野蛮人的话，其实在古代确是事实。《义疏》引"苏武以雪杂羊毛而食之"，即其确证。隆古时代，苏武在北海边上的状况，绝不是常人所难于遭遇的。《诗经·豳风》："九月筑场圃。"郑《笺》云："耕治之以种菜茹。"《疏》云："茹者，咀嚼之名，以为菜之别称，故书传谓菜为茹。"菜即今所谓蔬，乃前所释疏食中的第二义。后世的菜，亦是加以选择，然后种植的，吃起来并不费力。古代的疏食，则是向山林薮泽中，随意取得的野菜，其粗疏而有劳咀嚼，怕和鸟兽的毛，相去无几。此等事实，均逼着人向以人工生产食物的一条路上走。以人工生

▲ **采药图**　此图绘神农山中采药满载而归的场景。

产食料，只有畜牧和耕种两法。畜牧须有适宜的环境，而中国无广大的草原，古代黄河流域平坦之地，亦沮洳多沼泽。就只有走向种植一路了。

古人在疏食时代的状况，虽然艰苦，却替后人造下了很大的福利。因为所吃的东西多了，所以知道各种植物的性质。我国最古的药书，名为《神农本草经》。《淮南子·修务训》说："神农尝百草之滋味，水泉之甘苦，一日而遇七十毒。"此乃附会之辞，古所谓神农，乃农业两字之义，并非指姜姓的炎帝其人。《礼记·月令》说"毋发令而待，以妨神农之事"，义即如此。《孟子·滕文公上篇》"有为神农之言者许行"，义亦如此。《神农本草经》，乃农家推源草木性味之书，断非一个人的功绩。此书为中国几千年来药物学的根本。其发明，全是由于古代的人们所吃的植物种类甚多之故。若照后世人的吃法，专于几种谷类和菜蔬、果品，便一万年，也不会发明什么《本草》的。

一方面因所食之杂，而发现各种植物的性质；一方面即从各种植物中，淘汰其不适宜于为食料的，而栽培其宜于作食物的。其第一步，系从各种植物中，取出谷类，作为主食品。其第二步，则从谷类之中，再淘汰其粗的，而存留其精的。所以古人说百谷，后来便说九谷，再后来又说五谷。到现在，我们认为最适宜的主食品，只有稻和麦两种了。《墨子·辞过篇》说："圣人作，诲男耕稼树艺，以为民食。其为食也，足以增气充虚，强体适腹而已矣。"《吕氏春秋·审时篇》说："得时之稼，其臭香，其味甘，其气章。百日食之，耳目聪明，心意睿智，四卫变强。《注》：'四卫，四肢也。'殉气不入，身无苛殃。黄帝曰：四时之不正也，正五谷而已矣。"观此，便知农业的发明、进步，和人民的营养、健康，有如何重要的关系了。

古人所豢养的动物，以马、牛、羊、鸡、犬、豕为最普遍，是为六畜。《周官》职方氏，谓之六扰。名见郑《注》。马、牛都供交通耕种之用，故不甚用为食料。羊的畜牧，需要广大的草地，也是比较贵重的。鸡、犬、豕则较易畜养，所以视为常食。古人去渔猎时代近，男子畜犬的多。《管子·山权数》说："若岁凶旱，水泆，民失本，则修宫室台榭，以前无狗，后无彘者为庸。"可见狗的畜养，和猪一样普遍。大概在古代，狗是男子所常畜，猪则是女子所畜的。家字从宀从豕，后世人不知古人的生活，则觉其难于解释。若知道古代的生活情形，则解释何难之有？猪是没有自卫能力的，放浪在外，必将为野兽所吞噬，所以不得不造屋子给它住。这种屋子，是女子所专有的。所以引申起来，就成为女子的住所的名称了。《仪礼·乡饮酒礼》记："其牲狗。"《礼记·昏义》："舅姑入室，妇以特豚馈。"可见狗是男子供给的肉食，猪是女子供给的肉食。后来肉食可以卖买，男子就有以屠狗为业的了。牛、马要供给交通耕种之用，羊没有广大的草地，可资放牧，这种情形，后世还是和古代一样的，狗却因距离游猎时代远，畜养的人少了，猪就成为通常食用的兽。

烹调方法的进步也是食物进化中一种重要的现象。其根本，由于发明用火。而陶器制造的成功，也是很有关系的。《礼运》云："夫礼之初，始诸饮食。其燔黍而捭豚，污尊而抔饮，蒉桴而土鼓，犹若可以致其敬于鬼神。"《注》云："中古未有釜甑，释米，捭肉，加于烧石之上而食之耳。今北狄犹然。"此即今人所谓"石烹"。下文的《注》云："炮，裹烧之也。燔，加于火上。亨，煮之镬也。炙，贯之火上。"其中只有烹，是陶器发明以后的方法。据社会学家说：陶器的发明，实因烧熟食物时，怕其枯焦，涂之以土，此正郑《注》所谓裹烧。到陶器发明以后，食物煮熟时，又可加之以水。有种质地，就更易融化。调味料亦可于取熟时同煮。烹调之法，就更易进行了。烹调之法，不但使（一）其味加美，亦能（二）杀死病菌，（三）使食物易于消化，于卫生是很有关系的。

饮食的奢侈，亦是以渐而致的。《盐铁论·散不足篇》：贤良说："古者燔黍食稗，而熚豚以相飨。熚当即捭字。其后乡人饮酒，老者重豆，少者立食，一酱一肉，旅饮而已。及其后，宾昏相召，则豆羹白饭，綦脍熟肉。今民间酒食，殽旅重叠，燔炙满案。古者庶人粝食藜藿，非乡饮酒，媵腊，祭祀无酒肉。今闾巷县伯，阡陌屠沽，无故烹杀，相聚野外，负粟而往，挈肉而归。古者不粥纴，当作饪，熟食也。不市食。及其后，则有屠沽、沽酒、市脯、鱼盐而已。今熟食遍列，殽施成市。"可见汉代人的饮食，较古代为侈。然《论衡·讥日篇》说："海内屠肆，六畜死者，日数千头。"怕只抵得现在的一个上海市。《隋书·地理志》说：梁州、汉中的人，"性嗜口腹，多事田渔。虽蓬室柴门，食必兼肉"。其生活程度，就又非汉人所及了。凡此，都可见得社会的生活程度，在无形中逐渐增高。然其不平均的程度，亦随之而加甚。《礼记·王制》说："三年耕，必有一年之食，九年耕，必有三年之食。以三十年之通，虽有凶旱水溢，民无菜色，然后天子食，日举，以乐。"《玉藻》说："至于八月不雨，君不举。"《曲礼》说："岁凶，年不顺成，君膳不祭肺，马不食谷，大夫不食粱，士饮酒不乐。"这都是公产时代同甘共苦的遗规。然到战国时，孟子就以"庖有肥肉，厩有肥马，民有饥色，野有饿莩"，责备梁惠王了。我们试看《周官》的膳夫，《礼记》的《内则》，便知道当时的人君和士大夫的饮食，是如何奢侈。"朱门酒肉臭，路有冻死骨，荣枯咫尺异，惆怅难再述"，正不待盛唐的诗人，然后有这感慨了。

《战国·魏策》说："昔者帝女令仪狄作酒而美，进之禹。禹饮而甘之。遂疏仪狄，绝旨酒，曰：后世必有以酒亡其国者。"昔人据此，遂以仪狄为造酒的人。然仪狄只是作酒而美，并非发明造酒。古人所谓某事始于某人，大概如此。看《世本·作篇》，便可知道。酒是要用谷类酿造的，《仪礼·聘礼》注："凡酒，稻为上，黍次之，粟次之。"其发明，必在农业兴起之后。《礼运》说："汙尊而抔饮。"郑《注》说："汙尊，凿地为尊也。抔饮，手掬之也。"这明明是喝的水。《仪礼·士昏礼疏》引此，谓其时未有酒醴，其说良是。《礼运》《疏》说凿地而盛酒，怕就未必然了。《明堂位》说："夏后氏尚明水，殷人尚醴，周人尚酒。"凡祭祀所尚，都是现行的东西，前一时期的东西。据此，则酿酒的发明，还在夏后氏之先。醴之味较酒为醇，而殷人尚醴，周人尚酒；《周官》酒正，有五齐、三酒、四饮，四饮最薄，五

▼ **曲水流觞图卷** 图绘茂林丛中、曲水之旁，众多文人墨客环坐，做曲水流觞之戏。中国历来诗酒不分家，形成了独特的"酒文化"。

齐次之，三酒最厚，而古人以五齐祭，三酒饮；可见酒味之日趋于厚。读《书经》的《酒诰》，《诗经》的《宾之初筵》等篇，可见古人酒德颇劣。现在的中国人，却没有酗酒之习，较之欧美人，好得多了。

就古书看起来，古人的酒量颇大。《史记·滑稽列传》载淳于髡说：臣饮一斗亦醉，一石亦醉，固然是讽谕之辞，然《考工记》说："食一豆肉，饮一豆酒，中人之食。"《五经异义》载《韩诗》说：古人的酒器："一升曰爵，二升曰觚，三升曰觯，四升曰角，五升曰散。"古《周礼》说："爵一升，觚三升，献以爵而酬以觚，一献而三酬，则一豆矣。"一豆就是一斗。即依《韩诗》说，亦得七升。古量法当今五之一，普通人亦无此酒量。按《周官》浆人，六饮有凉。郑司农云："以水和酒也。"此必古有此事，不然，断不能臆说的。窃疑古代献酬之礼，酒都是和着水喝的，所以酒量各人不同，而献酬所用的酒器，彼此若一。

刺激品次于酒而兴起的为茶。茶之本字为荼。《尔雅·释木》："槚，苦荼。"《注》云："树小如栀子，冬生叶，可煮作羹饮。今呼早采者为荼，晚取者为茗，一名荈。蜀人名之苦荼。"按荼系苦菜之称。荼之味微苦。我们创造一句新的言语，是不容易的。遇有新事物须命名时，往往取旧事物和它相类的，小变其音，以为新名。在单音语盛行时，往往如此。而造字之法，亦即取旧字而增减改变其笔画，以为新字。如角—甪、刀—刁，及现在所造的乒乓等字皆其例。所以从"荼"字会孕育出"茶"的语言文字来。语言从鱼韵转入麻韵，文字减去一画。茶是出产在四川，而流行于江南的。《三国吴志·韦曜传》说：孙皓强迫群臣饮酒时，常密赐茶荈以当酒。《世说新语》谓王濛好饮茶。客至，尝以是饷之。士大夫欲诣濛，辄曰：今日有水厄。即其证。《唐书·陆羽传》说："羽嗜茶。著经三篇，言茶之源、之法、之具尤备。天下益知饮茶矣。其后尚茶成风，回纥入朝，始驱马市茶。"则茶之风行全国，浸至推及外国，是从唐朝起的。所以唐中叶后，始有茶税。然据《金史》说：金人因所需的茶，全要向宋朝购买，认为费国用而资敌。章宗承安四年，乃设坊自造，至泰和五年罢。明年，又定七品以上官方许食茶。据此，即知当时的茶，并不如今日的普遍。如其像现在一样，全国上下，几于无人不饮，这种禁令，如何能立呢？平话中《水浒传》的蓝本，是比较旧的。现行本虽经金圣叹修改，究竟略存宋元时的旧面目。书中即不甚见饮茶，渴了只是找酒喝。此亦茶在宋元时还未如今日盛行的证据。《日知录》引唐綦毋煚《茶饮序》云："释滞消壅，一日之利暂佳，瘠气侵精，终身之害斯大。"宋黄庭坚《茶赋》云："寒中瘠气，莫甚于茶。"则在唐宋时，茶还带有药用的性质，其刺激性，似远较今日之茶为烈。古人之茶系煎饮，亦较今日的用水泡饮为烦。如此看来，茶的名目，虽今古相同，其实则大相殊异了。这该是由于茶的制法，今古不同，所以能减少其有害的性质，而成为普遍的饮料。这亦是饮食进化的一端。

次于茶而兴起的为烟草。其物来自吕宋。名为菸，亦名淡巴菰。见《本草》。最初莆田人种之。王肱枕《蚓庵琐语》云：“烟叶出闽中，边上人寒疾，非此不治。关外至以一马易一觔。崇祯中，下令禁之。民间私种者问徒刑。利重法轻，民冒禁如故。寻下令：犯者皆斩。然不久，因军中病寒不治，遂弛其禁。予儿时尚不识烟为何物，崇祯末，三尺童子，莫不吃烟矣。”据《陔余丛考》转引。据此，则烟草初行时，其禁令之严，几与现在的鸦片相等。烟草可治寒疾，说系子虚，在今日事极明白。军中病寒，不过弛禁的一借口而已。予少时曾见某书，说明末北边的农夫，有因吸烟而醉倒田中的。此系予十余龄时所见，距今几四十年，不能忆其书名。藏书毁损大半，仅存者尚在游击区中，无从查检。在今日，无论旱烟、水烟、卷烟，其性质之烈，均不能至此。则烟草的制法，亦和茶一般，大有改良了。然因此而引起抽吸大烟，则至今仍遗害甚烈。

罂粟之名，始见于宋初的《开宝本草》。宋末杨士瀛的《直指方》，始云其壳可以治痢。明王玺《医林集要》，才知以竹刀刮出其津，置瓷器内阴干。每服用小豆一粒，空心温水化下，然皆以作药用。俞正燮《癸巳类稿》云：“明四译馆同文堂外国来文八册，有译出暹罗国来文，中有进皇帝鸦片二百斤，进皇后鸦片一百斤之语。又《大明会典》九十七、九十八，各国贡物，暹罗、爪哇、榜葛剌三国，俱有乌香，即鸦片。”则明时此物确系贡品。所以神宗皇帝，久不视朝，有疑其为此物所困的。然其说亦无确据。今人之用作嗜好品，则实由烟草引起。清黄玉圃《台海使槎录》云：“鸦片烟，用麻葛同雅土切丝，于铜铛内煎成鸦片拌烟。用竹筒，实以棕丝，群聚吸之。索直数倍于常烟。”《雍正朱批谕旨》：七年，福建巡抚刘世明，奏漳州知府李国治，拿得行户陈达私贩鸦片三十四斤，拟以军罪。臣提案亲讯。陈达供称鸦片原系药材，与害人之鸦片烟，并非同物。当传药商认验。佥称此系药材，为治痢必需之品，并不能害人。唯加入烟草同熬，始成鸦片烟。李国治妄以鸦片为鸦片烟，甚属乖谬，应照故入人罪例，具本题参。则其时的鸦片，尚未能离烟草而独立。后来不知如何，单独抽吸，其害反十百倍于烟草了。

中国食物从外国输入的甚多。其中最重要的，自然当推蔗糖，其法系唐太宗时，得之于摩揭它的，见《唐书·西域传》。前此的饴，是用米麦制的。大徐《说文》新附字中，始有糖字。字仍从米，释以饴而不及蔗，可见宋初蔗糖尚未盛行。北宋末，王灼撰《糖霜谱》，始备详其产地及制法。到现在，蔗糖却远盛于饴糖了。此外菜类如苜蓿，果品如西瓜等，自外国输入的还很多。现在不及备考。

中国人烹调之法，在世界上是首屈一指的。康有为《欧洲十一国游记》，言之最详。但调味之美，和营养之佳良，系属两事，不可不知。又就各项费用在全体消费中所占的成分看，中国人对于饮食，是奢侈的。康有为《物质救国论》说：国民的风气，侈居为上，侈衣次之，侈食为下。这亦是我国民不可不猛省的。

衣服的进化，当分两方面讲：一是材料，一是裁制的方法。

《礼运》说“未有麻丝，衣其羽皮”。这只是古人衣服材料的一种。还有一种，是用草的。《礼记·郊特牲》说：“黄衣黄冠而祭，息田夫也。野夫黄冠。黄冠，草服也。大罗氏，天子之掌鸟兽者也，诸侯贡属焉。草笠而至，尊野服也。”《诗经》：“彼都人士，台笠缁撮。”《毛传》：“台所以御暑，笠所以御雨也。”《郑笺》：“台，夫须也。都人之士，以台为笠。”《左传》襄公十四年，晋人数戎子驹支道：“乃祖吾离，被苫盖。”《注》：“盖，苫之别名。”《疏》云：“言无布帛可衣，惟衣草也。”《墨子·辞过》云：“古

▲ **出土的饺子与点心** 图为吐鲁番一带出土的唐代饺子和点心。这些食物的出土，反映了新疆与内地在生活习俗方面的相互影响。

之民未知为衣服时，衣皮带茭。”孙诒让《闲诂》说：“带茭，疑即《丧服》之绞带，亦即《尚贤篇》所谓带索。”按《仪礼·丧服传》云：“绞带者，绳带也。”又《孟子·尽心上篇》：“舜视弃天下，犹弃敝屣也。”《注》云：“屣，草履。”《左传》僖公四年，“共其资粮扉屦。”《注》云：“扉，草屦。”可见古人衣服冠履，都有用草制的。大概古代渔猎之民，以皮为衣服的材料。所以《诗经·采菽》郑《笺》说韍道：“古者田渔而食，因衣其皮，先知蔽前，后知蔽后。”参看下文。而后世的甲，还是用革制的。戴在头上的有皮弁，束在身上的有革带，穿在脚上的有皮屦。夏葛屦，冬皮屦，见《仪礼·士冠礼》《士丧礼》，履以丝为之，见《方言》。农耕之民，则以草为衣服的材料。所以《郊特牲》说黄衣黄冠是野服。《禹贡》：扬州岛夷卉服，冀州岛夷皮服，岛当作鸟，《疏》言伪孔读鸟为岛可见。观野蛮人的生活，正可知道我族未进化时的情形。

麻丝的使用，自然是一个大发明。丝的使用，起于黄帝元妃嫘祖，说不足信，已见上章。麻的发明，起于何时，亦无可考。知用麻丝之后，织法的发明，亦为一大进步。《淮南子·氾论训》说：“伯余之初作衣也，緂麻索缕，手经指挂，其成犹网罗。后世为之机杼胜复，以领其用，而民得以揜形御寒。”手经指挂，是断乎不能普遍的。织法的发明，真是造福无穷的了。但其始于何时，亦不可考。丝麻发明以后，皮和草的用途，自然渐渐地少了。皮的主要用途只是甲。至于裘，则其意不仅在于取暖，而兼在于美观。所以古人的着裘，都是把毛着在外面，和现在人的反着一样。《新序·杂事》：“虞人反裘而负薪，彼知惜其毛，不知皮尽而毛无所傅。”外面罩着一件衣服，谓之裼衣。行礼时，有时解开裼衣，露出里面的裘来，有时又不解开，把它遮掩掉，前者谓之裼，后者谓之袭。借此变化，以示美观。无裼衣谓之“表裘”为不敬。絺色绤之上，亦必加以禅衣谓之袗。穷人则着毛织品，谓之褐。褐倒是专为取暖起见的。现在畜牧和打猎的事业都衰了，丝棉较皮货为贱。古代则不然。裘是比较普遍的，丝棉更贵。二十可以衣裘帛，《礼记·内则》。五十非帛不暖。《礼记·王制》。庶人亦得衣犬羊之裘，即其明证。丝棉新的好的谓之纩，陈旧的谓之絮。见《说文》。

现在衣服材料，为用最广的是木棉。其普遍于全国，是很晚的。此物，《南史·林邑传》谓之吉贝，误为木本。《新唐书》作古贝，才知为草本。《南史》姚察门生送南布一端；白居易《布裘诗》：“桂布白似雪”，都是指棉布而言。但只限于交、广之域。宋谢枋得《谢刘纯父惠木棉诗》：“嘉树种木棉，天何厚八闽？”才推广到福建。《元史·世祖本纪》：至元二十六年，置浙江、江东西、湖广、福建木棉提举司，则推广到长江流域了。其所以能推广，和纺织方法，似乎很有关系的。《宋史·崔与之传》：琼州以吉贝织为衣衾，工作由妇人。陶宗仪《辍耕录》说：松江土田硗瘠，谋食不给，乃觅木棉种于闽、广。初无踏车椎弓之制。其功甚难。有黄道婆，自崖州来，教以纺织，人遂大获其利。未几，道婆卒，乃立祠祀之。木棉岭南久有，然直至宋元间才推行于北方，则因无纺织之法，其物即无从利用，无利之可言了。所以农、工两业，是互相倚赖、互相促进的。此节略据《陔余丛考》。

衣服裁制的方法：最早有的，当即后来所谓韍。亦作韠。此物在后来，是着在裳之外，以为美观的。但在邃初，则当系亲体的。除此之外，全身更无所有。所以《诗经·郑笺》说："古者田渔而食，因衣其皮，先知蔽前，后知蔽后。"衣服的起源，从前多以为最重要的原因是御寒，次之是蔽体。其实不然。古人冬则穴居，并不借衣服为御寒之具。至于裸露，则野蛮人绝不以为耻，社会学上证据甚多。衣服的缘起，多先于下体，次及上体；又多先知蔽前，后知蔽后；这是主张衣服缘起，由于以裸露为耻者最大的证据。据现在社会学家的研究，则非由于以裸露为耻，而转系借装饰以相挑诱。因为裸露是人人所同，装饰则非人人所有，加以装饰，较诸任其自然，刺激性要重些。但蔽其前为韍，兼蔽其后即为裳了。裳而加以袴管，古人谓之袴。短的谓之裈，长的谓之袴，所以《说文》称袴为胫衣，昔人所谓贫无袴，裈还是有的，并非裸露。又古人的袴、裆都是不缝合的，其缝合的谓之穷袴，转系特别的。见《汉书·外戚传》。这可见裈和袴，都是从裳变化出来的，裳在先，裈和袴在后。裳幅前三后四，都正裁。吉服襞绩打裥。无数，丧服三襞绩。《仪礼·丧服》郑《注》。着在上半身的谓之衣。其在内的：短的谓之襦。长的，有著装绵。谓之袍，无著谓之衫。古代袍、衫不能为礼服，其外必再加以短衣和裳。戴在头上的，最尊重的是冕。把木头做骨子。外面用布糊起来，上面是玄色，下面是朱色。戴在头上，前面是低一些的。前有旒，据说是把五彩的绳，穿了一块块的玉，垂在前面。其数，天子是十二，此外九旒、七旒等，以次减杀。两旁有纩，是用黄绵，大如丸，挂在冕上面的，垂下来，恰与两耳相当。后来以玉代黄绵，谓之瑱。冕，当系野蛮时代的装饰留遗下来的。所以其形状，在我们看起来，甚为奇怪，古人却以为最尊之服。次于冕者为弁，以皮为之。其形状亦似冕。但无旒及纩等，戴起来前后平。冠是所以豢发的。其形状，同现在旧式丧礼中孝子戴的丧冠一样。中间有一个梁，阔两寸。又以布围发际，自前而后，谓之武。平居的冠，和武是连在一起的。否则分开，临时才把它合起来。又用两条组，连在武上，引至颐下，将它结合，是为缨。

▲ **历代帝王图（部分）** 图中皇帝身穿礼服，头戴冠冕，冕上有十二根旒垂下，垂在耳旁的是纩。这套服饰，是帝王要参加正式活动时才穿戴的，如祭天、重大节日等。

有余，就把它垂下来，当作一种装饰，谓之緌。冠不用簪，冕弁则用簪。簪即女子之笄，古人重露发，必先把“缁纚”套起来，结之为紒，然后固之以冠。冠用缨，冕弁则把一条组结在右笄上，垂下来，经过颐下，再绕上去，结在左笄上。冠是成人的服饰，亦是贵人的服饰，所以有罪要免冠。至于今之脱帽，则自免胄蜕化而来。胄是武人的帽子，因为怕受伤之故，下垂甚深，几于把脸都遮蔽掉了，看不见。所以要使人认识自己，必须将胄免去。《左传》哀公十六年，楚国白公作乱，国人专望叶公来救援。叶公走到北门，“或遇之，曰：君胡不胄？国人望君，如望慈父母焉。盗贼之矢若伤君，是绝民望也。若之何不胄？乃胄而进。又遇一人，曰：君胡胄？国人望君，如望岁焉，日日以几，若见君面，是得艾也。民知不死，其亦夫有奋心。犹将旌君以徇于国，而又掩面以绝民望，不亦甚乎？乃免胄而进。”可见胄的作用。现在的脱帽，是采用欧洲人的礼节。欧洲人在中古时代，战争是很剧烈的。免胄所以使人认识自己，握手所以表示没有兵器。后遂相沿，为寻常相见之礼。中国人模仿他们，其实是无谓的。有人把脱帽写作免冠，那更和事实不合了。古代庶人是不冠的，只用巾。用以覆髻，则谓之帻。《后汉书·郭泰传》《注》引周迁《舆服杂事》说：“巾以葛为之，形如帢，本居士野人所服。”《玉篇》：“帢，帽也。”《隋书·舆服志》：“帽，古野人之服。”则巾和帽是很相近的。着在脚上的谓之袜。其初亦以革为之。所以其字从韦作韤。袜之外为屦。古人升堂必脱屦。脱屦则践地者为袜，立久了，未免污湿，所以就坐又必解袜。见《左传》哀公二十五年。后世解袜与否无文，然脱屦之礼，则相沿甚久。所以剑履上殿，看作一种殊礼。《唐书》：棣王琰有两妾争宠，求巫者密置符于琰履中。或告琰厌魅，帝伺其朝，使人取其履验之，果然。则唐时入朝，已不脱履。然刘知几以释奠皆衣冠乘马，奏言冠履只可配车，今袜而镫，跣而鞍，实不合于古。则祭祀还是要脱履的。大概跣礼之废，（一）由于靴之渐行，（二）由于席地而坐，渐变为高坐，参看后文及下章自明。古人亦有现在的绑腿，谓之逼。亦谓之邪幅。又谓之行縢。本是上路用的，然亦以之为饰。宋绵初《释服》说“解袜则见逼。《诗》云：邪幅在下，正是燕饮而跣以为欢之时”，则逼着在袜内。《日知录》说：“今之村民，往往行縢而不袜，古人之遗制也。吴贺邵美容止，常着袜，希见其足，则汉魏之世，不袜而见足者尚多。”又说袜字的从衣，始见于此，则渐变而成今日的袜了。窃疑袜本亦田猎之民之服，农耕之民，在古代本是跣足的。中国文化，本来起自南方，所以行礼时还必跣。

衣服的初兴，虽非以蔽体为目的，然到后来，着衣成了习惯，就要把身体的各部分，都遮蔽起来，以为恭敬了。所以《礼记》的《深衣篇》说："短毋见肤。"做事以短衣为便，今古皆然。古代少者、贱者，是多服劳役的。《礼记·曲礼》说："童子不衣裘裳。"《内则》说："十年，衣不帛，襦袴。"襦就是短衣，袴就是不裳。《左传》昭公二十五年，师己述童谣，说"鸜鹆跦跦，公在乾侯，征褰与襦"。褰即是袴。《说文》。此皆服劳役者不着裳之证。然襦袴在古人，不能算作礼服，外必加之以裳。既然如此，自以照现在人的样子，于襦袴之外，罩上一件长衫为便。然古人习于衣裳、袍衫之外，亦必加之以裳。于是从古代的衣裳，转变到现在的袍衫，其间必以深衣为过渡。深衣的意思，是和现在的女子所着的衣裙合一的衣服差不多的。形式上是上衣下裳，实则缝合在一起。裳分为十二幅，前后各六。中间四幅对开。边上两幅斜裁，成两三角形。尖端在上。所以其裳之下端与上端，腰间。是三与二之比。如此，则不须襞绩，自亦便于行动了。深衣是白布做的，却用绸镶边，谓之纯。无纯的谓之襤褛，尤为节俭。今通作蓝缕，其义为破，此又是一义。士以上别有朝祭之衣，庶人则即以深衣为吉服。未成年者亦然。所以戴德《丧服·变除》说："童子当室，为父后。其服深衣不裳。"然自天子至于士，平居亦都是着一件深衣的。这正和现在的劳动者平时着短衣，行礼时着袍衫，士大夫阶级，平时着袍衫，行礼时别有礼服一样。然古人苟非极隆重的典礼，亦都可以着深衣去参与的。所以说"可以为文，可以为武，可以摈相，可以治军旅"。《礼记·深衣》。民国以来，将平时所着的袍和马褂，定为常礼服。既省另制礼服之费，又省动辄更换之烦，实在是很合理的。

《仪礼·士丧礼》疏，谓上下通直，不别衣裳者曰"通裁"，此为深衣改为长袍之始。然古人用之殊不广。后汉以后，始以袍为朝服。《续汉书·舆服志》说：若冠通天冠，则其服为深衣服。有袍，随五时色。刘昭《注》云："今下至贱吏、小史，皆通制袍、禅衣、皂缘领袖为朝服。"《新唐书·车服志》：中书令马周上议："礼无服衫之文。三代之制有深衣，请加襴袖褾襈，为士人上服。开胯者名曰缺胯，庶人服之。"据此，则深衣与袍衫之别，在于有缘无缘。其缺胯，就是现在的袍衫了。任大椿《深衣释例》说："古以殊衣裳者为礼服，不殊衣裳者为燕服。后世自冕服外，以不殊衣裳者为礼服，以殊衣裳者为燕服。"此即所谓裙襦。妇人以深衣之制为礼服，不殊衣裳。然古乐府《陌上桑》云："湘绮为下裳，紫绮为上襦"，则襦与裳亦各别。然仍没有不着裳的。隋唐以来，乃有所谓袴褶。《急就篇》注云："褶，其形若袍，短身广袖。"天子亲征及中外戒严时，百官服之，实为戎服。

曾三异《同话录》云："近岁衣制，有一种长不过腰，两袖仅掩肘，名曰貉袖。起于御马院圉人。短前后襟者，坐鞍上不妨脱着，以其便于控驭也。"此即今之马褂。《陔余丛考》说：就是古代的半臂。《三国魏志·杨阜传》说：明帝着帽，披绫半袖，则其由来已久。《玉篇》说：裲裆，其一当胸，其一当背。《宋书·薛安都传》载：他着绛衲两当衫，驰入贼阵。《隋

▲ **捣练图（局部）** 图为盛唐宫中妇女加工绢丝的场面。唐代的民风较为开放，妇女们亦喜爱身着色彩艳丽的高腰襦裙。不同朝代的服饰，展现着其时代的文化特色。

书·舆服志》：诸将军侍从之服，有紫衫金玳瑁装裲裆甲、紫衫金装裲裆甲、绛衫银装裲裆甲。《宋史·舆服志》，范质议《开元礼》：武官陪立大仗，加螣蛇裲裆甲，《陔余丛考》说：就是今演剧时将帅所披金银甲。按现在我们所着，长不过腰，而无两袖的，北方谓之坎肩，南方有若干地方，谓之马甲。大概系因将帅服之之故。宋人谓之背子。见《石林燕语》。

衣服不论在什么时代，总是大同小异的。强人人之所好，皆出于同，自然绝无此理。何况各地方的气候，各种人的生活，还各有不同呢？但衣服既和社交有关，社会亦自有一种压力。少数的人，总要改从多数的。昔人所谓“十履而一跣，则跣者耻；十跣而一履，则履者耻”。其间别无他种理由可言。《礼记·王制》：“关执禁以讥，禁异服，察异言。”其意乃在盘诘形迹可疑的人，并不在于划一服饰。《周官》大司徒，以本俗六安万民，六曰同衣服，意亦在于禁奢，非强欲使服饰齐一。服饰本有一种社会压力，不会大相悬殊的。至于小小的异同，则无论何时，皆不能免。《礼记·儒行》：“鲁哀公问于孔子曰：夫子之服，其儒服与？孔子对曰：丘少居鲁，衣逢掖之衣。长居宋，冠章甫之冠。丘闻之也，君子之学也博，其服也乡。丘不知儒服。”观此数语，衣服因地方、阶级，小有异同，显然可见。降逮后世，叔孙通因高祖不喜儒者，改着短衣楚制。见《史记》本传。《盐铁论》载桑弘羊之言，亦深讥文学之儒服，见《相刺篇》《刺议篇》。可见其情形还是一样的。因为社会压力，不能施于异地方和异阶级的人。然及交通进步，各阶级的交往渐多，其压力，也就随之而增大了。所以到现代，全世界的服饰，且几有合同而化之观。日本变法以后，几于举国改着西装。中国当戊戌变法时，康有为亦有改服饰之议，因政变而未成。后来自刻《戊戌奏稿》，深悔其议之孟浪，而自幸其未果行。在所著《欧洲十一国游记》中，尤极称中国服饰之美。其意是（一）中国的气候，备寒、温、热三带，所以其材料和制裁的方法，能适应多种气候，合于卫生。（二）丝织品的美观，为五洲所无。（三）脱穿容易。（四）贵族平民，服饰有异，为中西之所同。中国从前，平民是衣白色的。欧洲则衣黑色。革命时，欧人疾等级之不平，乃强迫全国上下，都着黑色。中国则不然。等级渐即平夷，采章遂遍及于氓庶。质而言之：西洋是强贵族服平民之服，中国则许平民服贵族之服。所以其美观与否，大相悬殊。这一点，西人亦有意见相同的。民国元年，议论服制时，曾有西人作论载诸报端，说西方的服饰，千篇一律，并无趣味，劝中国人不必模仿。我以为合古今中外而观之，衣服不过南北两派。南派材料轻柔，裁制宽博。北派材料紧密，裁制狭窄。这两派的衣服，本应听其并行；且折中于两者之间，去其极端之性的。欧洲衣服，本亦有南、北两派。后来改革之时，偏重北派太甚了。中国则颇能折两者之中，保存南派的色彩较多。以中西的服饰相较，大体上，自以中国的服饰为较适宜。现在的崇尚西装，不过一时的风气罢了。

中国的衣服，大体上可谓自行进化的。其仿自外国的，只有靴。《广韵》八戈引《释名》，说“靴本胡服，赵武灵王所服”。《北史》载慕容永被擒，居长安，夫妻卖靴以自活。北齐亡后，妃嫔入周的亦然。可见南北朝时，汉人能制靴者尚少，其不甚用靴可知。然唐中叶以后，朝会亦渐渐地穿靴，朱文公《家礼》，并有襕衫带靴之制了。《说文》：“鞮，革履也。”《韵会》引下有“胡人履连胫，谓之络缇”九字。此非《说文》之文，必后人据靴制增入。然可悟靴所以广行之故。因为连胫，其束缚腿部较紧，可以省却行縢。而且靴用革制，亦较能抵御寒湿，且较绸布制者，要坚固些。此以初兴时论，后来靴亦不用革。

古代丧服，以布之精粗为度，不是讲究颜色的。素服则用白绢，见《诗经·棘人》疏。因为古代染色不甚发达，上下通服白色，所以颜色不足为吉凶之别。后世彩色之服，行用渐广，则忌白之见渐生。宋程大昌《演繁露》说：“《隋志》：宋齐之间，天子宴私着白高帽。隋时以白帢通为庆吊之服。国子生亦服白纱巾。晋人着白接篱，窦苹《酒谱》曰：接篱，巾也。南齐桓崇祖守寿春，着白纱帽，肩舆上城。今人必以为怪。古未有以白色为忌也。郭林宗遇雨垫巾，李贤《注》云：周迁《舆服杂事》曰：巾以葛为之，形如帢。本居士野人所服。魏武造帢，其巾乃废。今国子学生服焉，以白纱为之。是其制皆不忌白也。《乐府白纻歌》曰：质如轻云色如银，制以为袍余作巾。今世人丽妆，必不肯以白纻为衣。古今之变，不同如此。《唐六典》：天子服有白纱帽。其下服如裙、襦、袜皆以白。视朝听讼，燕见宾客，皆以进御。然其下注云：亦用乌纱。则知古制虽存，未必肯用，习见忌白久矣。”读此，便知忌白的由来。按染色之法，见于《周官》天官染人，地官染草，及《考工记》钟氏，其发明亦不可谓不早。但其能普遍于全社会，却是另一问题。绘绣之法，见《书经·皋陶谟》今本《益稷》《疏》。昔人误以绘为画。其实绘之本义，乃谓以各色之丝，织成织品。见于宋绵庄《释服》，其说是不错的。染色、印花等事，只要原料减贱，机器发明，制造容易，所费人工不多，便不得谓之奢侈。唯有手工，消费人工最多，总是奢侈的事。现在的刺绣，虽然是美术，其实是不值得提倡的。因为天下无衣无褐的人，正多着呢。

CHAPTER 14

◎ 第十四章 住行

中国的文化，是导源于东南，而发达于西北的。东南多水，所以水路的交通，南方较北方为发达。西北多陆，所以陆路的交通，很早就有可观。陆路交通的发达，主要的是由牛马的使用，和车的发明。此二者，都是大可节省人力的。

住居，亦因气候地势的不同，而分为巢居、穴居两种。《礼运》说："冬则居营窟，夏则居橧巢。"见上章。《孟子》亦说："下者为巢，上者为营窟。"《滕文公下篇》。大抵温热之地为巢，干寒之地，则为营窟。巢居，现在的野蛮人，犹有其制。乃将大树的枝叶，接连起来，使其上可以容人，而将树干凿成一级一级的，以便上下。亦有会造梯的。人走过后，便将梯收藏起来。《淮南子·本经训》所谓"托婴儿于巢上"，当即如此。后来会把树木砍伐下来，随意植立，再于其上横架许多木材，就成为屋子的骨干。穴居又分复、穴两种：（一）最初当是就天然的洞窟，匿居其中的。（二）后来进步了，则能于地上凿成一个窟窿，而居其中，此之谓穴。古代管建设的官，名为司空，即由于此。（三）更进，能在地面上把土堆积起来，堆得像土窑一般，而于其上开一个窟窿，是之谓复，亦作复。再进化而能版筑，就成为墙的起源了。以栋梁为骨骼，以墙为肌肉，即成所谓宫室。所以直至现在，还称建筑为土木工程。

中国民族，最初大约是湖居的。（一）水中可居之处称洲，人所聚居之地称州，州洲虽然异文，实为一语，显而易见。古州岛同音，洲字即岛字。（二）古代有所谓明堂，其性质极为神秘。一切政令，都自此而出。读惠栋《明堂大道录》可见。阮元说：这是由于古代简陋，一切典礼，皆行于天子之后，后乃礼备而地分，《揅经室集明堂说》。这是不错的。《史记·封禅书》载公玉带上《明堂图》，水环宫垣，上有楼，从西南入，名为昆仑，正是岛居的遗象。明堂即是大学，亦称辟雍。辟壁同字，正谓水环宫垣。雍即今之壅字，壅塞、培壅，都指土之增高而言，正像湖中岛屿。（三）《易经》泰卦上六爻辞，"城复于隍"。《尔雅·释言》："隍，壑也。"壑乃无水的低地，意思还和环水是一样的。然则不但最初的建筑如明堂者，取法于湖居，即后来的造城，必环绕之以壕沟，还是从湖居的遗制，蜕化而出的。

文化进步以后，不借水为防卫，则能居于大陆之上。斯时借山以为险阻。读第四、第八、第九三章，可见。章炳麟《太炎文集》有《神权时代天子居山说》，可以参考。再进步，则城须造在较平坦之地，而借其四周的山水以为卫，四周的山水，是不会周匝无缺的，乃用人工造成土墙，于其平夷无险之处，加以补足，是之谓郭。郭之专于一面的，即为长城。城是坚实可守的，郭则工程并不坚实，而且其占地太大，必不能守。所以古代只有守城，绝无守郭之事。即长城亦是如此。中国历代，修造长城，有几个时期。（一）为战国以前。齐国在其南边，造有长城，秦、赵、燕三国，亦在北边造有长城。后来秦始皇把它连接起来，就是俗话所称为万里长城的。此时南方的淮夷、北方的匈奴，都是小部落。到汉朝，匈奴强大了，入塞的动辄千骑万骑，断非长城所能御；而前后两呼韩邪以后，匈奴又宾服了；所以终两汉四百年，不闻修造长城。魏晋时，北方丧乱，自然讲不到什么远大的防御规模。拓跋魏时，则于北边设六镇，借兵力以为防卫，亦没有修造长城的必要，（二）然至其末年，情形就大不相同了。隋代遂屡有修筑。此为修造长城的第二时期。隋末，突厥强大了，又非长城所能御。后来的回纥、契丹亦然。所以唐朝又无修筑长城之事。（三）契丹亡后，北方的游牧部族，不能统一，又成小小打抢的局面。所以金朝又要修造一道边墙，从静州起，迤逦东北行，达女真旧地。此为修造长城的第三时期。元朝自然毋庸修造长城。（四）明时，既未能将蒙古征服，而蒙古一时亦不能统一。从元朝的汗统断绝以后，至达延汗兴起以前，蒙古对中国，并无侵犯，而只有盗塞的性质，所以明朝又修长城，以为防卫。现代的长城，大概是明朝遗留下来的。总而言之，小小的寇盗，屯兵防之，未免劳费，无以防之又不可。造长城，实在是最经济的方法。从前读史的人，有的称秦始皇造长城，能立万世夷夏之防，固然是梦话。有的议论他劳民伤财，也是胡说的。晁错说秦朝北攻胡貉，置塞河上，只是指秦始皇时使蒙恬新辟之土。至于其余的长城，因战国时秦、赵、燕三国之旧，缮修起来的，却并没有费什么工力。所以能在短时间之内，即行成功。不然，秦始皇再暴虐，也无法于短时间之内，造成延袤万余里的长城的。汉代的人，攻击秦朝暴虐的很多，未免言过其实，然亦很少提及长城的，就是一个证据。

古代的房屋，有平民之居和士大夫之居两种。士大夫之居，前为堂，后为室。室之左右为房。堂只是行礼之地，人是居于室中的。室之户在东

▼ **泥塑院落** 这组明代的泥塑院落是模仿当时的建筑物而做的。院内前有厅堂，后有正房，两侧有厢房，门口还有影壁墙，是地位较高之人的居所。

南，牖在西南，北面亦有牖，谓之北牖。室之西南隅，即牖下，地最深隐，尊者居之，谓之奥。西北隅为光线射入之地，谓之屋漏。东北隅称宧。宧养也，为饮食所藏。东南隅称窔，亦深隐之义。室之中央，谓之中霤，为雨水所溜入。此乃穴居时代，洞穴开口在上的遗象。古之牖即今之窗，是开在墙上的。其所谓窗，开在屋顶上，今人谓之天窗。平民之居，据晁错《移民塞下疏》说："古之徙远方以实广虚也，先为筑室。家有一堂二内。"《汉书》注引张晏曰："二内，二房也。"此即今三开间的屋。据此，则平民之居，较之士大夫之居，就是少了一个堂。这个到现在还是如此。士大夫之家，前有厅事，即古人所谓堂。平民之家无有。以中间的一间屋，行礼待客，左右两间供住居，即是一堂二内之制。简而言之，就是以室为堂，以房为室罢了。古总称一所屋子谓之宫。《礼记·内则》说："由命士以上，父子皆异宫"，则一对成年的夫妻，就有一所独立的屋子。后世则不然。一所屋子，往往包含着许多进的堂和内，而前面只有一个厅事。这就是许多房和室，合用一个堂、包含在一个宫内，较古代经济多了。这大约因为古代地旷人稀，地皮不甚值钱，后世则不然之故。又古代建筑技术的关系浅，人人可以自为，士大夫之家，又可役民为之。后世则建筑日益专门，非雇人为之不可。《论衡·量知篇》："能斫削柱梁，谓之木匠。能穿凿穴坎，谓之土匠。"则在汉代，民间建筑，亦已有专门的人。这亦是造屋的人，要谋节省的一个原因。

古人造楼的技术，似乎是很拙的。所以要求眺望之所，就只得于城阙之上。阙是门旁墙上的小屋。天子诸侯的宫门上，也是有的。因其可以登高眺远，所以亦谓之观。《礼记·礼运》："昔者仲尼与于蜡宾，事毕，出游于观之上"，即指此。古所谓县法象魏者，亦即其地。魏与巍同字，大概因其建筑高，所以称之为魏。象字当本指法象言，与建筑无涉。因魏为县法之地，单音字变为复音词时，就称其地为象魏了。《尔雅·释宫》："四方而高曰台。有木者谓之榭。陕而修曲曰楼。"陕同狭。《注》云："台，积土为之。"榭是在土台之上，再造四方的木屋。楼乃榭之别名，不过其形状有正方修曲之异而已，这都是供游观眺望之所，并不是可以住人的。《孟子·尽心下篇》："孟子之滕，馆于上宫。"赵《注》说："上宫，楼也。"这句话恐未必确。因为造楼之技甚拙，所以中国的建筑，是向平面发展，而不是向空中发展的。所谓大房屋，只是地盘大，屋子多，将许多屋联结而成，而两层、三层的高楼很少。这个和建筑所用的材料，亦有关系。因为中国的建筑，用石材很少，所用的全是土木，木的支持力固不大，土尤易于倾圮。炼熟的土，即砖瓦，要好些，然其发达似甚晚。《尔雅·释宫》："瓴甋谓之甓。""庙中路谓之唐。"甓即砖。《诗经·陈风》说"中唐有甓"，则砖仅用以铺路。其墙，大抵是用土造的。土墙不好看，所以富者要被以文锦。我们现在婚、丧，生日等事，以绸缎等物送人，谓之幛，还是这个遗俗；而纸糊墙壁，也是从此蜕化而来的。《晋书·赫连勃勃载记》说他蒸土以筑统万城，可见当时砖尚甚少。不然，何不用砖砌，而要临时蒸土呢？无怪古代的富者，造屋只能用土墙了。建筑材料，多用土木，和古代建筑的不能保存，也有关系。因为其不如石材的能持久。而用木材太多，又易于引起火患。前代的杭州，近代的汉口，即其殷鉴。

建筑在中国，是算不得发达的。固然，研究起世界建筑史来，中国亦是其中的一系。东洋建筑，有三大系统：（一）中国，（二）印度，（三）回教，见

▲ 兴庆宫图拓片 此拓片中的兴庆宫是唐玄宗处理政务、接见外国使者的地方，唐末遭到严重破坏。宫中建筑种类很多，还有龙池，是典型的中国宫殿建筑。

伊东忠太《中国建筑史》，商务印书馆本。历代著名的建筑，如秦之阿房宫，汉之建章宫，陈后主的临春、结绮、望春三阁，隋炀帝的西苑，宋徽宗的艮岳，清朝的圆明园、颐和园，以及私家的园林等，讲究的亦属不少。然以中国之大言之，究系沧海一粟。建筑的技术，详见宋朝的《营造法式》、明朝的《天工开物》等书。虽然亦有可观，然把别种文明比例起来，则亦无足称道。此其所以然:（一）因（甲）古代的造屋，乃系役民为之，滥用民力，是件暴虐的事。（乙）又古代最讲究礼，生活有一定的规范，苟非无道之君，即物力有余，亦不敢过于奢侈。所以政治上相传，以卑宫室为美谈，事土木为大戒。（二）崇闳壮丽的建筑，必与迷信为缘。中国人对于宗教的迷信，是不深的。祭神只是临时设坛或除地，根本便没有建筑。对于祖宗的祭祀，虽然看得隆重，然庙寝之制，大略相同。后世立家庙等，亦受古礼的限制，不能任意奢侈。佛教东来，是不受古礼限制的，而且其教义，很能诱致人，使其布施财物。道家因之，亦从事于模仿，寺观遂成为有名的建筑，印度的建筑术，亦因此而输入中国。南朝四百八十寺，多少楼台烟雨中，一时亦呈相当的盛况。然此等迷信，宋学兴起以后，又渐渐地淡了。现在佛寺、道观虽多，较之缅甸、日本等国，尚且不逮。十分崇闳壮丽的建筑，亦复很少，不过因其多在名山胜地，所以为人所赞赏罢了。（三）游乐之处，古代谓之苑囿。苑是只有草木的，囿是兼有禽兽的。均系将天然的地方，划出一区来，施以禁御，而于其中射猎以为娱，收其果实等以为利，根本没有什么建筑物。所以其大可至于方数十里。文王之囿，方七十里，齐宣王之囿，方四十里，见《孟子·梁惠王下篇》。至于私家的园林，则其源起于园。园乃种果树之地，因于其间叠石穿池，造几间房屋，以资休憩，亦不是什么奢侈的事。后来虽有踵事增华，刻意经营的人，究竟为数亦不多，而且其规模亦不大。以上均系中国建筑不甚发达的原因。揆厥由来，乃由于（一）政治的比较清明，（二）迷信的比较不深，（三）经济的比较平等。以物质文明言，固然较之别国，不免有愧色，以文化论，倒是足以自豪的。

朱熹说:“教学者如扶醉人，扶得东来西又倒。”个人的为学如是，社会的文化亦然。奢侈之弊，中国虽比较好些，然又失之简陋了。《日知录·馆舍》条说:“读孙樵《书褒城驿壁》，乃知其有沼，有鱼，有舟。读杜子美《秦州杂诗》，又知其驿之有池，有林，有竹。今之驿舍，殆于隶人之垣矣。予见天下州之为唐旧治者，其城郭必皆宽广，街道必皆正直。廨舍之为唐旧刱者，其基址必皆宏敞。宋以下所置，时弥近者制弥陋。”亭林的足迹，所至甚多，而且是极留心观察的人，其言当极可信。此等简陋苟且，是不能借口于节俭的。其原因安在呢？亭林说：是由于“国家取州县之财，纤毫尽归之于上，而吏与民交困，遂无以为修举之资”。这固然是一个原因。我以为（一）役法渐废，公共的建筑，不能征工，而必须雇工。（二）唐以前古市政的规制犹存，宋以后逐渐破坏。如第十一章所述，唐设市还有定地，开市还有定期，宋以后渐渐不然，亦其一证。亦是重要的原因。

从西欧文明输入后，建筑之术，较之昔日，可谓大有进步了；所用的材料亦不同；这确是文明进步之赐。唯住居与衣食，关系民生，同样重要。处处须顾及大多数人的安适，而不容少数人恃其财力，任意横行，和别种事情，也是一样的。古代的居民，本来有一定的规划。《王制》所谓“司空执度以度地，居民山川沮泽，看地形。时四时。看气候”即其遗制。其大要，在于“地、邑、民居，必参相得”。地就是田。有多少田，要多少人种，就建筑多少人守卫所要的城邑，和居住所需的房屋。据此看来，现在大都市中的拥挤，就是一件无法度而不该放任的事情了。宫室的等级和限制，历代都是有的。可参看《明史·舆服志》所载宫室制度。依等级而设限制，现在虽不容仿效，然限制还是该有的。对外的观瞻，也并不系于建筑的侈俭。若因外使来游，而拆毁贫民住居的房子，这种行为，就要成为隋炀帝第二了。

讲宫室既毕，请再略讲室中的器用。室中的器用，最紧要的，就是桌椅床榻等。这亦是所以供人居处，与宫室同其功的。古人都席地而坐。其坐，略似今日的跪，不过腰不伸直。腰伸直便是跪，蹲下便是坐。所以古礼跪而行之之时颇多。因为较直立反觉便利。其凭借则用几，据阮谌《礼图》，长五尺，广一尺，高一尺二寸。《礼记·曾子问》《疏》引。较现在的凳还低，寝则有床。所以《诗经》说：“乃生男子，载寝之床。”后来坐亦用床。所以《高士传》说：管宁居辽东，坐一木榻，五十余年，未尝箕股，其榻当膝处皆穿。《三国魏志》本传《注》引。观此，知其坐亦是跪坐。现在的垂足而坐，是胡人之习。从西域输入的。所坐的床，亦谓之胡床。从胡床输入后，桌椅等物，就渐渐兴起了。古人室中，亦生火以取暖。《汉书·食货志》说：“冬民既入，妇人同巷相从夜绩。”“必相从者，所以省费燎火。”颜师古说：“燎所以为明，火所以为温也。”这种火，大约是煴火。是贫民之家的样子。《左传》昭公十年说，宋元公为太子时。恶寺人柳，欲杀之。到元公的父亲死了，元公继位为君，柳伺候元公将到之处，先炽炭于位，将至则去之，到葬时，又有宠。又定公三年，说邾子自投于床，废于炉炭，《注》“废，堕也。”遂卒。则贵族室中取暖皆用炭。从没有用炕的。《日知录》说：“《旧唐书·东夷高丽传》：冬月皆作长坑，下然煴火以取暖，此即今之土炕也，但作坑字。”则此俗源于东北夷。大约随女真输入中国北方的，实不合于卫生。

论居处及所用的器物既竟，还要略论历代的葬埋。古代的葬有两种：孟子所谓“其亲死，则举而委之于壑。”《滕文公上篇》。盖田猎之民所行。

《易经·系辞传》说："古之葬者，厚衣之以薪，葬之中野"，则农耕之民之俗。一个贵族，有其公共的葬地。一个都邑，亦有其指定卜葬的区域。《周官》冢人掌公墓之地，墓大夫掌凡邦墓之地域是其制。后世的人说：古人重神不重形。其理由：是古不墓祭。然孟子说齐有东郭墦间之祭者，《离娄下篇》。即是墓祭。又说孔子死后，子贡"筑室于场，独居三年然后归"，《滕文公上篇》。此即后世之庐墓。《礼记·曲礼》："大夫士去其国，止之曰：奈何去坟墓也？"《檀弓》："去国则哭于墓而后行，反其国不哭，展墓而入。"又说："大公封于营丘，比及五世，皆反葬于周。"则古人视坟墓，实不为不重。大概知识程度愈低，则愈相信虚无之事。愈高，则愈必耳闻目见，而后肯信。所以随着社会的开化，对于灵魂的迷信，日益动摇，对于体魄的重视，却日益加甚。《檀弓》说："延陵季子适齐。比其反也，其长子死，葬于嬴博之间。""既封，左袒，右还其封，且号者三，曰：骨肉归复于土，命也。若魂气，则无不之也，无不之也，而遂行。"这很足以表示重视精神、轻视体魄的见解，怕反是吴国开化较晚，才如此的。如此，富贵之家，有权力的，遂尽力于厚葬。厚葬之意，不徒爱护死者，又包含着一种夸耀生人的心思，而发掘坟墓之事，亦即随之而起。读《吕览·节丧》《安死》两篇可知。当时墨家主张薄葬，儒家反对他，然儒家的葬礼，较之流俗，亦止可谓之薄葬了。学者的主张，到底不能

▲ **击缶催诗图轴** 古之文人雅聚，每以即席赋诗比试捷思。图为二人据石案而跪坐于榻上，作完诗之人击缶催促对方的情景，可见宋以前古人都是席地而坐的。

挽回流俗的波靡。自汉以后，厚葬之事，还书不胜书。且将死者的葬埋，牵涉到生人的祸福，而有所谓风水的迷信。死者无终极，汉刘向《谏成帝起昌陵疏》语。人人要保存其棺椁，至于无穷，其势是决不能行的。佛教东来，火葬之俗，曾一时盛行，见《日知录·火葬》条。实在最为合理。惜乎宋以后，受理学的反对，又渐渐地式微了。现在有一部分地方，设立公墓。又有提倡深葬的。然公墓究仍不免占地，深葬费人力过多，似仍不如火葬之为得。不过风俗是守旧的，断非一时所能改变罢了。

交通、通信，向来不加区别。其实二者是有区别的。交通是所以运输人身，通信则所以运输人的意思。自有通信的方法，而后人的意思，可以离其身体而独行，于精力和物力方面，有很大的节省。又自电报发明后，意思的传达，可以速于人身的运输，于时间方面，节省尤大。

交通的发达，是要看地势的。水陆是其大别。水路之中，河川和海道不同。海道之中，沿海和远洋的航行，又有区别。即陆地，亦因其为山地、平地、沙漠等而有不同。野蛮时代，各部族之间，往往互相猜忌，不但不求交通的便利，反而有意阻塞交通，其时各部族所居之地，大概是颇险峻的。对外的通路，只有曲折崎岖的小路，异部族的人，很难于发现使用。《庄子·马蹄篇》说：古代"山无徯隧，泽无舟梁"。所指的，便是这时代。到人智稍进，能够降丘宅土，交通的情形，就渐和往昔不同了。

中国的文化，是导源于东南，而发达于西北的。东南多水，所以水路的交通，南方较北方为发达。西北多陆，所以陆路的交通，很早就有可观。陆路交通的发达，主要的是由牛马的使用，和车的发明。此二者，都是大可节省人力的。《易经·系辞传》说"服牛乘马，引重致远"，虽不能确定其在何时，然其文承黄帝、尧、舜垂衣裳而天下治之下，可想见黄帝、尧、舜时，车的使用，必已很为普遍了。车有两种：一种是大车，用牛牵曳的，用以运输。一种是小车，即兵车，人行亦乘之，驾以马。用人力推曳的谓之辇。《周官》乡师《注》引《司马法》，说夏时称为余车，共用二十人，殷时称胡奴车，用十人，周时称为辎辇，用十五人。这是供战时运输用的，所以其人甚多。《说文》："辇，挽车也。从车扶。"扶训并行，虽不必定是两人，然其人数必不能甚多。这是民间运输用的。贵族在宫中，亦有时乘坐。《周官》巾车，王后的五路，有一种唤作辇车，即其物。此制在后世仍通行。

道路：在都邑之中，颇为修整。《考工记》：匠人，国中经涂九轨。野涂亦九轨。环涂环城之道。七轨。《礼记·王制》："道路，男子由右，妇人由左，车从中央。"俱可见其宽广。古代的路，有一种是路面修得很平的，谓之驰道。非驰道则不能尽平。国中之道，应当都是驰道。野外则不然。古代田间之路，谓之阡陌，与沟洫相辅而行。所以《礼记·月令》《注》说："古者沟上有路。"沟洫阡陌之制，照《周官》遂人等官所说，是占地颇多的。虽亦要因自然的地势，未必尽合乎准绳，然亦必较为平直。不过书上所说的，是理想中的制度，事实上未必尽能如此。《左传》成公五年，梁山崩，晋侯以传召伯宗。行辟重。使载重之车让路。重人曰："待我，不如捷之速也。"可见驿路上还不能并行两车。《仪礼·既夕礼》："商祝执功布，以御柩执披。"《注》云："道有低仰倾亏，则以布为左右抑扬之节，使引者执披者知之。"《礼记·曲礼》："送葬不避涂潦。"可见其路之不尽平坦。后人夸称古代的道路如何宽平，恐未必尽合于事实了。大抵古人修造路面的技术甚拙。其路面，皆如今日的路基，只是土路。所以时时要修治。不修治，就"道茀不可行"。

水路：初有船的时候，只是现在所谓独木舟。《易经·系辞传》说"刳木为舟，剡木为楫"，《淮南子·说山训》说"古人见窾木而知舟"，所指的都是此物。稍进，乃知集版以为舟。《诗经》说："就其深矣，方之舟之。"《疏》引《易经》云："利涉大川，乘木舟虚。"又引《注》云："舟谓集版，如今船，空大木为之曰虚，总名皆曰舟。"按方、旁、比、并等字，古代同音通用。名舟为方，正因其比木为之之故。此即后世的舫字。能聚集许多木版，以成一舟，其进步就容易了。渡水之法，大抵狭小的水，可以乘其浅落时架桥。桥亦以木为之。即《孟子》所说的"岁十一月徒杠成，十二月舆梁成"。《离娄下篇》。《尔雅·释宫》："石杠谓之倚。"又说："堤谓之梁。"《注》云："即桥也。或曰：石绝水者为梁，见《诗传》。"则后来亦用石了。较阔的水，则接连了许多船渡过去。此即《尔雅》所说的"天子造舟"，后世谓之浮桥。亦有用船渡过去的，则《诗经》所说的"谁谓河广，一苇杭之"。然徒涉的仍不少。观《礼记·祭义》，谓孝子"道而不径，舟而不游"。可见航行的技术，南方是胜于北方的。观《左传》所载，北方只有僖公十三年，晋饥，乞粜于秦，秦输之粟，自雍及绛相继，命之曰泛舟之役，为自水路运输，此外泛舟之事极少。南方则吴楚屡有水战，而哀公十年，吴徐承且率舟师自海道伐齐。可见不但内河，就沿海交通，亦已经开始了。《禹贡》九州贡路，都有水道。《禹贡》当是战国时书，可以窥见当时交通的状况。

从平地发展到山地，这是陆地交通的一个进步，可以骑马的发达为证。古书不甚见骑马之事。后人因谓古人不骑马，只用以驾车。《左传》昭公二十五年，"左师展将以公乘马而归"。《疏》引刘炫说，以为是骑马之渐。

▲ 通惠河漕运图卷局部 在中国的交通业中，水道的交通是十分发达的。图为康熙年间通惠河漕运的情况，码头上的人们忙着卸货，停泊着许多船只，景象十分繁荣。

这是错误的。古书所以不甚见骑马，（一）因其所载多贵族之事，贵族多是乘车的。（二）则因其时的交通，仅及于平地。《日知录》说："春秋之世，戎狄杂居中夏者，大抵在山谷之间，兵车之所不至。齐桓、晋文，仅攘而却之，不能深入其地者，用车故也。中行穆子之败狄于大卤，得之毁车崇卒。而智伯欲伐仇犹，遗之大钟以开其道，其不利于车可知矣。势不得不变而为骑。骑射，所以便山谷也。胡服，所以便骑射也。"此虽论兵事、交通的情形，亦可以借鉴而明。总而言之，交通所至之地愈广，而道路大抵失修，用车自不如乘马之便。骑乘的事，就日盛一日了。

“水性使人通，山性使人塞。”水性是流动的，虽然能阻碍人，使其不得过去，你只要能利用它，它却可以帮你活动，节省你的劳力。山却不然，会多费你的抵抗力的。所以到后世，水路的交通，远较陆路交通发达。长江流域的文明，本落黄河流域之后，后来却反超其上，即由于此。唐朝的刘晏说：“天下诸津，舟航所聚，旁通巴汉，前指闽越，七泽十薮，三江五湖，控引河洛，兼包淮海，弘舸巨舰，千轴万艘，交贸往来，昧旦水日。”可以见其盛况了。《唐语林补遗》说：“凡东南都邑，无不通水。故天下货利，舟楫居多。舟船之盛，尽于江西。编蒲为帆，大者八十余幅。江湖语曰：水不载万。言大船不过八九千石。”明朝郑和航海的船，长四十四丈，宽十八丈，共有六十二只。可以见其规模的宏大了。

因为水路交通利益之大，所以历代开凿的运河极多，长在一千里以下的运河，几乎数不着它。中国的大川，都是自西向东的，南北的水路交通，很觉得不便。大运河的开凿，多以弥补这缺憾为目的。《左传》哀公九年，“吴城邗，沟通江淮”。此即今日的淮南运河。《史记·河渠书》说：“荥阳下引河东南为鸿沟，以通宋、郑、陈、蔡、曹、卫，与济、汝、淮、泗会。”鸿沟的遗迹，虽不可悉考，然其性质，则极似现在的贾鲁河，乃是所以沟通河淮两流域的。至后汉明帝时，则有从荥阳通至千乘的汴渠。此因当时的富力，多在山东，所以急图东方运输的便利。南北朝以后，富力集中于江淮，则运输之路亦一变。隋开通济渠，自东都引谷、洛二水入河。又自河入汴，自汴入淮，以接淮南的邗沟。自江以南，则自京口达余杭，开江南河八百里。此即今日的江南运河。唐朝江淮漕转；二月发扬州。四月，自淮入汴。六七月到河口，八九月入洛。自此以往，因有三门之险，乃陆运以入于渭。宋朝建都汴京，有东西南北四河。东河通江淮。亦称里河。西河通怀、孟。南河通颍、寿。亦称外河。现在的惠民河，是其遗迹。北河通曹、濮。四河之中，东河之利最大。淮南、浙东西、荆湖南北之货，都自此入汴京。岭表的金银香药，亦陆运至虔州入江。陕西的货，有从西河入汴的，亦有出剑门，和四川的货，同至江陵入江的。宋史说东河所通，三分天下有其二，虽是靠江淮等自然的动脉，运河连接之功，亦不可没的。元朝建都北平，交通之目的又异。乃引汶水分流南北，而现在的大运河告成。

海路的交通，已略见第十一章。唐咸通时，用兵交址，湖南、江西，运输甚苦，润州人陈磻石创议海运。从扬子江经闽、广到交址。大船一艘，可运千石。军需赖以无缺。是为国家由海道运粮之始。元、明、清三代，虽有运河，仍与海运并行。海运所费，且较河运为省。近代轮船未行以前，南北海道的运输，亦是很盛的。就到现在，南如宁波，北如营口，帆船来往的仍甚多。

水道的交通，虽极发达，陆路的交通，却是颇为腐败的。《日知录》说当时的情形："涂潦遍于郊关，汙秽钟于辇毂。"《街道》条。又说："古者列树以表道。""下至隋唐之代，而官槐官柳，亦多见之诗篇。""近代政废法弛，任人斫伐。周道如砥，若彼濯濯。"《官树》条。"《唐六典》：凡天下造舟之梁四，石柱之梁四，木柱之梁三，巨梁十有一，皆国工修之。其余皆所管州县，随时营葺。其大津无梁，皆给船人，量其大小难易，以定其差等。今畿甸荒芜，桥梁废坏。雄莫之间，秋水时至，年年陷绝。曳轮招舟，无赖之徒，借以为利。潞河舟子，勒索客钱，至烦章劾。司空不修，长吏不问，亦已久矣。《原注》：成化八年，九月，丙申，顺天府府尹李裕言：本府津渡之处，每岁水涨，及天气寒沍，官司修造渡船，以便往来。近为无赖之徒，冒贵戚名色，私造渡船，勒取往来人财物，深为民害。乞敕巡按御史，严为禁止，从之。况于边陲之境，能望如赵充国治湟陿以西道桥七十所，令可至鲜水，从枕席上过师哉？"《桥梁》条。观此，知路政之不修，亦以宋以后为甚。其原因，实与建筑之颓败相同。前清末年，才把北京道路，加以修理。前此是与顾氏所谓"涂潦遍于郊关，汙秽钟于辇毂"，如出一辙的。全国除新开的商埠外，街道比较整齐宽阔的，没有几处。南方多走水道，北方旱路较多，亦无不崎岖倾仄。间有石路，亦多年久失修。路政之坏，无怪全国富庶之区，都偏于沿江沿海了。

因路政之坏，交通乃不能利用动物之力而多用人力。《史记·夏本纪》："山行乘檋"，《河渠书》作"山行即桥"。按禹乘四载，又见《吕览·慎势》《淮南·齐俗训》《修务训》《汉书·沟洫志》。又《史记集解》引《尸子》及徐广说，所作字皆互异。山行檋与桥外，又作梮，作蔂，作樏，作欙，蔂、樏、欙，系一字，显而易见。梮字见《玉篇》，云"舆，食器也。又土轝也"。雷浚《说文外编》云："土轝之字，《左传》作梮。"按见襄公九年。《汉书·五行志》引作輂，《说文》："輂，大车驾马也。"按《孟子》："反虆梩而掩之。"《赵注》云："虆梩，笼臿之属，可以取土者也。"蔂、樏、欙并即虆梩，与梮并为取土之器，驾马则称为輂，亦以音借而作桥。后又为之专造轿字，则即淮南王《谏伐闽越书》所谓"舆轿而逾岭"。其物本亦车属，后因用诸山行，乃以人舁之。所以韦昭说："梮木器，如今舆状，人举以行。"此物在古代只用诸山行，后乃渐用之平地。王安石终身不乘肩舆，可见北宋时用者尚少，南渡以后，临安街道，日益狭窄，乘坐的

▲ **步辇图（局部）** 图卷中的唐太宗在宫女簇拥下坐在步辇上。辇本来和车一样是有轮子的，后由马拉改由人抬，由是称作“步辇”，更多了一些典雅和休闲的气息。

人，就渐渐地多了。《明史·舆服志》：宋中兴以后，以征伐道路险阻，诏百官乘轿，名曰竹轿子，亦曰竹舆。

行旅之人不论在路途上，以及到达地头之后，均须有歇宿之所。古代交通未盛，其事率由官营。《周官》野庐氏，“比国郊及野之道路，宿息，井树”。遗人，“凡国野之道：十里有庐，庐有饮食。三十里有宿，宿有路室，路室有委。五十里有市，市有候馆，候馆有积。”都是所以供给行旅的。到达之后，则“卿馆于大夫，大夫馆于士，士馆于工商”。《仪礼·觐礼》。此即《礼记·曾子问》所谓“卿大夫之家曰私馆”。另有“公宫与公所为”，谓之公馆。当时的农民，大概无甚往来，所以只有卿士大夫和工商之家，从事于招待，但到后来，农民出外的也多了。新旅客的增加，必非旧式的招待所能普遍应付，就有借此以图利的，是为逆旅。《商君书·垦令篇》说：“废逆旅，则奸伪躁心私交疑农之民不行。逆旅之民，无所于食，则必农。”这只是陈旧的见解。《晋书·潘岳传》说，当时的人，以逆旅逐末废农，奸淫亡命之人，多所依凑。要把它废掉。十里置一官欐，使老弱贫户守之。差吏掌主，依客舍之例收钱。以逆旅为逐末废农，就是商君的见解。《左传》僖公二年，晋人假道于虞以伐虢，说“虢为不道，保于逆旅，以侵敝邑之南鄙”。可见晋初的人，说逆旅使奸淫亡命，多所依凑，也是有的。但以大体言之，则逆旅之设，实所以供商贾之用，乃是随商业之盛而兴起的。看潘岳的驳议，便可明白。无法废绝商业，就无法废除逆旅。若要改为官办，畀差主之吏以管理之权，一定要弊余于利的。潘岳之言，亦极有理。总而言之:（一）交通既已兴盛，必然无法遏绝，且亦不宜遏绝。（二）官吏经营事业，其秩序必尚不如私人。两句话，就足以说明逆旅兴起的原因了。汉代的亭，还是行人歇宿之所。甚至有因一时没有住屋，而借居其中的。见《汉书 · 息夫躬传》。魏晋以后，私人所营的逆旅，日益兴盛，此等官家的事业，就愈益废坠，而寖至于灭绝了。

接力赛跑，一定较诸独走长途，所至者要远些，此为邮驿设置的原理。《说文》:“邮，境上行书舍也。”是专以通信为职的。驿则所以供人物之往来。二者设置均甚早。人物的往来，并不真要靠驿站。官家的通信，却非有驿站不可。在邮政电报开办以前，官家公文的传递，实利赖之。其设置遍于全国。元代疆域广大，藩封之地，亦均设立，以与大汗直辖之地相连接。规模不可谓不大。惜乎历代邮驿之用，都止于投递公文，未能推广之以成今日的邮政。民间寄书，除遣专使外，就须展转托人，极为不便。到清代，人民乃有自营的信局。其事起于宁波，逐渐推广，几于遍及全国，而且推及南洋。其经营的能力，亦不可谓之不伟大了。

铁路、轮船、摩托车、有线、无线电报的发明，诚足使交通、通信焕然改观。这个，诚然是文明进步之赐，然亦看用之如何。此等文明利器，能用以开发世界上尚未开发的地方，诚足为人类造福。若只在现社会机构之下，为私人所有，用以为其图利的手段，则其为祸为福，诚未易断言，现代的物质文明，有人歌诵它，有人咒诅它。其实物质文明的本身，是不会构祸的，就看我们用之是否得当。中国现在的开发西南、西北，在历史上，将会成为一件大事。交通起于陆地，进及河川、沿海，再进及于大洋，回过来再到陆地，这是世界开发必然的程序。世界上最大最未开发的地方，就是亚洲的中央高原，其中又分为两区:（一）为蒙古、新疆等沙漠地带，（一）为西康、青海、西藏等高原。中国现在开发西南、西北，就是触着这两大块未开辟之地。我们现在还不觉得，将来，这两件事的成功，会使世界焕然改观，成为另一个局面。

CHAPTER 15

◎ 第十五章 教育

古人所谓教，只是效法的意思。教人以当循之道谓之斅；受教于人而效法之，则谓之学；略与现在狭义的教育相当。人的应付环境，不是靠生来的本能，而是靠相传的文化。所以必须将前人之所知所能，传给后人。

现在所谓教育，其意义，颇近乎从前所谓习。习是人处在环境中，于不知不觉之间，受其影响，不得不与之俱化的。所谓入芝兰之室，久而不闻其香；居鲍鱼之肆，久而不知其臭。所以古人教学者，必须慎其所习。孟母教子，要三次迁居，古训多重亲师取友，均系此意。因此，现代所谓教育，要替学者另行布置出一个环境来。此自非古人所及。古人所谓教，只是效法的意思。教人以当循之道谓之斅；受教于人而效法之，则谓之学；略与现在狭义的教育相当。人的应付环境，不是靠生来的本能，而是靠相传的文化。所以必须将前人之所知所能，传给后人。其机关，一为人类所附属的团体，即社团或家庭，一为社会中专司保存智识的部分，即教会。

读史的人，多说欧洲的教育学术和宗教的关系深，中国的教育学术和宗教的关系浅。这话诚然不错。但只是后世如此。在古代，中国的教育学术和宗教的关系，也未尝不密切。这是因为司高等教育的，必为社会上保存智识的一部分，此一部分智识，即所谓学术，而古代的学术，总是和宗教有密切关系的缘故。古代的太学，名为辟雍，与明堂即系同物。已见第七、第十四两章。所以所谓太学，即系王宫的一部分。蔡邕《明堂论》引《易传》说："太子旦入东学，昼入南学，暮入西学。在中央曰太学，天子之所自学也。"脱北学一句。又引《礼记·保傅篇》说："帝入东学，上亲而贵仁，入西学，上贤而贵德。入南学，上齿而贵信。入北学，上贵而尊爵。入太学，承师而问道。"所指的，都是此种王宫中的太学。后来文化进步，一切机关，都从王宫中分析出来，于是明堂之外，别有所谓太学。此即《礼记·王制》所说的"太学在郊"。《王制》又说"小学在公宫南之左"。按小学亦是从王宫中分化出来的。古代门旁边的屋子唤作塾。《礼记·学记》说："古之教者家有塾。"可见贵族之家，子弟是居于门侧的。《周官》教国子的有师氏、保氏。师氏居虎门之左，保氏守王闱。蔡邕说南门称门，西门称闱。汉武帝时，公玉带上《明堂图》，水环宫垣，上有楼，从西南人。见第十四章。可见古代的明堂，只西南两面有门，子弟即居于此。子弟居于门侧，似由最初使壮者任守卫之故。后来师氏、保氏之居门闱，小学之在公宫南之左，地位方向，还是从古相沿下来的。师氏所教的为三德、一曰至德，以为道本。二曰敏德，以为行本。三曰孝德，以知逆恶。按至德，大概是古代宗教哲学上的训条，孝德是社会政治上的伦理训条。三行，一曰孝行，以亲父母。二曰友行，以尊贤良。三曰顺行，以事师长。保氏所教的为六艺、一曰五礼，二曰六乐，三曰五射，四曰五御，五曰六书，六曰九数。六仪，一曰祭祀之容，二曰宾客之容，三曰朝廷之容，四曰丧纪之容，五曰军旅之容，六曰车马之容。这是古代贵族所受的小学教育。至于太学，则《王制》说"春秋教以礼乐，冬夏教以诗书"。此所谓礼乐，自与保氏所教六艺中的礼乐不同，当是宗教中高等的仪式所用。诗即乐的歌词。书当系教中的古典。古代本没有明确的历史，相沿的传说，都是和宗教夹杂的，印度即系如此。然则此等学校中，除迷信之外，究竟还有什么东西没有呢？有的，（一）为与宗教相混合的哲学。先秦诸子的哲学、见解，大概都自此而出，看第十七章可明。（二）为涵养德行之地。梁启超是不信宗教的。当他到美洲去时，每逢星期日，却必须到教堂里去坐坐。意思并不是信他的教，而是看他们礼拜

▶ **书画考经**

恪守孝道的儿子正端着饭跪守在父母面前，妻子端着汤站在他的身后，两个女儿在一旁观看。父亲通过言传身教，把传统的所谓孝道传给后辈。

的秩序，听其音乐，以安定精神。这就是子夏说“学而优则仕，仕而优则学”之理。《论语·子张篇》。仕与事相通，仕就是办事。办事有余力，就到学校中去涵养德行，一面涵养德行，一面仍应努力于当办之事，正是德育、智育并行不悖之理。管太学的官，据《王制》是大乐正，据《周官》是大司乐。俞正燮《癸巳类稿》有《君子小人学道是弦歌义》，说古代乐之外无所谓学，尤可见古代太学的性质。古代乡论秀士，升诸司徒，司徒升之于学，学中的大乐正，再升诸司马，然后授之以官。又诸侯贡士，天子试之于射宫。其容体比于礼，其节比于乐，而中多者，则得与于祭。均见第七章。这两事的根源，是同一的。即人之用舍，皆决之于宗教之府。“出征执有罪，反释奠于学”，《礼记·王制》。这是最不可解的。为什么明明是用武之事，会牵涉到学校里来呢？可见学校的性质，绝不是单纯的教育机关了。然则古代所以尊师重道，太学之礼，虽诏于天子，无北面，《礼记·学记》。养老之礼，天子要袒而割牲，执酱而馈，执爵而酳，《礼记·乐记》。亦非徒以其为道之所在，齿德俱尊，而因其人本为教中尊宿之故。凡此，均可见古代的太学和宗教关系的密切。贵族的小学教育，出于家庭，平民的小学教育，则仍操诸社团之手。《孟子》说：“夏曰校，殷曰序，周曰庠，学则三代共之。”学指太学言，校、序、庠都是民间的小学。第五章所述：平民住居之地，在其中间立一个校室，十月里农功完了，公推有年纪的人，在这里教育未成年的人，就是校的制度。所以《孟子》说“校者教也”。又说“序者射也，庠者养也”，这是行乡射和乡饮酒礼之地。孔子说：“君子无所争，必也射乎？揖让而升，下而饮，其争也君子。”《论语·八佾篇》。又说：一看乡饮酒礼，便知道明贵贱，辨隆杀，和乐而不流，弟长而无遗，安燕而不乱等道理。所以说：“吾观于乡，而知王道之易易也。”《礼记·乡饮酒义》。然则庠序都是行礼之地，使人民看了，受其感化的。正和现在开一个运动会，使人看了，知道武勇、刚毅、仁侠、秩序等的精神，是一样的用意。行礼必作乐，古人称礼乐可以化民，其道即由于此。并非是后世的王礼，天子和百官行之于庙堂之上，而百姓不闻不见的。汉朝人所谓庠序，还系如此。与现在所谓学校，偏重智识传授的，大不相同。古代平民的教育，是偏重于道德的。所以兴学必在生计问题既解决之后。孟子说庠序之制，必与制民之产并言。见《梁惠王·滕文公上篇》。《王制》亦说：“食节事时，民咸安其居，乐事劝功，尊君亲上，然后兴学。”生计问题既解决之后，教化问题，却系属必要。所以又说：“饱食暖衣，逸居而无教，则近于禽兽。”《孟子·滕文公上篇》。又说：“君子如欲化民成俗，其必由学乎？”《学记》。

以上是古代社会，把其传统的所谓做人的道理，传给后辈的途径。贵族有贵族立身的方法，平民有平民立身的方法，其方法虽不同，其为立身之道则一。至于实际的智识技能，则得之必由于实习。实习即在办理其事的机关里，古称为宦。《礼记·典礼》说“宦学事师”，《疏》引熊氏云：“宦谓学仕官之事。”官就是机关，仕官，就是在机关里办事。学仕官之事，就是学习在机关里所办的事。这种学习，是即在该机关中行之的，和现在各机关里的实习生一般。《史记·秦始皇本纪》：吕平君发卒攻嫪毐，战咸阳，斩首数百，皆拜爵。及宦者皆在战中，亦拜爵一级。《吕不韦列传》：诸客求宦为嫪毐舍人千余人。《汉书·惠帝纪》：即位后，爵五大夫，吏六百石以上，及宦皇帝而知名者，有罪当盗械者，皆颂系。此所谓宦，即系学仕于其家。因为古代卿大夫及皇太子之家，都系一个机关。嫪毐之家，食客求宦者至千余人，自然未必有正经的事情可办，亦未必有正经的事情可以学习。正式的机关则不然。九流之学，必出于王官者以此。参看第十七章。子路说：“有民人焉，有社稷焉，何必读书，然后为学？”《论语·先进篇》。就是主张人只要在机关里实习，不必再到教会所设的学校里，或者私家教授，而其宗旨与教会教育相同的地方去学习。《史记·孔子世家》说，孔子以诗、书、礼、乐教，可见孔子的教育，与古代学校中传统的教育相近。并不是说不要学习，就可以办事。

古代的平民教育，有其优点，亦有其劣点。优点是切于人的生活。劣点则但把传统的见解，传授给后生，而不授以较高的智识。如此，平民就只好照着传统的道理做人，而无从再研究其是非了。太学中的宗教哲学，虽然高深，却又去实际太远。所以必须到东周之世，各机关中的才智之士，将其（一）经验所得的智识，及（二）太学中相传的宗教哲学，合而为一，而学术才能开一新纪元。此时的学术，既非传统的见解所能限，亦非复学校及机关所能容，乃一变而为私家之学。求学问的，亦只得拜私人为师。于是教育之权，亦由官家移于私家，乃有先秦诸子聚徒讲学之事。

社会上新旧两事物冲突，新的大概都是合理的。因为必旧的摇动了，然后新的会发生，而旧的所以要摇动，即由于其不合理。但此理是不易为昔人所承认的，于是有秦始皇和李斯的办法：“士则学习法令辟禁。”“欲学法令，以吏为师。”这是想恢复到政教合一之旧。所以要恢复政教合一，则因他们认为“人善其所私学，以非上之所建立”，是天下所以不治；而当时的人，所以要善私学以非上所建立，全是出于朋党之私，所谓“饰虚言以乱实”。《史记·秦始皇本纪》三十四年。这固然不无相当的道理。然古代社会，矛盾不深刻，政治所代表的，就是社会的公意，自然没有人出来说什么话。后世社会复杂了，各方面的矛盾，渐渐深刻，政治总只代表一方面，其（一）反对方面，以及（二）虽非站在反对方面，而意在顾全公益的人，总不免有话说。这正是（一）有心求治者所乐闻，（二）即以手段而论，防民之口，甚于防川，亦是秉政者所应希望其宣泄的。而始皇、李斯不知“天下有道，则庶人不议”。《论语 · 季氏篇》。误以为庶人不议，则天下有道；至少庶人不议，天下才可以走上有道的路，这就和时势相反了。人的智识，总不免于落后，这也无怪其然。但社会学的公例，是不因人之不知，而加以宽恕的，该失败的总是要失败，而秦遂因之倾覆。秦朝的灭亡，固非儒生所为，然人心之不平，实为其最大原因之一，而儒生亦是其中的一部分。

汉朝的设立学校，事在武帝建元五年。此时并未立学校之名，仅为五经博士置弟子。在内由太常择补。在外由县、道、邑的长官，上所属两千石，两千石察其可者，令与所遣上计之吏，同诣京师。这就是公孙弘所说的“因旧官而兴焉”。不另设新机关。但因博士弟子，都有出身，所以传业者浸盛。以上见《史记》《汉书 · 儒林传》。至后汉，则光武帝下车即营建太学。明、章两代，屡次驾幸。顺帝又增修校舍。至其末年，游学诸生，遂至三万余人，为至今未曾再有的盛况。按赵翼《陔余丛考》有一条，说两汉受学者都诣京师，其实亦不尽然。后汉所立，不过十四博士，而《汉书 · 儒林传》说：“大师众至千余人。”《汉书 · 儒林传》，不能证明其有后人增窜之迹，则此语至少当在东汉初年。可见民间传业，亦并非不盛。然汉代国家所设立的太学，较后世为盛；事实上比较的是学问的重心；则是不诬的。此因（一）当时社会，学问不如后世的广布，求学的自有走集学问中心地的必要。（二）则利禄使然，参看第七章自明。前汉时，博士弟子虽有出路，究系平流而进。后汉则党人劫持选举，而太学为私党聚集、声气标榜之地。又此时学术在社会上渐占重要地位。功臣、外戚及官吏等，亦多遣子弟入学。于是纨绔子弟，掺杂其中，不能认真研究，而易与政治接近，就成《后汉书 · 儒林传》所说的“章句

▼ **董仲舒** 儒学在发展演变中，经过了两次重大的改造。西汉的董仲舒和南宋的朱熹是这两次改造的关键人物，后世的儒学教育深受其影响。

汉朝学校系统示意图

汉朝为我国封建社会（非文中作者所提“封建”之义）学校教育制度的发展和完善奠定了基础。

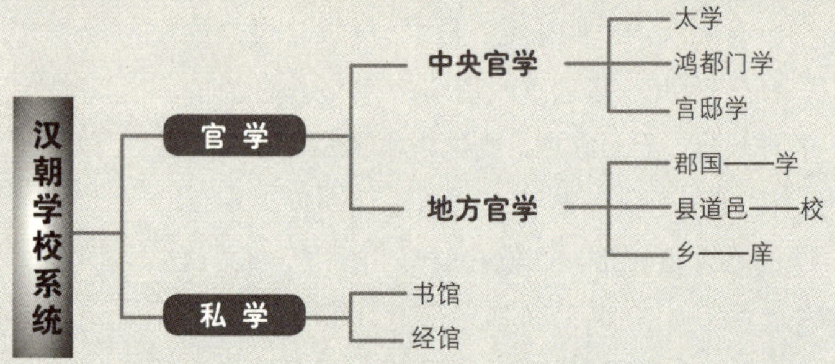

渐疏，多以浮华相尚”了。汉末丧乱，既不能研究学问，而以朋党劫持选举的作用亦渐失。魏文帝所立的太学，遂成学生专为避役而来，博士并无学问可以教授的现状。详见《三国魏志·王肃传》《注》引《魏略》。

魏晋以后，学校仅为粉饰升平之具。所谓粉饰升平，并不是学校能积极地替政治上装饰出什么东西来，而是消极的，因为倘使连学校都没有，未免说不过去。所以苟非丧乱之时，总必有所谓学校。至其制度，则历代又略有不同。晋武帝咸宁二年，始立国子学。按今文经说，只有太学。大司乐合国之子弟，是出于《周官》的，是古文经说。两汉的政治制度，大抵是根据今文学说的。东汉之世，古学渐兴，魏晋以后，今文传授的统绪遂绝，所以此时的政治制度，亦渐采用古文学说了。自此以后，元魏国子、太学并置。周只有太学。齐只有国子学。隋时，始令国子学不隶太常，独立为一监。唐有国子学、太学、四门学、律学、书学、算学，都属国子监。后律学改隶详刑，书学改隶兰台，算学改隶秘阁。律学、书学、算学专研一种学问艺术，系专门学校性质。国子学、太学、四门学，则系普通性质。国子学、太学，都只收官吏子弟，只有四门学收一部分庶人，成为阶级性质了。这都是古文学说的流毒。四门学在历史上，有两种性质：有时以为小学。此时则模仿《礼记·王制》之说：王太子、王子、群后的太子、卿大夫元士的适子，都可以直接入学，庶人则须节级而升，因令其先入四门小学。然古代所谓学校，本非研究学问之地。乡论秀士，升诸司徒，司徒升之于学，大乐正再升诸司马，不过是选举的一途。贵族世袭之世，得此已算开明。后世则用人本无等级，学校为研究学问之地，庶人的学问，未必劣于贵族，而令其节级而升，未免不合于理。将庶人及皇亲、国戚、官吏子弟所入的学校分离，那更是造出等级来了。又有弘文馆属门下省，是专收皇亲的。崇文馆属东宫，是收皇太后、皇后亲属兼及官吏子孙的。总之，学校只是政治上的一个机关，学生只是选举上的一条出路，和学术无甚关系。学校中未必真研究学术，要研究学术，亦不一定要入学。

把学校看作提倡学术，或兴起教化之具，其设立，是不能限于京师的。汉武帝时，虽兴起太学，尚未能注意地方。其时只有贤长官如文翁等，在其所治之地，自行提倡。见《汉书 · 循吏传》。到元帝令郡国皆设五经百石卒史，才可算中央政府，以命令设立地方学校的权舆。但汉朝人眼光中，所谓庠序，还不是用以提倡学术，而是用以兴起教化的。所以元帝所为，在当时的人看起来，只能算是提倡经学，并不能算是设立地方学校。这个，只要看《汉书 · 礼乐志》的议论，便可知道。隋唐时，各州县都有学。隋文帝曾尽裁太学、四门学及州、县学，仅留国子生七十人。炀帝时恢复。然只法令如此。在唐时，大概只有一笔释奠之费，以祭孔子。事见《唐书 · 刘禹锡传》。按明清之世，亦正是如此。所谓府、州、县学，寻常人是不知其为学校，只知其为孔子庙的。所以有人疑惑："为什么佛寺、道观，都大开了门，任人进去，独有孔子庙却门禁森严？"当变法维新之初，有人想把孔子抬出来，算作中国的教主，以和基督教相抗，还有主张把文庙开放，和教堂一样的。殊不知中国本无所谓孔子庙。孔子乃是学校里所祭的先圣或先师。《礼记 · 文王世子》："凡入学，必释奠于先圣、先师。"先圣是发明家。先师是把发明家的学问流传下来的人。此项风气，在中国流行颇广。凡百事业，都有其所崇奉的人，如药业崇奉神农，木匠崇奉鲁班，都是把他认作先圣，儒家是传孔子之道的，所以把孔子认作先圣，传经的人，认作先师。古文学说既行，认为孔子所传的，只是古圣王之道，尤其直接模范的是周公。周朝集古代治法的大成，而其治法的制定，皆由于周公。所以周公可以看作发明家的代表。于是以周公为先圣，孔子为先师。然孔子为中国所最尊的人，仅仅把他看作传述者，不足以餍足宗教心理。于是仍改奉孔子为先圣。自宋学兴起以后，所谓孔子之道者又一变，认为汉唐传经儒生，都不足以代表孔子之学。宋代诸儒，崛起于千载之后，乃能遥接其道统。于是将宋以后的理学家，认为先师。此即所谓从祀。汉至唐传经诸儒，除品行恶劣者外，亦不废黜。是为历代所谓先圣先师者的变迁。寺庙可以公开，学校是办不到的。现在的学校，从前的书院、义塾，又何尝能大开其门，任人出入呢？然令流俗之人，有此误会，亦可见学校的有名无实了。

魏晋以后，看重学校的有两个人：一个是王安石，一个是明太祖。王安石的意思，是人才要由国家养成的。科举只是取人才，不是养人才，不能以此为已足。照安石的意思，改革科举，只是暂时的事，论根本，是要归结到学校养士的。所以于太学立三舍之法，即外舍、内舍、上舍，学生依次而升。到升入上舍，则得免发解及礼部试，而特赐之以进士第。哲宗元符二年，令诸州行三舍法。岁贡其上舍生，附于外舍。徽宗遂特建外学，以受诸州贡士。并令太学内的外舍生，亦出居外学。遂令取士悉由学校升贡，其州郡发解及礼部试并停。后虽旋复，然在这一时期中的立法，亦可谓很重视学校了。按（一）凡事都由国家主持，只有国小而社会情形简单的时代，可以办到。国大而社会复杂，根本是不可能的，因为（甲）国家不但不能胜此繁重的职务；（乙）并不能尽知社会的需要。因（甲）则其所办之事，往往有名无实，甚或至于有弊。因（乙）则其所办之事，多不能与社会趋势相应，甚或顽固守旧，阻碍进步。所以许多的事情，根本是不宜于国家办的。现在政治学上，虽亦有此项主张，然其理论漏洞甚多，至多只可用以应急，施诸特殊的事务。断非可以遍行常行的道理。这话太长了，现在不能详论。然可用以批评宋时的学校，总是无疑的。所以当时的学校，根本不会办得好。（二）而况自亡清以前，学堂奖励章程废止以前。国家把学校、科举，都看作登庸官吏之法，入学者和应科举者一样，都是为利禄而来，又何以善其后呢？其中固有少数才智之士。然亦如昔人论科举的话，“乃人才得科举，非科举得人才”。此等人在学校中，并不能视为学校所养成。安石变科举法后，感慨道：“本欲变学究为秀才，不料变秀才为学究。”秀才是科举中最高的一科，学究则是最低的。熙宁贡举法所试，较诸旧法，不能不说是有用些。成绩之所以不良，则由学问的好坏，甚而至于可以说是有无，都判之于其真假，真就是有，假就是无。真假不是判之于其所研究的门类、材料，而是判之于其研究的态度、方法的。态度和方法，判之于其有无诚意。所以以利用为目的，以学习为手段，学到的，至多是技术，绝不是学问。此其原理，在学校与科举中，并无二致。以得奖励为目的的学校，其结果，只能与科举一样。

凡国家办的事，往往只能以社会上已通行的，即大众所公认的理论为根据。而这种理论，往往是已经过时的，至少是比较陈旧的。因为不如此，不会为大众所承认。其较新鲜的、方兴的，则其事必在逐渐萌芽，理论必未甚完全，事实亦不会有什么轰轰烈烈的，提给大众看，国家当然无从依据之以办事。所以政治所办理的事情，往往较社会上自然发生的事情为落后。教育事业，亦是如此。学问是不宜于孤独研究的。因为（一）在物质方面，供给不易完全；（二）在精神方面，亦不免孤陋寡闻之诮。所以研究学问的人，自然会结成一种团体。这个团体，就是学校。学校的起源，本是纯洁的，专为研究学问的；惜乎后来变为国家养成人才之所。国家养成人才，原是很好的事；但因（一）事实上，国家所代表的，总是业经通行、已占势力的理论。所以公家所立的学校，其内容，总要比较陈旧些。社会上新兴的，即在前途有真正需要，而并非在过去占有势力的学科，往往不能尽力提倡。（二）而且其本身，总不免因利禄关系而腐化。于是民间有一种研究学问的组织兴起来，这便是所谓书院。书院是起于唐、五代之间的。宋初，有所谓四大书院者，朝廷咸赐之额。曰白鹿，在庐山白鹿洞，为南唐升元中所建。曰石鼓，唐元和中衡州守李宽所建。曰应天，宋真宗时，府民曹诚所建。曰岳麓，宋开宝中，潭州守朱洞所建。此系据《通考》。《玉海》有嵩阳而无石鼓。嵩阳，在登封县太室山下，五代时所建。此外赐额、赐田、赐书的还很多。但书院并不靠朝廷的奖励和补助。书院之设，大概由（一）有道德学问者所提倡，（二）或为好学者的集合。（三）或则有力者所兴办。他是无所为而为之的，所以能够真正研究学问。而且真能跟着风气走。在理学盛行时代，则为讲学的中心；在考据之学盛行的时代，亦有许多从事于此的书院；即其确证。新旧两势力，最好是能互相调和。以官办的学校，代表较旧的、传统的学术；以私立的学校，代表较新的、方兴的学术；实在是最好的办法。

宋朝国势虽弱，然在文化上，不能说是没有进步的。文化既进步，自然觉得有多设学校的必要。元朝的立法，就受这风气的影响。元朝的国子监，本是蒙古、色目和汉人，都可以进的。蒙古人试法从宽，授官六品；色目人试法稍密，授官七品；汉人试法最密，授官从七品；则系阶级制度。然在京师，又有蒙古国子学。诸路有蒙古字学。仁宗延祐元年，又立回回国子学，以肄习其文字。诸路、府、州、县皆有学。世祖至元二十八年，又令江南诸路学及各县学内设小学，选老成之士教之。或自愿招师，或自受家学于父兄者，亦从其便。其他先儒过化之地，名贤经行之所，与好事之家，出钱米赡学者，并立为书院。各省设提举二员，以提举学校之事。官家竭力提倡，而仍承认私家教育的重要，不可谓非较进步的立法。此项法令，能否真正实行，固未可知，然在立法上，总是明朝的前驱。

明朝的学校，立法是很完善的。在昔时把学校看作培育人才、政治上的人才。登庸官吏的机关，而不视为提高文化、普及教育的工具，其立法不

明朝学制简表

国子监是明朝最高教育行政管理机关，长官为祭酒。明朝国子监创立了历事制度，可视为中国古代大学的教育实习制度。

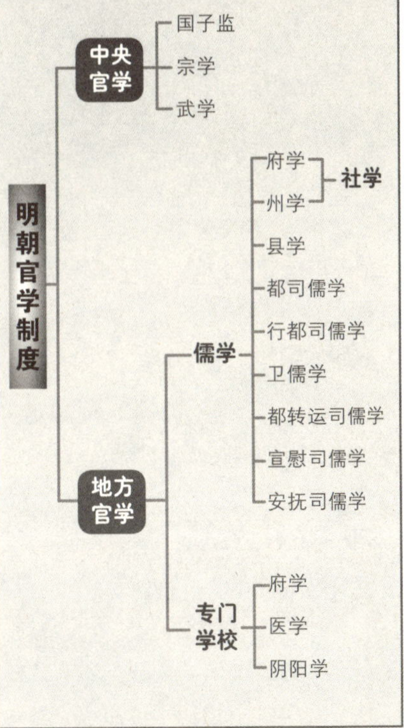

过如此而止，其扩充亦只能到这地步了。然而其法并不能实行，这可见法律的拗不过事实。明朝的太学，名为国子监。太祖看国子监是极重的。所用的监官，都是名儒，规则极严，待诸生甚厚。又创历事之法，使在各机关中实习，曾于一日之间，擢用国子生六十余人为布、按两司官。其时国子诸生，扬历中外者甚众，可谓极看重学校的了。然一再传后，科举积重，学校积轻，举贡的选用，遂远不能与进士比。而自纳粟入监之例开后，且被视为异途。国子生本是从府、州、县学里来的。府、州、县学学生升入国子监的，谓之贡生。有岁贡、按年依定额升入。选贡、选拔特优的。恩贡、国家有庆典时，特许学生升入国学，即以当充岁贡者充之，而以其次一名充岁贡。纳贡府、州、县学生纳粟出学。之别。举人亦可入监。后又取副榜若干，令其入监读书。府、州、县学，府有教授，州有学正，县有教谕，其副概称训导。学生各有定额。初设的都由学校供给饭食，后来增广学额，则不能然。于是称初设的为廪膳生员，增广的为增广生员。后又推广其额，谓之附学生员。于是新取入学的，概称附学生员。依考试的成绩，递升为增广，廪膳。廪膳生资格深的，即充岁贡。入学和判定成绩的考试，并非由教谕训导举行，而是另行派员主持的。入学之试，初由巡按御史或布按两司及府、州、县官，后特置提督学政，巡历举行。僻远之地，为巡历所不能至者，或仍由巡按御史及分巡道。学政任期三年。三年之中，考试所属府、州、县学生两次：一次称岁考，是用以判定成绩优劣的。一次称科考，在举行科场之年，择其优者，许应乡试。国子监生，毕业后可以入官的，府、州、县学生，则无所谓毕业。其出路：只有（一）应科举中式，（二）贡入国子监。如其不然，则始终只是一个学生。要到五十岁之后，方许其不应岁试。未满五十而不应岁试，试时亦可请假，但下届须补。清制，阙至三次者，即须斥革。其学籍，是要取消掉的。非府、州、县学生不能应科举，府、州、县学

▼ **授徒图** 此图表现的是学士向女弟子传授技艺的情景，这种延师于家教授的教育形式在古代的富贵人家非常流行。

生除贡入太学外，亦非应科举不能得出路，这是实行宋以来学校科举相辅而行的理想的。在当时，确是较进步的立法。然而法律拗不过事实。事实上，国家所设的学校，一定要人来读书，除非（一）学校中真有学问，为在校外所学不到的。（二）法令严切，不真在校学习，即不能得到出路。但当时的学校，即使认真教授，其程度，亦不会超过民间的教育，而况并不教授。既然并不教授，自无从强迫学生在学。于是除国子监在京师首善之地，且沿明初认真办理之余，不能竟不到监，乃斤斤和监官计较“坐监”的日数外，府、州、县学，皆阒无其人，人家仍只视它为文庙。学校的有名无实，一方面，固表现政治的无力，一方面，也表示社会的进步。因为社会进步了，到处都有指导研究的人，供给研究的器，人家自然毋庸到官立的学校里来了。我们现在，如其要读中国的旧书，并不一定要进学校。如其要研究新学问，有时非进学校不可，甚至有非到外国去不可的。就因为此种学术，在社会上还未广布。清朝的学制，是和明朝大同的。所不同的，则是明朝国子监中的荫生，分为官生、恩生。官生是限以官品的。学生父兄的官品。恩生则出自特恩，不拘品级。清制分为难荫及恩荫。恩荫即明代的官生。难荫谓父兄殉难的，其条件较恩荫为优。又清制，除恩副岁贡生外，又有优、拔两贡。优贡三岁一行。每一督学使者，岁科两试俱讫后，就教官所举优行生，加以考试，再择优送礼部考试，许其入国子监读书。拔贡十二年举行一次。合岁科两试优等生，钦命大臣，会同督抚复试。送吏部，再应廷试，一二等录用，三等入监。但入监都是有名无实的。

以上所述的，大体都是官办的学校，为政治制度的一部分，和选举制度有关。其非官办的，抑或具有学校的性质，如书院是。至于不具学校形式的，则有（一）私人的从师读书，（二）或延师于家教授。其教授的内容，亦分为两种：（一）是以应科举为目的的，可谓士人所受的教育。（二）但求粗知文义，为农、工、商家所受。前者既不足以语于学问，后者又不切于实用。这是因为从前对于教育，无人研究，不过模模糊糊，蹈常习故而行之而已。至清末，变法以来，才有所谓新式的教育，就是现行的制度。对于文化的关系，人所共知，不烦深论。学校初兴时，还有所谓奖励。大学毕业视进士，大学预科、高等学堂视举人。中等学校以下，分别视贡生及附生等。这还带有政治的性质。民国时代，把奖励章程废去，才全和科举绝缘。

CHAPTER 16

◎ 第十六章 语文

语言文字的发明，是人类的一个大进步。有语言，然后人类能有明晰的概念。有语言，然后这一个人的意思能够传达给另一个人，而不须人人自学。且可将个人的行为，化作团体的行为。单有语言，还嫌其空间太狭、时间太短，于是又有文字，赋语言以形，以扩充其作用。总之，文字语言，是在空间上和时间上，把人类联结为一体的。

语言文字的发明，是人类的一个大进步。（一）有语言，然后人类能有明晰的概念。（二）有语言，然后这一个人的意思，能够传达给另一个人。而（甲）不须人人自学。（乙）且可将个人的行为，化作团体的行为。单有语言，还嫌其空间太狭、时间太短，于是又有文字，赋语言以形，以扩充其作用。总之，文字语言，是在空间上和时间上，把人类联结为一体的。人类是非团结不能进化的，团结的范围愈广，进化愈速，所以言语文字，实为文化进化中极重要的因素。

以语言表示意思，以文字表示语言，这是在语言文字，发达到一定阶段之后看起来是如此。在语言文字萌芽之始，则并不是如此的。代表意思，多靠身势。其中最重要的是手势。中国文字中的看字，义为以手遮目，最能表示身势语的遗迹。与语言同表一种意象的，则有图画。图画简单化，即成象形文字。图画及初期的象形文字，都不是代表语言的。所以象形文字，最初未必有读音。图画更无论了。到后来，事物繁复，身势不够表示，语言乃被迫而增加。语言是可以增加的，（一）图画及象形文字，则不能为无限地增加，且其所能增加之数极为有限;（二）而凡意思皆用语言表示，业已成为习惯；于是又改用文字代表语言。文字既改为代表语言，自可用表示声音之法造成，而不必专于象形，文字就造得多了。

中国文字的构造，旧有六书之说。即（一）象形，（二）指事，（三）会意，（四）形声，（五）转注，（六）假借。六者之中，第五种为文字增加的一例，第六种为文字减少的一例，只有前四种是造字之法。许慎《说文解字·序》说："黄帝之史仓颉，见鸟兽蹄迒之迹，知分理之可相别异也，初造书契。"又说："仓颉之初作书，盖依类象形，故谓之文。其后形声相益，即谓之字。”按许氏说仓颉造字，又说仓颉是黄帝之史，这话是错的。其余的话，则大概不错。字是用文拼成的，所以文在中国文字中，实具有字母的作用。旧说谓之偏旁。象形、指事、会意、形声四种中，只有象形一种是文，余三种都是字。象形就是画成一种东西的形状，如⊙、、、，此字须横看。，《说文》：“像臂胫之形。”按此所画系人的侧面，而又略去其头未画。，上系头，中系两臂，小孩不能自立，故下肢并而为一。，《说文》：“像人形。”按此系人的正面形，而亦略画其头。只有子字是连头画出的。按画人无不画其头之理，画人而不画其头，则已全失图画之意矣。于此，可悟象形文字和图画的区别。等字是。（一）天下的东西，不都有形可画。（二）有形可画的，其形亦往往相类。画得详细了，到足以表示其异点，就图画也不能如此其繁。于是不得不略之又略，至于仅足以略示其意而止。倘使不加说明，看了他的形状，是万不能知其所指的。即或可以猜测，亦必极其模糊。此为象形文字与图画的异点。象形文字所以能脱离图画而独立者以此。然如此，所造的字，绝不能多。指事：旧说是指无形可象的事，如人类的动作等。这话是错的。指，就是指定其所在。事物二字，古代通用。指事，就是指示其物之所在。《说文》所举的例，是上下二字。卫恒《四体书势》说“在上为上，在下为下”，其语殊不可解。我们看《周官》保氏《疏》说“人在一上为上，人在一下为下”，才知道《四体书势》，实有脱文。《说文》中所载古文丄丅二字，乃系省略之形。其原形当如篆文作。一画的上下系人字，借人在一画之上，或一画之下，以表示上下的意思。这一画，并非一二的一字，只是一个界画。《说文》中此例甚多。用此法，所造的字，亦不能多。会意的会训合。会意，就是合两个字的意思，以表示一个字的意思。如《说文》所举人言为信、止戈为武之类。此法所造的字，还是不能多的。只有形声字。原则上是用两个偏旁，一个表示意义，一个表示声音。凡是一句话，总自有其意义，亦自有其声音的。如此，造字的人，就不必多费心思，只要就本语的意义、本语的声音，各找

▼ **大型牛骨刻辞** 图为牛骨上所刻为甲骨卜辞，卜辞一般较短，最长也有上百字的。用于记录占卜之事及占卜的结果，但其内容涉及商代生活的许多方面。

一个偏旁来表示就够了。造的人既容易，看的人也易于了解。而且其意义，反较象形、指事、会意为确实。所以有形声之法，而“文字之用，遂可以至于无穷”。转注：《说文》所举的例，是考老二字。声音相近，意义亦相近。其根源本是一句话，后来分化为两句的。语言的增加，循此例的很多。文字所以代表语言，自亦当跟着语言的分化而分化。这就是昔人的所谓转注。夥、多二字，与考、老同例。假借则因语言之用，以声音为主。文字所以代表语言，亦当以声音为主。语文合一之世，文字不是靠眼睛看了明白的，还要读出声音来。耳朵听了，等于听语言。而明白其意义。如此，意义相异之语，只要声音相同，就可用相同的字形来代表它。于是（一）有些字，根本可以不造。（二）有些字，虽造了，仍废弃不用，而代以同音的字。此为文字之所以减少。若无此例，文字将繁至不可胜识了。六书之说，见于许《序》及《汉书·艺文志》。作象形、象事、象意、象声、转注、假借。《周官》保氏《注》引郑司农之说。作象形、会意、转注、处事、假借、谐声。昔人误以为造字之法，固属大谬。即以为保氏教国子之法，亦属不然。教学童以文字，只有使之识其形，明其音义，可以应用，断无涉及文字构造之理。以上所举六书之说，当系汉时研究文字学者之说。其说是至汉世才有的。《周官》保氏，教国子以六书，当与《汉书·艺文志》所说太史以六体试学童的六体是一，乃系字的六种写法，正和现在字的有行、草、篆、隶一样。《汉书·艺文志》说：“古者八岁入小学，故《周官》保氏，掌养国子，教之六书。谓象形、象事、象意、象声、转注、假借，造字之本也。汉兴，萧何草律，亦着其法，曰：太史试学童，能讽书九千字以上，乃得为史。又以六体试之。课最者以为尚书、御史、史书、令史。吏民上书，字或不正，辄举劾。六体者，古文、奇字、篆书、隶书、缪篆、虫书，皆所以通知古今文字，摹印章，书幡信也。”“谓象形、象事、象意、象声、转注、假借，造字之本也”十八字，定系后人窜入。惟保氏六书和太史六体是一，所以说亦着其法，若六书与六体是二，这亦字便不可通了。以六书说中国文字的构造，其实是粗略的，读拙撰《字例略说》可明。商务印书馆本。然大体亦尚可应用。旧时学者的风气，本来是崇古的；一般人又误以六书为仓颉造字的六法。造字是昔时视为神圣事业的，更无人敢于置议。其说遂流传迄今。《荀子·解蔽篇》说：“故好书者众矣，而仓颉独传者，壹也。”可见仓颉只是一个会写字的人。然将长于某事的人，误认作创造其事的人，古人多有此误。如暴辛公善埙，苏成公善篪，《世本·作篇》即云：暴辛公作埙，苏成公作篪，谯周《古史考》已驳其缪。见《诗·何人斯》《疏》。因此，生出仓颉造字之说。汉代纬书，皆认仓颉为古代的帝皇。见拙撰《中国文字变迁考》第二章，商务印书馆本。又有一派，因《易经·系辞传》说

“上古结绳而治，后世圣人易之以书契”，蒙上“黄帝、尧、舜，垂衣裳而天下治”，认为上古圣人，即是黄帝。司记事者为史官，因以仓颉为黄帝之史。其实二者都是无稽的。还有《尚书》伪孔安国《传序》，以三坟为三皇之书，五典为五帝之典，而以伏羲、神农、黄帝为三皇，就说文字起于伏羲时，那更是无据之谈了。

文字有形、音、义三方面，都是有变迁的。形的变迁，又有改变其字的构造和笔画形状之异两种，但除笔画形状之异一种外，其余都非寻常人所知。字之有古音古义，每为寻常人所不知。至于字形构造之变，则新形既行，旧形旋废，人并不知有此字。所以世俗所谓文字变迁，大概是指笔画形状之异。其大别为篆书、隶书、真书、草书、行书五种。

（一）篆书是古代的文字，流传到秦汉之世的。其文字，大抵刻在简牍之上，所以谓之篆书。篆就是刻的意思。又因其字体的不同，而分为（甲）古文、（乙）奇字、（丙）大篆、（丁）小篆四种。大篆，又称为籀文。《汉书·艺文志》，小学家有《史籀》十五篇。自注：“周宣王太史作。”《说文解字·序》：“《史籀》者，周时史官教学童书也。”又说：“《仓颉》七章者，秦丞相李斯所作也。《爰历》六章者，车府令赵高所作也。《博学》七章者，太史令胡毋敬所作也。文字多取《史籀篇》，而篆体复颇异，所谓秦篆者也。”然则大篆和小篆，大同小异。现在《说文》所录籀文二百二十余，该就是其相异的。其余则与小篆同。小篆是秦以后通行的字。大篆该是周以前通行的字。至于古文，则该是在大篆以前的。即自古流传的文字，不见于《史籀》十五篇中的。奇字即古文的一部分。所不同者，古文能说得出它字形构造之由，奇字则否。所谓古文，不过如此。《汉书·艺文志》《景十三王传》《楚元王传》载刘歆《移让大常博士书》，都说鲁共王坏孔子宅，在壁中得到许多古文经传。其说本属可疑。因为（一）秦始皇焚书，事在三十四年。自此至秦亡，只有七年。即下距汉惠帝四年除挟书律，亦只有二十三年。孔壁藏书，规模颇大，度非一两人所为。不应其事遂无人知，而有待于鲁恭王从无意中发现。（二）假使果有此事，则在汉时实为一大事。何以仅见于《汉书》中这三处，而他书及《汉书》中这三处以外，绝无人提及其事。凡历史上较重大之事，总和别的事情有关系的，也总有人提及其事，所以其文很易散见于各

▲ **小篆体十二字砖** 此砖正面以凸线划分为12个方格，每格内有一个阳文秦篆。砖文为：“海内皆臣，岁登成熟，道毋饥人。”

汉字的演变

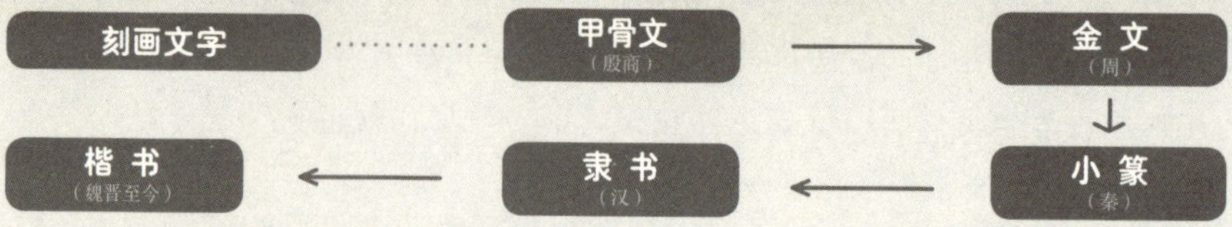

注：表内为汉字演变的流程，作者写书时由于没有系统可考的甲骨文资料，故未将其归入。

处。此三处:《鲁恭王传》，不将坏孔子宅之事，接叙于其好治宫室之下，而别为数语，缀于传末，其为作传时所无有，传成之后，再行加缀于末。显而易见。《移让太常博士》，本系刘歆所说的话。《艺文志》也是以刘歆所作的《七略》为本的。然则这两篇，根本上还是刘歆一个人的话。所以汉代得古文经一事，极为可疑。然自班固以前，还不过说是得古文经；古文经的本子、字句，有些和今文经不同而已，并没有说古文经的字，为当时的人所不识。到王充作《论衡》，其《正说篇》，才说鲁共王得百篇《尚书》，武帝使使者取视，莫能读者。《尚书 · 伪孔安国传序》，则称孔壁中字为蝌蚪书。谓蝌蚪书废已久，时人无能知者。孔安国据伏生所传的《尚书》，考论文义，意谓先就伏生所传各篇，认识其字，然后再用此为根据，以读其余诸篇。才能多通得二十五篇。这纯是以意揣度的野言，古人并无此说。凡文字，总是大众合力，于无形中逐渐创造的，亦总是大众于无形之间，将其逐渐改变的。由一人制定文字，颁诸公众，令其照用，古无此事。亦不会两个时代中，有截然的异同，至于不能相识。

（二）篆书是圆笔，隶书是方笔。隶书的初起，因秦时“官狱多事”，《汉志》语。官指普通行政机关，狱指司法机关。“令隶人佐书”，《四体书势》语。故得此名。徒隶是不会写字的人，画在上面就算，所以笔画形状，因此变异了。然这种字写起来，比篆书简便得多，所以一经通行，遂不能废。初写隶书的人是徒隶，自然画在上面就算，不求美观。既经通行，写的人就不仅徒隶了。又渐求其美观。于是变成一种有挑法亦谓之波磔的隶书。当时的人，谓之八分书。带有美术性质的字，十之八九都用它。

（三）其实用的字，不求美观的，则仍无挑法，谓之章程书。就是我们现在所用的正书。所以八分书是隶书的新派，无挑法的系隶书的旧派。现在的正书，系承接旧派的，所以现在的正书，昔人皆称为隶书。王羲之，从来没有看见他写一个八分书，或者八分书以前的隶字，而《晋书》本传，却称其善隶书。

（四）正书，亦作真书，其名系对行草而立。草书的初起，其作用，当同于后来的行书，是供起草之用的。《史记·屈原列传》说：楚怀王使原造宪令，草藁未上，上官大夫见而欲夺之。所谓草藁，就是现在所谓起草。草藁是只求自己认得，不给别人看的，其字，自然可以写得将就些。这是大家都这样做的，本不能算创造一种字体，自更说不上是谁所创造。到后来，写的人，不求其疾速，而务求其美观。于是草书的字体，和真书相去渐远。导致只认得真书的人，不能认得草书。于是草书距实用亦渐远。然自张芝以前，总还是一个一个字分开的。到张芝出，乃“或以上字之下，为下字之上”，其字竟至不可认识了。后人称一个一个字分开的为章草，张芝所创的为狂草。

（五）狂草固不可用，即章草亦嫌其去正书稍远。（甲）学的人，几乎在正书之外，又要认识若干草字。（乙）偶然将草稿给人家看，不识草字的人，亦将无从看起。事务繁忙之后，给人家看的东西，未必一定能誊真的。草书至此，乃全不适于实用。然起草之事，是决不能没有的。于是另有一种字，起而承其乏，此即所谓行书。行书之名，因“正书如立，行书如行”而起。其写法亦有两种：（子）写正书的人，把它写得潦草些，是为真行。（丑）写草书的人，把它写得凝重些，是为行草。见张怀瓘《书议》。从实用上说，字是不能没有真、草两种，而亦不能多于真、草两种的。因为看要求其清楚，写要求其捷速；若多于真、草两种，那又是浪费了。孟森说。中国字现在书写之所以繁难，是由于都写真书。所以要都写正书，则由于草书无一定的体式。草书所以无一定的体式，则因字体的变迁，都因美术而起。美术是求其多变化的，所以字体愈写愈纷歧。这是因向来讲究写字的人，多数是有闲阶级；而但求应用的人，则根本无暇讲究写字之故。这亦是社会状况所规定。今后社会进化，使用文字的地方愈多。在实用上，断不能如昔日仅恃潦草的正书。所以制定草体，实为当务之急。有人说：草体离正书太远了，几乎又要认识一种字，不如用行书。这话，从认字方面论，固有相当的理由。但以书写而论，则行书较正书简便得没有多少。现在人所写潦草的正书，已与行书相去无几。若求书写的便利，至少该用行草。在正书中，无论笔画如何繁多的字，在草书里，很少超过五画的。现在求书写的便利，究竟该用行书，还该用草书，实在是一个有待研究的问题。至于简笔字，则是不值得提倡的。这真是徒使字体纷繁，而书写上仍简便得有限。书写的繁难，亦由于笔画形状的工整与流走，不尽由于笔画的多少。

中国现在古字可考的，仍以《说文》一书为大宗。此书所载，百分之九十几，系秦汉时通行的篆书。周以前文字极少。周以前的文字，多存

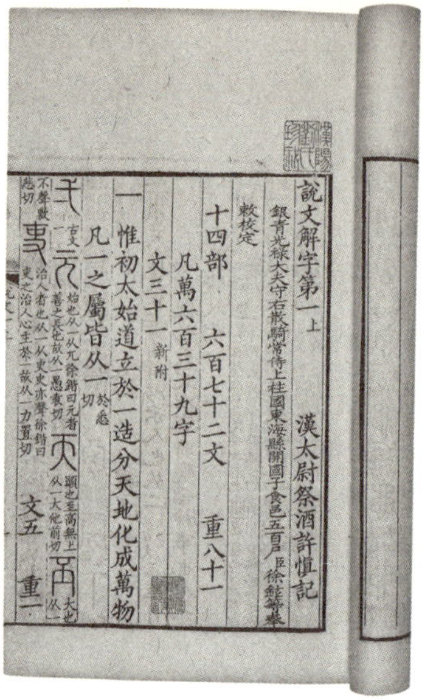

▲ **《说文解字》** 《说文解字》简称《说文》，作者是东汉的经学家许慎。《说文解字》是我国第一部按部首编排的字典。

于金石刻中，即昔人刻在金石上的文字。但其物不能全真，而后人的解释，亦不能保其没有错误。亡清光绪二十四五年间，河南安阳县北的小屯，发现龟甲、兽骨，其上有的刻有文字。据后人考证，其地即《史记·项羽本纪》所谓殷墟。认其字为殷代文字。现在收藏研究的人甚多。但自 1928 年国家科研机构和河南省合作发掘以前所发现之品，伪造者极多。详见《安阳发掘报告书》第一期所载《1928 年 10 月试掘安阳小屯报告书》，及《田野考古报告》第一期所载《安阳侯家庄出土之甲骨文字》。又吴县所出《国学论衡》某册所载章炳麟之言，及《制言杂志》第五十期章炳麟《答金祖同论甲骨文第二书》。所以在中央研究院发掘所得者外，最好不必信据，以昭谨慎。

古人多造单字，后世则单音语渐变为复音，所增非复单音的字，而是复音的词。大抵春秋战国之时，为增造新字最多的时代。《论语·卫灵公篇》：子曰："吾犹及史之阙文也""今亡已夫"！这就是说：从前写字的人，遇见写不出的字，还空着去请教人，现在却没有了，都杜造一个字写进去。依我推想起来，孔子这种见解，实未免失之于旧。因为前此所用的文字少，写来写去，总是这几个字。自己不知道，自然可问之他人。现在所用的字多了，口中的语言，向来没有文字代表它的，亦要写在纸上。既向无此字，问之于人何益？自然不得不杜造了。（一）此等新造的字，既彼此各不相谋。（二）就旧字也有（甲）讹，（乙）变。一时文字，遂颇呈纷歧之观。《说文解字·序》说七国之世，"文字异形"，即由于此。然（子）其字虽异，其造字之法仍同；（丑）而旧有习熟的字，亦绝不会有改变；大体还是统一的。所以《中庸》又说："今天下""书同文"。《史记·秦始皇本纪》：二十六年，"书同文字"。此即许《序》所说："秦始皇帝初兼天下，丞相李斯乃奏同之，罢其不与秦文合者。"此项法令，并无效验。《汉书·艺文志》说：闾里书师，合《仓颉》《爰历》《博学》三篇，断六十四字以为一章，凡五十五章，并为《仓颉篇》。这似乎是把三书合而为一，大体上把重复之字除去。假定其全无复字，则秦时通行的字，共得三千三百。然此三书都是韵文，除尽复字，实际上怕不易办到，则尚不及此数。而《说文》成于后汉时，所载之字，共得九千九百一十三。其中固有籀文及古文、奇字，然其数实不多，而音义相同之字，则不胜枚举。可见李斯所奏罢的字，实未曾罢，如此下去，文字势必日形纷歧。这是一个很严重的问题。幸得语言从单音变为复音，把这种祸患，自然救止了。用一个字代表一个音，实在是最为简易之法。因为复音辞可以日增，单音字则只有此数。识字是最难的事，过时即不能学的。单音无甚变迁，单字即无甚增加，亦无甚改变。读古书的，研究高深文学的，所通晓的辞类及文法，虽较常人为多，所识的单字，则根本无甚相异。认识了几千个字，就能读自古至今的书，也就能通并时的各种文学，即由于此。所以以一字代表一音，实在是中国文字的一个进化。至此，文字才真正成了语言的代表。这亦是文字进化到相当程度，然后实现的。最初并非如此。《说文》：犙，三岁牛。馬八，马八岁。犙从参声，馬八从八声，笔之于书，则有牛马旁，出之于口，与“三八”何异？听的人焉知道是什么话？然则犙绝非读作参，馬八绝非读作八；犙、馬八两字，绝非代表参八两个音，而系代表三岁牛，马八岁两句话。两句话只要写两个字，似乎简便了，然以一字代表一音纯一之例破坏，总是弊余于利的。所以宁忍书写之烦，而把此等字淘汰去。这可见自然的进化，总是合理的。新造的氯氮等字，若读一音，则人闻之而不能解，徒使语言与文字分离，若读两音，则把一字代表一音的条例破坏，得不偿失。这实在是退化的举动。所以私智穿凿，总是无益有损的。

语言可由分歧而至统一，亦可由统一而至分歧。由分歧而至统一，系由各分立的部族，互相同化。由统一而至分歧，则由交通不便，语音逐渐讹变；新发生的事物，各自创造新名；旧事物也有改用新名的。所以（一）语音，（二）词类，都可以逐渐分歧。只有语法，是不容易变化的。中国语言，即在此等状况下统一，亦即在此等状况下产生分歧。所以语音、词类，各地方互有不同，语法则无问题。在崇古的时代，古训是不能不研究的。研究古训，须读古书。古书自无所谓不统一。古书读得多的人，下笔的时候，自然可即写古语。虽然古语不能尽达现代人的意思。然（一）大体用古语，而又依照古语的法则，增加一二俗语；（二）或者依据古语的法则，创造笔下有而口中无的语言；自亦不至为人所不能解。遂成文字统一、语言分歧的现象。论者多以此自豪。这在中国民族统一上，亦确曾收到相当的效果。然但能统一于纸上，而不能统一于口中，总是不够用的。因为（一）有些地方，到底不能以笔代口。（二）文字的进化，较语言为迟，总感觉其不够用。（三）文字总只有一部分人能通。于是发生（一）语言统一，（二）文言合一的两个问题。

语言统一，是随着交通的进步而进步的。即（一）各地方的往来频繁。（二）（甲）大都会，（乙）大集团的逐渐发生。用学校教授的方法，收效必小。因为语言是实用之物，要天天在使用，才能够学得成功，成功了不至于忘掉。假使有一个人，生在穷乡僻壤，和非本地的人永无交接，单用学校教授的形式，教他学国语，是断不会学得好，学好了，亦终于要忘掉的。所以这一个问题，断不能用人为的方法，希望其在短时间之内，有很大的成功。至于言文合一，则干脆地，只要把口中的语言写在纸上就够了。这在一千年以来，语体文的逐渐流行，逐渐扩大，早已走上了这一条路。但还觉得其不够。而在近来，又发生一个文字难于认识的问题，于是有主张改用拼音字的。而其议论，遂摇动及于中国文字的本身。

拼音字是将口中的语言，分析之而求其音素，将音素制成字母，再将字母拼成文字的。这种文字，只要识得字母，懂得拼法，识字是极容易的，自然觉得简便。但文字非自己发生，而学自先进民族的，可以用此法造字。文字由自己创造的民族，是绝不会用此法的。因为当其有文字之初，尚非以之代表语言，安能分析语言而求其音素？到后来进化了，知道此理，而文字是前后相衔的，不能舍旧而从新，拼音文字，就无从在此等民族中使

▼ 清人绘《聊斋图册》 图为清代著名的小说《聊斋志异》的选文。这时候的生活语言已与古语有很大不同了，但读书人仍大多用古语写作。于是形成了文字统一、语言分歧的现象。

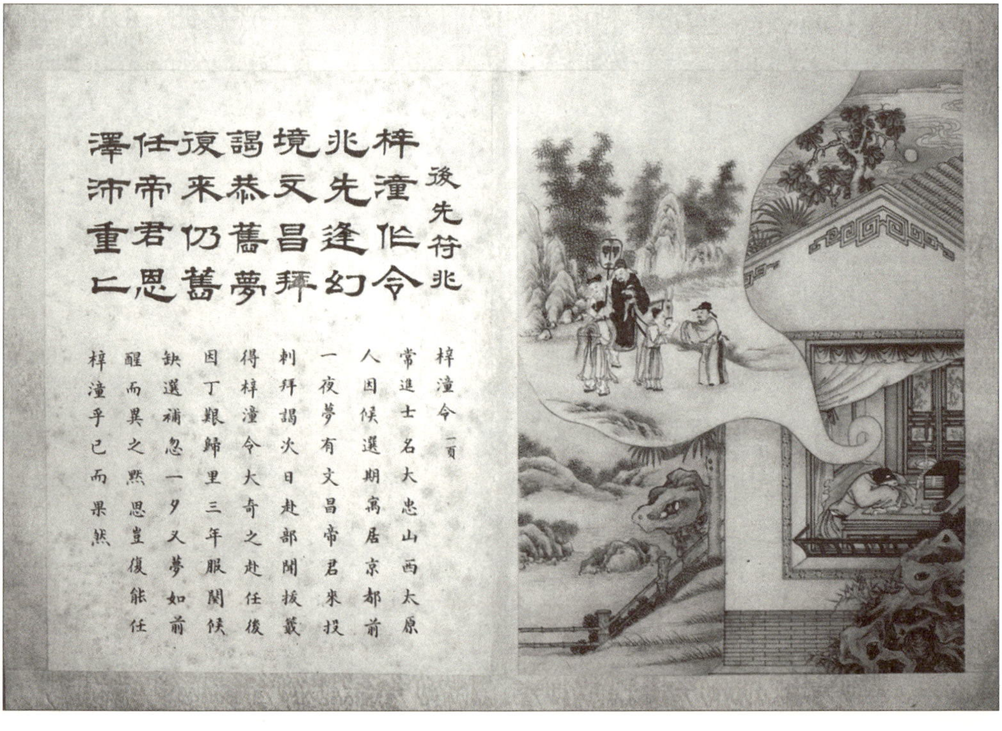

用了。印度是使用拼音文字的，中国和印度交通后，只采用其法于切音，而卒不能改造文字，即由于此。使用拼音文字于中国，最早的，当推基督教徒。他们鉴于中国字的不易认识，用拉丁字母，拼成中国语，以教贫民，颇有相当的效果。中国人自己提倡的，起于清末的劳乃宣。后来主张此项议论的，亦不乏人。以传统观念论，自不易废弃旧文字。于是由改用拼音字，变为用注音字注旧文字的读音。遂有教育部所颁布的注音符号。然其成效殊鲜。这是由于统一读音和统一语音，根本是两件事。因语音统一，而影响到读音，至少是语体文的读音，收效或者快些。想靠读音的统一，以影响到语音，其事的可能性怕极小。因为语言是活物，只能用之于口中。写在纸上再去读，无论其文字如何通俗，总是读不成语调的。而语言之所以不同，并非语音规定语调，倒是语调规定语音。申言之：各地方人的语调不同，并非由其所发的一个个音不同，以至积而成句，积而成篇，成为不同的语调。倒是因其语调不同，一个个音，排在一篇一句之内，而其发音不得不如此。所以用教学的方法传授一种语言，是可能的。用教学的方法，传授读音，希望其积渐而至于统一语言，则根本不会有这回事。果真要用人为的方法，促进语言的统一，只有将一地方的言语，定为标准语，即以这地方的人作为教授的人，散布于各地方去教授；才可以有相当的效果。教授之时，宜专于语言，不必涉及读书。语言学会了，自会矫正读音，至于某程度。即使用教学的方法，矫正读音，其影响亦不过如是而止，绝不会超过的。甚或两个问题，互相牵制，收效转难。注音符号，意欲据全国人所能发的音，制造成一种语言。这在现在，实际上是无此语言的。所以无论什么地方的话，总不能与国语密合。想靠注音符号等工具，及教学的方法，造成一种新语言，是不容易的。所以现在所谓能说国语的人，百分之九十九，总还夹杂土话。既然总不密合，何不拣一种最近于国语的言语，定为标准语，来得痛快些呢?

至于把中国文字，改成拼音文字，则我以为在现今状况之下，听凭两种文字同时并行，是最合理的。旧日的人视新造的拼音文字为洪水猛兽，以为将要破坏中国的旧文化，因而使中国人丧失其民族性；新的人，以为旧文字是阻碍中国进化的，也视其为洪水猛兽；都是一偏之见。认识单字，与年龄有极大的关系。超过一定年龄，普通的人，都极难学习。即使勉强学习，其程度也很难相当的。所以中国的旧文字，绝不能施之成人。即年龄未长，而受教育时间很短的人，也是难学的。因为几千个单字，到底不能于短时间之内认识。如平民千字识字课等，硬把文字之数减少，也是不适于用的。怀抱旧见解的人，以为新文字一行，即将把旧文化破坏净尽。

且将使中国民族丧失其统一性。殊不知旧文字本只有少数人通晓。兼用拼音字，这少数通晓旧文字的人，总还是有的。使用新文字的人，则本来都是不通旧文字的，他们所濡染的中国文化，本非从文字中得来，何至因此而破坏中国的旧文化，及民族的统一性？就实际情形平心而论，中国旧文化，或反因此而得新工具，更容易推广，因之使中国的民族性，更易于统一呢？吴敬恒说："中国的读书人，每拘于下笔千秋的思想，以为一张纸写出字来，即可以传之永久。"于是设想：用新文字写成的东西，亦将像现在的旧书一般，汗牛充栋，留待后人研究，而中国的文化，就因之丧失统一性了。殊不知这种用新文字写成的东西，都和现在的传单、报纸一般，阅过即弃，至于有永久性的著作，则必是受教育程度稍深的人然后能为，而此种人，大都能识得旧文字。所以依我推想，即使听新旧文字同时并行，也绝不会有多少书籍堆积起来。而且只能学新文字的人，其生活和文字本来是无缘的。现在虽然勉强教他以几个文字，他亦算勉强学会了几个文字，对于文字的关系，总还是很浅的。怕连供一时之用的宣传品等，还不会有多少呢。何能因此而破坏中国的文化和民族统一性？准此以谈，则知有等人说：中国现在语言虽不统一，文字却是统一的。若拼音字不限于拼写国语，而许其拼写各地方的方言，将会有碍于中国语言的统一，也是一样的缪见。因为（一）现在文字虽然统一，决不能以此为工具，进而统一语言的。（二）而只能拼写方言的人，亦即不通国语的人，其语言，亦本来不曾统一。至于说一改用拼音文字，识字即会远较今日为易，因之文化即会突飞猛进，也是痴话。生活是最大的教育。除少数学者外，读书对于其人格的关系，是很少的。即使全国的人，都能读相当的书，亦未必其人的见解，就会有多大改变。何况识得几个字的人，还未必都会去读书呢？拼音文字，认识较旧文字为易是事实，其习熟则并无难易之分。习熟者的读书，是一眼望去便知道的，并不是一个个字拼着音去认识，且识且读的。且识且读，拼音文字是便利得多了。然这只可偶一为之，岂能常常如此。若常常如此，则其繁苦莫甚，还有什么人肯读书？若一望而知，试问 Book 与书有何区别？所以拼音文字在现在，只是供一时一地之用的。其最大的作用，亦即在此。既然如此，注音符号、罗马字母等杂用，也是无妨的。并不值得争论。主张采用罗马字母的人，说如此我们就可以采用世界各国的语言，扩大我国的语言，这也是痴话。采用外国的语言，与改变中国的文字何涉？中国和印度交通以来，佛教的语言输入中国的何限？又何尝改用梵文呢？

语言和中国不同，而采用中国文字的，共有三法：即（一）径用中国文，如朝鲜是。（二）用中国文字的偏旁，自行造字，如辽是。（三）用中国字而别造音符，如日本是。三法中，自以第三法为最便。第二法最为无谓。所以辽人又别有小字，出于回纥，以便应用。大抵文字非出于自造，而取自他族的，自以用拼音之法为便。所以如辽人造大字之法，毕竟不能通行。又文字所以代表语言，必不能强语言以就文字。所以如朝鲜人，所作华文，虽极纯粹，仍必另造谚文以应用。契丹文字，系用隶书之半，增损为之，见《五代史》。此系指契丹大字而言，据《辽史·太祖本纪》，事在神册五年。小字出于回纥，为迭剌所造，见《皇子表》。

满、蒙、回、藏四族，都是使用拼音文字的。回文或说出于犹太，或说出于天主教徒，或说出于大食，未知孰是。见《元史·译文证补》。藏文出于印度。是唐初吐蕃英主弃宗弄赞，派人到印度去留学，归国后所创制的。见《蒙古源流考》。蒙古人初用回文，见《元史·塔塔统阿传》。《脱卜察安》，《元秘史》。元朝人最早自己所写的历史。即系用回文所写。后来世祖命八思巴造字，则是根据藏文的。满文系太祖时额尔德尼所造。太宗时，达海又加以圈点，一种符号。又以蒙文为根据。西南诸族，唯倮㑩有文字，却是本于象形字的。于此，可见文字由于自造者，必始象形，借自他族者，必取拼音之理。

▲ 雕版印刷的《金刚经》（局部） 印刷术是中国古代四大发明之一，始于隋朝的雕版印刷。印刷术的出现，为知识的广泛传播、交流创造了条件。

文字的流传，必资印刷。所以文字的为用，必有印刷而后弘，正和语言之为用，必得文字而后大一样。古人文字，要保存永久的，则刻诸金石。此乃以其物之本身供众览，而非用以印刷，只能认为印刷的前身，不能即认为印刷事业。汉代的石经，还系如此。后来就此等金石刻，加以摹拓。摹拓既广，觉得所摹拓之物，不必以之供众览，只需用摹拓出来的东西供览即可。于是其雕刻，专为供印刷起见，就成为印刷术了。既如此，自然不必刻金石，而只要刻木。刻板之事，现在可考的起于隋。陆深《河汾燕闲录》说，隋文帝开皇十三年，敕废像遗经，悉令雕版。其时为民国纪元前一三一九年，西历五九三年。《敦煌石室书录》有《大隋永陀罗尼本经》，足见陆说之确。唐代雕本，宋人已没有著录的，唯江陵杨氏，藏有《开元杂报》七叶。日本亦有永徽六年唐高宗年号。民国纪元前一二五七年，公历六五五年。《阿毗达摩大毗婆裟论》。后唐明宗长兴三年。民国纪元前九八〇年，公历九三二年。宰相冯道、李愚，请令判国子监田敏，校正九经，刻板印卖，是为官刻书之始。历二十七年始成。周太祖广顺三年。宋代又续刻义疏及诸史。书贾因牟利，私人因爱好文艺而刻的亦日多。仁宗庆历中，民国纪元前八七一至八六四年，公历一〇四一至一〇四八年。毕昇又造活字。系用泥制。元王祯始刻木为之。明无锡华氏始用铜。清武英殿活字亦用铜制。于是印刷事业，突飞猛进，宋以后书籍，传于后世的，其数量，就远非唐以前所可比了。此节据孙毓修《中国雕板源流考》，其详可参考原书。商务印书馆本。

CHAPTER 17

◎ 第十七章 学术

学术思想，是一个民族的灵魂。看似虚悬无薄，实则前进的方向，全是受其指导。中国是一个学术发达的国家。几千年来，学术分门别类，各致其精。如欲详述之，将数十百万言而不能尽。现在所讲的，只是思想转变的大略，及其和整个文化的关系。

学术思想，是一个民族的灵魂。看似虚悬无薄，实则前进的方向，全是受其指导。中国是一个学术发达的国家。几千年来，学术分门别类，各致其精。如欲详述之，将数十百万言而不能尽。现在所讲的，只是思想转变的大略，及其和整个文化的关系。依此讲，则中国的学术思想，可分为三大时期：

（一）自上古至汉魏之际。

（二）自佛学输入至亡清。其中又分为（甲）佛学时期，（乙）理学时期。

（三）自西学输入以后。

现在研究先秦诸子的人，大都偏重于其哲学方面。这个实在是错误的。先秦诸子的学术，有两个来源：其（一）从古代的宗教哲学中，蜕化而出。其（二）从各个专门的官守中，孕育而成。前者偏重玄学方面，后者偏重政治社会方面。《汉书·艺文志》说诸子之学，其源皆出于王官。《淮南要略》说诸子之学，皆出于旧时之弊。一个说其因，一个说其缘，都不及古代的哲学。尤可见先秦诸子之学，实以政治社会方面为重，玄学方面为轻。此意，近人中能见得的，只有章炳麟氏。

从古代宗教中蜕化而出的哲学思想，大致是如此的：（一）因人有男女，鸟有雌雄，兽有牝牡，自然界又有天地日月等现象，而成立阴阳的概念。（二）古代的工业，或者是分作水、火、木、金、土五类的。实际的生活影响于哲学思想，遂分物质为五行。（三）思想进步，觉得五行之说，不甚合理，乃认万物的原质为一个，而名之曰气。（四）至此，遂并觉阴阳二力，还不是宇宙的根源。因为最后的总是唯一的，也只有唯一的能算最后的。乃再成立一个唯一的概念，是即所谓太极。（五）又知质与力并非二物，于是所谓有无，只是隐显。（六）隐显由于变动，而宇宙的根源，遂成为一种动力。（七）这种动力，是颇为机械的。一发动之后，其方向即不易改变。所以有谨小、慎始诸义。（八）自然之力，是极其伟大的。只有随顺，不能抵抗。所以要法自然。所以贵因。（九）此种动力，其方向是循环的。所以有祸福倚伏之义。所以贵知白守黑，知雄守雌。（十）既然万物的原质，都是一个，而又变化不已，则万物根本只是一物。天地亦万物之一，所以惠施要提倡泛爱，说天地万物一体，而物论可齐。论同伦，类也。（十一）因万物即是一物，所以就杂多的现象，仍可推出其总根源。所谓“穷理尽性，以至于命”。此等思想，影响于后来，极为深刻。历代的学术家，几乎都奉此为金科玉律。诚然，此等宽廓的说法，不易发现其误缪。而因其立说的宽廓，可以容受多方面的解释，即存其说为弘纲，似亦无妨。但有等错误的观念，业已不能适用的，亦不得不加以改正。如循环之说，古人大约由观察昼夜寒暑等现象得来。此说施诸自然界，虽未必就是，究竟还可应用。若移用于社会科学，就不免误缪了。明明是进化的，如何说是循环。

先秦诸子，关于政治社会方面的意见，是各有所本的，而其所本亦分新旧。依我看来:（一）农家之所本最旧，这是隆古时代农业部族的思想。（二）道家次之，是游牧好侵略的社会的反动。（三）墨家又次之，所取法的是夏朝。（四）儒家及阴阳家又次之，这是综合自上古至西周的政治经验所发生的思想。（五）法家最新，是按切东周时的政治形势所发生的思想。以上五家，代表整个的时代变化，其关系最大。其余如名家，专讲高深玄

五行相生相克图

五行是中国古代的一种物质观，多用于哲学、中医学和占卜方面。认为大自然由五种要素所构成，随着这五个要素的盛衰而产生变化。

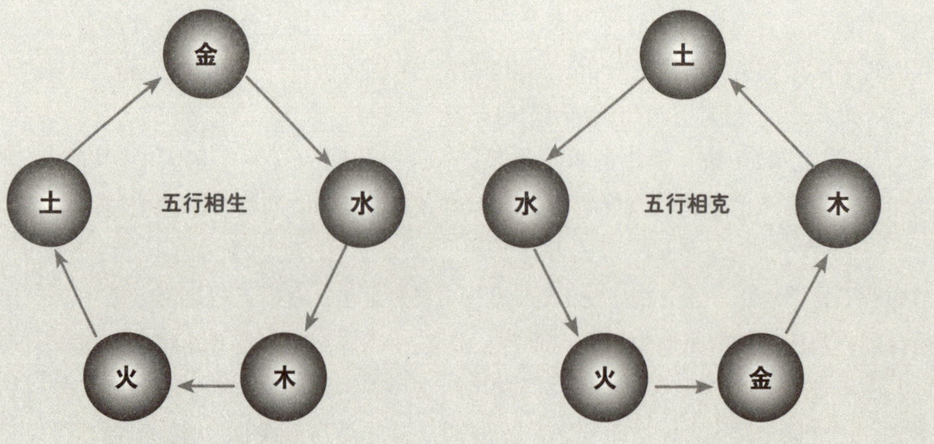

远的理论。纵横家、兵家等，只效一节之用。其关系较轻。

怎说农家是代表最古的思想的呢？这只要看许行的话，便可明白。许行之说有二：（一）君臣并耕，政府毫无威权。（二）物价论量不论质。如非根据于最古最简陋的社会的习俗，决不能有此思想。见《孟子·滕文公上篇》。

怎说道家所代表的，是游牧好侵略的社会的反动思想呢？汉人率以黄、老并称。今《列子》虽系伪书，然亦有其所本。此凡伪书皆然，不独《列子》。故伪书既知其伪之后，在相当条件下，其材料仍可利用。此书《天瑞篇》有《黄帝书》两条，其一同《老子》。又有黄帝之言一条。《力命篇》有《黄帝书》一条。与《老子》亦极相类。《老子》书（一）多系三四言韵语。（二）所用名词，极为特别。如有雌雄牝牡而无男女字。（三）又全书之义，女权皆优于男权。足征其时代之古。此必自古口耳相传之说，老子著之竹帛的，决非老子所自作。黄帝是个武功彪炳的人，该是一个好侵略的部族的酋长。侵略民族，大抵以过刚而折。如夷羿、殷纣等，都是其适例。所以思想上发生一种反动，要教之以守柔。《老子》书又主张无为。无为二字的意义每为后人所误解。为训化。《礼记·杂记》，子曰："张而不弛，文武不能也。弛而不张，文武不为也。"此系就农业立说。言弛而不张，虽文武亦不能使种子变化而成谷物。贾谊《谏放民私铸疏》："奸钱日多，五谷不为"，今本作"五谷不为多"，多字系后人妄增。正是此义。野蛮部族往往好慕效文明，而其慕效文明，往往牺牲了多数人的幸福。（一）因社会的组织，随之变迁。（二）因在上的人，务于淫侈，因此而刻剥其下。所以有一种反动的思想，劝在上的人，不要领导着在下的人变化。在下的人，"化而欲作"，还该"镇之以无名之朴"。这正和现今人因噎废食，拒绝物质文明一样。

怎样说墨家所代表的，是夏代的文化呢？《汉书·艺文志》说墨家之学，"茅屋采椽，是以贵俭。古人的礼，往往在文明既进步之后，仍保存简陋的样子，以资纪念。如既有酒，祭祀仍用水，便是其一例。汉武帝时，公玉带上明堂图，其上犹以茅盖，见《史记·封禅书》。可见《汉志》此说之确。养三老五更，是以兼爱。三老五更，乃他人的父兄。选士大射，是以尚贤。平民由此进用。参看第七章。宗祀严父，是以右鬼。人死曰鬼。顺四时而行，是以非命。命有前定之义。顺四时而行，即《月令》所载的政令。据《月令》说：政令有误，如孟春行夏令等，即有灾异。此乃天降之罚。然则天是有意志，随时监视着人的行动，而加以赏罚的。此为墨子天志之说所由来。他家之所谓命，多含前定之义，则近于机械论了。以孝视天下，视同示。是以上同。"都显见得是明堂中的职守。所以《汉志》说他出于清庙之官。参看第十五章。《吕览·当染篇》说："鲁惠公使宰让请郊庙之礼于天子。天子使史角往，惠公止之。其后在鲁，墨子学焉。”此为墨学出于清庙之官的确证。清庙中能保存较古之学说，于理是可有的。墨家最讲究实用，而《经》《经说》《大小取》等篇，讲高深的哲学，为名家所自出的，反在墨家书中，即由于此。但此非墨子所重。墨子的宗旨，主于兼爱。因为兼爱，所以要非攻。又墨子是取法乎夏的，夏时代较早，又值水灾之后，其生活较之殷、周，自然要简朴些，所以墨子的宗旨，在于贵俭。因为贵俭，所以要节用，要节葬，要非乐。又夏时代较早，迷信较深，所以墨子有天志、明鬼之说。要讲天志、明鬼，即不得不非命。墨家所行的，是凶荒札丧的变礼。参看第五章。其所教导的，是沦落的武士。参看第四章。其实行的精神，最为丰富。

怎样说儒家、阴阳家是西周时代所产生的思想呢？荀子说：“父子相传，以持王公，三代虽亡，治法犹存，官人百吏之所以取禄秩也。”《荣辱篇》。国虽亡而治法犹存，这是极可能的事。然亦必其时代较近，而后所能保存的才多。又必其时的文化，较为发达，然后足为后人所取法。如此，其足供参考的，自然是夏、殷、周三代。所以儒家有通三统之说。封本朝以前两代之后以大国，使之保存其治法，以便与本朝之治，三者轮流更换。《史记·高祖本纪》赞所谓“三王之道若循环”，即是此义。这正和阴阳家所谓五德终始一样。五德终始有两说：旧说以所克者相代。如秦以周为火德，自己是水德；汉又自以为土德是。前汉末年，改取相生之说。以周为木德，说秦朝是闰位，不承五行之运，而自以为是火德。后来魏朝又自以为是土德。《汉书·严安传》：载安上书，引邹子之说，说“政教文质者，所以云救也。当时则用，过则舍之，有易则易之”。可见五德终始，乃系用五种治法，更迭交换。邹衍之学，所以要本所已知的历史，推论未知；本所已见的地理，推所未见；正是要博观众事，以求其公例。治法随时变换，不拘一格，不能不说是一种进步的思想。此非在西周以后，前代的治法，保存的已多，不能发生。阴阳家之说，缺佚已甚，其最高的蕲向如何，已无可考。儒家的理想，颇为高远。看第五章所述大同小康之说可见。《春秋》三世之义，据乱而作，进于升平，更进于大平，明是要将乱世逆挽到小康，再逆挽到大同。儒家所传的，多是小康之义。大同世之规模，从升平世进至大平世的方法，其详已不可得闻。几千年来，崇信儒家之学的，只认封建完整时代，即小康之世的治法，为最高之境，实堪惋惜。但儒家学术的规模，是大体尚可考见的。他有一种最高的理想，企图见之于人事。这种理想，是有其哲学上的立足点的。如何次第实行，亦定有一大体的方案。儒家之道，具于六经。六经之中，《诗》《书》《礼》《乐》，乃古代大学的旧教科，说已见第十五章。《易》《春秋》则为孔门最高之道所在。《易》言原理，《春秋》言具体的方法，两者互相表里，所以说“《易》本隐以之显，《春秋》推见至隐”。儒家此等高义，既已隐晦。其盛行于世，而大有裨益于中国社会的，乃在个人修养部分。（一）在理智方面，其说最高的是中庸。其要，在审察环境的情形，随时随地，定一至当不易的办法。此项至当不易的办法，是随时随地，必有其一，而亦只能有一的，所以贵择之精而守之坚。（二）人之感情，与理智不能无冲突。放纵感情，固然要闯出大祸，抑压感情，也终于要溃决的，所以又有礼乐，以陶冶其感情。（三）无可如何之事，则劝人以安命。在这一点，儒家亦颇有宗教家的精神。（四）其待人之道，则为絜矩。两字见《大学》。消极的“己所不欲，勿施于人”。积极的则“所求乎子以事父，所求乎臣以事君，所求乎弟以事兄，所求乎朋友先施之”。我们该怎样待人，只要想一想，我们希望他怎样待我即得，这是何等简而赅。怎样糊涂的人，对这话也可以懂得，而圣人行之，亦终身有所不能尽，这真是一个妙谛。至于（五）性善之说，（六）义利之辨，（七）知言养气之功，则孟子发挥，

先秦诸子百家思想简表

诸子百家是对春秋战国时期各种学术派别的总称，诸子百家流传最为广泛的是儒家、道家、阴阳家、法家、名家、墨家、杂家、农家、小说家、纵横家。

学派	时代	代表人物	思想主张
儒家	春秋	孔子（丘）	政治：“仁”“礼”（核心），为政以德； 哲学：对鬼神敬而远之； 教育：有教无类、因材施教、学思结合等。
	战国	孟子（轲）	政治：仁政（核心），民贵君轻； 人性：性善说（仁义礼智）；“养浩然之气”（义利观）。
		荀子（况）	哲学：唯物思想（“天行有常”“制天命而用之”）； 人性：性恶论（重视后天教育）； 政治：礼法并施。
墨家	战国	墨子（翟）	“兼爱”（没有等级差别的爱）、“非攻”“尚力”“节用”“节葬”。
道家	春秋	老子（聃）	哲学：“道”（天地万物的本原），辩证法； 政治：无为而治
	战国	庄子（周）	“齐物”（任何事物在本质上都是相同的）； “逍遥”（旁观、超然，不受各种条件左右）； 天与人“不相胜”（人必须顺应自然）。
法家	战国	韩非子	法、术、势相结合，建立一个君主专制的中央集权国家；变法革新。
兵家	春秋	孙武	揭示兵贵神速、出其不意及系统性、整体性控制等具有普遍意义的军事规律。
纵横家	战国	苏秦、张仪	主要为纵横，或合众弱以攻一强，此为纵；或事一强以攻诸弱，此为横。
阴阳家	战国	邹衍	将自古以来的数术思想与阴阳五行学说相结合，来建构宇宙图式。
名家	战国	公孙龙	以正名辨义为主。
农家	战国	许行	主张劝耕桑，以足衣食。

最为透彻，亦于修养之功，有极大关系。儒家之贻害于后世的，在于大同之义不传，所得的多是小康之义。小康之世的社会组织，较后世为专制。后人不知此为一时的组织，而认为天经地义，无可改变，欲强已进步的社会以就之，这等于以杞柳为杯棬，等于削足以适履，所以引起纠纷，而儒学盛行，遂成为功罪不相掩之局。这只可说是后来的儒家不克负荷，怪不得创始的人。但亦不能一定怪后来的任何人。因儒学是在这种社会之中，逐渐发达的。凡学术，固有变化社会之功，同时亦必受社会的影响，而其本身自起变化。这亦是无可如何的事。

怎样说法家之学，是按切东周时代的情形立说的呢？这时候，最要紧的，是（一）裁抑贵族，以铲除封建势力。（二）富国强兵，以统一天下。这两个条件，秦国行之，固未能全合乎理想，然在当时，毕竟是最能实行的，所以卒并天下。致秦国于富强的，前有商鞅，后有李斯，都是治法家之学的。法家之学的法字，是个大名。细别起来，则治民者谓之法，裁抑贵族者谓之术，见《韩非子 · 定法篇》。其富国强兵之策，则最重要的，是一民于农战。《商君书》发挥此理最透，而《管》《韩》二子中，亦有其理论。法家是最主张审察现实，以定应付的方法的，所以最主张变法而反对守旧。这确是法家的特色。其学说之能最新，大约即得力于此。

以上所述五家，是先秦诸子中和中国的学术思想及整个的文化最有关系的。虽亦有其高远的哲学，然其所想解决的，都是人事问题。而人事问题，则以改良社会的组织为其基本。粗读诸子之书，似乎所注重的，都是政治问题。然古代的政治问题，不像后世单以维持秩序为主，而整个的社会问题，亦包括在内。所以古人说政治，亦就是说社会。

诸家之学，并起争鸣，经过一个相当时期之后，总是要归于统一的。统一的路线有两条：（一）淘汰其无用，而存留其有用的。（二）将诸家之说，融合为一。在战国时，诸家之说皆不行，只有法家之说，秦用之以并天下，已可说是切于时务的兴，而不切于时务的亡了。但时异势殊，则学问的切于实用与否，亦随之而变。天下统一，则需要与民休息，民生安定，则需要兴起教化。这二者，是大家都会感觉到的。秦始皇坑儒时说："吾前收天下书不中用者尽去之。悉召文学方术士甚众。欲以兴太平。方士欲练，以求奇药。"兴太平指文学士言。可见改正制度，兴起教化，始皇非无此志，不过天下初定，民心未服，不得不从事于镇压；又始皇对外，颇想立起一个开拓和防御的规模来；所以有所未遑罢了。秦灭汉兴，此等积极的愿望，暂时无从说起。最紧要的，是与民休息。所以道家之学，一时甚盛。然道家所谓无为而治，乃为正常的社会说法。社会本来正常的，所以劝在上的人，不要领导其变化；且须镇压之，使不变化，这在事实上虽不可能，在理论上亦未必尽是，然尚能自成一说。若汉时，则其社会久已变坏，一味因循，必且迁流更甚。所以改正制度，兴起教化，在当时，是无人不以为急务的。看贾谊、董仲舒的议论，便可明白。文帝亦曾听公孙臣的话，有意于兴作。后因新垣平诈觉，牵连作罢。这自是文帝脑筋的糊涂，做事的因循，不能改变当时的事势。到武帝，儒学遂终于兴起了。儒学的兴起，是有其必然之势的，并非偶然之事。因为改正制度，兴起教化，非儒家莫能为。论者多以为武帝一人之功，这就错了。武帝即位时，年仅十六，虽非昏愚之主，亦未闻其天亶夙成，成童未几，安知儒学为何事？所以与其说汉武帝提倡儒学，倒不如说儒学在当时自有兴盛之势，武帝特顺着潮流而行。

儒学的兴起，虽由社会情势的要求，然其得政治上的助力，确亦不少。其中最紧要的，便是为五经博士置弟子。所谓“设科射策，劝以官禄”，自然来者就多了。儒学最初起的，是《史记·儒林传》所说的八家：言《诗》：于鲁，自申培公；于齐，自辕固生；于燕，自韩太傅。言《书》，自济南伏生。言《礼》，自鲁高堂生。言《易》，自菑川田生。言《春秋》：于齐、鲁，自胡毋生；于赵，自董仲舒。东汉立十四博士：《诗》齐、鲁、韩。《书》欧阳，大小夏侯。《礼》大小戴。《易》施、孟、梁丘、京。《春秋》严、颜。见《后汉书·儒林传》。《诗》齐鲁韩下衍毛字。大体仍是这八家之学。唯京氏《易》最可疑。但是在当时，另有一种势力，足以促令学术变更。那便是第五章所说：在当时，急需改正的，是社会的经济制度。要改正社会经济制度，必须平均地权，节制资本。而在儒家，是只知道前一义的。后者之说，实在法家。当时儒家之学，业已成为一种权威，欲图改革，自以自托于儒家为便，儒家遂不得不广采异家之学以自助，于是有所谓古文之学。读第五章所述，已可明白了。但是学术的本身，亦有促令其自起变化的。那便是由专门而趋于通学。

▼ 荀况像 荀况，战国后期的思想家。他的思想源于儒家，但又吸收了法家、道家的学说，是先秦思想的集大成者。

先秦学术，自其一方面论，可以说是最精的。因为它各专一门，都有很高的见解。自其又一方面说，亦可以说是最粗的。因为它只知道一门，对于他人的立场，全不了解。譬如墨子所主张，乃凶荒札丧的变礼，本不谓平世当然。而荀子力驳他，说天下治好了，财之不足，不足为患，岂非无的放矢。理论可以信口说，事实上，是办不到只顾一方面的。只顾一方面，一定行不通。所以先秦时已有所谓杂家之学。《汉志》说：杂家者流，出于议官。可见国家的施政，不得不兼顾到各方面了。情势如此，学术自然不得不受其影响，而渐趋于会通，古文之学初兴时，实系兼采异家之说，后来且自立新说，实亦受此趋势所驱使。倘使当时的人，痛痛快快，说儒家旧说，不够用了，我所以要兼采异说；儒家旧说，有所未安，我所以要别立新说，岂不直捷？无如当时的思想和风气，不容如此。于是一方面说儒家之学，别有古书，出于博士所传以外；其中最重要的，便是孔壁一案，参看第十六章。一方面，自己研究所得，硬说是某某所传；如《毛诗》与《小序》为一家言。《小序》明明是卫宏等所作，而毛公之学，偏要自谓子夏所传。纠纷就来得多了。流俗眩于今古文之名，以为今古文经，文字必大有异同，其实不然。今古文经的异字，备见于《仪礼》郑《注》，从今文处，则出古文于注。从古文处，则出今文于注。如古文位作立，仪作义，义作谊之类，于意义毫无关系。他经度亦不过如此。有何关系之可言？今古文经的异同，实不在经文而在经说。其中重要问题，略见于许慎的《五经异义》。自大体言之：今文家说，都系师师相传。古文家说，则自由研究所得。不为古人的成说所囿，而自出心裁，从事研究，其方法似觉进步。但（一）其成绩并不甚佳。又（二）今文家言，有传讹而无臆造。传讹之说，略有其途径可寻，所以其说易于还原。一经还原，即可见古说的真相。其未曾传讹的，自然更不必说。古文家言，则各人凭臆为说，其根源无可捉摸。所以把经学当作古史的材料看，亦以今文家言价值较高。

然古学的流弊，亦可说仍自今学开之。一种学术，当其与名利无关时，治其学者，都系无所为而为之，只求有得于己，不欲炫耀于人，其学自无甚流弊。到成为名利之途则不然。治其学者，往往不知大体，而只斤斤计较于一枝一节之间。甚或理不可通，穿凿立说。或则广罗异说，以自炫其博。引人走入旁门，反致抛荒正义。从研究真理的立场上言，实于学术有害。但流俗的人，偏喜其新奇，以为博学。此等方法，遂成为哗世取宠之资。汉代此等风气，由来甚早。《汉书·夏侯胜传》说："胜从父子建，师事胜及欧阳高，左右采获。又从五经诸儒问与《尚书》相出入者，牵引以次章句，具文饰说。胜非之曰：建所谓章句小儒，破碎大道。建亦非胜为学疏略，难以应敌。"专以应敌为务，真所谓徇外为人。此种风气既开，遂至专求闻见之博，不顾义理之安；甚且不知有事理。如郑玄，遍注群经，在汉朝，号称最博学的人，而其说经，支离灭裂，于理决不可通，以及自相矛盾之处，就不知凡几。此等风气既盛，治经者遂多变为无脑筋之徒。虽有耳目心思，都用诸琐屑无关大体之处。而于此种学问，所研究的，究属宇宙间何种现象？研究之究有何益？以及究应如何研究？一概无所闻见。学术走入此路，自然只成为有闲阶级，消耗日力精力之资，等于消闲遣兴，于国家民族的前途，了无关系了。此等风气，起于西汉中叶，至东汉而大盛，直至南北朝、隋唐而未改。汉代所谓章句，南北朝时所谓义疏，都系如此。读《后汉书》及《南北史》的《儒林传》，最可见得。古学既继今学而起，到汉末，又有所谓伪古文一派。据近代所考证：王肃为其中最重要的一个人。肃好与郑玄立异，而无以相胜。乃伪造《孔子家语》，将己说窜入其中，以折服异己，经学中最大的《伪古文尚书》一案，虽不能断为即肃之所造，然所谓《伪孔安国传》者，必系与肃同一学派之人所为，则无可疑。《伪古文尚书》及《伪孔安国传》之伪，至清阎若璩作《古人尚书疏证》而其论略定。伪之者为哪一派人，至清丁晏作《尚书余论》而其论略定。此即由当时风气，专喜广搜证据，只要所搜集者博，其不合理，并无人能发觉，所以容得这一班人作伪。儒学至此，再无西汉学者经世致用的气概。然以当时学术界的形势论，儒学业已如日中天。治国安民之责，在政治上、在社会上，都以为唯儒家足以负之。这一班人，如何当得起这个责任？他们所想出来的方案，无非是泥古而不适于时，专事模仿古人的形式。这个如何足以为治？自然要激起有思想的人的反对了。于是魏晋玄学，乘机而起，成为儒佛之间的一个过渡。

魏晋玄学，人多指为道家之学。其实不然。玄学乃儒道两家的混合。亦可说是儒学中注重原理的一派，与拘泥事迹的一派相对立。先秦诸子的哲学，都出自古代的宗教哲学，大体无甚异同，说已见前。儒家之书，专谈原理的是《易经》。《易》家亦有言理、言数两派。言理的，和先秦诸子的哲学，无甚异同。言数的，则与古代术数之学相出入。《易》之起源，当和术数相近；孔门言易，则当注重于其哲学；这是通观古代学术的全体，而可信其不诬的。今文《易》说，今已不传。古文《易》说，则无一非术数之谈。《汉书·艺文志》：易家有《淮南·道训》两篇。自注云："淮南王安，聘明《易》者九人，号九师说。"此书，当即今《淮南子》中的《原道训》。今《淮南子》中，引《易》说的还有几条，都言理而不及数，当系今文《易》说之遗。然则儒家的哲学，原与道家无甚出入。不过因今文《易》说失传，其残存的，都被后人误认为道家之说罢了。如此说来，则魏晋玄学的兴起，并非从儒家转变到道家，只是儒家自己的转变。不

▼ **熹平石经残片** 为统一经学教材，东汉熹平四年篆刻石经，作为规范的教科书。

过此种转变，和道家很为接近，所以其人多兼采道家之学。观魏晋以后的玄学家，史多称其善《易》《老》可知。儒学的本体，乃以《易》言原理，《春秋》则据此原理，而施之人事。魏晋的玄学家，则专研原理，而于措之人事的方法，不甚讲求。所以实际上无甚功绩可见，并没有具体可见之施行的方案。然经此运动之后，拘泥古人形式之弊遂除。凡言法古的，都是师其意而不是回复其形式。泥古不通之弊，就除去了，这是他们摧陷廓清莫大的功绩。玄学家最重要的观念，为重道而遗迹。道即原理，迹即事物的形式。

从新莽改革失败以后，彻底改变社会的组织，业已无人敢谈。解决人生问题的，遂转而求之个人方面。又玄学家探求原理，进而益上，其机，殊与高深玄远的哲学相近。在这一点上，印度的学术，是超过于中国的。佛学遂在这种情势之下兴起。

佛，最初系以宗教的资格输入中国的。但到后来，则宗教之外，别有其学术方面。

佛教，普通分为大小乘。依后来详细的判教，则小乘之下，尚有人天；专对人天说法，不足以语四圣。见下。大乘之中，又分权实。所谓判教，乃因一切经论，佛所说谓之经，菩萨以下所说谓之论。僧、尼、居士等所应守的规条谓之律。经、律、论谓之三藏。立说显有高低，所以加以区别，说佛说之异，乃因其所对待的人不同而然。则教外的人，不能因此而诋佛教的矛盾，教中的人，亦不必因此而起争辩了。依近来的研究：佛教在印度的兴起，并不在其哲学的高深，而实由其能示人以实行的标准。缘印度地处热带，生活宽裕，其人所究心的，实为宇宙究竟、人生归宿等问题。所以自古以来，哲学思想，即极发达。到佛出世时，各家之说，所谓外道。已极高深，而其派别亦极繁多了。群言淆乱，转使人无所适从。释迦牟尼出，乃截断无谓的辩论，而教人以实行修证的方法。从之者乃觉得所依归，而其精神乃觉安定。故佛非究竟真理的发现者，中国信佛的人，视佛如此。而为时代的圣者。佛灭后百年之内，其说无甚异同。近人称为原始佛教。百年之后而小乘兴，五六百年之后而大乘出，则其说已有改变附益，而非复佛说之旧了。然则佛教的输入中国，所以前后互异，亦因其本身的前后，本有不同，并非在彼业已一时具足，因我们接受的程度，先后不同，而彼乃按其深浅，先后输入的了。此等繁碎的考据，今可勿论，但论其与中国文化的关系。

佛教把一切有情，分为十等：即（一）佛，（二）菩萨，（三）缘觉，（四）声闻，是为四圣。（五）天，（六）人，（七）阿修罗，（八）畜生，（九）饿鬼，（十）地狱，是为六凡。辗转于六凡之中，不得超出，谓之六道轮回。佛不可学，我们所能学的，至菩萨而止。在小乘中，缘觉、声闻，亦可成佛，大乘则非菩萨不能。所谓菩萨，系念念以利他为主，与我们念念都以自己为本位的，恰恰相反。至佛则并利他之念而亦无之，所以不可学了。缘觉、声闻鉴于人生不能离生、老、病、死诸苦，死后又要入轮回；我们幸得为人，尚可努力修持，一旦堕入他途便难了。畜生、饿鬼、地狱亦称三途，不必论了。阿修罗神通广大，易生嗔怒；诸天福德殊胜，亦因其享受优越，转易堕落；所以以修持论，皆不如人。所以觉得生死事大，无常迅速，实可畏怖，生前不得不努力修持。其修持之功，固然艰苦卓绝，极可佩服，即其所守戒律，亦复极端利他。然根本观念，终不离乎自利，所以大乘斥其不足成佛。此为大小乘重要的异点。亦即大乘教理，较小乘为进化之处。又所谓佛在小乘，即指释迦牟尼其人。大乘则佛有三身：（一）佛陀其人，谓之报身，是他造了为人之因，所以在这世界上成为一个人的。生理心理等作用，一切和我们一样。不吃也要饿，不着也要冷，置诸传染病的环境中，也会害病；饿了，冷了，病重了，也是会死的。（二）至于有是而无非，威权极大。我们动一善念，动一恶念，他都无不知道。善有善报，恶有恶报，丝毫不得差错。是为佛之法身，实即自然力之象征。（三）一心信佛者，临死或在他种环境中，见有佛来接引拯救等事，是为佛之化身。佛在某种环境中，经历一定的时间，即可修成。所以过去已有无数的佛，将来还有无数的佛要成功，并不限于释迦牟尼一人。大乘的说法，当他宗教信，是很能使人感奋的。从哲学上说，其论亦圆满具足，无可非难。宗教的进化，可谓至斯而极。

佛教的宇宙观，系以识为世界的根本。有眼、耳、鼻、舌、身、意，即有色、声、香、味、触、法。此为前六识，为人人所知。第七识为末那，第八识为阿赖耶，其义均不能译，故昔人唯译其音。七识之义，为“恒审思量，常执有我”。我们念念以自己为本位，一切现象，都以自己为本位而认识。一切利害，都以自己为本位而打算。即七识之作用。至八识则为第七识之所由生，为一切识的根本。必须将它灭尽，才得斩草除根。但所谓灭识，并不是将它铲除掉，至于空无所有。有无，佛教谓之色空。色空相对，只是凡夫之见。佛说则“色即是空，空即是色”。如在昼间，则昼为色，夜为空。然夜之必至，其确实性，并不减于昼之现存。所以当昼时，夜之现象，虽未实现，夜之原理，业已存在。凡原理存在者，即与其现象存在无异。已过去之事，为现在未来诸现象之因。因果原系一事。所以已过去的事，亦并未消灭。所以所谓灭识，并非将识消灭，而系“转识成智”。善恶同体。佛说的譬喻，是如水与波。水为善，动而为波即成恶。按照现在科学之理，可以有一个更妙的譬喻，即生理与病理。病非别有其物，只是生理作用的异常。去病得健，亦非把病理作用的本体消灭，只是使它回复到生理作用。所以说“真如无明，同体不离”。真如为本体，无明为恶的起点。行为的好坏，不是判之于其行为的形式的，而是判之于其用意。所以所争的只在迷悟。迷时所做的事，悟了还是可以做的。不过其用意不同，则形式犹是，而其内容却正相反，一为恶业，一为净业了。喻如母亲管束子女，其形式，有时与厂主管理童工是一样的。所以说：“共行只是人间路，得失谁知霄壤分。”佛教为什么如此重视迷悟呢？因为世界纷扰的起因，不外乎（一）怀挟恶意，（二）虽有善意，而失之愚昧。怀挟恶意的，不必论了。失之愚昧的，虽有善意，然所做的事，无一不错，亦必伏下将来的祸根。而愚昧之因，又皆因眼光只限于局部，而不能扩及全体。兼时间空间言。所以佛说世俗之善，“如以少水而沃冰山，暂得融解，还增其厚。”此悟之所以重要。佛教的人生问题，依以上所说而得解答。至于你要追问宇宙问题的根源，如空间有无界限、时间有无起讫等，则佛教谓之“戏论”，置诸不答。外道以此为问，佛不答，见《金七十论》。这是因为：我们所认识的世界，完全是错误的。其所以错误，即因我们用现在的认识方法去认识之故。要把现在的认识方法放下，换一种方法去认识，自然不待言而可明。若要就现在的认识方法，替你说明，则非我的不肯说，仍系事之不可能。要怎样才能换用别种认识方法呢？非修到佛地位不可。佛所用的认识方法，是怎样的呢？固非我们所能知。要之是和我们现在所用，大不相同的。这个，我们名之曰证。所以佛教中最后的了义，“唯佛能知”；探求的方法，“唯证相应”。这不是用现在的方法，所能提证据给你看的。信不信只好由你。所以佛教说到最后，总还是一种宗教。

佛教派别很多，然皆小小异同，现在不必一一论述。其中最有关系的，（一）为天台、唯识、华严三宗。唯识宗亦称相宗，乃就我们所认识的相，阐发万法唯识之义。天台亦称性宗，则系就识的本身，加以阐发。实为一说的两面。华严述菩萨行相。即具体地描写一个菩萨的样子给我们看，使我们照着他做。此三宗，都有很深的教理，谓之教下三家。（二）禅宗则不立文字，直指心源，专靠修证，谓之教外别传。（甲）佛教既不用我们的认识，求最后的解决，而要另换一种认识方法，所谓转识成智。则一切教理上的启发、辩论，都不过把人引上修证之路，均系手段而非目的。所以照佛教发达的趋势，终必至于诸宗皆衰、禅宗独盛为止。（乙）而社会上研究学问的风气，亦是时有转变的。佛教教理的探求，极为烦琐，实与儒家的义疏之学，途径异而性质相同。中唐以后，此等风气，渐渐衰息，诸宗就不得不衰，禅宗就不得不独盛了。（三）然（子）禅宗虽不在教义上为精深的探讨、烦琐的辩论，而所谓禅定，理论上也自有其相当的高深的。（丑）而修习禅定，亦非有优闲生活的人不能。所以仍为有闲阶级所专有。然佛教此时的声势，是非发达到普及各阶层不可的。于是适应大众的净土宗复兴。所谓净土宗，系说我们所住的世界，即娑婆世界的西方，另有一个世界，称为净土。诸佛之中，有一个唤作阿弥陀佛的，与娑婆世界特别有缘。曾发誓愿：有一心皈依他的，到临终之时，阿弥陀佛便来接引他，往生净土。往生净土有什么利益呢？原来成佛极难，而修行的人，不到得成佛，又终不免于退转。如此示人以难，未免使人灰心短气。然（A）成佛之难，（B）以及非成佛则不能不退转，又经前此的教义，说得固定了，无可动摇。于是不得不想出一个补救的方法，说我们所以易于退转，乃因环境不良使然。倘使环境优良，居于其中，徐徐修行，虽成佛依旧艰难，然可保证我们不致中途堕落。这不啻给予我们以成佛的保证，而且替我们去除了沿路的一切危险、困难，实给意志薄弱的人以一个大安慰、大兴奋。而且净土之中，有种种乐，无种种苦，也不啻给予祈求福报的人以一个满足。所以净土宗之说，实在是把佛教中以前的某种说法取消掉了的。不过其取消之法很巧妙，能使人不觉得其立异罢了。其修持之法，亦变艰难而归简易。其法：为（a）观，（b）想，（c）持名，三者并行，谓之念佛。有一佛像当前，而我们一心注视着它，谓之观。没有时，心中仍想象其有，谓之想。口诵南无阿弥陀佛，自然心也要想着他。谓之持名。佛法贵止观双修。止就是心住于其所应住之处，不起妄念。观有种种方法。如（a）我们最怕死，乃设想尖刀直刺吾胸，血肉淋漓；又人谁不爱女人，乃设想其病时的丑恶、死后的腐朽，及现时外观虽美，而躯壳内种种污秽的情形；以克服我们的情意。（b）又世事因缘复杂，常人非茫无所知，即认识错误，必须仔细观察。如两人争斗，粗观之，似由于人有好斗之性。深观之，则知其实由教化的不善；而教化的不善，又由于生计的窘迫；生计的窘迫，又由于社会组织的不良。如此辗转推求，并无止境。要之观察得愈精细，措施愈不至有误。这是所以增长我们的智识的。止观双修，意义诚极该括，然亦断非愚柔者所能行，净土宗代之以念佛，方法简易，自然可普接利钝了。所以在佛教诸宗皆衰之后，禅宗尚存于上流社会中，净土宗则行于下流社会，到现在还有其遗迹。

佛教教义的高深，是无可否认的事实。在它，亦有种种治国安民的理论，读《华严经》的五十三参可知。又佛学所争，唯在迷悟。既悟了，一切世俗的事情，仍无有不可做的，所以也不一定要出家。然佛教既视世法皆非了义，则终必至于舍弃世事而后止。以消灭社会为解决社会之法，断

▲ 达摩六代祖师像（局部） 该图为佛教禅宗留待祖师的形象。佛教传入中国，后经不断发展，已与中国文化密不可分。

非社会所能接受。于是经过相当的期间，而反动又起。

佛教反动，是为宋学。宋学的渊源，昔人多推诸唐之韩愈。然韩愈辟佛，其说甚粗，与宋学实无多大关系。宋学实至周张出而其说始精，二程继之而后光大，朱陆及王阳明又继之，而其义蕴始尽。

哲学是不能直接应用的，然万事万物，必有其总根源。总根源变，则对于一切事情的观点，及其应付的方法，俱随之而变。所以风气大转变时，哲学必随之而变更。宋儒的哲学，改变佛学之处安在呢？那就是抹杀认识论不谈，而回到中国古代的宇宙论。中国古代的哲学，是很少谈到认识论的。佛学却不然，所注重的全在乎此。既注重于认识论，而又参以宗教上的悲观，则势必至于视世界为空虚而后止。此为佛教入于消极的真原因。宋学的反佛，其最重要的，就在此点。然从认识论上驳掉佛说，是不可能的。乃将认识论抹杀不谈，说佛教的谈认识论便是错。所以宋学反佛的口号，是“释氏本心，吾徒本天”。所谓本心，即是佛家万法唯识之论。所谓本天，则是承认外界的实在性。万事万物，其间都有一个定理，此即所谓天理。所以宋学的反佛，是以唯物论反对唯心论。

宋学中自创一种宇宙观和人生观的，有周敦颐、张载、邵雍三人。周敦颐之说，具于《太极图说》及《通书》。他依据古说，假定宇宙的本体为太极。太极动而生阳，静而生阴。动极复静，静极复动。如此循环不已，因生水、火、木、金、土五种物质。此五种物质，是各有其性质的。人亦系此五种物质所构成，所以有智、水。礼、火。仁、木。义、金。信土。五种性质。及其见诸实施，则不外乎仁义二者。所以配阴阳。仁义的性质，都是好的，然用之不得其当，则皆可以变而为恶，如寒暑都是好的，不当寒而寒，不当暑而暑则为恶。所以要不离乎中正。所以配太极。不离乎中正谓之静。所以说："圣人定之以仁义中正而主静，立人极焉。"张载之说，具于《正蒙》。其说：亦如古代，以气为万物的原质。气是动而不已的。因此而有聚散。有聚散则有疏密。密则为吾人所能知觉，疏则否，是为世俗所谓有无。其实则是隐显。隐显即是幽明。所以鬼神之与人物，同是一气。气之运动，自有其一定的法则。在某种情形之下，则两气相迎；在某种情形之下，则两气相距；是为人情好恶之所由来。此说将精神现象的根源，归诸物质，实为极彻底的一元论。然此等自然的迎距，未必得当。好在人的精神，一方面受制于物质，一方面仍有其不受制于物质者存。所以言性，当分为气质之性受制于物质的。与义理之性。不受制于物质的。人之要务，为变化其气质，以求合乎义理。此为张氏修己之说。张氏又本其哲学上的见地，创万物一体之说，见于其所著的《西铭》。与惠施泛爱之说相近。邵雍之说，与周张相异。其说乃中国所谓术数之学。中国学术，是重于社会现象，而略于自然现象的。然亦有一部分人，喜欢研究自然现象。此等人，其视万物，皆为物质所构成。既为物质所构成，则其运动，必有其定律可求。人若能发现此定律，就能知道万物变化的公例了。所以此等人的愿望，亦可说是希冀发现世界的机械性的。世界广大，不可遍求，然他们既承认世界的规律性，则研究其一部分，即可推之于其余。所以此一派的学者，必重视数。他们的意思，原不过借此以资推测，并不敢谓所推之必确，安敢谓据此遂可以应付事物？然（一）既曾尽力于研求，终不免有时想见诸应用。（二）又此学的初兴，与天文历法关系极密，古人迷信较深，不知世界的规律性，不易发现，竟有谓据此可以逆臆未来的。（三）而流俗之所震惊，亦恒在于逆臆未来，而不在乎推求定理。所以此派中亦多逆臆未来之论，遂被称为术数之学。此派学者，虽系少数，著名的亦有数家，邵雍为其中之最善者。雍之说，见于《观物内外篇》及《皇极经世书》。《观物篇》称天体为阴阳，地体为刚柔，又各分太少两者，日为太阳。月为太阴。星为少阳。辰为少阴。火为太刚。水为太柔。石为少刚。土为少柔。其说曰：阳燧取于日而得火，火与日相应也。方诸取于月而得水，水与月一体也。星陨为石；天无日月星之处为辰，地无山川之处为土；故以星与石，辰与土相配。其余一切物与阴阳刚柔相配，皆准此理。以说明万物的性质及变化。《皇极经世书》以十二万九千六百年为一元。日之数一为元。月之数十二为会。星之数三百六十为运。辰之数四千三百二十为世。一世三十年。以三十乘四千三百二十，得十二万九千六百。他说："一元在天地之间，犹一年也。"这和扬雄作《太玄》，想本一年间的变化，以窥测悠久的宇宙一样。邵雍的宗旨，在于以物观物。所谓以物观物，即系除尽主观的见解，以冀发现客观的真理，其立说精湛处甚多。但因术数之学，不为中国所重视，所以在宋学中不被视为正宗。

经过周、张、邵诸家的推求，新宇宙观和新人生观可谓大致已定。二程以下，乃努力于实行的方法。大程名颢，他主张"识得此理，以诚敬存之"。但何以识得此理呢？其弟小程名颐，乃替他补充，说"涵养须用敬，进学在致知"。致知之功，在于格物。即万事而穷其理，以求一旦豁然贯通。这话骤听似乎不错的。人家驳他，说天下之物多着呢，如何格得尽？这话也是误解。因为宋儒的所求，并非今日物理学家之所谓物理，乃系吾人处事之法。如曾国藩所谓："冠履不同位，凤皇鸱鸮不同栖，物所自具之分殊也。鲧湮洪水，舜殛之，禹郊之，物与我之分际殊也。"天下之物格不尽，吾人处事的方法，积之久，是可以知识日臻广博，操持日益纯熟的。所以有人以为格物是离开身心，只是一个误解。问题倒在（一）未经修养过的心，是否能够格物？（二）如要修养其心，其方法，是否以格物为最适宜？所以后来陆九渊出，以即物穷理为支离，要教人先发其本心之明，和赞成小程的朱熹，成为双峰并峙之局。王守仁出，而其说又有进。守仁以心之灵明为知。即人所以知善知恶，知是知非。此知非由学得；无论如何昏蔽，亦不能无存；所以谓之良知。知行即是一事。《大学》说"如恶恶臭，如好好色"。知恶臭之恶、好色之好，是知一方面事。恶恶臭，好好色，是行一方面事。人们谁非闻恶臭即恶，见好色即好的？谁是闻

▲**罗汉驾云** 这幅绢画表现的是五位罗汉从云头降下，接受信众的祭品并享用丰盛的宴席。宋学家虽反佛教遗弃世事，但佛教修养的方法却依旧影响宋学。

恶臭之后，别立一心去恶？见好色之后，别立一心去好？然则“知而不行，只是未知”。然因良知无论如何昏蔽，总不能无存，所以我们不怕不能知善知恶、知是知非，只怕明知之而不肯遵照良心去做。如此，便要在良知上用一番洗除障翳的功夫，此即所谓致知。至于处事的方法，则虽圣人亦有所不能尽知。然苟得良知精明，毫无障翳，当学时，它自会指点你去学；当用人时，它自会指点你去求助于人；正不必以此为患。心之灵明谓之知，所知的自然有一物在。不成天下之物都无了，只剩一面镜子，还说这镜子能照。所以即物穷理，功夫亦仍是用在心上。而心当静止不动时，即使之静止不动，亦即是一种功夫。所以“静处体悟，事上磨炼”，两者均无所不可。程朱的涵养须用敬，进学在致知，固然把道德和知识，分成两截。陆九渊要先发人本心之明，亦不过是把用功的次序倒转了，并没有能把两者合而为一。王守仁之说，便大不相同了。所以理学从朱陆到王，实在是一个辩证法的进步。但人之性质，总是偏于一方面的，或喜逐事零碎用功夫，或喜先提挈一个大纲。所以王守仁之说，仍被认为近于陆九渊，并称为陆王。人的性质，有此两种，是一件事实，是一件无可变更的事实。有两种人自然该有两种方法给他们用，而他们亦自然会把事情做成两种样子。所以章学诚说：“朱陆为千古不可无之同异，亦为千古不能无之同异。”见《文史通义·朱陆篇》。其说最通。

以一种新文化，替代一种旧文化，此新文化，必已兼摄旧文化之长，此为辩证法的真理。宋学之于佛学，亦系如此。宋学兼摄佛学之长，最显著的有两点：（一）为其律己之严。（二）为其理论的彻底。论治必严王霸之辨，论人必严君子小人之分，都系由此而出。此等精严的理论，以之律己则可，以之论事，则不免多所窒碍。又宋学家虽反对佛教的遗弃世事，然其修养的方法，受佛教的影响太深了。如其说而行之，终不免偏于内心的修养，甚至学问亦被抛荒，事为更不必说，所以在宋代，宋学中的永嘉、永康两派，就对此而起反动。永嘉派以叶适、陈傅良为魁首。反对宋学的疏于事功、疏于实学的考究。永康派以陈亮为魁首，对于朱熹王霸之辩，持异议颇坚，亦是偏于事功的。到清代，颜元、李塨一派，亦是对此力加攻击的。然永嘉、永康两派和朱陆，根本观念上，实无甚异同，所争的只是程度问题，无关宏旨。颜李一派，则专讲实务，而反对在心上用功夫，几乎把宋学根本取消了。近来的人，因反对中国的学者，多尚空言，而不能实行，颇多称道颜李的。然颜、李的理论，实极浅薄，不足以自成一军。因为世界进步了，分工不得不精。一件事，合许多人而分工，或从事于研究，或从事于实行，和一个人幼学壮行，并无二致。研究便是实行的一部。颜、李之说，主张

▲ **黄宗羲像** 黄宗羲是明末清初的著名思想家。他反对宋儒“理气在先”之说，提出物质决定精神的朴素唯物主义思想，对后世产生了深远的影响。

过甚，势必率天下人而闭目妄行。即使主张不甚，亦必变精深为浅薄。所以其说实不能成立。从理论上反对宋儒的，还有戴震。谓宋儒主张天理人欲之辨太过，以致（一）不顾人情。视斯民饮食男女之欲，为人生所不能无的，都以为毫无价值而不足恤。（二）而在上者皆得据理以责其下，下情却不能上达，遂致有名分而无是非，人与人相处之道，日流于残酷。此两端：其前一说，乃宋学末流之弊，并非宋学的本意。后一说则由宋学家承认封建时代的秩序，为社会合理的组织之故。戴氏攻之，似得其当。然戴氏亦不知其病根之所在，而说只要舍理而论情，人与人的相处，就可以无问题，其说更粗浅牵强了。在现在的文化下所表现出来的人情，只要率之而行，天下就可以太平无事么？戴氏不是盲目的，何以毫无所见？

所以宋学衰敝以后，在主义上，能卓然自立，与宋学代兴的，实无其人。梁启超说：清代的学术，只是方法运动，不是主义运动，见所著《清代学术概论》。可谓知言了。质实言之，清代考证之学，不过是宋学的一支派。宋学中陆王一派，是不讲究读书的，程朱一派本不然。朱子就是一个读书极博的人。其后学如王应麟等，考据尤极精审。清学的先驱，是明末诸大儒。其中顾炎武与清代考证之学，关系尤密，也是程朱一派。其喜言经世，则颇近永嘉。清代所谓纯汉学，实至乾嘉之世而后形成，前此还是兼采汉宋，择善而从的。其门径，和宋学并无区别。清学的功绩，在其研究之功渐深，而日益趋于客观。因务求古事的真相，觉得我们所根据的材料，很不完全，很不正确；材料的解释，又极困难。乃致力于校勘；致力于辑佚；对于解释古书的工具即训诂，尤为尽心。其结果，古书已佚而复见的，古义已晦而复明的不少，而其解决问题的方法，亦因经验多了，知道凭臆判断，自以为得事理之平，远不如调查其来路，而凭以判断者之确。于是折中汉宋，变为分别汉宋，其主意，亦从求是变而为求真了。非不求是，乃以求真为求是。清学至此，其听至，已非复宋儒所能限，然仍是一种方法的转变，不足以自成一军。

清学在宗旨上，渐能脱离宋学而自立，要到道咸时今文之学兴起以后。西汉经师之说，传自先秦，其时社会的组织，还和秦汉以后不同。有许多议论，都不是东汉以后人所能了解的。自今文传授绝后，久被搁置不提了。清儒因分别学派，发现汉儒亦自有派别，精心从事于搜剔，而其材料始渐发现，其意义亦渐明白。今学中有一派，专务材料的搜剔，不甚注意于义理。又一派则不然，常州的庄、存与。刘，逢禄。号称此学的开山，已渐注意于汉儒的非常异义。龚自珍。魏源。两氏继之，其立说弥以恢廓。到廖平、康有为出，就渐渐地引上经世一路，非复经生之业了。

廖平晚岁的学说，颇涉荒怪。然其援据纬说，要把孔道的规模，扩充到无限大，也仍是受世变的影响的。但廖氏毕竟是个经生。其思想，虽亦受世变的影响，而其所立之说，和现代的情形，隔膜太甚。所以对于学术界，并不能发生多大的影响。康氏就不然了。康氏的经学远不如廖氏的精深。然其思想，较之廖氏，远觉阔大而有条理。他怀抱着一种见解，借古人之说为材料而说明之。以《春秋》三世之义，说明进化的原理，而表明中国现在的当改革。而以孔子托古改制之说辅之。其终极的目的，则为世界大同。恰和中国人向来怀抱的远大的思想相合，又和其目前急需改革的情形相应，所以其说能风靡一时。但康有为的学说，仍只成为现代学术思想转变的一个前驱。这是为什么呢？因为学术是利于通的，物穷则变，宋明以来的文化，现在也几乎走到尽头了。即使没有西学输入，我们的学术思想，也未必不变。但既与西洋学术相值，自然乐得借之以自助。何况现在西洋的科学方法，其精密，确非我们之所及呢。所以近数十年来，中国学术思想的变化，虽然靠几个大思想家做前驱，而一经发动之后，其第二步，即继之以西洋学术的输入。和中国学术思想的转变最有关系的人是梁启超。梁氏的长处：在其（一）对于新科学，多所了解。（二）最能适应社会的程度，从事于介绍。（三）且能引学说以批评事实，使多数人感觉兴味。即此趋势的说明。

▼利玛窦像 图为16世纪被派往中国的传教士利玛窦的画像。之后基督教及西方思想在中国经过不断传播与发展，深深影响着近代中国。

西洋学术输入以来，中国人对之态度，亦经数变。（一）其初是指采用西法者为用夷变夏，而极力加以排斥的。（二）继则变为中学为体、西学为用。（三）再进一步，就要打倒孔家店，指旧礼教为吃人，欢迎德谟克拉西先生、赛因斯先生，并有主张全盘西化的了。其实都不是这么一回事。欧美近代，最初发达的是自然科学。因此引起的整个学术思想的变化，即对于一切事情的观点及其应付方法。较诸旧说，都不过是程度问题。后来推及社会科学亦然。现在文化前途的改变，乃是整个社会组织的改变，并非一枝一节的问题。这个问题，乃中国与西洋之所同，而非中国之所独。具体言之，即是中国与西洋，以及全世界的各民族，都要携手相将，走上一条新的径路。其间固无一个民族，能够守旧而不变，也断非哪一个民族，尽弃其所固有，而仿效别一个民族的问题。因为照现状，彼此都是坏的，而且坏得极相像。然则各种学术，能指示我们以前途，且成为各学之王，而使他种学术，奔走其下，各尽其一枝一节之用的，必然是社会学。一切现象，都是整个社会的一枝一节，其变化，都是受整个社会的规定的。唯有整个社会，能说明整个社会。亦唯有整个社会，能说明一枝一节的现象的所以然。人们向来不知，只是把一枝一节的现象，互相说明，就错了。这是因为从前的人，不知道整个社会，可成为研究的对象，所以如此。现在便不同了。所以只有最近成立的社会学，为前此之所无。亦只有整个的社会学，能够说明文化之所由来，而评判其得失，而指示我们以当走的路径。即如文明愈进步，则风俗愈薄恶，这是一件众所周知的事实，而亦是向来所视为无可如何的事实。毁弃文明，固不可，亦不能。任社会风俗之迁流，而日趋于薄恶，也不是一回事。提倡道德、改良政治等，则世界上无论哪一个文明国，都已经努力了几千年，而证明其无效的了。人道其将终穷乎？从社会学发明以来，才知道风俗的薄恶，全由于社会组织的不良，和文明进步，毫无关系。我们若能把社会组织彻底改良，则文明进步，就只有增加人类的福利了。这是社会学指示给我们前途最大的光明。而社会学之所以能发明，则和现代各地方蛮人风俗的被重视，以及史前史的发现，有极大的关系。因此，我们才知道社会的组织，可以有多种。目前的组织，只是特种事实所造成，并非天经地义，必不可变。变的前途，实有无限的可能。变的方法，我们所知道的，亦与前人迥异了。

以上论中国学术思想转变的大概，以下再略论中国的文学和史学。

文学的发达，韵文必先于散文，中国古代，亦系如此。现存的先秦古书，都分明包含着两种文字：一种是词句整齐而有韵的。一种则参差不齐，和我们的口语一样。前者是韵文，后者是散文。散文的发达，大约在东周之世，至西汉而达于极点。散文发达了，我们的意思，才能够尽量倾吐，因为到这时候，文字和语言，才真正一致。所以是文学的一个大进步。西汉末年，做文章的，渐渐求其美化。其所谓美是：（一）句多偶丽。（二）不用过长过短之句。（三）用字务求其足以引起美感。其结果，逐渐成汉魏体的骈文。汉魏体的骈文，只是字句修饰些，声调啴缓些，和散文相去，还不甚远。以后一直向这趋势发展，至齐梁时代，遂浮靡而不能达意了。此时供实用之文，别称为笔。然笔不过参用俗字俗语；用字眼、用典故，不及文来得多；其语调还和当时的文相近，与口语不合，还是不适于用。积重之势，已非大改革不可。改革有三条路可走:(一)径用口语。这在昔日文字为上中流社会所专有的时代，是不行的。(二)以古文为法。如苏绰的拟《大诰》是。这还是不能达意。只有第(三)条路，用古文的义法，即文字尚未浮靡时的语法。以运用今人的言语，是成功的。唐朝从韩、柳以后，才渐渐地走上这条路。散文虽兴，骈文仍自有其用，骈散自此遂分途。宋朝为散文发达的时代。其时的骈文，亦自成一格。谓之宋四六。气韵生动，论者称为骈文中的散文。

诗歌另是一体。文是导源于语言，诗是导源于歌谣的。所以诗体，当其发生之时，即非口语之调。近人以随意写来的散文，亦称为诗，新诗。这至少要改变向来诗字的定义然后可。古代的诗，大抵可歌。传于后世的，便是《诗经》和《楚辞》。到汉朝，风尚变了。制氏雅乐虽存，不为人之所好。汉武帝立新声乐府，采赵、代、秦、楚之讴，使李延年协其律，司马相如等为之辞，是为汉代可歌的诗。古代的诗，则变为五言诗，成为只可吟诵之物。论者多以此为诗体的退化，这是为尊古之见所误。其实凡事都到愈后来愈分化。吟诵的诗和合乐的诗的判而为二，正是诗体的进化。歌唱的音调，和听者的好尚的变迁，是无可如何的事。隋唐时，汉代的乐府，又不为人之所好，而其辞亦渐不能合乐了。听者的好尚，移于外国传来的燕乐。按其调而填词，谓之词。极盛于两宋之世。至元以后，又渐成为但可吟诵不能协律之作，而可歌的限于南北曲。到清朝，按曲谱而填词的，又多可诵而不可歌了。中国的所谓诗，扩而充之，可以连乐府、词、曲，都包括在内。因为其起源，同是出于口中的歌的。一个民族的歌谣，不容易改变。试看现代的山歌，其音调，还与汉代的乐府一样，便可知道。所以现在，非有新音乐输入，诗体是不会变化的。现在万国交通，新音乐输入的机会正多。到我国人的口耳，与之相习，而能利用之以达自己的美感时，新诗体就可产生了。

文学初兴之时，总是与语言相合的。但到后来，因(一)社会情形的复杂、受教育的程度，各有不同;(二)而时间积久了，人的语言，不能不变，写在纸上的字，却不能再变；言文就渐渐地分离了。合于口语的文字，是历代都有的。如(一)禅宗和宋儒的语录。(二)元代的诏令,(三)寒山、拾得的诗,(四)近代劝人为善的书都是。(五)而其用之，要以平话为最广。这是非此不可的。从前文言、白话，各有其分野，现在却把白话的范围推广了。这因(一)受教育的人渐多，不限于有闲阶级；而所受的教育，亦和从前不同；不能专力于文字。(二)世变既亟，语言跟着扩充、

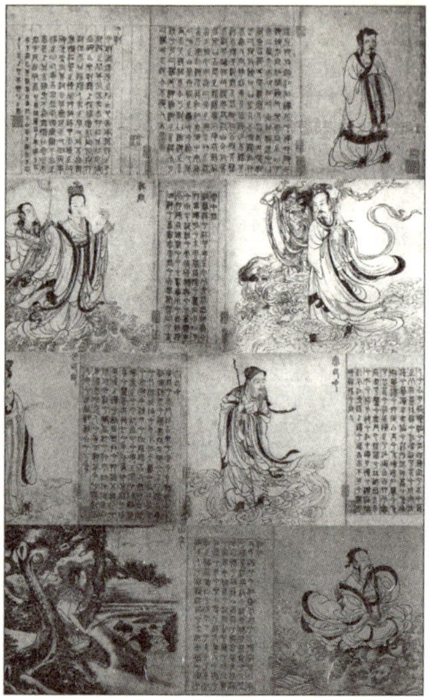

▲ **九歌图（局部）** 该图画的是屈原（右上）及其《楚辞》《九歌》中的内容。《诗经》和屈原的《楚辞》分别开创了中国文学现实主义和浪漫主义的诗歌传统。

变化，文字来不及相随，乃不得不即用口语。此乃事势的自然，无人提倡，也会逐渐推广的。守旧的人，竭力排斥白话，固然是不达。好新的人，以此沾沾自喜，也是贪天之功，以为己力的。所谓古文，大部分系古代的言语。其中亦有一部分，系后人依据古代的语法所造的，从未宣诸唇吻，只是形之楮墨。然楮墨之用，亦系一种广义的语言。既有其用，自不能废。而况纸上的言语，有时亦可为口语所采用。所以排斥文言，也是偏激之论。

文以载道，文贵有用之说，极为近人所诋毁。此说固未免于迂，然亦不能谓其全无道理。近人袭西洋文学的理论，贵纯文学而贱杂文学，这话固然不错。然以为说理论事之作，必是杂文学，必写景言情之作，而后可以谓之纯文学，则是皮相之谈。美的原质，论其根底，实在还是社会性。社会性有从积极方面流露的，如屈原、杜甫的忠爱是。有从消极方面流露的，如王维、孟浩然的闲适是。积极的人人所解，消极的似乎适得其反，其实不然。积极的是想把社会改好，消极的则表示不合作。虽然无所作为，然（一）使人因此而悟现社会之坏，（二）至少亦使社会减少一部分恶势力，其功效也还是一样的。文字上的所谓美，表面上虽若流连风景，其暗中深处，都藏有这一个因素在内。诗词必须有寄托，才觉得有味，真正流连风景的，总觉得浅薄，就是为此。然则文字的美恶，以及其美的程度，即视此种性质之有无多寡以为衡，其借何种材料而表现，倒是没有关系的。忧国忧民，和风花雪月，正是一样。以说理论事，或写景言情，判别文学的为纯为杂，又是皮相之谈了。文以载道、文贵有用等说，固然不免于迂腐。然载道及有用之作，往往是富于社会性的，以此为第一等文字，实亦不为无见，不过抛荒其美的方面，而竟以载道和有用为目的，不免有语病罢了。

中国的有史籍甚早。《礼记·玉藻》说："动则左史书之，言则右史书之。"郑《注》说："其书，《春秋》《尚书》其存者。"《汉书·艺文志》说"右史记事，左史记言"是错的。《礼记·祭统》说"史由君右，执策命之"，即右史记言之证。这大约是不错的。《周官》还有小史，记国君及卿大夫的世系，是为《帝系》及《世本》。我国最古的史籍《史记》，其本纪及世家，似系据《春秋》和《系》《世》编纂而成。列传则源出记言之史。记言之史，称为

《尚书》。乃因其为上世之书而得此名，其原名似称为语。语之本体，当系记人君的言语，如现在的训辞讲演之类。后来扩充之，则及于一切嘉言。嘉言的反面是莠言，间亦存之以昭炯戒。记录言语的，本可略述其起因及结果，以备本事。扩充之则及于一切懿行，而其反面即为恶行。此体后来附庸蔚为大国，名卿大夫，及学术界巨子，大抵都有此等记录，甚至帝王亦有之。其分国编纂的，则谓之《国语》。关于一人的言行，分类编纂的，则谓之《论语》。记载一人的大事的，则如《礼记·乐记》，述武王之事，谓之《牧野之语》都是。《史记》的列传，在他篇中提及，多称为语，如《秦本纪》述商鞅说孝公变法事曰："其事在《商君语》中。"可见其源出于语，推而广之，则不名为语的，其实亦系语体。如《晏子春秋》及《管子》中的《大中小匡》等是。八书是记典章经制的，其源当亦出于史官，不过不能知其为何官之史罢了。史官以外，还有民间的传述。有出于学士大夫之口的，如魏绛、伍员述少康、羿、浞之事是。见《左传》襄公四年、哀公元年，及《史记·吴太伯世家》。亦有出于农夫野老之口的，如孟子斥咸丘蒙所述为齐东野人之语是。古史的来源，大略如此。秦始皇烧书，《史记·六国表》说"诸侯史记尤甚"，大约史官所记载，损失极多。流行民间之书，受其影响当较少。口耳相传，未着竹帛的，自然更不必说了。

有历史的材料是一事，有史学上的见地又系一事。古代史官，虽各有专职，然大体不过奉行故事。民间传述，或出惊奇之念，或出仰慕之忱，所谓多识前言往行，以蓄其德。亦说不上什么史学上的见地。到司马谈、迁父子出，才网罗当时所有的史料，编纂成一部大书。这时的中国，在当时人的眼光中，实已可谓之天下。因为所知者限于此。在所知的范围中，并没有屏斥异国或异族的史料不载。所以《太史公书》，这是《史记》的本名。《汉书·艺文志》著录即如此。《史记》乃史籍通名，犹今言历史。《太史公书》，为史部中最早的著述，遂冒其一类的总名。实自国别史进于世界史，为史体一大进步。

从此以后，国家亦渐知史籍的重要了。后汉以后，乃有诏兰台、东观中人述作之事。魏晋以后，国家遂特设专官。此时作史的，在物力上，已非倚赖国家不行。一因材料的保存及搜辑，一因编纂时之费用。至于撰述，则因材料不多，还为私人之力所能及。所以自南北朝以前，大率由国家供给材料及助力，而司编撰之事的，则仍系一二人，为私家著述性质。唐以后史料更多，不徒保存、搜辑，即整理、排比，亦非私人之力所及，于是独力的著述，不得不变为集众纂修之局了。私家著述及集众纂修，昔人的议论，多偏袒前者，这亦是一偏之见。姑无论材料既多，运用为私人之力所不及。即舍此勿论，而昔时的正史，包括的门类很多，亦非一人所能兼通。

所以即就学术方面论，二者亦各有长短。唐修《新晋书》，即今正史中的《晋书》。其志非前人所能及，即其一证。关于正史的历史，可参看《史通》的《六家》《二体》《古今正史》《史官建置》各篇，及拙撰《史通评》中这几篇的评。商务印书馆本。

从前的历史，系偏重于政治方面的。而在政治方面，则所注重的，为理乱兴衰、典章经制两类。正史中的纪传，是所以详前者的，志则所以详后者。已见《绪论》中。编年史偏详前者。《通典》《通考》一类的书，则偏详后者，都不如纪传表志体的完全。所以后来功令，独取纪传表志体为正史。然编年体和政书，《通典》《通考》等。在观览上亦各有其便，所以其书仍并为学者所重。这是中国旧日所认为史部的重心的。纪传体以人为单位，编年史以时为系统，欲勾稽一事的始末，均觉不易。自袁枢因《通鉴》作《纪事本末》后，其体亦渐广行。

中国的史学，在宋时，可谓有一大进步。（一）独力著成一史的，自唐以后，已无其事。宋则《新五代史》出自欧阳修一人；《新唐书》虽出修及宋祁两人，亦有私家著述性质；事非易得。（二）编年之史，自三国以

中国古代重要史书一览表

朝代	重要史书	说明
春秋战国时期	《春秋》	我国最早的编年体史书，由孔子编订。
汉 西汉	《史记》	由司马迁撰写，是中国历史上第一部纪传体通史。记载了上古传说中的黄帝时代至汉武帝太初四年间共3000多年的历史。
汉 东汉	《汉书》	班固编撰，《汉书》开创了我国断代纪传表志体史书，奠定了修正史的编例。
魏晋南北朝	《三国志》	西晋陈寿编写的一部主要记载魏、蜀、吴三国鼎立时期的纪传体国别史。
魏晋南北朝	《后汉书》	南朝刘宋时期范晔编撰，是一部记载东汉历史的纪传体史书。
唐	《晋书》《梁书》《隋书》《南史》《北史》《史通》等	史学著作的编纂在唐朝出现了前所未有的盛况。《史通》由刘知几编写，是中国首部系统性的史学理论专著。
五代十国	《旧唐书》	现存最早的系统记录唐代历史的一部史籍。原名《唐书》，《新唐书》问世后，才改称《旧唐书》。
宋	《新唐书》	宋祁、欧阳修等撰，宋仁宗嘉祐五年（1060）完成。
宋	《资治通鉴》	北宋司马光主编的一部多卷本编年体史书，共294卷，历时19年告成。
元	《宋史》《辽史》《金史》	这三本史书同时编撰，都是官修正史。
明	《元史》	系统记载元朝兴亡过程的一部纪传体断代史，成书于明朝初年。由宋濂、王濂主编。
清	《明史》	全书记载了从明太祖洪武元年（1368）到明思宗崇祯十七年（1644）共277年的明朝历史。

注：上表收录了中国春秋以来各朝代的重要史书，春秋以前没有成书，故未收录。

后，久已废阙。至宋则有司马光的《资治通鉴》，贯穿古今。朱熹的《通鉴纲目》，叙事虽不如《通鉴》的精，体例却较《通鉴》为善。《通鉴》有目无纲，检阅殊为不便。司马光因此，乃有《目录》之作，又有《举要》之作。《目录》既不与本书相附丽。《举要》则朱子《答潘正叔书》，讥其“详不能备首尾，略不可供检阅”，亦系实情。所以《纲目》之作，确足以改良《通鉴》的体例。（三）讲典章经制的书，虽起于唐杜佑的《通典》，然宋马端临的《文献通考》，搜集尤备，分类亦愈精。又有会要一体，以存当代的掌故，并推其体例，以整理前代的史实。（四）郑樵《通志》之作，网罗古今。其书虽欠精审，亦见其魄力之大。（五）当代史料，搜辑綦详。如李焘《续资治通鉴长编》、李心传《建炎以来系年要录》、徐梦莘《三朝北盟会编》、王偁《东都纪略》等都是。（六）自周以前的古史，实系别一性质。至宋而研究加详。如刘恕《通鉴外纪》、金履祥《通鉴纲目前编》、苏辙《古史考》、胡宏《皇王大纪》、罗泌《路史》等都是。（七）研究外国史的，宋朝亦加多。如叶隆礼《契丹国志》、孟珙《蒙鞑备录》等是。（八）考古之学，亦起于宋时。如欧阳修的《集古录》、赵明诚的《金石录》等，始渐求材料于书籍之外。（九）倪思的《班马异同评》、吴缜的《新唐书纠缪》等，皆出于宋时。史事的考证，渐见精核。综此九端，可见宋代史学的突飞猛进。元明时代复渐衰。此因其时之学风，渐趋于空疏之故。但关于当代史料，明人尚能留心收拾。到清朝，文字之狱大兴，士不敢言当代的史事；又其时的学风，偏于考古，而略于致用；当代史料，就除官书、碑传之外，几乎一无所有了。但清代考据之学颇精。推其法以治史，能补正前人之处亦颇多。

研究史法之作，专著颇少。其言之成理，而又有条理系统的，当推刘知几的《史通》。《史通》是在大体上承认前人的史法为不误，而为之弥缝匡救的。其回到事实上，批评历代的史法，是否得当；以及研究今后作史之法当如何的，则当推章学诚。其识力实远在刘知几之上。此亦时代为之。因为刘知几之时，史料尚不甚多，不虑其不可遍览，即用前人的方法撰述已足。章学诚的时代，则情形大不同，所以迫得他不得不另觅新途径了。然章氏的识力，亦殊不易及。他知道史与史材非一物，保存史材，当务求其备，而作史则当加以去取；以及作史当重客观等，见《文史通义·史德篇》。实与现在的新史学，息息相通。不过其时无他种科学，以为辅助，所以其论不如现在新史学的精审罢了。然亦不过未达一间而已，其识力亦很可钦佩了。

CHAPTER 18

◎ 第十八章 宗教

宗教的信仰，是不论哪一个民族都有的。在浅演之时固然，即演进较深之后，亦复如此。这是因为：学问之所研究，只是一部分的问题，而宗教之所欲解决，则为整个的人生问题。宗教的解决人生问题，亦不是全不顾知识方面的。它在感情方面，固然要与人以满足。在知识方面，对于当时的人所提出的疑问，亦要予以一个满意的解答。

宗教的信仰，是不论哪一个民族都有的。在浅演之时固然，即演进较深之后，亦复如此。这是因为：学问之所研究，只是一部分的问题，而宗教之所欲解决，则为整个的人生问题。宗教的解决人生问题，亦不是全不顾知识方面的。它在感情方面，固然要予人以满足。在知识方面，对于当时的人所提出的疑问，亦要予以一个满意的解答。所以一种宗教，当其兴起之时，总是足以解决整个人生问题的。但既兴起之后，因其植基于信仰，其说往往不易改变；而其态度亦特别不宽容；经过一定时期之后，遂成为进化的障碍，而被人斥为迷信。

宗教所给予人的，既是当下感情上和知识上的满足，其教义，自然要随时随地而异。一种宗教，名目未变，其教义，亦会因环境而变迁。原始的人，不知道自然界的法则。以为凡事都有一个像人一般的东西，有知识，有感情，有意志，在暗中发动主持着。既不知道自然界的法则，则视外界一切变化，皆属可能。所以其视环境，非常之可畏怖。而其视其所祈求的对象，能力之大，尤属不可思议。有形之物，虽亦为其所崇拜，然其所畏怖而祈求的，大概非其形而为寓于其中的精灵。无形可见之物，怎会令人深信不疑呢？原来古人不知道生物与无生物之别，更不知道动物与植物、人与动物之别，一切都看作和自己一样，而人所最易经验到而难于解释的，为梦与死。明明睡在这里没有动，却有所见，有所闻，有所作为；明明还是这个人，而顷刻之间，由知已变为无知了；安得不相信人生之中，别有一物以为之主？既以为人是如此，就推之一切物，以为都是如此了。这是我们现在，相信人有灵魂；相信天地、日月、山川等，都有神为之主；相信老树、怪石、狐狸、蛇等，都可以成为精怪的由来。虽然我们现在，已知道自然界的法则了；知道生物与无生物、动物与植物、人与其他动物之别了；然此等见解，根株仍未拔尽。

人类所崇拜的灵界，其实是虚无缥缈的，都是人所想象造作出来的。所以所谓灵界，其实还是人间世界的反映。人类社会的组织变化了，灵界的组织，也是要跟着变化的。我们现在所看得到的，其第一步，便是从部族时代进于封建时代的变化。部族的神，大抵是保护一个部族的，和别一个部族，则处于敌对的地位。所以《左传》僖公十年说："神不歆非类，民不祀非族。"孔子也说："非其鬼而祭之，谄也。"《论语·为政》。到封建时代，各个神灵之间，就要有一个联系。既要互相联系，其间自然要生出一个尊卑等级来。在此时代，宗教家所要做的工作就是：（一）把神灵分类。（二）确定每一类之中及各类之间尊卑等级的关系。我们在古书上看得见的，便是《周官》大宗伯所分的（一）天神，（二）地祇，（三）人鬼，（四）物魅四类。四类相互之间，自然天神最尊，地祇次之，人鬼次之，物魅最下。天神包括日月、星辰、风雨等。地祇包括山岳、河海等。但又有一个总天神和总地祇。人鬼：最重要的，是自己的祖宗。其余一切有功劳、有德行的人，也都包括在内。物魅是列举不尽的。天神、地祇、人鬼等，都是善性居多。物魅则善恶无定。这是中国人最普遍的思想，沿袭自几千年以前的。宗教发达到这一步，离一般人就渐渐地远了。"天子祭天地，诸侯祭其境内名山大川，"《礼记·王制》。和一般人是没有关系的。季氏旅于泰山，孔子就要讥其非礼了《论语·八佾》。何况平民？昊天上帝之外，还有主四时化育的五帝：东方青帝灵威仰，主春生。南方赤帝赤熛怒，主夏长。西方白帝白招拒，主秋成。北方黑帝汁光纪，主冬藏。中央黄帝含枢纽，则兼主四时化育。每一朝天子的始祖，据说实在是上帝的儿子。譬如周朝的始祖后稷，他的母亲姜嫄，虽说是帝喾之妃，后稷却不是帝喾的儿子。有一次，姜嫄出去，见一个大的足印。姜嫄一只脚，还不如它一个拇指大。姜嫄见了，觉得奇怪，把自己的脚，在这足印里踏踏看呢。一踏上去，身体就觉得感动。从此有孕了。生了一个儿子，就是后稷。又如商朝的始祖契。他的母亲简狄，也是帝喾之妃，然而契也不是帝喾的儿子。简狄有一次，

▼ 裸体双性浮雕彩陶壶 这件新石器时代后期的壶的表面被捏塑出一个裸体双性图像。这是一种男女同体的崇拜物，人们认为两性人具备沟通天地人神的能力。

到河里去洗澡，有一只玄鸟，掉下一个卵来。简狄取来吞下去，因此有孕了。后来就生了契。这个谓之“感生”。见《诗·生民》及《玄鸟》。《史记·殷周本纪》述契、后稷之生，即系《诗说》。《周官》大宗伯，以禋祀祀昊天上帝。小宗伯，兆五帝于四郊。郑玄谓天有六，即五帝和昊天上帝耀魄宝。可看《礼记·祭法疏》，最简单明了。五帝之名，虽出纬候，然其说自系古说。所以《礼记·礼运》：“因名山以升中于天，因吉土以飨帝于郊”已经把天和帝分说了。契、稷等因系上帝之子，所以其子孙得受命而为天子。按诸“神不歆非类，民不祀非族”之义，自然和平民无涉的，用不着平民去祭。其余如“山林、川谷、丘陵，能出云，为风雨，见怪物”。而且是“民所取材用”的，《礼记·祭法》。虽和人民有关系，然因尊卑等级，不可紊乱之故，也就轮不着人民去祭了。宗教发达到此，神的等级愈多，上级的神威权愈大，其去一般人却愈远，正和由部族之长，发展到有诸侯，由列国并立的诸侯，进步到一统全国的君主，其地位愈尊，而其和人民相去却愈远一样。

人，总是实际主义的。所敬畏的，只会是和自己切近而有关系的神。日本田崎仁义所著《中国古代经济思想及制度》说：古代宗教思想，多以生物之功，归之女性；又多视日为女神。中国古代，最隆重的是社祭。《礼记·郊特牲》说：“惟为社事，单出里。惟为社田，国人毕作。惟社，丘乘共粢盛。”单同殚。而这所谓社，则只是一地方的土神，据《礼记·祭法》，王、诸侯、大夫等，均各自立社。并不是与天神相对的后土。《易经·说卦传》：离为日，为中女。《山海经》和《淮南子》，以生日驭日的羲和为女神。《山海经·大荒南经》：“东南海之外，甘水之间，有羲和之国。有女子，名羲和，方浴日于甘渊。羲和者，帝俊之妻，生十日。”《淮南子·天文训》：“至于悲泉，爰止其女，爰息其马，是谓县车。”而《礼记·郊特牲》说，郊之祭，乃所以迎“长日之至”。可见以郊祭为祭天，乃后起之事，其初只是祭日；而祭日与祭社，则同是所以报其生物之功。后来虽因哲学观念的发达，而有所谓“苍苍者天，抟抟者地”，然这整个的天神和整个的地神，就和人民关系不切了，虽没有政治上“天子祭天地”的禁令，怕也不会有什么人去祭它的。日月星辰风雨等，太多了，祭不胜祭；亦知道其所关涉者广，用不着一地方去祭它。只有一地方的土神，向来视为于己最亲的，其祭祀还相沿不废。所以历代以来，民间最隆重的典礼是社祭，最热闹的节场是作社。还有所谓八蜡之祭，是农功既毕之后，举凡与农事有关之神，一概祭飨它一次。见《郊特牲》。又古代视万物皆有神，则有所谓中霤，有所谓门，有所谓行，有所谓户，有所谓灶，均见《祭法》。此等崇拜，倒也有残留到后世的。又如古代的司命，是主人的生死的。司命亦见《祭法》。《庄子·至乐》

云："庄子之楚，见髑髅而问之。夜半，髑髅见梦。庄子曰：吾使司命复生子形，为子骨肉肌肤。"知古谓人生死，皆司命主之。后世则说南斗主生，北斗主死，所以南北斗去人虽远，倒也有人崇拜它。诸如此类，悉数难终。总之于人有切近的关系的，则有人崇拜，于人无切近的关系的，则位置虽高，人视之，常在若有若无之间。现在人的议论，都说：一神教比多神教进化，中国人所崇拜的对象太杂，所以其宗教，还是未甚进化的。其实不然。从前俄国在专制时代，人民捐一个钱到教堂里去，名义上也要以俄皇的命令允许的。这和佛教中的阿弥陀佛有一个人皈依他，到临死时，佛都自己来接引他到净土去一样。中国的皇帝，向来是不管小事的，所以反映着人间社会而成的灵界组织，最高的神，亦不亲细务。假使中国宗教上的灵界组织，是以一个大神，躬亲万事的，中国人也何尝不会专崇拜这一个神？然而崇拜北斗，希冀长生，和专念阿弥陀佛，希冀往生净土的，根本上有什么区别呢？若说一神教的所谓一神，只是一种自然力的象征，所以崇拜一神教的，其哲学上的见地，业已达于泛神论了，要比多神教高些。则崇拜一神教的，都是当他自然力的象征崇拜的吗？老实说：泛神论与无神论，是一而二、二而一的。真懂得泛神论的，也就懂得无神的意义，不会再有现在某些宗教家的顽固见解了。

较神的迷信进一步的，则为术。术数二字，古每连称，其实二者是不同的，已见上章。术之起源，由于因果的误认。如说做一个木人，或者束一个草人，把他当作某人，用箭去射他，就会使这个人受伤。又如把某人贴身之物，加以破坏，就能使这个人受影响之类。苌弘在周朝，把狸首象征不来的诸侯去射他，以致为晋人所杀。见《史记·封禅书》。豫让为赵襄子所擒，请襄子之衣，拔剑三跃而击之，衣尽出血，襄子回车，车轮未周而亡。就是此等见解。凡厌胜咒诅之术，均自此而出。又有一种，以为此地的某种现象，与彼地的某种现象；现在的某种现象，和将来的某种现象；有连带关系的。因欲依据此时此地的现象，以测知彼时彼地的现象。是为占卜之术所自始。此等都是所谓术。更进一步则为数。《汉书·艺文志》说形法家之学道："形人及六畜骨法之度数，器物之形容，以求其声气贵贱吉凶，犹律有长短，而各征其声，非有鬼神，数自然也。"全然根据于目可见、身可触的物质，以说明现象的原因，而否认目不可见的神秘之说，卓然是科学家的路径。惜乎这种学派中人，亦渐渐地枉其所信，而和术家混合为一了。《汉志·术数略》，共分六家：曰天文、曰历谱、曰五行、曰蓍龟、曰杂占、曰形法。蓍龟和杂占，纯粹是术家言。天文、历谱、五行、形法都饶有数的意味，和术家混合了，为后世星相之学所自出。

中国古代所崇拜的对象，到后世，都合并起来，而被收容于道教之中。然所谓道教，除此之外，尚有一个元素，那便是神仙家。当春秋战国时，就有所谓方士者，以不死之说，诳惑人主。《左传》昭公二十年，齐景公问于晏子，说："古而无死，其乐何如？"古代无论哲学、宗教，都没有持不死之说的，可见景公所问，为受神仙家的诳惑了。此后齐威宣王、燕昭王亦都相信他。见于《史记·封禅书》，而秦始皇、汉武帝信之尤笃，其事为人人所知，无烦赘述了。事必略有征验，然后能使人相信。说人可不死，是最无征验的。齐景公等都系有为之主，何以都为所蛊惑呢？以我推测，因燕齐一带，多有海市。古人明见空中有人物城郭宫室，而不知其理，对于神仙之说，自然深信不疑了。神仙家，《汉志》列于方技，与医经、经方、房中并列。今所传最古的医书《素问》，中亦多载方士之言。可见方士与医药，关系甚密。想借修炼、服食、房中等术，以求长生，虽然误缪，要不能视为迷信。然此派在汉武时，就渐渐地和古代的宗教混合了。汉武时，所谓方士，实分两派：一派讲炼丹药，求神仙，以求长生。一派则从事祠祭以求福。其事俱见于《史记·封禅书》《汉书·郊祀志》。《郊祀志》所载各地方的山川，各有其当祭之神，即由献其说的方士主持。此乃古代各部族的宗教，遗留到后世的。《山海经》所载，某水某山有某神，当用何物祠祭，疑即此等方士所记载。此派至元帝后，多被废罢；求神仙一派，亦因其太无效验，不复为时主所信；乃转而诳惑人民。其中规模最大的，自然是张角。次之则是张鲁。他们也都讲祠祭。但因人民无求长生的奢望，亦无炼金丹等财力，依《抱朴子》讲，当时方士炼丹，所费甚巨。葛洪即自憾无此资财，未能从事。所以不讲求神仙，而变为以符咒治病了。符咒治病，即是祝由之术，亦古代医术中的一科。其牵合道家之学，则自张鲁使其下诵习《老子》五千言始。张鲁之道，与老子毫无干涉，何以会使人诵习《老子》呢？依我推测，大约因汉时以黄、老并称，神仙家自托于黄帝，而黄帝无书，所以牵率及于老子。张鲁等的宗教，有何理论可讲？不过有一部书，以资牵合附会就够了，管什么实际合不合呢？然未几，玄学大兴，《老子》变为时髦之学，神仙家诳惑上流社会的，亦渐借其哲理以自文。老子和所谓方士、所谓神仙家，就都生出不可分离的关系来了。此等杂多的迷信，旁薄郁积，毕竟要汇合为一的。享其成的，则为北魏时的寇谦之。谦之学张鲁之术，因得崔浩的尊信，言于魏明元帝而迎之，尊之为天师，道教乃成为国家所承认的宗教，俨然与儒释并列了。此事在民国纪元前一四八九年，公元四二三年。刘宋少帝景平元年，魏明元帝泰常八年。后世谈起道教来，均奉张陵为始祖。陵乃鲁之祖父。据《后汉书》说：陵客蜀，学道于鹄鸣山中。受其道者，辄出米五斗，故谓之米贼，陵传子衡，衡传于鲁。然其事羌无证据。据《三国志》《注》引《典略》，则为五斗米道的，实系张修。修乃与鲁并受命于刘焉，侵据汉中，后来鲁又袭杀修而并其众的。鲁行五斗米道于汉中，一时颇收小效。疑其本出于修，鲁因其有治效而沿袭之，却又讳其所自出，而自托之于父祖。历史，照例所传的，是成功一方面的人的话，张陵就此成为道教的始祖了。

从外国输入的宗教，最有权威的，自然是佛教。佛教的输入，旧说都以为在后汉明帝之世。说明帝梦见金人，以问群臣，傅毅对以西方有圣人，乃遣郎中蔡愔、博士弟子秦景等使于天竺。得佛经四十二章，及释迦立像，与沙门摄摩腾、竺法兰，以白马负经而至。因立白马寺于洛城西。此乃因其说见于《魏书·释老志》，以为出于正史之故。梁启超作《佛教之初输入》，考此说出于西晋道士王浮的《老子化胡经》，其意乃欲援释入道，殊为妖妄。然《魏书》实未以金人入梦，为佛教入中国之始。据《魏书》之意，佛教输入，当分三期：（一）匈奴浑邪王降，中国得其金人，为佛教流通之渐。（二）张骞至大夏，知有身毒，行浮屠之教。哀帝元寿元年，博士弟子秦景宪，受大月氏使伊存口授浮屠经。（三）乃及明帝金人之梦。金人实与佛教无涉。大月氏使口授浮屠经，事若确实，当可称为佛教输入之始。元寿元年，为民国纪元前一千九百十三年，即公历公元前二年。然则佛教输入中国，实在基督诞生后两年了。基督降生，在纪元前四年。西人因纪年行用已久，遂未改正。据《后汉书》所载，光武帝子楚王英业已信佛，可见其输入必不在明帝之世。秦景宪与秦景，当即一人。此等传说中的人物，有无尚不可知，何况确定其名姓年代？但大月氏为佛教盛行之地；汉与西域，交通亦极频繁；佛教自此输入，理有可能。梁启超以南方佛像涂金；《后汉书·陶谦传》，说谦使笮融督广陵、下邳、彭城运粮，融遂断三郡委输，大起浮屠寺，作黄金屠像；疑佛教本自南方输入。然此说太近臆测。即谓其系事实，亦不能断定其输入在北方之先。梁氏此文，破斥旧说之功甚大，其所建立之说，则尚待研究。柳诒徵《梁氏佛教史评》，可以参看。佛教的

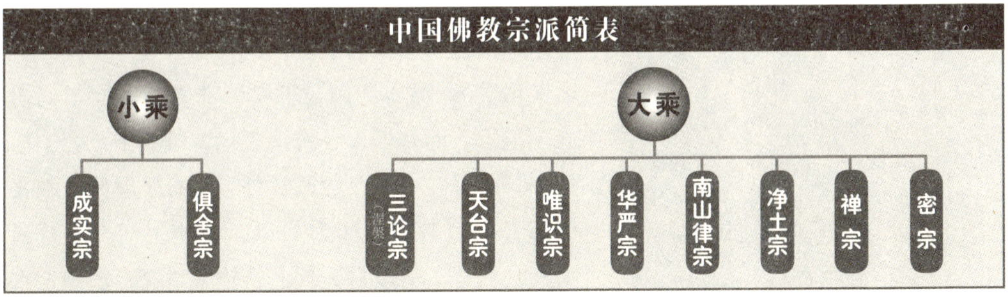

特色：在于（一）其说轮回，把人的生命延长了，足以救济中国旧说，（甲）限善报于今世及其子孙，及（乙）神仙家飞升尸解等说的太无征验，而满足人的欲望。（二）又其宗旨偏于出世，只想以个人的修养，解脱苦痛，全不参加政治斗争。在此点，佛教与张角、张鲁等，大不相同。所以不为政治势力所摧残，而反为其所扶植。（三）中国是时，尚缺乏统一全国的大宗教。一地方一部族之神，既因其性质偏狭而不适于用，天子所祭的天地等，亦因其和人民相去远了，而在若无若有之间。张角、张鲁等的宗教运动，又因其带有政治斗争性质；且其教义怕太浅，而不足以餍上中流社会之望；并只适于秘密的结合，而不宜于平和的传布；不能通行。只有佛教，既有哲理，又说福报，是对于上中下流社会都适宜的。物我无间，冤亲平等，国界种界尚且不分，何况一国之中，各地方各民族等小小界限？其能风行全国，自然无待于言了。至佛教的哲理方面，及其重要宗派，上章已略言之，今不赘述。

▼ 童子礼佛图轴 图为四童子在效仿成人拜祭神佛，反映出当时民间宗教信仰对儿童的影响。由此可见佛教在中国的传播已相当深入了。

把一个中空的瓶抛在水中，水即滔滔注入，使其中本有水，外面的水就不容易进去了。这是先入为主之理，一人如是，一国亦然。佛教输入时，中国的宗教界，尚觉贫乏，所以佛教能够盛行。佛教输入后，就不然了。所以其他外教，输入中国的虽多，都不能如佛教的风行无阻。其和中国文化的关系亦较浅。

佛教以外，外国输入的宗教，自以回教为最大。此教缘起，人人知之，无待赘述。其教本名伊斯兰，在中国则名清真，其寺称清真寺。其经典名《可兰》。原本为阿拉伯文，非其教中有学问的人不能读；而其译本及教中著述，流布于社会上的很少；所以在中国，除教徒外，罕有了解回教教义的。又回教教规，极为严肃。教徒生活，与普通人不甚相合。所以自元代盛行输入以来，已历七百年，仍不能与中国社会相融化。现在中国信奉回教的人，约有五千万。其中所包含的民族实甚多，然人皆称为回族，俨然因宗教而结合成一个民族了。因宗教而结合成一个民族，在中国，除回教之外，是没有的。

中国人称伊斯兰教为回教，乃因其为回纥人所信奉而然。然回纥在漠北，实本信摩尼教。其信伊斯兰教，乃走入天山南路后事。摩尼教原出火教。火教为波斯国教，中国称为胡天。又造祆字，称为祆教。其字从示从天，读它烟切。或误为从夭，读作于兆切，就错了。火教当南北朝时，传至葱岭以东，因而流入中国。然信奉它的，只有北朝的君主。唐朝时，波斯为大食所灭，中亚细亚亦为所据，火教徒颇有东行入中国的，亦未和中国社会发生什么影响。摩尼教则不然。唐朝安史乱后，回纥人多入中国，其教亦随之而入。自长安流行及于江淮。武宗时，回纥败亡，会昌五年，公历八四五年，民国纪元前一千零六十七年。中国乃加以禁断。然其教流行至南宋时仍不绝。其人自称为明教。教外人财谓之吃菜事魔，以其教徒均不食肉之故。按宗教虽似专给人以精神上的慰安，实则仍和现实生活有关系。现实生活，经济问题为大。流行于贫苦社会中的宗教，有教人团结以和现社会相斗争的，如太平天国所创的上帝教，实行均田和共同生活之法是。有教教徒自相救恤，对于现社会的组织，则取放任态度的，如张鲁在汉中，教人做义舍，置米肉其中，以便行人；令有小过者修路；禁酒，春夏禁杀；明教徒戒肉食，崇节俭，互相救恤是。入其教的，生活上既有实益，所以宋时屡加禁断，不能尽绝。然社会秩序未能转变时，与之斗争的，固然不免灭亡；即欲自成一团体，独立于现社会组织之外的，亦必因其和广大的社会秩序不能相容，而终遭覆灭。所以到元朝以后，明教也就默默无闻了。张鲁之治汉中，所以能经历数十年，乃因其政治尚有规模，人民能与之相安，并非由其教义，则明教的流行较久，亦未必和其教义有甚关系了。火教及摩尼教流行中国的历史，详见近人陈垣所撰《火祆入中国考》。

基督教入中国，事在民国纪元前一千二百七十四年。公历六三八年，唐太宗贞观十二年。波斯人阿罗本（Olopen），始赍其经典来长安。太宗许其建寺，称为波斯，玄宗因其教本出大秦，改寺名为大秦寺。其教在当时，称为景教。德宗时，寺僧景净，立《景教流行中国碑》，明末出土，可以考见其事的始末。蒙古时，基督教又行输入。其徒谓之也里可温。陈垣亦有考。元时，信奉基督教的，多是蒙古人。所以元亡而复绝。直到明中叶后，才从海路复行输入。近代基督教的输入，和中国冲突颇多。推其源，实出于政治上的误解。基督教的教义，如禁拜天、拜祖宗、拜孔子等，固然和中国的风俗是冲突的。然前代的外教，教规亦何尝不和中国风俗有异同？

况近代基督教初输入时，是并不禁拜天、拜祖宗、拜孔子的。明末相信基督教的，如徐光启、李之藻辈，并非不了解中国文化的人。假使基督教义和中国传统的风俗习惯，实不相容，他们岂肯因崇信科学之故，把民族国家，一齐牺牲了？当时反对西教的，莫如杨光先。试看他所著的《不得已书》。他说：他们“不婚不宦，则志不在小”。又说：“其制器精者，其兵械亦精。”又说：他们著书立说，谓中国人都是异教的子孙。万一他们蠢动起来，中国人和他们相敌，岂非以子弟敌父兄？又说：“以数万里不朝不贡之人，来不稽其所从来，去不究其所从去；行不监押，止不关防。十三省山川形势，兵马钱粮，靡不收归图籍。百余年后，将有知余言之不得已者。”因而断言：“宁可使中国无好历法，不可使中国有西洋人。”原来中国历代，军政或者废弛，至于军械，则总是在外国之上的。到近代，西人的船坚炮利，中国才自愧弗如。而中国人迷信宗教，是不甚深的。西洋教士艰苦卓绝的精神，又非其所了解，自然要生出疑忌来了。这也是在当日情势之下，所不能免的，原不足以为怪，然攻击西教士的虽有，而主张优容的，亦不在少数。所以清圣祖初年，虽因光先的攻击，汤若望等一度获罪，然教禁旋复解除。康熙一朝，教士被任用者不少。于中国文化，裨益实非浅鲜。此亦可见基督教和中国文化，无甚冲突了。教禁之起，实由一七〇四年，康熙四十三年。教皇听别派教士的话，以不禁中国教徒拜天、拜祖宗、拜孔子为不然，派多罗（Tourmon）到中国来禁止。此非但教义与中国相隔阂，亦且以在中国传教的教士，而受命于外国的教皇，亦非当时中国的见解，所能容许。于是有康熙五十六年重申教禁之事。世宗即位后，遂将教徒一律安置澳门；各省的天主堂，尽行改为公廨了。自此以后，至五口通商后教禁解除之前，基督教在中国，遂变为秘密传播的宗教。中国人既不知道他的真相，就把向来秘密教中的事情，附会到基督教身上：什么挖取死人的眼睛咧；聚集教堂中的妇女，本师投以药饵，使之雉鸣求牡咧。种种离奇怪诞之说，不一而足，都酿成于此时。五口通商以后，（一）中国人既怀战败之愤，视外国的传教，为借兵力胁迫而成。（二）教民又恃教士的干涉词讼为护符，鱼

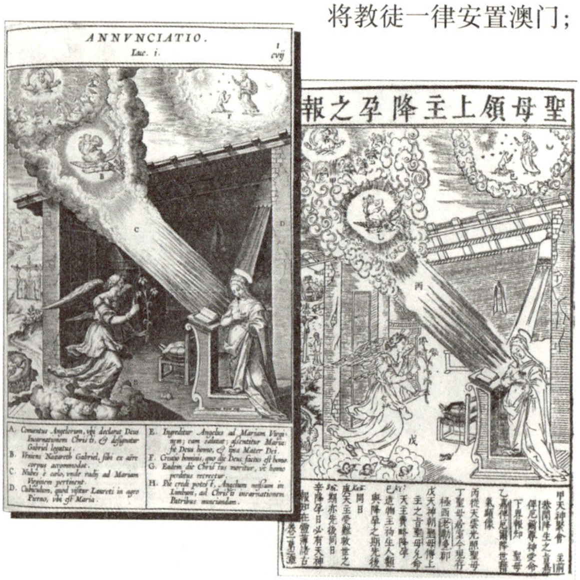

▼圣母领报图 这两幅圣母领报图展示了传教士是如何改编欧洲资料以适应中国信徒的。

肉乡里。（三）就是外国教士，也有倚势妄为，在中国实施其敲诈行为的。见严复译英人宓克所著《中国教案论》。于是教案迭起，成为交涉上的大难题了。然自庚子事变以后，中国人悟盲目排外之无益，风气幡然一变，各省遂无甚教案。此亦可见中国人对于异教的宽容了。

基督教原出犹太。犹太教亦曾输入中国。谓之一赐乐业教。实即以色列的异译。中国谓之挑筋教。今存于河南的开封。据其教中典籍所记，其教当五代汉时，民国纪元前九六五至九六二，公历九四七至九五〇年。始离本土，至宋孝宗隆兴元年，民国纪元前七四九，公历一一六三年。始在中国建寺。清圣祖康熙四十一年，有教徒二三千人。宣宗道光末，存者止三百余。宣统元年二百余。民国八年，止有一百二十余人。初来时凡十七姓，清初，存者只有七姓了。详见陈垣《一赐乐业教考》。

社会变乱之际，豪杰之士，想结合徒党，有所作为的，亦往往借宗教为工具。如前代的张角、孙恩，近代的太平天国等都是。此特其荦荦大者，其较小的，则不胜枚举。此等宗教，大率即系其人所创造，多借当时流行之说为资料。如张角讹言“苍天已死，黄天当立”，苍，疑当作赤，为汉人所讳改。系利用当时五行生胜之说；白莲教依托佛教；上帝教依托基督教是。然此实不过借为数据，利用其业已流行于社会。其教理，实与其所依附之说，大不相同。其支离灭裂，往往使稍有智识之人，闻之失笑。上帝教和义和团之说，因时代近，传者较多，稍一披览，便可见得。然非此不足以煽动下流社会中人。我们现在的社会，实截然分为两橛。一为上中流知识阶级，一为下流无知识阶级。我们所见、所闻、所想，实全与广大的为社会基础的下层阶级相隔绝。我们的工作，所以全是浮面的，没有真正的功效，不能改良社会，即由于此。不可不猛省。

中国社会，迷信宗教，是不甚深的。此由孔教盛行，我人之所祈求，都在人间而不在别一世界之故。因此，教会之在中国，不能有很大的威权。因此，我们不以宗教问题和异族异国，起无谓的争执。此实中国文化的一个优点。现今世界文化进步，一日千里。宗教因其性质固定之故，往往成为进化的障碍。若与之争斗，则又招致无谓的牺牲，欧洲的已事，即其殷鉴。这似乎是文化前途一个很大的难题。然实际生活，总是顽强的观念论的强敌。世界上任何宗教，其教义，总有几分禁欲性的，事实上，却从没看见多数的教徒，真能脱离俗生活。文化愈进步，人的生活情形，变更得愈快。宗教阻碍进步之处，怕更不待以干戈口舌争之了。这也是史事无复演，不容以旧眼光推测新变局的一端。

下编

中国政治史

在上编中，按照文化的项目，已把历代文化的变迁，叙述了一个大略，现在却要依据时代，略叙我们这一个民族国家几千年来盛衰的大略了。叙述历代的盛衰，此即向来所谓政治史。中国从前的历史，所以被人讥诮为帝王的家谱，为相斫书，都由其偏重这一方面之故。然而矫枉过正，以为这一方面可以视为无足重轻，也是不对的。社会是整个的，作起文化史来，分门别类，不过是我们分从各方面观察，讲到最后的目的，原是要集合各方面，以说明一个社会的盛衰，即其循着曲线进化的状况的。

这一篇政治史，按照历史年代发展的顺序写成，其叙述简明精当，脉络流贯，议论风发，对一般读者熟悉中国历史大有裨益。

CHAPTER 19

◎ 第十九章 中国民族的由来

中国是世界上最大的一个民族国家，这是无待于言的。一个大民族，固然总是融合许多小民族而成，然其中亦必有一主体。为中国民族主体的，无疑是汉族了。汉族的由来，在从前是很少有人提及的。这是因为从前人地理知识的浅薄，不知道中国以外还有许多地方之故。

在上编中，我曾按文化的项目，把历代文化的变迁，叙述了一个大略，现在却要依据时代，略叙我们这一个民族国家几千年来盛衰的大略了。社会是整个的，作起文化史来，分门别类，不过是我们分从各方面观察，讲到最后的目的，原是要集合各方面，以说明一个社会的盛衰，即其循着曲线进化的状况的。但是这件事很不容易。史事亡失的多了，我们现在对于各方面，所知道的多很模糊，不但古代史籍缺乏之时，即至后世，史籍号称完备，然我们所要知道的事，仍很缺乏而多伪误。用现代新史学的眼光看起来，现在人类对于过去的知识，实在是很贫乏的。贸贸然据不完不备的材料，来说明一时代的盛衰，往往易流于武断。而且从中学到大学，永远是以时为经、以事为纬的，将各时代的事情，复述一遍，虽然详略不同，而看法失之单纯，亦难于引起兴趣。所以我这部书，变换一个方法，上编先依文化的项目，把历代的情形，加以叙述，然后这一编依据时代，略述历代的盛衰。读者在读这一编时，对于历代的社会状况，先已略有所知，则涉及时措辞可以从略，不致有头绪纷繁之苦；而于历代盛衰的原因，亦更易于明了了。

叙述历代的盛衰，此即向来所谓政治史。中国从前的历史，所以被人讥诮为帝王的家谱，为相斫书，都由其偏重这一方面之故。然而矫枉过正，以为这一方面可以视为无足重轻，也是不对的。现在的人民，正和生物在进化的中途需要外骨保护一样。这话怎样说呢？世界尚未臻于大同之境，人类不能免于彼此对立，就不免要靠着武力或者别种力量互相剥削，在一个团体之内，虽然有更高的权力，以评判其是非曲直，而制止其不正当的竞争，在各个团体之间却至今还没有，到被外力侵犯之时，即不得不以强力自卫，此团体即所谓国家。一个国家之中，总包含着许多目的简单，有意用人力组成的团体，如实业团体、文化团体等都是。此等团体，和别一个国家内性质相同的团体，是用不着分界限的，能合作固好，能合并则更好。无如世界上现在还有用强力压迫人家、掠夺人家的事情。我们没有组织，就要受到人家的压迫、掠夺，而浸至无以自存了。这是现今时代国家所以重要。世界上的人多着呢，为什么有些人能合组一个国家，有些人却要分作两国呢？这个原因，最重要的，就是民族的异同，而民族的根底，则为文化。世界文化的发达，其无形的目的，总是向着大同之路走的，但非一蹴可就。未能至于大同之时，则文化相同的人民可以结为一体，通力合作，以共御外侮；文化不相同的则不能然，此即民族国家形成的原理。在现今世界上，非民族的国家固多，然总不甚稳固。其内部能平和相处，强大民族承认弱小民族自决权利的还好，其不然的，往往演成极激烈的争斗；而一民族强被分割的，亦必出死力以求其合；这是世界史上数见不鲜的事。所以民族国家，在现今，实在是一个最重要的组织，若干人民，其文化能互相融和而成为一个民族，一个民族而能建立一个强固的国家，都是很不容易的事。苟其能之，则这一个国家，就是这一个民族在今日世界上所以自卫，而对世界的进化尽更大的责任的良好工具了。

中国是世界上最大的一个民族国家，这是无待于言的。一个大民族，固然总是融合许多小民族而成，然其中亦必有一主体。为中国民族主体的，无疑是汉族了。汉族的由来，在从前是很少有人提及的。这是因为从前人地理知识浅薄，不知道中国以外还有许多地方之故。至于邃古时代的记载，自然是没有的。后来虽然有了，然距邃古的时代业已很远；又为神话的外衣所蒙蔽。一个民族不能自知其最古的历史，正和一个人不能自知其极小时候的情形一样。如其开化较晚，而其邻近有先进的民族，这一个民族的古史，原可借那一个民族而流传，中国却又无有。那么，中国民族最古的情形，自然无从知道了。直至最近，中国民族的由来，才有人加以考究，而其初还是西人，到后来，中国人才渐加注意。从前最占势力的是“西来说”，即说中国民族，自西方高地而来。其中尤被人相信的，为中国民族来自黄河上源昆仑山之说。此所谓黄河上源，乃指今新疆的于阗河；所谓昆仑山，即指于阗河上源之山。这是因为：(一) 中国的开化，起于黄河流域。(二) 汉武帝时，汉使穷河源，说河源出于于阗。《史记·大宛列传》说，天子案古图书，河源出于昆仑。后人因汉代去古未远，相信武帝所案，必非无据之故。其实黄河上源，明明不出于于阗，若说于阗河伏流地下，南出而为黄河上源，则为地势所不容，明明是个曲说。而昆仑的地名，在古书里也是很神秘的，并不能实指其处，这只要看《楚辞》的《招魂》《淮南子》的《地形训》和《山海经》便知。所以以汉族开化起于黄河流域，而疑其来自黄河上源，因此而信今新疆西南部的山为汉族发祥之地，根据实在很薄弱。这一说，在旧时诸说中，是最有故书雅记做根据的，而犹如此，其他更不必论了。

▲ 黑陶釜 这件在浙江省余姚市河姆渡出土的黑陶釜是用于煮食的工具，底部已部分脱落。作者认为黑陶是有史以前的中国东系文化的代表。

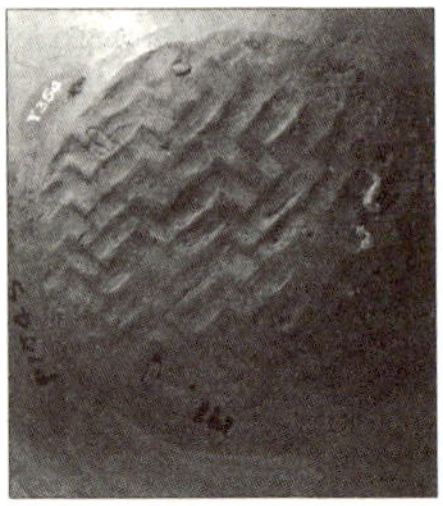

▲ 席纹陶钵底部印痕 这件陶钵的底部有印痕，是烧制陶钵之前用席子衬垫未干的陶坯所致。编制席子的蒲苇产于水边。这是古代人民多为巢居或湖居的佐证。

茫昧的古史，虽然可以追溯至数千年以上，然较诸民族的缘起，则是远后的。所以追求民族的起源实当求之于考古学，而不当求之于历史。考古学在中国，是到最近才略见曙光的。其所发现的人类，最古的是一九〇三年河北房山县周口店所发现的北京人。Peking Man。按此名为安特生所名，协和医学院解剖学教授步达生（Davidson Black）名之为 Sinanthropus Pekinensis，叶为耽名之曰震旦人，见所著《震旦人与周口店文化》，商务印书馆本。据考古学家的研究，其时约距今四十万年。其和中国人有无关系，殊不可知，不过因此而知东方亦是很古的人类起源之地罢了。其和历史时代可以连接的，则为 1921 年辽宁锦西沙锅屯，河南渑池仰韶村，及十二三年甘肃临夏、宁定、民勤，青海贵德及青海沿岸所发现的彩色陶器，和俄属土耳其斯坦所发现的酷相似。考古家安特生 J.G.Andersson。因谓中国民族，实自中亚经新疆、甘肃而来。但彩陶起自巴比伦，事在公元前三五〇〇年，传至小亚细亚，约在公元前二五〇〇年至前二〇〇〇年，传至希腊，则在前二〇〇〇年至前一〇〇〇年，俄属土耳其斯坦早有铜器，河南、甘肃、青海之初期则无之，其时必在公元前二五〇〇年之前，何以传播能如是之速？制铜之术，又何以不与制陶并传？斯坦因 Sir Aurel Stein。在新疆考古，所得汉、唐遗物极多，而先秦之物，则绝无所得，可见中国文化在先秦世实尚未行于西北，安特生之说，似不足信了。此说据金兆梓《中国人种及文化由来》，见《东方杂志》第二十六卷第二期。1930 年以后，山东历城的城子崖，滕县的安上村，都发现了黑色陶器。江苏武进的奄城，金山的戚家墩，吴县的磨盘山、黄壁山，浙江杭县的古荡、良渚，吴兴的钱山漾，嘉兴的双栖，平湖的乍浦，海盐的澉浦，亦得有新石器时代的石器、陶器，其中杭县的黑陶，颇与山东相类。又河域所得陶器，皆为条文及席文，南京、江、浙和山东邹县，福建武平，辽宁金县貔子窝及香港的陶器，则其文理为几何形。又山东、辽宁有有孔石斧，朝鲜、日本有有孔石厨刀，福建厦门、武平有有沟石锛，南洋群岛有有沟石斧，大洋洲木器所刻动物形，有的和中国铜器上的动物相像。北美阿拉斯加的土器，也有和中国相像的。然则中国沿海一带，实自有其文化。据1828年以后中央研究院在河南所发掘，安阳的侯家庄，浚县的大赉店，兼有彩色、黑色两种陶器，而安阳县北的小屯村，即1898年、1899年发现甲骨文字之处，世人称为殷墟的，亦有几何文的陶器。又江、浙石器中，有戈、矛及钺，河域惟殷墟有之。鬲为中国所独有，为鼎之前身，辽东最多，仰韶亦有之，甘肃、青海，则至后期才有。然则中国文化，在有史以前，似分东、西两系。东系以黑陶为代表，西系以彩陶为代表，而河南为其交会之地。彩陶为西方文化东渐的，代表中国固有的文化的，实为黑陶。试以古代文化现象证之:（一）“国君无故不杀牛，大夫无故不杀羊，士无故不杀犬豕”，而鱼鳖则为常食。（二）衣服材料以麻、丝为主，裁制极其宽博。（三）古代的人民，是巢居或湖居的。（四）其货币多用贝。（五）在宗教上又颇敬畏龙蛇。皆足证其文化起于东南沿海之处；彩陶文化之为外铄，似无疑义了。在古代，亚洲东方的民族，似可分为三系，而其处置头发的方法，恰可为其代表，这是一件极有趣味的事，即北族辫发、南族断发、中原冠带。《尔雅 · 释言》说:“齐，中也。”《释地》说:“自齐州以南戴日为丹穴，北戴斗极为空同，东至日所出为大平，西至日所入为大蒙。”“齐”即今之“脐”字，本有中央之义。古代的民族，总是以自己所居之地为中心的，齐州为汉族发祥之地，可无疑义了。然则齐州究在何处呢？我们固不敢断言其即后来的齐国，然亦必与之相近。又《尔雅 · 释地》说“中有岱岳”，而泰山为古代祭天之处，亦必和我民族起源之地有关。文化的发展，总是起于大河下流的，埃及和小亚细亚即其明证。与其说中国文化起于黄河上流，不如说其起于黄河下流的切于事情了。近来有些人，窥见此中消息，却又不知中国和南族之别，甚有以为中国人即是南族的，这个也不对。南族的特征是断发文身，断发即我国古代的髡刑，文身则是古代的黥刑，以南族的装饰为刑，可见其曾与南族相争斗，而以其俘虏为奴隶。近代的考古学，证明长城以北的古物，可分为三类:（一）打制石器，其遗迹西起新疆，东至东三省，而限于西辽河、松花江以北，环绕着沙漠。（二）细石器，限于兴安岭以西。与之相伴的遗物，有类似北欧及西伯利亚的，亦有类似中欧及西南亚的，两者均系狩猎或畜牧民族所为。（三）磨制石器，北至黑龙江昂昂溪，东至朝鲜北境，则系黄河流域的农耕民族所为，其遗物多与有孔石斧及类鬲的土器并存，与山东龙口所得的土器极相似。可见我国民族，自古即介居南北两民族之间，而为东方文化的主干了。步达生言仰韶村、沙锅屯的遗骸，与今华北人同，日本清野谦次亦谓貔子窝遗骸，与仰韶村遗骸极相似。

CHAPTER 20

◎ 第二十章 中国史的年代

讲历史要知道年代，正和讲地理要知道经纬线一般。有了经纬线，才知道某一地方在地球面上的某一点，和其余的地方距离如何，关系如何。有了年代，才知道某一件事发生在悠远年代中的某一时，当时各方面的情形如何，和其前后诸事件的关系如何。不然，就毫无意义了。

讲历史要知道年代，正和讲地理要知道经纬线一般。有了经纬线，才知道某一地方在地球面上的某一点，和其余的地方距离如何，关系如何。有了年代，才知道某一件事发生在悠远年代中的某一时，当时各方面的情形如何，和其前后诸事件的关系如何。不然，就毫无意义了。

正确的年代，源于（一）正确，（二）不断的记载。中国正确而又不断的记载，起于什么时候呢？那就是周朝厉、宣两王间的共和元年。下距民国纪元二七五二年，公历纪元八四一年，在世界各国中，要算是很早的了。但是比之于人类的历史，还如小巫之见大巫。世界之有人类，其正确的年代虽不可知，总得在四五十万年左右。历史确实的纪年，只有两千余年，正像人活了一百岁，只记得一年不到的事情，要做正确的年谱，就很难了。虽然历史无完整的记载，历史学家仍有推求之法。那便是据断片的记载，涉及天地现象的，用历法推算。中国用这方法的也很多。其中较为通行的，一为《汉书·律历志》所载刘歆之所推算，一为宋朝邵雍之所推算。刘歆所推算：周朝八百六十七年，殷朝六百二十九年，夏朝四百三十二年，虞舜在位五十年，唐尧在位七十年。周朝的灭亡，在民国纪元前二一六七年，公历纪元前二五六年，则唐尧的元年，在民国纪元前四二一五年，公历纪元前二三〇五年。据邵雍所推算，则唐尧元年，在民国纪元前四二六八年，公历纪元前二三五七年。据历法推算，本是极可信据的，但前人的记载，未必尽确，后人的推算，也不能无误，所以也不可尽信。不过这所谓不可信，仅系不密合，论其大概，还是不误的。《孟子·公孙丑下篇》说："由周而来，七百有余岁矣。"《尽心下篇》说："由尧、舜至于汤，五百有余岁；由汤至于文王，五百有余岁；由文王至于孔子，五百有余岁。"乐毅报燕惠王书，称颂昭王破齐之功，说他“收八百岁之蓄积”。《韩非子·显学篇》说：“殷、周七百余岁，虞、夏二千余岁。”此七百余岁但指周言。都和刘歆、邵雍所推算，相去不远。古人大略的记忆，十口相传，是不会大错的。然则我国历史上可知而不甚确实的年代，大约在四千年以上了。

自此以上，连断片的记录，也都没有，则只能据发掘所得，推测其大略，是为先史时期。人类学家把人类所用的工具，分别它进化的阶段，最早的为旧石器时期，次之为新石器时期，都在有史以前，更次之为青铜器时期，更次之为铁器时期，就在有史以后了。我国近代发掘所得，据考古学家的推测：周口店的遗迹，约在旧石器前期之末，距今二万五千年至七万年。甘、青、河南遗迹，早的在新石器时期，在公历纪元前二六〇〇至三五〇〇年之间；晚的在青铜器时期，在公历纪元前一七〇〇至二六〇〇年之间。按古代南方铜器的发明，似较北方为早，则实际上，我国开化的年代，或许还在此以前。

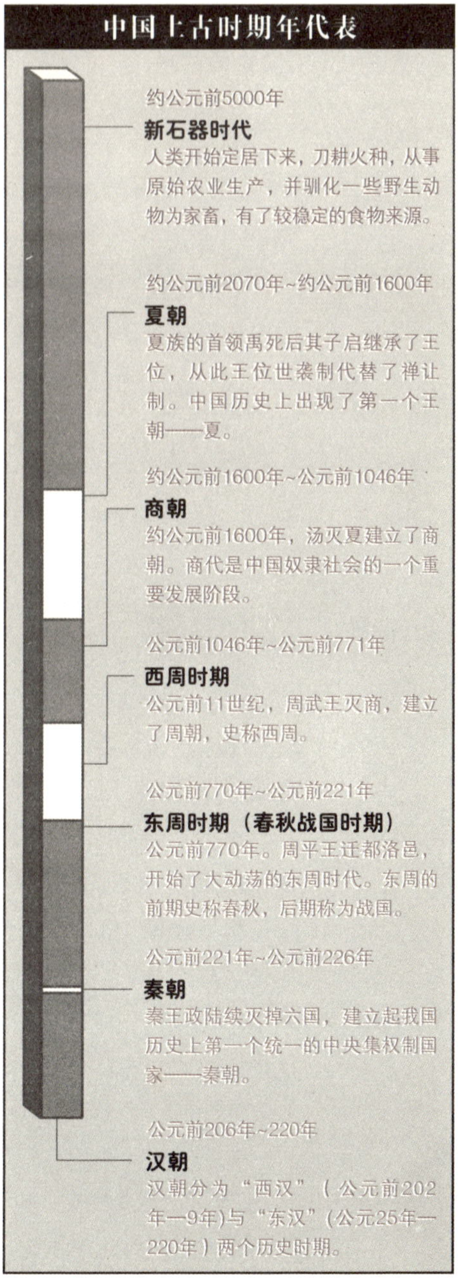

中国古书上，有的把古史的年代，说得极远而且极确实的，虽然不足为凭，然因其由来甚远，亦不可不一发其覆。按《续汉书·律历志》载蔡邕议历法的话，说《元命苞》《乾凿度》都以为自开辟至获麟，获麟是《春秋》的末一年，在公元前四八一年。二百七十六万岁。司马贞《补三皇本纪》，则说《春秋纬》称自开辟至获麟，凡三百二十七万六千岁，分为十纪。据《汉书·律历志》刘歆的三统历法，以十九年为一章，四章为一部，二十部为一纪，三纪为一元。二百七十五万九千二百八十年，乃是六百十三元之数，《汉书·王莽传》说：莽下三万六千岁历，三万六千被乘于九十一，就是三百二十七万六千年了。这都是向壁虚造之谈，可谓毫无历史上的根据。

CHAPTER 21

◎ 第二十一章 古代的开化

习惯上认为很早的帝王的，就是三皇、五帝。三皇、五帝之名，见于《周官》外史氏，并没说他是谁。后来异说甚多，其较古的，还是《风俗通》引《含文嘉》，以燧人、伏羲、神农为三皇，《史记·五帝本纪》以黄帝、颛顼、帝喾、尧、舜为五帝之说。

中国俗说，最早的帝王是盘古氏。古书有的说他和天地开辟并生，有的说他死后身体变化而成日月、山河、草木等。徐整《三五历记》说："天地混沌如鸡子，盘古生其中。万八千岁，天地开辟，阳清为天，阴浊为地，盘古在其中。……天日高一丈，地日厚一丈，盘古日长一丈。如此万八千岁，天数极高，地数极深，盘古极长。"《五运历年记》说："首生盘古，垂死化身；气成风云，声为雷霆，左眼为日，右眼为月，四肢、五体为四极、五岳，血液为江河，筋脉为地理，肌肉为田土，发髭为星辰，皮毛为草木，齿骨为金石，精髓为珠玉，汗流为雨，身之诸虫，因风所感，化为黎虻。"这自然是附会之辞，不足为据。《后汉书·南蛮传》说：汉时长沙、武陵蛮长沙、武陵，皆后汉郡名。长沙，治今湖南长沙县。武陵，治今湖南常德县。的祖宗，唤作盘瓠，乃是帝喾高辛氏的畜狗。当时有个犬戎国，为中国之患。高辛氏乃下令，说有能得犬戎吴将军的头的，赏他黄金万镒，还把自己的女儿嫁给他。令下之后，盘瓠衔了吴将军的头来。遂背了高辛氏的公主，走入南山，生了六男六女，自相夫妻，成为长沙、武陵蛮的祖宗。现在广西一带，还有祭祀盘古的。闽、浙的畲民，则奉盘瓠为始祖，其画像仍作狗形。有人说：盘古就是盘瓠，这话似乎很确。但是《后汉书》所记，只是长沙、武陵一支，而据古书所载，则盘古传说，分布之地极广，而且绝无为帝喾畜狗之说，据《路史》：会昌有盘古山，湘乡有盘古堡，雩都有盘古祠，成都、淮安、京兆亦皆有盘古庙。会昌，今江西会昌县。湘乡，今湖南湘乡县。雩都，今江西雩都县。成都，今四川成都县。淮安，今江苏淮安县。京兆，今西京。则盘古、盘瓠，究竟是一是二，还是一个疑问。如其是一，则盘古本非中国民族的始祖；如其是二，除荒渺的传说外，亦无事迹可考；只好置诸不论不议之列了。

在盘古之后，而习惯上认为很早的帝王的，就是三皇、五帝。三皇、五帝之名，见于《周官》外史氏，并没说他是谁。后来异说甚多，三皇异说：《白虎通》或说，无燧人而有祝融。《礼记·曲礼正义》说：郑玄注《中候敕省图》引《运斗枢》，无燧人而有女娲。按《淮南子·天文训》《览冥训》，《论衡·谈天》《顺鼓》两篇，都说共工氏触不周之山，天柱折，地维缺，女娲炼五色石以补天，断鳌足以立四极。而司马贞《补三皇本纪》说系共工氏与祝融战，则女娲、祝融一人。祝融为火神，燧人是发明钻木取火的，可见其仍系一个部族。五帝异说：则汉代的古学家，于黄帝、颛顼之间，增加了一个少昊，于是五帝变成六人。郑玄注《中候敕省图》，乃谓德合五帝坐星，即可称帝，故"实六人而为五"。然总未免牵强。东晋晚出的《伪古文尚书》的《伪孔安国传序》，乃将三皇中的燧人除去，而将黄帝上升为三皇，于是六人为五的不通，给他弥缝过去了。《伪古文尚书》今已判明其为伪，人皆不之信，东汉古学家之说，则尚未显被推翻。但古学家此说，不过欲改五德终始说之相胜为相生，而又顾全汉朝之为火德，其作伪实无以异，而手段且更拙。按五德终始之说，创自邹衍，本依五行相胜的次序。依他的说法，是虞土、夏木、殷金、周火，所以秦始皇自以为水德，而汉初自以为土德。到刘向父子出，改五德的次序为五行相生，又以汉为尧后。而黄帝的称号为黄，黄为土色，其为土德，无可移易。如此，依五帝的旧次，颛顼金德，帝喾水德，尧是木德，与汉不同德了。于其间增一少昊为金德，则颛顼水德，帝喾木德，尧为火德，与汉相同；尧以后则虞土、夏金、殷水、周木，而汉以火德承之，秦人则被视为闰位，不算入五德相承次序。这是从前汉末年发生，至后汉而完成的一套五德终始的新说，其说明见于《后汉书·贾逵传》，其不能据以言古代帝王的统系，是毫无疑义的了。其较古的，还是《风俗通》引《含文嘉》，以燧人、伏羲、神农为三皇，《史记·五帝本纪》以黄帝、颛顼、帝喾、尧、舜为五帝之说。燧人、伏羲、神农，不是"身相接"的，五帝则有世系可考。据《史记·五帝本纪》及《大戴礼记·帝系篇》，其统系如下：

按五帝之说，源于五德终始，五德终始之说，创自邹衍，邹衍是齐人，《周官》所述的制度，多和《管子》相合，疑亦是齐学。古代本没有一个天

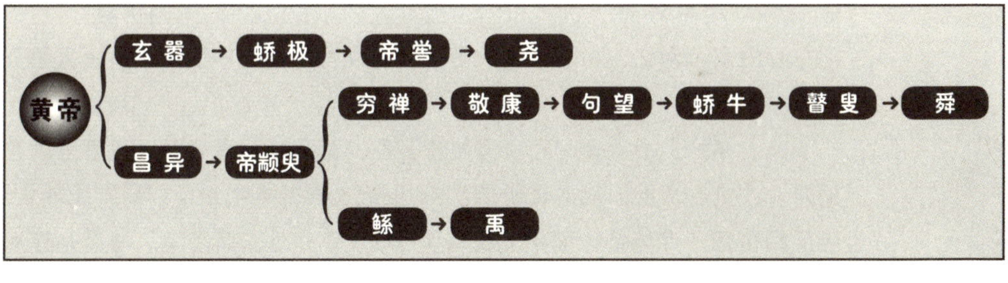

子是世代相承的；即一国的世系较为连贯的，亦必自夏以后。夏、殷两代，后世的史家都认为是当时的共主，亦是陷于时代错误的。据《史记·夏本纪》《史记·殷本纪》所载，明明还是盛则诸侯来朝，衰则诸侯不至，何况唐、虞以上？所以三皇、五帝，只是后人造成的一个古史系统，实际上怕全不是这么一回事。但自夏以后，一国的世系，既略有可考；而自黄帝以后，诸帝王之间，亦略有不很正确的世系；总可借以推测古史的大略了。

古代帝王的称号，有所谓德号及地号，服虔说，见《礼记·月令》《疏》。德号是以其所做的事业为根据的，地号则以其所居之地为根据。按古代国名、地名，往往和部族之名相混，还可以随着部族而迁移，所以虽有地号，其部族究在何处，仍难断言。至于德号，更不过代表社会开化的某阶段；或者某一个部族，特长于某种事业；并其所在之地而不可知，其可考见的真相，就更少了。然既有这些传说，究可略据之以为推测之资。传说中的帝王，较早而可考见社会进化的迹象的，是有巢氏和燧人氏。有巢氏教民构木为巢，燧人氏教民钻木取火，见于《韩非子》的《五蠹篇》。稍后则为伏羲、神农。伏羲氏始画八卦，作结绳而为网罟，以佃以渔；神农氏斫木为耜，揉木为耒；日中为市；见于《易经》的《系辞传》。有巢、燧人、神农都是德号，显而易见。伏羲氏，《易传》作包牺氏，包伏一声之转。据《风俗通》引《含文嘉》，是"下伏而化之"之意，羲化亦是一声。他是始画八卦的，大约在宗教上很有权威，其为德号，亦无疑义。这些都不过代表社会进化的一个阶段，究有其人与否，殊不可知。但各部族的进化，不会同时，某一个部族，对于某一种文化，特别进步得早，是可能有的。如此，我们虽不能说在古代确有发明巢居、取火、佃渔、耕稼的帝王，却不能否认对于这些事业，有一个先进的部族。既然有这部族，其时、地就该设法推考了。伏羲古称为太昊氏，风姓，据《左传》僖公二十一年所载，任、宿、须句、颛臾四国，是其后裔。任在今山东的济宁县，宿和须句都在东平县，颛臾在费县。神农，《礼记·月令》《疏》引《春秋说》，称为大庭氏。《左传》昭公十八年，鲁有大庭氏之库。鲁国的都城，即今山东曲阜县。《帝王世纪》说伏羲都陈，乃因左氏有"陈太昊之墟"之语而附会，不足信，见下文。又说神农氏都陈徙鲁，则因其承伏羲之后而附会的。然则伏羲、神农，都在今山东东南部，和第十九章所推测的汉族古代的根据地，是颇为相合的了。

神农亦称炎帝，炎帝之后为黄帝，炎、黄之际，是有一次战事可以考见的，古史的情形，就更较明白了。《史记·五帝本纪》说：神农氏世衰，诸侯相侵伐，弗能征，而蚩尤氏最为暴。"黄帝乃征师诸侯，与蚩尤战于

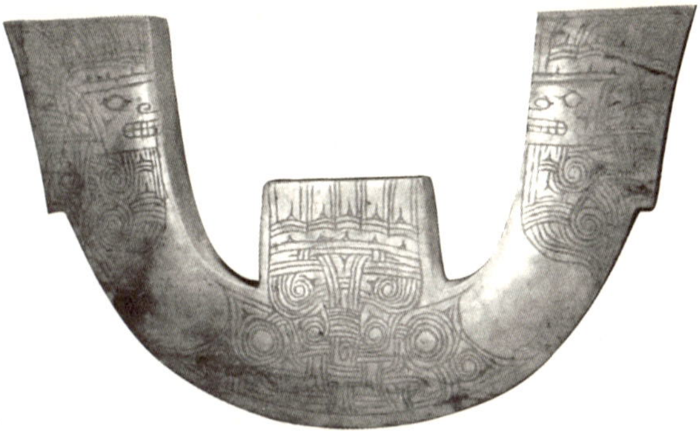

▶ **山形玉饰** 新石器时代，能拥有图中所示玉饰的人往往地位显赫，集军事权力和宗教权力于一身。把这种山形玉饰戴在头上可显示他的尊贵地位。

涿鹿之野，遂擒杀蚩尤。”又说：“炎帝欲侵陵诸侯，诸侯咸归轩辕。”《史记·五帝本纪》说黄帝名轩辕，他书亦有称为轩辕氏的。按古书所谓名，兼包一切称谓，不限于名字之名。轩辕“与炎帝战于阪泉之野，三战，然后得其志”。其说有些矛盾。《史记》的《五帝本纪》，和《大戴礼记》的《五帝德》，是大同小异的，《大戴礼记》此处，却只有和炎帝战于阪泉，而并没有和蚩尤战于涿鹿之事。神农、蚩尤，都是姜姓。《周书·史记篇》说“阪泉氏徙居独鹿”，独鹿之即涿鹿，亦显而易见。然则蚩尤、炎帝，即是一人，涿鹿、阪泉，亦系一地。《太平御览·州郡部》引《帝王世纪》转引《世本》，说涿鹿在彭城南，彭城是今江苏的铜山县，服虔谓涿鹿为汉之涿郡，即今河北涿县。皇甫谧、张晏谓在上谷，则因汉上谷郡有涿鹿县而云然，皆据后世的地名附会，不足信。汉涿鹿县即今察哈尔涿鹿县。《世本》是古书，是较可信据的，然则汉族是时的发展，仍和鲁东南不远了。黄帝之后是颛顼，颛顼之后是帝喾，这是五帝说的旧次序。后人于其间增一少昊，这是要改五德终始之说相胜的次序为相生，又要顾全汉朝是火德而云然，无足深论。但是有传于后，而被后人认为共主的部族，在古代总是较强大的，其事迹仍旧值得考据，则无疑义。《史记·周本纪正义》引《帝王世纪》说：炎帝、黄帝、少昊都是都于曲阜的，而黄帝自穷桑登帝位，少昊氏邑于穷桑，颛顼则始都穷桑，后徙帝丘。它说“穷桑在鲁北，或云穷桑即曲阜也”。《帝王世纪》，向来认为不足信之书，但只是病其牵合附会，其中的材料，还是出于古书的，只要不轻信其结论，其材料仍可采用。《左传》定公四年说伯禽封于少昊之墟，昭公二十年说：“少昊氏有四叔，世不失职，遂济穷桑，”则穷桑近鲁，少昊氏都于鲁之说，都非无据。帝丘地在今河北濮阳县，为后来卫国的都城。颛顼徙帝丘之说，乃因《左传》昭公十七年“卫颛顼之虚”而附会，然《左传》此说，与“陈大昊之墟”“宋大辰之虚”“郑祝融之虚”并举，大辰，无论如何，不能说为人名或国名，近人或谓即《后汉书》朝鲜半岛的辰国，证据未免太乏。则太昊、祝融、颛顼，亦系天神，颛顼徙都帝丘之说，根本不足信了。《史记 · 五帝本纪》说：黄帝正妃“嫘祖生二子，其后皆有天下。其一曰玄嚣，是为青阳，青阳降居江水”，此即后人指为少昊的。“其二曰昌意，降居若水，生高阳。”高阳即帝颛顼。后人以金沙江释此文的江水，鸦龙江释此文的若水，此乃大误。古代南方之水皆称江。《史记 · 殷本纪》引《汤诰》，说“东为江，北为济，西为河，南为淮，四渎已修，万民乃有居”。其所说的江，即明明不是长江。淮、泗、汝皆不入江，而《孟子 · 滕文公上篇》说禹“决汝、汉，排淮泗，而注之江”，亦由于此。《吕览 · 古乐篇》说：“帝颛顼生自若水，实处空桑，乃登为帝。”可见若水实与空桑相近。《山海经 · 海内经》说：“南海之内，黑水、青水之间，有木焉，名曰若木，若水出焉。”《说文》桑字作 ，若水之若，实当作 ，仍系桑字，特加  以像根形，后人认为若字实误。《楚辞》的若木，亦当作桑木，即神话中的扶桑，在日出之地。此据王筠说，见《说文释例》。然则颛顼、帝喾，踪迹仍在东方了。

继颛顼之后的是尧，继尧之后的是舜，继舜之后的是禹。尧、舜、禹的相继，据儒家的传说，是纯出于公心的，即所谓“禅让”，亦谓之“官天下”。但《庄子 · 盗跖篇》有尧杀长子之说，《吕览 · 去私》《求人》两篇，都说尧有十子，而《孟子 · 万章上篇》和《淮南子 · 泰族训》，都说尧只有九子，很像尧的大子是被杀的。俞正燮即因此疑之，见所著《癸巳类稿 · 奡证》。后来《竹书纪年》又有舜囚尧，并偃塞丹朱，使不与尧相见之说。刘知几因之作《疑古篇》，把尧、舜、禹的相继，看作和后世的篡夺一样。其实都不是真相。古代君位与王位不同，在第三章中，业经说过。尧、舜、禹的相继，乃王位而非君位，这正和蒙古自成吉思汗以后的汗位一样。成吉思汗以后的大汗，也还是出于公举的。详见第四十五章。前一个王老了，要指定一人替代，正可见得此时各部族之间，已有较密切的关系，所以共主之位，不容空缺。自夏以后，变为父子相传，古人谓之“家天下”，又可见得被举为王的一个部族，渐次强盛，可以久居王位了。

尧、舜、禹之间，似乎还有一件大事，那便是汉族的开始西迁。古书中屡次说颛顼、帝喾、尧、舜、禹和共工、三苗的争斗，《淮南子 · 天文训》《兵略训》，都说共工与颛顼争，《原道训》说共工与帝喾争。《周书 · 史记篇》说：共工亡于唐氏。《书经 · 尧典》说：舜流共工于幽州。《荀子 · 议兵篇》说：禹伐共工。《书经 · 尧典》又说：舜迁三苗于三危。《甫刑》说：皇帝遏绝苗民，无世在下。皇帝，《疏》引郑注以为颛顼，与《国语》《楚语》相合。而《战国 · 魏策》，《墨子》的《兼爱》《非攻》，《韩非子》的《五蠹》，亦均载禹征三苗之事。共工、三苗都是姜姓之国，似乎姬、姜之争，历世不绝，而结果是姬姓胜利的。我的看法，却不是如此。《国语·周语》说：“共工欲壅防百川，堕高堙卑，鲧称遂共工之过，禹乃高高下下，疏川导滞。”似乎共工和鲧，治水都是失败的，至禹乃一变其法。然《礼记·祭法篇》说“共工氏之霸九州也，其子曰后土，能平九州”，则共工氏治水之功，实与禹不相上下。后人说禹治水的功绩，和唐、虞、夏间的疆域，大抵根据《书经》中的《禹贡》，其实此篇所载，必非禹时实事。《书经》的《皋陶谟》载禹自述治水之功道：“予决九川，距四海，濬畎浍距川。”九川特极言其多。四海的海字，乃晦暗之义。古代交通不便，又各部族之间，多互相敌视，本部族以外的情形，就茫昧不明，所以夷、蛮、戎、狄，谓之四海。见《尔雅·释地》，中国西北两面均无海，而古称四海者以此。州洲本系一字，亦即今之岛字，说已见第十四章。《说文》川部：“州，水中可居者。昔尧遭洪水，民居水中高土，故曰九州。”此系唐、虞、夏间九州的真相，决非如《禹贡》所述，跨今黄河、长江两流域。同一时代的人，知识大抵相类，禹的治水，能否一变共工及鲧之法，实在是一个疑问。堙塞和疏导之法，在一个小区域之内，大约共工、鲧、禹，都不免要并用的。但区域既小，无论堙塞，及疏导，亦决不能挽回水灾的大势，所以我疑心共工、鲧、禹，虽然相继施功，实未能把水患解决，到禹的时代，汉族的一支，便开始西迁了。尧的都城，《汉书·地理志》说在晋阳，即今山西的太原县。郑玄《诗谱》说他后迁平阳，在今山西的临汾县。《帝王世纪》说舜都蒲阪，在今山西的永济县。又说禹都平阳，或于安邑，或于晋阳，安邑是今山西的夏县。这都是因后来的都邑而附会。《太平御览·州郡部》

▼ **大禹像** 山东嘉祥县武梁祠东汉画像拓片 大禹手中持耜，头戴斗笠，上身穿宽袖衣，下身穿裳，足穿方口鞋。大禹率众制伏水患，曾三过家门而不入，被后人尊为贤德之人。然其治水的功绩如何，却未能流传。作者度其未能解决水患，不得不率众西迁。

引《世本》说：尧之都后迁涿鹿；《孟子·离娄下篇》说："舜生于诸冯，迁于负夏，卒于鸣条。"这都是较古之说。涿鹿在彭城说已见前。诸冯、负夏、鸣条皆难确考。然鸣条为后来汤放桀之处，桀当时是自西向东走的，则鸣条亦必在东方。而《周书·度邑解》说："自洛汭延于伊汭，居易无固，其有夏之居。"这虽不就是禹的都城，然自禹的儿子启以后，就不闻有和共工、三苗争斗之事，则夏朝自禹以后，逐渐西迁，似无可疑。然则自黄帝至禹，对姜姓部族争斗的胜利，怕也只是姬姓部族自己夸张之辞，不过只有姬姓部族的传说留遗下来，后人就认为事实罢了。为什么只有姬姓部族的传说，留遗于后呢？其中仍有个关键。大约当时东方的水患是很烈的，而水利亦颇饶。因其水利颇饶，所以成为汉族发祥之地。因其水患很烈，所以共工、鲧、禹相继施功而无可如何。禹的西迁，大约是为避水患的。当时西边的地方，必较东边为瘠，所以非到水久治无功时，不肯迁徙。然既迁徙之后，因地瘠不能不多用人力，文明程度转而因此进步，而留居故土的部族，反落其后了。这就是自夏以后，西方的历史传者较详，而东方较为茫昧之故。然则夏代的西迁，确是古史上的一个转折，而夏朝亦确是古史上的一个界划了。

CHAPTER 22

◎ 第二十二章 夏殷西周的事迹

据《史记》的《夏本纪》《殷本纪》，夏朝传国共十七代，商朝则三十代。商朝的世数所以多于夏，大约是因其兼行兄终弟及之制而然。后来的鲁国，自庄公以前，都是一生一及，吴国亦有兄终弟及之法，这足以证明商朝的起于东方。

夏代事迹，有传于后的，莫如太康失国少康中兴一事。这件事，据《左传》《周书》《墨子》《楚辞》所载，《左传》襄公四年、哀公元年，《周书·尝麦解》《墨子·非乐》《楚辞·离骚》。大略是如此的。禹的儿子启，荒于音乐和饮食。死后，他的儿子太康兄弟五人，起而作乱，是为五观。太康因此失国，人民和政权，都入于有穷后羿之手。太康传弟仲康，仲康传子相。夏朝此时失掉的是王位，并非君位，所以仍旧相传。羿因荒于游畋，又为其臣寒浞所杀。寒浞占据了羿的妻妾，生了两个儿子：一个唤作浇，一个唤作豷。夏朝这时候，依靠他同姓之国斟灌和斟寻。寒浞使浇把他们都灭掉，又灭掉夏后相。使浇住在唤作过，豷住在唤作戈的地方。夏后相的皇后，是仍国的女儿，相被灭时，正有身孕，逃归母家，生了一个儿子，是为少康。做了仍国的牧正。寒浞听得他有才干，使浇去寻找他。少康逃到虞国。虞国的国君，把两个女儿嫁给他，又把唤作纶的地方封他。有一个唤作靡的，当羿死时，逃到有鬲氏，就从有鬲氏收合斟灌、斟寻的余众，把寒浞灭掉。少康灭掉了浇，少康的儿子杼又灭掉了豷。穷国就此灭亡。这件事，虽然带些神话和传说的性质，然其匡廓尚算明白，颇可据以推求夏代的情形。旧说的释地，是全不足据的。《左传》说“后羿自鉏迁于穷石”，又说羿“因夏民以代夏政”，则穷石即非夏朝的都城，亦必和夏朝的都城相近。《路史》说安丰有穷谷、穷水，就是穷国所在，其地在今安徽霍邱县。《汉书·地理志》《注》引应劭说：有穷是偃姓之国，皋陶之后。据《史记·五帝本纪》，皋陶之后，都是封在安徽六安一带的。过不可考。戈，据《左传》，地在宋、郑之间。见《左传》哀公十二年。《春秋》桓公五年，天王使仍叔之子来聘，仍，《穀梁》作任，地在今山东的济宁县。虞国当系虞舜之

夏朝世系表

禹—启—太康＝仲康—相
—少康—帝杼—帝槐—帝芒—
帝泻—帝不降＝帝扃—帝胤甲＝
帝孔甲（不降子）—帝皋—帝发—帝履癸（桀）

夏朝的王位继承方式基本采用父死子继，附以兄终弟及的制度。表中单线相连者表示父子，双线相连者为兄弟。

▼ **鸮尊** 商代是中国古代青铜文化的繁荣时期，创造了光辉灿烂的青铜文化。图为妇好墓出土的铜尊——鸮尊。其造型雄奇，花纹绮丽，是商代青铜器中的精品。

后，旧说在今河南的虞城县。《周书》称太康兄弟五人为“般之五子”。又说：“皇天哀禹，赐以彭寿，思正夏略。”般似即后来的亳殷，在今河南的偃师县。即下文所引《春秋繁露》说汤作官邑于下洛之阳的。官宫二字古通用，作官邑就是造房屋和城郭。商朝的都城所在，都称为亳，此地大约本名殷，商朝所以又称殷朝。彭寿该是立国于彭城的。按《世本》说禹都阳城，地在今河南的登封县，西迁未必能如此之速。综观自太康至少康之事，似乎夏朝的根据地，本在安徽西部，而逐渐迁徙到河南去，入于上章所引《周书》所说的“自洛汭延于伊汭”这一个区城的。都阳城该是夏朝后代的事，而不是禹时的事。从六安到霍邱，地势比较高一些，从苏北鲁南避水患而迁于此，又因战争的激荡而西北走向河南，似乎于情事还合。

但在这时候，东方的势力，亦还不弱，所以后来夏朝卒亡于商。商朝的始祖名契，封于商。郑玄说地在大华之阳，即今陕西的商县，未免太远。《史记·殷本纪》说：“自契至于成汤八迁。”《世本》说契居蕃，契的儿子昭明居砥石，昭明的儿子相土居商丘，扬雄《兖州牧箴》说“成汤五徙，卒归于亳”，合之恰得八数。蕃当即汉朝的蕃县，为今山东的滕县。商丘，当即后来宋国的都城，为今河南的商丘县。五迁地难悉考。据《吕览·慎大》《具备》两篇，则汤尝居郼，郼即韦，为今河南的滑县。《春秋繁露·三代改制质文篇》说“汤受命而王，作官邑于下洛之阳”，此当即亳殷之地。《诗·商颂》说：“韦，顾既伐，昆吾，夏桀。”顾在今山东的范县。昆吾，据《左传》昭公十二年《传》楚灵王说“昔我皇祖伯父昆吾，旧许是宅”，该在今河南的许昌县，而哀公十七年，又说卫国有昆吾之观，卫国这时候，在今河北的濮阳县，则昆吾似自河北迁于河南。《史记·殷本纪》说：“汤自把钺以伐昆吾，遂伐桀。”“桀败于有娀之虚，桀奔于鸣条。”《左传》昭公四年“夏桀为仍之会，有缗叛之”，《韩非子·十过篇》亦有这话，仍作娀，则有娀，即有仍。鸣条为舜卒处，已见上章。合观诸说，商朝似乎兴于今鲁、豫之间，汤先平定了河南的北境，然后向南攻桀，桀败后是反向东南逃走的。观桀之不向西走而向东逃，可见此时伊、洛以西之地，还未开辟。

据《史记》的《夏本纪》《殷本纪》，夏朝传国共十七代，商朝则三十代。商朝的世数所以多于夏，大约是因其兼行兄终弟及之制而然。后来的鲁国，自庄公以前，都是一生一及，吴国亦有兄终弟及之法，已见第二章，这亦足以证明商朝的起于东方。商朝的事迹，较夏朝传者略多。据《史记》：成汤以后，第四代大甲，第九代大戊，第十三代祖乙，第十九代盘庚，第二十二代武丁，都是贤君，而武丁之时，尤其强盛。商朝的都城，是屡次迁徙的。第十代仲丁迁于隞地，在今河南荥泽县。隞，《书序》作嚣，《书序》不一定可信，所以今从《史记》。隞的所在，亦有异说。但古书皆东周至汉的人所述，尤其大多数是汉朝人写下来的，所以用的大抵多是当时的地名，所以古书的释地，和东周、秦汉时地名相近的，必较可信。如隞即敖，今之荥泽县，为秦、汉间敖仓所在，以此释仲丁所迁之隞，确实性就较大些。这是治古史的通例，不能一一具说，特于此发其凡。第十二代河亶甲居相，在今河南内黄县。第十三代祖乙迁于邢，在今河北邢台县。到盘庚才迁回成汤的旧居亳殷。第二十七代武乙，复去亳居河北。今河南安阳县北的小屯村，即发现龟甲兽骨之处，据史学家所考证，其地即《史记·项羽本纪》所谓殷墟，不知是否武乙时所都。至其第三十代即最后一个君主纣，则居于朝歌，在今河南淇县。综观商朝历代的都邑，都在今河南省内的黄河两岸，还是汤居亳，营下洛之阳的旧观。周朝的势力，却更深入西北部了。

周朝的始祖名弃，是舜之时居稷官的，封于邰。历若干代，至不窋，失官，奔于戎狄之间。再传至公刘，居邠，仍从事于农业。又十传至古公亶父，复为狄所逼，徙岐山下。邰，旧说是今陕西的武功县。邠是今陕西的邠县，岐是今陕西的岐山县。近人钱穆说，《左传》昭公元年说金天氏之裔子台骀封于汾川，《周书·度邑篇》说武王升汾之阜以望商邑，汾即邠，邰则因台骀之封而得名，都在今山西境内。亶父逾梁山而至岐，梁山在今陕西韩城县，岐山亦当距梁山不远。见所著《周初地理考》。据他这说法，则后来文王居丰，武王居镐，在今陕西鄠县界内的，不是东下，乃是西上了。河、汾下流和渭水流域，地味最为肥沃，周朝是农业部族，自此向西拓展，和事势是很合的。古公亶父亦称太王，周至其时始强盛。传幼子季历以及文王，《论语》说他“三分天下有其二”。见《泰伯下篇》。文王之子武王，遂灭纣。文王时曾打破耆国，而殷人震恐，武王则渡孟津而与纣战，耆国，在今山西的黎城县，自此向朝歌，乃今出天井关南下的隘道，孟津在今河南孟县南，武王大约是出今潼关到此的，这又可以看出周初自西向东发展的方向。然武王虽胜纣，并未能把商朝灭掉，仍以纣地封其子武庚，而使其弟管叔、蔡叔监之。武王崩，子成王幼，武王弟周公摄政，管、蔡和武庚都叛。据《周书·作雒解》，是时叛者，又有徐、奄及熊、盈。徐即后来的徐国，地在泗水流域，奄即后来的鲁国，熊为楚国的氏族，盈即嬴，乃秦国的姓。可见东方诸侯，此时皆服商而不服周。然周朝此时颇有新兴之气。周公自己东征，平定了武庚和管叔、蔡叔，灭掉奄国。又使其子伯禽平定了淮夷、徐戎。于是封周公于鲁，使伯禽就国，又封太公望于齐，又经营今洛阳之地为东都，东方的旧势力，就给西方的新势力压服了。周公平定东方之后，据说就制礼作乐，摄政共七年，而归政于成王。周公死后，据说又有所谓“雷风之变”。这件事情，见于《书经》的《金縢篇》。据旧说：武王病时，周公曾请以身代，把祝策藏在金縢之匮中。周公死，成王葬以人臣之礼。天大雷雨，又刮起大风，田禾都倒了，大木也拔了出来。成王大惧，开金縢之匮，才知道周公请代武王之事，乃改用王礼葬周公，这一场灾异，才告平息。据郑玄的说法，则武王死后三年，成王服满了，才称自己年纪小，求周公摄政。摄政之后，管叔、蔡叔散布谣言，说周公要不利于成王，周公乃避居东都。成王尽执周公的属党。遇见了雷风之变，才把周公请回来。周公乃重新摄政。此说颇不合情理，然亦不会全属子虚。《左传》昭公七年，昭公要到楚国去，梦见襄公和他送行。子服惠伯说：“先君未尝适楚，故周公祖以道之，襄公适楚矣，而祖以道君。”据此，周公曾到过楚国，而《史记·蒙恬列传》，亦有周公奔楚之说，我颇疑心周公奔楚及其属党被执，乃是归政后之事。后来不知如何，又回到周朝。周公是否是善终，亦颇有可疑，杀害了一个人，因迷信的关系，又去求媚于他，这是野蛮时代常有的事，不足为怪。如此，则两说可通为一。楚国封于丹阳，其地实在丹、浙两水的会口，宋翔凤说，见《过庭录·楚鬻熊居丹阳武王徙郢考》。正当自武关东南出之路，据周公奔楚一事，我们又可见得周初发展的一条路线了。

▼ **禽簋及铭文** 禽簋内铭文23字，记载周成王征伐盖侯的史事。禽簋铭文中的“盖”，就是参加叛乱的邦国之一，奄。周公是率军东征的主帅。

成王和他的儿子康王之时，称为西周的盛世。康王的

儿子昭王，“南巡守不返，卒于江上”。《史记·周本纪》文。这一个江字，也是南方之水的通称。其实昭王是伐楚而败，淹死在汉水里的，所以后来齐桓公伐楚，还拿这件事情去诘问楚国。见《左传》僖公四年。周朝对外的威力，开始受挫了。昭王子穆王，西征犬戎。其时徐偃王强，《后汉书·东夷传》谓其“率九夷以伐宗周，西至河上”。《后书》此语，未知何据。《博物志》亦载徐偃王之事，但《后汉书》所据，并不就是《博物志》，该是同据某一种古说的。《礼记·檀弓下篇》载徐国容居的话，说“昔我先君驹王，西讨济于河”。驹王疑即偃王，则《后书》之说亦非全属子虚，被压服的东方，又想恢复其旧势了。然穆王使楚伐徐，偃王走死，则仍为西方所压服。穆王是周朝的雄主，在位颇久，当其时，周朝的声势，是颇振起的，穆王死后，就无此盛况了。穆王五传至厉王，因暴虐，为国人所逐，居外十四年。周朝的卿士周公、召公当国行政，谓之共和。厉王死于外，才立其子宣王。宣王号称中兴，然其在位之三十九年，与姜氏之戎战于千亩，为其所败。千亩在今山西的介休县，则周朝对于隔河的地方，业经控制不住，西方戎狄的势力，也渐次抬头了。至于幽王，遂为犬戎和南阳地方的申国所灭。幽王灭亡的事情，《史记》所载的，恢诡有类平话，绝不是真相。《左传》昭公二十六年，载周朝的王子朝告诸侯的话，说这时候“携王干命，诸侯替之，而建王嗣，用迁郏鄏”。即东都之地，见《左传》宣公三年。则幽王死后，西畿之地，还有一个携王。周朝当时，似乎是有内忧兼有外患的。携王为诸侯所废，周朝对于西畿之地，就不能控制了。而且介休败了；出武关向丹、淅的路，又已不通，只有对于东畿，还保存着相当的势力。平王于是迁居洛阳，号称东周，其事在公元前七七〇年。

CHAPTER 23

◎ 第二十三章 春秋战国的竞争和秦国的统一

春秋时代，号称大国的，有晋、楚、齐、秦，其兴起较晚的，则有吴、越，乃在今山西的西南境，山东的东北境，陕西的中部，甘肃的东部，及江苏、浙江、安徽之境。在向来所称为中原之地的鲁、卫、宋、郑、陈、蔡、曹、许等，反夷为二三等国了。这实在是一个惊人的文化扩张。

文化是从一个中心点，逐渐向各方面发展的。西周以前所传的，只有后世认为共主之国一个国家的历史，其余各方面的情形，都很茫昧。固然，书阙有间，不能因我们之无所见而断言其无有，然果有文化十分发达的地方，其事实也决不会全然失传的，于此，就可见得当时的文明，还是限于一个小区域之内了。东周以后则不然，斯时所传者，以各强国和文化较发达的地方的事迹为多，所谓天子之国，转若在无足重轻之列。原来古代所谓中原之地，不过自泰岱以西，华岳以东，大行以南，淮、汉以北，为今河南、山东的大部分，河北、山西的小部分。渭水流域的开发，怕还是西周兴起以来数百年间之事。到春秋时代，情形就大不然了。当时号称大国的，有晋、楚、齐、秦，其兴起较晚的，则有吴、越，乃在今山西的西南境，山东的东北境，陕西的中部，甘肃的东部，及江苏、浙江、安徽之境。在向来所称为中原之地的鲁、卫、宋、郑、陈、蔡、曹、许等，反夷为二三等国了。这实在是一个惊人的文化扩张。其原因何在呢？居于边地之国，因为和异族接近，以竞争磨砺而强，而其疆域亦易于拓展，该是其中最主要的。

“周之东迁，晋、郑焉依。”见《左传》隐公六年。即此便可见得当时王室的衰弱。古代大国的疆域，大约方百里，至春秋时则夷为三等国，其次等国大约方五百里，一等国则必方千里以上，已见第三章。当西周之世，合东西两畿之地，优足当春秋时的一个大国而有余，东迁以后，西畿既不能恢复，东畿地方，又颇受列国的剥削，周朝自然要夷于鲁、卫了。古语说“天无二日，民无二王”，这只是当时的一个希望。事实上，所谓王者，亦不过限于一区域之内，并不是普天之下，都服从他的。当春秋时，大约吴、楚等国称雄的区域，原不在周朝所管辖的范围内，所以各自称王。周天子所管辖的区域，因强国不止一个，没有一国能尽数摄服各国，所以不敢称王，只得以诸侯之长，即所谓霸主自居，这话在第三章中，亦已说过。所以春秋时代，大局的变迁，系于几个霸国手里。春秋之世，首起而称霸的是齐桓公。当时异民族杂居内地的颇多，也有相当强盛的，同族中的小国，颇受其压迫。（一）本来古代列国之间，多有同姓或婚姻的关系。（二）其不然的，则大国受了小国的朝贡，亦有加以保护的义务。（三）到这时候，文化相同之国，被文化不同之国所压迫，而互相救援，那更有些甫在萌芽的微茫的民族主义在内了。所以攘夷狄一举，颇为当时之人所称道。在这一点上，齐桓公的功绩是颇大的。他曾却狄以存邢、卫，又尝伐山戎以救燕。这个燕该是南燕，在今河南的封丘县。《史记》说它就是战国时的北燕，在今河北蓟县，怕是弄错了的，因为春秋时单称为燕的，都是南燕。即北燕的初封，我疑其亦距封邱不远，后来才迁徙到今蓟县，但其事无可考。而他对于列国，征伐所至亦颇广。曾南伐楚，西向干涉晋国内乱，晚年又曾经略东夷。古人说“五霸桓公为盛”，信非虚语了。齐桓公的在位，系自前六八五至六四三年。桓公死后，齐国内乱，霸业遽衰。宋襄公欲继之称霸。然宋国较小，实力不足，前六三八年，为楚人所败，襄公受伤而死，北方遂无霸主。前六三二年，晋文公败楚于城濮，今山东濮县。楚国的声势才一挫。此时的秦国，亦已尽取西周旧地，东境至河，为西方一强国，然尚未能干涉中原之事。秦穆公初和晋国竞争不胜，前六二四年，打败了晋国的兵，亦仅称霸于西戎。中原之地，遂成为晋、楚争霸之局。前五九七年，楚庄王败晋于邲，今河南郑县。称霸。前五九一年卒。此时齐顷公亦图与晋争霸。前五八九年，为晋所败。前五七五年，晋厉公又败楚于鄢陵。今河南鄢县。然楚仍与晋兵争不息。至前五六一年，楚国放弃争郑，晋悼公才称复霸。前五四六年，宋大夫向戌，善于晋、楚的执政，出而合二国之成，为弭兵之会，晋、楚的兵争，至此才告休息。自城濮之战至此，凡八十七年。弭兵盟后，楚灵王强盛，北方诸侯多奔走往与其朝会。然灵王奢侈而好兵争，不顾民力，旋因内乱被弑。此时吴国日渐强盛，而楚国政治腐败，前五〇六年，楚国的都城，为吴阖闾所破，楚昭王借秦援，仅得复国，楚国一时陷于不振，然越国亦渐强，起而乘吴之后。前四九六年，阖闾伐越，受伤而死。前四九四年，阖闾子夫差破越。夫差自此骄侈，北伐齐、鲁，

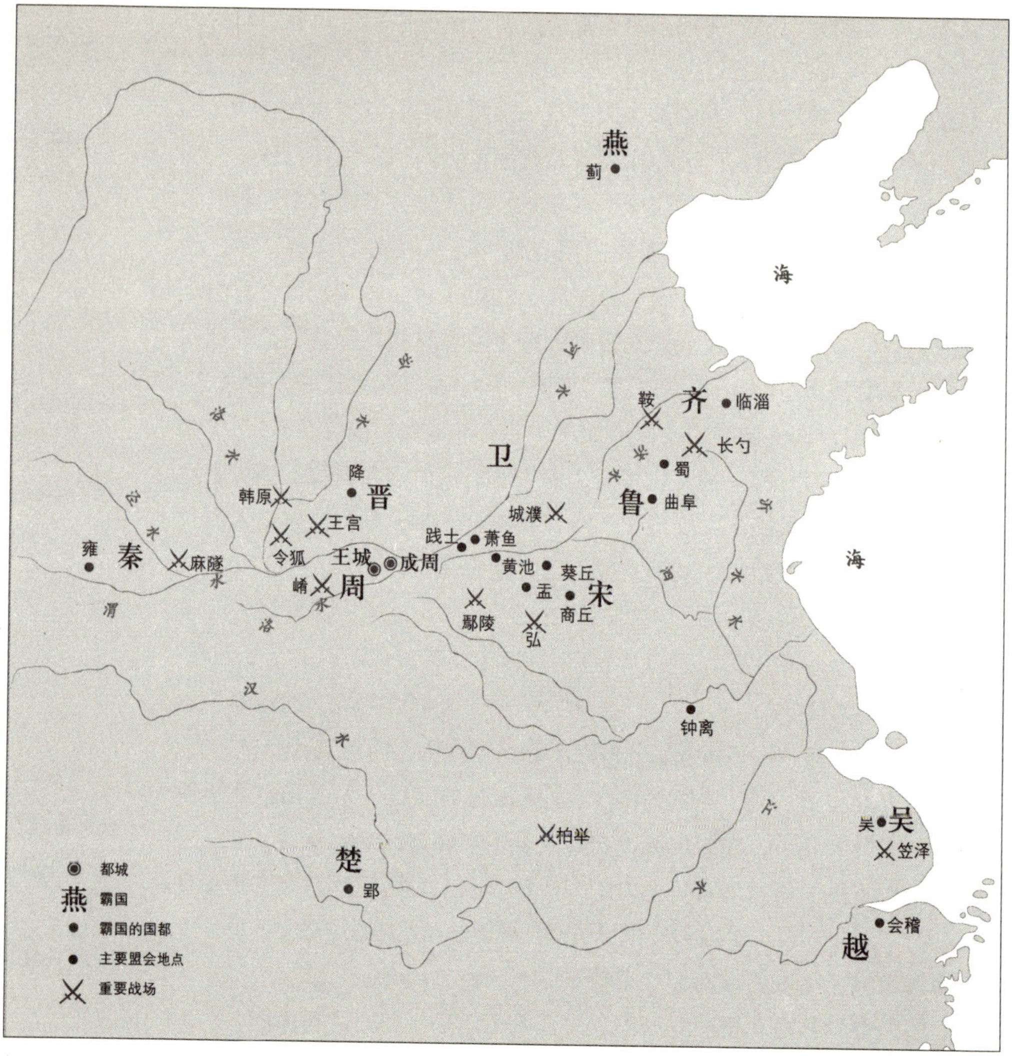

▲ **王室衰微，大国争霸** 周室东迁后，王室的势力大为衰落，周围一些少数民族趁机进入中原地区，强大的诸侯国也展开了激烈的相互战争。

与晋争长于黄池。今河南封丘县。前四七三年，越勾践灭吴，越遂徙都琅邪，与齐、晋会于徐州，今山东诸城县。称为霸王。然根基因此不固，至前三三三年而为楚所灭。

此时已入于战国之世了。春秋时代，始于周平王四十九年，即鲁隐公元年，为公元前七二二年，终于前四八一年，共二百四十二年。其明年为战国之始，算至前二二二年秦灭六国的前一年为止，共二百五十九年。春秋之世，诸侯只想争霸，即争得二三等国的服从，一等国之间，直接的兵争较少，有之亦不过疆埸细故，不甚剧烈。至战国时，则（一）北方诸侯，亦不复将周天子放在眼里，而先后称王。（二）二三等国，已全然无足重轻，日益削弱，而终至于夷灭，诸一等国间，遂无复缓冲之国。（三）而其土地又日广，人民又日多，兵甲亦益盛，战争遂更烈。始而要凌驾于诸王之上而称帝，再进一步，就要径图并吞，实现统一的欲望了。春秋时的一等国，有发展过速，而其内部的组织，还不甚完密的，至战国时，则臣强于君的，如齐国的田氏，竟废其君而代之。势成分裂的，如晋之赵、韩、魏三家，则索性分晋而独立。看似力分而弱，实则其力量反更充实了。边方诸国，发展的趋势，依旧进行不已，其成功较晚的为北燕。天下遂分为燕、齐、赵、韩、魏、秦、楚七国。六国都为秦所并，读史的人，往往以为一入战国，而秦即最强，这是错误了的。秦国之强，起于献公而成于孝公，献公之立，在公元前三八五年，是入战国后的九十六年，孝公之立，在公元前三六一年，是入战国后的一百二十年了。先是魏文侯任用吴起等贤臣，侵夺秦国河西之地。后来楚悼王用吴起，南平百越，北并陈、蔡，却三晋，西伐秦，亦称雄于一时。楚悼王死于公元前三八一年，恰是入战国后的一百年，于是楚衰而魏惠王起，曾攻拔赵国的邯郸。今河北邯郸县。后又伐赵，为齐救兵所败，秦人乘机恢复河西，魏遂弃安邑，徙都大梁。今河南开封县。秦人渡蒲津东出的路，就开通了。然前三四二年，魏为逢泽之会，在开封。《战国·秦策》称其“乘夏车，称夏王，此‘夏’字该是‘大’字的意思。朝天子，天下皆从”，则仍处于霸主的地位。其明年，又为齐所败。于是魏衰而齐代起，宣王、湣王两代，俨然称霸东方，而湣王之时为尤盛。相传苏秦约六国，合从以摈秦，即在湣王之时。战国七雄，韩、魏地都较小，又逼近秦，故其势遂紧急，燕、赵则较偏僻，国势最盛的，自然是齐、秦、楚三国。楚袭春秋以来的声势，其地位又处于中部，似乎声光更在齐、秦之上，所以此时，齐、秦二国似乎是合力以谋楚的。《战国策》说张仪替秦国去骗楚怀王：肯绝齐，则送他商于的地方六百里。即今商县之地。楚怀王听了他，张仪却悔约，说所送的地方只有六里。怀王大怒，兴兵伐秦。两次大败，失去汉中。后来秦国又去诱他讲和，前二九九年，怀王去和秦昭王相会，遂为秦人所诱执。这种类乎平话的传说，是全不足信的，事实上，该是齐、秦合力以谋楚。然而楚怀王入秦的明年，齐人即合韩、魏以伐秦，败其兵于函谷；在今河南灵宝县西南，此为自河南入陕西的隘道的东口，今之潼关为其西口。前二九六年，怀王死于秦，齐又合诸侯以攻秦；则齐湣王似是合秦以谋楚，又以此为秦国之罪而伐之的，其手段亦可谓狡黠了。先是前三一四年，齐国乘燕内乱攻破燕国。宋王偃称强东方，前二八六年，又为齐、楚、魏所灭。此举名为三国瓜分，实亦是以齐为主的，地亦多入于齐。

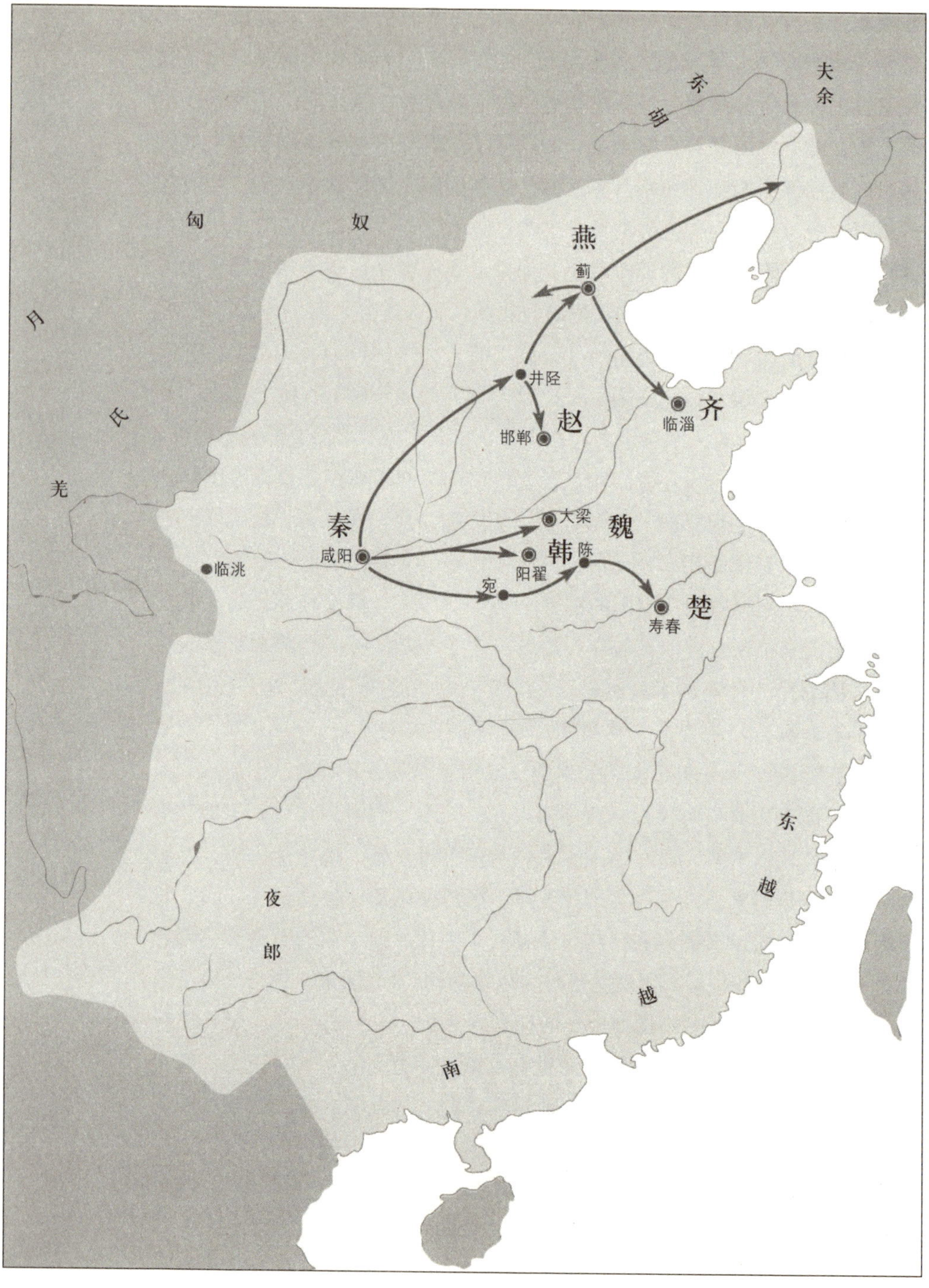

▲ **秦统一形势图** 战国后期，全国实现统一已成为历史的必然趋势。秦采取远交近攻的策略，结束了诸侯割据称雄的战国时代。

齐湣王至此时，可谓臻于极盛。然过刚者必折。前二八四年，燕昭王遂合诸侯，用乐毅为将，攻破齐国，湣王走死，齐仅存聊、莒、即墨三城。聊，今山东聊城县。莒，今山东莒县。即墨，今山东平度县。后来虽借田单之力，得以复国，然已失其称霸东方的资格了。东方诸国中，赵武灵王颇有才略。他不与中原诸国争衡，而专心向边地开拓。先灭中山今河北定县。又向今大同一带发展，意欲自此经河套之地去袭秦。前二九五年，赵武灵王又因内乱而死。七国遂唯秦独强。秦人遂对诸侯施其猛烈的攻击。前二七九年，秦白起伐楚，取鄢、邓、西陵。明年，遂破楚都郢，楚东北徙都陈，后又迁居寿春。鄢，即鄢陵。邓，今河南邓县。西陵，今湖北宜昌县。郢，今湖北江陵县西北。吴阖庐所入之郢，尚不在江陵，但其他不可考，至此时之郢，则必在江陵，今人钱穆、童书业说皆如此。直逃到今安徽境内了。对于韩、魏，亦时加攻击。前二六〇年，秦兵伐韩，取野王，上党路绝，降赵，秦大败赵兵于长平，坑降卒四十万，野王，今河南沁阳县。上党，今山西晋城县。长平，今山西长平县。遂取上党，北定太原。进围邯郸，为魏公子无忌合诸国之兵所败。前二五六年，周朝的末主赧王为秦所灭。前二四九年，又灭其所分封的东周君。前二四六年，秦始皇立。《史记·秦本纪》说，这时候，吕不韦为相国，招致宾客游士，欲以并天下。大概并吞之计，和吕不韦是很有关系的。后来吕不韦虽废死于蜀，然秦人仍守其政策不变。前二三〇年，灭韩。前二二八年，灭赵。燕大子丹使荆轲刺秦王，不中，秦大发兵以攻燕。前二二六年，燕王喜奔辽东。前二二五年，秦人灭魏。前二二三年，灭楚。前二二二年，发兵攻辽东，灭燕。前二二一年，即以灭燕之兵南灭齐，而天下遂统一。

秦朝的统一，决不全是兵力的关系。我们须注意：此时交通的便利，列国内部的发达，小国的被夷灭，郡县的渐次设立，在政治上、经济上、文化上，本有趋于统一之势，而秦人特收其成功。秦人所以能收成功之利，则（一）他地处西陲，开化较晚，风气较为纯朴。（二）三晋地狭人稠，秦地广人稀，秦人因招致三晋之民，使之任耕，而使自己之民任战。（三）又能奉行法家的政策，裁抑贵族的势力，使能尽力于农战的人民，有一个邀赏的机会。该是其最重要的原因。

CHAPTER 24

◎ 第二十四章 古代对于异族的同化

汉族恃其文化之高，把附近的民族，逐渐同化，而汉族的疆域，亦即随之拓展。和汉族接近的民族，当汉族开拓时，自然也有散向四方，即汉族的版图以外去的，然亦多少带了些中原的文化以俱去，这又是中国的文化扩展的路径。

中国民族，以同化力的伟大闻于天下，究竟我们对于异族的同化，是怎样一回事呢？说到这一点，就不能不着眼于中国的地理。亚洲的东部，在世界上，是自成其为一个文化区域的。这一个区域，以黄河、长江两流域为其文化的中心。其北为蒙古高原，便于游牧民族的住居。其南的粤江、闽江两流域，则地势崎岖，气候炎热，开化虽甚早，进步却较迟。黄河、长江两流域，也不是没有山地的，但其下流，则包括淮水流域，以古地理言之，则江、河之间，包括淮、济二水。今黄河下流，为古济水入海之道，黄河则在今天津入海。扩展为一大平原，地味腴沃，气候适宜，这便是中国民族的文化最初函毓之处。汉族，很早的就是个农耕民族，惯居于平地。其所遇见的民族，就其所居之地言之，可以分为两种：一种是住在山地的，古代称为山戎，多数似亦以农为业，但其农业不及中国的进步。一种是住在平地，大约是广大的草原上，而以畜牧为业的，古人称为骑寇。春秋以前，我族所遇的，以山戎为多，战国以后，才开始和骑寇接触。

夷、蛮、戎、狄，是按着方位分别之辞，并不能代表民族，但亦可见得一个大概。在古代，和中国民族争斗较烈的，似乎是戎狄。据《史记·五帝本纪》，黄帝就北逐獯粥，未知确否。如《史记》此说是正确的，则当时的獯粥，决不在后来的獯粥所在之地。到周朝初年，则和所谓獯粥或称为猃狁，犬戎或称为昆夷、串夷的，争斗甚烈，猃狁亦作玁狁，犬戎亦作畎戎，戎又作夷。此犬或畎字乃译音，非贱视诋毁之辞，昆夷亦作混夷、绲夷，夷亦可作戎，和串夷亦都是犬字的异译，说见《诗经·皇矣正义》。而后来周朝卒亡于犬戎。犬戎在今陕西的中部，甘肃的东部，泾、渭二水流域间，东周以后，大约逐渐为秦人所征服，在其东方的，《春秋》所载，初但称狄，后分为赤狄、白狄。白狄在今陕西境内，向东蔓延到中山。赤狄在今山西、河北境内，大部为晋所并。据《左传》和杜预《注》，赤狄种类凡六：曰东山皋落氏，在今山西昔阳县。曰廧咎如，在今山西乐平县。曰潞氏，在今山西潞城县。曰甲氏，在今河北鸡泽县。曰留吁，在今山西屯留县。曰铎辰，在今山西长治县。白狄种类凡三：曰鲜虞，即战国时的中山。曰肥，在今河北藁城县。曰鼓，在今河北晋县。又晋国吕相绝秦，说“白狄及君同州”，则白狄亦有在陕西的。在周朝的西面的，主要的是后世的氐、羌。氐人在今嘉陵江流域，即古所谓巴。羌人，汉时在今黄河、大通河流域。大通河，古湟水。据《后汉书》所载，其初本在黄河之东，后来为秦人所攘斥，才逃到黄河以西去的。据《书经·牧誓》，羌人曾从武王伐纣。又《尚书大传》说：武王伐纣的兵，前歌后舞，《后汉书》说这就是汉时所谓巴氐的兵。这话大约是对的，因为汉世还有一种出于巴氐的巴渝舞，有事实为证。然则这两族，其初必不在今四川、甘肃境内，大约因汉族的开拓，而向西南方走去的。和巴连称的蜀，则和后世的賨字是一音之转，亦即近世之所谓暹。据《牧誓》，亦曾从武王伐纣。战国时，还在今汉中之境，南跨成都。后因和巴人相攻，为秦国所并。

在东北方的民族，古称为貉。此族在后世，蔓衍于今朝鲜半岛之地，其文明程度是很高的。但《诗经》已说王锡韩侯，其追其貉。《韩奕》。追不可考。《周官》亦有貉隶，可见此族本在内地，箕子所封的朝鲜，决不在今朝鲜半岛境内，怕还在山海关以内呢！在后世，东北之族，还有肃慎，即今满洲人的祖宗。《左传》昭公九年，周朝人对晋国人说：“自武王克商以来，肃慎、燕、亳，吾北土也。”此燕当即南燕，亳疑即汤所居之亳，则肃慎亦在内地，后乃随中国的拓展而东北徙。《国语·晋语》说：成王会诸侯于岐阳，楚与鲜卑守燎，则鲜卑本是南族，后来不知如何，也迁向东北了。据《后汉书》说：鲜卑和乌丸，都是东胡之后。此二族风俗极相像，其本系一个部落，毫无可疑。东胡的风俗，虽少可考，然汉代历史，传者已较详，汉人说他是乌丸、鲜卑所自出，其说该不至误。南族断发，鲜卑婚姻时尚先髡头，即其源出南族之证。然则东胡也是从内地迁徙出去的了。

在南方的有黎族，此即后世所谓俚。古称三苗为九黎之君，三苗系姜姓之国，九黎则系黎民。见《礼记·缁衣》《疏》引《书经·吕刑》郑《注》。此即汉时之长沙武陵蛮，为南蛮的正宗。近世所云苗族，乃蛮字的转音，和古代的三苗之国无涉，有人将二者牵合为一，就错了。《史记》说三苗在江、淮、荆州，《史记·五帝本纪》。《战国·魏策》，吴起说三苗之国，在洞

▼ **铜斝** 这件在淮夷聚居区的安徽省境内发现的铜斝与当时中原的制法极为相似，表明了当地文化与商文化之间的密切交流和融合。

庭、彭蠡之间，《史记·吴起列传》，又见《韩诗外传》。则古代长江流域之地，主要的是为黎族所占据，楚国达到长江流域后，所开辟的，大约是这一族的居地。在沿海一带的，古称为越，亦作粤。此即现在的马来人，分布在亚洲大陆的沿岸和南洋群岛，地理学上称为亚洲大陆的真沿边的。此族有断发文身和食人两种风俗，在后世犹然，古代沿海一带，亦到处有这风俗，可知其为同族。吴、越的初期，都是和此族杂居的。即淮水流域的淮夷、徐戎山东半岛的莱夷，亦必和此族相杂。《礼记·王制》说："东方曰夷，被发文身"，此被字为髲字之假借字，即断发，可见蛮夷之俗相同。《左传》僖公十九年，"宋公使邾文公用鄫子于次睢之社，欲以属东夷"，可见东夷亦有食人之俗。《续汉书·郡国志》："临沂有丛亭。"《注》引《博物志》曰："县东界次睢，有大丛社，民谓之食人社，即次睢之社。"临沂，今山东临沂县。随着吴、越等国的进步，此族亦渐进于文明了。西南的大族为濮，此即现在的倮㑩。其居地，本在今河南、湖北两省间。《国语·郑语》韦《注》：濮为南阳之国。楚国从河南的西南部，发展向今湖北省的西部，所开辟的，大约是此族的居地。此族又从今湖北的西南境，向贵州、云南分布。战国时，楚国的庄蹻，循牂牁江而上，直达滇国，今云南昆明县。所经的，也是这一族之地。庄蹻到滇国之后，楚国的巴、黔中郡，巴郡，今四川江北县。黔中郡，今湖南沅陵县。为秦国所夺，庄蹻不能来，就在滇国做了一个王。其地虽未正式收入中国的版图，亦已戴汉人为君了，和现在西南土司，以汉人为酋长的一样了。

《礼记·王制》说：古代的疆域，"北不尽恒山"，此所谓恒山，当在今河北正定县附近，即汉朝恒山郡之地。后避文帝讳改常山。自此以南的平地，为汉族所居，这一带山地，则山戎所处，必得把它开拓了，才会和北方骑寇相接，所以汉族和骑寇的接触，必在太原、中山和战国时北燕之地开辟以后。

做这件事业的，就是燕、赵两国。赵武灵王开辟云中、雁门、代郡，燕国则开辟上谷、渔阳、右北平、辽西、辽东五郡，云中，今山西大同县。雁门，今山西右玉县。代郡，今山西代县。上谷，今察哈尔怀来县。渔阳，今河北密云县。右北平，今河北卢龙县。辽西，今河北抚宁县。辽东，今辽宁辽阳县。把现在热、察、绥、辽宁四省，一举而收入版图。

综观以上所述，汉族恃其文化之高，把附近的民族，逐渐同化，而汉族的疆域，亦即随之拓展。和汉族接近的民族，当汉族开拓时，自然也有散向四方，即汉族的版图以外去的，然亦多少带了些中原的文化以俱去，这又是中国的文化扩展的路径。这便是在古代中国同化异民族的真相。

CHAPTER 25

◎ 第二十五章 古代社会的综述

皇古之世，因环境的限制，把人类分作许多小团体。在一个团体之中，个人的利害，都是相同的，在团体以外却不然；又因物质的欲求，不能够都给足；团体和团体间就开始有争斗，有争斗就有胜败，有胜败就有征服者和被征服者之分。

周和秦，是从前读史的人看作古今的界线的。我们任意翻阅旧书，总可见到“三代以上”“秦、汉以下”等词句。前人的见解，固然不甚确实，也不会全属虚诬；而且既有这个见解，也总有一个来历。然则所谓三代以上，到底是怎样一个世界呢？

人，总是要维持其生命的；不但要维持生命，还要追求幸福，以扩大其生命的意义；这是人类的本性如此，无可怀疑。人类在生物史上，其互相团结，以谋生存，已不知其若干年了。所以其相亲相爱，看得他人的苦乐，和自己的苦乐一般；喜欢受到同类的嘉奖，而不愿意受到其批评；到人己利害不兼容时，宁可牺牲自己，以保全他人；即古人之所谓仁心者，和其爱自己的心，一样深刻。专指七尺之躯为我，或者专指一个极小的团体为我，实在是没有这回事的。人类为要维持生命，追求幸福，必得和自然斗争。和自然斗争，一个人的力量，自然是不够的，于是乎要合力；合力之道，必须分工；这都是自然的趋势。分工合力，自然是范围愈大，利益愈多，所以团体的范围，总是在日扩而大。但是人类的能力是有限的，在进行中，却不能不形成敌对的状态，这是为什么呢？皇古之世，因环境的限制，把人类分作许多小团体。在一个团体之中，个人的利害，都是相同的，在团体以外却不然；又因物质的欲求，不能够都给足；团体和团体间就开始有争斗，有争斗就有胜败，有胜败就有征服者和被征服者之分。“人不可以害人的，害人的必自害。”这句话，看似迂腐，其实却是真理。你把迷信者流因果报应之说去解释这句话，自然是诬罔的，若肯博观事实，而平心推求其因果，那正见得其丝毫不爽。对内竞争和对外竞争，虽竞争的对象不同，其为竞争则一。既然把对物的争斗，移而用之于对人，自可将对外的争斗，移而用之于对内。一个团体之中，有征服者和被征服者之分，不必说了。即使无之，而当其争斗之时，基于分工的关系，自然有一部分人，专以战争为事，这一部分人，自将处于特殊的地位。前此团体之中，个人利害相同的，至此则形成对立。前此公众的事情，是由公众决定的，至此，则当权的一个人或少数人，渐渐不容公众过问，渐渐要做违背公众利益的措置，公众自然不服，乃不得不用强力镇压，或者用手段对付。于是团体之中有了阶级，而形成现代的所谓国家。以上所述，是从政治上立论的。其变迁的根源，实由于团体和团体的互相争斗，而团体和团体的互相争斗，则由于有些团体迫于环境，以掠夺为生产的手段。所以其真正的根源，还是在于经济上。经济的根底是生产方法。在古代，主要的生业是农业，农业的生产方法，是由粗而趋于精，亦即由合而趋于分的，于是形成了井田制度，因而固定了五口、八口的小家族，使一个团体之中，再分为无数利害对立的小团体。从前在一个团体之内，利害即不再对立的氏族制度，因此而趋于崩溃了。氏族既已崩溃，则专门从事于制造，而以服务性质，无条件供给大众使用的工业制度，亦随之而崩溃。人，本来是非分工合力不能生存的，至此时，因生活程度的增高，其不能不互相倚赖愈甚。分配之法既废，交易之法乃起而代之，本行于团体与团体之间的商业，乃一变而行于团体之内人与人之间，使人人的利害，都处于对立的地位。于是乎人心大变。在从前，团体与团体之间，是互相嫉视的，在一个团体之内，是互视为一体的。至此时，团体之内，其互相嫉视日深。在团体与团体之间，却因生活的互相倚赖而往来日密，其互相了解的程度，即随之而日深，同情心亦即随之而扩大。又因其彼此互相仿效，以及受了外部的影响，而内部的组织，不得不随之而起变化，各地方的风俗亦日趋于统一。民族的同化作用，即缘此而进行。政治上的统一，不过是顺着这种趋势推进。再彻底些说，政治上的统一，只是在当时情况之下，完成统一的一个方法。并不是政治的本身，真有多大的力量。随着世运的进展，井田制度被破坏了。连公用的山泽，亦为私人所占。工商业愈活跃，其剥削消费者愈深。在上的君主和贵族，亦因其日趋于腐败、奢侈，而其剥削人民愈甚。习久于战争就养成一种特别阶级，视战斗为壮快、征服为荣誉的心理，认为与其出汗，毋宁出血。此即孔子和其余的先秦诸子所身逢的乱世。追想前一个时期，列国之间，战争还不十分剧烈。一国之内，虽然已有阶级的对立，然前此利害共同时的旧组织，还有存留，而未至于破坏净尽。秩序还不算十分恶劣，人生其间的，也还不至于十分痛苦，好像带病延年的人，虽不能算健康，还可算一个准健康体，此即孔子所谓小康。再前一个时期，内部毫无矛盾，对外毫无竞争，则即所谓大同了。在大同之世，物质上的享受，或者远不如后来，然而人类最亲切的苦乐，其实不在于物质，而在于人与人间的关系，所以大同时代的境界，永存于人类记忆之中。不但孔子，即先秦诸子，亦无不如此。道家无论已，即最切实际的法家亦然。如《管子》亦将皇、帝、王、霸分别治法的高下;《史记·商君列传》亦载商君初说秦孝公以帝王之道，秦孝公不能用，乃说之以富国强兵之术都是。这不是少数人的理想高尚，乃是受了大多数人的暗示而然的。人类生当此际，实应把其所以致此之由，彻底地加以检讨，明白其所以然之故，然后将现社会的组织，摧毁之而加以改造。这亦非古人所没有想到，先秦诸子，如儒、墨、道、法诸家，就同抱着这个志愿的，但其所主张的改革的方法，都不甚适合。道家空存想望，并没有具体实行的方案，不必说了。墨家不讲平均分配，而专讲节制消费，也是不能行的。儒家希望恢复井田，法家希望制止大工商业的跋扈；把大事业收归官营；救济事业亦由国家办理，以制止富豪的重利盘剥；进步些了。然单讲平均地权，本不能解决社会的经济问题，兼讲节制资本，又苦于没有推行的机关。在政治上，因为民主政治废坠得久了，诸家虽都以民为重，却想不出一个使人民参与政治的办法，而只希望在上者用温情主义来抚恤人民，尊重舆论，用督责手段，以制止臣下的虐民。在国与国之间，儒家则希望有一个明王出来，能够处理列国间的纷争，而监督其内政；法家因为兴起较后，渐抱统一的思想，然秦朝的统一和贵族的被裁抑，都只是事势的迁流，并不能实行法家的理想，所以要自此再进一步，就没有办法了。在伦理上，诸家所希望的，同是使下级服从上级，臣民该服从君主，儿子要服从父亲，妇女要服从男子，少年该服从老人。他们以为上级和下级的人，各安其分，各尽其职，则天下自然太平，而不知道上级的人受不到制裁，决不会安其分而尽其职。总而言之，小康之世，所以向乱世发展，是

▼ 孔子及《论语》 图为孔子的画像及《论语》的明刊本。

有其深刻的原因的。世运只能向前进，要想改革，只能顺其前进的趋势而加以指导。先秦诸子中，只有法家最看得出社会前进的趋势，然其指导亦未能全然得法。他家则都是想把世运逆挽之，使其回到小康以前的时代的，所以都不能行。

虽然如此，人类生来是避苦求乐的，身受的苦痛，是不能使人不感觉的，既然感觉了，自然要求摆脱。求摆脱，总得有个办法，而人类凭空是想不出办法来的。世运只有日新，今天之后，只会有明天，而人所知道的，最新亦只是今日以前之事，于是乎想出来的办法，总不免失之于旧，这个在今日尚然，何况古代？最好的时代是过去了，但永存于人类想望记忆之中。虽回忆之，而并不知其真相如何，乃各以其所谓最好者当之。合众人的所谓最好者，而调和折中，造成一个大略为众所共认的偶像，此即昔人所谓三代以前的世界。这个三代以前的世界，其不合实际，自然是无待于言的。这似乎只是一个历史上的误解，无甚关系，然奉此开倒车的办法为偶像而思实践之，就不徒不能达到希望，而且还要引起纠纷。

CHAPTER 26

◎ 第二十六章 秦朝治天下的政策

在古代，阻碍平天下最大的力量，自然是列国的纷争。所以秦并吞六国之后，决计不再行封建，“父兄有天下，而子弟为匹夫”。郡的设立，本来是军事上控扼之点，第三章中业经说过。六国新灭，遗民未曾心服，自然有在各地方设立据点的必要。所以秦灭六国，多以其地设郡。至六国尽灭之后，则更合全国的情形，加以调整，分天下为三十六郡。

秦始皇尽灭六国，事在公元前二二一年，自此至公元一八九年，董卓行废立，东方州郡，起兵讨卓，海内扰乱分裂，共四百年，称为中国的盛世。在这一时期之中，中国的历史，情形是怎样呢？“英雄造时势”，只是一句夸大的话。事实上，英雄之所以成为英雄，正因其能顺着时势，进行之故。“时势造英雄”这句话倒是真的，因为它能决定英雄的趋向。然则在这一个时期之内，时势的要求，是怎样呢？依我们所见到的，可以分为对内对外两方面：对内方面，在列国竞争之时，不能注全力于内治；即使注意到，亦只是局部的问题，而不能概括全体，只是一时的应付，而不能策划永久。统一之后，就不然了。阻碍之力既去，有志于治平的，就可以行其理想。对外方面，当时的人看中国已经是天下的一大部分了。未入版图的地方，较强悍的部落，虑其为中国之患，该有一个对策；较弱小的，虽然不足为患，然亦是平天下的一个遗憾，先知先觉的中国人，在力所能及的范围内，亦有其应尽的责任。所以在当日，我们所需要的是：（一）对内建立一个久安长治的规模。（二）对外把力所能及的地方，都收入中国版图之内，其未能的，则确立起一条防线来。

秦始皇所行的，正顺着这种趋势。

在古代，阻碍平天下最大的力量，自然是列国的纷争。所以秦并吞六国之后，决计不再行封建，“父兄有天下，而子弟为匹夫”。郡的设立，本来是军事上控扼之点，第三章中业经说过。六国新灭，遗民未曾心服，自然有在各地方设立据点的必要。所以秦灭六国，多以其地设郡。至六国尽灭之后，则更合全国的情形，加以调整，分天下为三十六郡。当时的郡守，就是一个不世袭的大国之君，自亦有防其专擅的必要。所以每郡又都派一个御史去监察他。当时还每郡都设立一个尉，但其权远在郡守之下，倒是不足重视的。

要人民不能反抗，第一步办法，自然是解除其武装。好在当时，金属铸成的兵器为数有限，正和今日的枪械一般，大略可以收尽的。于是收天下之兵，聚之咸阳，铸以为金人和钟、鐻。秦都咸阳，今陕西咸阳县。

最根本的，莫过于统一人民的心思了。原来古代社会，内部没有矛盾，在下者的意见，常和在上者一致，此即所谓“天下有道，则庶人不议”。《论语·季氏》。后世阶级分化，内部的矛盾多了，有利于这方面的就不利于那方面。自然人民的意见，不能统一。处置之法，最好的，是使其利害相一致；次之则当求各方面的协调，使其都有发表意见的机会；此即今日社会主义和民主政治的原理。但当时的人，不知此理。他们不知道各方面的利害冲突了，所以有不同的见解，误以为许多方面，各有其不同的主张，以致人各有心，代表全国公益的在上者的政策，不能顺利进行。如此，自有统一全国人的心思的必要。所以在《管子·法禁》《韩非子·问辩》两篇中，早有焚书的主张。秦始皇及李斯就把它实行了。把关涉到社会、政治问题的“诗、书、百家语”都烧掉，只留下关系技术作用的医药、卜筮、种树之书。涉及社会、政治问题的，所许学的，只有当代的法令；有权教授的人，即是当时的官吏。若认为始皇、李斯此举，不合时代潮流，他们是百口无以自解的，若认为有悖于古，则实在冤枉。他们所想回复的，正是古代“政教合一，官师不分”之旧。古代的情形是如此，清朝的章学诚是发挥得十分透彻的。坑儒一举，乃因有人诽谤始皇而起，意非欲尽灭儒生，并不能与焚书之事并论。

以上是秦始皇对内的政策。至于对外，则北自阴山以南，南自五岭以南至海，秦始皇都认为应当收入版图。于是使蒙恬北逐匈奴，取河南之地。今之河套。把战国时秦、赵、燕三国北边的长城连接起来，东起现在朝鲜境内，秦长城起自乐浪郡遂城县，见《汉书·地理志》。西至现在甘肃的岷县，成立了一道新防线。南则略取现在广东、广西和越南之地，设立了桂林、南海、象三郡。大略桂林是今广西之地，南海是今广东之地，象郡是今越南之地。取今福建之地，设立了闽中郡。楚国庄蹻所开辟的地方，虽未曾正式收入版图，亦有一部分曾和秦朝交通，秦于其地置吏。

秦始皇，向来都说他是暴君，把他的好处一笔抹杀了，其实这是冤枉的。看以上所述，他的政治实在是抱有一种伟大的理想的。这亦非他一人

▲ **焚书坑儒** 这幅绢画中秦始皇宣判了这些蓝袍学者的命运，大门外，书籍正熊熊燃烧。希望通过焚书来统一人民思想的秦始皇不仅未能达到目的，反而加深了天下有学识之士对他的愤恨。

所能为，大约是法家所定的政策，而他据以实行的。这只要看他用李斯为宰相，言听计从，焚诗书、废封建之议，都出于李斯而可知。政治是不能专凭理想，而要顾及实际的情形的，即不论实际的情形能行与否，亦还要顾到行之之手腕。秦始皇的政策虽好，行之却似过于急进。北筑长城，南收两越，除当时的征战外，还要发兵戍守；既然有兵戍守，就得运粮饷去供给；这样，人民业已不堪赋役的负担。他还沿着战国以前的旧习惯，虐民以自奉。造阿房宫，在骊山起坟茔，骊山，在今陕西临潼县。都穷极奢侈；还要到处去巡游。统一虽然是势所必至，然而人的见解，总是落后的，在当时的人，怕并不认为合理之举，甚而至于认为反常之态。况且不必论理，六国夷灭，总有一班失其地位的人，心上是不服的，满怀着报仇的愤恨和复旧的希望；加以大多数人民的困于无告而易于煽动，一有机会，就要乘机而起了。

CHAPTER 27

◎ 第二十七章 秦汉间封建政体的反动

以一个政府之力统治全国，秦始皇是有此魄力的，或亦可以说是有此公心，替天下废除封建，汉高祖却无有了。既猜忌异姓，就要大封同姓以自辅，于是随着异姓诸侯的灭亡，而同姓诸国次第建立。

秦始皇帝于前二一〇年，东巡死于沙丘。今河北邢台县。他的大儿子，名唤扶苏，先已被谪罚到上郡去，今陕西绥德县。做蒙恬军队中的监军了。从前政治上的惯例，太子是不出京城，不做军队中的事务的，苟其如此，就是表示不拟立他的意思。所以秦始皇的不立扶苏，是预定了的。《史记》说秦始皇的少子胡亥，宠幸宦者赵高，始皇死后，赵高替胡亥运动李斯，假造诏书，杀掉扶苏、蒙恬而立胡亥，这话是不足信的。《史记·李斯列传》所载的全是当时的传说，并非事实，秦汉间的史实，如此者甚多。胡亥既立，是为二世皇帝。他诛戮群公子，又杀掉蒙恬的兄弟蒙毅。最后，连劳苦功高、资格很老的李斯都被杀掉。于是秦朝的政府，失其重心，再不能箝制天下了。皇帝的家庭之中，明争暗斗，向来是很多的，而于继承之际为尤甚。这个并不起于秦朝，但在天下统一之后，皇室所管辖的地方大了，因其内部有问题而牵动大局，使人民皆受其祸，其所牵涉的范围，也就更广大了。秦始皇之死，距其尽灭六国，不过十二年，而此祸遂作。

秦始皇死的明年，戍卒陈胜、吴广起兵于蕲，今安徽宿县。北取陈。胜自立为王，号张楚。分兵四出徇地，郡县多杀其守令以应。六国之后，遂乘机并起。秦朝政治虽乱，兵力尚强；诸侯之兵，多是乌合之众；加以心力不齐，不肯互相救援；所以秦将章邯，倒也所向无敌。先镇压了陈胜、吴广，又打死了新立的魏王。战国时楚国的名将，即最后支持楚国而战死的项燕的儿子项梁，和其兄子项羽，起兵于吴，引兵渡江而西。今江苏之江南，古称江东。古所谓江南，指今之湖南。以居巢人范增的游说，立楚怀王的后裔于盱眙，居巢，今安徽巢县。盱眙，今安徽盱眙县。仍称为楚怀王。以祖谥为生号。项梁引兵而北，兵锋颇锐，连战皆胜，后亦为章邯所袭杀。章邯以为楚地兵不足忧，乃北围赵王于巨鹿。今河北平乡县。北强南弱，乃是东晋以后逐渐转变成功的形势。自此以前，都是北方的军队，以节制胜，南方的军队，以剽悍胜的。尤其是吴、越之士，《汉书·地理志》上，还称其“轻死好用剑”。项梁既死，楚怀王分遣项羽北救赵，起兵于沛的刘邦即汉高祖西入关。沛，今江苏沛县。项羽大破秦兵于巨鹿。汉高祖亦自武关而入。此时二世和赵高，不知如何又翻了脸，赵高弑二世，立其兄子婴，婴又刺杀高，正当纷乱之际，汉高祖的兵已到霸上，在今陕西长安县东。子婴只得投降，秦朝就此灭亡。此事在前二〇六年。

既称秦之灭六国为无道，斥为强虎狼，灭秦之后，自无一人专据称尊之理，自然要分封。但是分封之权，出于何人呢？读史的人，都以为是项羽。这是错了的。项羽纵使在实际上有支配之权，形式上决不能专断，况且实际上也未必能全由项羽一个人支配。项羽既破章邯之后，亦引兵西入关。汉高祖先已入关了，即遣将守关。项羽怒，把他攻破。进兵至鸿门，在今陕西临潼县。和高祖几乎开战。幸而有人居间调解，汉高祖自己去见项羽，解释了一番，战事得以未成。此时即议定了分封之事。这一件事，《史记》的《自序》称为“诸侯之相王”，可见形式上是取决于公议的。其所封的：为（一）六国之后，（二）亡秦有功之人，（三）而楚怀王则以空名尊为义帝，（四）实权则在称为西楚霸王的项羽。都彭城，当时称其地为西楚。江陵为南楚，吴为东楚。这是模仿东周以后，天子仅拥虚名，而实权在于霸主的。分封的办法，我们看《史记》所载，并不能说它不公平。汉朝人说：楚怀王遣诸将入关时，与之约：先入关者王之，所以汉高祖当王关中，项羽把他改封在巴、蜀、汉中为背约。姑无论这话的真假，即使是真的，楚怀王的命令，安能约束楚国以外的人呢？这且不必论它。前文业经说过：人的思想，总是落后的，观于秦、汉之间而益信。封建政体，既已不能维持，于是分封甫定，而叛乱即起于东方。项羽因为是霸王，有征讨的责任，用兵于齐。汉高祖乘机北定关中。又出关，合诸侯之兵，攻破彭城。项羽虽然还兵把他打败，然汉高祖坚守荥阳、成皋，荥阳，今河南荥泽县。成皋，今河南汜水县。得萧何镇守关中，继续供给兵员和粮饷。遣韩信渡河，北定赵、代，东破齐。彭越又直接扰乱项羽的后方。至前二〇二年，项羽遂因兵少食尽，为汉所灭。从秦亡至此，不过五年。

事实上，天下又已趋于统一了。然而当时的人，怕不是这样看法。当楚、汉相持之时，有一策士，名唤蒯彻，曾劝韩信以三分天下之计。汉高祖最后攻击项羽时，和韩信、彭越相约合力，而信、越的兵都不会到，后来，约定把齐地尽给韩信，梁地尽给彭越，二人才都引兵而来，这不是以君的资格分封其臣，乃是以对等的资格立分地之约。所以汉高祖的灭楚，以实在情形论，与其说是汉灭楚，毋宁说是许多诸侯，亦即许多支新崛起的军队，联合以灭楚，汉高祖不过是联军中的首领罢了。楚既灭，这联军中的首领，自然有享受一个较众为尊的名号的资格，于是共尊汉高祖为皇帝。然虽有此称号，在实际上，未必含有沿袭秦朝皇帝职权的意义。做了皇帝之后，就可以任意诛灭废置诸王侯，怕是当时的人所不能想象的，这是韩信等在当时所以肯尊汉高祖为皇帝之故。不然，怕就没有这么容易了。汉初异姓之王，有楚王韩信、梁王彭越、赵王张敖、韩王信、淮南王英布、燕王臧荼、长沙王吴芮。这都是事实上先已存在，不得不封的，并非是皇帝的意思所设置。汉高祖灭楚之后，即从娄敬、张良之说，西都关中，当时的理由，是关中地势险固，且面积较大，资源丰富，易于据守及用以临制诸侯，可见他原只想做列国中最强的一国。但是事势所趋，人自然会做出不被思想所拘束的事情来的。不数年间，而韩信、彭越都以汉朝的诡谋被灭。张敖以罪见废。韩王信、英布、臧荼，都以反而败。臧荼之后，立了一个卢绾，是汉高祖生平第一个亲信人，亦因被谗而亡入匈奴。到前

西汉异姓王分封示意图

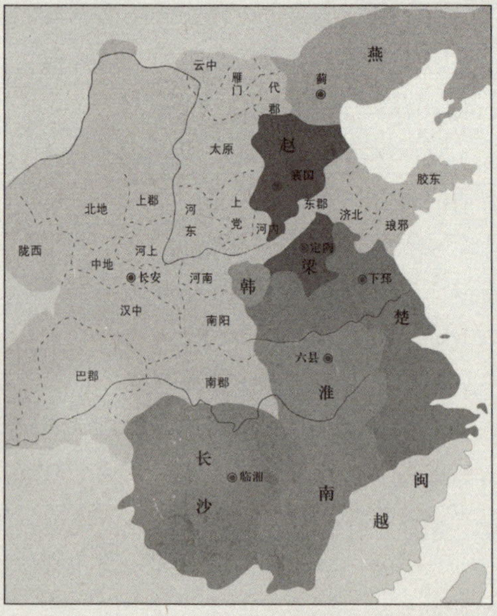

异姓王的分封

燕王臧荼	都蓟	因项羽原封（汉五年为卢绾所代）
赵王张敖	都襄国	汉四年
淮南王英布	都六县	汉四年
楚王韩信	都下邳	汉五年由齐徙楚
韩王信	都颍川	汉五年
梁王彭越	都定陶	汉五年
长沙王吴芮	都临湘	汉五年

西汉异姓七王所辖的领土几乎占了全国之半，对于中央政府的稳定和巩固造成很大的障碍和威胁，后终被剪灭。

一九五年汉高祖死时，只剩得一个地小而且偏僻的长沙国了。天下至此，才真正可以算是姓刘的天下。其成功之速，可以说和汉高祖的灭楚，同是一个奇迹。这亦并不是汉高祖所能为，不过封建政体，到这时候业已自趋于没落罢了。

以一个政府之力统治全国，秦始皇是有此魄力的，或亦可以说是有此公心，替天下废除封建，汉高祖却无有了。既猜忌异姓，就要大封同姓以自辅，于是随着异姓诸侯的灭亡，而同姓诸国次第建立。其中尤以高祖的长子齐王肥，封地既大，人民又多，且居东方形胜之地，为当时所重视。又有淮南王长，燕王建，赵王如意，梁王恢，代王恒，淮阳王友，皆高帝子。楚王交，高帝弟。吴王濞，高帝兄子。宗法社会中，所信任的，不是同姓，便是外戚。汉初功臣韩信、彭越等，不过因其封地大，所以特别被猜忌，其余无封地，或者仅有小封土的，亦安能"与官同心"？汉高祖东征西讨，频年在外，中央政府所委任的，却是何人呢？幸而他的皇后吕氏是很有能力的。她的母家，大约亦是当时所谓豪杰之流；她的哥哥吕泽和吕释之，都跟随高祖带兵；妹夫樊哙，尤其是功臣中的佼佼者；所以在当时，亦自成为一种势力。高祖频年在外，京城里的事情，把持着的便是她，这只要看韩信、彭越都死在她手里，便可知道。所以高祖死后，嗣子惠帝，虽然懦弱，倒也安安稳稳地做了七年皇帝。惠帝死后，嗣子少帝，又做了四年。不知何故，吕后女鲁元公主，下嫁张敖，敖女为惠帝后。《史记》说她无子，佯为有身，取美人子，杀其母，名为己子。惠帝崩，立，既长，闻其事，口出怨言，为吕后所废。此非事实。张皇后之立，据《汉书》本纪，事在惠帝四年十月，至少帝四年仅七年，少帝至多不过七岁，安有知怨吕后之理。为吕后所废而立其弟。吕后临朝称制。又四年而死。吕后活着的时候，虽然封了几个母家的人为王，却都没有到国。吕后，其实并无推翻刘氏、重用吕氏的意思，所任用的，还是汉初的几个功臣，这班人究竟未免有些可怕，所以临死的时候，吩咐带北军的吕禄、南军的吕产，禄，释之之子。产，泽子。"据兵卫宫"，不要出去送丧，以防有人在京城里乘虚作乱。此时齐王肥已经死了，子襄继为齐王。其弟朱虚侯章在京城里，暗中派人去叫他起兵。汉朝派功臣灌婴去打他。灌婴到荥阳，和齐王联合，于是前敌形成了僵局。丞相陈平、太尉周勃等，乃派人运动吕禄，交出兵权。吕禄犹豫未决，周勃用诈术突入北军，运动军人，反对吕氏。把吕禄、吕产和其余吕氏的人都杀掉。于是阴谋说惠帝的儿子都不是惠帝所生的，就高帝现存的儿子中，择其最长的，迎立了代王恒，是为文帝。齐王一支人，自然是不服的。文帝乃运用手腕，即分齐地，封朱虚侯为城阳王，朱虚侯之弟东牟侯兴居为济北王。城阳治莒，今山东莒县。济北治卢，今山东长清县。城阳王不久就死了。济北王以反被诛。汉初宗室、外戚、功臣的三角斗争，至此才告结束。

当时的功臣，所以不敢推翻刘氏，和汉朝同姓分封之多，确实是有关系的，所以封建不能说没有一时之用。然而异姓功臣都灭亡后，所患的，却又在于同姓了。要铲除同姓诸侯尾大不掉之患，自不外乎贾谊“众建诸侯而少其力”一语。这话，当文帝时，其实是已经实行了的，齐王襄传子则，则死后没有儿子，文帝就把他的地方，分为齐、济北、济南、菑川、胶西、胶东六国，济南治东平陵，今山东历城县。菑川治剧，今山东寿光县。胶西治高苑，今山东桓台县。胶东治即墨，今山东即墨县。立了齐王肥的庶子六人。又把淮南之地，分成三国。但吴、楚仍是大国，吴王濞尤积有反心。晁错力劝文帝以法绳诸侯，文帝是个因循的人，没有能彻底实行。前一五七年，文帝死，子景帝立。晁错做了御史大夫，即实行其所主张。前一五四年，吴王联合楚、赵、胶西、胶东、菑川、济南造反，声势很盛。幸而吴王不懂得兵谋，“屯聚而西，无他奇道”，为周亚夫所败。于是景帝改定制度，诸侯王不得治民，令相代治其国。到武帝，又用主父偃之计，令诸侯得以其地，分封自己的子弟，在平和的手腕中，把“众建诸侯而少其力”一语，彻底实行了。封建政体反动的余波，至此才算解决。从秦二世元年六国复立起，到吴、楚之乱平定，共五十六年。

CHAPTER 28

◎ 第二十八章 汉武帝的内政外交

在武帝的初年，海内是很为富庶的。但当时所谓有钱，只是总算起来，富力有所增加，并不是人人都有饭吃，富的人富了，穷的人还是一样的穷，而且因贫富相形，使人心更感觉不平，感觉不足。而对外的问题，时势亦逼着我们不能闭关自守。汉武帝并不是真有什么本领的人，但是他的志愿，却较文、景两帝为大，不肯蹈常习故，一事不办，于是久经搁置的问题，又重被提起了。

在第二十六章里所提出的对内对外两个问题，乃是统一以后自然存在着的问题，前文业经说明了。这个问题，自前二〇六年秦灭汉兴，至前一四一年景帝之死，共六十六年，久被搁置着不提了。这是因为高帝、吕后时，忙于应付异姓功臣，文帝、景帝时，又存在着一个同姓诸王的问题；高帝本是无赖子，文、景二帝亦只是个寻常人，凡事都只会蹈常习故之故。当这时候，天下新离兵革之患，再没有像战国以前年年打仗的事情了。郡县长官比起世袭的诸侯来，自然权力要小了许多，不敢虐民。诸侯王虽有荒淫昏暴的，比之战国以前，自然也差得远了。这时候的中央政府，又一事不办，和秦始皇的多所作为，要加重人民负担的，大不相同。在私有财产制度之下，人人都急于自谋，你只要不去扰累他，他自然会休养生息，日臻富厚。所以据《史记·平准书》说：在武帝的初年，海内是很为富庶的。但是如此就算了吗？须知社会，并不是有了钱就没有问题的。况且当时所谓有钱，只是总算起来，富力有所增加，并不是人人都有饭吃，富的人富了，穷的人还是一样的穷，而且因贫富相形，使人心更感觉不平，感觉不足。而对外的问题，时势亦逼着我们不能闭关自守。汉武帝并不是真有什么本领的人，但是他的志向，却较文、景二帝为大，不肯蹈常习故，一事不办，于是久经搁置的问题，又要重被提起了。

当时对内的问题，因海内已无反侧，用不到像秦始皇一般，注意于镇压，而可以谋一个长治久安之策。这个问题，在当时的人看起来，重要的有两方面：一个是生计，一个是教化，这是理论上当然的结果。衣食足而知荣辱，生计问题，自然在教化之先；而要解决生计问题，又不过平均地权、节制资本两途；这亦是理论上当然的结果。最能解决这两个问题的，是哪一家的学术呢？那么，言平均地权和教化者，莫如儒家；言节制资本者，莫如法家。汉武帝，大家称他是崇儒的人，其实他并不是真懂得儒家之道的。他所以崇儒，大约因为他的性质是夸大的，要做些表面上的事情，如改正朔、易服色等，而此等事情，只有儒家最为擅长之故。所以当时一个真正的儒家董仲舒，提出了限民名田的主张，他并不能行。他的功绩，最大的，只是替《五经》博士置弟子，设科射策，劝以官禄，使儒家之学，得国家的提倡而地位提高。但是照儒家之学，生计问题，本在教化问题之先；即以教化问题而论，地方上的庠序，亦重于京城里的大学，这只要看《汉书·礼志》上的议论，便可以知道。武帝当日，对于庠序，亦未能注意，即因其专做表面上的事情之故。至于法家，他用到了一个桑弘羊，行了些榷盐铁、酒酤、均输等政策。据《盐铁论》看来，桑弘羊是确有节制资本之意，并非专为筹款的。但是节制资本而借官僚以行之，很难望其有利无弊，所以其结果，只达到了筹款的目的，节制资本，则徒成虚语，且因行政的腐败，转不免有使人民受累的地方。其余急不暇择的筹款方法，如算缗钱、舟车，令民生子三岁即出口钱，及令民入羊为郎、入谷补官等，更不必说了。因所行不顺民心，不得不用严切的手段，乃招致张汤、赵禹等，立了许多严切的法令，以压迫人民。秦以来的狱吏，本来是偏于残酷的，加以此等法律，其遗害自然更深了。他用此等方法，搜括了许多钱来，做些什么事呢？除对外的武功，有一部分可以算是替国家开拓疆土、防御外患外，其余如封禅、巡幸、信用方士、大营宫室等，可以说全部是浪费。山东是当时

西汉官制简表

丞相	最高行政长官
御史大夫	执法或监察
太尉	掌管中央军事
廷尉	主管司法
治粟内史（大司农）	管理国家财政
少府	管理皇室财政
水衡都尉	负责财政管理
郎中令（光禄勋）	掌管宫殿警卫
卫尉	掌管宫门警卫
中尉（执金吾）	维护京城治安
太仆	掌管宫廷御马和国家马政
将作少府（将作大匠）	负责宫室、宗庙等土木营建
奉常（太常）	掌管宗庙祭祀、宫廷礼仪
宗正	皇帝亲族事务管理
詹事	掌皇后、太子家中之事
◆郡守（太守）	郡的长官
◆郡尉（都尉）	掌全郡军事
◆县令	县的长官

注：▬为三公，▬为外朝官，▭为内朝官，◆为地方官。

表中这种内外朝相对的官制，是汉武帝时为加强君权所创。其伴随着相权与皇权此消彼长的整个历史过程，在汉之后的历代王朝的政治体制演化中都有所体现。

诛求剥削的中心，以致末年民愁盗起，几至酿成大乱。

武帝对外的武功，却是怎样呢？当时还威胁着中国边境的，自然还是匈奴。此外秦朝所开辟的桂林、南海、象三郡和闽中郡，秦末汉初，又已分离为南越、闽越、东瓯三国了。现在的西康、云、贵和四川、甘肃的边境，即汉人所谓西南夷，则秦时尚未正式开辟。东北境，虽然自战国以来，燕国人业已开辟了辽东，当时的辽东，且到现在朝鲜境内，汉初守燕国的旧疆，以浿水为界，则秦界尚在浿水以西，浿水，今大同江。然汉族的移殖，还不以此为限，自可更向外开拓。从甘肃向西北入新疆，向西南到青海，也正随着国力的扩张，而可有互相交通之势。在这种情势之下，推动雄才大略之主，向外开拓的，有两种动机：其一，可说是代表国家和民族向外拓展的趋势，又其一则为君主个人的野心。匈奴，自秦末乘中国内乱、戍边者皆去，复入居河南。汉初，其雄主冒顿，把今蒙古东部的东胡、甘肃西北境的月氏，都征服了。到汉文帝时，他又征服了西域。西域，即今新疆省之地。西域二字，义有广狭。《汉书·西域传》说西域之地，“南北有大山，中央有河，东则接汉，阸以玉门、阳关，西则限以葱岭。”北方的大山，即今天山，南方的大山，即沙漠以南的山脉，略为新疆与西藏之界。河系今塔里木河。玉门、阳关，都在今甘肃敦煌县西。此乃今天山南路之地。其后自此西出，凡交通所及之地，亦概称为西域，则其界限并无一定，就连欧洲也都包括在内。汉时分为三十六国。后分至五十余。其种有塞，有氐羌。塞人属于高加索种，都是居国，其文明程度，远在匈奴、氐、羌等游牧民族之上。匈奴设官以收其赋税。汉高祖曾出兵征伐匈奴，被围于平城，今山西大同县。七日乃解。此时中国初定，对内的问题还多，不能对外用兵，乃用娄敬之策，名家人子为长公主，嫁给冒顿，同他讲和，是为中国以公主下嫁外国君主结和亲之始。文、景两代，匈奴时有叛服，文、景不过发兵防之而已，并没建立一定的对策。到武帝，才大出兵以征匈奴，前一二七年，恢复河南之地，匈奴自此移于漠北。前一一九年，又派卫青、霍去病绝漠攻击，匈奴损折颇多。此外较小的战斗，还有多次，兵事连亘，前后共二十余年，匈奴因此又渐移向西北。汉武帝的用兵，是很不得法的，他不用功臣宿将，而专用卫青、霍去病等椒房之亲。纪律既不严明，对于军需，又不爱惜，以致士卒死伤很多，物质亦极浪费。如霍去病，《史记》称其少而侍中，贵不省士。其用兵，“既还，重车余弃粱肉，而士有饥者。在塞外，卒乏粮，或不能自振，而去病尚穿城蹋鞠，事多类此。”卫青、霍去病大出塞的一役，汉马死者至十余万匹，从此以马少则不能大举兵事。李广利再征大宛时，兵出敦煌的六万人，私人自愿从军的还不在其内，马三万匹，回来时，进玉门关的只有一万多人，马一千多匹。史家说这一次并不乏食，战死的也不多，所以死亡如此，全由将吏不爱士卒之故。可见用人不守成法之害。只因中国和匈奴，国力相去悬绝，所以终能得到胜利。然此乃国力的胜利，并非战略的胜利。至于其通西域，则更是动于侈心。他的初意，是听说月氏为匈奴所破，逃到今阿母河滨，要想报匈奴的仇，苦于无人和他合力，乃派张骞出使。张骞回来后，知道月氏已得沃土，无报仇之心，其目的已不能达到了。但武帝因此而知西域的广大，以为招致了他们来朝贡，实为自古所未有，于是动于侈心，要想招致西域各国。张骞在大夏时，看见邛竹杖、蜀布，问它们从哪里来的，他们说从身毒买来。今印度。于是臆想，从四川、云南，可通西域。派人前去寻求道路，都不能通。当时蜀物入印度，所走的路，当系今自四川经西康、云南入缅甸的路。自西南夷求通西域的使者，“传闻其西可千余里，有乘象国，名曰滇越，而蜀贾奸出物者或至焉”，即当今缅甸之地。后来匈奴的浑邪王降汉，今甘肃西北部之地，收入中国版图，通西域的路，才正式开通。前一〇四年，李广利伐大宛，大宛都贵山城，乃今之霍阐。不克。武帝又续发大兵，前一〇一年，到底把它打下。大宛是离中国很远的国，西域诸国，因此慑于中国兵威，相率来朝。还有一个乌孙，也是游牧民族，当月氏在甘肃西北境时，乌孙为其所破，依匈奴以居。月氏为匈奴所破，是先逃到伊犁河流域的。乌孙借匈奴的助力，把他打败，月氏才逃到阿母河流域，乌孙即占据伊犁之地。浑邪王降汉时，汉朝尚无意开其地为郡县，张骞建议，招乌孙来居之。乌孙不肯来，而匈奴因其和中国交通，颇责怪他。乌孙恐惧，愿“婿汉氏以自亲”。于是汉朝把一个宗室女儿嫁给他。从此以后，乌孙和匈奴之间有问题，汉朝就不能置之不问，《汉书·西域传》说“汉用忧劳无宁岁”，很有怨怼的意思。按西域都是些小国，汉攻匈奴，并不能得它们的助力，而因此劳费殊甚，所以当时人的议论，大都是反对的。但是史事复杂，利害很难就一时一地之事论断。（一）西域是西洋文明传布之地。西洋文明的中心希腊、罗马等，距离中国很远，在古代只有海道的交通，交流不甚密切，西域则与中国陆地相接，自近代西力东渐以前，中西的文明，实在是恃此而交流的。（二）而且西域之地，设或为游牧民族所据，亦将成为中国之患，汉通西域之后，对于天山南北路，就有相当的防备，后来匈奴败亡后，未能侵入，这也未始非中国之福。所以汉通西域，不是没有益处的。但这只是史事自然的推迁，并非当时所能豫烛。当时的朝鲜：汉初燕人卫满走出塞，把箕子之后袭灭了，自王朝鲜。传子至孙，于前一〇八年，为汉武帝所灭。将其地设置乐浪、临屯、真番、玄菟四郡。乐浪，今朝鲜平安南道及黄海、京畿两道之地。临屯为江原道地。玄菟为咸镜南道。真番跨鸭绿江上流。至前八十二年，罢真番、临屯，以并乐浪、玄菟。朝鲜半岛的主要民族是貉族，自古即渐染汉族的文化，经此长时期的保育，其汉化的程度愈深，且因此而输入半岛南部的三韩，马韩，今忠清、全罗两道。弁韩、辰韩，今庆尚道。和海东的日本，实为中国文化在亚洲东北部最大的根据地。南方的东瓯，因为闽越所攻击，前一三八年，徙居江、淮间。南越和闽越，均于前一一一年，为中国所灭。当时的西南夷：在今金沙江和黔江流域的，是夜郎、滇、邛都，在岷江和嘉陵江上源的，是徙、筰都、冉駹、白马。在今横断山脉和澜沧、金沙两江间的，是巂昆明。夜郎，今贵州桐梓县。滇，今云南昆明县。邛都，今西康西昌县。徙，今四川天全县。筰都，今西康汉源县。冉駹，今四川茂县。白马，今甘肃成县。巂昆明，在今昆明、大理之间，乃行国。两越既平，亦即开辟为郡县，确立了中国西南部的疆域。今青海首府附近，即汉人称为河湟之地的，为羌人所据。这一支羌人，系属游牧民族，颇为中国之患。前一一二年，汉武帝把它打破，设护羌校尉管理它，开辟了今青海的东境。

◀ **张骞出使西域** 张骞两次出使西域，开辟了后人称之为“丝绸之路”的中西交流的通道，这条通道的开通加强了汉朝同四邻国家的交流。

CHAPTER 29

◎ 第二十九章 前汉的衰亡

汉朝政治败坏的根源，其端实开自霍光秉政之时的，那便是宰相之权，移于尚书。汉朝的宰相，是颇有实权的。自霍光秉政，自领尚书，宰相都用年老无气和自己的私人，政事悉由宫中而出，遂不能有正色立朝之臣。朝无重臣，遂至嬖幸得干相位，外戚得移朝祚，西汉的灭亡，相权的丧失实在是一个重要的原因。

汉武帝死后，汉朝是经过一次政变的，这件事情的真相，未曾有传于后。武帝因迷信之故，方士神巫，多聚集京师，至其末年，遂有巫蛊之祸，皇后自杀。太子据发兵，把诬陷他和皇后的江充杀掉。武帝认为造反，亦发兵剿办。太子兵败出亡，后被发觉，自缢而死。当太子死时，武帝儿子存在的，还有燕王旦、广陵王胥、昌邑王髆，武帝迄未再立太子。前八十七年，武帝死，立赵婕妤所生幼子弗陵，是为昭帝。霍光、上官桀、桑弘羊、金日磾同受遗诏辅政。赵婕妤先以谴死。褚先生《补外戚世家》说：是武帝怕身死之后，嗣君年少，母后专权，先行把她除去的。《汉书·霍光传》又说：武帝看中了霍光，使画工画了一幅周公负成王朝诸侯的图赏给他。武帝临死时，霍光问当立谁，武帝说："立少子，君行周公之事。"这话全出捏造。武帝生平溺于女色；他大约是个多血质的人，一生行事，全凭一时感情冲动；安能有深谋远虑，预割嬖爱？霍光乃左右近习之流，仅可以供驱使。上官桀是养马的。金日磾系匈奴休屠王之子，休屠王与浑邪王同守西边，因不肯降汉，为浑邪王所杀，乃系一个外国人，与中国又有杀父之仇。朝臣中即使无人，安得托孤于这几个人？当他们三个人以武帝遗诏封侯时，有一个侍卫，名唤王莽，他的儿子唤作王忽，扬言道：皇帝病时，我常在左右，哪里有这道诏书？霍光闻之，切责王莽，王莽只得把王忽杀掉。然则昭帝之立，究竟是怎样一回事，就可想而知了。昭帝既立，燕王谋反，不成而死。桑弘羊、上官桀都以同谋被杀。霍光的女儿，是上官桀的儿媳妇，其女即昭帝的皇后。上官桀大约因是霍光的亲戚而被引用，又因争权而翻脸的，殊不足论，桑弘羊却可惜了。金日磾于昭帝元年即死，故不与此次政变。前七十四年，昭帝死，无子。霍光迎立昌邑王的儿子贺，旋又为光所废，而迎太子据之孙病已于民间，是为宣帝。昌邑王之废，表面上是无道，然当昌邑群臣二百余人被杀时，在市中号呼道“当断不断，反受其乱”，则昌邑王因何被废，又可想而知了。太子据败时，妻妾子女悉被害，只有一个宣帝系狱，此事在前九十一年。到前八十七年，即武帝死的一年，据说，有望气者说：“长安狱中有天子气。”武帝就派使者，“分条中都官狱系者，轻重皆杀之。”幸而有个丙吉，“拒闭使者”，宣帝才得保全。因而遇赦。按太子死后，武帝不久即自悔。凡和杀太子有关的人，都遭诛戮。太子系闭门自缢，脚蹋开门和解去他自缢的绳索的人都封侯。上书讼太子冤的田千秋，无德无能，竟用为丞相。武帝的举动如此，宣帝安得系狱五年不释？把各监狱中的罪人，不问罪名轻重，尽行杀掉，在中国历史上，是从来没有这回事的，这是和中国，至少是有史以来的中国的文化不兼容的，武帝再老病昏乱些，也发不出这道命令。如其发出了，拒绝不肯执行的，又岂止一个丙吉？然则宣帝是否武帝的曾孙，又很有可疑了。今即舍此勿论，而昌邑王以有在国时的群臣，为其谋主，当断不断而败，宣帝起自民间，这一层自然无足为虑，这怕总是霍光所以迎立他的真原因了吧。宣帝既立，自然委政于光，立六年而光死，事权仍在霍氏手里。宣帝不动声色地，逐渐把他们的权柄夺去，任用自己的亲信。至前六十六年，而霍氏被诛灭。

霍光的事情，真相如此。因为汉时史料缺乏，后人遂认为他的废立是出于公心的，把他和向来崇拜的偶像伊尹联系在一起，称为伊、霍，史家的易欺，真堪惊叹了。当时朝廷之上，虽有这种争斗，影响却未及于民间。武帝在时，内行奢侈，外事四夷，实已民不堪命。霍光秉政，颇能轻徭薄赋，与民休息。宣帝起自民间，又能留意于吏治和刑狱。所以昭、宣二帝之世，即自前八十六至前四十九年凡三十八年之间，政治反较武帝时为清明，其时汉朝对于西域的声威，益形振起。前六十年，设立西域都护，兼管南北两道。匈奴内乱，五单于并立，后并于呼韩邪。又有一个郅支单于，把呼韩邪打败。前五十一年，呼韩邪入朝于汉。郅支因汉拥护呼韩邪，遁走西域。前四十九年，宣帝崩，子元帝立。前三十六年，西域副都护陈汤矫诏发诸国兵袭杀郅支。汉朝国威之盛，至此亦达于极点。然有一事，系汉朝政治败坏的根源，其端实开自霍光秉政之时的，那便是宰相之权，移于尚书。汉朝的宰相，是颇有实权的。全国的政治，都以相府为总汇，皇帝的秘书御史，不过是他的助手，尚书乃皇帝手下的管卷，更其说不着了。自霍光秉政，自领尚书，宰相都用年老无气和自己的私人，政事悉由宫中而出，遂不能有正色立朝之臣。宣帝虽诛灭霍氏，于此却未能矫正。宦者

西汉中后期世系表

庙号	谥号	姓名	年号	在位时间
汉世宗	孝武皇帝	刘彻	建元、元光、元朔、元狩、元鼎、元封、太初、天汉、太始、征和、后元	前141～前87年
—	孝昭皇帝	刘弗陵	始元、元凤、元平	前87～前74年
—	昌邑王	刘贺[1]	—	前74年
汉中宗	孝宣皇帝	刘询（刘病已）	本始、地节、元康、神爵、五凤、甘露、黄龙	前74～前49年
汉高宗	孝元皇帝	刘奭	初元、永光、建昭、竟宁	前49～前33年
汉统宗	孝成皇帝	刘骜	建始、河平、阳朔、鸿嘉、永始、元延、绥和	前33～前7年
—	孝哀皇帝	刘欣	建平、元寿	前7～前1年
汉元宗	孝平皇帝	刘衎文	元始	前1～5年
—	孺子皇帝[2]	刘婴	居摄、初始	公元5～9年

注：1.汉宣帝之前是汉废帝昌邑王刘贺。刘贺即位仅27天就被霍光废黜。
2.刘婴为皇太子，号孺子。王莽摄政，称假皇帝。

弘恭、石显，当宣、元之世，相继在内用事。元帝时，士大夫如萧望之、刘向等，竭力和他们争斗，终不能胜。朝无重臣，遂至嬖倖得干相位，外戚得移朝祚，西汉的灭亡，相权的丧失实在是一个重要的原因。而且其事不但关涉汉朝，历代的政治，实都受其影响，参看第六章自明。

元帝以前三十三年死，子成帝立。成帝是个荒淫无度的人，喜欢了一个歌者赵飞燕，立为皇后，又立其女弟合德为婕妤。性又优柔寡断，事权遂入于外家王氏之手。前七年，成帝崩，哀帝立，颇想效法武、宣，振起威权。然宠爱嬖人董贤，用为宰相，朝政愈乱。此时王氏虽一时退避，然其势力仍在。哀帝任用其外家丁氏，祖母族傅氏，其中却并无人才，实力远非王氏之敌。前一年，哀帝崩，无子，王莽乘机复出，迎立平帝。诛灭丁、傅、董贤，旋弑平帝而立孺子婴。哀、平二帝皆元帝孙，孺子为宣帝曾孙。王莽从居摄改称假皇帝，又从假皇帝变作真皇帝，改国号为新，而前汉遂亡。此事在公元九年。

CHAPTER 30

◎ 第三十章 新室的兴亡

前后汉之间是中国历史的一个转变。在前汉之世，政治家的眼光，看了天下，认为不该就这么苟安下去的。后世的政治家奉为金科玉律的思想，所谓“治天下不如安天下，安天下不如与天下安”，是这时候的人所没有的。他们看了社会还是可用人力控制的，一切不合理的事，都该用人力去改变，此即所谓“拨乱世，反之正”。出来负这个责任的，当然是贤明的君主和一班贤明的政治家。

前后汉之间，是中国历史的一个转变。在前汉之世，政治家的眼光，看了天下，认为不该就这么苟安下去的。后世的政治家，奉为金科玉律的思想，所谓“治天下不如安天下，安天下不如与天下安”，是这时候的人所没有的。他们看了社会还是可用人力控制的，一切不合理的事，都该用人力去改变，此即所谓“拨乱世，反之正”。出来负这个责任的，当然是贤明的君主和一班贤明的政治家。当汉昭帝时，有一个儒者，唤作眭弘，因灾异，使其朋友上书，劝汉帝“求索贤人，禅以帝位，而退自封百里”。宣帝时，有个盖宽饶，上封事亦说：“五帝官天下，三王家天下，家以传子，官以传贤，四序之运，成功者退，不得其人，则不居其位。”这两个人，虽然都得罪而死，但眭弘，大约是霍光专政，怕人疑心他要篡位，所以牺牲了他，以资辩白的。况且霍光是个不学无术的人，根本不懂得什么改革大计。盖宽饶则因其刚直之性，既触犯君主，又为有权势的人所忌，以致遭祸，都不是反对这种理论，视为大逆不道。至于不关涉政体，而要在政务上举行较根本的改革的，则在宣帝时有王吉，因为宣帝是个实际的政治家，不能听他的话。元帝即位，却征用了王吉及和他志同道合的朋友贡禹。王吉年老，在路上死了。贡禹征至，官至御史大夫。听了他的话，改正了许多奢侈的制度，又行了许多宽恤民力的政事。其时又有个翼奉，劝元帝徙都成周。他说：长安的制度，已经坏了，因袭了这种制度，政治必不能改良，所以要迁都正本，与天下更始，则其规模更为阔大了。哀帝多病，而且无子，又有个李寻，保荐了一个贺良，陈说“汉历中衰，当更受命”，劝他改号为陈圣刘皇帝。陈字和田字同音，田地二字，古人通用，地就是土，陈圣刘皇帝，大约是说皇帝虽然姓刘，所行的却是土德。西汉人五德终始之说，还不是像后世专讲一些无关实际、有类迷信的空话的，既然要改变“行序”，同时就有一大套实际的政务，要跟着改变。这只要看贾谊说汉朝应当改革，虽然要“改正朔，易服色”，也要“法制度，定官名”，而他所草拟的具体方案，“为官名，悉更秦之故”，便可知道。五德终始，本来不是什么迷信，而是一套有系统的政治方案，这在第十七章中，业经说过了。这种根本的大改革，要遭到不了解的人无意识的反对，和实际于他权利有损的人出死力的抵抗，自是当然之事。所以贺良再进一步要想改革实际的政务，就遭遇反对而失败了。但改革的气势，既然如此其旁薄郁积，自然终必有起而行之之人，而这个人就是王莽。所以王莽是根本无所谓篡窃的。他只是代表时代潮流，出来实行改革的人。要实行改革，自然要取得政权；要取得政权，自然要推翻前朝的皇帝；而因实行改革而推翻前朝的皇帝，在当时的人看起来，毋宁是天理人情上当然的事。所以应天顺人，《易·鼎卦彖辞》:“汤武革命，顺乎天而应乎人。”在当时也并不是一句门面话。

要大改革，第一步自然还是生计问题，王莽所实行的是:（一）改名天下的田为王田，这即是现在的宣布土地国有，和附着于土地的奴隶，都不准卖买，而举当时所有的土田，按照新章，举行公平的分配。（二）立六筦之法，将大事业收归官营。（三）立司市、泉府，以平衡物价，使消费者、生产者、交换者，都不吃亏。收有职业的人的税，以供（甲）要生利而无资本的人，及（乙）有正当消费而一时周转不灵的人的借贷。其详已见第五章。他的办法，颇能综合儒法两家，兼顾到平均地权和节制资本两方面，其规模可称阔大，思虑亦可谓周详。但是徒法不能自行，要举行这种大改革，必须民众有相当的觉悟，且能做出相当的行动，专靠在上者的操刀代斫，是不行的。因为真正为国为民的人，总只有少数，官僚阶级中的大多数人，其利害总是和人民相反的，非靠督责不行。以中国之大，古代交通的不便，一个中央政府，督责之力本来有所不及；而况当大改革之际，普通官吏，对于法令，也未必能了解，而作弊的机会却特多；所以推行不易，而监督更难。王莽当日所定的法令，有关实际的，怕没有一件能够真正推行，而达到目的，因此而生的流弊，则无一事不有，且无一事不厉害。其余无关实际，徒滋纷扰的，更不必说了。王莽是个偏重立法的人，他又“锐思于制作”，而把眼前的政务搁起。尤其无谓的，是他的改革货币，麻烦而屡次改变，势不可行，把商业先破坏了。新分配之法，未曾成立，旧交易之法，先已破坏，遂使生计界的秩序大乱，全国的人，无一个不受到影响。王莽又是个拘泥理论、好求形式上的整齐的人。他要把全国的政治区划，依据地理，重行厘定，以制定封建和郡县制度。这固然是一种根本之图，然岂旦夕可致？遂至改革纷纭，名称屡变，吏弗能纪。他又要大改官制，一时亦不能成功，而官吏因制度未定，皆不得禄，自然贪求更甚了。对于域外，也是这么一套。如更改封号及印章等，无关实际、徒失交涉的圆滑，加以措置失宜，匈奴、西域、西南夷，遂至背叛。王莽对于西域，未曾用兵。西南夷则连年征讨，骚扰殊甚。对于匈奴，他更有一个分立许多小单于，而发大兵深入穷追，把其不服的赶到丁零地方去的大计划。此乃欲将匈奴驱入今西伯利亚之地，而将漠北空出。这个计划，倒也是值得称赞的，然亦谈何容易。当时调兵运饷，牵动尤广，屯守连年，兵始终没有能够出，而内乱却已蔓延了。

莽末的内乱，是起于公元十七年的。今山东地方，先行吃紧。湖北地方，亦有饥民屯聚。剿办连年弗能定。公元二十二年，藏匿在今京山县绿林山中的兵，分出南阳和南郡。汉南阳郡，治宛，今河南南阳县。南郡，治江陵，今湖北江陵县。入南阳的谓之新市兵，入南郡的谓之下江兵。又有起于今随县的平林乡的，谓之平林兵。汉朝的宗室刘玄，在平林兵中。刘縯、刘秀则起兵舂陵，今湖北枣阳县。和新市、平林兵合。刘玄初称更始将军，

▼ **王莽货币** 王莽当政时期，企图通过货币改革摆脱当时的社会危机，但此举不仅没能解决当时的社会矛盾，更加剧了财政金融的混乱。图为王莽各次货币改革中发行的货币。

后遂被立为帝。入据宛。明年，王莽派大兵四十万去剿办，多而不整，大败于昆阳。今河南叶县。莽遂失其控制之力，各地方叛者并起。更始分兵两支：一攻洛阳，一入武关。长安中叛者亦起。莽遂被杀。更始移居长安，然为新市、平林诸将所制，不能有为。此时海内大乱，而今河南、河北、山东一带更甚。刘縯为新市、平林诸将所杀。刘秀别为一军，出定河北。即帝位于鄗，改名高邑县。是为后汉光武皇帝。先打平了许多小股的流寇。其大股赤眉，因食尽西上，另立了一个汉朝的宗室刘盆子，攻入长安。更始兵败出降，旋被杀。光武初以河内为根据地，汉河内郡，治怀，在今河南武陟县。派兵留守，和服从更始的洛阳对峙。至此遂取得了洛阳，定都其地。派兵去攻关中，未能遽定，而赤眉又因食尽东走，光武自勒大兵，降之宜阳。今河南宜阳县。此时东方还有汉朝的宗室刘永割据睢阳，今河南商丘县。东方诸将，多与之合。又有秦丰、田戎等，割据今湖北沿江一带，亦被他次第打平。只有陇西的隗嚣、四川的公孙述，较有规模，到最后才平定。保据河西的窦融，则不烦兵力而自下。到公元三十六年，天下又算平定了。从公元十七年东方及荆州兵起，算到这一年，其时间实四倍于秦末之乱；其破坏的程度，怕还不止这一个比例。光武平定天下之后，自然只好暂顾目前，说不上什么远大的计划了。而自王莽举行这样的大改革而失败后，政治家的眼光，亦为之一变。根本之计，再也没有人敢提及。社会渐被视为不可以人力控制之物，只能听其迁流所至。“治天下不如安天下，安天下不如与天下安”，遂被视为政治上的金科玉律了。所以说：这是中国历史上的一个大转变。

CHAPTER 31

◎ 第三十一章 后汉的盛衰

后汉移都洛阳，对于西、北两面的控制，不如前汉之便；又承大乱之后，海内凋敝已极，休养未几，而羌乱即起，其富力亦不如前汉之盛之故。两汉四百年，同称中国的盛世，实际上，后汉已渐露中衰之机了。

后汉自公元二十五年光武帝即位起，至公元二二〇年为魏所篡止，共计一百九十五年；若算到公元一八九年董卓行废立，东方起兵讨卓，实际分裂之时为止，则共得一百六十四年；其运祚略与前汉相等，然其国力的充实，则远不如前汉了。这是因为后汉移都洛阳，对于西、北两面的控制，不如前汉之便；又承大乱之后，海内凋敝已极，休养未几，而羌乱即起，其富力亦不如前汉之盛之故。两汉四百年，同称中国的盛世，实际上，后汉已渐露中衰之机了。光武帝是一个实际的政治家。他知道大乱之后，急于要休养生息，所以一味地减官省事。退功臣，进文吏。位高望重的三公，亦只崇其礼貌，而自己以严切之法，行督责之术，虽然有时不免失之过严，然颇得专制政治“严以察吏，宽以驭民”的秘诀，所以其时的政治，颇为清明。公元五十七年，光武帝崩，子明帝立，亦能守其遗法。公元七十五年，明帝崩，子章帝立，政治虽渐见宽弛，然尚能蒙业而安。章帝于公元八十八年崩。自公元三十六年公孙述平定至此，共计五十二年，为东汉治平之世。匈奴呼韩邪单于约诸子以次继立。六传至呼都而尸单于，背约而杀其弟。前单于之子比，时领南边，不服。公元四十八年，自立为呼韩邪单于，来降。中国人处之于今绥远境内。匈奴自此分为南、北。北匈奴日益衰乱。公元八十九年，南单于上书求并北庭。时和帝新立，年幼，太后窦氏临朝。后兄窦宪犯法，欲令其立功自赎，乃以宪为大将军，出兵击破匈奴。后年，又大破之于金微山。大约系今蒙古西北的阿尔泰山。北匈奴自此远遁，不能为中国之患了。西域的东北部，是易受匈奴控制的。其西南部，则自脱离汉朝都护的管辖后，强国如莎车、于阗等，出而攻击诸国，意图并吞。后汉初兴，诸国多愿遣子入侍，请派都护。光武不许。明帝时，才遣班超出使。班超智勇足备，带了少数的人，留居西域，调发诸国的兵，征讨不服，至公元九十一年而西域平定。汉朝复设都护，以超为之。后汉之于域外，并没有出力经营，其成功，倒亦和前汉相仿佛，只可谓之适值天幸而已。

后汉的乱源，共有好几个，其中最重要的，就是外戚和宦官。从前的皇室，其前身，本来是一个强大的氏族。氏族自有氏族的继承法。当族长逝世，合法继承人年幼时，从族中推出一个人来，暂操治理之权，谓之摄政。如由前族长之妻，现族长之母代理，则即所谓母后临朝。宗室分封于外，而中朝以外戚辅政，本来是前汉的一个政治习惯。虽然前汉系为外戚所篡，然当一种制度未至崩溃时，即有弊窦，人们总认为是人的不好，而不会归咎于制度的。如此，后汉屡有冲幼之君，自然产生不出皇族摄政的制度来，而只会由母后临朝；母后临朝，自然要任用外戚。君主之始，本来是和一个乡长或县长差不多的。他和人民是很为接近的。到后来，国家愈扩愈大，和原始的国家不知相差若干倍了，而君主的制度依然如故。他和人民，和比较低级的官吏，遂至因层次之多，而自然隔绝。又因其地位之高，而自成养尊处优之势，关系之重，而不得不深居简出。遂至和当朝的大臣，都不接近，而只是和些宦官宫妾习狎。这是历代的嬖倖近习易于得志的原因，而也是政治败坏的一个原因。后汉外戚之祸，起于章帝时。章帝的皇后窦氏是没有儿子的。宋贵人生子庆，立为太子。梁贵人生子肇，窦后养为己子。后诬杀宋贵人，废庆为清河王，而立肇为太子。章帝崩，肇立，是为和帝。后兄窦宪专权。和帝既长，与宦者郑众谋诛之，是为后汉皇帝和宦官合谋以诛外戚之始。一〇五年，和帝崩。据说和帝的皇子，屡次夭殇，所以生才百余日的殇帝，是寄养于民间的。皇后邓氏迎而立之。明年，复死。乃迎立清河王的儿子，是为安帝。邓太后临朝，凡十五年。太后崩后，安帝亲政，任用皇后的哥哥阎显，又宠信宦官和乳母王圣，政治甚为紊乱。阎皇后无子，后宫李氏生子保，立为太子。后谮杀李氏而废保。一二五年，安帝如宛，道崩。皇后秘丧驰归，迎立章帝之孙北乡侯懿。当年即死。宦者孙程等迎立废太子保，是为顺帝。程等十九人皆封列侯。然未久即多遭谴斥。顺帝任用皇后的父亲梁商，梁商为人还算谨慎。商死后，子冀继之，其骄淫纵恣，为前所未有。一四四年，顺帝崩，子冲帝立。明年崩。梁冀迎立章帝的玄孙质帝。因年小聪明，为冀所弑。又迎立章帝的曾孙桓帝。桓帝立十三年后，才和宦者单超等五人合谋把梁冀诛戮，自此宦官又得势了。

因宦官的得势，遂激成所谓党锢之祸。宦官和阉人，本来是两件事。宦字的初义，是在机关中学习，后来则变为在贵人家中专事伺候人的意思，

第十五章中，业经说过了。皇室的规模，自然较卿大夫更大，自亦有在宫中服侍他的人，此即所谓宦官。据《汉书·本纪》，惠帝即位后，曾施恩于宦皇帝的人，此即是惠帝为太子时，在“太子家”中伺候他的人。本不专用阉人，而且其初，宦官的等级远较阉人为高，怕是绝对不能用阉人的。但到后来，刑罚滥了，士大夫亦有受到宫刑的；如司马迁受宫刑后为中书谒者今，即其好例。又有生来天阉的人；又有贪慕权势，自宫以进的，不都是俘虏或罪人。于是其人的能力和品格，都渐渐提高，而可以用为宦官了。后汉邓太后临朝后，宫中有好几种官，如中常侍等，都改用阉人，宦官遂成为阉人所做的官的代名词。虽然阉人的地位实已提高，然其初既是俘虏和罪人，社会上自然总还将他当作另一种人看待，士大夫更瞧他不起。此时的士大夫和贵族，都是好名的，都是好交结的。这一则出于战国之世贵族好养士，士人好奔走的习惯，一则出于此时选举上的需要，在第七章中，业经说过了。当时的宦官，多有子弟亲戚，或在外面做官暴虐，或则居乡恃势骄横。用法律裁制，或者激动舆论反对他，正是立名的好机会。士大夫和宦官，遂势成水火。这一班好名誉好交结的士大夫，自然也不免互相标榜，互相结托。京城里的大学，游学者众多，而且和政治接近，便自然成为他们聚集的中心。结党以营谋进身，牵引同类，淆乱是非，那是政治上的一个大忌。当时的士大夫，自不免有此嫌疑。而且用了这一个罪名，则一网可以打尽，这是多么便利，多么痛快的事！宦官遂指当时反对他们的名士为党人，劝桓帝加以禁锢，后因后父窦武进言，方才把他们赦免。一六七年，桓帝崩，无子，窦后和武定策禁中，迎立了章帝的玄孙灵帝。太后临朝。窦武是和名士接近的，有恩于窦氏的陈蕃，做了太傅，则其本身就是名士中人。谋诛弄权的宦官，反为所害。太后亦被迁抑郁而死。灵帝年长，不徒不知整顿，反更崇信宦官，听其把持朝政，浊乱四海。而又一味聚敛奢侈。此时乱源本已潜伏，再天天给他制造爆发的机会，遂成为不可收拾之局了。

大伤后汉的元气的是羌乱。中国和外夷，其间本来总有边塞隔绝着的。论民族主义的真谛，先进民族本来有诱掖后进民族的责任，不该以隔绝为事。但是同化须行之以渐。在同化的进行未达相当程度时，彼此的界限是不能遽行撤废的。因为文化的不同就是生活的相异，不能使其生活从同，故欲强使生活不同的人共同生活，自不免引起纠纷。这是五胡乱华的一个重要原因，而后汉时的羌乱，业已导其先路了。今青海省的东北境，在汉时本是羌人之地。王莽摄政时，讽羌人献地，设立了一个西海郡。既无实力开拓，边塞反因之撤废，羌人就侵入内地。后汉初年，屡有反叛，给中国征服了，又都把他们迁徙到内地来。于是降羌散居今甘肃之地者日多。安帝时，遂酿成大规模的叛乱。这时候，政治腐败，地方官无心守土，都把郡县迁徙到内地。人民不乐迁徙，则加以强迫驱遣，流离死亡，不可胜数。派兵剿办，将帅又腐败，历时十余年，用费达二百四十亿，才算勉强结束。顺帝时又叛，兵费又至八十余亿，桓帝任用段颎，大加诛戮，才算镇定下来。然而西北一方，凋敝已甚，将帅又渐形骄横，隐伏着一个很大的乱源了。

遇事都诉之理性，这只是受过优良教育的人，在一定的范围中能够。其余大多数人，和这一部分人出于一定范围以外的行为，还是受习惯和传统思想的支配的。此种习惯和传统的思想，是没有理由可以解说的，若要仔细追究起来，往往和我们别一方面的知识冲突，所以人们都置诸不问，而无条件加以承认，此即所谓迷信。给迷信以一种力量的则为宗教。宗教鼓动人的力量是颇大的。当部族林立之世，宗教的教义，亦只限于一部族，而不足以吸引别部族人。到统一之后就不然了。各种小宗教，渐渐混合而产生大宗教的运动，在第十八章中业经说过。在汉时，上下流社会，是各别进行的。在上流社会中，孔子渐被视为一个神人，看当时内学家东汉时称纬为内学。尊崇孔子的话，便可见得。但在上流社会中，到底是受过良好教育，理性较为发达，不容此等迷信之论控制，所以不久就被反对迷信的玄学打倒。在下流社会，则各种迷信，逐渐结合，而形成后世的道教。在汉时是其初步。其中最主要的是张角的太平道和张修的五斗米道。道教到北魏时的寇谦之，才全然和政府妥协，前此，则是很激烈地反对政府的。他们以符咒治病等，为煽动和结合的工具。张修造反，旋即平定。张鲁后来虽割据汉中，只是设立鬼卒等，闭关自守，实行其神权政治而已，于大局亦无甚关系。张角却声势浩大。以公元一八四年起事。他的徒党，遍于青、徐、幽、冀、荆、扬、兖、豫八州，即今江苏、安徽、浙江、江西、湖北、湖南、山东、河南、河北各省之地。但张角似是一个只会煽惑而并没有什么政治能力的人，所以不久即败。然此时的小乱事，则已到处蔓延，不易遏止了，而黄巾的余党亦难于肃清。于是改刺史为州牧，将两级制变成了三级制，便宜了一部分的野心家，即仍称刺史的人以及手中亦有兵权的郡守。分裂之势渐次形成，静待着一个机会爆发。

▼ **“苍天乃死”字砖** 图为东汉筑墓用砖，砖上有匠人随意刻画的“苍天乃死”等26个字，与当时黄巾起义所提口号相符。该字砖反映了黄巾起义前太平道传布的广泛和民众推翻汉朝的普遍心情。

CHAPTER 32

◎第三十二章 后汉的分裂和三国

三国的分裂，可以说是两种心理造成的。其一是封建的余习。人心是不能骤变的。在封建时代，本有各忠其君的心理，秦汉以后，虽然统一了，然此等见解，还未能全行破除。又其一则为南方风气的强悍。

公元一八九年，灵帝崩。灵帝皇后何氏，生子辩。美人王氏，生子协。灵帝属意于协，未及定而崩，属协于宦者蹇硕。这蹇硕，大约是有些武略的。当黄巾贼起时，汉朝在京城里练兵，共设立八个校尉，蹇硕便是上军校尉，所以灵帝把废嫡立庶的事情付托他。然而这本是不合法的事，皇帝自己办起来，还不免遭人反对，何况在其死后？这自然不能用法律手段解决。蹇硕乃想伏兵把何皇后的哥哥大将军何进杀掉，然后举事。事机不密，被何进知道了，就拥兵不朝。蹇硕无可如何，而辩乃得即位，是为废帝。何进把蹇硕杀掉，因想尽诛宦官。而何氏家本寒微，向来是尊敬宦官的。何太后的母亲和何进的兄弟，又受了宦官的贿赂，替他们在太后面前说好话。太后因此坚持不肯。何进无奈，乃召外兵进京，欲以胁迫太后。宦官见事急，诱进入宫，把他杀掉。何进的官属，举兵尽诛宦官。京城大乱，而凉州将董卓适至，拥兵入京，大权遂尽入其手。董卓只是个强盗的材料。他把废帝废掉，而立协为皇帝，是为献帝。山东州郡起兵反对他，他乃移献帝于长安，接近自己的老家，以便负隅抵抗。东方州郡实在是人各有心的，都各占地盘，无意于进兵追讨。后来司徒王允，和董卓亲信的将官吕布相结，把董卓杀掉。董卓的将校李傕、郭汜，又回兵替董卓报仇。吕布出奔，王允被杀。李傕、郭汜又互相攻击，汉朝的中央政府就从此解纽，不再能号令全国了。

各地方割据的：幽州有公孙瓒。冀州有袁绍。兖州有曹操。徐州始而是陶谦，后来成为刘备和吕布争夺之场。扬州，今寿县一带，为袁术所据，江东则入于孙策。荆州有刘表。益州有刘焉。这是较大而在中原之地的，其较小较偏僻的，则汉中有张鲁，凉州有马腾、韩遂，辽东有公孙度。当时政治的重心，是在山东的。古书所谓山东，系指华山以东，今之河南、山东，都包括在内。袁绍击灭了公孙瓒，又占据了并州，地盘最大，而曹操最有雄才大略。献帝因不堪李傕、郭汜的压迫，逃归洛阳，贫弱不能自立，召曹操入卫，操移献帝于许昌，遂成挟天子以令诸侯之势。刘备为吕布所破，逃归曹操，曹操和他合力，击杀了吕布。袁术因荒淫无度，不能自立，想走归袁绍，曹操又使刘备邀击，术退走，旋死。刘备叛操，操又击破之。河南略定。公元二〇〇年，袁绍举大兵南下，与操相持于官渡，城名，在今河南中牟县北。为操所败。绍气愤死。公元二〇五年，绍二子并为操所灭。于是北方无与操抗者。二〇八年，操南征荆州。刘表适死，其幼子琮，以襄阳降。今湖北襄阳县，当时荆州治此。刘备时在荆州，走江陵。操追败之。备奔刘表的长子琦于江夏，汉郡，后汉时，郡治在今湖北黄冈县境。和孙权合

▼ **三国鼎立示意图** 曹操消灭了大部分北方割据势力，统一了黄河流域。刘备、孙权控制西南、东南等南方地区。三大集团先后正式建立政权。

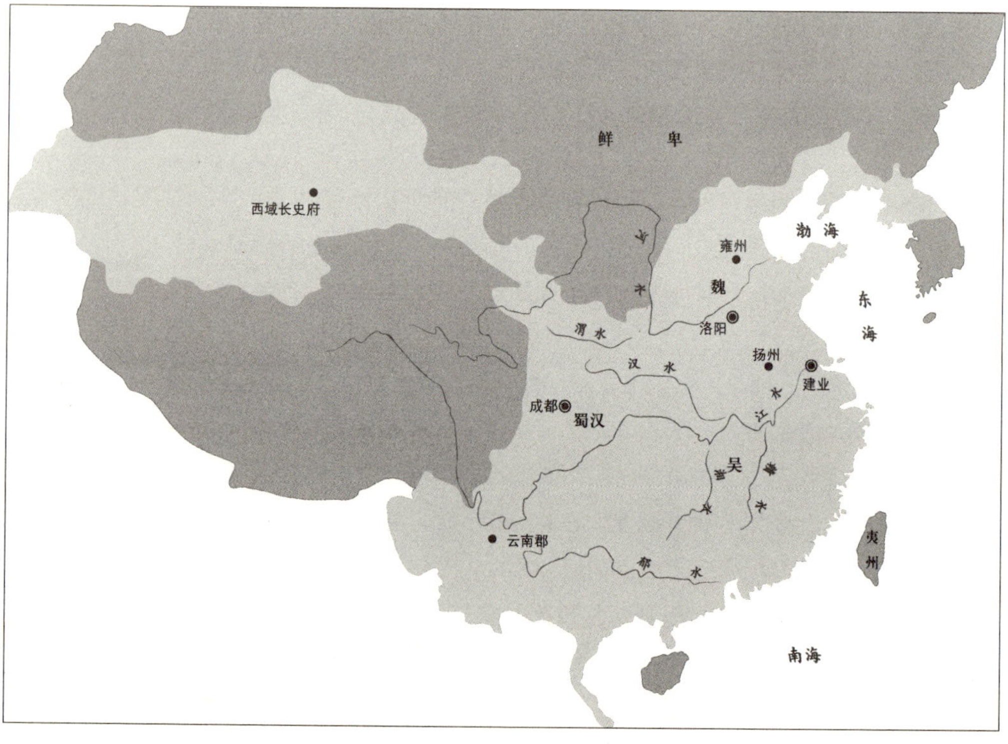

力，败操于赤壁。山名，在今湖北赤壁市。于是刘备屯兵荆州，而孙权亦觊觎其地。后备乘刘焉的儿子刘璋闇弱，夺取益州。孙权想攻荆州，刘备同他讲和，把荆州之地平分了。时马腾的儿子马超和韩遂反叛，曹操击破之。又降伏了张鲁。刘备北取汉中。曹操自争之，不能克，只得退回。天下渐成三分之势。刘备初见诸葛亮时，诸葛亮替他计划，就是据有荆、益两州，天下有变，命守将将荆州之兵以向宛、洛，而自率益州之众以出秦川的。这时的形势，颇合乎这个条件。备乃命关羽自荆州北伐，取襄阳，北方颇为震动，而孙权遣兵袭取江陵，羽还救，为权所杀。刘备愤怒，自将大兵攻权，又大败于猇亭。在今湖北宜都县西。于是荆州全入于吴。备旋以惭愤而死，此事在公元二二三年。先是二二〇年，曹操死，子丕篡汉自立，是为魏文帝。其明年，刘备称帝于蜀，是为蜀汉昭烈帝。孙权是到二二九年才称帝的，是为吴大帝。天下正式成为三分之局。蜀的地方最小，只有今四川一省，其云南、贵州，全是未开发之地。吴虽自江陵而下，全据长江以南，然其时江南的开化，亦远在北方之后。所以三国以魏为最强，吴、蜀二国，常合力以与之抗。

三国的分裂，可以说是两种心理造成的。其一是封建的余习。人心是不能骤变的。在封建时代，本有各忠其君的心理，秦汉以后，虽然统一了，然此等见解，还未能全行破除。试看汉代的士大夫，仕于州郡的，都奉其长官为君，称其机关为本朝，有事为之尽忠，死则为之持服，便可知道。又其一则为南方风气的强悍。赤壁战时，孙权实在没有联合刘备抵抗曹操的必要。所以当时文人持重而顾大局的，如张昭等，都主张迎降。只有周瑜和鲁肃主张抵抗，和孙权的意见相合。《三国志》载周瑜的话，说曹操名为汉相，实系汉贼，这是劫持众人的门面话，甚或竟是事后附会之谈。东吴的君臣，自始至终，所作所为，何曾有一件事有汉朝在心目之中？说这话要想欺谁？在当时东吴朝廷的空气中，这话何能发生效力？孙权一生最赏识的是周瑜，次之则是鲁肃。孙权当称帝时，说鲁子敬早有此议，鲁肃如此，周瑜可知。为什么要拥戴孙权做皇帝？这个绝无理由，不过是一种倔强之气，不甘为人下，孙权的自始便要想做皇帝，则更不过是一种不知分量的野心而已。赤壁之战，是天下三分的关键，其事在公元二〇八年，至二八〇年晋灭吴，天下才见统一，因这一种蛮悍的心理，使战祸延长了七十二年。

刘备的嗣子愚弱，所以托孤于诸葛亮。诸葛亮是有志于恢复中原的；而且蜀之国势，非以攻为守，亦无以自立；所以自先主死后，诸葛亮即与吴弃衅言和，连年出兵伐魏。吴则除诸葛恪辅政之时外，多系疆场小战。

曹操自赤壁败后，即改从今安徽方面经略东南。三国时，吴、魏用兵，亦都在这一带，彼此均无大成功。魏文帝本来无甚才略。死后，儿子明帝继立，荒淫奢侈，朝政更坏。其时司马懿屡次带兵在关中和诸葛亮相持，又平定了辽东。明帝死后，子齐王芳年幼，司马懿和曹爽同受遗诏辅政。其初大权为曹爽所专。司马懿托病不出，而暗中运用诡谋，到底把曹爽推翻，大权遂尽入其手。司马懿死后，他的儿子司马师、司马昭相继把持朝局。扬州方面，三次起兵反对司马氏，都无成。蜀自诸葛亮死后，蒋琬、费祎继之，不复能出兵北伐。费祎死后，姜维继之，频年出兵北伐而无功，民力颇为疲敝。后主又信任宦官，政局渐坏。司马昭乘此机会，于二六三年发兵灭蜀。司马昭死后，他的儿子司马炎继之，于二六五年篡魏，是为晋武帝。至二八〇年而灭吴统一中国。

CHAPTER 33

◎ 第三十三章 晋初的形势

自后汉以来，政治的纲纪久经废弛。政治上的纲纪若要挽回，最紧要的是以严明之法行督责之术。魏武帝和诸葛亮都是以此而收暂时的效果的。然而一两个严明的政治家，挽不回社会上江河日下的风气，到魏、晋之世，纲纪又复颓败了。

吴、蜀灭亡，天下复归于统一了，然而乱源正潜伏着。这乱源是什么呢?

自后汉以来，政治的纲纪久经废弛，试看第三十一章所述可知。政治上的纲纪若要挽回，最紧要的是以严明之法行督责之术。魏武帝和诸葛亮都是以此而收暂时的效果的。然而一两个严明的政治家，挽不回社会上江河日下的风气，到魏、晋之世，纲纪又复颓败了。试看清谈之风，起于正始，魏齐王芳年号，自公元二四〇年至二四八年。至晋初而更甚，直绵延至南朝之末可知。所谓清谈，所谈的就是玄学。玄学的内容已见第十七章。谈玄本不是坏事，以思想论，玄学要比汉代的儒学高明得多。不过学问是学问，事实是事实。因学问而忽视现实问题，在常人尚且不可，何况当时因谈玄而蔑视现实的，有许多是国家的官吏，所抛弃的是政治上的职务。

汉朝人讲道家之学所崇奉的是黄、老，所讲的是清静不扰，使人民得以各安其生的法术。魏、晋以后的人所崇奉的是老、庄，其宗旨为委心任运。狡黠的讲求趋避之术，养成不负责任之风。懦弱的则逃避现实，以求解除痛苦。颓废的则索性蔑视精神，专求物质上的快乐。到底人是现实主义的多，物质容易使人沉溺，于是奢侈之风大盛。当曹爽执政时，曾引用一班名士。虽因政争失败，未能有所作为，然从零碎的材料看来，他们是有一种改革的计划，而其计划且颇为远大的。如夏侯玄有废郡之议，他指出郡已经是供镇压之用，而不是治民事的，从来讲官制的人，没有这么彻底注重民治的。曹爽等的失败，我们固然很难知其原因所在，然而奢侈无疑地总是其原因之一。代曹爽而起的是司马氏，司马氏是武人，武人是不知义理亦不知有法度的，一奢侈就可以毫无规范。何曾、石崇等人正是这一个时代的代表。

封建时代用人本来是看重等级的。东周以后，世变日亟，游士渐起而夺贵族之席。秦国在七国中是最能任用游士的，读李斯《谏逐客书》可见。秦始皇灭六国后，仍保持这个政治习惯，所以李斯能做到宰相，得始皇的信任。汉高祖起自徒步，一时将相大臣，亦多刀笔吏或家贫无行者流，就更不必说了。汉武帝听了董仲舒的话，改革选法，博士、博士弟子、郡国上计之吏，和州郡所察举的秀才、孝廉，都从广大的地方和各种不同的阶层中来。其他擢用上书言事的人，以及朝廷和各机关的征辟，亦都是以人才为主的。虽或不免采取虚誉，及引用善于奔走运动的人，究与一阶级中人世据高位者不同。魏晋以降，门阀制度渐次形成，影响及于选举，高位多为贵族所盘踞，起自中下阶层中较有活气的人，参与政治的机会较少，政治自然不免腐败。如上章所述，三国时代，南方士大夫的风气，还是颇为剽悍的。自东晋之初，追溯后汉之末，不过百余年，周瑜、鲁肃、吕蒙、陆逊等人物，未必无有。晋初的周处，即系南人，还很有武烈之风。倘使元帝东渡以后，晋朝能多引用这一班人，则除为国家戡乱以外，更加以民族的敌忾心，必有功效可见。然而大权始终为自北南迁的贵族所把持，使宋武帝一类的人物，直到晋末，才得出现于政治舞台之上，这也是一笔很大的损失。

两汉时儒学盛行。儒学是封建时代的产物，颇笃于君臣之义的。两汉时，此项运动，亦颇收到相当的效果。汉末政治腐败，有兵权的将帅，始终不敢背叛朝廷，说本《后汉书·儒林传论》。以魏武帝的功盖天下，亦始终只敢做周文王，参看《三国志·魏武帝纪》建安十五年《注》引是年十二月己亥

▼ **消夏图** 此图画一士大夫倚阮独卧榻上，其神态超脱飘逸。魏晋以来的人都崇奉老、庄，多爱谈玄，蔑视现实，追求精神洒脱。

令，这句句都是真话。就是为此。司马氏的成功是狡黠而不知义理的军阀得势。《晋书·宣帝纪》说："明帝时，王导侍坐，帝问前世所以得天下，导乃陈帝创业之始，及文帝末高贵乡公事。明帝以面覆床曰：'若如公言，晋祚复安得长远？'"司马氏之说可见。自此风气急变。宋、齐、梁、陈之君亦多是如此。加以运祚短促，自不足以致人忠诚之心。门阀用人之习既成，贵游子弟，出身便做好官，富贵吾所自有，朝代变换，这班人却并不更动，遂至"忠君之念已亡，保家之念弥切"。说本《南史·褚渊传论》。中国人自视其国为天下，国家观念，本不甚发达；五胡乱华，虽然稍稍激起民族主义，尚未能发扬光大；政治上的纲纪，还要靠忠君之义维持，而其颓败又如此，政治自更奄奄无生气了。

秦汉时虽有所谓都尉，调兵和统率之权，是属于太守的。其时所行的是民兵之制，平时并无军队屯聚；一郡的地方太小，亦不足以背叛中央；所以柳宗元说"有叛国而无叛郡"。见其所著《封建论》。自刺史变为州牧，而地盘始大；即仍称刺史的，其实权亦与州牧无异；郡守亦有执掌兵权的；遂成尾大不掉之势。晋武帝深知其弊，平吴之后，就下令去刺史的兵权，回复其监察之职。然沿习既久，人心一时难于骤变。平吴之后，不久内乱即起，中央政府，顾不到各地方，仍借各州郡自行镇压，外重之势遂成，迄南朝不能尽革。

自秦汉统一之后，国内的兵争既息，用不到人人当兵。若说外征，则因路途窎远，费时失业，人民在经济上的损失太大，于是多用谪发及谪戍。至后汉光武时，省郡国都尉，而民兵之制遂废。第九章中，业经说过了。国家的强弱，固不尽系乎兵，然若多数人民都受过相当军事的训练，到缓急之际，所表见出来的抵抗力，是不可轻侮的。后汉以来，此条件业经丧失，反因贪一时便利之故，多用降伏的异族为兵，兵权倒持在异族手里，遂成为五胡扰乱的直接原因。

晋初五胡的形势，是如此的：（一）匈奴。散布在并州即今山西省境内。（二）羯。史籍上说是匈奴的别种，以居于上党武乡的羯室而得名的。在今山西辽县。按古书上的种字，不是现在所谓种族之义。古书所谓种或种姓，其意义，与姓氏或氏族相当。羯人有火葬之俗，与氐、羌同，疑系氐、羌与匈奴的混种，其成分且以氐、羌为多。羯室正以羯人居此得名，并非匈奴的一支，因居羯室之地而称羯。（三）鲜卑。《后汉书》说东胡为匈奴所破，余众分保乌丸、鲜卑两山，因以为名。事实上，怕亦是山以部族名的。此二山，当在今蒙古东部苏克苏鲁、索岳尔济一带。乌桓在南，鲜卑在北。汉朝招致乌桓，居于上谷、渔阳、右北平、辽西、辽东塞上，以捍御匈奴。后汉时，北匈奴败亡，鲜卑徙居其地。其酋长檀石槐，曾一时控制今蒙古之地，东接夫余，与高句丽同属貉族。其都城，即今吉林的长春县。西至西域。所以乌丸和中国，较为接近，而鲜卑则据地较广。曹操和袁绍相争时，乌丸多附袁绍。袁氏既灭，曹操袭破之于柳城。汉县，今热河凌源县。乌桓自此式微，而鲜卑则东起辽东，西至今甘肃境内，部族历历散布，成为五胡中人数最多、分布最广的一族。（四）氐。氐人本来是居于武都的，即白马氐之地，今甘肃成县。魏武帝怕被蜀人所利用，把他们迁徙到关中。（五）羌。即后汉时叛乱之余。氐、羌都在泾、渭两水流域。当时的五胡大部分是居于塞内的，间或有在塞外的，亦和边塞很为接近。其人亦多散处民间，从事耕织，然犷悍之气未消，而其部族首领，又有野心勃勃，想乘时恢复故业的。一旦啸聚起来，“掩不备之人，收散野之积”，江统《徙戎论》语。其情势，自又非从塞外侵入之比。所以郭钦、江统等要想乘天下初定，用兵力将他们迁回故地。这虽不是民族问题根本解决之方，亦不失为政治上一时措置之策，而晋武帝因循不能用。

CHAPTER 34

◎ 第三十四章 五胡之乱（上）

五胡之乱，已经蓄势等待着了，而又有一个八王之乱，做它的导火线。封建亲戚以为屏藩之梦，此时尚未能醒。晋人得国之后，就大封同姓，体制颇为崇隆，而且各国都有卫兵。此后以致八王之乱，在公元二九一至三〇六年的十六年间。

五胡之乱，已经蓄势等待着了，而又有一个八王之乱，八王，谓汝南王亮、楚王玮、赵王伦、齐王冏、长沙王乂、成都王颖、河间王颙、东海王越。做它的导火线。封建亲戚以为屏藩之梦，此时尚未能醒。我们试看：魏武帝于建安十五年十二月己亥下令，说从前朝廷恩封我的几个儿子，我辞而不受，现在想起来，却又要受了，因为执掌政权年久，怕要谋害我的人多，想借此自全之故，就可见得这时候人的思想。魏虽亦有分封之制，但文帝当未做魏世子时，曾和他的兄弟争立，所以猜忌宗室诸王特甚，名为分藩，实同囚禁，绝不能牵掣晋朝的篡弑。晋人有鉴于此，所以得国之后，就大封同姓，体制颇为崇隆，而且各国都有卫兵。晋武帝是文帝的儿子，景帝之后，自然不甘退让。在武帝时，齐王攸颇有觊觎储位之意，似乎也有党附于他的人。然未能有成，惠帝卒立。惠帝是很昏愚的。其初太后父杨骏执政。皇后贾氏和楚王玮合谋，把他杀掉，而用汝南王亮。又把他杀掉。后又杀楚王。旋弑杨太后。太子遹非后所生，后亦把他废杀。赵王伦时总宿卫，因人心不服，弑后，遂废惠帝而自立。时齐王冏镇许昌，成都王颖镇邺，今河南临漳县。河间王颙镇关中，连兵攻杀伦。惠帝复位。齐王入洛专政。河间王颙和长沙王乂合谋攻杀之。又和成都王颖合谋，攻杀乂。东海王越合幽、并两州的兵，把河间、成都两王打败。遂弑惠帝而立怀帝。此等扰乱之事，在公元二九一至三〇六年的十六年间。

匈奴单于，自后汉之末失位，入居中国。单于死后，中国分其部众为五，各立酋帅。其中左部最强，中国将其酋帅羁留在邺，以资驾驭，至晋初仍未释放。东海王之兵既起，刘渊说成都王回去合五部之众，来帮他的忙，成都王才释放了他。刘渊至并州，遂自立，是为十六国中的前赵。此

东汉司马氏家族列表

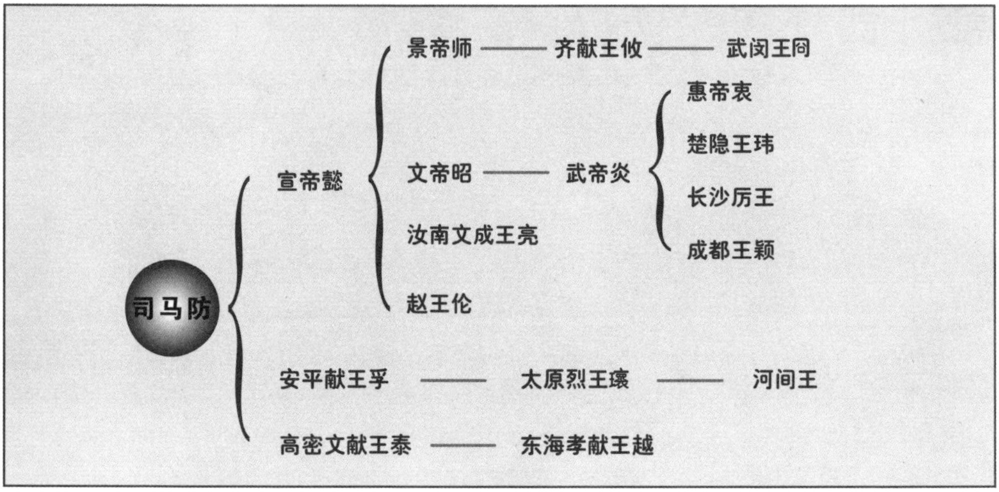

时中原之地，盗贼蜂起，刘渊如能力征经营，很可以有所成就。然刘渊是个无甚才略的人，自立之后，遂安居不出。羯人石勒，才略却比较优长。东方群盗，尽为所并。名虽服从前赵，实则形同独立。东海王既定京师，出兵征讨，死于军中，其兵为石勒所追败。晋朝遂成坐困之势。三一〇年，刘渊的族子刘曜攻破洛阳，怀帝被虏。明年，被弑。愍帝立于长安。三一六年，又被虏。明年，被弑。元帝时督扬州，从下邳迁徙到建业，下邳，今江苏邳县。建业，今南京。东晋后避愍帝讳，改曰建康。自立，是为东晋元帝。此时，在北方，只有幽州刺史王浚、并州刺史刘琨，崎岖和戎狄相持。南方则豫州刺史祖逖，从淮北经略今之豫东，颇有成绩。然王浚本是个狂妄的人，刘琨则窘困太甚，终于不能支持，为石勒所破灭。祖逖因中央和荆州互相猜忌，知道功不能成，愤慨而死。就无能抗拒石勒的人。三二八年，勒灭前赵。除割据凉州的前凉，辽东、西的前燕外，北方几尽入其手。

南方的情势，是荆州强于扬州。元帝即位之后，要想统一上流的事权，乃派王敦去都督荆州。王敦颇有才能，能把荆州的实权收归掌握，却又和中央互相猜忌。三二二年，终于决裂。王敦的兵入据京城。元帝忧愤而死。子明帝立，颇有才略。乘王敦病死，把其余党讨平。然明帝在位仅三年。明帝崩，子成帝立，年幼，太后庾氏临朝，后兄庾亮执政，和历阳内史苏峻不协。今安徽和县。苏峻举兵造反。亮奔温峤于寻阳。今江西九江县。温峤是很公忠体国的，邀约荆州刺史陶侃，把苏峻打平。陶侃时已年老，故无跋扈之心。侃死后，庾亮出镇荆州。庾亮死后，其弟庾翼、庾冰继之。此

▶ **魏晋时期军戎服饰复原图** 永嘉之乱后，五胡所建立的多个政权一度为氐族前秦政权所统一，当时战乱频繁。图为魏晋时期军戎服饰复原图。

时内外的大权，都在庾氏手里，所以成帝、康帝之世，相安无事。三四四年，康帝崩，子穆帝立。明年，庾翼死，表请以其子继任，宰相何充不听，而用了桓温。于是上下流之间，又成对立之势了。

石勒死于三三三年。明年，勒从子虎杀勒子而自立。石虎是个淫暴无人理的，然兵力尚强。庾翼于三四三年出兵北伐，未能有功。三四九年，石虎死，诸子争立。汉人冉闵为虎养子，性颇勇悍，把石虎诸子尽行诛灭。闵下令道:“与官同心者住，不同心者各任所之。”于是“赵人百里内悉入城”，而“胡、羯去者填门”。闵知胡之不为己用，遂下令大诛胡、羯。单是一个邺中，死者就有二十多万。四方亦都承令执行。胡、羯经此打击，就不能再振了。先是鲜卑慕容廆，兴于辽西，兼并辽东。至其子皝，迁都龙城。今热河朝阳县。慕容氏是远较前、后赵为文明的。地盘既广，兵力亦强。石虎死的前一年，慕容皝死，子儁立。乘北方丧乱，侵入中原。冉闵与战，为其所杀。于是河北之地，尽入于慕容氏。羌酋姚弋仲、氐酋苻洪，其初为后赵所压服的，至此亦乘机自立。苻洪死，子苻健入关。姚弋仲死，其子姚襄降晋，想借晋力以自图发展。晋朝因和桓温互相猜忌，引用了名士殷浩做宰相，想从下流去经略中原。殷浩亦不是没有才能的人，但扬州势成积弱，殷浩出而任事，又没有一个相当的时间以资准备，自然只得就固有的力量加以利用。于是即用姚襄为前锋，反为其所邀击，大败，军资丧失甚众。此事在三五四年。先是桓温已灭前蜀，至此，遂迫胁朝廷，废掉殷浩，他却出兵北伐，击破了姚襄，恢复洛阳。然亦未能再进。慕容儁死后，子慕容暐继之，虽年幼无知，然有慕容恪辅政，慕容垂带兵，仍有相当的力量。姚襄败后入关，为秦人所杀，弟苌以众降秦。秦苻健死后，子生无道，为苻坚所弑，自立。能任用王猛以修国政，其势尤张。此时的北方，已较难图，所以当后赵、冉闵纷纭争夺之时，晋朝实在坐失了一个恢复中原的机会。此时燕人频年出兵，以经略河南，洛阳又为所陷。三六九年，桓温出兵伐燕，大败于枋头。城名，今河南浚县。桓温之意，本来要立些功业，再图篡夺的。至此，自顾北伐已无成功之望，乃于三七一年入朝，行废立之事。康帝崩，子穆帝立。崩，成帝子哀帝立。崩，弟海西公立。至是为桓温所废，而立元帝子简文帝。温以禅让之意，讽示朝臣。谢安、王坦之当国，持之以静。三七三年，桓温死。他的兄弟桓冲，是个没有野心的人，把荆州让出，政局乃获暂安。

CHAPTER 35

第三十五章 五胡之乱（下）

东晋时的五胡十六国，实在并不成其为一个国家，所以其根基并不稳固。看似声势雄张，只是没有遇见强敌，一战而败，遂可以至于覆亡。此时北方的汉族，因为没有政府的领导，虽有强宗巨室和较有才力的人，能保据一隅，或者潜伏山泽，终产生不出一个强大的政权来，少数的五胡，遂得横行无忌。然他们亦是人各有心，而且野蛮成习，颇难于统驭的。

东晋时的五胡十六国，实在并不成其为一个国家，所以其根基并不稳固。看似声势雄张，只是没有遇见强敌，一战而败，遂可以至于覆亡。枋头战后，慕容垂因被猜忌出奔。前秦乘机举兵。其明年，前燕竟为所灭。前秦又灭掉前凉，又有统一北方之势。然其根基亦并不是稳固的。此时北方的汉族，因为没有政府的领导，虽有强宗巨室和较有才力的人，能保据一隅，或者潜伏山泽，终产生不出一个强大的政权来，少数的五胡，遂得横行无忌。然他们亦是人各有心，而且野蛮成习，颇难于统驭的。五胡中苟有英明的酋长出来，亦只得希望汉族拥戴他，和他一心，要联合许多异族以制汉族，根本上是没有这回事的。若要专恃本族，而把汉族以外的异族铲除；则（一）因限于实力;（二）则汉族此时，并不肯替此等异族出死力，而此等异族，性本蛮悍，加以志在掠夺，用之为兵，似乎颇为适宜，所以习惯上都是靠他们做主力的军队，尽数剪除，未免削弱兵力；所以其势又办不到。苻坚的政策，是把氐人散布四方，行驻防政策，而将其余被征服的异族置之肘腋之下，以便监制。倘使他的威力，能够始终维持，原亦未为非计。然若一朝失足，则氐人散处四方，不能聚集，无复基本队伍，就糟了。所以当时，苻坚要想伐晋以图混一，他手下的稳健派，如王猛，如其兄弟苻融等，都是反对的。而苻坚志得意满，违众举兵，遂以三八三年大败于淝水。北方异族，乘机纷纷而起。而慕容垂据河北为后燕，姚苌据关中为后秦。苻坚于三八五年为姚苌所杀。子丕，族子登，相继自立，至三九四年，卒为姚苌之子姚兴所灭。此时侵入中原的五胡，已成强弩之末。因为频年攻战，死亡甚多，人口减少，而汉族的同化作用，仍在逐渐进行，战斗力也日益衰弱。其仍居塞外的，却比较气完力厚。此等情势，自公元四世纪末，夏及拓跋魏之兴，至六世纪前半尔朱氏、宇文氏等侵入中原，迄未曾变。自遭冉闵的大屠戮后，胡、羯之势，业已不能复振。只有匈奴铁弗氏，根据地在新兴，今山西忻县。还是一个比较完整的部落。拓跋氏自托于黄帝之后，说其初建国北荒，后来南迁大泽，因其地“昏冥沮洳”，乃再南迁至匈奴故地。自托于黄帝之后，自不足信，其起源发迹之地，该不是骗人的。它大约自西伯利亚迁徙到外蒙古，又逐渐迁徙到内蒙古的。晋初，其根据地在上谷之北，今滦河上源之西。刘琨借其兵力以御匈奴，畀以雁门关以北之地。拓跋氏就据有平城，东至今察哈尔的西部。这时候，自辽东至今热河东部，都是慕容氏的势力范围。其西为宇文氏，再西就是拓跋氏。慕容氏盛时，宇文氏受其压迫，未能自强，拓跋氏却不然。拓跋氏和匈奴铁弗氏是世仇。苻坚时，拓跋氏内乱，铁弗的酋长刘卫辰引秦兵把他打破。苻坚即使刘卫辰和其族人刘库仁分管其部落。刘库仁是拓跋氏的女婿，反保护其遗裔拓跋珪。其时塞外，从阴山至贺兰山，零星部落极多，拓跋珪年长后，逐渐加以征服，势力复张。刘卫辰为其所

▼ **淝水之战** 淝水之战为中国历史上著名的以少胜多的战例。这场战争促使了北方地区暂时统一局面的解体，但也为江南地区社会经济的恢复和发展提供了必要的契机。

灭。其子勃勃奔后秦。姚兴使其守御北边，勃勃遂叛后秦自立。后秦屡为所败，国势益衰。三九五年，慕容垂之子宝伐后魏，大败于参合陂。今山西阳高县。明年，慕容垂自将伐魏。魏人退出平城，以避其锋。慕容垂入平城，而实无所得。还至参合陂，见前此战败时的尸骸，堆积如山，军中哭声震天，惭愤而死。慕容宝继立。拓跋珪大举来攻，势如排山倒海。慕容宝弃其都城中山，逃到龙城，被弑。少子盛定乱自立，旋亦被弑。弟熙立，因淫虐，为其将冯跋所篡，是为北燕。其宗族慕容德南走广固今山东益都县西。自立，是为南燕。拓跋珪服寒食散，散发不能治事，不复出兵。北方形势，又暂告安静。

南方当这时候，却产生出一种新势力来。晋朝从东渡以后，长江上流的形势，迄较下流为强，以致内外相持，坐视北方的丧乱而不能乘。当淝水战前六年，谢玄镇广陵，今江苏江都县。才创立一支北府兵，精锐无匹，而刘牢之为这一支军队的领袖。淝水之战，就是倚以制胜的。下流的形势，至此实已较上流为强。东晋孝武帝，是一个昏聩糊涂的人。始而信任琅邪王道子，后来又猜忌他，使王恭镇京口，今江苏镇江。殷仲堪镇江陵以防之。慕容垂死的一年，孝武帝也死了，子安帝立。三九八年，王恭、殷仲堪同时举兵。道子嗜酒昏愚，而其世子元显，年少有些才气。使人勾结刘牢之倒戈，王恭被杀。而上流之兵已逼，牢之不肯再战。殷仲堪并不会用兵，军事都是委任南郡相杨佺期的，南郡，治江陵。而桓温的小儿子桓玄在荆州，仍有势力，此时亦在军中。晋朝乃以杨佺期刺雍州，桓玄刺江州，各给了一个地盘，上流之兵才退。后来殷仲堪和杨佺期，都给桓玄所并。四〇二年，元显乘荆州饥馑，举兵伐玄，刘牢之又倒戈，桓玄入京城，元显和道子都被杀。桓玄是个狂妄的人。得志之后，夺掉了刘牢之的兵权，牢之谋反抗，而手下的人，不满他的屡次倒戈，不肯服从，牢之自缢而死。桓玄以为天下无事了，就废安帝自立。然刘牢之虽死，北府兵中人物尚多。四〇四年，刘裕等起兵讨玄，玄遂败死。安帝复位。刘裕入居中央，掌握政权，一时的功臣，都分布州郡，南方的形势一变。

四〇九年，刘裕出兵灭南燕。想要停镇下邳，经营河、洛，而后方又有变故。先是三九九年，孙恩起兵会稽，今浙江绍兴。剽掠沿海。后为刘牢之及刘裕所破，入海岛而死。其党卢循袭据广州。桓玄不能讨，用为刺史。卢循又以其妹夫徐道覆为始兴相。今广东曲江县。刘裕北伐时，卢循、徐道覆乘机北出，沿江而下，直逼京城。此时情势确甚危急。刘裕速回兵，以疲敝之众，守住京城。卢循、徐道覆不能克，退回上流，为裕所袭败。裕又遣兵从海道袭据广州，把他们打平。刘裕于是剪除异己。至四一七年，复大举以灭后秦。此时后魏正值中衰；凉州一隅，自前秦亡后，复四分五裂，然其中并无强大之国；氐酋吕光，为苻坚将，定西域。苻坚败后，据姑臧自立，是为后凉。后匈奴酋沮渠蒙逊据张掖叛之，为北凉。汉族李暠据敦煌，为西凉。鲜卑秃发乌孤据乐都为南凉。后凉之地遂分裂。又有鲜卑乞伏国仁，据陇右，为西秦。后凉为后秦所灭。西凉为北凉所灭。南凉为西秦所灭。西秦为夏所灭。北凉为后魏所灭。姑臧，今甘肃武威县。张掖、敦煌，今县皆同名。乐都，今碾伯县。西秦初居勇士川，在今甘肃金县后徙苑川，在今甘肃靖远县。夏虽有剽悍之气，究系偏隅小国；倘使刘裕能在关中驻扎几年，扩清扫荡之效，是可以预期的，则当南北朝分立之初，海内即可有统一之望，以后一百七十年的分裂之祸，可以免除了。然旧时的英雄，大抵未尝学问。个人权势意气之争，重于为国为民之念。以致同时并起，资望相等的人物，往往不能相容，而要互相剪灭，这个实在使人才受到一个很大的损失。刘裕亦是如此，到灭秦时，同起义兵诸人，都已被剪除尽了。手下虽有几个勇将，资格都是相等的，谁亦不能统率谁。而刘裕后方的机要事务，全是交给一个心腹刘穆之的，这时候，刘穆之忽然死了，刘裕放心不下，只得弃关中而归，留一个小儿子义真，以镇守长安。诸将心力不齐，长安遂为夏所陷。刘裕登城北望，流涕而已。内部的矛盾，影响到对外，真可谓深刻极了。四二〇年，刘裕篡晋，是为宋武帝。三年而崩。子少帝立，为宰相徐羡之等所废，迎立其弟文帝。文帝亦是个中主，然无武略，而功臣宿将，亦垂垂向尽。自北府兵创立至此，不足五十年，南方新兴的一种中心势力，复见衰颓。北魏拓跋珪自立，是为道武帝。道武帝末年，势颇不振。子明元帝，亦仅谨守河北。明元帝死，子太武帝立，复强。公元四三一年，灭夏。四三六年，灭燕。凉州之地，亦皆为其所吞并。天下遂分为南北朝。

CHAPTER 36

◎ 第三十六章 南北朝的始末

南北朝的对立，共一百七十年。其间南北的强弱，以宋文帝的北伐失败及侯景的乱梁为两个重要关键。南朝的治世，只有宋文帝和梁武帝在位时，历时较久。北方的文野，以孝文的南迁为界限，其治乱则以尔朱氏的侵入为关键。自尔朱氏、宇文氏等相继失败后，五胡之族，都力尽而衰，中国就复见盛运了。

南北朝的对立，起于公元四二〇年宋之代晋，终于公元五八九年隋之灭陈，共一百七十年。其间南北的强弱，以宋文帝的北伐失败及侯景的乱梁为两个重要关键。南朝的治世，只有宋文帝和梁武帝在位时，历时较久。北方的文野，以孝文的南迁为界限，其治乱则以尔朱氏的侵入为关键。自尔朱氏、宇文氏等相继失败后，五胡之族，都力尽而衰，中国就复见盛运了。

宋文帝即位后，把参与废立之谋的徐羡之、傅亮、谢晦等都诛灭。初与其谋而后来反正的檀道济，后亦被杀。于是武帝手里的谋臣勇将，几于靡有孑遗了。历代开国之主，能够戡定大乱、抵御外患的，大抵在政治上、军事上，都有卓绝的天才，此即所谓文武兼资。而其所值的时局，难易各有不同。倘使大难能够及身戡定，则继世者但得守成之主，即可以蒙业而安。如其不然，则非更有文武兼资的人物不可。此等人固不易多得，然人之才力，相去不远，亦不能谓并时必无其人；尤其做一番大事业的人，必有与之相辅之士。倘使政治上无家天下的习惯，开国之主，正可就其中择贤而授，此即儒家禅让的理想，国事实受其益了。无如在政治上，为国为民之义，未能彻底明了，而自封建时代相沿下来的自私其子孙，以及徒效忠于豢养自己的主人的观念，未能打破，而君主时代所谓继承之法，遂因之而立。而权力和意气，都是人所不能不争的，尤其以英雄为甚。同干一番事业的人，遂至不能互相辅助，反要互相残杀，其成功的一个人，传之于其子孙，则都是生长于富贵之中的，好者仅得中主，坏的并不免荒淫昏暴，或者懦弱无用。前人的功业，遂至付诸流水，而国与民亦受其弊。这亦不能不说是文化上的一个病态了。宋初虽失关中，然现在的河南、山东，

▼ **陶立俑** 这座北朝的立俑作武士形象，头戴风帽，身披风衣，是北方少数民族的服装，但又体现了女性特征，这也是鲜卑族汉化后的特点。

还是中国之地。宋武帝死后，魏人乘丧南伐，取青、兖、司、豫四州。时青州治广固，兖州治滑台，司州治虎牢，豫州治睢阳。滑台，今河南滑县。虎牢，今河南汜水县。睢阳，今河南商丘县。此时的魏人，还是游牧民族性质，其文化殊不足观，然其新兴的剽悍之气，却亦未可轻视，而文帝失之于轻敌。四三〇年，遣将北伐，魏人敛兵河北以避之，宋朝得了虎牢、滑台而不能继续进取，兵力并不足坚守。至冬，魏人大举南下，所得之地复失。文帝经营累年，至四五〇年，又大举北伐。然兵皆白丁，将非才勇，甫进即退。魏太武帝反乘机南伐，至于瓜步。镇名，今江苏六合县。所过之处，赤地无余，至于燕归巢于林木，元嘉之世，本来称为南朝富庶的时代的，经此一役，就元气大伤了，而北强南弱之势，亦于是乎形成。

公元四五三年，宋文帝为其子劭所弑。劭弟孝武帝，定乱自立。死后，子前废帝无道，为孝武弟明帝所废。孝武帝和明帝都很猜忌，专以屠戮宗室为务。明帝死后，大权遂为萧道成所窃。荆州的沈攸之，和宰相袁粲，先后谋诛之，都不克。明帝子后废帝及顺帝，都为其所废。四七九年，道成遂篡宋自立，是为齐高帝。在位四年。子武帝，在位十一年。高、武二帝，都很节俭，政治较称清明。武帝太子早卒，立大孙郁林王，为武帝兄子明帝所废。明帝大杀高、武两帝子孙。明帝死后，子东昏侯立。时梁武帝萧衍刺雍州，其兄萧懿刺豫州。梁武帝兄弟本与齐明帝同党。其时江州刺史陈显达造反，东昏侯使宿将崔慧景讨平之。慧景还兵攻帝，势甚危急，萧懿发兵入援，把他打平。东昏侯反把萧懿杀掉。又想削掉萧衍。东昏侯之弟宝融，时镇荆州，东昏侯使就其长史萧颖胄图之。颖胄奉宝融举兵，以梁武帝为前锋。兵至京城，东昏侯为其下所弑。宝融立，是为和帝。旋传位于梁。此事在五〇二年。

梁武帝在位四十八年，其早年政治颇清明。自宋明帝时和北魏交兵，尽失淮北之地。齐明帝时又失沔北。东昏侯时，因豫州刺史裴叔业降魏，并失淮南。时豫州治寿阳，今安徽寿县。梁武帝时，大破魏兵于钟离，在今安徽凤阳县，恢复了豫州之地。对外的形势，也总算稳定。然梁武帝性好佛法，晚年刑政殊废弛。又因太子统早卒，不立嫡孙而立次子简文帝为太子，心不自安，使统诸子出刺大郡，又使自己的儿子出刺诸郡，以与之相参。彼此乖离，已经酝酿着一个不安的形势。而北方侯景之乱，又适于此时发作。

北魏太武帝，虽因割据诸国的不振，南朝的无力恢复，侥幸占据了北方，然其根本之地，实在平城，其视中国，不过一片可以榨取利益之地而已。他还不能自视为和中国一体，所以也不再图南侵。因为其所有的，业已不易消化了。反之，平城附近，为其立国根本之地，却不可不严加维护。所以魏太武帝要出兵征伐柔然、高车，且于北边设立六镇。武川，今绥远武川县。抚冥，在武川东。怀朔，在今绥远五原县。怀荒，在今大同东北察哈尔境内。柔玄，在今察哈尔兴和县。御夷，在今察哈尔沽源县。盛简亲贤，配以高门子弟，以厚其兵力。孝文帝是后魏一个杰出人物。他仰慕中国的文化，一意要改革旧俗。但在平城，终觉得环境不甚适宜。乃于公元四九三年，迁都洛阳。断北语，改姓氏，禁胡服，奖励鲜卑人和汉人通婚，自此以后，鲜卑人就渐和汉人同化了。然其根本上的毛病，即以征服民族自居，视榨取被征服民族以供享用为当然之事，因而日入于骄奢淫逸，这是不能因文明程度的增进而改变的，而且因为环境的不同，其流于骄奢淫逸更易。论者因见历来的游牧民族同化于汉族之后，即要流于骄奢淫逸，以致失其战斗之力，以为这是中国的文明害了他们，模仿了中国的文明，同时亦传染了中国的文明病。其实他们骄奢淫逸的物质条件，是中国人供给他的，骄奢淫逸的意志，却是他们所自有；而这种意志，又是与其侵略事业，同时并存的，因为他们的侵略，就是他们的生产事业。如此，所以像金世宗等，要禁止他的本族人华化，根本是不可能的。因为不华化，就是要一切生活都照旧，那等于只生产而不消费，经济学上最后的目的安在呢？所以以骄奢淫逸而灭亡，殆为野蛮的侵略民族必然的命运。后魏当日，便是如此。孝文帝传子宣武帝至孝明帝。年幼，太后胡氏临朝。荒淫纵恣，把野蛮民族的病态，悉数现出。中原之民，苦于横征暴敛，群起叛乱。而六镇将士，因南迁以后，待遇不如旧时，魏朝又怕兵力衰颓，禁其浮游在外，亦激而生变。有一个部落酋长，唤作尔朱荣，起而加以镇定。尔朱氏是不曾侵入中原的部族，还保持着犷悍之风。胡太后初为其亲信元义等所囚，后和明帝合谋，把他们诛灭。又和明帝不协。明帝召尔朱荣入清君侧，已而又止之。胡太后惧，弑明帝。尔朱荣举兵入洛，杀胡太后而立孝庄帝。其部众既劲健，而其用兵亦颇有天才。中原的叛乱，都给他镇压了。然其人起于塞外，缺乏政治手腕，以为只要靠兵力屠杀，就可以把人压服。当其入洛之日，就想做皇帝，乃纵兵士围杀朝士二千余人。居民惊惧，逃入山中，洛阳只剩得一座空城。尔朱荣无可如何，只得退居晋阳，遥执朝权。然其篡谋仍不息。孝庄帝无拳无勇，乃利用宣传为防御的工具。当尔朱荣篡谋急时，孝庄帝就散布他要进京的消息，百姓就逃走一空，尔朱荣只得自止。到后来，看看终非此等手段所能有济了。五三〇年，乃索性召他入朝。孝庄帝自藏兵器于衣内，把他刺死。其侄儿尔朱兆，举兵弑帝，别立一君。此时尔朱氏的宗族，分居重镇，其势力如日中天。然尔朱兆是个鲁莽之夫，其宗族中人，亦与之不协。五三二年，其将高欢起兵和尔朱氏相抗。两军相遇于韩陵。山名，在今河南安阳县。论兵力，尔朱氏是远过于高欢，然因其暴虐过甚，高欢手下的人都齐心死战，而尔朱氏却心力不齐，遂致大败。晋阳失陷，尔朱兆逃至秀容川，在今山西朔县。为高欢所掩杀。其余尔朱氏诸人亦都被扑灭。高欢入洛，废尔朱氏所立，而别立孝武帝。高欢身居晋阳，继承了尔朱荣的地位。孝武帝用贺拔岳为关中大行台，图与高欢相抗。高欢使其党秦州刺史侯莫陈悦杀岳。秦州，今甘肃天水县。夏州刺史宇文泰攻杀悦。夏州，今陕西横山县。孝武帝即以泰继岳之任。五三四年，孝武帝举兵讨欢，高欢亦自晋阳南下，夹河而军，孝武帝不敢战，奔关中，为宇文泰所弑。于是高欢、宇文泰，各立一君，魏遂分为东西。至五五〇年，而东魏为高欢子洋所篡，是为北齐文宣帝。五五七年，西魏为宇文泰之子觉所篡，是为北周孝闵帝。

当东、西魏分裂后，高欢、宇文泰曾剧战十余年，彼此都不能逞志，而其患顾中于梁。这时候，北方承剧战之后，兵力颇强，而南方武备久废弛，欲谋恢复，实非其时，而梁武帝年老昏耄，却想乘机侥幸，其祸就不可免了。高欢于五四七年死。其将侯景，是专管河南的。虽然野蛮粗鲁，在是时北方诸将中，已经算是狡黠的了。高欢死后，其子高澄，嗣为魏相。侯景不服，遂举其所管之地来降。梁武帝使子渊明往援。为魏所败，渊明被擒。侯景逃入梁境，袭据寿阳。梁朝不能制。旋又中魏人反间之计，想牺牲侯景，与魏言和。侯景遂反，进陷台城。南朝之宫城。梁武帝忧愤而崩。时为五四九年。子简文帝立。五五一年，为侯景所弑。武帝子湘东王绎即位于江陵，是为元帝。时陈武帝陈霸先自岭南起兵勤王。元帝使其与王僧辩分道东下，把侯景诛灭。先是元帝与诸王，互相攻击。郢州的邵陵王纶，郢州，今湖北武昌县。纶，武帝子。湘州的河东王誉，誉、詧皆昭明太子统之子。皆为所并。襄阳的岳阳王詧则因求救于西魏而得免。至元帝即位后，武陵王纪亦称帝于成都，纪，武帝子。举兵东下。元帝亦求救于西魏，西魏袭陷成都。武陵王前后受敌，遂败死。而元帝又与西魏失和。

五五四年，西魏陷江陵，元帝被害。魏人徙岳阳王詧于江陵，使之称帝，而对魏则称臣，是为西梁。王僧辩、陈霸先立元帝之子方智于建康，是为敬帝。而北齐又送渊明回国。王僧辩战败，遂迎立之。陈霸先讨杀僧辩，奉敬帝复位。五五七年，遂禅位于陈。这时候，梁朝骨肉相残，各引异族为助，南朝几至不国。幸得陈武帝智勇足备，卓然不屈，才得替汉族保存了江南之地。

陈武帝即位后三年而崩。无子，传兄子文帝。文帝死后，弟宣帝，废其子废帝而代之。文、宣两帝，亦可称中主，但南方当丧乱之余，内部又多反侧，所以不能自振。北方则北齐文宣、武成两帝，均极荒淫。武成帝之子纬，尤为奢纵。而北周武帝，颇能励精图治。至五七七年，齐遂为周所灭。明年，武帝死，子宣帝立，又荒淫。传位于子静帝，大权遂入后父杨坚之手。五八一年，坚废静帝自立，是为隋文帝。高齐虽自称是汉族，然其性质实在是胡化了的。隋文帝则勤政恤民，俭于自奉，的确是代表了汉族的文化。自西晋覆亡以来，北方至此才复建立汉人统一的政权。此时南方的陈后主，亦极荒淫。五八九年，为隋所灭。西梁则前两年已被灭。天下复见统一。

两晋、南北朝之世，是向来被看作黑暗时代的，其实亦不尽然。这一时代，只政治上稍形黑暗，社会的文化，还是依然如故。而且正因时局的动荡，而文化乃得为更大的发展。其中关系最大的，便是黄河流域文明程度最高的地方的民族，分向各方面迁移。《汉书·地理志》叙述楚地的生活情形，还说江南之俗，火耕水耨，果蓏蜂蛤，饮食还足，故呰窳媮生，而无积聚，而《宋书·孔季恭传》叙述荆、扬两州的富力，却是“膏腴上地，亩直一金，鄠、

▼ **伎乐天** 图为南北朝时期的壁画伎乐天，伎乐天是佛及菩萨的侍从。魏晋以来，佛教在中原兴起，谈玄学佛成为文化的潮流。

杜之间不能比”；鄠，今陕西鄠县，杜，在今陕西长安县南，汉时农业盛地价高之处。又说：“鱼、盐、杞、梓之利，充仞八方，丝棉、布帛之饶，覆衣天下。”成为全国富力的中心了。三国之世，南方的风气，还是很剽悍的，读第三十二章所述可见。而自东晋以来，此种风气，亦潜移默化。谈玄学佛，成为全国文化的重心。这是最彰明较著的。其他东北至辽东，西南至交阯，莫不有中原民族的足迹，其有裨于增进当地的文化，亦绝非浅鲜，不过不如长江流域的显著罢了。还有一层。陶潜的《桃花源诗》，大家当他是预言，其实这怕是实事。自东汉之末，至于南北朝之世，北方有所谓山胡，南方有所谓山越。听了胡、越之名，似乎是异族蛰居山地的，其实不然。试看他们一旦出山，便可和齐民杂居，服兵役，输赋税，绝无隔阂，便可知其实非异族，而系汉族避乱入山的。此等避乱入山的异族，为数既众，历时又久，山地为所开辟，异族为所同化的，不知凡几，真是拓殖史上的无名英雄了。以五胡论：固然有荒淫暴虐，如石虎、齐文宣、武成之流的，实亦以能服从汉族文化的居其多数。石勒在兵戈之际，已颇能引用士人，改良政治。苻坚更不必说。慕容氏兴于边徼，亦是能慕效中国的文明的。至北魏孝文帝，则已举其族而自化于汉族。北周用卢辩、苏绰，创立法制，且有为隋、唐所沿袭的。这时候的异族，除血统之外，几乎已经说不出其和汉族的异点了。一到隋唐时代，而所谓五胡，便已泯然无迹，良非偶然。

CHAPTER 37

◎ 第三十七章 南北朝隋唐间塞外的形势

西域对中国，是无甚政治关系的，因为它不能侵略中国，而中国当丧乱之时，亦无暇经营域外之故。两晋、南北朝之世，只有苻坚，曾遣吕光去征伐过一次西域，其余都在平和的状态中。但彼此交通仍不绝。河西一带，商业亦盛，这只要看这一带兼用西域的金银钱可知。西域在这时期，脱离了中国和匈奴的干涉，所以所谓三十六国者，得以互相吞并。

葱岭以东，西伯利亚以南，后印度半岛以东北，在历史上实自成其为一个区域。这一个区域中，以中国的产业和文化最为发达，自然成为史事的重心。自秦汉至南北朝，我们可以把它看作一个段落，隋唐以后，却又是一个新段落了。这一个新段落中，初期的形势，乃是从五胡侵入中原以后逐渐酝酿而成的，在隋唐兴起以前，实有加以一番检讨的必要。

漠南北之地，对于中国是一个最大的威胁。继匈奴而居其地的为鲜卑。自五胡乱华以来，鲜卑纷纷侵入中国。依旧保持完整的只有一个拓跋氏，然亦不过在平城附近。自此以东，则有宇文氏的遗落奚、契丹，此时部落尚小。其余的地方都空虚了。铁勒乃乘机入据。铁勒，异译亦作敕勒，即汉时的丁令。其根据地，东起贝加尔湖，西沿西域之北，直抵里海。鲜卑侵入中原后，铁勒踵之而入漠北。后魏道武帝之兴，自阴山以西，漠南零星的部落，几于尽被吞并。只有一个柔然不服，为魏太武帝所破，逃至漠北，臣服铁勒，借其众以抗魏。魏太武帝又出兵把他打破。将降伏的铁勒迁徙到漠南。这一支，历史上特称为高车，其余则仍称铁勒。南北朝末年，柔然又强了。东、西魏和周、齐都竭力敷衍它。后来阿尔泰山附近的突厥强盛。公元五五二年，柔然为其所破。突厥遂征服漠南北，继承了柔然的地位，依旧受着周、齐的敷衍。

西域对中国，是无甚政治关系的，因为它不能侵略中国，而中国当丧乱之时，亦无暇经营域外之故。两晋、南北朝之世，只有苻坚，曾遣吕光

▼ **职贡图** 此图又名《番客入朝图》或《王会图》，为南朝梁画家萧绎所绘，描绘了十二位使者朝贡时的场面，展现了南北朝时期国家间友好往来的繁盛场面。

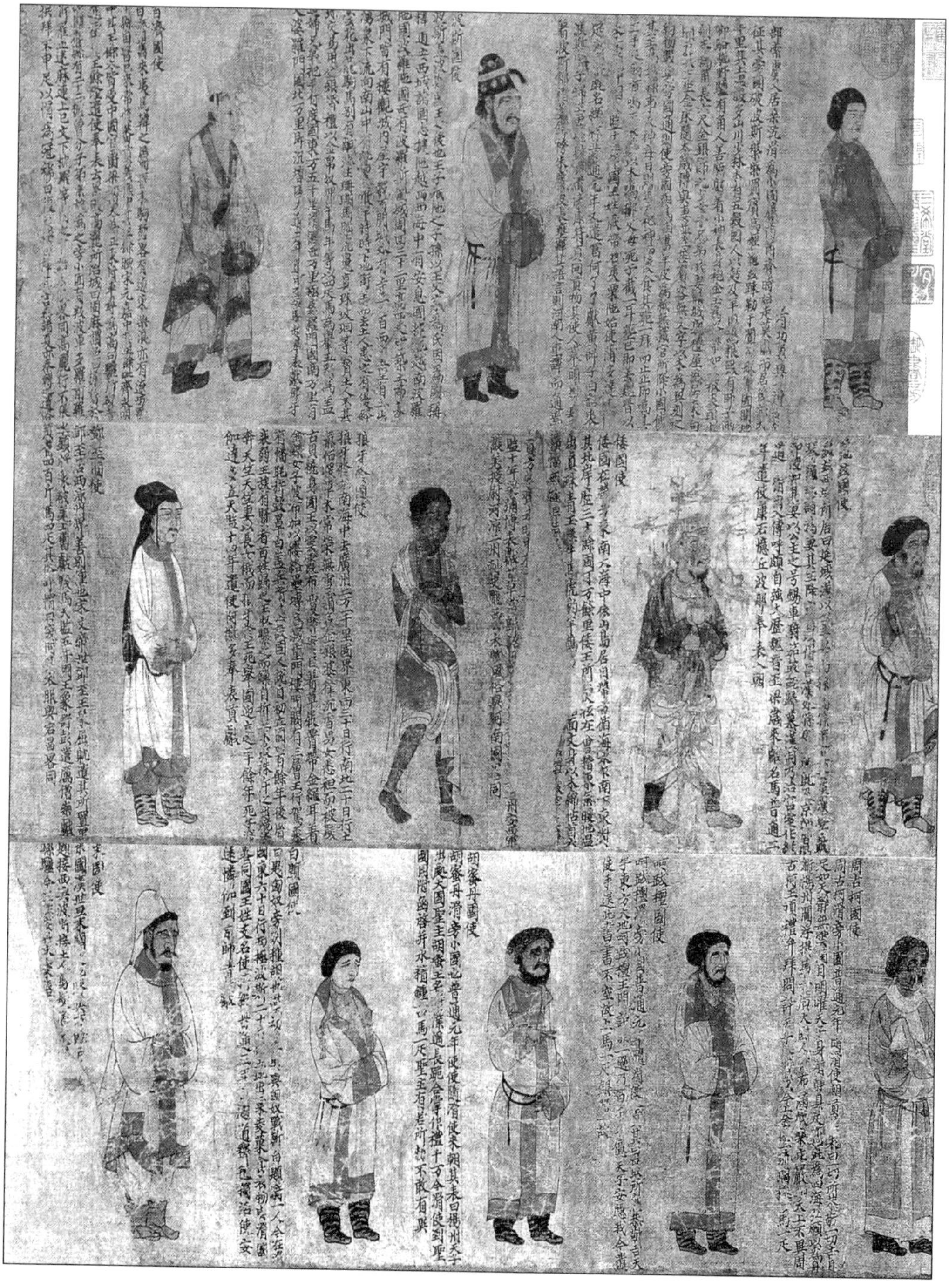

去征伐过一次西域，其余都在平和的状态中。但彼此交通仍不绝。河西一带，商业亦盛，这只要看这一带兼用西域的金银钱可知。西域在这时期，脱离了中国和匈奴的干涉，所以所谓三十六国者，得以互相吞并。到隋唐时，只剩得高昌、焉耆、龟兹、于阗等几个大国。

东北的文明，大略以辽东、西和汉平朝鲜后所设立的四郡为界线。自此以南，为饱受中国文明的貉族。自此以北，则为未开化的满族，汉时称为挹娄，南北朝、隋、唐时称为勿吉，亦作靺鞨。貉族的势力，在前汉时，曾发展到今吉林省的长春附近，建立一个夫余国。后汉时，屡通朝贡。晋初，为鲜卑慕容氏所破。自此渐归澌灭，而辽东、西以北，乃全入鲜卑和靺鞨之手。貉族则专向朝鲜半岛发展。其中一个部落，唤作高句丽的，自中国对东北实力渐衰，遂形成一个独立国。慕容氏侵入中原后，高句丽尽并辽东之地，侵略且及于辽西。其支族又于其南建立一个百济国。半岛南部的三韩，自秦时即有汉人杂居，谓之秦韩。后亦自立为国，谓之新罗。高句丽最强大。其初新罗、百济，尝联合以御之。后百济转附高句丽，新罗势孤，乃不得不乞援于中国，为隋唐时中国和高句丽、百济构衅的一个原因。

南方海路的交通，益形发达。前后印度及南洋群岛，入贡于中国的很多。中国是时，方热心于佛学，高僧往印度求法，和彼土高僧来中国的亦不少。高句丽、百济，亦自海道通南朝。日本当后汉时，其大酋始自通于中国。至东晋以后，亦时向南朝通贡，传受了许多文明。侯景乱后，百济贡使到建康来，见城阙荒毁，至于号恸涕泣，可见东北诸国，对中国感情的深厚了。据阿拉伯人所著的古旅行记，说公元一世纪后半，西亚的海船，才达到交阯。公元一世纪后半，为后汉光武帝至和帝之时。其后桓帝延熹九年，当公元一六六年，而大秦王安敦，Marcus Aurelius Antoninus 生于公元一二一年，即后汉安帝建光六年，没于一八〇年，即后汉灵帝光和三年。遣使自日南徼外通中国，可见这记载的不诬。他又说：公元三世纪中叶，中国商船开始西向，从广州到槟榔屿，四世纪至锡兰，五世纪至亚丁，终至在波斯及美索不达米亚独占商权。到七世纪之末，阿拉伯人才与之代兴。三世纪中叶，当三国之末，七世纪之末，则当唐武后时。这四百五十年之中，可以说是中国人握有东西洋航权的时代了。至于偶尔的交通所及，则还不止此。据《梁书 · 诸夷传》：倭东北七千余里有文身国，文身国东五千余里有大汉国，大汉国东两万余里有扶桑国。这扶桑国或说它是现在的库页岛，或说它是美洲的墨西哥，以道里方向核之，似乎后说为近。据《梁书》所载：公元四九九年，其国有沙门慧深来至荆州，又晋时法显著《佛国记》，载其到印度求法之后，自锡兰东归，行三日而遇大风，十三日到一岛，又九十余日而到耶婆提，自耶婆提东北行，一月余，遇黑风暴雨，凡七十余日，折西北行，十二日而抵长广郡。今山东即墨县。章炳麟作《法显发现西半球说》，说他九十余日的东行，实陷入太平洋中。耶婆提当在南美。自此向东，又被黑风吹入大西洋中，超过了中国海岸，折向西北，才得归来。衡以里程及时日，说亦可信。法显的东归，在公元四一六年，比哥伦布的发现美洲要早一千零七十七年了。此等偶然的飘播，和史事是没有多大关系的，除非将来再有发现，知道美洲的开化，中国文化确占其中重要的成分。此时代的关系：在精神方面，自以印度的佛教为最大；在物质方面，则西南洋一带，香药、宝货和棉布等，输入中国的亦颇多。

CHAPTER 38

◎ 第三十八章 隋朝和唐朝的盛世

高祖传位于太宗，遂开出公元六二七至六四九年的二十三年间的“贞观之治”。历史上记载他的治绩，至于行千里者不赍粮，断死刑岁仅三十九人，这固然是粉饰之谈，然其时天下有丰乐之实，则必不诬的了。隋唐时的制度，如官制、选举、赋税、兵、刑等，亦都能将前代的制度加以整理。

北朝的君主，有荒淫暴虐的，也有能励精图治的，前一种代表了胡风，后一种代表了汉化。隋文帝是十足的后一种的典型。他勤于政事，又能躬行节俭。在位时，把北朝的苛捐杂税都除掉，而府库充实，仓储到处丰盈，国计的宽余，实为历代所未有。突厥狃于南北朝末年的积习，求索无厌。中国不能满其欲，则拥护高齐的遗族，和中国为难。文帝决然定计征伐，大破其兵。又离间其西方的达头可汗和其大可汗沙钵略构衅，突厥由是分为东、西。文帝又以宗女妻其东方的突利可汗。其大可汗都蓝怒，攻突利。突利逃奔中国，中国处之夏、胜二州之间，夏州，在今陕西横山县北。胜州，在今绥远鄂尔多斯左翼后旗黄河西岸。赐号为启民可汗。都蓝死，启民困隋援，尽有其众，臣服于隋。从南北朝末期以来畏服北狄的心理，至此一变。

隋文帝时代，中国政局，确是好转了的。但是文化不能一时急转，所以还不能没有一些曲折。隋文帝的太子勇，是具有胡化的性质的。其次子炀帝，却又具有南朝君主荒淫猜忌的性质。太子因失欢于文帝后独孤氏被废。炀帝立，以洛阳为东都。开通济渠，使其连接邗沟及江南河。帝乘龙舟，往来于洛阳、江都之间。又使裴矩招致西域诸胡，所过之地，都要大营供帐。又诱西突厥献地，设立西海、河源、鄯善、且末四郡，西海郡，当系青海附近之地。河源郡该在其西南。鄯善、且末，皆汉时西域国名，郡当设于其故地。鄯善国在今罗布泊之南。且末国在车尔成河上。谪罪人以实之。又于六一一、六一三、六一四年，三次发兵伐高句丽，天下骚动，乱者四起。

炀帝见中原已乱，无心北归，滞留江都，六一八年，为其下所弑。其时北方的群雄，以河北的窦建德、河南的李密为最大。而唐高祖李渊，以太原留守，于六一七年起兵，西据关中，又平定河西、陇右，形势最为完固。炀帝死后，其将王世充拥众北归，据洛阳。李密为其所败，降唐。又出关谋叛，为唐将所击斩。唐兵围洛阳，窦建德来救，唐兵大败擒之，世充亦降。南方割据的，以江陵的萧铣为最大，亦为唐所灭。江、淮之间，有陈稜、李子通、沈法兴、杜伏威等，纷纷而起，后皆并于杜伏威，伏威降唐。北边群雄依附突厥的，亦次第破灭。隋亡后约十年，而天下复定。

唐朝自称为西凉李暠之后，近人亦有疑其为胡族的，信否可不必论，民族的特征，乃文化而非血统。唐朝除太宗太子承乾具有胡化的性质，因和此时的文化不兼容而被废外，其余指不出一些胡化的性质来，其当认为汉民族无疑了。唐朝开国之君虽为高祖，然其事业，实在大部分是太宗做的。天下既定之后，其哥哥太子建成和兄弟齐王元吉，要想谋害他，为太宗所杀。高祖传位于太宗，遂开出公元六二七至六四九年的二十三年间的“贞观之治”。历史上记载他的治绩，至于行千里者不赍粮，断死刑岁仅三十九人，这固然是粉饰之谈，然其时天下有丰乐之实，则必不诬的了。

唐代中央政府组织关系图

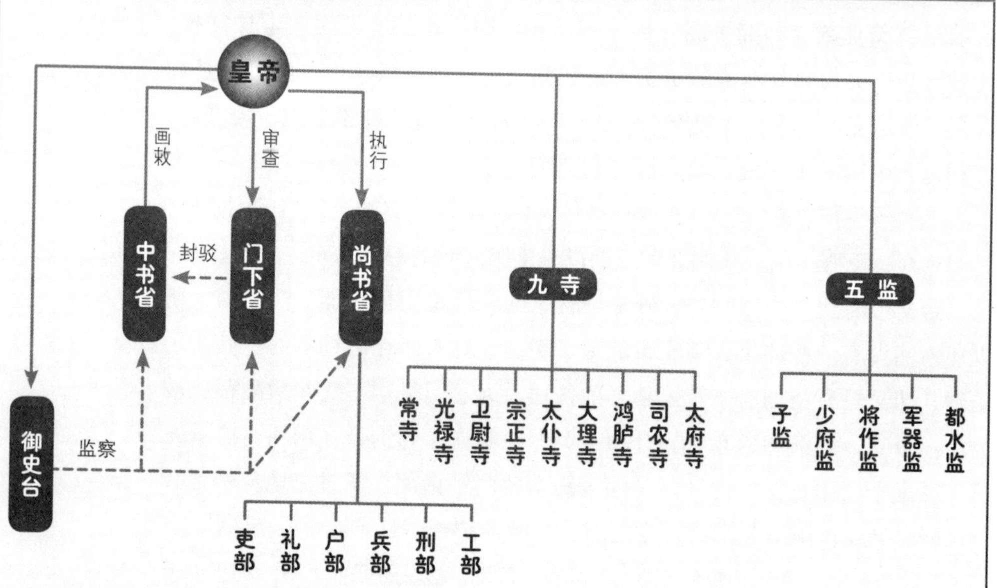

唐朝建立后，迅速恢复了社会秩序，巩固了国家的统一。表为唐代中央官制系统图，在延续隋朝三省六部制的同时，其制度更为完善了。

隋唐时的制度，如官制、选举、赋税、兵、刑等，亦都能将前代的制度加以整理，参看第六至第十章可明。

对外的情势，此时亦开一新纪元。突厥因隋末之乱，复强盛，控弦之士至百万。北边崛起的群雄，都尊奉他，唐高祖初起时亦然，突厥益骄。天下既定，赠遗不能满其欲，就连年入寇，甚至一年三四入，北边几千里，无处不被其患。太宗因其饥馑和属部的离叛，于六三〇年，发兵袭击，擒其颉利可汗。突厥的强盛，本来是靠铁勒归附的。此时铁勒诸部，以薛延陀、回纥为最强。突厥既亡，薛延陀继居其地。六四四年，太宗又乘其内乱加以剪灭。回纥徙居其地，事中国颇谨。在西域，则太宗曾用兵于高昌及焉耆、龟兹，以龟兹、于阗、焉耆、疏勒之地为四镇。在西南，则绥服了今青海地方的吐谷浑。西藏之地，隋时始有女国和中国往来。唐时有一个部落，其先该是从印度迁徙到雅鲁藏布江流域的，是为吐蕃。其英主弃宗弄赞，太宗时始和中国交通，尚宗女文成公主，开西藏佛化的先声。太宗又通使于印度。适值其内乱，使者王玄策调吐蕃和泥婆罗的兵，把它打败。而南方海路交通，所至亦甚广。只有高句丽，太宗自将大兵去伐它，仍未能有功。此乃因自晋以来，东北过于空虚，劳师远攻不易之故。直至六六三、六六八年两年，高宗才乘其内乱，把百济和高句丽先后灭掉。突厥西方的疆域，本来是很广的。其最西的可萨部，已和东罗马相接了。高宗亦因其内乱，把它戡定，分置两个都督府，其所辖的羁縻府、州，西至波斯。唐朝对外的声威，至此可谓达于最高峰了。因国威之遐畅，而我国的文化，和别国的文化，就起了交流互织的作用。东北一隅，自高句丽、百济平后，新罗即大注意于增进文化。日本亦屡遣通唐使，带了许多僧侣和留学生来。朝鲜半岛南部和日本的举国华文化，实在此时。其余波且及于满族。公元七世纪末年，遂有渤海国的建立，一切制度，都以中国为模范。南方虽是佛化盛行之地，然安南在此时，仍为中国的郡县，替中国在南方留了一个文化的据点。西方则大食帝国勃兴于此时。其疆域东至葱岭。大食在文化上实在是继承希腊，而为欧洲近世的再兴导其先路的。中国和大食，政治上无甚接触，而在文化上则彼此颇有关系。回教的经典和历数等知识，都早经输入中国。就是末尼教和基督教，也是受了回教的压迫，才传播到东方来的。而称为欧洲近世文明之源的印刷术、罗盘针、火药，亦都经中国人直接传入回教国，再经回教国人之手，传入欧洲。

CHAPTER 39

◎ 第三十九章 唐朝的中衰

唐朝的盛衰，以安史之乱为关键。安史之乱，皇室的腐败只是一个诱因，其根源是别有所在的。(一)唐朝的武功从表面看，虽和汉朝相等，其声威所至，或且超过汉朝，但此乃世运进步使然，以经营域外的实力论，唐朝实非汉朝之比。(二)唐朝所征服的异族多，未曾引起像五胡乱华一般的杂居内地的异族之患。然环伺塞外的异族既多，当其种类昌炽，而中国政治力量减退时，就不免有被其侵入的危险了。

唐朝对外的威力，以高宗时为极盛，然其衰机亦肇于是时。高宗的性质是失之于柔懦的。他即位之初，还能遵守太宗的成规，所以永徽之政，史称其媲美贞观。公元六五五年，高宗惑于才人武氏，废皇后王氏而立之。武后本有政治上的才能，高宗又因风眩之故，委任于她，政权遂渐入其手。高句丽、百济及西突厥，虽于此时平定，而吐蕃渐强。吐谷浑为其所破，西域四镇亦被其攻陷，唐朝的外患，于是开始。六八三年，高宗崩，子中宗立。明年，即为武后所废，徙之房州。今湖北竹山县。立其弟豫王旦。即后来的睿宗。六九〇年，又废之，改国号为周，自称则天皇帝。后以宰相狄仁杰之言，召回中宗，立为太子。七〇五年，宰相张柬之等乘武后卧病，结宿卫将，奉中宗复位。自武后废中宗执掌政权至此，凡二十二年，若并其为皇后时计之，则达五十五年之久。武后虽有才能，可是宅心不正。她是一种只计维持自己的权势地位，而不顾大局的政治家。当其握有政权之时，滥用禄位，以收买人心；又任用酷吏，严刑峻法，以威吓异己的人，而防其反动；骄奢淫逸的事情，更不知凡几；以致政治大乱。突厥余众复强。其默啜可汗公然雄踞漠南北，和中国对抗。甚至大举入河北，残数十州县。契丹酋长李尽忠，亦一度入犯河北，中国不能讨，幸其为默啜所袭杀，乱乃定。因契丹的反叛，居于营州的靺鞨，营州，为热河朝阳县，为唐时管理东北异族的机关。就逃到东北，建立了一个渤海国。此为满族开化之始，中国对东北的声威，却因此失坠了。设在今朝鲜平壤地方的安东都护府，后亦因此不能维持，而移于辽东。高句丽、百济旧地，遂全入新罗之手。西南方面，西域四镇，虽经恢复，青海方面对吐蕃的战事，却屡次失利。中宗是个昏庸之主，他在房州，虽备尝艰苦，复位之后，却毫无觉悟，并不能铲除武后时的恶势力。皇后韦氏专权，和武后的侄儿子武三思私通，武氏因此复盛。张柬之等反遭贬谪而死。韦后的女儿安乐公主，中宗的婕妤上官婉儿，亦都干乱政治。政界情形的混浊，更甚于武后之时。七一〇年，中宗为韦后所弑。相王旦之子临淄王隆基定乱而立相王，是为睿宗。立隆基为太子。武后的女儿太平公主仍干政，惮太子英明，要想摇动他。幸而未能有成，太平公主被谪，睿宗亦传位于太子，是为玄宗。玄宗用姚崇为相，廓清从武后以来的积弊。又用宋璟及张九龄，亦都称为能持正。自七一三至七四一年，史家称为开元之治。末年，突厥复衰乱，七四四年，乘机灭之；连年和吐蕃苦战，把中宗时所失的河西九曲之地亦收复；国威似乎复振。然自武后已来，荒淫奢侈之习，渐染已深。玄宗初年，虽能在政治上略加整顿，实亦堕入其中而不能自拔。中岁以后，遂渐即怠荒。宠爱杨贵妃，把政事都交给一个奸佞的李林甫。李林甫死后，又用一个善于夤缘的杨国忠。天宝之乱，就无可遏止了。一个团体，积弊深的，往往无可挽回，这大约是历时已久的皇室，必要被推翻的一个原因吧。

唐朝的盛衰，以安史之乱为关键。安史之乱，皇室的腐败只是一个诱因，其根源是别有所在的。（一）唐朝的武功从表面看，虽和汉朝相等，其声威所至，或且超过汉朝，但此乃世运进步使然，以经营域外的实力论，唐朝实非汉朝之比。汉武帝时，攻击匈奴，前后凡数十次；以至征伐大宛，救护乌孙，都是仗自己的实力去摧破强敌。唐朝的征服突厥、薛延陀等，则多因利乘便，且对外多用蕃兵。玄宗时，府兵制度业已废坏，而吐蕃、突厥都强，契丹势亦渐盛。欲图控制、守御，都不得不加重边兵，所谓藩镇，遂兴起于此时，天下势成偏重。（二）胡字本是匈奴的专称，后渐移于一切北族。再后，又因文化的异同易泯，种族的外观难改，遂移为西域白种人的专称。详见拙著《胡考》，在《燕石札记》中，商务印书馆本。西域人的文明程度，远较北族为高。他们和中国，没有直接的政治关系，所以不受注意。然虽无直接的政治关系，间接的政治关系却是有的，而且其作用颇大。从来北族的盛衰，往往和西胡有关涉。冉闵大诛胡、羯时，史称高鼻多须，颇有滥死，可见此时之胡，已非尽匈奴人。拓跋魏占据北方后，有一个盖吴，起而与之相抗，一时声势很盛，盖吴实在是个胡人。事在公元四四六年，即宋文帝元嘉二十三年，魏太武帝太平真君七年。见《魏书·本纪》和《宋书·索虏传》。唐玄宗时，北边有康待宾、康愿子相继造反，牵动颇广，事在公元七二一、七二二年，即玄宗开元九年、十年。康亦是西域姓。突厥颉利的衰亡，史称其信任诸胡，疏远宗族，后来回纥的灭亡亦然，可见他们沉溺于物质的享受，以致渐失其武健之风，还不尽由于中国的渐染。从反面看，就知道他们的进于盛强，如物质文明的进步，政治、军事组织的改良等，亦必有受教于西胡的了。唐朝对待被征服的异族，亦和汉朝不同。汉朝多使之入居塞内，唐朝则仍留之于塞外，而设立都护府或都督府去管理它。所以唐朝所征服的异族虽多，未曾引起像五胡乱华一般的杂居内地的异族之患。然环伺塞外的异族既多，当其种类昌炽，而中国政治力量减退时，就不免有被其侵入的危险了。唐末的沙陀、五代时的契丹，其侵入中国，实在都是这一种性质，而安史之乱，就是一个先期的警告。安禄山，《唐书》说他是营州柳城胡。他本姓康，随母嫁虏将安延偃，因冒姓安。安、康都是西域姓。史思明，《唐书》虽说他是突厥种，然其状貌，“鸢肩伛背，廞目侧鼻”，怕亦是一个混血儿。安禄山和史思明都能通六蕃译，为互市郎，可见其兼具西胡和北族两种性质。任用蕃将，本是唐朝的习惯，安禄山遂以一身而兼做了范阳、平卢两镇的节度使。平卢军，治营州。范阳军，治幽州，今北平。此时安禄山的主要任务，为镇压奚、契丹，他就收用其壮士，名之曰曳落河。其军队在当时藩镇之中，大约最为剽悍。目睹玄宗晚年政治腐败，内地守备空虚，遂起觊觎之念。并又求为河东节度使。七五五年，自范阳举兵反。不一月而河北失陷，河南继之，潼关亦不守，玄宗逃向成都。于路留太子讨贼，太子西北走向灵武，灵州，治今宁夏灵州。即位，是为肃宗。安禄山虽有强兵，却无政治方略，诸将亦都有勇无谋，既得长安之后，不能再行进取。朔方节度使郭子仪，朔方军，治灵州。乃得先平河东，就借回纥的兵力，收复两京。长安、洛阳。安禄山为其子庆绪所杀。九节度之师围庆绪于邺。因号令不一，久而无功。史思明既降复叛，自范阳来救，九节度之师大溃。思明杀庆绪，复陷东京。李光弼与之相持。思明又为其子朝义所杀。唐朝乃得再借回纥之力，将其打平。此事在七六二年。其时肃宗已死，是代宗的元年了。安史之乱首尾不过八年，然对外的威力自此大衰，内治亦陷于紊乱，唐朝就日入于衰运了。

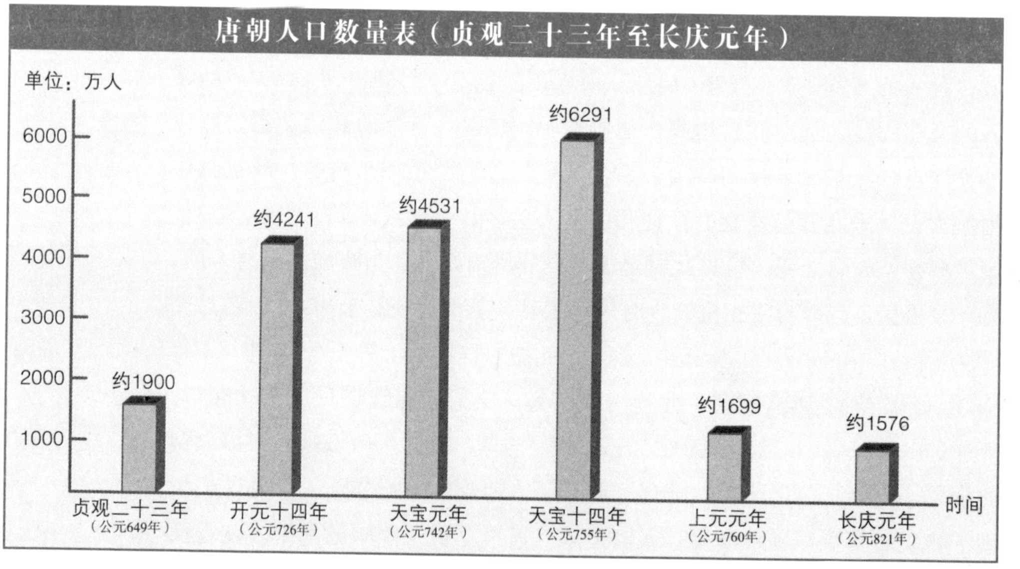

CHAPTER 40

◎ 第四十章 唐朝的衰亡和沙陀的侵入

自从公元七五五年安史之乱起，直到公元九〇七年朱全忠篡位为止，唐朝一共还有了一百五十二年的天下。在这一个时期中，表面上还维持着统一，对外的威风亦未至于全然失坠，然而自大体言之，则终于日入于衰乱而不能够复振了。

自从公元七五五年安史之乱起，直到公元九〇七年朱全忠篡位为止，唐朝一共还有了一百五十二年的天下。在这一个时期中，表面上还维持着统一，对外的威风亦未至于全然失坠，然而自大体言之，则终于日入于衰乱而不能够复振了。

因安史之乱而直接引起的，是藩镇的跋扈。唐朝此时兵力不足，平定安史，颇借回纥的助力。铁勒仆骨部人仆固怀恩，于引用回纥颇有功劳，亦有相当的战功。军事是要威克厥爱的，一个战将，没有人能够使之畏服，便不免要流于骄横，何况他还是一个蕃将呢？他要养寇自重，于是昭义、成德、天雄、卢龙诸镇，昭义军，治相州，今河南安阳县。成德军，治恒州，今河北正定县。天雄军，治魏州，今河北大名县。卢龙军，即范阳军。均为安、史遗孽所据，名义上虽投降朝廷，实则不奉朝廷的命令。唐朝自己所设的节度使，也有想学他们的样子，而且有和他们互相结托的。次之则为外患的复兴。自玄宗再灭突厥后，回纥占据其地。因有助平安、史之功，骄横不堪。而吐蕃亦乘中国守备空虚，尽陷河西、陇右，患遂中于京畿。又云南的南诏，诏为蛮语王之称，当时，今云南、西康境有六诏：曰蒙嶲诏，在今西康西昌县。曰越析诏，亦称磨些诏，在今云南丽江县。曰浪穹诏，在今云南洱源县。曰邆赕诏，在今云南邓川县。曰施浪诏，在洱源县之东。曰蒙舍诏，在今云南蒙化县。地居最南，亦称南诏。余五诏皆为所并。天宝时，杨国忠与之构兵，南诏遂投降吐蕃，共为边患，患又中于西川。

公元七七九年，代宗崩，子德宗立，颇思振作。此时昭义已为天雄所并，卢龙亦因易帅恭顺朝廷，德宗遂因成德的不肯受代，发兵攻讨。成德和天雄、平卢连兵拒命。山南东道治襄州，今湖北襄阳县。亦叛与相应，德宗命淮西军讨平之。淮西军，治蔡州，今河南汝南县。攻三镇未克，而淮西、卢龙复叛，再发泾原兵东讨。泾原军，治泾州，今甘肃泾川县。过京师，因赏赐菲薄作乱。德宗出奔奉天。唐县，今山西武功县。乱军奉朱泚为主，大举进攻。幸得浑瑊力战，河中李怀光入援，河中军，治蒲州，今山西永济县。奉天才未被攻破。而李怀光因和宰相卢杞不合，又反。德宗再逃到梁州。今陕西南郑县。听了陆贽的话，赦诸镇的罪，专讨朱泚，才得将京城收复。旋又打平了河中。然其余的事，就只好置诸不问了。德宗因屡遭叛变，不敢相信臣下。回京之后，使宦官带领神策军。这时候，神策军饷糈优厚，诸将多自愿隶属，兵数骤增至十五万，宦官就从此握权。八〇五年，德宗崩，子顺宗立。顺宗在东宫时，即深知宦官之弊。即位后，用东宫旧臣王叔文等，想要除去宦官。然顺宗在位仅八个月，即传位于子宪宗，王叔文等都遭斥逐，其系为宦官所逼，不言而喻了。宪宗任用裴度，削平了淮西，河北三镇亦惧而听命，实为中央挽回威信的一个良机。然宪宗死后，穆宗即位，宰相以为河北已无问题，对善后事宜，失于措置，河北三镇，遂至复叛，终唐之世，不能削平了。穆宗崩，敬宗立，为宦官刘克明所弑。宦官王守澄讨贼而立文宗。文宗初用宋申锡为宰相，与之谋诛宦官，不克。后又不次擢用李训、郑注，把王守澄毒死。郑注出镇凤翔，凤翔军，治凤翔府，今陕西凤翔县。想选精兵进京送王守澄葬，因此把宦官尽数杀掉。不知何故，李训在京城里，又诈称某处有甘露降，想派宦官往看，因而杀掉他们。事机不密，反为宦官所杀。郑注在凤翔，亦被监军杀掉。文宗自此受制于宦官，几同傀儡。相传这时候，有一个翰林学士，唤作崔慎由。曾缘夜被召入宫。有一班宦官，以仇士良为首，诈传皇太后的懿旨，要他拟废掉文宗的诏书。崔慎由誓死不肯。宦官默然良久，乃开了后门，把崔慎由引到一个小殿里。文宗正在殿上，宦官就当面数说他。文宗低头不敢开口。宦官道："不是为了学士，你就不能再坐这宝位了。"于是放崔慎由出宫，叮嘱他不许泄露，泄露了是要祸及宗族的。崔慎由虽然不敢泄露，却把这件事情密记下来，临死时交给他的儿子。他的儿子便是唐末的宰相崔胤。文宗死后，弟武宗靠着仇士良之力，杀太子而自立。武宗能任用李德裕，政治尚称清明。宣宗立，尤能勤于政事，人称之为小太宗。然于宦官，亦都无可如何。宣宗死后，子懿宗立。八八六年，徐、泗卒戍桂州者作乱，徐州，今江苏铜山县。泗州，今安徽泗县。桂州，今广西桂林县。用沙陀兵讨平之，沙陀人据中原之祸，遂于是乎开始。

唐朝中叶后的外患，最严重的是回纥、吐蕃，次之则南诏。南诏的归服吐蕃，本出于不得已，吐蕃待之亦甚酷。九世纪初，韦皋为西川节度使，乃与之言和，共击吐蕃，西南的边患，才算解除。西川军，治成都，今四川成都县。后来南诏仍有犯西川之事，并曾侵犯安南，但其性质，不如和吐蕃结合时严重。八四〇年，回纥为黠戛斯所破，遽尔崩溃。吐蕃旋亦内乱。八四九年，中国遂克复河、湟。河西之地亦来归。三垂的外患，都算靠天幸解除了。然自身的纲纪不振，沙陀突厥遂至能以一个残破的部落而横行中国。

沙陀是西突厥的别部，名为处月。朱邪，即处月之异译。西突厥亡后，依北庭都护府以居。今新疆迪化县。其地有大碛名沙陀，故称为沙陀突厥。河西、陇右既陷，安西、北庭安西都护府，治龟兹。朝贡路绝，假道回纥，才得通到长安。回纥因此需索无厌。沙陀苦之，密引吐蕃陷北庭。久之，吐蕃又疑其暗通回纥，想把他迁到河外。沙陀乃又投奔中国。吐蕃追之，且战且走。三万部落之众，只剩得两千到灵州。节度使范希朝以闻，诏处其众于盐州。今宁夏盐池县北。后来范希朝移镇河东，治太原府，今山西太原县。沙陀又随往，居于现在山阴县北的黄瓜堆。希朝简其精锐的为沙陀军。沙陀虽号称突厥，其形状，据史籍所载，亦是属于白种人的。既定徐、泗之乱，其酋长朱邪赤心，赐姓名为李国昌，镇守大同，治云州，今山西大同县。就有了一个地盘了。八七三年，懿宗崩，子僖宗立。年幼，信任宦官田令孜。时山东连年荒歉。八七五年，王仙芝起兵作乱，黄巢聚众应之。后来仙芝被杀，而黄巢到处流窜。从现在的河南打到湖北，沿江东下，经浙东入福建，到广东。再从湖南、江西、安徽打回河南，攻破潼关。田令孜挟僖宗走西川。黄巢遂入长安。时为八八〇年。当黄巢横行时，藩镇都坐视不肯出兵剿讨。京城失陷之后，各路的援兵又不肯进攻。不得已，就只好再借重沙陀。先是李国昌移镇振武。治单于都护府。今绥远和林格尔县。其子李克用叛据大同，为幽州兵所败，父子都逃入鞑靼。居阴山。这时候，国昌已死，朝廷乃赦李克用的罪，召他回来。打败黄巢，收复长安。李克用镇守河东，沙陀的根据地更深入腹地了。

▼ **钱镠铁券** 图中铁券是公元897年唐昭宗赐给镇海、镇东节度使，即五代十国中吴越国建立者钱镠的。该铁券对钱镠本人可免死罪九次，其子孙后代也可免死罪三次。

黄巢既败，东走攻蔡州。蔡州节度使

秦宗权降之。后来黄巢被李克用追击，为其下所杀，而宗权转横。其残虐较黄巢为更甚。河南、山东被其剽掠之处，几于无复人烟。朝廷之上，宦官依然专横。关内一道，亦均为军人所盘踞。其中华州的韩建，邠州的王行瑜，镇国军，治华州，今陕西华县。邠宁军，治邠州，今陕西邠县。凤翔的李茂贞，尤为跋扈，动辄违抗命令，胁迫朝廷，遂更授沙陀以干涉的机会。

在此情势之下，汉民族有一个英雄，能够和沙陀抵抗的，那便是朱全忠。全忠本名温，是黄巢的将，巢败后降唐，为宣武节度使。治汴州，今河南开封县。初年兵力甚弱，而全忠智勇足备，先扑灭了秦宗权，渐并今河南、山东之地，又南取徐州。北服河北三镇。西并河中，取义武，义武军，治定州，今河北定县。又取泽、潞，泽州，今山西晋城县。潞州，今山西长子县。及邢、洺、磁诸州。邢州，今河北邢台县。洺州，今河北永年县。磁州，今河北磁县。河东的形势，就处于其包围之中了。僖宗死于八八八年，弟昭宗立，颇为英武。然其时的事势，业已不能有为。此时朝廷为关内诸镇所逼，大都靠河东解围。然李克用是个无谋略的人，想不到挟天子以令诸侯。虽然击杀了一个王行瑜，关内的问题还是不能解决。朱全忠其初是不问中央的事务，一味扩充自己的实力的。到十世纪初年，全忠的势力已经远超出乎李克用之上了。唐朝的宰相崔胤，乃结合了他，以谋宦官。宦官见事急，挟昭宗走凤翔。全忠围凤翔经年，李茂贞不能抗，只得把皇帝送出，同朱全忠讲和。昭宗回到京城，就把宦官悉行诛灭。唐朝中叶后的痼疾，不是藩镇，实在是宦官。因为唐朝的藩镇，并没有敢公然背叛，或者互相攻击，不过据土自专，更代之际，不听命令而已。而且始终如此的，还不过河北三镇。倘使朝廷能够振作，实在未尝不可削平。而唐朝中叶后的君主，如顺宗、文宗、武宗、宣宗、昭宗等，又都未尝不可与有为。其始终不能有为，则全是因被宦官把持之故。事势至此，已非用兵力铲除，不能有别的路走了。一个阶级，当其恶贯满盈，走向灭亡之路时，在它自己，亦是无法拔出泥淖的。

宦官既亡，唐朝亦与之同尽。公元九〇三年，朱全忠迁帝于洛阳，弑之而立其子昭宣帝。至九〇七年，遂废之而自立，是为梁太祖。此时海内割据的：淮南有杨行密，是为吴。两浙有钱镠，是为吴越。湖南有马殷，是为楚。福建有王审知，是为闽。岭南有刘岩，是为南汉。剑南有王建，是为前蜀。遂入于五代十国之世。

CHAPTER 41

第四十一章 五代十国的兴亡和契丹的侵入

契丹之众，是分为八部的。每部有一个大人。八个大人之中，公推一人司旗鼓。到年久了，或者国有疾疫而畜牧衰，则另推一个大人替代。它亦有一个共主，始而是大贺氏，后来是遥辇氏，似乎仅有一个虚名。它各部落间的联结，大概是很薄弱的，要遇到战斗的事情，才能互相结合，这或者也是它兴起较晚的一个原因。

凡内争，是无有不引起外患的，沙陀的侵入，就是一个例。但沙陀是整个部族侵入中国的，正和五胡一样。过了几代之后，和汉族同化了。它的命运也就完了。若在中国境外，立有一国，以国家的资格侵入，侵入之后，其本国依然存在的，则其情形自又不同。自公元八四〇年顷回纥崩溃后，漠南北遂无强部，约历七十年而契丹兴。契丹，大约是宇文氏的遗落。其居中国塞外，实已甚久。但当六世纪初，曾遭到北齐的一次袭击，休养生息，到隋时元气才渐复。七世纪末，又因李尽忠的反叛而大遭破坏。其后又和安禄山相斗争，虽然契丹也曾打过一两次胜仗，然其不得安息，总是实在的。唐朝管理东北方最重要的机关，是营州都督府，中叶后业已不能维持其威力，但契丹仍时时受到幽州的干涉，所以它要到唐末才能够兴起。契丹之众，是分为八部的。每部有一个大人。八个大人之中，公推一人司旗鼓。到年久了，或者国有疾疫而畜牧衰，则另推一个大人替代。它亦有一个共主，始而是大贺氏，后来是遥辇氏，似乎仅有一个虚名。它各部落间的联结，大概是很薄弱的，要遇到战斗的事情，才能互相结合，这或者也是它兴起较晚的一个原因。内乱是招引外族侵入中国的，又是驱逐本国人流移到外国去的。这种事情，在历史上已经不知有过若干次。大抵（一）外国的文明程度低而人数少，而我们移殖的人数相当多时，可以把它们完全同化。（二）在人数上我们比较很少，而文明程度相去悬绝时，移殖的人民，就可在他们的部落中做蛮夷大长。（三）若他们亦有相当的程度，智识技术上，虽然要请教于我们，政治和社会的组织，却决不容以客族侵

五代简表

	朝代	首都	君主		成立时间	灭亡时间
			开国君主	灭亡君主		
五代（公元907年~公元960年）	后梁	开封	朱晃	朱瑱	公元907年	公元923年
	后唐	洛阳	李存勖	李从珂	公元923年	公元937年
	后晋	开封	石敬瑭	石重贵	公元936年	公元947年
	后汉	开封	刘知远	刘承祐	公元947年	公元951年
	后周	开封	郭威	柴宗训	公元951年	公元960年

入而握有权柄的，则我们移殖的人民，只能供他们之用，甚至造成了他们的强盛，而我们传授给他们的智识技术，适成为其反噬之用。时间是进步的良友。一样的正史四裔传中的部族，名称未变，或者名称虽异而统系可寻，在后一代，总要比前一代进步些。所以在前代，中国人的移殖属于前两型的居多，到近世，就多属于后一种了，这是不可以不懔然的，而契丹就是一个适例。契丹太祖耶律阿保机，据《五代史》说，亦是八部大人之一。当公元十世纪之初，幽州刘守光暴虐，中国人逃出塞的很多。契丹太祖都把他们招致了去，好好地抚慰他们，因而跟他们学得了许多知识，经济上和政治组织上，都有进步了。就以计诱杀八部大人，不再受代。公元九一六年，并废遥辇氏而自立。这时候，漠南北绝无强部，他遂得纵横如意。东北灭渤海，服室韦，西南服党项、吐谷浑，直至河西回纥。《辽史》中所列，他的属国，有四五十个之多。

梁太祖的私德，是有些缺点的，所以从前的史家，对他的批评，多不大好。然而私德只是私德，社会的情形复杂了，论人的标准，自亦随之而复杂，政治和道德、伦理，岂能并为一谈！就篡弑，也是历代英雄的公罪，岂能偏责一人！老实说：当大局阽危之际，只要能保护国家、抗御外族、拯救人民的，就是有功的政治家。当一个政治家要尽他为国为民的责任，而前代的皇室成为其障碍物时，岂能守小信而忘大义！在唐、五代之际，梁太祖确是能定乱和恤民的，而历来论者，多视为罪大恶极，甚有反偏袒后唐的，那就未免不知民族的大义了。惜乎天不假年，梁太祖篡位后仅六年而遇弑。末帝定乱自立，柔懦无能，而李克用死后，其子存勖袭位，颇有英锐之气。梁、晋战争，梁多不利。河北三镇及义武，复入于晋。九二三年，两军相持于郓州，今山东东平县。晋人乘梁重兵都在河外，以奇兵径袭大梁，末帝自杀，梁亡。存勖是时已改国号为唐，于是定都洛阳，是为后唐庄宗。中原之地，遂为沙陀所占据。后唐庄宗，本来是个野蛮人，灭梁之后，自然志得意满。于是纵情声色，宠爱伶人，听信宦官，政治大乱。九二五年，使宰相郭崇韬傅其子魏王继岌伐前蜀，把前蜀灭掉。而刘皇后听了宦官的话，疑心郭崇韬要不利于魏王，自己下命令给魏王，叫他把郭崇韬杀掉。于是人心惶骇，谣言四起。天雄军据邺都作乱。庄宗派李克用的养子李嗣源去征伐，李嗣源的军队也反了，胁迫李嗣源进了邺城。嗣源用计，得以脱身而出。旋又听了女婿石敬瑭的话，举兵造反。庄宗为伶人所弑。嗣源立，是为明宗。明宗年事较长，经验亦较多，所以较为安静。九三三年，明宗死，养子从厚立，是为闵帝。时石敬瑭镇河东，明宗养子从珂镇凤翔，闵帝要把他们调动，从珂举兵反。闵帝派出去的兵，都倒戈投降。闵帝出奔被杀。从珂立，是为废帝。又要调动石敬瑭，敬瑭又反。废帝鉴于闵帝的失败，是预备了一个不倒戈的张敬达，然后发动的，就把石敬瑭围困起来。敬瑭乃派人到契丹去求救，许割燕、云十六州之地。幽州、云州已见前。蓟州，今河北蓟县。瀛州，今河北河间县。莫州，今河北肃宁县。涿州，今河北涿县。檀州，今河北密云县。顺州，今河北顺义县。新州，今察哈尔涿鹿县。妫州，今察哈尔怀来县。儒州，今察哈尔延庆县。武州，今察哈尔宣化县。应州，今山西应县。寰州，今山西马邑县。朔州，今山西朔县。蔚州，今察哈尔蔚县。他手下的刘知远劝他：只要赂以金帛，就可如愿，不可许割土地，以遗后患。敬瑭不听。此时契丹太祖已死，次子太宗在位，举兵南下，反把张敬达围困起来，废帝不能救。契丹太宗和石敬瑭南下，废帝自焚死。敬瑭定都于大梁，是为晋高祖，称臣割地于契丹。九四二年，晋高祖死，兄子重贵立，是为出帝。听了侍卫景延广的话，对契丹不复称臣，交涉亦改强硬态度。此时契丹已改国号为辽。辽兵南下，战事亦互有胜负。但石晋国力疲敝，而勾通外敌，觊觎大位之例已开，即不能禁人的不效尤。于是晋将杜重威降辽，辽人入大梁，执出帝而去。时在九四六年。辽太宗是个粗人，不懂得政

▲ **韩熙载夜宴图（局部）** 此图描绘五代南唐大臣韩熙载放纵不羁的夜生活。

治的。既入大梁，便派人到各地方搜括财帛。又多派他的亲信到各地方去做刺史，汉奸附之以虐民。辽人的行军，本来是不带粮饷的，大军中另有一支军队，随处剽掠以自给，谓之打草谷军，入中国后还是如此。于是反抗者四起。辽太宗无如之何，只得弃汴梁而去，未出中国境而死。太宗本太祖次子，因皇后述律氏的偏爱而立。其兄突欲，汉名倍。定渤海后封于其地，谓之东丹王。东丹王奔后唐，辽太宗入中国时，为晋人所杀，述律后第三子李胡，较太宗更为粗暴，辽人怕述律后要立他，就在军中拥戴了东丹王的儿子，是为世宗。李胡兴兵拒战，败绩。世宗在位仅四年，太宗之子穆宗继立，沉湎于酒，政治大乱，北边的风云，遂暂告宁静。此时侵入中国的，幸而是辽太宗，倘使是辽太祖，怕就没有这么容易退出去了。

契丹虽然退出，中原的政权，却仍落沙陀人之手。刘知远入大梁称帝，是为后汉高祖。未几而死，子隐帝立。九五〇年，为郭威所篡，是为后周太祖。中原的政权，始复归于汉人。后汉高祖之弟旻，自立于太原，称侄于辽，是为北汉，亦称东汉。后周太祖立四年而死，养子世宗立。北汉乘丧来伐，世宗大败之于高平。今山西高平县。先是吴杨行密之后，为其臣李昪所篡，改国号为唐，是为南唐。并有江西之地，疆域颇广。而后唐庄宗死后，西川节度使孟知祥攻并东川而自立，是为后蜀。李昪之子璟，乘闽、楚之衰，将其吞并，意颇自负；孟知祥之子昶，则是一个昏愚狂妄之人；都想交结契丹，以图中原，世宗要想恢复燕、云，就不得不先膺惩这两国。唐代藩镇之弊，总括起来，是“地擅于将，将擅于兵”八个字。一地方的兵甲、财赋，固为节度使所专，中央不能过问。节度使更代之际，也至少无全权过问，或竟全不能过问。然节度使对于其境内之事，亦未必能全权措置，至少是要顾到其将校的意见，或遵循其军中的习惯的。尤其当更代之际，无论是亲子弟，或是资格相当的人，也必须得到军中的拥戴，否则就有被杀或被逐的危险。节度使如失众心，亦会为其下所杀。又有野心的人，煽动军队，饵以重赏，推翻节度使而代之的。此等军队，真乃所谓骄兵。凡兵骄，则对外必不能作战，而内部则被其把持，一事不可为，甚且纲纪全无，变乱时作。唐中叶以后的藩镇，所以坐视寇盗的纵横而不能出击；明知强邻的见逼，也只得束手坐待其吞并；一遇强敌，其军队即土崩瓦解；其最大的原因，实在于此。这是非加以彻底的整顿，不足以有为的。周世宗本就深知其弊，到高平之战，军队又有兵刃未接，而望风解甲的，乃益知其情势的危险。于是将禁军大加裁汰，又令诸州募兵，将精强的送至京师，其军队乃焕然改观，而其政治的清明，亦足以与之相配合，于是国势骤张。先伐败后蜀。又伐南唐，尽取江北之地。九五九年，遂举兵伐辽。恢复了瀛、莫、易三州，直逼幽州。此时正直契丹中衰之际，倘使周世宗不死，燕、云十六州，是很有恢复的希望的，以后的历史，就全然改观了。惜乎世宗在途中遇疾，只得还军，未几就死了。嗣子幼弱，明年，遂为宋太祖所篡。

宋太祖的才略，亦和周世宗不相上下，或者还要稳健些。他大约知道契丹是大敌，燕、云一时不易取，即使取到了，也非有很重的兵力不能守的，而这时候割据诸国，非弱即乱，取之颇易，所以要先平定了国内，然后厚集其力以对外。从梁亡后，其将高季兴据荆、归、峡三州自立，荆州，今湖北江陵县。归州，今湖北秭归县。峡州，今湖北西陵县。是为南平。而楚虽为唐所灭，朗州亦旋即独立。朗州，今湖南常德县。九六二年宋太祖因朗州和衡州相攻击，衡州，今湖南衡山县。遣人来求救，遣兵假道南平前往，把南平和朗州都破掉。衡州先已为朗州所破。九六五年，遣兵灭后蜀。九七一年，遣兵灭南汉。九七五年，遣兵灭南唐。是年，太祖崩，弟太宗立。九七六年，吴越纳土归降。明年，太宗遂大举灭北汉。于是中国复见统一。自九〇七年朱梁篡唐至此，共计七十二年。若从八八〇年僖宗奔蜀，唐朝的中央政权实际崩溃算起，则适得一百年。

辽、金的二重统治示意图

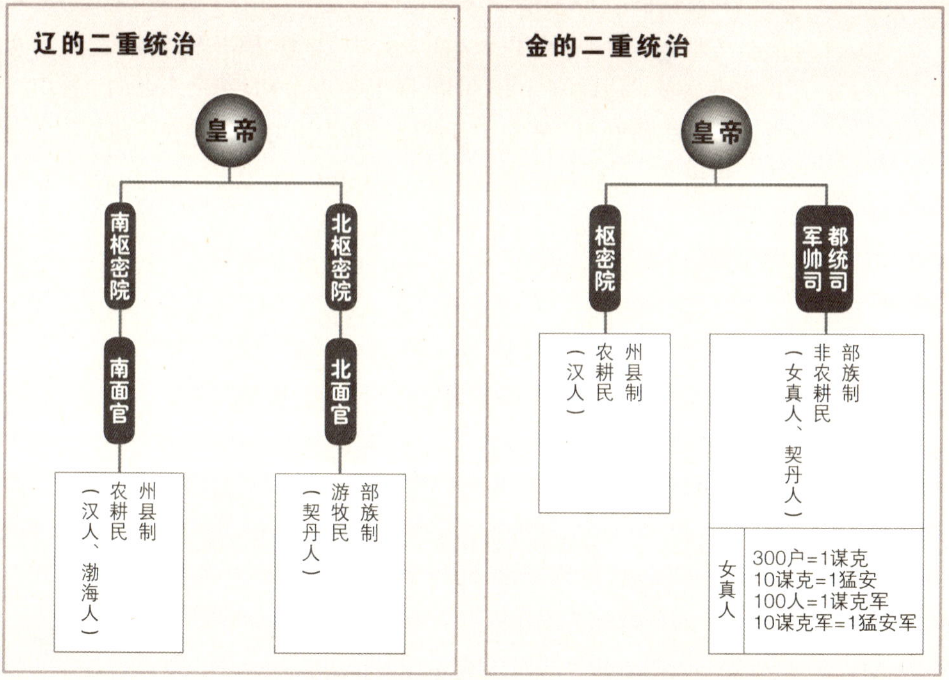

在辽、金统治时，对汉族人和本族人实行不同的统治政策，设置了不同的机构和官职来管理。

CHAPTER 42

◎ 第四十二章 唐宋时代中国文化的转变

中国的文化，截至近世受西洋文化的影响以前，可以分作三个时期：第一期为先秦、两汉时代的诸子之学。第二期为魏、晋、南北朝、隋、唐时代的玄学和佛学。第三期为宋、元、明时代的理学。这三期，恰是一个正、反、合。

两个民族的竞争，不单是政治上的事。虽然前代的竞争，不像现代要动员全国的人力和物力，然一国政治上的趋向，无形中总是受整个社会文化的指导的。所以某一民族，在某一时代中，适宜于竞争与否，就要看这一个民族，在这一个时代中文化的趋向。

在历史上，最威胁中国的是北族。他们和中国人的接触，始于公元前四世纪秦、赵、燕诸国与北方的骑寇相遇，至六世纪之末五胡全被中国同化而告终结，历时约一千年。其第二批和中国的交涉，起于四世纪后半铁勒侵入漠南北，至十世纪前半沙陀失却在中国的政权为止，历时约六百年。从此以后，塞外开发的气运，暂向东北，辽、金、元、清相继而兴。其事起于十世纪初契丹的盛强，终于一九一一年中国的革命。将来的史家，亦许要把它算到现在的东北问题实际解决时为止，然为期亦必不远了。这一期总算起来，为时亦历千余年。这三大批北族，其逐渐移入中国，而为中国人所同化，前后相同。唯第一二期，是以被征服的形式移入的，至第三期，则系以征服的形式侵入。

经过五胡和沙陀之乱，中国也可谓受到相当的创痛了。但是以中国之大，安能就把这个看作很大的问题。在当时中国人的眼光里，北族的侵入，还只是治化的缺陷，只要从根本上把中国整顿好了，所谓夷狄，自然不成问题。这时代先知先觉者的眼光，还是全副注重于内部，民族的利害冲突，虽不能说没有感觉，民族主义却未能因此而发皇。

虽然如此，在唐、宋之间，中国的文化，也确是有一个转变的。这个转变是怎样呢?

中国的文化，截至近世受西洋文化的影响以前，可以分作三个时期:第一期为先秦、两汉时代的诸子之学。第二期为魏、晋、南北朝、隋、唐时代的玄学和佛学。第三期为宋、元、明时代的理学。这三期，恰是一个正、反、合。

怎样说这三期的文化，是一个辩证法的进化呢?原来先秦时代的学术，是注重于矫正社会的病态的，所谓“拨乱世，反之正”，实不仅儒家，而为各家通有的思想。参看第五、第十七两章自明。王莽变法失败以后，大家认为此路不通，而此等议论，渐趋消沉。魏晋以后，文化乃渐转向，不向整体而向分子方面求解决。他们所讨论的，不是社会的组织如何，使人生于其间，能够获得乐利，可以做个好人，而是人性究竟如何?是好的?是坏的?用何法，把坏人改做好人，使许多好人聚集，而好的社会得以实现?这种动机，确和佛教相契。在这一千年中，传统的儒家，仅仅从事于笺疏，较有思想的人，都走入玄学和佛学一路，就是其明证。但其结果却是怎样呢?显然的，从个人方面着想，所能改良的，只有极小一部分，合全体而观之，依然无济于事。而其改善个人之法，推求到深刻之处，就不能不偏重于内心。工夫用在内心上的多，用在外务上的，自然少了。他们既把社会看作各个分子所构成;社会的好坏，原因在于个人的好坏，而个人的好坏，则源于其内心的好坏;如此，社会上一切问题，自然都不是根本。而他们的所谓好，则实和此世界上的生活不相容，所以他们最彻底的思想，是要消灭这一个世界。明知此路不通，则又一转变而认为现在的世界就是佛国;只要心上觉悟，一切行为虽和俗人一样，也就是圣人。这么一来，社会已经是好的了，根本用不着改良。这两种见解，都是和常识不兼容的，都是和生活不相合的。凡是和生活不相合的，凭你说得如何天花乱坠，总只是他们所谓“戏论”，总要给大多数在常识中生活的人所反对的，而事情一到和大多数人的生活相矛盾，就是他的致命伤。物极必反，到唐朝佛学极盛时，此项矛盾，业经开始发展了，于是有韩愈的辟佛。他的议论很粗浅，不过在常识范围中批评佛说而已，到宋儒，才在哲学上取得一个立足点。这话在第十七章中，亦经说过。宋学从十一世纪的中叶起，到十七世纪的中叶止，支配中国的思想界，约六百年。他们仍把社会看作是各分子所构成的;仍以改良个人为改良社会之本;要改良个人，还是注重在内心上;这些和佛学并无疑异。所不同的，则佛家认世界的现状，根本是坏的，若其所谓好的世界而获实现，则现社会的组织，必彻底被破坏，宋学则认现社会的组织，根本是合理的，只因为人不能在此组织中，各处于其所当处的地位，各尽其所应尽的责任，以致不好。而其所认为合理的组织，则是一套封建社会和农业社会中的道德、伦理和政治制度。在商业兴起，广大的分工合作日日在扩充，每一个地方自给自足的规模，业已破坏净尽，含有自给自足性质的大家族，亦不复存在之时，早已不复适宜了。宋儒还要根据这一个时代的道德、伦理和政治制度，略加修改，制成一种方案，而强人以实行，岂非削足适履？岂非等人性于杞柳，而欲以为杯棬？所以宋儒治心的方法，是有很大的价值的，而其治世的方法，则根本不可用。不过在当时，中国的思想界，只能在先秦诸子和玄学、佛学两种思想中抉择去取、融化改造，是只能有这个结果的，而文化进化的趋向，亦就不得不受其指导。在君主专制政体下，政治上的纲纪所恃以维持的，

▼ **朱熹像** 朱熹在哲学上发展了程颢、程颐等人关于理气关系的学说，集北宋以来理学之大成，建立了一个客观唯心主义的思想体系。

就是所谓君臣之义。这种纲纪，是要秩序安定，人心也随着安定，才能够维持的。到兵荒马乱，人人习惯于裂冠毁裳之日，就不免要动摇了。南北朝之世，因其君不足以为君，而有“殉国之感无因，保家之念宜切”的贵族，第三十三章中，业经说过。到晚唐、五代之世，此种风气，又盛行了。于是既有历事五朝，而自称长乐老以鸣其得意的冯道，又有许多想借重异族，以自便私图的杜重威。由今之道，无变今之俗，如何可以一朝居？所以宋儒要竭力提倡气节。经宋儒提倡之后，士大夫的气节，确实是远胜于前代。但宋儒（一）因其修养的功夫，偏于内心，而处事多疏。（二）其持躬过于严整，而即欲以是律人，因此，其取人过于严格，而有才能之士，皆为其所排斥。（三）又其持论过高，往往不切于实际。（四）意气过甚，则易陷于党争。党争最易使人动于感情，失却理性，就使宅心公正，也不免有流弊，何况党争既启，哪有个个人都宅心公正之理？自然有一班好名好利、多方掩饰的伪君子，不恤决裂的真小人混进去。到争端扩大而无可收拾，是非淆乱而无从辨别时，就真有宅心公正、顾全大局的人，也苦于无从措手了。所以宋儒根本是不适宜于做政治事业的。若说在社会上做些自治事业，宋儒似乎很为相宜。宋儒有一个优点，他们是知道社会上要百废俱举，尽其相生相养之道，才能够养生送死无憾，使人人各得其所的。他们否认“治天下不如安天下，安天下不如与天下安”的苟简心理，这一点，的确是他们的长处。但他们所以能如此，乃是读了经书而然。而经书所述的，乃是古代自给自足，有互助而无矛盾的社会所留遗，到封建势力逐渐发展时，此等组织，就逐渐破坏了。宋儒不知其所主张的道德、伦理、政治制度，正和这一种规制相反，却要借其所主张的道德、伦理和政治制度之力，以达到这一个目的。其极端的，遂至要恢复井田封建。平易一些的，亦视智愚贤不肖为自然不可泯的阶级。一切繁密的社会制度，还是要以士大夫去指导着实行，而其所谓组织，亦仍脱不了阶级的对立。所以其结果，还是打不倒土豪劣绅，而宋学家，特如其中关学一派，所草拟的极详密的计划，以极大的热心去推行，终于实现的寥若晨星，而且还是昙花一现。这时候，外有强敌的压迫，最主要的事务，就是富国强兵，而宋儒却不能以全力贯注于此。最需要的，是严肃的官僚政治，而宋学家好作诛心之论，而忽略形迹；又因党争而淆乱是非，则适与之相反。宋学是不适宜于竞争的，而从十一世纪以来，中国的文化，却受其指导，那无怪其要迭招外侮了。

CHAPTER 43

◎ 第四十三章 北宋的积弱

五代末年，偏方割据诸国，多微弱不振。契丹则是新兴之国，气完力厚的，颇不容易对付，所以宋太祖要厚集其力以对付它。宋朝若要以力服契丹，非有几十万大兵，能够连年出征，攻下了城能够守，对于契丹地方，还要能加以破坏扰乱不可。

五代末年，偏方割据诸国，多微弱不振。契丹则是新兴之国，气完力厚的，颇不容易对付，所以宋太祖要厚集其力以对付它。契丹的立国，是合部族、州县、属国三部分而成的。属国仅有事时量借兵粮，州县亦仅有益于财赋，辽朝的汉兵，名为五京乡丁，只守卫地方，不出戍。只有部族，是契丹立国的根本，这才可以真正算是契丹的国民。他们都在指定的地方，从事于畜牧。举族皆兵，一闻令下，立刻聚集，而且一切战具，都系自备。马既多，而其行军又不带粮饷，到处剽掠自资，此即所谓“打草谷”。所以其兵多而行动极速。周世宗时，正是契丹中衰之会，此时却又兴盛了。辽唯穆宗最昏乱。九六九年，被弑，景宗立，即复安。九八三年，景宗死，圣宗立。年幼，太后萧氏同听政。圣宗至一〇三〇年乃死，子兴宗立。一〇五四年死。圣宗时为辽全盛之世。兴宗时尚可蒙业而安，兴宗死，子道宗立，乃衰。宋朝若要以力服契丹，非有几十万大兵，能够连年出征，攻下了城能够守，对于契丹地方，还要能加以破坏扰乱不可。这不是容易的事，所以宋太祖不肯轻举。而太宗失之轻敌，灭北汉后，不顾兵力的疲敝，立刻进攻。于是有高梁河之败。在北平西。至公元九八五年，太宗又命将分道北伐，亦不利。而契丹反频岁南侵。自燕、云割弃后，山西方面，还有雁门关可守，河北方面，徒恃塘泺以限戎马，是可以御小敌，而不足以御大军的。契丹大举深入，便可直达汴梁对岸的大名，宋朝受威胁殊甚。一〇〇四年，辽圣宗奉其母入寇，至澶州。今河北濮阳县。真宗听了宰相寇准的话，御驾亲征，才算把契丹吓退。然毕竟以岁币成和。银十万两，绢二十万匹。宋朝开国未几，国势业已陷于不振了。

假使言和之后，宋朝能够秣马厉兵，以伺其隙，契丹是个浅演之国，它的强盛必不能持久，亦未必无隙可乘。宋朝却怕契丹启衅，伪造天书，要想愚弄敌人。宋朝伪造天书之真意在此，见《宋史·真宗本纪论》。敌人未必被愚弄，工于献媚和趁风打劫、经手侵渔的官僚，却因此活跃了。斋醮、宫观，因此大兴，财政反陷于竭蹶。而西夏之乱又起。唐朝的政策，虽和汉朝不同，不肯招致异族，入居塞内，然被征服的民族多了，乘机侵入，总是不免的。尤其西北一带，自一度沦陷后，尤为控制之力所不及。党项酋长拓跋氏，拓跋是鲜卑的民族，党项却系羌族，大约是鲜卑人入于羌部族而为其酋长的，于唐太宗时归化。其后裔拓跋思敬，以平黄巢有功，赐姓李氏。做了定难节度使，据有夏、银、绥、宥、静五州。夏州，今陕西怀远县。银州，今陕西米脂县。绥州，今陕西绥德县。宥州，今鄂尔多斯右翼后旗。静州，在米脂县西。传八世至继捧，于宋太宗的时候来降，而其弟继迁叛去。袭据银州和灵州，降于辽，宋朝未能平定。继迁传子德明，三十年未曾窥边，却征服了河西，拓地愈广。一〇二二年，真宗崩，仁宗立。一〇三四年，德明之子元昊反，兵锋颇锐。宋朝屯大兵数十万于陕西，还不能戢其侵寇。到一〇四四年，才以岁赐成和。银、绢、茶、彩，共二十五万五千。此时辽圣宗已死，兴宗在位，年少气盛，先两年，遣使来求关南之地，瓦桥关，在雄县。周世宗复瀛、莫后，与辽以此为界。宋朝亦增加了岁币，增银十万两，绢十万匹。然后和议得以维持。给付岁币的名义，《宋史》说是纳字，《辽史》却说是贡字，未知谁真谁假。然即使用纳字，亦已经不甚光荣了。仁宗在位岁久，政颇宽仁，然亦极因循腐败。兵多而不能战，财用竭蹶而不易支持，已成不能振作之势。一〇六三年，仁宗崩，英宗立，在位仅四年。神宗继之，乃有用王安石变法之事。

王安石的变法，旧史痛加诋毁，近来的史家，又有曲为辩护的，其实都未免有偏。王安石所行的政事，都是不错的。但行政有一要义，即所行之事，必须达到目的，因此所引起的弊窦，必须减至极少。若弊窦在所不免，而目的仍不能达，就不免徒滋纷扰了。安石所行的政事，不能说全无功效，然因此而引起的弊端极大，则亦不容为讳。他所行的政事，免役最是利余于弊的，青苗就未必能然。方田均税，在他手里推行得有限，后人踵而行之，则全是徒有其名。学校、贡举则并未能收作育人才之效。参看第五、第七、第八三章自明。宋朝当日，相须最急的，是富国强兵。王安石改革的规模颇大，旧日史家的议论，则说他是专注意于富强的。尤其说王安石偏于理财。此因关于改革社会的行政，不为从前的政治家所了解之故。他改革的规模，固不止此，于此确亦有相当的注意。其结果：裁汰冗兵，确是收到很大的效果的，所置的将兵，则未必精强，保甲尤有名无实，而且所引起的骚扰极大，参看第九章自明。安石为相仅七年，然终神宗之世，守其法未变。一〇八五年，神宗崩，子哲宗立。神宗之母高氏临朝。起用旧臣，尽废新法。其死后，哲宗亲政，复行新法，谓之“绍述”。一一〇〇年，哲宗崩，徽宗立，太后向氏权同听政。想调和新旧之见，特改元为建中靖国。徽宗亲政后，仍倾向于新法。而其所用的蔡京，则是反复于新旧两党间的巧宦。徽宗性极奢侈，蔡京则搜括了各方面的钱，去供给他浪用。政治情形一落千丈。恢复燕、云和西北，可说是神宗和王安石一个很大的抱负。但因事势的不容许，只得先从事于其易。王安石为相时，曾用王韶征服自唐中叶以后杂居于今甘、青境内的蕃族，开其地为熙河路。这可说是进取西夏的一个预备。然神宗用兵于西夏却不利。哲宗时，继续筑寨，进占其地。夏人力不能支，请辽人居间讲和。宋因对辽有所顾忌，只得许之。徽宗时，宦者童贯，继续用兵西北，则徒招劳费而已。总之：宋朝此时的情势，业已岌岌难支，幸辽、夏亦已就衰，暂得无事，而塞外有一个新兴民族崛起，就要大祸临头了。

金朝的先世，便是古代的所谓肃慎，南北朝、隋、唐时的靺鞨。宋以后则称为女真。女真二字，似即肃慎的异译。清人自称为满洲，据明人的书，实作满住，乃大酋之称，非部族之名。愚按靺鞨酋长之称为大莫弗瞒咄，瞒咄似即满住，而靺鞨两字，似亦仍系瞒咄的异译。至汉时又称为挹娄，据旧说：系今叶鲁二字的转音。而现在的索伦二字，又系女真的异译，此推测而确，则女真民族之名，自古迄今，实未曾变。其主要的部落，在今松花江流域。在江南的系辽籍，称为熟女真，江北的不系籍，谓之生女真。女真的文明程度，是很低的，到渤海时代，才一度开化。金朝的始祖名唤函普，是从高句丽旧地，入居生女真的完颜部，而为其酋长的。部众受其教导，渐次开化。其子孙又以渐征服诸部族，势力渐强。而辽自兴宗后，子道宗立，政治渐乱。道宗死，子天祚帝立，荒于游畋，竟把国事全然置诸不顾。女真本厌辽人的羁轭，天祚帝遣使到女真部族中去求名鹰，骚扰尤甚，遂致激起女真的叛变。金太祖完颜阿骨打于一一一四年起兵与辽相抗。契丹控制女真的要地黄龙府、咸州、宁江州，黄龙府，今吉林农安县。咸州，今辽宁铁岭县。宁江州，在吉林省城北。次第失陷。天祚帝自将大兵东征，因有内乱西归。旋和金人讲和，又迁延不定。东京先陷，上京及中、西两京继之。上京临潢府，在今热河开鲁县南。中京大定府，在今热河建昌县。东京辽阳府，今辽宁辽阳县。南京析津府，即幽州。西京大同府，即云州。南京别立一君，意图自保，而宋人约金攻辽之事又起。先是童贯当权，闻金人攻辽屡胜，意图侥幸。遣使于金，求其破

▼清理场地 此图展示的是辽统治下的农民为方便军队战斗，在林中央清理场地并堆积木材。

辽之后，将石晋所割之地，还给中国。金人约以彼此夹攻，得即有之。而童贯进兵屡败，乃又求助于金。金太祖自居庸关人，把南京攻下。太祖旋死，弟太宗立。天祚帝辗转漠南，至一一二五年为金人所获，辽亡。

宋朝本约金夹攻的，此时南京之下，仍借金人之力，自无坐享其成之理，乃输燕京代税钱一百万缗，并许给岁币。金人遂以石晋所割之地来归。女真本系小部族，此时吞并全辽，已觉消化不下，焉有余力经营中国的土地？这是其肯将石晋所割之地还给中国的理由。但女真此时，虽不以地狭为忧，却不免以土满为患。文明国民，生产能力高强的，自然尤为其所欢迎。于是军行所至，颇以掳掠人口为务。而汉奸亦已有献媚异族，进不可割地之议的。于是燕京的归还，仅系一个空城，尽掳其人民以去。而营、平、滦三州，平州，今河北卢龙县。滦州，今河北滦县。本非石晋所割让，宋朝向金要求时，又漏未提及，则不肯归还，且将平州建为南京，命辽降将张觉守之。燕京被掳的人民，流离道路，不胜其苦，过平州时，求张觉做主。张觉就据地来降。这是一件很重大的交涉。宋朝当时，应该抚恤其人民，而对于金朝，则另提出某种条件，以足其欲而平其愤。金朝此时，虽已有汉奸相辅，究未脱野蛮之习，且值草创之际，其交涉是并不十分难办的。如其处置得宜，不但无启衅之忧，营、平、滦三州，也未尝不可乘机收复。而宋朝贸然受之，一无措置。到金人来诘责，则又手忙脚乱，把张觉杀掉，函首以畀之。无益于金朝的责言，而反使降将解体，其手段真可谓拙劣极了。

辽朝灭亡之年，金朝便举兵南下。宗翰自云州至太原，为张孝纯所阻，而宗望自平州直抵汴京。时徽宗已传位于钦宗。初任李纲守御，然救兵来的都不能解围。不得已，许割太原、中山、河间三镇；中山，今河北定县。河间，今河北河间县。宋主称金主为伯父；并输金五百万两，银五千万两，牛、马万头，表缎百万匹讲和。宗望的兵才退去。金朝此时，是不知什么国际的礼法的，宗翰听闻宗望得了赂，也使人来求赂。宋人不许。宗翰怒，攻破威胜军和隆德府。威胜军，今山西沁县。隆德府，今山西长治县。宋人认为背盟，下诏三镇坚守。契丹遗臣萧仲恭来使，又给以蜡书，使招降契丹降将耶律余睹。于是宗翰、宗望再分道南下，两路都抵汴京。徽、钦二宗，遂于一一二七年北狩。金朝这时候，是断没有力量，再占据中国的土地的，所希望的，只是有一个傀儡，供其驱使而已。乃立宋臣张邦昌为楚帝，退兵而去。张邦昌自然是要靠金朝的兵力保护，然后能安其位的。金兵既去，只得自行退位。而宋朝是时，太子、后妃、宗室多已被掳，只得请哲宗的废后孟氏出来垂帘。“虽举族有北辕之衅，而敷天同左袒之心。”孟后立高宗诏语。这时候的民族主义，自然还要联系在忠君思想上，于是孟后下诏，命高宗在归德正位。今河南商丘县。

CHAPTER 44

◎ 第四十四章 南宋恢复的无成

宋朝当南渡时，并没有什么完整的军队，而且群盗如毛，境内的治安，且岌岌不可保，似乎一时间决谈不到恢复之计。然以中国的广大，金朝人能有多大的兵力去占据？为宋朝计，是时理宜退守一个可守的据点，练兵筹饷，抚恤人民。被敌兵蹂躏之区，则奖励、指导其人民，使之团结自守，而用相当的正式军队，为之声援。如此相持，历时稍久，金人的气焰必渐折，恢复之谋，就可从此开展了。苦于当时并没有这种眼光远大的战略家。

语云："败军之气，累世而不复"，这话亦不尽然。"困兽犹斗"，反败为胜的事情，绝不是没有的，只看奋斗的精神如何罢了。宋朝当南渡时，并没有什么完整的军队，而且群盗如毛，境内的治安，且岌岌不可保，似乎一时间决谈不到恢复之计。然以中国的广大，金朝人能有多大的兵力去占据？为宋朝计，是时理宜退守一个可守的据点，练兵筹饷，抚恤人民。被敌兵蹂躏之区，则奖励、指导其人民，使之团结自守，而用相当的正式军队，为之声援。如此相持，历时稍久，金人的气焰必渐折，恢复之谋，就可从此开展了。苦于当时并没有这种眼光远大的战略家。而且当此情势，做首领的，必须是一个文武兼资之才，既有作战的策略，又能统驭诸将，使其不敢骄横，遇敌不敢退缩，对内不敢干政，才能够悉力对外。而这时候，又没有这样一个长于统率的人物。金兵既退，宗泽招降群盗，以守汴京。高宗既不能听他的话还跸，又不能驻守关中或南阳，而南走扬州。一一二九年，金宗翰、宗望会师濮州，今山东濮县。分遣娄室入陕西。其正兵南下，前锋直打到扬州。高宗奔杭州。今浙江杭县。明年，金宗弼渡江，自独松关入。今安徽广德县东。高宗奔明州。今浙江鄞县。金兵再进迫，高宗逃入海。金兵亦入海追之，不及乃还。自此以后，金人亦以"士马疲敝，粮储未丰"，宗弼语。不能再行进取了。其西北一路，则宋朝任张浚为宣抚使，以拒娄室，而宗弼自江南还，亦往助娄室。浚战败于富平，今陕西兴平县。陕西遂陷。但浚能任赵开以理财，用刘子羽、吴玠、吴璘等为将，卒能保守全蜀。

利用傀儡，以图缓冲，使自己得少休息，这种希冀，金人在此时，还没有变。其时宗泽已死，汴京失陷，金人乃立宋降臣刘豫于汴，畀以河南、陕西之地。刘豫却想靠着异族的力量反噬，几次发兵入寇，却又都败北。在金人中，宗弼是公忠体国的，挞懒却骄恣腐败。金朝并无一定之继承法，故宗室中多有觊觎之心。其时握兵权者，宗望、宗弼皆太祖子，宗翰为太祖从子，挞懒则太祖从弟。宗翰即有不臣之心。挞懒最老寿，在熙宗时为尊属，故其觊觎尤甚。熙宗、海陵庶人、世宗，皆太祖孙。秦桧是当金人立张邦昌时，率领朝官，力争立赵氏之后，被金人捉去的。后来以赐挞懒。秦桧从海路逃归。秦桧的意思，是偏重于对内的。因为当时，宋朝的将帅，颇为骄横。“廪稍惟其所赋，功勋惟其所奏。”“朝廷以转运使主馈饷，随意诛求，无复顾惜。”“使其浸成疽赘，则非特北方未易取，而南方亦未易定。”叶适《论四大屯兵》语，详见《文献通考 · 兵考》。所以要对外言和，得一个整理内部的机会。当其南还之时，就说要“南人归南，北人归北”。高宗既无进取的雄才，自然意见与之相合。于是用为宰相。一一三七年，刘豫为宗弼所废。秦桧乘机，使人向挞懒要求，把河南、陕西之地，还给宋朝。挞懒允许了。明年，遂以其地来归。而金朝突起政变。一一三九年，宗弼回上京。今吉林阿城县。挞懒南走。至燕京，为金人所追及，被杀。和议遂废。宗弼再向

◀**中兴四将图** 该图描绘的刘光世、韩世忠、张俊、岳飞四人，均为南宋“中兴”时期的著名抗金将领。表中为将领及其所统率的军队。

刘光世部	御营军
张俊部	
韩世忠部	
岳飞部	东京留守司军
吴玠部	陕西军

河南，娄室再向陕西。宋朝此时，兵力已较南渡之初稍强。宗弼前锋至顺昌，今安徽阜阳县。为刘锜所败。岳飞从湖北进兵，亦有郾城之捷。今河南偃城县。吴璘亦出兵收复了陕西若干州郡。倘使内部没有矛盾，自可和金兵相持。而高宗、秦桧执意言和，把诸将召还，和金人成立和约：东以淮水，西以大散关为界；在陕西宝鸡县南。岁奉银、绢各二十五万两、匹；宋高宗称臣于金。可谓屈辱极了。于是罢三宣抚司，改其兵为某州驻扎御前诸军，而设总领以司其财赋，已见第九章。

金太宗死后，太祖之孙熙宗立，以嗜酒昏乱，为其从弟海陵庶人所弑。此事在一一四九年。海陵更为狂妄。迁都于燕，后又迁都于汴。一一六〇年，遂大举南侵。以其暴虐过甚，兵甫动，就有人到辽阳去拥立世宗。海陵闻之，欲尽驱其众渡江，然后北还。至采石矶，为宋虞允文所败。改趋扬州，为其下所弑。金兵遂北还。一一六二年，高宗传位于孝宗。孝宗颇有志于恢复，任张浚以图进取。浚使李显忠进兵，至符离，集名，在今安徽宿县。大败。进取遂成画饼。一一六五年，以岁币各减五万、宋主称金主为伯父的条件成和。金世宗算是金朝的令主。他的民族成见，是最深的。他曾对其种人，屡称上京风俗之美，教他们保存旧风，不要汉化。臣下有说女真、汉人，已为一家的，他就板起脸说："女真、汉人，其实是二。"这种尖锐的语调，决非前此的北族，所肯出之于口的，其存之于心的，自亦不至如世宗之甚了。然世宗的见解虽如此，而既不能放弃中原之地，就只得定都燕京。并因是时叛者蜂起，不得不将猛安、谋克户移入中原，以资镇压。夺民地以给之，替汉人和女真之间，留下了深刻的仇恨。而诸猛安谋克人，则唯酒是务，竟有一家百口，垄无一苗的，征服者的气质，丧失净尽了。自太祖崛起至此，不过六十年。

一一九四年，孝宗传位于光宗。此时金世宗亦死，子章宗立，北边颇有叛乱，河南、山东，亦有荒歉之处，金朝的国势渐衰。宋光宗多病，皇后李氏又和太上皇不睦。一一九四年，孝宗崩，光宗不能出而持丧，人心颇为疑惑。宰相赵汝愚，因阁门使韩侂胄，请于高宗后吴氏，扶嘉王扩内禅，是为宁宗。韩侂胄排去赵汝愚，代为宰相，颇为士流所攻击，想立恢复之功，以间执众口。一二〇六年遂贸然北伐。谁想金兵虽弱，宋兵亦不强。兵交之后，襄阳和淮东西州郡，次第失陷。韩侂胄又想谋和，而金人复书，要斩侂胄之首，和议复绝。皇后杨氏本和韩侂胄有隙，使其兄次山，勾结侍郎史弥远，把韩侂胄杀掉，函首以畀金。一二〇八年，以增加岁币为三十万两、匹的条件成和。韩侂胄固然是妄人，宋朝此举，也太不成话了。和议成后两年，金章宗死，世宗子卫绍王立。其明年，蒙古侵金，金人就一败涂地。可见金朝是时，业已势成弩末，宋朝并没有急于讲和的必要了。

蒙古本室韦部落，但其后来和鞑靼混合，所以蒙人亦自称为鞑靼。其居地初在望建河，即今黑龙江上游之南，而后徙于不而罕山，即今外蒙古车臣、土谢图两部界上的布尔罕哈勒那都岭。自回纥灭亡以后，漠北久无强部，算到一一六七年成吉思汗做蒙古的酋长的时候，已经三百六十多年了，淘汰，酝酿，自然该有一个强部出来。成吉思汗少时，漠南北诸部错列，蒙古并不见得怎样强大。且其内部分裂，成吉思汗备受同族的龁齕。但他有雄才大略，收合部众，又与诸部落合纵连横，至一二〇六年，漠南北诸部，悉为其所征服。这一年，诸部大会于斡难河源，今译作鄂诺，又作敖嫩。上他以成吉思汗的尊号。成吉思汗在此时，已非蒙古的汗，而为许多部族的大汗了。一二一〇年，成吉思汗伐夏，夏人降。其明年，遂伐金。金人对于北方，所采取的是一种防守政策。从河套斜向东北，直达女真旧地，筑有一道长城。汪古部居今归绥县之北，守其冲要之点。此时汪古通于蒙古，故蒙古得以安行而入长城。会河堡一战，会河堡，在察哈尔万全县西。金兵大败，蒙古遂入居庸关。留兵围燕京，分兵蹂躏山东、山西，东至辽西。金人弑卫绍王，立宣宗，与蒙古言和，而迁都于汴。蒙古又以为口实，发兵攻陷燕京。金人此时，尽迁河北的猛安、谋克户于河南，又夺汉人之地以给之。其民既不能耕，又不能战，势已旦夕待亡。幸一二一八年，成吉思汗用兵于西域，金人乃得少宽。这时候，宋朝亦罢金岁币。避强凌弱，国际上总是在所不免的；而此时金人，财政困难，对于岁币，亦不肯放弃，或者还希冀战胜了可以向宋人多胁取些；于是两国开了兵衅。又因疆埸细故，与夏人失和。兵力益分而弱。一二二四年，宣宗死，哀宗立，才和夏人以兄弟之国成和，前此夏人称臣。而宋朝卒不许其和。时成吉思汗亦已东归，蒙古人的兵锋，又转向中原了。一二二七年，成吉思汗围夏，未克而死。遗命秘不发丧，把夏人灭掉。一二二九年，太宗立。明年，复伐金。时金人已放弃河北，以精兵三十万，守邳县到潼关的一线。太宗使其弟拖雷假道于宋，宋人不许。拖雷就强行通过。自汉中、襄、郧而北，大败金人于三峰山。在河南禹县。太宗亦自白坡渡河，在河南孟津县。使速不台围汴。十六昼夜不能克，乃退兵议和。旋金兵杀蒙古使者，和议复绝。金哀宗逃到蔡州。宋、元复联合以攻金。宋使孟珙、江海帅师会蒙古兵围蔡。一二三四年，金亡。

约金攻辽，还为金灭，这是北宋的覆辙，宋人此时，似乎又不知鉴而蹈之了。所以读史的人，多以宋约元攻金为失策。这亦未必尽然。宋朝和金朝是不共戴天之仇，不能不报的。若说保存金朝以为障蔽，则金人此时，岂能终御蒙古？不急进而与蒙古联合，恢复一些失地，坐视金人为蒙古所灭，岂不更糟？要知约金攻辽，亦并不算失策，其失策乃在灭辽之后，不能发愤自强，而又轻率启衅。约元灭金之后，弊亦仍在于此。金亡之前十年，宋宁宗崩，无子。史弥远援立理宗，仍专政。金亡前一年，史弥远死，贾似道继之。贾似道是表面上似有才气，而不能切实办事的人，如何当得这艰难的局面？金亡之后，宋朝人倡议收复三京。宋东京即大梁，南京即宋州，西京为洛阳，北京为大名。入汴、洛而不能守。蒙古反因此南侵，江、淮之地多陷。一二四一年，蒙古太宗死。一二四六年，定宗立。三年而死。一二五一年，宪宗方立。蒙古当此时，所致力的还是西域，而国内又有汗位继承之争，所以未能专力攻宋。至一二五八年，各方初定，宪宗乃大举入蜀。忽必烈已平吐蕃、大理，亦东北上至鄂州。今湖北武昌县。宋将王坚守合州，今四川合川县。宪宗受伤，死于城下。贾似道督大军援鄂，不敢战，使人求和，许称臣，划江为界。忽必烈亦急图自立，乃许之而北归。贾似道掩其事，以大捷闻于朝。自此蒙古使者来皆拘之，而借和议以

▲ **宋军防守战** 宋朝士兵在城墙上施放带有火药的武器，表明火器已开始用于战争。

图自强，而待敌人之弊的机会遂绝。忽必烈北还后，自立，是为元世祖。世祖在宪宗时，本来是分治漠南的，他手下又多西域人和中国人。于是以一二六四年定都燕京。蒙古的根据地，就移到中国来了。明年，理宗崩，子度宗立。宋将刘整叛降元，劝元人攻襄阳。自一二六八年至一二七三年被围凡五年，宋人不能救，襄阳遂陷。明年，度宗崩，子恭帝立。伯颜自两湖长驱南下。一二七六年，临安不守，谢太后和恭帝都北狩。故相陈宜中立其弟益王于福州。今福建闽侯县。后来转徙，崩于硇州。在今广东吴川县海中。其弟卫王昺立，迁于崖山。在今广东新会县海中。一二七九年，汉奸张弘范来攻，宰相陆秀夫负帝赴海殉国。张世杰收兵图再举，到海陵山，在今广东海阳县海中。舟覆而死。宋亡。中国遂整个为北族所征服。

宋朝的灭亡，可以说是我国民族的文化，一时未能急剧转变，以适应于竞争之故。原来游牧民族，以掠夺为生产，而其生活又极适宜于战斗，所以其势甚强，文明民族，往往为其所乘，罗马的见轭于蛮族，和中国的见轭于五胡和辽、金、元、清，正是一个道理。两国国力的强弱，不是以其所有的人力物力的多少而定，而是看其能利用于竞争的共有多少而定。旧时的政治组织，是不适宜于动员全民众的。其所恃以和异族抵抗的一部分，或者正是腐化分子的一个集团。试看宋朝南渡以后，军政的腐败，人民的困苦，而一部分士大夫反溺于晏安鸠毒、歌舞湖山可知。虽其一部分分子的腐化，招致了异族的压迫，却又因异族的压迫，而引起了全民族的觉醒，替民族主义，建立了一个深厚的根基，这也是祸福倚伏的道理。北宋时代可以说是中国民族主义的萌蘖时期。南宋一代，则是其逐渐成长的时期。试读当时的主战派，如胡铨等一辈人的议论，至今犹觉其凛凛有生气可知。见《宋史》卷三七四。固然，只论是非，不论利害，是无济于事的。然而事有一时的成功，有将来的成功。主张正义的议论，一时虽看似迂阔，隔若干年代后，往往收到很大的效果。民族主义的形成，即其一例。论是非是宗旨，论利害是手段。手段固不能不择，却不该因此牺牲了宗旨。历来外敌压迫时，总有一班唱高调的人，议论似属正大，居心实不可问，然不能因此而并没其真。所以自宋至明，一班好发议论的士大夫，也是要分别观之的。固不该盲从附和，也不该一笔抹杀。其要，在能分别真伪，看谁是有诚意的，谁是唱高调的，这就是大多数国民，在危急存亡之时，所当拭目辨别清楚的了。民族主义，不但在上流社会中，植下了根基，在下流社会中，亦立下了一个组织，看后文所述便知。

CHAPTER 45

◎ 第四十五章 蒙古大帝国的盛衰

蒙古是野蛮的侵略民族所建立的最大的帝国，它是适直幸运而成功的。蒙古所征服之地，几于包括整个亚洲，而且还跨有欧洲的一部分。其大部分成功的原因，则仍在此时别些大国，都适值衰颓，而乏抵抗的能力，其中尤其主要的，就是中国和大食帝国；又有一部分人，反为其所用，如蒙古西征时附从的诸部族便是；所以我说它是适直天幸。

蒙古是野蛮的侵略民族所建立的最大的帝国，它是适直幸运而成功的。

蒙古所征服之地，几于包括整个亚洲，而且还跨有欧洲的一部分。其中最重要的，自然还是西域。葱岭以西，亚历山大东征后，安息、大夏，对立为两个大国。其后则变为波斯和月氏的对立。南北朝时，厌哒兴，月氏为其所破，分为许多小国，波斯亦被其慑服。突厥兴，厌哒又为所破。月氏旧地，大抵服属于西突厥。时大食亦已勃兴。公元六四一年，破波斯，葱岭以西之地，次第为其所吞并。是时中国亦灭西突厥，波斯以东之地，尽置羁縻府、州，两国的政治势力，遂相接触。然葱岭以西之地，中国本视属羁縻，故未至引起实际的冲突。公元七五〇年，即唐玄宗天宝九年，唐将高仙芝伐今塔什干的石国，石国求救于大食。明年，大食来援，唐兵败于怛逻斯。未久安史之乱起，唐朝就不再经营西域了。安史之乱后，中国对于西域，就不再过问了。辽朝灭亡后，其宗室耶律大石，会十八部王众于西州，唐西州，今新疆吐鲁番县。简其精锐西行。此时大食的纪纲，久已颓废，东方诸酋，据土自专，形同独立。大石兵至，灭掉雄踞呼罗珊的塞而柱克，Seljuks。并压服了花剌子模，Khorazme，《唐书》作货利习尔。使之纳贡，而立国于吹河之滨，是为西辽。成吉思汗平漠南北时，今蒙古西部乃蛮部的酋长古出鲁克奔西辽，运用阴谋，和花剌子模里应外合而取其国。又有在鄂尔坤、色楞格两河间的蔑儿乞，其酋长忽秃亦西奔，和古出鲁克，都有卷土重来之意。成吉思汗怕根本之地动摇，乃于一二一三年北归，遣哲别、速不台把这二人击灭。先是天山南路的畏吾儿即回纥异译。及其西之哈剌鲁，唐时西突厥属部葛逻禄。归顺蒙古，蒙古人西域之路已开。既灭古出鲁克，蒙古的疆域，就和花剌子模相接。兴于蒙古高原的北族，照例总是先向中国地方侵掠的；况且是时，蒙古与金，业已兵连祸结；所以蒙古对于西域，本来是无意于用兵的。但野蛮人所好的是奢侈享受，西域是文明发达之地，通商往来，自为其所欢迎；而商人好利，自亦无孔不入。成吉思汗乃因商人以修好于花剌子模。花剌子模王亦已允许。然花剌子模的军队多数系康里人，王母亦康里人，因之作威作福，花剌子模王不能制。锡尔河滨的讹打剌城为东西交通孔道，城主为王母之弟，蒙古人随商人西行的，一行共有四百多人，都被他认为奸细，捉起来杀掉，只有一个人脱逃归报。成吉思汗大怒，遂于一二一九年西征。破花剌子模，其王辗转入里海小岛而死。王子奔哥疾宁，成吉思汗追破之，略印度北境而还。哲别、速不台别将绕里海，越高加索山，破西北诸部。钦察酋长奔阿罗思，Kiptchac，亦译奇卜察克，阿罗思即俄罗斯。又追败之，平康里而还。成吉思汗的攻西域，本来是复仇之师，但因西域高度的物质文明，及其抵抗力的薄弱，遂引起蒙古人继续侵掠的欲望。太宗立，命诸王西征。再破钦察，入阿罗思，进规孛烈儿即波兰。及马札剌，匈牙利。西抵威尼斯，是为蒙古西征最深入的一次，因太宗凶问至，乃班师。宪宗立复遣弟旭烈兀西征。破木剌夷及报达，木剌夷（Mulahids），为天方教中之一派，在里海南岸。西域至此略定。东北一带，自高句丽、百济灭亡后，新罗亦渐衰。唐末，复分为高丽、后百济及新罗三国。石晋初，尽并于高丽王氏。北宋之世，高丽曾和契丹构兵，颇受其侵略，然尚无大关系。自高句丽灭亡后，朝鲜半岛的北部，新罗控制之力，不甚完全；高丽亦未能尽力经营；女真逐渐侵入其地，是为近世满族发达的一个原因，金朝即以此兴起。完颜部本曾朝贡于高丽，至后来，则高丽反为所胁服，称臣奉贡。金末，契丹遗族和女真人在今辽、吉境内扰乱，蒙古兵追击，始和高丽相遇，因此引起冲突，至太宗时乃成和。此后高丽内政，随时受蒙古人的干涉。有时甚至废其国号，而于其地立征东行省。元世祖时，中国既定，又要介高丽以招致日本。日本不听。世祖遂于一二七四、一二八一两年遣兵渡海东征。前一次损失还小。后一次因飓风将作，其将择坚舰先走，余众二十余万，尽为日本所虏，杀蒙古人、高丽人、汉人，而以南人为奴隶，其败绩可谓残酷了。世祖欲图再举，因有事于安南，遂不果。蒙古西南的侵略，是开始于宪宗时的。世祖自今青海之地

▼ **成吉思汗像** 成吉思汗名铁木真，于1026年建立蒙古国，被尊称为“成吉思汗”。元朝建立后，被追尊为太祖。

入西藏，遂入云南，灭大理。即南诏。自将北还，而留兵续向南方侵略。此时后印度半岛之地，安南已独立为国。其南，今柬埔寨之地为占城，蒲甘河附近则有缅国。元兵侵入安南和占城。其人都不服，一二八四、一二八五、一二八七三年，三次发兵南征，因天时地利的不宜，始终不甚得利。其在南洋，则曾一度用兵于爪哇。此外被招致来朝的共有十国，都是今南洋群岛和印度沿岸之地。《元史》云：当时海外诸国，以俱蓝、马八儿为纲维，这两国，该是诸国中最大的。马八儿，即今印度的马拉巴尔。俱蓝为其后障，当在马拉巴尔附近。自成吉思汗崛起至世祖灭宋，共历一百一十二年，而蒙古的武功，臻于极盛。其人的勇于战斗；征服各地方后，亦颇长于统治；如不干涉各国的信教自由，即其一端。自有足称。但其大部分成功的原因，则仍在此时别些大国，都适值衰颓，而乏抵抗的能力，其中尤其主要的，就是中国和大食帝国；又有一部分人，反为其所用，如蒙古西征时附从的诸部族便是；所以我说它是适直天幸。

中国和亚、欧、非三洲之交的地中海沿岸，是世界上两个重要的文明起源之地。这两个区域的文明，被亚洲中部和南部的山岭，和北方的荒凉阻隔住了。欧洲文明的东渐，大约以希腊人的东迁为最早。汉通西域时所接触的西方文化，就都是希腊人所传播、所留遗。其后罗马兴，东边的境界仍为东西文化接触之地。至罗马之北境为蛮族所据而中衰。大食兴，在地理上，拥有超过罗马的大版图，在文化上亦能继承希腊的遗绪。西方的文化，因此而东渐，东方的文化，因此而西行者不少。但主要的是由于海路。至蒙古兴，而欧西和东方的陆路才开通。其时西方的商人，有经中央亚细亚、天山南路到蒙古来的，亦有从西伯利亚南部经天山北路而来的。基督教国亦派有使节东来。而意大利人马可·波罗，Marco Polo。居中国凡三十年，归而以其所见，著成游记，给予西方人以东方地理上较确实的知识，且引起其好奇心，亦为近世西力东侵的一个张本。

如此广大的疆域，自非一个大汗所能直接统治；况且野蛮人的征服，其意义原是掠夺；封建制度，自然要随之而兴。蒙古的制度，宗室、外戚、功臣是各有分地的，而以成吉思汗的四个儿子为最大。当时的分封，大约他的长子术赤，所得的是花剌子模和康里、钦察之地。次子太宗，所得的是乃蛮之地。三子察合台，所得的是西辽之地，而和林旧业，则依蒙古人幼子守灶之习，归于其季子拖雷。此据日本那珂通世说，见其所注《成吉思汗实录》，此书即《元秘史》的日译本。其后西北一带，术赤之子拔都为其共主，而西南的平定，则功出于拖雷之子旭烈兀，其后裔世君其地。此即所谓阿阔台、察合台、钦察、伊儿四个汗国。阿阔台之后称 Km. of Ogotai，亦称

Naiman（乃蛮）。察合台之后称 Km. of Tchagatai。拔都之后称 Km. of Kiptchac，亦称 Golden Horde。旭烈兀之后称 Km. of Iran。而分裂即起于其间。蒙古的汗，本来是由诸部族公推的，到后来还是如此。每当大汗逝世之后，即由宗王、驸马和管兵的官，开一个大会，蒙古语为“忽力而台”。议定应继承汗位的人。太祖之妻孛儿帖，曾给蔑儿乞人掳去，后太祖联合与部，把她抢回，就生了术赤。他的兄弟，心疑他是蔑儿乞种，有些歧视他，所以他西征之后，一去不归，实可称为蒙古的泰伯。太祖死时，曾有命太宗承继之说，所以大会未有异议。太宗死后，其后人和拖雷的后人，就有争夺之意。定宗幸获继立，而身弱多病，未久即死。拖雷之子宪宗被推戴。太宗后人，另谋拥戴失烈门，为宪宗所杀，并夺去太宗后王的兵柄。蒙古的内争，于是开始。宪宗死后，争夺复起于拖雷后人之间。宪宗时，曾命阿里不哥统治漠北，世祖统治漠南。宪宗死后，世祖不待大会的推戴而自立，阿里不哥亦自立于漠北，为世祖所败，而太宗之子海都自立于西北，察合台、钦察两汗国都附和他。伊儿汗国虽附世祖，却在地势上被隔绝了。终世祖之世不能定。直到一三一〇年，海都之子才来归降。然自海都之叛，蒙古大汗的号令，就不能行于全帝国，此时亦不能恢复了。所以蒙古可说是至世祖时而臻于极盛，亦可说自世祖时而开始衰颓。

元代君主列表

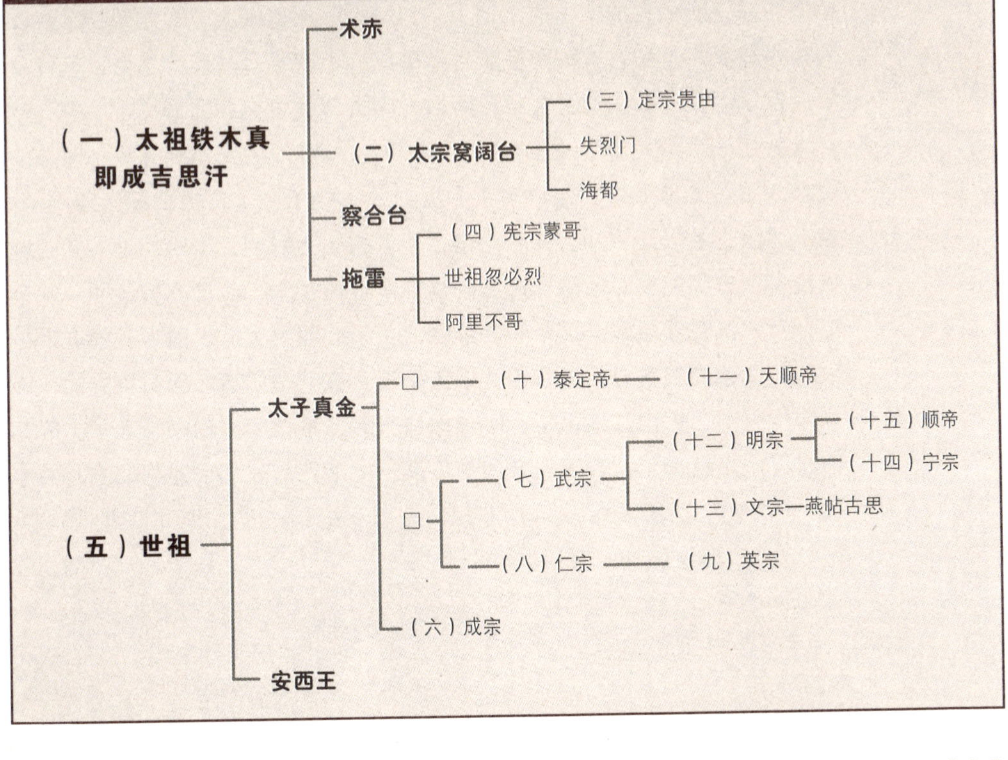

CHAPTER 46

◎ 第四十六章 汉族的光复事业

顺帝时，政治既乱，而又时有水旱偏灾，草泽的英雄，就要乘机而起了。“举世无人识，终年独自行。海中擎日出，天外唤风生。”表面上的平静是靠不住的，爆发的种子，正潜伏在不见不闻之处。这不见不闻之处是哪里呢？这便在各人的心上。

辽、金、元三朝，立国的情形，各有不同。契丹虽然占据了中国的一部分，然其立国之本，始终寄于部族，和汉人并未发生深切的关系。金朝所侵占的重要之地，唯有中国。它的故土和它固有的部族、文化尚未发展，虽可借其贫瘠而好掠夺的欲望，及因其进化之浅，社会组织简单，内部矛盾较少，因而以诚朴之气、勇敢之风而崛起于一时，然究不能据女真之地，用女真之人，以建立一个大国。所以从海陵迁都以后，其国家的生命，已经寄托在它所侵占的中国的土地上了。所以争压迫汉人较甚，而其了解汉人却亦较深。至蒙古，则所征服之地极广，中国不过是其一部分。虽然从元世祖以后，大帝国业已瓦解，所谓元朝者，其生命亦已寄托于中国，然自以为是一个极大的帝国，看了中国，不过是其所占据的地方的一部分的观念，始终未能改变。所以对于中国，并不能十分了解，试看元朝诸帝，多不通汉文及汉语可知。元朝诸帝，惟世祖较为聪明，所用的汉人和西域人较多，亦颇能厘定治法。此后则惟仁宗在位较久，政治亦较清明。其余诸帝，大抵荒淫愚昧。这个和其继嗣之争，亦颇有关系。因为元朝在世祖之时，北边尚颇紧急。成宗和武宗都是统兵在北边防御，因而得立的。武宗即位之前，曾由仁宗摄位，所以即位之后，不得不立仁宗为太子。因此引起英宗之后泰定、天顺二帝间的争乱。文宗死后，又引起燕帖木儿的专权。时海都之乱未定，成宗和武宗都是统兵以防北边的。世祖之死，伯颜以宿将重臣，归附成宗，所以未有争议。成宗之死，皇后伯岳吾氏想立安西王。右丞相哈剌哈孙使迎仁宗监国，以待武宗之至。武宗至，弑伯岳吾后，杀安西王而自立。以仁宗为太子。仁宗既立，立英宗为太子，而出明宗于云南。其臣奉之奔阿尔泰山。英宗传子泰定帝，死于上都。子天顺帝，即在上都即位。签书枢密院事燕帖木儿为武宗旧臣，胁大都百官，迎立武宗之子。因明宗在远，先迎文宗监国。发兵陷上都，天顺帝不知所终。明宗至漠南，即位。文宗入见，明宗暴死。文宗后来心上觉得不安，遗令必立明宗之子。而燕帖木儿不肯。文宗皇后翁吉剌氏，坚持文宗的遗命。于是迎立宁宗，数月而死。再迎顺帝。顺帝的年纪却比宁宗大些了，燕帖木儿又坚持，顺帝虽至，不得即位。会燕帖木儿死，问题乃得解决。顺帝既立，追治明宗死事，翁吉剌后和其子燕帖古思都被流放到高丽，死在路上。元入中国后的继嗣之争，大略如此。**中央的变乱频仍，自然说不到求治，而最后又得一个荒淫的顺帝，胡无百年之运，客星据坐，自然不能持久了。元世祖所创立的治法，是专以防制汉人为务的。试看其设立行省及行御史台；将边徼襟喉之地，分封诸王；遣蒙古军及探马赤军分守河、洛、山东；分派世袭的万户府，屯驻各处；及因重用蒙古、色目人而轻视汉人可知。这是从立法方面说。从行政方面说：则厚敛人民，以奉宗王、妃、主。纵容诸将，使其掠人为奴婢。选法混乱，贪黩公行。而且迷信喇嘛教，佛事所费，既已不赀，还要听其在民间骚扰。可谓无一善政。**参看第三、第四、第六、第七、第九各

▲蒙古骑手 图为一位蒙古骑手在驰骋向前的坐骑上回头拉弓射箭。

章。所以仍能占据中国数十年，则因中国社会，自有其深根宁极之理，并非政治现象，所能彻底扰乱，所以其以异族入据中原，虽为人心所不服，亦不得不隐忍以待时。到顺帝时，政治既乱，而又时有水旱偏灾，草泽的英雄，就要乘机而起了。

“举世无人识，终年独自行。海中擎日出，天外唤风生。”郑所南先生诗语。所南先生名思肖。工画兰。宋亡后，画兰皆不画土。人或问之。则曰：“土为番人夺去，汝不知耶？”著有《心史》，藏之铁函，明季乃于吴中承天寺井中得之。其书语语沉痛，为民族主义放出万丈的光焰。清朝的士大夫读之，不知自愧，反诬为伪造，真可谓全无心肝了。表面上的平静是靠不住的，爆发的种子，正潜伏在不见不闻之处。这不见不闻之处是哪里呢？这便在各人的心上。昔人说：“雪大耻，复大仇，皆以心之力。”龚自珍文中语。文官投降了，武官解甲了，大多数的人民，虽然不服，苦于不问政治久了，一时团结不起来。时乎时乎？七年之病，求三年之艾，乃将一颗革命的种子，广播潜藏于人民的唯一组织，即所谓江湖豪侠的社会之中，这是近世史上的一件大事。明亡以后之事，为众所周知，然其事实不始于明亡以后，不过年深月久，事迹已陈，这种社会中，又没有记载，其事遂在若存若亡之间罢了。元朝到顺帝之世，反抗政府的，就纷纷而起。其中较大的是：台州的方国珍，今浙江临海县。徐州的李二，湖北的徐寿辉，濠州的郭子兴，今安徽凤阳县。高邮的张士诚。后迁平江，今江苏吴县。而刘福通以白莲教徒，起于安丰，今安徽寿县。奉其教主之子韩林儿为主。白莲教是被近代的人看作邪教的，然其起始决非邪教，试看其在当时，首举北伐的义旗可知。元朝当日，政治紊乱。宰相脱脱之弟也先帖木儿，当征讨之任，连年无功，后来反大溃于沙河。今河南遂平、确山、泌阳境上的沙河店。军资丧失殆尽。脱脱觉得不好，自将大军出征。打破了李二。围张士诚，未克，而为异党排挤以去。南方群雄争持，元朝就不能过问。一三五八年，刘福通分兵三道：一军入山、陕，一军入山东，自奉韩林儿复开封。此时元朝方面，亦有两个人出来替他挣扎，那便是察罕帖木儿和李思齐。他们是在河南起兵帮助元朝的。此时因陕西行省的求援，先入陕解围。又移兵山东，把刘福通所派的兵，围困起来。刘福通的将遣人把察罕刺死。其子库库帖木儿代总其兵，才把刘福通军打败，刘福通和韩林儿，走回安丰，后为张士诚所灭。然其打山西的一支兵，还从上都直打到辽东，今多伦县，元世祖自立于此，建为上都，而称今北平为大都。然后被消灭。军行数千里，如入无人之境，亦可谓虽败犹荣了。

首事的虽终于无成，然继起的则业已养成气力。明太祖初起时，本来是附随郭子兴的。后来别为一军，渡江取集庆。今南京，元集庆路。时徐寿辉为其将陈友谅所杀，陈友谅据江西、湖北，势颇强盛。寿辉将明玉珍据四川自立，传子升，为明太祖所灭。后为太祖所灭。太祖又降方国珍、破张士诚，几乎全据了长江流域。而元朝是时，复起内乱。其时库库帖木儿据冀宁，元冀宁路，治今山西曲阳县。孛罗帖木儿据大同，孛罗想兼据晋冀，以裕军食，二人因此相争。顺帝次后奇氏，高丽人。生子爱猷识理达腊，立为太子。太子和奇后，阴谋内禅。是时高丽人自宫到元朝来充当内监的很多，奇后宫中，自更不乏，而朴不花最得信任，宰相搠思监就是走朴不花的门路得位的。他和御史大夫老的沙不协，因太子言于顺帝，免其职。老的沙逃奔大同，托庇于孛罗。搠思监诬孛罗谋反。孛罗就真个反叛，举兵犯阙，把搠思监和朴不花都杀掉。太子投奔库库。库库兴兵送太子还京，孛罗已被顺帝遣人刺死。太子欲使库库以兵力胁迫顺帝内禅，库库不肯。时顺帝封库库为河南王，使其总统诸军，平定南方。李思齐因与察罕同起兵，不愿受库库节制，陕西参政张良弼，亦和库库不协，二人连兵攻库库。太子乘机叫顺帝下诏，削掉库库的官爵，使太子统兵讨之。北方大乱。"天道好还，中国有必伸之理，人心效顺，匹夫无不报之仇。"太祖时讨胡檄中语。一三六八年，明太祖命徐达、常遇春两道北伐。徐达平河南，常遇春下山东，会师德州，今山东德县。北扼直沽。顺帝走上都。太祖使徐达下太原，乘胜定秦、陇，库库帖木儿奔和林。和林城，太宗所建，今之额尔德尼招，是其遗址。常遇春攻上都，顺帝再奔应昌。城名，在达里泊傍，为元外戚翁吉剌氏之地。一三七〇年，顺帝死，明兵再出，爱猷识理达腊亦奔和林。不久便死，子脱古思帖木儿嗣。一三八七年，太祖使蓝玉平辽东，乘胜袭破脱古思帖木儿于捕鱼海，今达里泊。脱古思帖木儿北走，为其下所杀。其后五传皆被弑，蒙古大汗的统系遂绝。元宗室分封在内地的亦多降，唯梁王把匝剌瓦尔密据云南不服。一三八一年，亦为太祖所灭。中原之地，就无元人的遗孽了。自一二七九年元朝灭宋，至一三六八年顺帝北走，凡八十九年。

CHAPTER 47

◎ 第四十七章 明朝的盛衰

明太祖起于草泽，而能铲除胡元，戡定群雄，其才不可谓不雄。他虽然起于草泽，亦颇能了解政治，所定的学校、科举、赋役之法，皆为清代所沿袭，行之凡六百年。可惜他私心太重。废宰相，使朝无重臣，至后世，权遂入于阉宦之手。其封建诸子于各地，则直接引起了靖难之变。

明太祖起于草泽，而能铲除胡元，戡定群雄，其才不可谓不雄。他虽然起于草泽，亦颇能了解政治，所定的学校、科举、赋役之法，皆为清代所沿袭，行之凡六百年。卫所之制，后来虽不能无弊，然推原其立法之始，亦确是一种很完整的制度，能不烦民力而造成多而且强的军队。所以明朝开国的规模，并不能算不弘远。只可惜他私心太重。废宰相，使朝无重臣，至后世，权遂入于阉宦之手。重任公侯伯的子孙，开军政腐败之端。他用刑本来严酷，又立锦衣卫，使司侦缉事务，至后世，东厂、西厂、内厂遂纷纷而起。东厂为成祖所设，西厂设于宪宗时，内厂设于武宗时，皆以内监领其事。这都不能不归咎于诒谋之不臧。其封建诸子于各地，则直接引起了靖难之变。

明代政治组织结构表

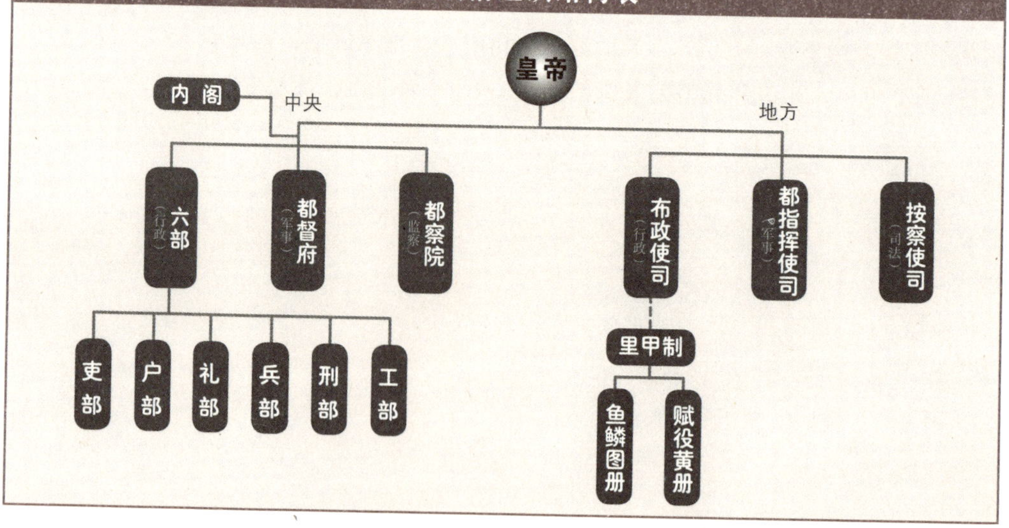

明初的边防，规模亦是颇为弘远的。俯瞰蒙古的开平卫，即设于元之上都。其后大宁路来降，又就其地设泰宁、朵颜、福余三卫。泰宁在今热河东部，朵颜在吉林之北，福余则在农安附近。所以明初对东北，威凌远瞻。其极盛时的奴儿干都司，设于黑龙江口，现在的库页岛，亦受管辖。《明会典》卷一〇九：永乐七年，设奴儿干都司于黑龙江口。清曹廷杰《西伯利亚东偏纪要》说，庙尔以上二百五十余里，混同江东岸特林地方，有两座碑：一刻《敕建永宁寺记》，一刻《宣德六年重建永宁寺记》，均系太监亦失哈述征服奴儿干和海中苦夷之事。苦夷即库页。宣德为宣宗年号，宣德六年为一四三一年。但太祖建都南京，对于北边的控制，是不甚便利的。成祖既篡建文帝，即移都北京。对于北方的控制，本可更形便利。确实，他亦曾屡次出征，打破鞑靼和瓦剌。但当他初起兵时，怕节制三卫的宁王权要袭其后，把他诱执，而将大宁都司，自今平泉县境迁徙到保定。于是三卫之地，入于兀良哈，开平卫势孤。成祖死后，子仁宗立，仅一年而死。子宣宗继之。遂徙开平卫于独石口。从此以后，宣、大就成为极边了。距离明初的攻克开平，逐去元顺帝，不过六十年。明初的经略，还不仅对于北方。安南从五代时离中国独立，成祖于一四〇六年，因其内乱，将其征服，于其地设立交趾布政使司，同于内地。他又遣中官郑和下南洋，前后凡七次。其事在一四〇五至一四三三年之间，早于欧人的东航有好几十年。据近人的考究：郑和当日的航路，实自南海入印度洋，达波斯湾及红海，且拂非洲的东北岸，其所至亦可谓远了。史家或说：成祖此举，是疑心建文帝亡匿海外，所以派人去寻求的。这话臆度而不中情实。建文帝即使亡匿海外，在当日的情势下，又何能为？试读《明史》的外国传，则见当太祖时，对于西域，使节所至即颇远。可见明初的外交，是有意沿袭元代的规模的。但是明朝立国的规模，和元朝不同。所以元亡明兴，西域人来者即渐少。又好勤远略，是和从前政治上的情势不相容的，所以虽有好大喜功之主，其事亦不能持久。从仁宗以后，就没有这种举动了。南方距中国远，该地方的货物，到中原即成为异物，价值很贵；又距离既远，为政府管束所不及，所以宦其地者率多贪污，这是历代如此的。明朝取安南后，还是如此。其时中官奉使的多，横暴太甚，安南屡次背叛。宣宗立，即弃之。此事在一四二七年，安南重隶中国的版图，不过二十二年而已。自郑和下南洋之后，中国对于南方的航行，更为熟悉，华人移殖海外的渐多。近代的南洋，华人实成为其地的主要民族，其发端实在此时。然此亦是社会自然的发展，得政治的助力很小。

明代政治的败坏，实始于成祖时。其（一）为用刑的残酷，其（二）为宦官的专权，而两事亦互相依倚。太祖定制，内侍本不许读书。成祖反叛时，得内监为内应，始选官人内教习。又使在京营为监军，随诸将出镇。又设立东厂，

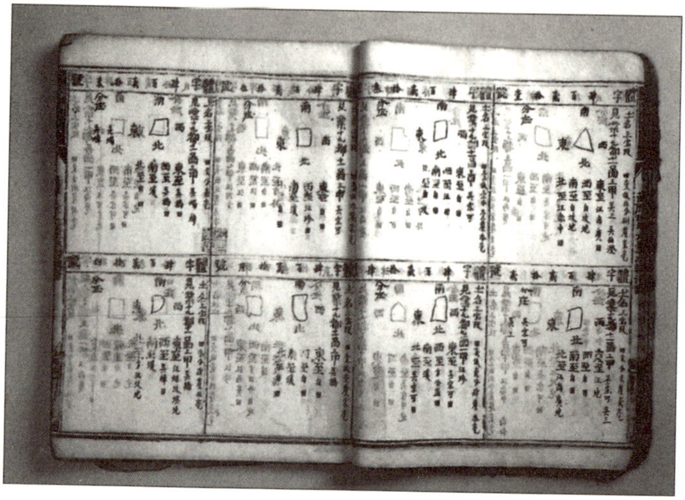

▲《万历九年清丈鱼鳞清册》 鱼鳞图册是洪武年间清丈全国土地时绘制的土地清册，状似鱼鳞，故名。

使司侦缉之事。宦官之势骤盛。宣宗崩，英宗立，年幼，宠太监王振。其时瓦剌强，杀鞑靼酋长，又胁服兀良哈。一四四九年，其酋长也先入寇。王振贸然怂恿英宗亲征。至大同，知兵势不敌，还师。为敌军追及于土木堡，英宗北狩。朝臣徐有贞等主张迁都。于谦力主守御。奉英宗之弟景帝监国，旋即位。也先入寇，谦任总兵石亨等力战御之。也先攻京城，不能克，后屡寇边，又不得利，乃奉英宗归。大凡敌兵入寇，京城危急之时，迁都与否，要看情势而定，敌兵强，非坚守所能捍御，而中央政府，为一国政治的中心，失陷了，则全国的政治，一时要陷于混乱，则宜退守一可据的据点，徐图整顿。在这情势之下，误执古代国君死社稷之义，不肯迁都，是要误事的，崇祯的已事，是其殷鉴。若敌兵实不甚强，则坚守京城，可以振人心而作士气。一移动，一部分的国土，就要受敌兵蹂躏，损失多而事势亦扩大了。瓦剌在当日，形势实不甚强，所以于谦的主守，不能不谓之得计。然徐有贞因此内惭，石亨又以赏薄怨望，遂结内监曹吉祥等，乘景帝卧病，闯入宫中，迎英宗复辟，是为“夺门”之变。于谦被杀。英宗复辟后，亦无善政。传子宪宗，宠太监汪直。宪宗传孝宗，政治较称清明。孝宗传武宗，又宠太监刘瑾，这不能不说是成祖恶政的流毒了。明自中叶以后，又出了三个昏君。其（一）是武宗的荒淫。其（二）是世宗的昏聩。其（三）是神宗的怠荒。明事遂陷于不可收拾之局。武宗初宠刘瑾，后瑾伏诛，又宠大同游击江彬，导之出游北边。封于南昌的宁王宸濠，乘机作乱，为南赣巡抚王守仁所讨平，武宗又借以为名，出游江南而还。其时山东、畿南群盗大起，后来幸获敉平，只可算得侥幸。武宗无子，世宗以外藩入继。驭宦官颇严，内监的不敢恣肆，是无过于世宗时的。但其性质严而不明，中年又好神仙，日事斋醮，不问政事。严嵩因之，故激其怒，以入人罪，而窃握大权，政事遂至大坏。其时倭寇大起，沿海七省，无一不被其患，甚至沿江深入，直抵南京。北边自也先死后，瓦剌复衰，鞑靼部落入据河套，谓之“套寇”。明朝迄无善策。至世宗时，成吉思汗后裔达延汗复兴，击败套寇，统一蒙古。达延汗四子，长子早死。达延汗自与其嫡孙卜赤徙牧近长城，称为插汉儿部，就是现在的察哈尔部。次子为套寇所杀。三子系征服套寇的。其有两子：一为今鄂尔多斯部之祖，亦早死。一为阿勒坦汗，《明史》称为俺荅，为土默特部之祖。第四子留居漠北，则为喀尔喀三部之祖。车臣，上谢图，札萨克图。其三音诺颜系清时增设。自达延汗以后，蒙古遂成今日的形势了，所以达延汗亦可称为中兴蒙古的伟人。俺荅为边患，是最深的。世宗时，曾三次入犯京畿。有一次，京城外火光烛天，严嵩竟骗世宗，说是民家失火，其蒙蔽，亦可谓骇人听闻了。世宗崩，穆宗立，未久而死。神宗立，年幼，张居正为相。此为明朝中兴的一个好机会。当穆宗时，俺荅因其孙为中国所得，来降，受封为顺义王，不复为边患。插汉儿部强盛时，高拱为相，任李成梁守辽东，戚继光守蓟镇以敌之。成梁善战，继光善守，张居正相神宗，益推心任用此二人，东北边亦获安静。明朝政治，久苦因循。张居正则能行严肃的官僚政治。下一纸书，万里之外，无敢不奉行唯谨者，所以吏治大有起色。百孔千疮的财政，整理后亦见充实。惜乎居正为相，不过十年，死后神宗亲政，又复昏乱。他不视朝至于二十余年。群臣都结党相攻。其时无锡顾宪成，居东林书院讲学，喜欢议论时政，于是朝廷上的私党，和民间的清议，渐至纠结而不可分。神宗信任中官，使其到各省去开矿，名为开矿，实则借此索诈。又在穷乡僻壤，设立税使，骚扰无所不至。日本丰臣秀吉犯朝鲜，明朝发大兵数十万以援之，相持凡七年，并不能却敌，到秀吉死，日本兵才自退。神宗死后，熹宗继之。信任宦官魏忠贤，其专横又为前此所未有。统计明朝之事，自武宗以后，即已大坏，而其中世宗、神宗，均在位甚久。武宗即位，在一五〇六年，熹宗之死，在一六二七年，此一百二十二年之中，内忧外患，迭起交乘，明事已成不可收拾之局。思宗立，虽有志于振作，而已无能为力了。

▼《郑和航海图》此图约成于宣德初年，是郑和等人在南京驻守期间绘制的。自郑和下南洋之后，中国对于南方的航行更为熟悉，华人移殖海外的渐多。

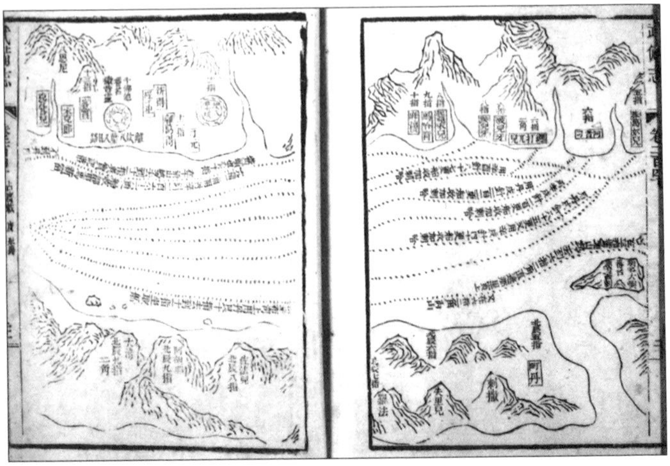

CHAPTER 48

◎ 第四十八章 明清的兴亡

中国疆域广大，一部分的天灾人祸，影响不到全国，局部的动乱，势亦不能牵动全国，只有当社会极度不安时，才会酿成如火燎原之势，而明季便是其时了。明末的流寇，是以一六二八年起于陕西的，正值思宗的元年。旋流入山西，又流入河北，蔓延于四川、湖广之境。以李自成和张献忠为两个最大的首领。

文化是有传播的性质的，而其传播的路线，往往甚为迂曲。辽东、西自公元前四世纪，即成为中国的郡县，因其距中原较远，长驾远驭之力，有所不及，所以中国的政治势力，未能充分向北展拓，自吉林以东北，历代皆仅等诸羁縻。其地地质虽极肥沃，而稍苦寒；又北方扰攘时多，自河北经热河东北出之道，又往往为游牧民族所阻隔；所以中国民族，亦未能盛向东北拓殖。在这一个区域中，以松花江流域为最肥沃，其地距朝鲜甚近，中国的文化，乃从朝鲜绕了一个圈儿，以间接开化其地的女真民族。渤海、金、清的勃兴，都是如此。

清朝的祖先，据他们自己说，是什么天女所生的，这一望而知其为有意造作的神话。据近人所考证，明时女真之地，凡分三卫：曰海西卫，自今辽宁的西北境，延及吉林的西部。曰野人卫，地在吉、黑的东偏。曰建州卫，则在长白山附近。海西卫为清人所谓扈伦部，野人卫清人谓之东海部，建州卫则包括满洲长白山西部。清朝真正的祖先，所谓肇祖都督孟特穆，就是一四一二年受职为建州卫指挥使的猛哥帖木儿。明人所授指挥使，清人则称为都督。孟特穆为孟哥帖木儿异译。其初曾入贡受职于朝鲜的李朝的。后为七姓野人所杀。其时的建州卫，还在朝鲜会宁府河谷。弟凡察立，迁居佟家江。后猛哥帖木儿之子董山，出而与凡察争袭。明朝乃分建州为左右两卫，以董山为左卫指挥使，凡察为右卫指挥使。董山渐跋扈，明朝檄致广宁诛之。部下拥其子脱罗扰边，《清实录》作妥罗，为肇祖之孙。其弟曰锡宝斋篇古。锡宝斋篇古之子曰兴祖都督福满，即景祖之父。声称报仇，但未久即寂然。自此左卫衰而右卫盛。右卫酋长王杲，居宽甸附近。为李成梁所破，奔扈伦部的哈达。叶赫在吉林西南，明人称为北关。哈达在开原北，明人称为南关。哈达执送成梁，成梁杀之。其子阿台，助叶赫攻哈达。满洲苏克苏浒部长尼堪外兰，为李成梁做向导，攻杀阿台。满洲酋长叫场，即清朝所谓景祖觉昌安，其子他失，则清朝所谓显祖塔克世，塔克世的儿子弩尔哈赤，就是清朝的太祖了。阿台系景祖孙婿，阿台败时，清景、显二祖亦死。清太祖仍受封于明，后来起兵攻破尼堪外兰。尼堪外兰逃奔明边。明朝非但不能保护，反把他执付清太祖。且开抚顺、清河、宽甸、叆阳四关，和他互市。自此满洲人得以沐浴中国的文化，且借互市以润泽其经济，其势渐强。先服满洲诸部。扈伦、长白山诸部联合蒙古的科尔沁部来攻，清太祖败之，威声且达蒙古东部。又合叶赫灭哈达。至一六一六年，遂叛明。

时值明神宗之世。以杨镐为经略，发大兵二十万，分四路东征，三路皆败。满洲遂陷铁岭，灭叶赫。明以熊廷弼为经略。廷弼颇有才能，明顾旋罢之，代以袁应泰。应泰有吏才，无将略，辽、沈遂陷。清太祖初自今之长白县清之兴京，其地本名赫图阿拉。迁居辽阳，后又迁居沈阳。明朝再起熊廷弼。又为广宁巡抚王化贞所掣肘。化贞兵败，辽西地多陷。明朝逮二人俱论死。旋得袁崇焕力守宁远。一六二六年，清太祖攻之，受伤而死。子太宗立，因朝鲜归心于明，屡犄满洲之后，太宗乃先把朝鲜征服了，还兵攻宁远、锦州，又大败。清人是时，正值方兴之势，自非一日可以削平，然其力亦并不能进取辽西。倘使明朝能任用如袁崇焕等人物，与之持久，辽东必可徐图恢复的，辽西更不必说了，若说要打进山海关，那简直是梦想。

所谓流寇，是无一定的根据地，流窜到哪里，裹胁到哪里的。中国疆域广大，一部分的天灾人祸，影响不到全国，局部的动乱，势亦不能牵动全国，只有当社会极度不安时，才会酿成如火燎原之势，而明季便是其时了。明末的流寇，是以一六二八年起于陕西的，正值思宗的元年。旋流入山西，又流入河北，蔓延于四川、湖广之境。以李自成和张献忠为两个最大的首领。献忠系粗才，一味好杀，自成则颇有大略。清太宗既不得志于辽西，乃自喜峰口入长城，犯畿甸。袁崇焕闻之，亦兼程入援。两军相持，未分胜负。明思宗之为人，严而不明，果于诛杀。先是袁崇焕因皮岛守将毛文龙跋扈，将其诛戮，皮岛，今图作海洋岛。思宗疑之而未发。及是，遂信清人反间之计，把崇焕下狱杀掉，于是长城自坏。此事在一六二九年。至一六四〇年，清人大举攻锦州。蓟辽总督洪承畴往援，战败，入松山固守。明年，松山陷，承畴降清。先是毛文龙死后，其将孔有德、耿仲明降清，引清兵攻陷广鹿岛，今图或作光禄岛。守将尚可喜亦降。清当太祖时，尚无意于入据中原，专发挥其仇视汉人的观念，得儒士辄杀，得平民则给满洲人为奴。太宗始变计抚用汉人，尤其优待一班降将。洪承畴等遂不恤背弃祖国，为之效力。于是政治军事的形势，又渐变了。但明兵坚守了山海关，清兵还无力攻陷。虽然屡次绕道长城各口，蹂躏畿甸，南及山东，毕竟不敢久留，不过明朝剿流寇的兵，时被其牵制而已。一六四三年，李自成陷西安。明年，在其地称帝。东陷太原，分兵出真定，今河北正定县。自陷大同、宣府，入居庸关。北京不守，思宗殉国于煤山。山海关守将吴三桂入援，至丰润，京城已陷。自成招三桂降，三桂业经允许了。旋闻爱妾陈圆圆被掠，大怒，遂走关外降清。“痛哭六军皆缟素，冲冠一怒为红颜”，民族战争时唯一重要的据点，竟因此兵不血刃而失陷，武人不知礼义的危险，真令人言之而色变了。

时清太宗已死，子世祖继立，年幼，叔父睿亲王多尔衮摄政，正在

清代君主列表

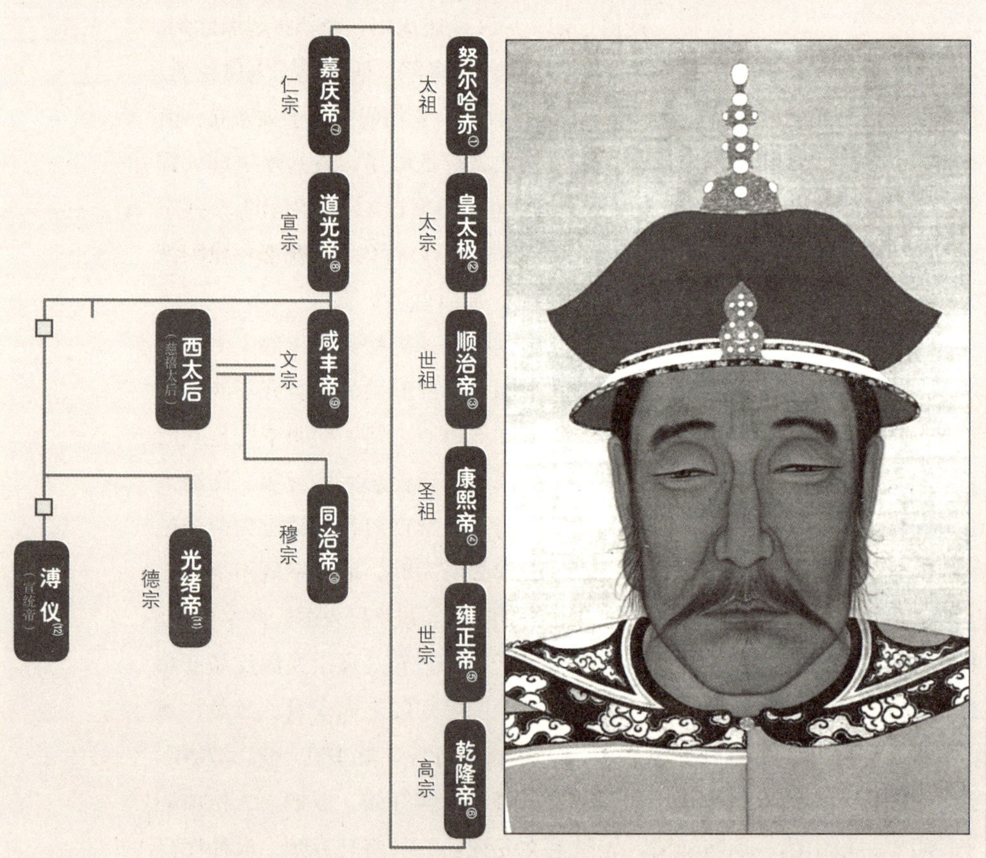

注：慈禧太后为咸丰皇帝的妃子，通过垂帘听政，实际把持中国朝政近半个世纪。恭亲王奕䜣为道光帝第六子，1861年，咸丰帝过世，奕䜣与慈禧太后合谋发动辛酉政变，成功夺取了政权，被授予议政王之衔。图为努尔哈赤像。

关外略地，闻三桂来降，大喜，疾趋受之。李自成战败，奔回陕西，清人遂移都北京。明人立神宗之孙福王由崧于南京，是为弘光帝。清人这时候，原只望占据北京，并不敢想全吞中国，所以五月三日入京，四日下令强迫人民剃发，到二十四日，即又将此令取消。而其传檄南方，亦说“明朝嫡胤无遗，用移大清，宅此北土，其不忘明室，辅立贤藩，戮力同心，共保江左，理亦宜然，予所不禁”。但弘光帝之立，是靠着凤阳总督马士英的兵力做背景的。士英遂引阉党阮大铖入阁，排去史可法。弘光帝又荒淫无度。清朝乃先定河南、山东。又分兵两道入关，李自成走死湖北。清人即移兵以攻江南。明朝诸将，心力不齐，史可法殉国于扬州，南京不守，弘光帝遂北狩，时在一六四五年。清朝既定江南，乃下令强迫人民剃发。当时有“留头不留发，留发不留头”之谚，其执行的严厉可想。此举是所以摧挫中国的民气的，其用意极为深刻酷毒。缘中国地大而人众，政治向主放任，人民和当地的政府，关系已浅，和中央政府，则几于毫无直接关系，所以朝代的移易，往往刺激不动人民的感情。至于衣服装饰，虽然看似无关紧要，然而习俗相沿，就是一种文化的表征，用兵力侵略的异族，强使故有的民族，弃其旧有的服饰而仿效自己，就不啻摧毁其文化，而且强替他加上一种屈服的标志。这无怪当日的人民，要奋起而反抗了。但是人民无组织已久了，临时的集合，如何能敌得久经征战的军队？所以当日的江南民兵，大都不久即败。南部亡后，明之遗臣，或奉鲁王以海监国绍兴，或奉唐王聿键正位福州，是为隆武帝。清人遣吴三桂陷四川，张献忠败死。别一军下江南，鲁王败走舟山。清兵遂入福建，隆武帝亦殉国。时为一六四七年。

西南之地，向来和大局是关系较浅的，龙拏虎攫，总在黄河、长江两流域，到明季，情形却又不同了。长江以南，以湘江流域开辟为最早。汉时杂居诸异族，即已大略同化。其资、沅、澧三水流域，则是隋、唐、北宋之世，逐渐开辟的。一四一三年，当明成祖之世，贵州之地，始列为布政司。其后水西的安氏、水东的宋氏、播州的杨氏，水西、水东，系分辖贵阳附近新土司的。播州，今遵义县。亦屡烦兵力，然后戡定。而广西桂林的古田、平乐的府江、浔州的大藤峡、梧州的岑溪，明朝亦费掉很大的兵力。云南地方，自唐时，大理独立为国。到元朝才把它灭掉。其时云南的学校，还不知崇祀孔子，而崇祀晋朝的王羲之，货币则所用的是海贝也。全省大都用土官，就正印是流官的，亦必以土官为之副。但自元朝创立土司制度以来，而我族所以管理西南诸族的，又进一步。其制：异族酋长归顺的，我都授以某某司的名目，如宣慰司、招讨司之类，此之谓土司。有反叛、虐民，或自相攻击的，则用政治手腕或兵力戡定，改派中国人治理其地，此之谓改土归流。明朝一朝，西南诸省，逐渐改流的不少，政治势力和人民的拓殖，都大有进步。所以到明末，已可用为抗敌的根据地。隆武帝亡后，明人立其弟聿𨰻于广州，旋为叛将李成栋所破。神宗之孙桂王由榔即位肇庆，是为永历帝，亦为成栋所迫，退至桂林。清又使降将孔有德、尚可喜、耿仲明下湖南，金声桓下江西。声桓、成栋旋反正。明兵乘机复湖南，川南、川东亦来归附。桂王一时曾有两广、云、贵、江西、湖南、四川七省之地，然声桓、成栋都系反复之徒，并无能力，不久即败。湖南亦复失。清兵且进陷桂林。永历帝逃到南宁，遣使封张献忠的余党孙可望为秦王。可望虽不过流寇，然其军队久经战阵，战斗力毕竟要强些。可望乃使其党

▼ **巡视台阳图卷局部** 清朝统一台湾后，设置了巡台御史，此图描绘的是雍正年间巡台御史巡视台湾的情景。巡台御史的设置，加强了大陆与台湾的关系，促进了台湾的开发。

刘文秀攻四川，吴三桂败走汉中。李定国攻桂林，孔有德伏诛。清朝乃派洪承畴守长沙，尚可喜守广东，又派兵驻扎保宁，以守川北，无意于进取了。而永历帝因可望跋扈，密召李定国，可望攻定国，大败，复降清。洪承畴因之请大举。一六五八年，清兵分三道入滇。定国扼北盘江力战，不能敌，乃奉永历帝走腾越，而伏精兵，大败清之追兵于高黎贡山。清兵乃还。定国旋奉永历帝入缅甸。一六六一年，吴三桂发大兵十万出边。缅甸人乃奉永历帝入三桂军。明年，被弑。明亡。当永历帝入缅时，刘文秀已前卒。定国和其党白文选崎岖缅甸，欲图恢复，卒皆赍志以终。定国等虽初为寇盗，而其晚节能效忠于国家、民族如此，真可使洪承畴、吴三桂等一班人愧死了。

汉族在大陆上虽已无根据地，然天南片土，还有保存着上国的衣冠的，是为郑成功。郑成功为郑芝龙的儿子。芝龙本系海盗，受明招安的。清兵入闽时，芝龙阴行通款，以致隆武帝败亡。成功却不肯叛国，退据厦门，练兵造船为兴复之计。鲁王被清兵所袭，失去舟山，也是到厦门去依靠他的。清兵入滇时，成功曾大举入江，直迫江宁。后从荷兰人之手，夺取台湾，务农、训兵、定法律、设学校，俨然独立国的规模。清朝平定西南，本来全靠降将之力，所以事定之后，清朝并不能直接统治。乃封尚可喜于广东，耿仲明之子继茂于福建，吴三桂于云南，是为三藩。三藩中，吴三桂功最高，兵亦最强。一六七三年，尚可喜因年老，将兵事交给其儿子之信，反为所制，请求撤藩，清人许之。三桂和耿继茂的儿子耿精忠不自安，亦请撤藩，以觇朝意。时清世祖已死，子圣祖在位，年少气盛，独断许之，三桂遂叛清。耿、尚二藩亦相继举兵。清朝在西南，本无实力，三桂一举兵，而贵州、湖南、四川、广西俱下。但三桂暮气不振，既不能弃滇北上；想自出应援陕西响应的兵，又不及；徒据湖南，和清兵相持；耿、尚两藩，本来是反复无常的，此时苦三桂征饷，又叛降清；三桂兵势遂日蹙。一六七八年，三桂称帝于衡州。旋死，诸将乖离，其孙世璠，遂于一六八一年为清人所灭。清平定西南，已经出于意外了，如何再有余力，觊觎东南海外之地？所以清朝是时，已有和郑氏言和，听其不剃发、不易衣冠之意。但又有降将作祟。先是郑成功于一六六二年卒，子经袭，初和耿氏相攻，曾略得漳、泉之地。后并失厦门，退归台湾。其将施琅降清，清人用为提督。一六八一年，郑经卒，内部乖离。一六八一年，施琅渡海入台湾，郑氏亡。

CHAPTER 49

◎ 第四十九章 清代的盛衰

清圣祖的为人，颇为聪明，也颇能勤于政治；就世宗也还精明。他们是一个新兴的野蛮民族，其骄奢淫佚，比之历年已久的皇室，自然要好些。一切弊政，以明末为鉴，自然也有相当的改良。所以康、雍之世，政治还算清明，财政亦颇有余蓄。到乾隆时，虽然政治业已腐败，社会的元气，亦已暗中凋耗了，然表面上却还维持着一个盛况。

清朝的猾夏，是远较辽、金、元为甚的。这是因为女真民族，在渤海和金朝时，业已经过两度的开化，所以清朝初兴时，较诸辽、金、元，其程度已觉稍高了。当太宗时，已能任用汉人，且能译读《金世宗本纪》，戒谕臣下，勿得沾染华风。入关之后，圈占民地，给旗人住居，这也和金朝将猛安谋克户迁入中原，是一样的政策。他又命旗兵驻防各省，但多和汉人分城而居，一以免其倚势欺凌，挑起汉人的恶感，一亦防其与汉人同化。其尤较金人为刻毒的，则为把关东三省都封锁起来，禁止汉人移殖。他又和蒙古人结婚姻，而且表面上装作信奉喇嘛教，以联络蒙古的感情，而把蒙古也封锁起来，不许汉人移殖，这可称之为“联蒙制汉”政策。他的对待汉人，为前代异族所不敢行的，则为明目张胆，摧折汉人的民族性。从来开国的君主，对于前代的叛臣投降自己的，虽明知其为不忠不义之徒，然大抵把这一层抹杀不提，甚且还用些“能知天命，志在救民”等好看的话头，替他掩饰，这个可说是替降顺自己的人留些面子。清朝则不然。对于投顺他的人，特立贰臣的名目，把他的假面具都剥光了。康、雍、乾三朝，大兴文字之狱，以摧挫士气。乾隆时开四库馆，编辑四库全书，却借此大烧其书。从一七六三到一七八二年二十年之中，共烧书二十四次，被烧掉的书有五百三十八种，一万三千八百六十二部之多。不但关涉清朝的，即和辽、金、元等有关涉的，亦莫不加以毁灭。其不能毁灭的，则加以改窜。他岂不知一手不能掩尽天下目？他所造作的东西，并不能使人相信？此等行为，更不能使人心服？不过肆其狠毒之气，一意孤行罢了。他又开博学鸿词科，设明史馆，以冀网罗明季的遗民。然被其招致的，全是二等以下的人物，真正有志节的，并没有入他彀中的啊！

从前的人民，对于政权，实在疏隔得太厉害了。所以当异族侵入的时候，民心虽然不服，也只得隐忍以待时，清初又是这时候了。从一六八三年台湾郑氏灭亡起，到一七九三年白莲教徒起兵和清朝反抗为止，凡一百一十年，海内可说无大兵革。清圣祖的为人，颇为聪明，也颇能勤于政治；就世宗也还精明。他们是一个新兴的野蛮民族，其骄奢淫逸，比之历年已久的皇室，自然要好些。一切弊政，以明末为鉴，自然也有相当的改良。所以康、雍之世，政治还算清明，财政亦颇有余蓄。到乾隆时，虽然政治业已腐败，社会的元气，亦已暗中凋耗了，然表面上却还维持着一个盛况。

武功是时会之适然。中国的国情，是不适宜于向外侵略的。所以自统一以后，除秦、汉两朝，袭战国之余风，君主有好大喜功的性质，社会上亦有一部分人，喜欢立功绝域外，其余都是守御之师。不过因为国力的充裕，所以只要（一）在我的政治相当清明，（二）在外又无方张的强敌，即足以因利乘便，威行万里。历代的武功，多是此种性质，而清朝亦又逢着这种幸运了。蒙古和西藏的民族，其先都是喜欢侵略的。自唐中叶后，喇嘛教输入吐蕃，而西藏人的性质遂渐变。明末，俺苔的两个儿子侵入青海。其结果，转为青海地方的喇嘛教所感化，喇嘛教因此推行于蒙古，连蒙古人的性质，也渐趋向平和，这可说是近数百年来塞外情形的一个大转变。在清代，塞外的侵略民族，只剩得一个卫拉特了。而其部落较小，侵略的力量不足，卒为清人所摧破。这是清朝人的武功，所以能够煊赫一时的大原因。卫拉特即明代的瓦剌。当土木之变时，其根据地，本在东方。自蒙古复强，他即渐徙而西北。到清时，共分为四部：曰和硕特，居乌鲁木齐。曰准噶尔，居伊犁。曰杜尔伯特，居额尔齐斯河。曰土尔扈特，居塔尔巴哈台。西藏黄教的僧侣，是不许娶妻的。所以其高僧，世世以“呼毕勒罕”主持教务。因西藏人信之甚笃，教权在名义上，遂出于政权之上。然所谓迷信，其实不过是这么一句话。从古以来，所谓神权政府，都是建立在大多数被麻醉的人信仰之上的，然教中的首领，其实并不迷信，试看其争权夺利，一切都和非神权的政府无异可知。达赖喇嘛是黄教之主宗喀巴的第一个大弟子，他在喇嘛教里，位置算是最高，然并不能亲理政务，政务都在一个称为“第巴”的官的手里。清圣祖时，第巴桑结，招和硕特的固始汗入藏，击杀了红教的护法藏巴汗，而奉宗喀巴的第二大弟子班禅入居札什伦布，是为达赖、班禅分主前后藏之始。和硕特自此徙牧青海，干涉西藏政权，桑结又恶之，招致准噶尔噶尔丹入藏，击杀了固始汗的儿子达颜汗。准噶尔先已慑服杜尔伯特，逐去土尔扈特，至此其势大张。一六八八年，越阿尔泰山攻击喀尔喀，三汗部众数十万，同时溃走漠南。清圣祖为之出兵击破噶尔丹。噶尔丹因伊犁旧地，为其兄子策妄阿布坦所据无所归，自杀。阿尔泰山以东平。固始汗的曾孙拉藏汗杀掉桑结。策妄阿布坦派兵入藏，袭杀拉藏汗。圣祖又派兵将其击破。一七二二年，圣祖死，世宗立。固始汗之孙罗卜藏丹津煽动青海的喇嘛反叛，亦为清兵所破。此时卫拉特的乱势，可谓蔓延甚广，幸皆未获逞志，然清朝亦未能犁庭扫穴。直至一七五四年，策妄阿布坦之子噶尔丹策凌死，其部落内乱，清高宗才于一七五七年将其荡平。至于天山南路，则本系元朝察哈尔后王之地，为回教区域。元衰后，回教教主的后裔，有入居喀什噶尔的，后遂握有南路政教之权。准部既平，教主的后裔大小和卓木大和卓木名布罗尼特，小和卓木名霍集占。和清朝反抗，亦于一七五九年为清所破灭。清朝的武功，以此时为极盛。天山南北路既定，葱岭以西之国，敖罕、哈萨克、布鲁特、乾竺特、博罗尔、巴达克山、布哈尔、阿富汗等，都朝贡于清，仿佛唐朝盛时的规模。一七九二年，清朝又用兵于廓尔喀，将其征服，则其兵力又为唐时所未至。对于西南一隅，则清朝的武功，是掩耳盗铃的。当明初，中国西南的疆域，实还包括今伊洛瓦底江流域和萨尔温、湄公两江上游。看《明史·西南土司传》可知。但中国对于西南，实力并不充足，所以安南暂合

▼ **前门街市图** 此图展示了乾隆皇帝出京师的宏伟场面，大街上虽戒备森严，然仍一派繁荣的景象。乾隆在位时六次南巡，耗费无艺。

而复离，而缅甸亦卒独立为国。中国实力所及，西不过腾冲，南不越普洱，遂成为今日的境界了。一七六七年，清高宗因缅甸犯边，发兵征之败没。一七六九年，又派大兵再举，亦仅因其请和，许之而还。这时候，暹罗为缅甸所灭。后其遗臣中国人郑昭，起兵复国，传其养子郑华，于一七八六年受封于中国，缅甸怕中国和暹罗夹攻它，对中国才渐恭顺。安南之王黎氏，明中叶后为其臣莫氏所篡。清初复国。颇得其臣阮氏之力，而其臣郑氏，以国戚执政，阮氏与之不协，乃南据顺化，形同独立。后为西贡豪族阮氏所灭。是为新阮，而顺化之阮氏，则称旧阮。新阮既灭旧阮，又入东京灭郑氏，并废黎氏。黎氏遗臣告难中国。高宗于一七八八年为之出兵，击破新阮，复立黎氏。然旋为新阮所袭败，乃因新阮的请降，封之为王。总而言之，中国用兵于后印度，天时地利，是不甚相宜的，所以历代都无大功，到清朝还是如此。清朝用兵域外，虽不得利，然其在湘西、云、贵、四川各省，则颇能竟前代所未竟之功。在今湖南、贵州间，则开辟永顺、乾州、凤皇、永绥、松桃各府、厅，在云南，则将乌蒙、乌撒、东川、镇雄各土官改流。乌蒙，今云南昭通县。乌撒，今贵州威宁县。在贵州，则平定以古州为中心的大苗疆。古州，今榕江县。这都是明朝未竟的余绪。四川西北的大小金川，大金川，今理番县的绥靖屯。小金川，今懋功县。用兵凡五年，糜饷至七千万，可谓劳费已甚，然综合全局看起来，则于西南的开拓，仍有裨益。

清朝的衰机，可说是起于乾隆之世的。高宗性本奢侈，在位时六次南巡，耗费无艺。中岁后又任用和珅，贪渎为古今所无。官吏都不得不剥民以奉之，上司诛求于下属，下属虐取于人民，于是吏治大坏。清朝历代的皇帝，都是颇能自握魁柄，不肯授权于臣下的。他以异族入主中原，汉族真有大志的人，本来未必帮他的忙。加以其予智自雄，折辱大臣，摧挫言路，抑压士气，自然愈形孤立了。所以到乾、嘉之间，而局面遂一变。

CHAPTER 50

◎ 第五十章 中西初期的交涉

我们试将较旧的书翻阅，说及当时所谓洋务时，总是把“通商传教”四字并举的。的确，我们初期和西洋人的接触，不外乎这两件事。通商本两利之道，但这时候的输出入品，还带有奢侈性质，并非全国人所必需，而世世西人的东来，我们却自始对他们存着畏忌的心理。

世界是无一息不变的，人，因其感觉迟钝，或虽有感觉而行为濡滞之故，非到外界变动，积微成著，使其感觉困难时，不肯加以理会，设法应付，正和我们住的屋子，非到除夕不肯加以扫除，以致尘埃堆积，扫除时不得不大费其力一样。这话，在第一章中，业已说过了。中国自有信史以来，环境可说未曾大变。北方的游牧民族，凭恃武力，侵入我国的疆域之内是有的，但因其文化较低，并不能改变我们的生活方式，而且他们还不得不弃其生活方式而从我们，所以经过若干年之后，即为我们所同化。当其未同化之时，因其人数甚少，其暴横和掠夺，也是有一个限度的，而且为时不能甚久。所以我们未曾认为是极大的问题，而根本改变我们的生活方式以应之。至于外国的文明，输入中国的，亦非无有。其中最亲切的，自然是印度的宗教。次之则是希腊文明，播布于东方的，从中国陆路和西域交通，海路和西南洋交通以后，即有输入。其后大食的文明，输入中国的亦不少。但宗教究竟是上层建筑，生活的基础不变，说一种宗教，对于全社会真会有什么大影响，是不确的。所以佛教输入中国之后，并未能使中国人的生活印度化，反而佛教的本身，倒起了变化，以适应我们的生活了。读第十八章所述可见。其余的文明，无论其为物质的、精神的，对社会上所生的影响，更其“其细已甚”。所以中国虽然不断和外界接触，而其所受的外来的影响甚微。至近代欧西的文明，乃能改变生活的基础，而使我们的生活方式，不得不彻底起一个变化，我们应付的困难，就从此开始了。但前途放大光明、得大幸福的希望，亦即寄托在这个大变化上。

西人的东来，有海、陆两路，而海路又分两路:（一）自大西洋向东行，于一五一六年绕过好望角，自此而至南洋、印度及中国。（二）自大西洋向西行，于一四九二年发现美洲，一五一九年环绕地球，其事都在明武宗之世。初期在海上占势力的是西、葡，后来英、荷继起，势力反驾乎其上。但其在中国，因葡萄牙人独占了澳门之故，势力仍能凌驾各国，这是明末的情形。清初，因与荷兰人有夹攻台湾郑氏之约，许其商船八年一到广东，然其势力，亦远非葡萄牙之敌。我们试将较旧的书翻阅，说及当时所谓洋务时，总是把“通商传教”四字并举的。的确，我们初期和西洋人的接触，不外乎这两件事。通商本两利之道，但这时候的输出入品，还带有奢侈性质，并非全国人所必需，而近世西人的东来，我们却自始对他们存着畏忌的心理。这是为什么呢？其（一）中国在军事上，是畏恶海盗的。因为从前的航海之术不精，对海盗不易倾覆其根据地，甚而至于不能发现其根据地。（二）中国虽发明火药，却未能制成近世的枪炮。近世的枪炮，实在是西人制成的，而其船舶亦较我们的船舶为高大，军事上有不敌之势。（三）西人东来的，自然都是些冒险家，不免有暴横的行为。而因传教，更增加了中国畏忌的心理。近代基督教的传布于东方，是由耶稣会 Jesuit。开始的。其教徒利玛窦，Matteo Ricci。以一五八一年始至澳门，时为明神宗万历五年。后入北京朝献，神宗许其建立天主堂。当时基督教士的传教，是以科学为先驱；而且顺从中国的风俗，不禁华人祭天、祭祖、崇拜孔子的。于是在中国的反应，发生两派：其（一）如徐光启、李之藻等，服膺其科学，因而亦信仰其宗教。其（二）则如清初的杨光先等，正因其人学艺之精，传教的热烈，而格外引起其猜忌之心。在当时，科学的价值，不易为一般人所认识，后一派的见解，自然容易得势。但是输入外国的文明，在中国亦由来已久了。在当时，即以历法疏舛，旧有的回回历法，不如西洋历法之精，已足使中国人引用教士，何况和满洲人战争甚烈，需要教士制造枪炮呢？所以一六一六年，基督教一度被禁止传播后，到一六二一年，即因命教士制造枪炮而复解禁。后更引用其人于历局。清初，汤若望 Joannes Adams Schall VonBell。亦因历法而被任用。圣祖初年，为杨光先所攻击，一时失势。其后卒因旧法的疏舛，而南怀仁 Ferdinandus Verbiest。复见任用。圣祖是颇有科学上的兴趣的。在位时引用教士颇多。然他对于西洋人，根本上仍存着一种畏恶的心理。所以在他御制的文集里，曾说“西洋各国，千百年后，中国必受其累”。这在当时的情势下，亦是无怪其然的。在中国一方面，本有这种心理潜伏着，而在西方，适又有别一派教士，攻击利玛窦一派于教皇，说他们卖教求荣，容许中国的教徒崇拜偶像。于是教皇派多罗 Tourmon。到中国来禁止。这在当时的中国，如何能说得明白？于是圣祖大怒，将多罗押还澳门，令葡萄牙人看管，而令教士不守利玛窦遗法的都退出。教皇仍不变其主张，且处不从令的教士以破门之罚。教士传教中国者，遂不复能顺从中国人的习惯，此亦为中西隔阂之一因。至一七一七年，碣石镇总兵陈昂说：“天主教在各省开堂聚众，

▼ **林则徐像** 1839年，林则徐在虎门销毁230余万斤鸦片。次年，英国发动鸦片战争，清朝廷兵败议和，于1842年签订了丧权辱国的《南京条约》。

广州城内外尤多，恐滋事端，请严旧例严禁”，许之。一七二三年，闽浙总督满保请除送京效力人员外，概行安置澳门；各省天主堂，一律改为公廨；亦许之。基督教自此遂被禁止传布。然其徒之秘密传布如故。中国社会上，本有一种所谓邪教，其内容仅得之于传说，是十分离奇的，以此观之，知历来所谓邪教者的传说，亦必多诬蔑之辞。至此，遂将其都附会到基督教身上去；再加以后来战败的耻辱，因战败而准许传教，有以兵力强迫传布的嫌疑；遂伏下了几十年教案之根。至于通商，在当时从政治上看起来，并没有维持的必要。既有畏恶外人的心理，就禁绝了，也未为不可的。但这是从推理上立说，事实上，一件事情的措置，总是受有实力的人的意见支配的。当时的通商，虽于国计民生无大关系，而在官和商，则都是大利之所在，如何肯禁止？既以其为私利所在而保存之，自然对于外人，不肯不剥削，就伏下了后来五口通商的祸根。海路的交通，在初期，不过是通商传教的关系，至陆路则自始即有政治关系。北方的侵略者，乃蒙古高原的民族，而非西伯利亚的民族，这是几千年以来，历史上持续不变的形势。但到近代欧洲的势力向外发展时，其情形也就变了。十五世纪末叶，俄人脱离蒙古的羁绊而自立。其时可萨克族又附俄，Kazak，即哥萨克。为之东略。于是西伯利亚的广土，次第被占。至明末，遂达鄂霍次克海。骚扰且及于黑龙江。清初因国内未平，无暇顾及外攘。至三藩既平，圣祖乃对外用兵。其结果，乃有一六八八年的《尼布楚条约》。订定西以额尔古讷河，东自格尔必齐河以东，以外兴安岭为界。俄商得三年一至京师。此约中国得地极广，然俄人认为系用兵力迫胁而成，心怀不服，而中国对边陲，又不能实力经营，遂伏下咸丰时戊午、庚申两约的祸根。当《尼布楚条约》签订时，中、俄的边界问题，还只限于东北方面。其后外蒙古归降中国，前此外蒙古对清，虽曾通商，实仅羁縻而已。于是俄、蒙的界务，亦成为中、俄的界务。乃有一七二七年的《恰克图条约》。规定额尔古讷河以西的边界，至沙宾达巴哈为止。自此以西，仍属未定之界。至一七五五、一七五九两年，中国次第平定准部、回部，西北和俄国接界处尤多，其界线问题，亦延至咸丰时方才解决。

近代欧人到广东来求通商，事在一五一六年，下距五口通商时，业经三百余年了。但在五口通商以前，中国讫未觉得其处于另一个不同的世界中，还是一守其闭关独立之旧。清开海禁，事在一六八五年。于澳门、漳州、宁波、云台山设关四处。其后宁波的通商，移于定海，而贸易最盛于广东。当时在中国方面，贸易之权，操于公行之手，剥削外人颇深。外人心抱不平，乃舍粤西趋浙。一七五八年，清高宗又命把浙海关封闭，驱归广东。于是外人之不平更甚。英国曾于一七九二、一八一〇年两次派遣使臣到中国，要求改良通商办法，均未获结果。其时中国官吏并不能管理外人，把其事都交给公行。官吏和外人的交涉，一切都系间接。自一七八一年以后，英国在中国的贸易，为东印度公司所专。其代理人，中国谓之大班，一切交涉，都是和他办的。一八三四年，公司的专利权被废止。中国说散商不便制驭，传令其再派大班。英人先后派商务监督和领事前来，中国都仍认为是大班，官厅不肯和他平等交涉。适会鸦片输入太甚，因输出入不相抵，银之输出甚多。银在清朝是用为货币的，银荒既甚，财政首受其影响。遂有一八三九年林则徐的烧烟。中、英因此酿成战衅。其结果，于一八四二年在南京订立条约。中国割香港，开广州、厦门、福州、宁波、上海五口通商。废除行商。中、英两国官员，规定了交际礼节。于是前此以天朝自居，英国人在陆上无根据地，及贸易上的制限都除去了。英约定后，法、美、瑞典，遂亦相继和中国立约。唯俄人仍不许在海口通商。中西积久的隔阂，自非用兵力迫胁，可以解除于一时。于是又有一八五七年的冲突。广州失陷，延及京、津。清文宗为之出奔热河。其结果，乃有一八五八年和一八六〇年《天津》《北京》两条约。此即所谓咸丰戊午、庚申之役。此两次的英、法条约，系将五口通商以后外人所得的权利，作一个总结束的。领事裁判，关税协议，内地通商及游历、传教，外国派遣使臣，都在此两约中规定。美国的《天津条约》，虽在平和中交换，然因各约都有最惠国条款，所以英、法所享的权利，美国亦不烦一兵而得享之。至于俄国，则自十九世纪以还，渐以实力经营东方。至一八五〇年顷，黑龙江北之地，实际殆已尽为所据。至一八五八年，遂迫胁黑龙江将军奕山，订立《瑷珲条约》，尽割黑龙江以北，而将乌苏里江以东之地，作为两国共管。一八六〇年，又借口调停英、法战事，再立《北京条约》，并割乌苏里江以东。而西北边界，应当如何分划，亦在此约中规定了一个大概。先是伊犁和塔尔巴哈台方面，已许俄国通商，至是再开喀什噶尔，而海口通商及传教之权，亦与各国一律。而且规定俄人得由恰克图经库伦、张家口进京。京城和恰克图间的公文，得由台站行走。于是蒙古、新疆的门户，亦洞开了。总而言之：自一八三八年林则徐被派到广东查办海口事件起，至一八六〇年各国订立《北京条约》为止，中国初期与外国交涉的问题，告一结束。其所涉及的，为：（一）西人得在海口通商，（二）赴内地通商、游历、传教，（三）税则，（四）审判，（五）沿海航行，（六）中、俄陆路通商，及（七）边界等问题。

CHAPTER 51

◎ 第五十一章 汉族的光复运动

怀抱民族主义的人，是中下流社会中都有的。中流社会中人的长处，在其知识较高，行动较有方策，且能把正确的历史知识，留传到后代，但直接行动的力量较弱。下流社会中人，直接行动的力量较强，但其人智识缺乏，行动起来，往往没有适当的方策，所以有时易陷于失败，甚至连正确的历史，都弄得缪悠了。

一个民族，进步到达于某一程度之后，就决不会自忘其为一个独立的民族了。虽然进化的路径，是曲线的，有时不免暂为他族所压服。一七二九年，即世宗雍正七年，曾有过这样一道上谕。他说："从前康熙年间，各处奸徒窃发，辄以朱三太子为名，如一念和尚、朱一贵者，指不胜屈。近日尚有山东人张玉，假称朱姓，托于明之后裔，遇星士推算有帝王之命，以此希冀蛊惑愚民，现被步军统领拿获究问。从来异姓先后继统，前朝之宗姓，臣服于后代者甚多，否则隐匿姓名，伏处草野，从未有如本朝奸民，假称朱姓，摇惑人心，若此之众者。似此蔓延不息，则中国人君之子孙，遇继统之君，必至于无噍类而后已，岂非奸民迫之使然乎？"这一道上谕，是因曾静之事而发的。曾静是湖南人，读浙江吕留良之书，受着感动，使其徒张熙往说岳钟琪叛清，钟琪将其事举发。吕留良其时已死，因此遭到了剖棺戮尸之祸。曾静、张熙暂时免死拘禁，后亦被杀。这件事，向来被列为清朝的文字狱之一，其实乃是汉族图谋光复的实际行动，非徒文字狱而已。一七二九年，为亡清入关后之八十六年，表面上业已太平，而据清世宗上谕所说，则革命行动的连续不绝如此，可见一部分怀抱民族主义的人，始终未曾屈服了。怀抱民族主义的人，是中下流社会中都有的。中流社会中人的长处，在其知识较高，行动较有方策，且能把正确的历史知识，留传到后代，但直接行动的力量较弱。下流社会中人，直接行动的力量较强，但其人智识缺乏，行动起来，往往没有适当的方策，所以有时易陷于失败，甚至连正确的历史，都弄得缪悠了。清朝最大的会党，在北为哥老会，在南为天地会，其传说大致相同。天地会亦称三合会，有人说就是三点会，南方的清水、匕首、双刀等会，皆其支派。据他们的传说：福建莆田县九连山中，有一个少林寺。僧徒都有武艺。曾为清征服西鲁国。

后为奸臣所谗，清主派兵去把他们剿灭。四面密布火种，缘夜举火，想把他们尽行烧死。有一位神道，唤作达尊，使其使者朱开、朱光，把十八个和尚引导出来。这十八个和尚，且战且走，十三个战死了。剩下来的五个，就是所谓前五祖。又得五勇士和后五祖为辅，矢志反汨复汨。汨就是清字，汨就是明字，乃会中所用的秘密符号。他们自称为洪家。把洪字拆开来则是三八二十一，他们亦即用为符号。洪字大约是用的明太祖开国的年号洪武；或者洪与红同音，红与朱同色，寓的明朝国姓的意思，亦未可知。据他们的传说：他们会的成立，在一六七四年。曾奉明思宗之裔举兵而无成，乃散而广结徒党，以图后举。此事见于日本平山周所著的《中国秘密社会史》。平山周为中山先生的革命同志，曾身入秘密社会，加以调查。据他说："后来三合会党的举事，连续不绝。其最著者，如一七八七年，即清高宗乾隆五十二年台湾林爽文之变便是。一八三二年，即宣宗道光十二年，两广、湖南的瑶乱，亦有三合会党在内。鸦片战争既起，三合会党尚有和海峡殖民地的政府接洽，图谋颠覆清朝的。"其反清复明之志，可谓终始不渝了。而北方的白莲教徒的反清，起于一七九三年，即乾隆五十八年，蔓延四川、湖北、河南、陕西四省，至一八〇四年，即仁宗嘉庆九年而后平定，此即向来的史家称为川楚教匪，为清朝最大的内乱之始的，其所奉的王发生，亦诈称明朝后裔，可见北方的会党，反清复明之志，亦未尝变。后来到一八一三年，即嘉庆十八年，又有天理教首林清，图谋在京城中举事，至于内监亦为其内应，可见其势力之大。天理教亦白莲教的支派余裔，又可见反清复明之志，各党各派，殊途同归了。而其明目张胆，首传讨胡之檄的则为太平天国。

太平天国天王洪秀全，系广东花县人。生于一八一二年，恰在民国纪元之前百年。结合下流社会，有时是不能不利用宗教做工具的。广东和外人交通早，所以天王所创的宗教，亦含有西教的意味。他称耶和华为天父，基督为天兄，而己为其弟。乘广西年饥盗起，地方上有身家的人所办的团练，和贫苦的客民冲突，于一八五〇年，起事于桂平的金田村。明年，下永安，始建国号。又明年，自湖南出湖北，沿江东下。一八五三年，遂破江宁，建都其地，称为天京。当天国在永安时，有人劝其北出汉中，以图关中；及抵武、汉时，又有人劝其全军北上；天王都未能用。既据江宁，耽于声色货利，不免渐流于腐败。天王之为人，似只长于布教，而短于政治和军事。委政于东王杨秀清，尤骄恣非大器。始起诸王，遂至互相残杀。其北上之军，既因孤行无援，而为清人所消灭。溯江西上之兵，虽再据武汉，然较有才能的石达开，亦因天京的政治混乱，而和中央脱离了关系。清朝却得曾国藩，训练湘军，以为新兴武力的中坚。后又得李鸿章，招募淮军，以为之辅。天国徒恃一后起之秀的李秀成，只身支柱其间，而其余的政治军事，一切都不能和他配合。虽然兵锋所至达十七省，内地十八省中，惟甘肃未到。前后共历十五年，也不得不陷于灭亡的悲运了。太平天国的失败，其责实不在于军事而在于政治。它的兵力，是够剽悍的。其扎实垒、打死仗的精神，似较之湘、淮军少逊，此乃政治不能与之配合之故，而不能悉归咎于军事。若再推究得深些，则其失败，亦可以说是在文化上。（一）社会革命和政治革命，很不容易同时并行，而社会革命，尤其对社会组织，前因后果，要有深切的认识，断非简单、手段灭裂的均贫富主义所能有济。中国的下流社会中人，是向来有均贫富的思想的，其宗旨虽然不错，其方策则决不能行。今观太平天国所定的把天下田亩，按口均分；二十五家立一国库，婚丧等费用，都取给国库，私用有余，亦须缴入国库等；全是极简单的思想、极灭裂的手段。知识浅陋如此，安能应付一切复杂的问题，其政治的不免于紊乱，自是势所必然了。（二）满洲人入据中原，固然是中国人所反对，而是时西人对中国，开始用兵力压迫，亦为中国人所深恶的，尤其是传教一端，太平天国初起时，即发布讨胡之檄。“忍令上国衣冠，沦于夷狄？相率中原豪杰，还我河山”，读之亦使人气足神王。倘使他们有知识，知道外力的压迫，由于清朝的失政，郑重提出这

▼ 天朝田亩制度 图为太平天国颁布的《天朝田亩制度》封面及内文中的一页。该制度勾画了一个无处不均匀、无处不温饱的理想天国，但在现实中难以推行。

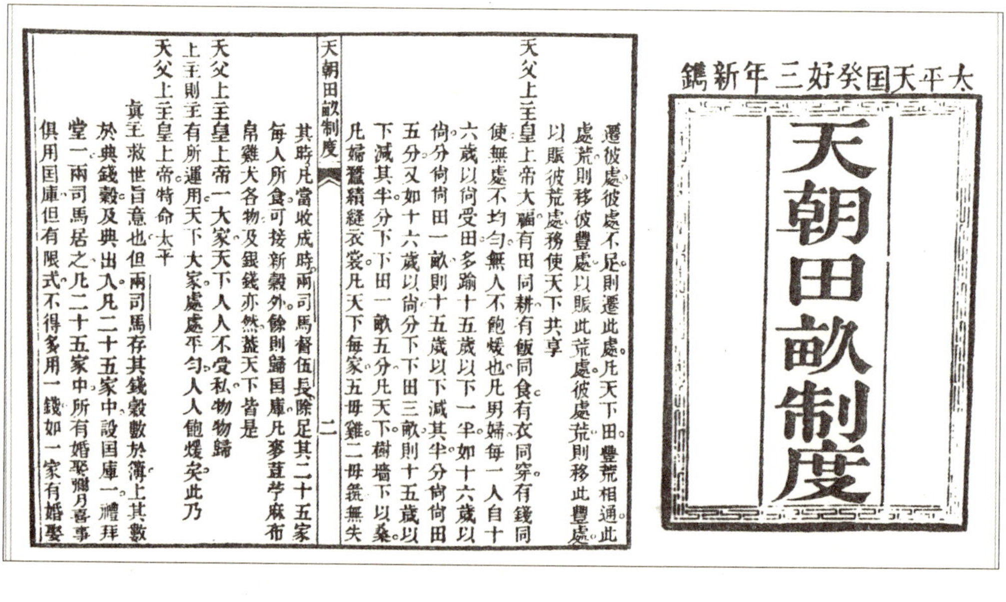
太平天国癸好三年新鐫

天朝田畝制度

遷彼處彼處不足則遷此處凡天下田豐荒相通此處荒則移彼豐處以賑此荒處彼處荒則移此豐處以賑彼荒處務使天下共享
天父上主皇上帝大福有田同耕有飯同食有衣同穿有錢同使無處不均勻無人不飽煖也凡男婦每一人自十六歲以尚受田多踰十五歲以下一半如十六歲以尚分尚田一畝則十五歲以下減其半分尚田五分又如十六歲以尚分下下田三畝則十五歲以下減其半分下下田一畝五分凡天下樹墻下以桑凡婦蠶績縫衣裳凡天下每家五母雞二母彘無失

天朝田畝制度 二

其時凡當收成時兩司馬督伍長除足其二十五家每人所食可接新穀外餘則歸國庫凡麥荳苧麻布帛雞犬各物及銀錢亦然蓋天下皆是
天父上主皇上帝一大家天下人人不受私物物歸
上主則主有所運用天下大家處處平勻人人飽煖矣此乃
天父上主皇上帝特命太平
眞主救世旨意也但兩司馬存其錢穀數於簿上其數於典錢穀及典出入凡二十五家中設國庫一禮拜堂一兩司馬居之凡二十五家中所有婚娶彌月喜事俱用國庫但有限式不得多用一錢如一家有婚娶

一点，固能得大多数人的赞成；即使专提讨胡，亦必能得一部分人的拥护。而他们后来对此也模糊了，反而到处传播其不中不西的上帝教，使反对西教的士大夫，认它为文化上的大敌，反而走集于清朝的旗帜之下。这是太平天国替清朝做了掩蔽，而反以革命的对象自居，其不能成事，实无怪其然了。湘、淮军诸将，亦是一时人杰。并无一定要效忠于清朝的理由，他们的甘为异族作伥，实在是太平天国的举动，不能招致豪杰，而反为渊殴鱼。所以我说它政治上的失败，还是文化上的落后。

和太平天国同时的，北方又有捻党，本蔓延于苏、皖、鲁、豫四省之间。一八六四年，天国亡，余众多合于捻，而其声势乃大盛。分为东西两股。清朝任左宗棠、李鸿章以攻之。至一八六七、一八六八两年，然后先后平定。天国兵锋，侧重南方，到捻党起，则黄河流域各省，亦无不大被兵灾了，而回乱又起于西南，而延及西北。云南的回乱，起于一八五五年，至一八七二年而始平，前后共历十八年。西北回乱，则起于一八六二年，自陕西延及甘肃，并延及新疆。浩罕人借兵给和卓木的后裔，入据喀什喀尔。后浩罕之将阿古柏帕夏杀和卓木后裔而自立，意图在英、俄之间，建立一个独立国。英、俄都和他订结通商条约，且曾通使土耳其。英使且力为之请，欲清人以天山南北路之地封之。清人亦有以用兵劳费，持是议者。幸左宗棠力持不可。西捻既平之后，即出兵以攻叛回。自一八七五至一八七八年，前后共历四年，而南北两路都平定。阿古柏帕夏自杀。当回乱时，俄人虽乘机占据伊犁，然事定之后，亦获返还。虽然划界时受损不少，西北疆域，大体总算得以保全。

▲ **叶赫那拉氏像** 从其垂帘听政开始，实际把持中国朝政长达半个世纪。

清朝的衰机，是潜伏于高宗，暴露于仁宗，而大溃于宣宗、文宗之世的。当是时，外有五口通商和咸丰戊午、庚申之役，内则有太平天国和捻、回的反抗，几于不可收拾了。其所以能奠定海宇，号称中兴，全是一班汉人，即所谓中兴诸将，替它效力的。清朝从道光以前，总督用汉人的很少，兵权全在满族手里。至太平天国兵起，则当重任的全是汉人。文宗避英法联军，逃奔热河，一八六一年，遂死于其地。其时清宗室中，载垣、端华、肃顺三人握权。载垣、端华亦是妄庸之徒，肃顺则颇有才具，力赞文宗任用汉人，当时的内乱得以削平，其根基实定于此。文宗死，子穆宗立。载垣、端华、肃顺等均受遗诏，为赞襄政务大臣。文宗之弟恭亲王奕䜣，时留守京师，至热河，肃顺等隔绝之，不许其和文宗的皇后钮祜禄氏和穆宗的生母叶赫那拉氏相见。后来不知如何，奕䜣终得和她们相见了，密定回銮之计。到京，就把载垣、端华、肃顺都杀掉。于是钮祜禄氏和叶赫那拉氏同时垂帘听政。钮祜禄氏称母后皇太后，谥孝贞。叶赫那拉氏称圣母皇太后，死谥孝钦。世称孝贞为东宫太后，孝钦为西宫太后。钮祜禄氏是不懂得什么的，大权都在叶赫那拉氏手里。叶赫那拉氏和肃顺虽系政敌，对于任用汉人一点，却亦守其政策不变，所以终能削平大难。然自此以后，清朝的中央政府即无能为，一切内政、外交的大任，多是湘、淮军中人物，以疆臣的资格决策或身当其冲。军机及内阁中，汉人的势力亦渐扩张。所以在这个时候，满洲的政权，在实际上已经覆亡了，只因汉人一方面，一时未有便利把它推倒，所以名义又维持了好几十年。

CHAPTER 52

◎第五十二章 清朝的衰乱

太平天国既亡，捻、回之乱复定，清朝一时号称中兴。然清室的气运，并不能自此好转，仍陵夷衰微以至于覆亡，这又是何故呢？这是世变为之。从西力东侵以后，中国人所遭遇到的，是一个旷古未有的局面，决非任何旧方法所能对付。

太平天国既亡，捻、回之乱复定，清朝一时号称中兴。的确，遭遇如此大难，而一个皇室，还能维持其政权于不敝的，在历史上亦很少见。然清室的气运，并不能自此好转，仍陵夷衰微以至于覆亡，这又是何故呢？这是世变为之。从西力东侵以后，中国人所遭遇到的，是一个旷古未有的局面，决非任何旧方法所能对付。孝钦皇后，自亦有其相当的才具，然她的思想是很陈旧的。试看她晚年的言论，还时时流露出道、咸时代人的思想来可知。大约她自入宫以后，就和外边隔绝了，时局的真相如何，她是不得而知的。她的思想，比较所谓中兴名臣，还要落后许多。当时应付太平天国，应付捻、回，所用的都是旧手段，她是足以应付的。内乱既定之后，要进而发愤自强，以御外患，就非她所能及了。不但如此，即当时所谓中兴名臣，要应付这时候的时局，也远觉不够。他们不过任事久了，经验丰富些，知道当时的一种迂阔之论不足用，他们亦觉得中国所遭遇的，非复历史上所有的旧局面，但他们所感觉到的，只是军事。因军事而牵及于制造，因制造而牵及于学术，如此而已。后来的人所说的“西人自有其立国之本，非仅在械器之末”，断非这时候的人所能见得到的，这亦无怪其然。不但如此，在当时中兴诸将中，如其有一个首领，像晋末的宋武帝一般，入据中央，大权在握，而清朝的皇帝，仅保存一个名义，这一个中央政府，又要有生气些。而无如中兴诸将，地丑德齐，没有这样的一个人物。而且他们多数是读书人，既有些顾虑君臣的名义，又有些顾虑到身家、名誉，不敢不急流勇退。清朝对于汉人，自然也不敢任之过重。所以当时主持中枢的，都是些智识不足、软弱无力，甚至毫无所知之人。士大夫的风气，在清时本是近于阘茸而好利的。湘军的中坚人物，一时曾以坚贞任事的精神为倡。然少数人的提倡，挽回不过积重的风气来，所以大乱平定未久，而此种精神，即已迅速堕落。官方士习，败坏如故。在同、光之世，曾产生一批所谓清流。喜唱高调，而于事实茫无所知，几于又蹈宋、明人的覆辙。幸而当时的情势，不容这一种人物发荣滋长，法越之役，其人有身当其冲而失败的，遂亦销声匿迹了。而士大夫仍成为一奄奄无气的社会。政府和士大夫阶级，其不振既如此，而宫廷之间，又发生了变故。清穆宗虽系孝钦后所生，顾与孝钦不协。立后之时，孝贞、孝钦，各有所主。穆宗顺从了孝贞的意思。孝钦大怒，禁其与后同居。穆宗郁郁，遂为微行，致疾而死。醇亲王奕譞之妻，为孝钦后之妹，孝钦因违众议立其子载湉，是为德宗。年方四岁，两宫再临朝。后孝贞后忽无故而死，孝钦后益无忌惮。宠任宦官，骄淫奢侈，卖官鬻爵，无所不为。德宗亲政之后，颇有意于振作，而为孝钦所扼，母子之间，嫌隙日深，就伏下戊戌政变的根源了。

内政的陵夷如此，外交的情势顾日急。中国历代所谓藩属，本来不过是一个空名，实际上得不到什么利益的。所以论政之家，多以疲民力、勤远略为戒。但到西力东侵以来，情形却不同了。所谓藩属，都是屏蔽于国境之外的，倘使能够保存，敌国的疆域，即不和我国直接，自然无所肆其侵略。所以历来仅有空名的藩属，到这时候，倒确有藩卫的作用了。但以中国外交上的习惯和国家的实力，这时候，如何说得上保存藩属？于是到十九世纪，而朝贡于中国之国，遂悉为列强所吞噬。我们现在先从西面说起：哈萨克和布鲁特，都于一八四〇年顷，降伏于俄。布哈尔、基华，以一八七三年，沦为俄国的保护国。浩罕以一八七六年为俄所灭。巴达克山以一八七七年受英保护，乾竺特名为两属，实际上俄亦无权过问。于是自葱岭以西朝贡之国尽了。其西南，则哲孟雄，当英法联军入北京之年，英人即在其境内获得铁路敷设权。缅甸更早在一八二六和一八五一年和英人启衅战败，先后割让阿萨密、阿剌干、地那悉林及白古，沿海菁华之地都尽。安南旧阮失国后，曾介教士乞援于法。后来乘新阮之衰，借暹罗之助复国，仍受封于中国，改号为越南。当越南复国时，法国其实并没给予多大的助力。然法人的势力，却自此而侵入，交涉屡有葛藤。至一八七四年，法人遂和越南立约，认其为自主之国。我国虽不承认，法国亦置诸不理。甚至新兴的日本，亦于一八七九年将自明清以来受册封于中国的琉球灭掉。重大的交涉，在西北，则有一八八一年的《伊犁条约》。当回乱时，伊犁为俄国所据，中国向其交涉，俄人说：不过代中国保守，事定即行交还的。及是，中国派了一个昏聩糊涂的崇厚去，只收回了一个伊犁城，土地割弃既多，别种权利，丧失尤巨。中国将崇厚治罪，改派了曾纪泽，才算把地界多收回了些，别种条件，亦略有改正。然新疆全境，都准无税通商；肃州、吐鲁番，亦准设立领事；西北的门户，自此洞开了。在西南，则英国屡求派员自印度经云南入西藏探测，中国不能拒，许之。一八五七年，英人自印度实行派员入滇，其公使又遣其参赞，自上海至云南迎接。至腾越，为野人所杀。其从印度来的人员，亦被人持械击阻。这件事，云贵总督岑毓英，实有指使的嫌疑，几至酿成重大的交涉。次年，乃在芝罘订立条约：允许滇、缅通商，并开宜昌、芜湖、温州、北海为商埠。许英国派员驻扎重庆，察看商务情形，俟轮船能开抵时，再议开埠事宜。此为西人势力侵入西南之始。至一八八二年，而法、越的战事起。我兵初自云南、广西入越的都不利，海军亦败于福州。然后来冯子材有镇南关之捷，乘势恢复谅山。法人是时的情形，亦未能以全力作战，实为我国在外交上可以坚持的一个机会。但亦未能充分利用。其结果，于一八八五年，订立条约，承认法国并越，并许在边界上开放两处通商。后订开龙州、蒙自、蛮耗。一八九五年之约，又订以河口代蛮耗，增开思茅。英人乘机，于一八八五年灭缅甸。中国亦只得于其明年立约承认。先是《芝罘条约》中，仍有许英人派员入藏的条款，至是，中国乘机于《缅约》中将此款取消。然及一八八八年，英、藏又在哲孟雄境内冲突，至一八九〇年，中国和

晚清主要不平等条约一览表（19世纪）

条约名称	签订国家	签订时间	主要内容
《南京条约》	中英	1842年8月29日	1.中国开放广州、福州、厦门、宁波、上海为通商口岸；2.中国割让香港给英国；3.中国向英国赔款银元2100万元；4.协定关税。
《天津条约》	中英	1858年6月26日	1.中国开放牛庄、登州、台南、潮州、琼州、汉口、九江、南京、镇江为通商口岸；2.英国兵船可驶入各通商口岸；3.耶稣教、天主教教士可入内地自由传教；4.中国向英国赔款白银400万两。
《天津条约》	中法	1858年6月27日	1.中国开放琼州、潮州、台南、淡水、登州、南京为通商口岸；2.法国兵船可驶入各通商口岸；3.耶稣教、天主教教士可入内地自由传教；4.中国向法国赔款白银200万两。
《北京条约》	中英	1860年10月24日	1.中国开放天津为通商口岸；2.中国割让九龙司给英国；3.中国向英国赔款白银800万两。
《北京条约》	中法	1860年10月25日	1.中国开放天津为通商口岸；2.中国向法国赔款白银800万两。
《马关条约》	中日	1895年4月17日	1.中国割让台湾岛及所有附属各岛屿、澎湖列岛和辽东半岛给日本；2.中国赔偿日本军费2亿两白银；3.中国开放沙市、重庆、苏州、杭州为商埠，日船可沿中国内河进入以上各埠；4.日本可在中国通商口岸城市开设工厂；5.日本在中国制造的货物免征一切捐税，日本可在中国内地设置货栈。

英人订立《藏印条约》，遂承认哲孟雄归英保护。一八九三年，续议条约，复订开亚东关为商埠，而藏人不肯履行，又伏下将来的祸根。

对外交涉的历次失败，至一八九四年中日之战而达于极点。中、日两国，同立国于东方，在历史上的关系，极为深切，当西力东侵之际，本有合作御侮的可能。但这时候，中国人对外情太觉隔阂，一切都不免以猜疑的态度出之，而日方则褊狭性成，专务侵略，自始即不希望和中国合作。中、日的订立条约，是在一八七一年。领判权彼此皆有。进口货物，按照海关税则完纳，税则未定的，则直百抽五，亦彼此所同。内地通商，则明定禁止。在中国当日，未始不想借此为基本，树立一改良条约之基，然未能将此意开诚布公，和日本说明。日本则本不想和中国合作，而自始即打侵略的主意，于是心怀不忿。至一八七四年，因台湾生番杀害日本漂流的人民，径自派兵前往攻击。一八七九年，又灭琉球。交涉屡有葛藤，而衰微不振的朝鲜，适为日本踏上大陆的第一步，遂成为中、日两国权利冲突的焦点。一八九四年，日人预备充足，蓄意挑衅，卒至以兵戎相见。我国战败之后，于其明年，订立《马关条约》。除承认朝鲜自主外，又割台湾和辽东半岛，赔款至两万万两。改订通商条约，悉以中国和泰西各国所定的约章为准，而开辟沙市、重庆、苏州、杭州为商埠，日人得在通商口岸从事于制造，则又是泰西各国所求之历年，而中国不肯允许的。此约既定之后，俄国联合德、法，加以干涉，日人乃加索赔款三千万两，而将辽东还我。因此而引起一八九六年的《中俄密约》，中国许俄国将西伯利亚铁路经过黑、吉两省而达到海参崴。当时传闻，俄国还有租借胶州湾的密约，于是引起德国的强占胶州湾，而迫我立九十九年租借之约，并获得建造胶济铁路之权。俄人因此而租借旅、大，并许其将东省铁路，展筑一支线。英人则租借威海卫，法人又租借广州湾。我国沿海业经经营的军港，就都被占据了。其在西南：则法国因干涉还辽之事，向我要索报酬。于一八九五年订立《续议界务商务专条》，云南、两广开矿时，许先和法人商办。越南已成或拟设的铁路，得接至中国境内。并将前此允许英国不割让他国的孟连、江洪的土地，割去一部分。于是英国再向我国要求，于一八九七年，订立《中缅条约附款》。云南铁路，允与缅甸连接，而开放三水、梧州和江根墟。外人的势力，侵入西南益深了。又自俄、德两国，在我国获得铁路敷设权以来，各国亦遂互相争夺。俄人初借比国人出面，获得卢汉铁路的敷设权。英人因此要求津镇、河南到山东、九广、浦信、苏杭甬诸路。俄国则要求山海关以北铁路，由其承造。英国又捷足先得，和中国订定了承造牛庄至北京铁路的合同。英、俄旋自相协议，英认长城以北的铁路，归俄承造，俄人则承认长江流域的铁路，归英承造。英、德又自行商议，英认山西及自山西展筑一路至江域外，黄河流域的铁路归德，德认长江流域的铁路归英。凡铁路所至之处，开矿之权利亦随之。各国遂沿用分割非洲时的手段，指我国之某处，为属于某国的势力范围，而要求我以条约或宣言，承认其地不得割让给别国。于是瓜分之论，盛极一时。而我国人亦于其时警醒了。

CHAPTER 53

第五十三章 清朝的覆亡

自西力东侵，而中国人遭遇到旷古未有的变局。值旷古未有的变局，自必有非常的手段，然后足以应付之，此等手段，自非本来执掌政权的阶级所有，然则新机从何处发生呢？其起自中等阶级，以旧有的文化为根柢的，是为戊戌维新。其以流传于下级社会中固有的革命思想为渊源，采取西洋文化，而建立成一种方案的，则为辛亥革命。

自西力东侵，而中国人遭遇到旷古未有的变局。值旷古未有的变局，自必有非常的手段，然后足以应付之，此等手段，自非本来执掌政权的阶级所有，然则新机从何处发生呢？其（一）起自中等阶级，以旧有的文化为根柢的，是为戊戌维新。其（二）以流传于下级社会中固有的革命思想为渊源，采取西洋文化，而建立成一种方案的，则为辛亥革命。戊戌变法，康有为是其原动力。康有为的学问，是承袭清代经学家今文之学的余绪，而又融合佛学及宋、明理学而成的。（一）因为他能承受今文之学的“非常异义”，所以能和西洋的民主主义接近。（二）因为他能承受宋学家彻底改革的精神，所以他的论治，主于彻底改革，主张设治详密，反对向来“治天下不如安天下，安天下不如与天下安”的苟简放任政策。（三）主张以中坚阶级为政治的重心，则士大夫本该有以天下为己任的大志，有互相团结的精神。宋、明人的讲学，颇有此种风概。入清以来，内鉴于讲学的流弊，外慑于异族的淫威，此等风气，久成过去了。康有为生当清代威力已衰，政令不复有力之时，到处都以讲学为事。他的门下，亦确有一班英多磊落之才。所以康有为的学问及行为，可以说是中国旧文化的复活。他当甲午战前，即已上书言事。到乙未之岁，中、日议和的时候，他又联合入京会试的举人，上书主张迁都续战，因陈变法自强之计。书未得达，和议成后，他立强学会于北京，想联合士大夫，共谋救国。会被封禁，其弟子梁启超走上海，主持《时务报》旬刊，畅论变法自强之义。此报一出，风行海内，而变法维新，遂成为一时的舆论。康有为又上书两次。德占胶州湾时，又入京陈救急之计。于是康有为共上书五次，只一次得达。德宗阅之，颇以为然。岁戊戌，即一八九八年，遂擢用有为等以谋变法。康有为的宗旨，在于大变和速变。大变所以谋全盘的改革，速变则所以应事机而振精神。他以为变法的阻力，都是由于有权力的大臣，欲固其禄位之私，于是功德宗勿去旧衙门，但设新差使。他以为如此即可减少阻力。但阻碍变法的，固非尽出于保存禄位之私；即以保存禄位论，权已去，利亦终不可保，此固不足以安其心。何况德宗和孝钦后素有嫌隙，德宗又向来无权，于是有戊戌的政变。政变以后，德宗被幽，有为走海外，立保皇党，以推翻孝钦后扶德宗亲政相号召。然无拳无勇，复何能为？而孝钦后以欲捕康、梁不得；欲废德宗，又为公使所反对；迁怒及于外人。其时孝钦后立端郡王载漪之子溥儁为大阿哥，载漪因急欲其子正位。宗戚中亦有附和其事，

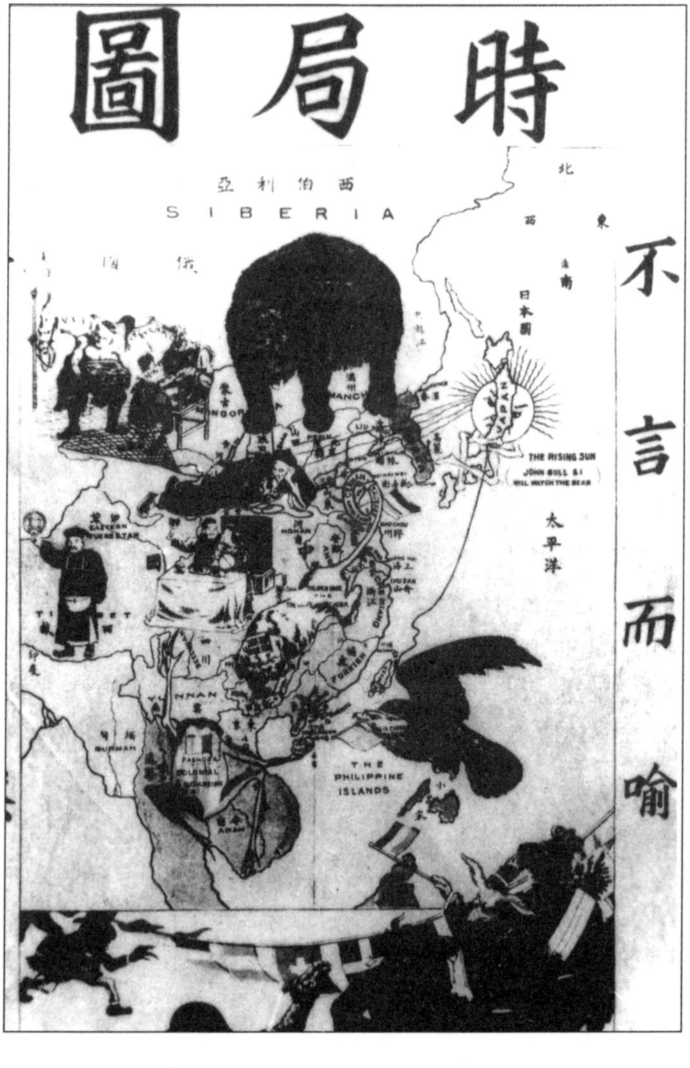

▶ **时局图** 清末一位爱国人士画的《时局图》。图中熊代表俄国，虎代表英国，肠代表德国，蛤蟆代表法国，太阳代表日本，鹰代表美国。象征中国被各国瓜分之势。

冀立拥戴之功的。而极陈旧的，“只要中国人齐心，即可将外国人尽行逐去，回复到闭关时代之旧”的思想，尚未尽去。加以下层社会中人，身受教案切肤之痛，益以洋人之强惟在枪炮，而神力可以御枪炮之说，遂至酿成一九〇〇年间义和团之乱。亲贵及顽固大臣，因欲加以利用，乃有纵容其在京、津间杀教士，焚教堂，拆铁路，倒电杆，见新物则毁，见用洋货的人则杀的怪剧。并伪造外人的要求条件，以恐吓孝钦后，而迫其与各国同时宣战。意欲于乱中取利，废德宗而立溥儁。其结果，八国联军入京城，德宗及孝钦后走西安。一九〇一年的和约，赔款至四百五十兆。京城通至海口路上的炮台，尽行拆去。且许各国于其通路上驻兵。又划定使馆区域，许其自行治理、防守。权利之丧失既多，体面亦可谓丧失净尽了。是时东南诸督抚，和上海各领事订立互保之约，不奉北京的伪令。虽得将战祸范围缩小，然中央的命令，自此更不行于地方了。而黑龙江将军又贸然与俄人启衅，致东三省尽为俄人所占。各国与中国议和时，俄人说东三省系特别事件，不肯并入和约之中讨论，幸保完整的土地，仍有不免于破碎之势。庚子一役闯出的大祸如此。孝钦后自回銮以后，排外变而为媚外；前此之力阻变革者，至此则变为貌行新政，以敷衍国民。宫廷之中，骄奢淫佚，朝廷之上，昏庸泄沓如故。清朝政府至此，遂无可维持，而中国国民，乃不得不自起而谋政治的解决。

十九世纪之末，瓜分之论，盛极一时，已见上章。一八九九年，美国国务卿海约翰氏 John Hay。乃通牒英、俄、法、德、意、日六国，提出门户开放主义。其内容为：（一）各国对于中国所获得的利益范围或租借地域，或他项既得权利，彼此不相干涉。（二）各国范围内各港，对他国入港商品，都遵守中国现行海关税率，课税由中国征收。（三）各国范围内各港，对他国船舶所课入口税，不得较其本国船舶为高。铁路运费亦然。这无非要保全其在条约上既得的权利。既要保全条约上的权利，自然要连带而及于领土保全，因为领土设或变更，既成的条约，在该被变更的领土上，自然无效了。六国都覆牒承认。然在此时，俄国实为侵略者，逮东三省被占而均势之局寝破。此时英国方有事于南非，无暇顾及东方，乃和德国订约，申明门户开放、领土保全之旨。各国都无异议。唯俄人主张其适用限于英、德的势力范围。英国力持反对。德国和东方关系究竟较浅，就承认俄国人的主张了。于是英国觉得在东方要和俄国相抗，非有更强力的外援不可，乃有一九〇二年的英、日同盟。俄国亦联合法国，发表宣言，说如因第三国的侵略或中国的扰乱，两国利益受到侵害时，应当协力防卫。这时候，日本对于我国东北的利害，自然最为关切，然尚未敢贸然与俄国开战，乃有满、韩交换之论。大体上，日本承认俄国在东三省的权利，而俄人承认日本在韩国的权利。而俄人此时甚骄，并此尚不肯承认，其结果，乃有一九〇四年的日俄战争。俄国战败，在美国的朴资茅斯，订立和约。俄人放弃在韩国的权利，割库页岛北纬五十度以南之地予日。除租借地外，两国在东三省的军队都撤退，将其地交还中国。在中国承认的条件之下，将旅顺、大连湾转租予日，并将东省铁路支线，自长春以下，让给日本。清廷如何能不承认？乃和日本订立《会议东三省事宜协约》，除承认《朴资茅斯条约》中有关中国的款项外，并在三省开放商埠多处。军用的安奉铁路，许日人改为商用铁路。且许合资开采鸭绿江左岸材木。于是东北交涉的葛藤，纷纷继起，侵略者的资格，在此而不在彼了。当日俄战争时，英国乘机派兵入藏，达赖出奔。英人和班禅立约，开江孜、噶大克为商埠。非经英国许可，西藏的土地不得租、卖给外国人。铁路、道路、电线、矿产不得许给外国或外国人。一切入款、银钱、货物，不得抵押给外国或外国人。一切事情，都不受外国干涉。亦不许外国派官驻扎和驻兵。中国得报大惊，然与英人交涉无效，不得已，乃于一九〇六年，订立《英藏续约》，承认《英藏条约》为附约，但声明所谓外国或外国人者，不包括中国或中国人在内而止。在东北方面，中国拟借英款敷设新法铁路，日人指为南满铁路的并行线。东省铁路支线，俄人让给日本的，日人改其名为南满路。中国不得已作罢，但要求建造锦齐铁路时，日不反对。中国因欲借英、美的款项，将锦齐铁路延长至瑷珲。日人又唆使俄人出面反抗。于是美国人有满洲铁路中立的提议。其办法：系由各国共同借款给中国，由中国将东三省铁路赎回。在借款未还清前，由各国共同管理，禁止政治上、军事上的使用。议既出，日、俄两国均提出抗议。这时候，因英、美两国欲伸张势力于东北而无所成，其结果反促成日、俄的联合。两国因此订立协约，声明维持满洲现状，现状被迫时，彼此互相商议。据说此约别有密约，俄国承认日本并韩，而日本承认俄国在蒙、新方面的行动。此约立于一九一〇年。果然，日本于其年即并韩，而俄人对蒙、新方面，亦于其明年提出强硬的要求，且用哀的美敦书迫胁中国承认了。

外力的冯凌，实为清季国民最关心的事项。清朝对于疆土的侵削，权利的丧失，既皆熟视而无可如何，且有许多自作孽的事情，以引进外力的深入。国民对于清政府，遂更无希望，且觉难于容忍。在庚子以前，还希冀清朝变法图强的，至庚子以后，则更无此念，激烈的主张革命，平和的也主张立宪，所要改革的，不是政务而是政体了。革命的领导者孙中山先生，是生于中国的南部，能承袭明季以来的民族革命思想，且能接受西方的民治主义的。他当一八八五年，即已决定颠覆清朝，创建民国。一八九二年在澳门立兴中会。其后漫游欧、美，复决定兼采民生主义，而三民主义，于是完成。自一八九二年以来，孙中山屡举革命之帜。其时所利用的武力，主要的为会党，次之则想运动防军。然防军思想多腐败，会党的思想和组织力，亦嫌其不足用，是以屡举而无成。自戊戌政变以后，新机大启，中国人士赴外国留学者渐多，以地近费省之故，到日本去的尤多。以对朝政的失望，革命、立宪之论，盛极一时。一九〇五年，中山先生乃赴日本，将兴中会改组为同盟会。革命团体至此，始有中流以上的人士参加。中山先生说："我至此，才希望革命之事，可以及身见其有成。"中流以上的人士，直接行动的能力，虽似不如下层社会，然因其素居领导的地位，在宣传方面的力量，却和下层社会中人，相去不可以道里计，革命的思潮，不久就弥漫全国了。素主保皇的康有为，在此时，则仍主张君主立宪。其弟子梁启超，是历年办报，在言论界最有权威的。初主革命，后亦改从其师的主张，在所办的《新民丛报》内，发挥其意见，和同盟会所出的《民报》，互相辩论，于是立宪、革命成为政治上的两大潮流。因对于

▼康有为等变法人物著述 以康有为为首的改良主义者通过光绪皇帝在1898年进行了资产阶级政治改革，后遭反对而失败，史称戊戌变法。

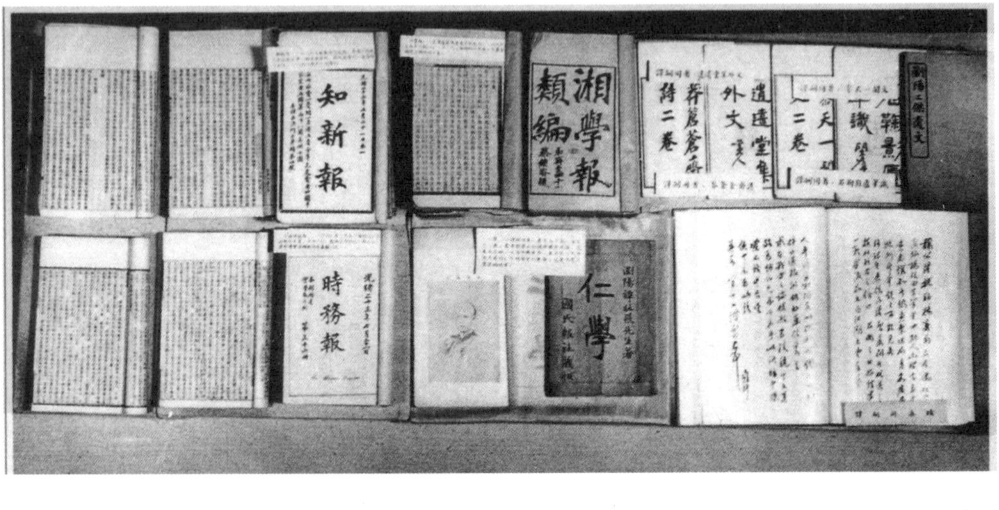

清朝的失望，即内外臣工中，亦有主张立宪的。日俄战争而后，利用日以立宪而胜、俄以专制而败为口实，其议论一时尤盛。清朝这时候，自己是并无主张的。于是于一九〇六年下诏预备立宪。俟数年后，察看情形，以定实行的期限。人民仍不满足。一九〇八年，下诏定实行立宪之期为九年。这一年冬天，德宗和孝钦后相继而死。德宗弟醇亲王载沣之子溥仪立。年幼，载沣摄政，性甚昏庸。其弟载洵、载涛则恣意妄为。居政府首席的庆亲王奕劻，则老耄而好贿，政局更形黑暗。人民屡请即行立宪，不许。一九一〇年，号称为国会预备的资政院，亦以为请，乃勉许缩短期限，于三年后设立国会。然以当时的政局，眼见得即使召集国会，亦无改善的希望，人民仍觉得灰心短气。而又因铁路国有问题，和人民大起冲突。此时的新军，其知识已非旧时军队之比；其纪律和战斗力自亦远较会党为强。因革命党人的热心运动，多有赞成革命的。一九一一年十月十日，即旧历辛亥八月十九日，革命军起事于武昌。清朝本无与立，在无事时，亲贵虽欲专权，至危急时，仍不得不起用袁世凯。袁世凯亦非有诚意扶持清朝的，清人力尽势穷，遂不得不于其明年即中华民国元年二月十二日退位。沦陷了二百六十八年的中华，至此光复；且将数千年来的君主专制政体，一举而加以颠覆。自五口通商，我国民感觉时局的严重，奋起而图改革，至此不过七十年，而有如此的大成就，其成功，亦不可谓之不速了。

CHAPTER 54

◎ 第五十四章 革命途中的中国

中国革命前途重要的问题，毕竟不在对内而在对外。在经济上，我们非解除外力的压迫，更无生息的余地，资源虽富，怕我们更无余沥可沾。在文化上，我们非解除外力的压迫，亦断无自由发展的余地，甚致当前的意见，亦非此无以调和。

语云:“大器晚成”，一人尚然，而况一国？中华民国的建立，虽已三十年，然至今仍在革命的途中，亦无怪其然了。策励将来，端在检讨已往，我现在，且把这三十年来的经过，述其大略如下：

民国的成立，虽说是由于人心的效顺，然以数千年来专制的积重，说真能一朝涤除净尽，自然是无此理的。大约当时最易为大众所了解的，是民族革命，所以清朝立见颠覆。而袁世凯则仍有运用阴谋图遂其个人野心的余地。民党当日亦知道袁世凯之不足信，但为避免战祸，且急图推翻清朝起见，遂亦暂时加以利用。孙中山先生辞临时大总统之职，推荐袁世凯于参议院。于是袁世凯被举为临时大总统。民党因南方的空气较为清新，要其到南京来就职。袁世凯自然不肯来，乃唆使京、津、保定的兵哗变。民党乃只得听其在北京就职。此时同盟会已改组为国民党，自秘密的革命团体变成公开的政党。孙中山先生知道政局暂难措手，主张国民党退居在野的地位，而自己则专办实业。然是时的国民党员不能服从党纪，不听。二年四月八日，国会既开，国民党议员乃欲借国会和内阁的权力，从法律上来限制袁氏。这如何会有效？酝酿复酝酿，到底有二年七月间的二次革命。二次革命失败后，孙中山先生在海外组织中华革命党。鉴于前此以纪律不严而败，所以此次以服从党魁为重要的条件。然一时亦未能为有效的活动。而袁氏在国内，则从解散国民党，进而停止国会议员的职务，又解散省议会，停办地方自治，召开约法会议，擅将宪法未成以前的根本大法《临时约法》修改为《中华民国约法》，世称为《新约法》，而称《临时约法》为《旧约法》。又立参议院，令其代行立法权。共和政体，不绝如缕。至四年底，卒有伪造民意帝制自为之举。于是护国军起于云南。贵州、两广、浙江、四川、湖南，先后回应。山东、陕西境内，亦有反对帝制的军队。袁氏派兵攻击，因人心不顺，无效，而外交方面又不顺利，乃于五年三月间下令将帝制取消，商请南方停战。南方要求袁氏退位，奉副总统黎元洪为大总统。事势陷于僵持。未久，袁氏逝世，黎氏代行职权，恢复《临时约法》和国会，问题乃得自然解决。然为大局之梗者，实并非袁氏一人。袁氏虽非忠贞，然当其未至溃败决裂时，北洋系军人，究尚有一个首领。到袁氏身败名裂之后，野心军人就更想乘机弄权。当南方要求袁氏退位而袁氏不肯时，江苏将军就主张联合未独立各省，公议办法。通电说："四省若违众论，固当视同公敌；政府若有异议，亦当一致争持。"这已经不成话了。后来他们又组织了一个各省区联合会，更形成了一种非法的势力。六年二月，因德国宣布无限制潜艇战争，我国与德绝交。国务总理段祺瑞进而谋对德参战。议案被国会阁置。各省、区督军、都统遂分呈总统和国务总理，借口反对宪法草案，要求解散国会。黎总统旋免段祺瑞之职。安徽遂首先宣告和中央脱离关系。直隶、山东、山西、河南、陕西、奉天、黑龙江、浙江、福建等省继之。在天津设立军务总参谋处。通电说："出兵各省，意在另订根本大法，设立临时政府和临时议会。"这更显然是谋叛了。黎总统无可如何，召安徽督军张勋进京共商国是。张勋至天津，迫胁黎总统解散国会而后入。七月一日，竟挟废帝溥仪在京复辟。黎总统走使馆，令副总统冯国璋代行职权，以段祺瑞为国务总理。祺瑞誓师马厂，十二日，克复京城。张勋所扶翼的清朝亡。流了无量数有名无名的先烈的血，然后造成的中华民国，因军人、政客私意的交争，而几至于倾覆，论

◀ **孙中山** 孙中山是中国近代民主主义革命的先行者、三民主义的倡导者。他领导的辛亥革命，推翻了清政府的封建统治，书写了中国历史新的篇章。

孙中山三民主义简表

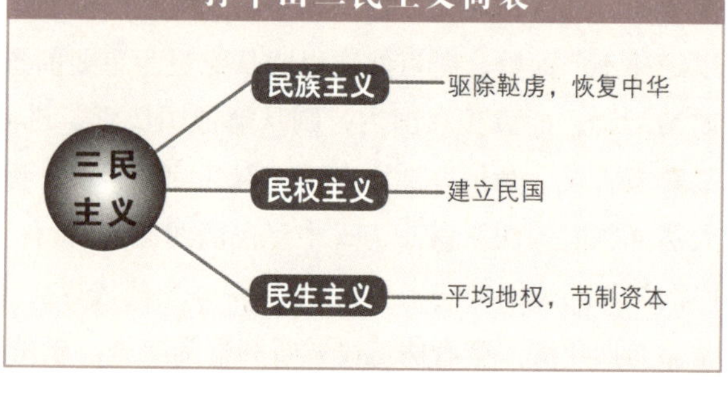

理，同为中华民国的人民，应该可以悔过了。然而社会现象，哪有如此简单？北方的军人、政客，仍不能和南方合作。乃借口于复辟之时，中华民国业经中断，可仿民国元年之例，重行召集参议院，不知当复辟的十一天中，所谓溥仪者，号令只行于一城；我们即使退一百步，承认当时督军团中的督军，可以受令于溥仪，而西南诸省固自在，中华民国，何尝一日中断来？然而这句话何从向当时的政客说起？于是云南、两广，当国会解散时，宣布径行禀承元首，不受非法内阁干涉的，仍不能和北方合作。国会开非常会议于广州，议决《军政府组织大纲》，在《临时约法》未恢复前，以大元帅任行政权，对外代表中华民国，举孙中山为大元帅。后又改为总裁制，以政务总裁七人，组织政务会议，由各部长所组织之政务院赞襄之，以行使军政府之行政权。北方则召集参政院，修改选举法，另行召集新国会，举徐世昌为总统，于七年十月十日就职。中华民国遂成南北分裂之局。而南北的内部，尚不免于战争。九年七月，北方的吴佩孚自衡阳撤防回直隶，和段祺瑞所统率的定国军作战。定国军败，段氏退职，是为皖、直之战。南方亦因心力不齐，总裁中如孙中山等均离粤。是年十月，以粤军而驻扎于福建漳州的陈炯明回粤，政务总裁岑春煊等宣布取消自主。徐世昌据之，下令接收，孙中山等通电否认，回粤再开政务会议。十年四月，国会再开非常会议，选举孙中山为大总统。于五月五日就职。陈炯明遂进兵平定广西。

是时北方：曹锟为直、鲁、豫巡阅使，吴佩孚为副。王占元为两湖巡阅使，张作霖为东三省巡阅使，兼蒙疆经略使。湖南军队进攻湖北，王占元败走。旋为吴佩孚所败，进陷岳州，川军东下，亦为佩孚所败。十一年四五月间，奉军在近畿和直军冲突，奉军败退出关。孙中山本在广西筹备北伐。是年四月间，将大本营移至韶关。陈炯明走惠州。五月，北伐军入江西。六月，徐世昌辞职。曹锟等电黎元洪请复位。元洪复电，要求各巡阅使、督军先释兵柄，旋复许先行入都。撤销六年六月解散国会之令，国会再开。孙中山宣言：直系诸将，应将所部半数，先行改为工兵，余则留待与全国军队同时依次改编，方能饬所部罢兵。未几，广西粤军回粤，围攻总统府。孙中山走上海。岁杪，滇、桂军在粤的及粤军的一部分讨陈。陈炯明再走惠州。十二年二月，孙中山乃再回广州，以大元帅的名义主持政务。然滇、桂军并不肯进取东江，在广东方面的军事，遂成相持之局。此时北方各督军中，唯浙江卢永祥通电说，冯国璋代理的期限既满就是黎元洪法定的任期告终，不肯承认黎元洪之复职为合法。东三省则自奉、直战后，即由三省议会公举张作霖为联省自治保安总司令，而以吉、黑两省督军为之副，不奉北京的命令。其余则悉集于直系旗帜之下。南方如陈炯明及四川省内的军人，亦多与之相结的。直系的势力，可谓如日中天。而祸患即起于其本身。十二年六月间，北京军、警围总统府索饷，黎元洪走天津，旋走南方。至十月，曹锟遂以贿选为大总统，于十月就职。同时公布宪法。浙江宣布与北京断绝关系。云南及东三省皆通电讨曹，然亦未能出兵。十三年九月，江、浙战起，奉、直之战继之，直系孙传芳自福建入浙，卢永祥败走。北方则冯玉祥自古北口回军，自称国民第一军。胡景翼、孙岳应之，称国民第二、第三军。吴佩孚方与张作霖相持于山海关，因后路被截，浮海溯江，南走湖北。奉军入关，张作霖与冯玉祥相会，共推段祺瑞为临时执政，段祺瑞邀孙中山入京，共商国是。孙中山主开国民会议，解决国是。段祺瑞不能用。段祺瑞亦主开善后会议，先解决时局纠纷，再开国民代表会议，解决根本问题。孙中山以其所谓会议者，人民团体无一得与，诫国民党员勿得加入。于是会商仍无结果。是年三月十二日，孙中山先生卒于北京。

是时北方：张作霖为东北边防督办，冯玉祥为西北边防督办。胡景翼督办河南军务善后事宜，孙岳为省长。后胡景翼卒，孙岳改为督办陕西军务事宜。卢永祥为苏、皖、赣宣抚使，以奉军南下，齐燮元走海外。直隶李景林、山东张宗昌、江苏杨宇霆、安徽姜登选，均属奉系人物。直系残余势力，惟萧耀南仍踞湖北，孙传芳仍据浙江，吴佩孚亦仍居鸡公山。十四年十月，孙传芳入江苏。杨宇霆、姜登选皆退走。孙军北上至徐州。十一月，吴佩孚亦起于汉口。奉军驻扎关内的郭松龄出关攻张作霖，以为日本人所阻，败死。冯玉祥攻李景林，李景林走济南，与张宗昌合。吴佩孚初称讨奉，后又与张作霖合攻冯玉祥，冯军撤退西北。段祺瑞出走。北方遂无复首领。大局的奠定，不得不有望于南方的北伐。

先是孙中山以八年十月，改中华革命党为中国国民党。十二年十一月，又加改组。十三年一月十二日，始开全国代表大会于广州，将大元帅府改组为国民政府。十四年四月，国民政府平东江。还军平定滇、桂军之叛。广西亦来附。改组政府为委员制。十五年一月，开全国代表第二次大会。六月，中央执行委员会召集临时会，通过迅速北伐案。七月，克长沙。九月，下汉阳、汉口，围武昌，至十月而下。十一月，平江西。冯玉祥之国民军，亦以是月入陕，十二月，达潼关。东江之国民军，先以十月入福建。明年，国民军之在湖南者北入河南，与冯玉祥之军合。在福建者入浙江。在江西者分江左、江右两军，沿江而下，合浙江之兵克南京。旋因清党事起，宁、汉分裂，至七月间乃复合作。明年，一月，再北伐。至五月入济南，而五三惨案作。国民军绕道德州北伐。张作霖于六月三日出关，四日，至皇姑屯，遇炸死。其子张学良继任。至十二月九日，通电服从国民政府，而统一之业告成。

中国革命前途重要的问题，毕竟不在对内而在对外。军阀的跋扈，看似扰乱了中国好几十年，然这一班并无大略，至少是思想落伍，不识现代潮流的人，在今日的情势之下，复何能为？他们的难于措置，至少是有些外交上的因素牵涉在内的。而在今日，国内既无问题之后，对外的难关，仍成为我们生死存亡的大问题。所以中国既处于今日之世界，非努力打退侵略的恶势力，决无可以自存之理。外交上最大的压力，来自东北方。当前清末年，曾向英、美、德、法四国借款，以改革币制及振兴东三省的实业，以新课盐税和东三省的烟酒、生产、消费税为抵。因革命军起，事未有成。至民国时代，四国银行团加入日、俄，变为六国，旋美国又退出，变为五国，所借的款项，则变为善后大借款，这是最可痛心的事。至欧战起，乃有日本和英国合兵攻下胶州湾之举。日本因此而提出五号二十一条的要求。其后复因胶济沿路的撤兵，和青岛及潍县、济南日人所施民政的撤废，而有《济顺高徐借款预备契约》及胶济铁路日方归中、日合办的照会，由于复文有“欣然同意”字样，致伏巴黎和会失败之根。其后虽有华

▼**会审公廨** 在租界地，各国享有独立行使行政、司法的权利，成了“国中国”。图为上海租界内的会审公廨。

盛顿会议的《九国公约》，列举四原则，其第一条，即为尊重中国的主权独立和领土及行政的完整，然迄今未获实现。自欧战以后，德、奥、俄所订的条约，均为平等。国民政府成立以来，努力于外交的改进。废除不平等条约，已定有办法。关税业已自主。取消领事裁判权，亦已有实行之期，租借地威海卫已交还。租界亦有交还的。然在今日情势之下，此等又都成为微末的问题。我们当前的大问题，若能得有解决，则这些都不成问题；在大问题还没解决之前，这些又都无从说起了。在经济上，我们非解除外力的压迫，更无生息的余地，资源虽富，怕我们更无余沥可沾。在文化上，我们非解除外力的压迫，亦断无自由发展的余地，甚致当前的意见，亦非此无以调和。总之：我们今日一切问题，都在于对外而不在于对内。

我们现在，所处的境界，诚极沉闷，却不可无一百二十分的自信心。岂有数万万的大族，数千年的大国、古国，而没有前途之理？悲观主义者流：“君歌且休听我歌，我歌今与君殊科。”我请诵近代大史学家梁任公先生所译英国大文豪拜伦的诗，以结吾书。

希腊啊！你本是平和时代的爱娇，你本是战争时代的天骄。撒芷波，歌声高，女诗人，热情好。更有那德罗士、菲波士荣光常照。此地是艺文旧垒，技术中潮。祇今在否？算除却太阳光线，万般没了。

马拉顿前啊！山容缥缈。马拉顿后啊！海门环绕。如此好河山，也应有自由回照。我向那波斯军墓门凭眺。难道我为奴为隶，今生便了？不信我为奴为隶，今生便了。

卅·九·一八于孤岛

附录一 中国历代朝代表

朝代	起讫年代	都城	今地	开国皇帝
三皇五帝				
夏朝	约前2146~1675年	安邑	山西夏县	禹
商朝	约前1675~1029年	亳	河南商丘	汤
周 西周	约前1029~771年	镐京	陕西西安	周文王姬昌
周 东周 春秋	前770~476年	洛邑	河南洛阳	周平王姬宜臼
周 东周 战国	前475~221年			
秦朝	前221~207年	咸阳	陕西咸阳	始皇帝嬴政
汉 西汉	前206~公元8年	长安	陕西西安	汉高祖刘邦
汉 新朝	公元9~23年			王莽
汉 东汉	公元25~220年	洛阳	河南洛阳	汉光武帝刘秀
三国 曹魏	公元220~265年	洛阳	河南洛阳	魏文帝曹丕
三国 蜀汉	公元221~263年	成都	四川成都	汉昭烈帝刘备
三国 孙吴	222~280年	建业	江苏南京	吴大帝孙权
晋 西晋	公元265~316年	洛阳	河南洛阳	晋武帝司马炎
晋 东晋	公元317~420年	建康	江苏南京	晋元帝司马睿

十六国 公元304~439年
前赵(汉赵)
成汉
前凉
后赵
前燕
前秦
后秦
后燕
西秦
后凉
南凉
南燕
西凉
胡夏
北燕
北凉
*冉魏
*西蜀(后蜀)

公元304~318年	平阳	山西临汾	高祖光文皇帝刘渊
公元319~329年	长安	陕西西安	
公元306~347年	成都	四川成都	太宗武皇帝李雄
公元314~363年	姑臧	甘肃武威	高祖明王张寔
公元319~351年	襄国	河北邢台	高祖明皇帝石勒
公元337~370年	龙城	辽宁朝阳	太祖文明皇帝慕容皝
公元351~394年	长安	陕西西安	世宗明皇帝苻健
公元384~417年	长安	陕西西安	太祖武昭皇帝姚苌
公元384~407年	中山	河北定州	世祖成武皇帝慕容垂
公元385~431年	苑川	甘肃榆中	烈祖宣烈王乞伏国仁
公元386~403年	略阳	甘肃平凉	太祖懿武皇帝吕光
公元397~414年	西平	青海西宁	烈祖武王拓跋乌孤
398~410年	广固	山东益都	世宗献武皇帝慕容德
公元407~421年	酒泉	甘肃酒泉	太祖昭武王李暠
公元407~431年	统万城	陕西靖边	世祖烈武皇帝赫连勃勃
公元407~436年	和龙	辽宁朝阳	高句丽人高云
公元397~439年	张掖	甘肃张掖	太祖武宣王沮渠蒙逊
公元350~352年	邺城	河北临漳	汉人冉闵
公元384~394年	长子	山西长子	鲜卑族慕容泓
公元405~413年	益州	四川成都	汉人谯纵

南北朝 公元420~589年	南朝 宋	4公元20~479年	建康	江苏南京	宋武帝刘裕
	齐	公元479~502年	建康	江苏南京	齐高帝萧道成
	梁	公元502~557年	建康	江苏南京	梁武帝萧衍
	陈	公元557~589年	建康	江苏南京	陈武帝陈霸先
	北魏	公元386~534年	平城 洛阳	山西大同 河南洛阳	魏道武帝拓跋珪
	东魏	公元534~550年	邺	河北临漳	魏孝静帝元善见
	西魏	公元535~556年	长安	陕西西安	魏文帝元宝炬
	北齐	公元550~577年	邺	河北临漳	齐文宣帝高洋
	北周	公元557~581年	长安	陕西西安	周孝闵帝宇文觉
隋朝		公元581~618年	大兴	陕西西安	隋文帝杨坚
唐朝		公元618~907年	长安	陕西西安	唐高祖李渊
五代十国	后梁	公元907~923年	汴	河南开封	梁太祖朱晃
	后唐	公元923~936年	洛阳	河南洛阳	唐庄宗李存勖
	后晋	公元936~947年	汴	河南开封	晋高祖石敬瑭
	后汉	公元947~950年	汴	河南开封	汉高祖刘暠
	后周	公元951~960年	汴	河南开封	周太祖郭威
	前蜀	公元891~925年	成都	四川成都	高祖王建
	后蜀	公元925~965年	成都	四川成都	高祖孟知祥
	杨吴	公元892~937年	扬州	江苏扬州	太祖杨行密
	南唐	公元937~975年	金陵	江苏南京	烈祖李昇
	吴越				

五代十国	闽国	公元893~978年	杭州	浙江杭州	武肃王钱镠
	马楚	公元893~945年	长乐	福建福州	太祖王审知
	南汉	公元896~951年	长沙	湖南长沙	武穆王马殷
	南平	公元905~971年	兴王府	广东广州	高祖刘龑
	北汉	公元907~963年	荆州	湖北荆州	武信王高季兴
		公元951~979年	太原	山西太原	世祖刘崇
宋	闽国、马楚	公元960~1127年	开封	河南开封	宋太祖赵匡胤
		1127~1279年	临安	浙江临安	宋高宗赵构
辽国		公元907~1125年	皇都	辽宁	辽国耶律阿保机
大理		公元937~1254年	太和城	云南大理	太祖段思平
西夏		1032~1227年	兴庆府	宁夏银川	景帝李元昊
金		1115~1234年	会宁	阿城(黑)	金太祖阿骨打
			中都	北京	
			开封	河南开封	
元朝		1206~1368年	大都	北京	元世祖忽必烈
明朝		1368~1644年	北京	北京	明太祖朱元璋
清朝		1616~1911年	北京	北京	皇太极

附录二 中国古代重要历史人物及事件

旧、新石器时代	
前100万年前后	正值古史传说中的燧人氏时代。
前2700年前后	传说轩辕战炎帝，败蚩尤，而后代神农氏，是为黄帝。
前2700年前后	传说史官仓颉造文字。
前2100年前后	传说大禹治水，禹之子启得帝位，开始“家天下”。

夏	
公元前2070年	禹传予启，夏朝建立。

商	
公元前1600年	商汤灭夏，商朝建立。
公元前1300年	商王盘庚迁都殷。

西周	
公元前1046年	周武王灭商，西周开始。

公元前841年	国人暴动。
公元前771年	犬戎攻入镐京，西周结束。

春秋战国	
前770年	周平王迁都洛邑，称东周。
前679年	齐桓公称霸。
前498年	孔子在鲁国遭冷遇后，周游列国。
前494年	吴越之战，越败，越王勾践向吴称臣。
前445年	魏文侯任用李悝变法。
前382年	吴起为楚令伊，变法，楚强。
前350年	商鞅颁布第二次变法令，开阡陌封疆。
前339~前278年	屈原作《离骚》《天问》《九歌》。

秦	
前221年	秦灭齐，天下统一，秦王嬴政定称号为“皇帝”，称“始皇帝”。
前210年	秦始皇死，其子胡亥即位，是为二世。

前209年	陈胜、吴广起义反秦。
前207年	巨鹿之战项羽大败秦军，刘邦入关中，秦亡。

西汉	
前202年	楚汉之争以项羽兵败自杀告终，刘邦即位，是为汉高祖。
前138~前126年	张骞出使西域。
前90年	司马迁卒，其所著《史记》名垂青史。
西汉末年	“再受命”之说风靡一时，公元8年王莽代汉。

东汉	
公元25年	刘秀称帝，是为光武帝。
公元54年	史学家班彪卒。
公元92年	班固卒，修撰《汉书》未成而死。
汉和帝时	蔡伦改进造纸术。
公元132年	张衡造候风地动仪，可测定地震方位。

公元170年前后	张仲景著《伤寒杂病论》，据传华伦发明麻醉药。
公元184年	张角领导黄巾起义。
公元190年	董卓逼献帝迁都长安。
公元200年	官渡之战，曹操大败袁绍。
公元211年	刘备入蜀。
公元219年	孙权袭杀关羽，占荆州，三国鼎立格局基本确立。

魏、蜀、吴	
公元220年	曹操死，其子曹丕称帝，国号魏。
公元221年	刘备称帝于成都，国号汉。
公元228年	诸葛亮首次攻魏，兵击祁山。
公元229年	孙权称帝，国号吴。
公元249年	司马懿发动政变，专有魏政。
公元256年~260年	竹林七贤：阮籍、嵇康、山涛、向秀、刘伶、王戎、阮咸。

西晋、东晋	
公元297年	史学家陈寿卒，著有《三国志》。
公元330年前后	“书圣”王羲之。
公元379年	苻坚统一北方。
公元384年	苻坚南下攻晋，于淝水大败，北方分裂。
公元415年前后	陶渊明、谢灵运及山水诗。

宋、齐、梁、陈	
公元420年	东晋权臣刘裕废东晋，自立为帝，国号宋。
公元446年	北魏道武帝因信道教，下令屠杀沙门，焚经毁像，史称“道武灭佛”。
公元494年	北魏孝文帝改革。
公元549年	东魏大将侯景率大军攻建康，梁武帝被困饿死。
公元557年	陈霸先废梁自立为帝，建立陈朝。
公元579年	外戚杨坚控制北周政权。

隋、唐	
公元581年	外戚杨坚代周称帝，国号隋，是为隋文帝。
隋炀帝时期	设置进士科。
公元611年	农民暴动，翟让、李密领导瓦岗起义。
公元617年	太原留守李渊起兵，进入关中。
公元619年	李渊代隋称帝，国号唐，是为唐高祖。
公元626年	李世民发动“玄武门之变”。
公元630年	玄奘及《大唐西域记》。魏征与“贞观之治”。
公元641年	松赞干布迎娶文成公主入藏。
公元690年	武则天称帝建周。
公元725年	僧一行主持了世界上首次对子午线的测量。
公元753年	高僧鉴真东渡日本。
公元800年前后	柳宗元、韩愈与“古文运动”。
公元801年	杜佑撰成我国首部制度通史《通典》。
公元874~884年	王仙芝、黄巢起事。唐王朝进入军阀混战时期。

五代十国	
公元907年	朱温代唐，自立为王，史称后梁。
公元916年	耶律阿保机称帝，国号契丹。

北宋、南宋	
公元960年	“陈桥兵变”，赵匡胤代周建宋。
公元961年	赵匡胤“杯酒释兵权”。
公元986年	宋辽大战于岐沟关，名将杨业殉难。
1038年	李元昊正式称帝，国号西夏，是为景宗。
庆历年间	毕昇发明活字印刷术。
1043~1044年	范仲淹、富弼等主持推行“庆历新政”仅一年而失败。
1069~1076年	王安石主持变法。
1084年	司马光主持编纂的《资治通鉴》成书。
1114年	女真族完颜阿骨打起兵反辽，次年建立金朝。
1127年	金灭北宋，宗室赵构于南京应天府立国，史称南宋。
1206年	蒙古铁木真建国，号“成吉思汗”。

元	
1271年	忽必烈始建国号为大元。
1275年	马可波罗到达元上都。
13世纪后期	黄道婆在松江地区推广棉纺织技术。
1351年	韩山童、刘福通组织民众起事反元。郭子兴、方国珍、张士诚相继响应。

明	
1368年	朱元璋称帝，国号明，明军攻占大都，元亡。
1405~1433年	郑和先后七次下西洋。
1505~1510年	宦官刘谨用事专权，残害异己，刻剥百姓。
1560~1570年	戚继光平定倭寇。
1568年前后	汤显祖与《牡丹亭》。
1573年	张居正柄政，推行改革。
1582年	意大利耶稣会士利马窦抵达中国。
1583年	努尔哈赤起兵，开始统一女真族的战争。
1626年	努尔哈赤死，子皇太极即位。

1630年	李自成、张献忠开始起义。
1638年	皇太极改汗号帝，国号大清。
1644年	李自成率军攻克北京，明亡。

清	
1659年	永历帝逃往缅甸，吴三桂入缅，俘杀永历帝。
1673~1681年	吴三桂等“三藩之乱”。
1769年	销毁钱谦益著作，乾隆屡兴文字狱。
1839年	林则徐虎门销烟。
1843年	洪秀全创立拜上帝会。
1872年	詹天佑等中国第一批官费留学生30人赴美留学。
1872~1878年	左宗棠击败阿古柏，恢复除伊犁之外的新疆全部被占土地。
1898年	戊戌变法失败，谭嗣同等六君子被杀。
1905年	孙中山在日本东京组建中国同盟会。
1909年	詹天佑设计制造的京张铁路建成通车。
1912年	孙中山在南京就任中华民国临时大总统，宣统皇帝溥仪退位。

图书在版编目（CIP）数据

图说中国史 / 吕思勉著；国家玮汇编. -- 北京：民主与建设出版社, 2018.10
ISBN 978-7-5139-2344-6

Ⅰ. ①图… Ⅱ. ①吕… ②国… Ⅲ. ①中国历史－通俗读物 Ⅳ. ①K209

中国版本图书馆CIP数据核字（2018）第252407号

图说中国史
TUSHUO ZHONGGUOSHI

出版人	李声笑
著　者	吕思勉
汇　编	国家玮
责任编辑	刘树民
总策划	三得文化
统筹监制	文　清
封面设计	仙境设计
出版发行	民主与建设出版社有限责任公司
电　话	（010）59417747　59419778
社　址	北京市海淀区西三环中路10号望海楼E座7层
邮　编	100142
印　刷	大厂回族自治县德诚印务有限公司
版　次	2019年1月第1版
印　次	2019年1月第1次印刷
开　本	710毫米×1000毫米　1/16
印　张	30
字　数	533千字
书　号	ISBN 978-7-5139-2344-6
定　价	88.00元

注：如有印、装质量问题，请与出版社联系。